献给
过去的、现在的、未来的
中国光伏人

大国光伏

中国王牌制造业的突围与崛起

上

CPIA
中国光伏行业协会
刘家琦·酷玩实验室团队

著

电子工业出版社
Publishing House of Electronics Industry
北京·BEIJING

内 容 简 介

本书是国内第一部全面、系统总结中国光伏行业数十年发展历程与辉煌成就的纪实性著作。20世纪下半叶，美国、德国、日本等国家相继取得了光伏产业的全球领先优势，而中国光伏行业直至21世纪初期，还面临着"三头在外"的窘境——原材料依赖进口、核心技术设备缺失、产品主要销往海外市场。通过不懈努力，如今中国已经成为全球光伏制造业规模最大、装机容量最大的国家，光伏行业也成为中国全产业链国产化水平最高的行业之一、中国崛起速度最快的战略性新兴产业之一、中国最具有国际竞争力的优势产业之一。

本书以行业代表性人物的人生经历为故事主线，以全产业链对"自主可控"与"降本增效"双重目标的不懈追求为理念线索，以助力中国早日实现"碳达峰""碳中和"目标为精神指引，将光伏行业作为中国碳中和王牌产业风云激荡的发展故事娓娓道来。

未经许可，不得以任何方式复制或抄袭本书之部分或全部内容。
版权所有，侵权必究。

图书在版编目（CIP）数据

大国光伏：中国王牌制造业的突围与崛起：上、下/中国光伏行业协会，刘家琦·酷玩实验室团队著 . —北京：电子工业出版社，2024.1

ISBN 978-7-121-46482-9

Ⅰ.①大… Ⅱ.①中… ②刘… Ⅲ.①太阳能发电—电力工业—工业发展—研究—中国 Ⅳ.① F426.61

中国国家版本馆 CIP 数据核字（2023）第 196014 号

责任编辑：王天一
文字编辑：雷洪勤
印　　刷：湖北画中画印刷有限公司
装　　订：湖北画中画印刷有限公司
出版发行：电子工业出版社
　　　　　北京市海淀区万寿路 173 信箱　邮编：100036
开　　本：720×1000　1/16　印张：44.5　字数：700 千字
版　　次：2024 年 1 月第 1 版
印　　次：2024 年 9 月第 3 次印刷
定　　价：138.00 元（上、下册）

凡所购买电子工业出版社图书有缺损问题，请向购买书店调换。若书店售缺，请与本社发行部联系，联系及邮购电话：（010）88254888，88258888。
质量投诉请发邮件至 zlts@phei.com.cn，盗版侵权举报请发邮件至 dbqq@phei.com.cn。
本书咨询联系方式：wangtianyi@phei.com.cn。

序一

FOREWORD

加快发展可再生能源　共同应对气候变化

当前，实现"双碳"目标已成为全球共识。我们很欣慰地看到，国际社会普遍认为在确保安全的基础之上，坚持长期的能源转型，保持绿色低碳发展的战略定力是大势所趋。在气候变化领域，已有148个国家提出了碳中和目标，覆盖全球88%的二氧化碳排放、92%的GDP，以及89%的人口。

中国也将应对气候变化作为重大国家战略，将其纳入生态文明建设整体布局和经济社会发展全局，建立了"双碳"目标和"1+N"政策体系，并取得积极进展。过去十年，中国以年均3%的能源消费增速支撑了平均6%以上的经济增长，二氧化碳排放强度下降了35%。此外，中国的产业结构不断优化升级，可再生能源和新能源汽车的发展处于全球领先地位，为世界提供了大量绿色产品和低碳技术。为全球能够实现绿色低碳高质量发展给出了中国方案，贡献了中国智慧。

在新能源体系的建设中，以光伏为代表的可再生能源正逐步成为实现"双碳"目标、推进全球能源转型升级、实现绿色低碳高质量发展的关键所在。光伏产业的高速发展及大规模应用，将加速替代化石能源，进一步优化中国能源结构，更好地维护国家能源和外汇安全。

中国光伏产业的崛起与蜕变令世人瞩目。从当年"三头在外"、受制于人的困境，到如今的"全球第一"、牢牢占据世界光伏产业领先地位，中国光伏产业仅仅用了不到20年的时间。虽然20年时间对一个产业的发展而言可能并不太长，但对于光伏这个新兴产业而言，却意味着无数的逆境与挑战。这是一个中国草根行业在无数次的逆境中崛起，最终成为世界领先的故事，也是中国能源领域绿色低碳转型、全力推动经济社会高质量发展的真实缩影，更是中国人民追光逐日、渴求幸福的现实写照。

中国光伏产业能够取得今天的成就，这一路的风风雨雨只有光伏人自己最有体会。十多年前，中国光伏产业的设备、市场、核心原材料"三头在外"，发展过程中又接连遭遇到欧美联合"双反"、全球金融危机等重大打击。面对这些困难，中国光伏产业非但没有倒下，反而强势崛起，通过政策引导和不断创新，最终在光伏人的努力拼搏下，使产业规模不断壮大、技术迭代不断升级。如今，中国已经成为全球光伏产业第一大国，占据了全球70%以上的市场份额。光伏产业的发展，正是中国经济在全球产业结构和布局调整过程中抓住新机遇、激活经济活力的生动体现。

当今世界正处在百年未有之大变局，中国也已经从快速发展阶段转换到经济环境相协调的高质量发展阶段。坚持创新发展、协调发展、绿色发展、开放发展、共享发展，正给我国发展全局带来一场深刻变革。大力发展光伏新能源，是新时代新征程下中国经济高质量发展的突破口。中国光伏责任重大，使命光荣。

《大国光伏：中国王牌制造业的突围与崛起》是一本兼具学术性和普及性的著作，内容翔实，文笔优美，有助于我们全面地了解中国光伏产业，引起我们对可持续能源未来发展的思考。相信本书的出版，定能激发社会各界对可再生能源的广泛关注。

原中国气候变化事务特使

序二

FOREWORD

推动能源绿色低碳转型　助力"双碳"目标如期实现

实现碳达峰、碳中和，是以习近平同志为核心的党中央做出的重大战略决策，事关中华民族永续发展和构建人类命运共同体，将是一场广泛而深刻的经济社会系统性变革。

近年来，特别是"双碳"目标提出后，我国能源绿色低碳转型取得显著成效，新能源发挥了重要的支撑作用。截至2023年9月，我国发电装机容量达到27.9亿千瓦，非化石能源装机容量占比超过50%。其中，新能源新增装机容量占全部新增装机容量的72%，风电、光伏发电装机容量分别达到4亿千瓦、5.2亿千瓦，占全球总量的1/3。

光伏产业是我国建设清洁低碳安全高效新型能源体系的主力军，也是我国参与全球能源产业和绿色经济竞争合作的关键领域。经过20多年的发展，我国光伏产业形成了完整的产业链，已占据全球主导地位。多晶硅、硅片、组件产量分别占全球产量的76%、96%和76%，在全球排名前十的光伏电池和组件生产企业中，中国企业分别有8家和9家。我国光伏技术创新领跑全球，不断刷新太阳能电池转化效率的世界纪录，过去10年光伏成本下降了82%。

光伏产业的发展不仅为我国绿色转型贡献着力量，也为战略性新兴产业和未来产业发展提供了可参考、可借鉴的经验。《大国光伏：中国王牌制造业的突围与崛起》一书总结了我国光伏行业的发展历程和成绩，通过代表性人物的人生经历和创业故事，讲述了行业发展遇到的风险挑战与走向成功的宝贵经验。该书体现了广大光伏人对建设"制造强国""科技强国"的创新实践与有益探索。我相信，该书的出版能够进一步促进我国新能源产业发展和新型电力系统建设，为我国广大能源行业和装备制造业从业人员提供方法指导和实践借鉴。

是为序。

中国工程院院士

中国电机工程学会理事长

国际电工委员会（IEC）第 36 届主席

序三

FOREWORD

用全球化语言向世界发声　讲好"何以中国"的光伏故事

就在短短二十年前，光伏在中国甚至很难被称作一个"行业"，以制造光伏产品为主营业务的企业在国内屈指可数，产量规模也十分有限。然而二十年时光荏苒，中国光伏行业迅速发展壮大，取得了一系列令世界瞩目的成就，产业链各环节产能、产量数据稳居全球第一，发电领域的新增和累计装机规模稳居全球第一，出口规模增长迅速，为我国稳外贸做出了突出贡献。如今，光伏已经同高铁、大飞机、新能源汽车并列为新时代的"中国名片"，与新能源汽车、动力电池并称为中国2022—2023年领跑外贸出口的"新三样"。

在全球走向碳达峰、碳中和的大潮下，中国光伏前景广阔。根据国家发展改革委能源研究所等联合发布的《中国2050年光伏发展展望》，到2050年光伏将成为中国第一大电力供给形式，年发电量将占全社会用电量的近40%。根据国际能源署（IEA）发布的净零路线图，为了实现1.5度的温控目标，到2030年全球光伏发电量占总发电量的比重将要达到20%以上。

可以说，中国光伏是推动全球走向绿色发展、可持续发展的重要力量，安装在世界各地的光伏板，源源不断产生着绿色能源，就好比是种下了一片片绿色森林，减少温室气体排放，减少粉尘污染，让地球家园更加宜居，让子孙后代呼吸到新鲜空气。

面向未来，中国光伏要有更大发展，除了技术突破、产业进步和政策支持，还要"传递中国光伏声音，讲好中国光伏故事"，为此需要做好以下工作：

第一，做好宣传传播，做好知识科普和公众沟通。中国光伏发展到现在，不理解甚至是误解的声音仍然存在，比如有人还认为光伏是"骗补"，是依靠国家补贴活着，实际上中国光伏发电早已实现平价上网，不仅不依靠补贴，还有很好的经济性。还比如，有人认为光伏组件生命周期内的发电量抵不过生产过程的能耗，事实上生产过程的能耗仅仅占5%左右，有着巨大的能量收益。因此，光伏行业、光伏企业、光伏人要主动沟通，让更多的人理解光伏、接受光伏，推动光伏走入寻常百姓家。

第二，随着新能源发展，光伏企业成为吸纳人才的福地。但行业目前存在大量的人才缺口，这需要把生态文明贯穿于高等教育人才培养体系全过程和各方面，加强绿色低碳教育，推动专业转型升级，加快急需紧缺人才培养，深化产教融合协同育人，为我国早日实现"双碳"目标提供坚强的人才保障和智力支持。

第三，中国光伏走向国际，受到的贸易壁垒和不公平待遇越来越多。一方面是某些国家采取供应链切割思维，借机打压中国；另一方面，也是中国光伏发展太快，某些国家因为不了解、不清楚，对我们的发展产生了防范甚至是恐惧心理。

从上述几点来看，《大国光伏：中国王牌制造业的突围与崛起》的出版恰逢其时。本书资料翔实，文笔隽永，将光伏行业作为中国碳中和王牌产业风云激荡的发展故事娓娓道来，可称得上是描绘光伏产业发展史的难得佳作。希望通过这本书，能够使读者更全面地了解中国光伏产业，感受到科技创新的力量，激发对可再生能源的热情，共同为可持续发展贡献力量。让我们携手共进，走向一个更加清洁、绿色、可持续的明天！

中国光伏行业协会理事长　阳光电源董事长

前言

INTRODUCTION

2015年7月，麦肯锡全球研究院发布了一份报告，题目是《中国创新的全球效应》。报告公布了全球两万多家上市公司的统计数据，对中美各个产业2013年的整体实力进行对比并得出结论：光伏产业是中国绝对领先于美国的产业，除此以外，中国在铁路设备、风力涡轮机、纺织品、家用电器等一众优势产业中的领先幅度也较大。中国光伏产业的营收占全球光伏行业营收的比例超过中国GDP占全球GDP比例的4倍。国家能源局原局长张国宝说："中国光伏产业在如此短的时间内，从一个弱小的草根产业，崛起成为全球产业领头羊，堪称中国近代工业史上的一个奇迹。"

从制造业角度来看，中国已经在光伏产业链的国际竞争中取得绝对优势地位。中国光伏行业协会理事长曹仁贤指出，目前我国已经形成了从工业硅、高纯硅材料、硅锭/硅棒/硅片、电池片/组件、逆变器、光伏辅材辅料、光伏生产设备到系统集成和光伏产品应用等全球最完整的产业链，并且在各主要环节均形成了一批世界级的龙头企业。根据中国光伏行业协会公布的数据，2022年，中国在多晶硅、硅片、电池片、组件环节的全球产量占比分别达到85.6%、97.4%、90.3%、84.8%，产业链各环节产能和产量全球占比均达到五分之四以上。

从发电角度来看，在过去十余年中，中国光伏也取得了举世瞩目的成就。2022年中国的光伏发电量是2013年的4751%，年复合增长率达到

53.6%，光伏发电量占全社会用电量的比例接近 5%，是 2013 年的 29 倍以上。而 2023 年，中国光伏发电装机规模超过风电和水电，成为仅次于火电的第二大装机电源。

不同的研究机构在碳中和领域得出了一致的结论：在人类实现碳中和的过程中，必须形成以非化石能源或者可再生能源为主体的新型能源系统，在这其中，光伏和风电的发展潜力（规模提升和成本下降潜力）是最大的。1957 年，全球首次实现商用的光伏发电系统，发出 1000 千瓦时（1000 度）的电，按今天的货币购买力折算其成本，约为 30 万美元（人民币 200 万元左右），也就是 1 千瓦时电约为 300 美元（人民币 2000 元左右）。而这 1000 千瓦时电只够当时一个普通美国家庭用一个月。2021 年上半年，中国光伏头部民营企业晶科科技中标沙特阿拉伯的一个大型光伏项目，电价低至 0.0104 美元 / 千瓦时，折合人民币 0.067 元 / 千瓦时，截至 2022 年年底，仍为全球光伏电价的最低纪录。从 2000 元 / 千瓦时的发电成本到约 0.067 元 / 千瓦时的成本，全球光伏（最低）发电成本在 60 多年的时间里降低了 4 个数量级，接近过去的三万分之一。

太阳能从实现商用到变成一种廉价能源，足足花了 60 年左右的时间。放眼全球，在半个多世纪的光伏商用史上，有 5 个国家的创新体系先后做出过突出的贡献，分别是：美国、澳大利亚、日本、德国和中国。后继国家接力实现了更高水平、更大规模、更完整生态、更低产品价格的产业成就。中国在其中最后的 10~20 年完成了光伏产品超大规模商业化应用过程的"临门一脚"，并成功跃升为全球光伏产业的领军国家。

在中国刚刚接过先进国家递过来的"接力棒"时，人们还无法想象光伏在国内外会达到这样的装机规模，因为光伏当时在国内还不是一种可以大规模商业化使用的能源形式——2004 年，中国光伏发电成本（不是发电价格）高达 5 元 / 千瓦时，发展到 2022 年，中国光伏平均上网电价（发电价格）为 0.38 元 / 千瓦时，18 年的时间下降超过 92%。中国光伏制造业从业者普遍认为，国内光伏未来完全有能力在全国大范围内做到 0.15 元 / 千瓦时的电价，而当中国光伏 + 储能的发电总成本小于 0.5 元 / 千瓦时时，整个电力生产的供应体系将发生翻天覆地的变化。就连很多业内专家也不敢想象光伏发电可以在这么短的时间内做到如此便宜。很多人对这一过程的发生感到茫然：这种新能源在发电端所用到的产品——主要是晶硅光伏组件，在制造端是如何通过持续的创新和优化实践，几乎永无止境地提升其发电效率并降低其单瓦成本的？我们这本书的核心主题之一便围绕着光伏产品的降本增效展开。

除此之外，我们认为中国光伏行业还有这样三个谜团有待解开：

一是晶硅光伏产品作为一种西方人发明的科技产品，由西方人开创了多晶硅生产技术路线和光伏制造的各环节工艺流程，由发达国家科学家设计并定义了今天仍在大规模量产的各种电池片技术路线，为什么最终取得晶硅光伏产品全产业链领先地位的国家却是中国？

二是光伏行业在实现商业化近70年的时间中，先后有美国、日本、德国等发达国家取得过制造业领先的地位，并实现过本国光伏跨越式发展的成就，为什么它们先后都失去了领先地位？中国是否会重蹈它们的覆辙？

三是为什么这样一个中国能取得全球绝对领先地位的行业，在过去二十多年的时间里，却是承受着国人误解、指责、批判最多的行业之一？所谓的"三头在外""补贴依赖""垃圾电""高污染""高耗能""没技术""造富神话""无序扩张"……这些说法因何而起，又有哪些说法早已不再困扰行业的发展？

这是本书希望回答的三大问题。这些谜题纠缠在一起，就像经济学家张五常在《中国的经济制度》当中所说的那样："一个跳高的人，专家认为不懂得跳。他走得蹒跚，姿势拙劣。但他能跳8英尺[①]高，是世界纪录。这个人一定是做了些很对的事，比所有以前跳高的人都做得更对。那是什么？"张五常用这个比喻来形容中国经济的高速发展之谜。而我们认为，用它来描绘"中国光伏高速发展之谜"同样是恰如其分的。

过去很多年来，光伏行业饱受外界诟病的一点在于，其高速发展的力

---

① 1英尺 ≈ 0.305米

量源泉，是曾依赖国家给予的所谓"补贴"和国家政策给予的市场空间。但是作为新能源装备制造业和初始成本较高的可再生能源发电行业，这是光伏行业发展特点决定的，在任何国家都概莫能外。在污染排放和碳排放定价机制尚不健全的化石能源工业时代，如果火电对环境产生的负面影响无法量化，火电就始终是经济性、可靠性最高的发电形式。如果按照西方所谓自由市场的逻辑，国家不出手，不给市场、不给补贴，不将光伏行业"扶上马，送一程"，那么指望可再生能源领域出现自我繁荣的奇迹无异于痴人说梦。事实上，读者将在书中看到，早在中国开启国内光伏市场之前，20世纪下半叶，美、德、日等发达国家和所谓奉行"自由市场"的国家，在发展光伏行业早期是如何通过补贴和政策引导光伏行业发展并取得国际优势的。无论是中国还是其他国家，政府在发展可再生能源的过程中都发挥着举足轻重的作用。在中国，如果没有工业和信息化部、国家发展改革委、国家能源局、财政部、科技部等政府部门对可再生能源装备制造业和可再生能源发电行业的积极引导和大力支持，中国光伏行业是不会达到今天的发展水平、取得今天的发展成就的。这恰恰是中国在很多优势产业实现跨越式发展的历程中应该给予充分肯定的一点。

就像中国电动汽车和动力电池行业的发展过程一样，我们更应该关心的是国家补贴和人为开辟出的市场是否让国内这一产业最终形成了可持续的国际竞争力，而不应把涉足企业都假定为"骗补"企业，不应将新兴行业一时发展的羸弱状态当作可以用舆论"生吞活剥"的靶子。幸运的是，中国的新能源产业链经过多年的忍辱负重，已经坚强地站了起来，并终于拥有了可为自己"一雪前耻"的实力。根据中国能源经济研究院发布的"2021全球新能源企业500强"榜单，中国上榜企业达到214家，超过第2名美国、第3名日本、第4名德国、第5名韩国、第6名法国、第7名芬兰、第8名印度、第9名意大利、第10名英国的上榜企业数量总和。中国上榜企业营收总计超过1.8万亿元，占比超过新能源500强企业营收总和的四成，达到41.10%，是第2名美国（13.57%）的3倍以上。

中国光伏产业链作为新能源产业的杰出代表，其对于中国的意义是远不止光伏和能源领域的。2021年,中国货物贸易进口规模17.37万亿元,其中进口原油和成品油花费17696亿元,进口集成电路花费27935亿元,这两类商品合计占我国货物进口总额的26.3%。中国光伏行业可以显著提升中国的出口能力。

从能源替代的角度,未来中国将实现更高比例的可再生能源发电,实现"以电代煤",同时在交通领域提高新能源汽车的替代率,实现"以电代油",从而提高可再生能源在一次能源消费当中的比例,降低对石油的总体消耗。

从集成电路产业国产替代的角度,由于泛半导体领域设备、原料技术的相通性,以及中国光伏设备、原料不断实现技术水平和产品品质的提高,很多中国光伏设备、原料企业开始纷纷涉足半导体集成电路领域,并对中国在半导体产业当中的一些关键环节提供国产替代的解决方案:比如一些光伏设备企业从硅基半导体设备、第三代半导体(碳化硅等)设备和原材料角度提供支持,一些硅材料和硅片企业通过对太阳能级多晶硅产品不断进行改良、提质、优化,实现在电子级多晶硅、大尺寸晶圆领域的国产化突破。正如中国光伏行业协会秘书长王世江博士所指出的,从产业变革的角度来看,"硅能源"将深化半导体技术与能源产业融合。通过对技术能力的适当迁移,中国光伏设备、原料企业对诸多战略性新兴产业的上游设备与原材料国产化供应产生了协同效应。

贯穿本书的一个重要思想是,一个强大的制造业产业,主要由上游国产化原材料和国产化设备提供关键支持。对于中国来说,上游生产资料的国产化往往意味着相关生产成本的显著下降,同时会提高国内企业在全产业链增加值当中的占比,提升有效产能,提高贸易顺差,降低相关生产资料被海外国家"卡脖子"的风险。

可以说,"2030年前碳达峰,2060年前碳中和"的宏伟目标一经提出,光伏产业顿时成为能源圈、资本圈、媒体圈和政策层面关注的焦点。只不过这一次,人们不再讨论光伏"凭什么",而是开始讨论光伏"如何能"助力中国碳中和目标的实现。在大量研讨"碳中和"话题的图书和论文中，各类机构热衷于预测未来 10~40 年光伏发电在中国电力结构和能源结构中所占的比例，预测光伏发电成本的下降空间还有多大，预测氢能、储能等能源形式如何更好地实现成本下降，以支持光伏这种间歇性、波动性能源更好地为电网平稳出力，等等。

当然，这些作品所探讨的话题非常重要，也清晰呈现了中国未来几十年能源产业发展过程中所必然要面对的各类课题，但在笔者看来，这样的作品与大众读者的接受能力之间，存在着一条鸿沟：光伏行业从所谓"高污染""高耗能"的"垃圾电"行业，仿佛一夜之间登堂入室，成为"碳中和"舞台上闪亮的明星。光伏在人们心中作为一种"廉价、清洁、自给自足"的能源形象尚未完全树立，其作为未来主要能源形式出力的"合法性"地位尚不十分稳固，一些专业人士就急忙响应"双碳"目标画出各种图表，表示光伏发电在三四十年后会占到中国发电量的百分之几十——这样的论述如何能取得公众"心悦诚服"的认同感？法国存在主义哲学家加缪说过：一个人的思想首先是他的怀念。抽象而言，理性的认同源自感性的认可，一个人只有在情感上被触动，才有可能稍稍松动其内心长期所顽固抱持的思想观念，尝试去认同新的价值，这也是好的文艺作品能够"润物细无声"地教育人、滋养人的关键所在。

我们希望这本书能给大众读者带来的正是一种"滋养"，我们希望这首先是一部可以"打动"人的作品，希望书中主要人物在特定历史时期所背负的压力、面临的抉择和承担的后果，能让读者感同身受。我们希望把光伏作为一个产业背景，聚焦在一个个具体的人物上，并呈现出较为完整的时间性叙事，而不仅停留在对行业专有名词的科普性诠释工作上。一个产业中最宝贵的财富是人，是一个个鲜活的、具体的产业中人成就了一个产业，造就了一个丰富多彩的产业图卷。

我们希望将光伏产业诞生、发展、繁荣过程中宏大的历史背景，与光伏企业家、行业专家、技术人员等鲜活而具体的人生经历熔为一炉，尽可能立体完整地呈现这一产业在不同历史阶段演化而成的复杂面貌，由此揭示中国光伏民营制造业在短短二十年内蓬勃发展的过程背后，其实有着超过半个世纪国际国内环境的风云变幻和复杂的历史经纬。正如美国历史学家斯蒂芬·科特金（Stephen Kotkin）所指出的："大战略研究往往特别注重大规模的结构，有时会对偶然性或事件顾虑不周。与之相反，传记研究则倾向于重视个体的意志，有时会对背后起作用的更大的力量失之考察。当然，传记和历史的结合可以相得益彰。"

在本书写作过程中，中国光伏行业协会与酷玩实验室联合对数十位企业家、行业专家、政策制定者进行了深度采访，积累了近30个小时的采访录音和近50万字的采访实录。本书中所采信的历史数据，主要来自中国光伏行业协会历年的年度报告和光伏产业发展路线图，国际能源署、国际可再生能源机构发布的报告，光伏专业人士所著图书，以及光伏行业上市公司年报等，不同来源的统计数据可能存在一定出入。本书在撰写过程中难免存在错讹、疏漏之处，恳请读者予以批评指正。

当读者翻开正文的第一页，或许会认为这是一本"行业人物故事书"，但我们将在本书后半部分向读者证明：所有故事及其背后所体现出的精神理念经过上升、汇聚，最终会通往一个制高点：**新能源如何缔造新强国?** 我们将系统地阐述二者之间有着怎样千丝万缕的联系，还有哪些其他领域的事业将与光伏行业的发展形成"大合流"，奠定中国从制造大国走向制造强国的基石。

如果要对本书核心思想做一次全盘的扫描，那么它将如"地壳构造演化图"一般，呈现出一幅层累式结构图景：中国制造业门类覆盖全面的特点是中国光伏供应链体系大而全的基础保障；光伏设备、原料、辅料、辅材的国产化是光伏制造业各环节实现降本增效的基础；光伏制造业全产业链自主创新是国内光伏电站投资成本长期下降的基础，也是中国光伏产品为国家积蓄高额贸易顺差的基础；光伏电站建设成本的下降和良好的长期运维是保障电站发电能力和降低度电成本的基础；健全的可再生能源电力市场化交易机制和互联互通、调度得当的电力基础设施是光伏电站长期实现稳定售电收益的基础；光伏电站长期稳健的投资回报率是使电站成为优质基础设施资产的必要条件；光伏电站成为优质资产是电站资产证券化的基础；电站资产证券化是盘活社会资本、降低企业负债、加速新能源领域投资循环的基础；新能源领域持续扩大对社会资本的吸纳和利用规模是加速中国在40年内实现碳中和目标的基础；碳中和目标是牵引中国实现能源安全供给，改善我国生态环境，平衡东、中、西部产业格局，加强欧亚大陆互联互通，迈向新能源制造业强国，践行大国气候责任并争取国际气候舆论主动权；而在新一轮能源革命的引领下，这一系列复杂、宏伟目标的实现将最终有助于实现中华民族的伟大复兴，奠定中国作为世界性强国的地位。

在这里，我们要坦率地指出，单单光伏制造业一个环节全球领先，并不足以实现上述所有宏伟目标，只能为实现以上目标"添砖加瓦"。上述所呈现的层累式进阶结构是一个牵涉国际地缘政治、国内地区间平衡发展，以及制造业、能源发电行业、金融业等跨领域的系统工程。另外，中国光伏产业的升级之路也并不适用于所有产业。因为光伏产品的特点是，需要通过不断降低成本和提高产品性能并举的方式来获得国际竞争力。而在这些行业中，"持续提高产品性能"足以构成相关企业的核心竞争力，这类行业产品对成本的变化并没有光伏产业这样敏感。

如果其他行业试图模仿、照搬光伏产业的成功经验，虽然难免有"缘木求鱼""刻舟求剑"之嫌，但这并不意味着中国光伏走向成功的历史经验无法与其他行业形成共鸣。中国光伏产业在全球取得绝对竞争力的关键启示在于：**发展中国家，尤其是后发工业国家，在西方国家已取得先发优势的科技工业门类中，如何不依赖劳动力成本优势，而在国际产业分工中占据领先地位？**今天中国部分产业劳动力相关成本已经高于印度、东南亚等国家和地区，国际上关于中国制造业供应链迁出的传闻不绝于耳。如何在我国产业不断升级的新形势下深刻理解中国科技制造业的核心优势，或者说如何理解中国经济高质量发展的"新动能"，是本书试图用光伏产业这一大型案例进行生动回答的问题之一。

最后，希望读者同我们一道，秉持着"唯物史观"参与到对光伏行业发展历史的理解当中来，即：任何企业、行业在特定时点的兴衰成败并不具有本质上的必然性，它们的存在先于其本质，它们的本质是在其发展实践当中被创造、被定义、被深化的。它们的历史走向往往是商业主体的禀赋、意志和实践，与超出它们自身的一些变化因素之间不断互动、互渗的结果，或者说，是任何商业主体与为其奠基的各类（政治的、商业的、文化的，国内的、国际的……）基础设施共同作用的结果。基础设施要素条件的变化会改变商业主体有所作为的倾向性，但不会全然决定商业主体的命运；商业主体的主观意志和行动力可能会改变基础设施要素变化的方向和程度，但也可能仅仅是螳臂当车、蚍蜉撼树。换言之，对于参与塑造历史的商业主体而言，它们能改变的一部分"连接的倾向性"——比如在怎样的基础设施环境铺就的情况下，通过少数企业主观上的有所作为，使单晶硅能够"逆袭"多晶硅，成为全球光伏行业硅片环节主流选择的"倾向性"被大大增加？又是怎样的因缘际会，使得PERC电池技术成为光伏行业迄今历史上最为成熟、量产规模最大的电池技术路线？本书对历史过程的阐释理念在于，行业历史发展进程中的关键性变化，是商业主体的意志力和基础设施的完善程度在某一时期形成"合流"的机缘下的产物，而不应在事后被解释为一种历史必然，或按照所谓的"宿命论"来理解。

如果以上这段话过于抽象、令人费解，还有一种简单的理解方式：读者可以在阅读全书过程中，时时刻刻体味、咂摸书中人物沈浩平的那句口头禅——"生命总要寻找出路。"

也正是基于这样特殊的历史观，本书并未追求成为中国光伏行业发展至今的"唯一正史"，正如中国光伏行业协会名誉理事长王勃华在做行业报告前常常强调的那样："一家之言，仅供参考。"因为中国光伏和世界光伏的发展一直呈现出强烈的开放性和流动性，其人物与人物之间、事件与事件之间联系的丰富程度远远超过了任何个人所能通盘掌握的能力范围，所以它时时刻刻召唤着产业中人和有识之士根据自己的立场和角度呈现这一领域更为斑斓、复杂、多面、壮阔的历史画卷。如美国汉学家柯文（Paul A. Cohen）所言，事实无穷无尽，有时毫无用处，有时也相互矛盾，犹如梦呓，令人费解。我们的职责是"走到混乱的事实巴别塔深处，选择重要的事实,理解它们的意义。"每个历史领域都有属于自己的理解难题,这或许是我们面临的最大挑战,这样的困境永远无法完全克服。然而与这一困境角斗,甚至拥抱这个挑战,带领读者一道深入探寻我们渴望了解的神秘过往,正是能为我们带来满足感的最大来源。

主要人物

（按首次出场顺序排列）

靳保芳
晶龙集团董事长，晶澳太阳能科技股份有限公司董事长兼首席执行官

施正荣
无锡尚德创始人，澳大利亚国家科学技术与工程院院士，上海电力大学教授，上迈新能源创始人董事长兼 CEO

李俊峰
国家气候战略中心首任主任，中国能源研究会常务理事，红杉中国投资合伙人

高纪凡
中国光伏行业协会名誉理事长，天合光能股份有限公司董事长兼首席执行官

李振国
隆基绿能科技股份有限公司创始人、总裁

钟宝申
隆基绿能科技股份有限公司董事长

李文学
隆基绿能科技股份有限公司党委书记、副总裁

瞿晓铧
阿特斯阳光电力集团股份有限公司创始人、董事长兼首席执行官

苗连生
英利集团创始人

沈浩平
TCL 科技集团股份有限公司执行董事、高级副总裁，TCL 中环新能源科技股份有限公司副董事长、总经理

曹仁贤
中国光伏行业协会理事长，阳光电源股份有限公司董事长、研究员

王俊朝
深圳市大族光伏装备有限公司常务副总兼首席技术官，中国电子科技集团公司第四十八研究所原技术副所长

严大洲
中国恩菲工程技术有限公司副总工程师，中国五矿材料领域首席科学家，硅基材料制备技术国家工程研究中心主任

朱共山
全球绿色能源理事会（GGEIC）主席，协鑫集团董事长

南存辉
正泰集团股份有限公司董事长

陆川
正泰新能源董事长兼总裁

王勃华
中国光伏行业协会名誉理事长

冯志强
天合光能副总裁，光伏科学与技术国家重点实验室主任

刘汉元
通威集团创始人、董事局主席

王世江
时任中国光伏行业协会秘书长

目录

CONTENTS

上 册

第一部

1952—2004

第一章 前赴后继 / 003

被光伏企业冠名的北大党委书记 / 003

被"恐怖袭击"的电力局局长 / 004

被抱走的中国首富 / 010

再论学好英语的重要性 / 013

万物皆有裂痕,那是光照进来的地方 / 017

谁来做"第一个吃螃蟹的人"? / 021

稻盛和夫赌对了 / 025

一场"草根"运动引发的能源转型 / 033

却顾所来径,苍苍横翠微 / 042

第二章 | **创业维艰 / 048**

撕掉海报的"万元户"学生 / 048

高纪凡的藏地密码 / 052

此隆基非彼隆基 / 058

政策反复，叠床架屋 / 067

日本光伏，成败互现 / 069

清华"中人" / 072

施正荣想创业 / 076

一年卖 5 亿元化妆品，没啥意思！ / 083

国企"独苗"沈浩平 / 087

一个大学老师，带领国产逆变器突围 / 090

筚路蓝缕，以启尚德 / 096

产业繁荣，始自尚德 / 107

大众汽车与阿特斯神灯 / 118

| 第二部 |

2004—2008

第三章 | **千军万马 / 125**

忽如一夜春风来 / 125

中国新首富 / 129

彭小峰多了一个"心眼" / 135

光速赛维 LDK / 140

先声夺人 / 143
杨怀进，来了 / 145
采购硅料的入场券，直通 F1 赛车场 / 149
高纪凡"毁约" / 152
缺硅之痛 / 156

第四章 | **千方百计 / 164**

中国光伏的"内伤" / 164
国产替代进行时 / 167
为了多晶硅国产化，他拿出了全部积蓄 / 172
亚洲硅王的诞生 / 177
一次中东之旅引出的新产业 / 182
"初试"薄膜 / 184
谁绊住了英利？ / 185
蛰伏的隆基 / 187

| 第三部 |

2008—2013

第五章 | **冷暖自知 / 199**

赛维 LDK 梦，新余梦 / 199
尚德止损 / 206
一篇文章引发的血雨腥风 / 209

当北方人见识到疯狂的南方 / 217
走出去的"陷阱" / 221
敦煌"六毛九"事件 / 224
中国光伏真正的奥秘 / 228
壮士断腕 / 234
秋天里的"一把火" / 236
世界杯球场上的方块字 / 241

第六章 | 凛冬将至 / 245

亚利桑那，不足为外人道也 / 245
一份"划时代"的《通知》/ 248
奥巴马"甩锅" / 254
"双反"的结局 / 275
谁"欺骗"了尚德？ / 290
赛维LDK不能倒 / 297
流血的冠军 / 302
"请你们相信我" / 306
尚德"过冬" / 307

第七章 | 国之大计 / 317

千回百转，成立协会 / 317
事不过三，"双反"再临 / 324
西部之外，天地广阔 / 327
电网互联，无问西东 / 335
对雾霾说"不" / 342

下册

第四部
2013—2018

第八章　各显神通 / 349

光伏 +P2P / 349

刘汉元"劝不动"高纪凡 / 350

一线定乾坤 / 357

挺进下游 / 365

没有办公室的老板 / 369

创造"领跑者" / 373

众人拾柴单晶高 / 380

败退的西方电气巨头与进击的中国逆变器 / 392

降本增效之谜 / 397

"创新步道"理论 / 407

第九章　迫在眉睫 / 414

从超预期到失控 / 414

分布式淘金热 / 416

光伏补贴，僧多粥少 / 424

山雨欲来风满楼 / 427

第五部
2018—2023

第十章 | 惊涛骇浪 / 433

一份"杀伤力"巨大的文件 / 433

危机,危与机 / 440

冬天里的一把火 / 449

分布式再出发 / 451

新王与旧王,会师于屋顶 / 456

光伏如何帮农民增收致富? / 462

"冰封"市场 / 467

吹尽狂沙始到金 / 472

第十一章 | "双碳"之光 / 474

走向碳中和 / 474

颗粒硅,颠覆者? / 482

超越光伏:设备篇 / 486

超越光伏:材料篇 / 499

工业化、能源化与资源化 / 503

谁是跨界之王? / 511

3厘米的楚河汉界 / 518

谁来"消灭"PERC? / 522

硅料涨价与垂直一体化 / 534

真假"卡脖子"/ 544
先手为什么会输棋？/ 557
后手为什么占上风？/ 575

第十二章 | 经天纬地 / 585

如何消灭"垃圾电"？/ 585
一个关于电网互联的宏伟构想 / 592
电网互联将改变什么？/ 599
光伏为什么要制氢？/ 604
西部到底是中国的什么？/ 607
配额制与后补贴时代 / 611
我能投资光伏电站吗？/ 615
怎么卖电才能挣钱？/ 625
碳中和 40 年大计 / 637
光伏"基因"论 / 639

尾声 / 645

致谢 / 659

参考文献 / 663

第一部

PART ONE

1952—2004

20世纪五六十年代，中国第一批光伏企业家出生，美国贝尔实验室推出第一代可商业化生产的光伏电池，此后中国对光伏在航天等领域的应用研发仅滞后于海外短短几年时间。整个20世纪下半叶，包括美国、德国和日本在内的海外国家完成了光伏技术的初步产业化过程，并从石油进口替代、能源转型等角度切入，通过政策引导和扶持推动了本国光伏产业取得实质性进步和国际领先地位。在此期间，中国未能完成光伏初步产业化的过程，但从20世纪末到21世纪初，实现了光伏产品在国内的初步推广和示范性应用，并在近半个世纪的过程中通过在部分产业链环节上培育国有企业，为新中国培养了第一批光伏人才，这些人才及其积累下来的技术能力，为21世纪初中国光伏的勃兴提供了宝贵的本土智力资源。

第一章

前赴后继

被光伏企业冠名的北大党委书记

1952年国庆节过后,一辆吉普车由西直门向颐和园方向一路驶去。车尾的拖斗里放了两只皮箱、两只木板箱,箱体上的漆迹斑驳陈旧。

通往京郊的道路崎岖不平,车一经过,沙尘四起,箱子在颠簸的拖斗里左摇右晃、吱呀作响。泛黄的车漆、生锈的铁皮,显示出这辆车已经经历了不少风雨,但这是当时北京大学唯一能拿得出手的"豪车"了,车中接送的人是即将赴任的北京大学党委书记兼第一副校长江隆基,拖斗箱子里放着他的全部家当。没有想到的是,他将在两所高等学府中度过他人生最后的十四年,前七年在北京大学,后七年在兰州大学。

中国科学院院士、北京大学前校长周培源曾这样评价:江隆基开启了兰州大学的第一个"黄金时代"。论名气,他比不上蔡元培、梅贻琦、汤用彤等大教育家,但在他离去后的半个世纪里,他的故事形成了数本传记,被改编成电视剧、话剧,铭刻进一代代兰大人的记忆中,流传至今。

江隆基的一生,原本与中国光伏产业毫无关联,却因为几个他素未谋面的学生,让全世界记住了他的名字。

1996年,在他逝世三十周年之际,兰大校友钟宝申率先将"沈阳隆基"注册为商标。2007年,兰大校友李振国将他的公司西安新盟正式更名为西安隆基硅材料有限公司，也就是隆基绿能科技股份有限公司（以下简称"隆基绿能"）的前身。

2021年7月8日上午10点41分，在江隆基逝世55年后，隆基绿能的市值突破5000亿元，创造了世界光伏行业上市公司的最高市值纪录。除一个"冠名"外，在江隆基身后的半个多世纪当中，他还以各种意想不到的方式，同中国光伏行业发生了奇妙的关联。草蛇灰线，伏延千里。这个行业中第一位企业家的故事，正始于江隆基来到北大的那一年。

被"恐怖袭击"的电力局局长

江隆基风尘仆仆来到北大的一个月前，在距离北京三百公里外的河北省邢台市宁晋县，中国第一位光伏企业家靳保芳出生了。他的人生，就像这个行业一样历尽劫波。

靳保芳三岁的时候，父亲就因病去世了，以至于他对父亲的模样没留下丁点儿印象。家里失去了顶梁柱，母亲想自己种点地都要请别人帮忙。家里但凡有一点好吃的，谁都舍不得吃，母亲让给两个孩子，姐姐让给弟弟，弟弟又推给姐姐。用靳保芳的话说："孤儿寡母，这种家庭的艰辛没有办法用语言来表达。"

1963年，河北邢台市遭遇了一场百年不遇的特大洪水灾害，靳保芳家的房子被大水冲倒，东西全部漂走，家里没有壮劳力也没有钱，盖不了房子。万般无奈之下，母亲给十八岁的女儿找了个婆家，丈夫在砖厂工作，出了几百元帮靳家盖了房，一家人才不至于风餐露宿。1966年3月，邢台市宁晋县发生7.2级大地震，房子又倒了，在党和政府的援助之下，国家优先给靳家盖了房。靳保芳从小学到中专，拿到的也都是国家给的额度助学金。他从小割草、拾柴，什么活都抢着干。十三四岁的时候，他去拾麦茬儿，找人借了一辆车，没拾完天就黑了。他把车捆在腿上，卧在地里睡，别人想偷车的话，一动他就醒了。

小时候靳保芳学习成绩好，总是班里的前三名。如果满分5分的考试考了4分，他回家就会废寝忘食地学习，非得下次考试拿满分。有一次，村里好不容易来了电影放映队，他跟母亲和姐姐说："我留下看家，你们去看吧！"原来，他想留在家里看书。读高中时赶上了特殊时期，在1968—1970年，他只上了两年社办高中，没毕业就到县城的饭店当合同工去了。而年轻时没上过大学也成为他一辈子的遗憾。

苦命出身的他自认要比别人付出更多才能有所收获。在饭店当过服务员、炊事员，蒸过馒头，炸过油条。为了让大家买馒头少排队，他全凭双手，一天内用10袋面蒸了2250个馒头，还曾一天内烙过450斤面的大饼。他说自己是"手勤、腿勤、眼勤、脑勤"。因为工作表现突出，单位保送他又上了两年中专——邢台财贸学校，这成了他的最高学历。随后他被分配到邢台水泥厂当会计，1975年调到宁晋县农机局办公室工作，从通讯员做起，写材料、出简报。1984年他毛遂自荐，到县农机公司当经理，把一潭死水的农机生意办得有声有色。1988年，农机公司全年利润48.2万元，是靳保芳上任前一年的18倍。

1992年，靳保芳离开工作了8年的农机公司，被调到了宁晋县电力局任党委书记兼局长。如果没有这一次调任，可能他这一生都不会与光伏行业结缘。在他上任之前，宁晋县是河北省数一数二的"贫电县"，作为国家的粮食、果林生产基地，宁晋县68万人的用电指标却与只有十几万人的邻县——柏乡县一样，人均用电量在邢台全市倒数第一，电力基础薄弱、输电线路老化。当地流传着"电灯不明，电扇不转，电视打开看再见"的说法。

靳保芳刚一上任，就遇到一个农民拿着干死的农作物到电力局质问："没电灌溉，你们看看庄稼成啥样了？"作为一个农业大县的供电局局长，连农业用电都保证不了，他当时真想有个地缝能钻进去。

此时宁晋县已被恶意拖欠了160万元的电费，有的欠款长达12年，而且当地偷电现象严重，一些人私接乱拉，屡禁不止，导致线损率高达30%~40%。也就是发电厂发出100千瓦时的电，到用户的电表上就只剩下 60~70 千瓦时的电了。为此向有关部门反映的人不在少数，县纪检委还派出过工作组，但没人收拾得了这个烂摊子。

为了解决这些问题，靳保芳聘请法律顾问，联合法院、检察院、公安局，打击欠费和偷电行为。过去电力职工用电不掏钱，一个 20 户的家属院竟然 3 次烧毁了 50 千伏的变压器，还有人在鸡窝里装灯泡。靳保芳上任以后，要求所有电力职工家里必须装电表，且实行抄表收费，没有人可以"白用电"，一年挽回经济损失 130 多万元。

靳保芳"依法治电"的改革举措触动了一些人的利益，他们有的找熟人说情，有的写匿名信恐吓他，但靳保芳毫不退缩。1993 年秋天的一个晚上，有人用炸弹把靳保芳家的铁门炸出了一个大洞，弹片直接崩到了对面邻居的墙上，所幸当时靳保芳和家人都没有受伤。第二天，县委、县政府的一些领导来他家里慰问，没见着他的人影，原来他一大早就出门上班去了。

在靳保芳的努力之下，1994 年宁晋县购售电量突破 1 亿元，实现利税（利润 + 税收）137 万元，全县一跃成为"富电县"，年供电量从不到 0.8 亿千瓦时增长到 8.2 亿千瓦时。而为了改变电力局人员冗余的现状，他主动进行人事调整，19 人被免职，27 人被调整，60 人下岗分流，调整面达到 60%——那这些富余出来的人员怎么安置？靳保芳围绕电力行业兴办了多种经营，增加了不少就业岗位。改造取得初步成功之后，他想进一步跳出电力圈子，把电力局的"三产"办成一个大公司，走向国际市场，于是就创办了一个制鞋厂，想着"中国有十几亿人口，一人一双鞋，那是多大的市场！"但因为产品定位较低、销路没有打开等原因，鞋厂很快就垮掉了。后来他看到邢台市沙河市电力局创办的再生玻璃厂不错，也模仿着办了一个玻璃厂，但他忽视了沙河市的玻璃产业集群已经形成，宁晋县没有优势，因此又损失了 100 多万元。他总结教训，认为要想赚钱，一定要做别人"做不了"的东西。他把目光又投向一些科技含量较高的项目，开始在大专院校的研究机构中寻找项目，想把科研成果转化为生产力。在调研、筛选方向的过程中，他留意到一则西方发达国家"将信息高速公路开到百姓千万家"的实施方案，以及人类开发利用太阳能的信息。他意识到在这其中，作为主要原料之一的单晶硅，其应用前景十分广阔。单晶硅制成的集成电路和半导体分立器件广泛应用于各个领域。我们身边的电视机、计算机、电子手表、汽车，都离不开单晶硅。

1995年，靳保芳从邢台市电力局一位宁晋老乡那里，了解到她的哥哥任丙彦教授是河北工业大学半导体材料研究所的副所长，该所的单晶硅科研成果获得了"国家科技进步奖"，产品可以应用在光伏发电上，而任丙彦也是研发这项技术的负责人之一。1995年4月29日，靳保芳一参加完在人民大会堂举办的全国劳模表彰大会，就立刻赶往天津，向任教授提出合作意向，但任教授当场就回绝了："这个项目是微电子与光电子高科技项目，国内外都是在高科技人才集中、工业化配套健全的大城市里搞的，咱宁晋县是农业县，没有这方面的人才，哪能搞得了这个？不行不行。"任教授怕搞砸了，无颜面对家乡父老。

靳保芳没有知难而退，而是一而再、再而三地拜访任教授，与他详细分析了宁晋县电力局做这个项目的优势：用电有保障，资金有保障，企业有实力，投资环境也已改善，他本人是铁了心要启动单晶硅项目。在不到三个月的时间里，他六赴天津争取。最终任教授被靳保芳的决心打动了，他专程回到家乡考察以后，终于表示同意。在任教授的运作下，1995年7月28日，河北工业大学以30万元的价格将学校三项专利产品转让给宁晋县电力局。双方合作共建产学研基地，联合成立宁晋县晶隆半导体厂（晶龙集团的前身）董事会，靳保芳、任丙彦任企业董事，河北工业大学还派出了高级工程师吴树田进行技术指导。原本任、吴二人只打算干一段时间就回去，却没想到随着企业不断发展壮大而长期干了下去。靳保芳和任教授每天都要通电话，不打电话就觉得少了点什么。靳保芳把企业招到的第一批大学生派到任教授在河北工业大学的实验室里培训了几个月，又帮这些大学生联系好实习单位进行生产实践，河北工业大学又派教师常驻工厂，解决生产中的实际问题。

1996年，宁晋县电力局拿出国有资本350万元，创办了宁晋县历史上第一家高科技企业——宁晋县晶隆半导体厂，一期投资540万元，只有3台单晶硅炉，以来料加工为主，建成当年就实现产值450万元，实现利税110万元。当年，晶隆半导体厂为北京605厂做来料加工，加工单晶硅产品，但这些产品并非用于国内，而是对外出口。北京605厂下属的明成公司是和日本松宫半导体技术株式会社合资的公司，松宫是当时全球最大的光伏硅片供应商。明成公司的产品全部出口日本，晶隆半导体厂的产品到了日本受到一致好评，所以松宫的社长松宫律夫注意到了这家位于河北的公司。

一开始松宫律夫不敢轻易来宁晋县投资，因为半个世纪以前日本侵略中国时曾经给当地百姓带来深重的灾难。1997年年底，经过任教授的多次引荐，已过花甲之年的松宫律夫首次来到宁晋县考察，他先后来过五次。他说："最初的印象是在广阔的土地上，看到橘红色的太阳渐渐沉入地平线，那是我少年时曾经憧憬的奇观。因为在日本，除了在海边是看不到太阳沉入地平线的，所以从那时起就觉得深受感动，因此在这个地方开设企业正是我们所希望的。如果能够长期在这里的话，是非常理想的。"虽然说起来似乎富有情怀，但在商言商：人力成本低成了松宫律夫考虑的一个主要因素，宁晋县约19个人的工资仅相当于当时日本1个人的工资。

1997年12月，松宫律夫决定在晶隆半导体厂的旁边投资兴建河北宁晋松宫半导体有限公司（简称"宁晋松宫"）。中日双方各占股份45%和55%，一期投资560万元，此后8年中增资多达9次。中方负责生产，日方负责海外销售，宁晋松宫生产的太阳能级单晶硅棒全部销往日本，再由松宫半导体技术株式会社二次加工后销往英美等国。2000年悉尼奥运会场馆内用到的太阳能照明灯，其使用的单晶硅有50%产自晶隆半导体厂。

1998年，宁晋全县的单晶硅产能达到每年100吨，成为全国最大单晶硅生产基地；1999年，年产单晶硅200余吨，成为亚洲第一。晶隆半导体厂能够实现快速大发展，主要得益于海外市场的贡献：美国宣布的"太阳能百万屋顶计划"和日本提出的"新阳光计划"，让这些国家对上游硅片的需求十分旺盛。

一些国外企业不相信中国的一个小县城能生产出这种高科技产品，任教授则以自己的学术威望和信誉做担保，把晶隆半导体厂的产品推向海外市场。在合作过程中，宁晋松宫每个月都要向日本发货，但有时候日方的原料供应不及时，导致硅棒成品发货可能出现延误。为了按时交货，员工加班加点，甚至要比海运多花3~4倍的运费将货物空运到日本，这让松宫律夫非常感动。后来他将日籍管理人员全部撤回日本，放手让靳保芳经营，日方只提供技术方面的援助。早年间，宁晋松宫的销售额以年均200%的速度快速增长。

跟大多数早期光伏企业不同，因为一开始就选择在单晶硅的路线上做"独行侠"，所以晶隆半导体厂承担着在设备和辅材辅料上攻克国产化的难题，从而实现降低制造成本的使命。比如拉制单晶硅棒需要用到一种叫作石英坩埚的辅助器件，它是在单晶硅炉内1600℃的高温下，用来装载多晶硅料的容器，因此使用条件苛刻，技术性能要求高，是一种关键用途的消耗材料。从前这个器件被三大国际巨头（美国通用、法国圣戈班和德国戈尔多斯）垄断，不仅价格昂贵，海外供货也不稳定。2002年美国西海岸工人大罢工，美国通用公司的石英坩埚就到不了货，导致晶隆半导体厂生产难以为继，经济损失巨大。为了不受制于人，靳保芳选择自建工厂生产石英坩埚。2002年3月，宁晋供电公司与香港其昌公司合资成立昌隆石英制品有限公司（简称"昌隆石英"）。2003年，昌隆石英生产出拥有自主知识产权的石英坩埚，打破国外技术垄断，昌隆石英也是当时国内唯一一家采用自主知识产权技术生产石英坩埚的厂家。虽然一开始只能年产两万多只，不能满足全部产线需求，还需要一部分外购，但晶龙[①]在对外议价的时候就有了底气，仅此一项每年就能省下几百万元资金。原来进口一个石英坩埚要花1700元，而国产石英坩埚出现以后，进口石英坩埚的价格也被迫下降到1400多元，企业外购石英坩埚的成本一下子降低了200多元。后来晶龙一年所需的18万只全尺寸系列的石英坩埚实现完全自产，彻底

---

① 2003年7月河北晶龙集团成立，与宁晋县供电公司实现了产业的主辅分离。

摆脱了依赖从外国进口的局面，一年节约成本3600多万元。石英坩埚作为光伏产业链辅材的国产化是第一步。直到2022年，在石英坩埚的上游，中国制造石英坩埚所需的高纯石英砂原料依然严重依赖从两家海外公司进口，供应紧张导致国产石英坩埚价格暴涨，整个行业都在寻找破解之法。

1996年，晶隆半导体厂刚刚上马单晶硅项目，那时大家觉得自己造单晶硅炉简直是天方夜谭。没想到十年过后，晶龙不仅造出了单晶硅炉，还达到了国内先进水平。2005年，晶龙成立的宁晋阳光半导体设备有限公司，以制造单晶硅炉业务为主。2006年，一台进口单晶硅炉需要300万元，而国产单晶硅炉只需要70万元。晶龙依靠自己的技术人员，在短时间内又把国产单晶硅炉的容量从45千克提高到了120千克。晶龙生产的单晶硅炉不仅可以自给自足，而且开始销售给其他国内厂家。每年晶龙将公司利润的5%用于科技创新，年均用于技改创新的奖金近百万元。这样一个靠技术创新引领高速发展的光伏企业，很快就成为澳大利亚"太阳能之父"马丁·格林（Martin Green）教授在中国的合作伙伴。而成功开创中国光伏产业化先河的人，正是马丁·格林最得意的弟子、中国光伏行业的传奇人物——施正荣。

被抱走的中国首富

2012年8月8日，星期三，上海下起了大暴雨。施正荣坐在车里，准备从上海赶往无锡尚德上班。两个小时的车程期间，他打了一个盹，醒来后发现收到了一封邮件。邮件的主要内容只有一个：要求他在24小时内辞去尚德CEO的职位。施正荣立即拨通了发件人的电话质问原因。对方说："股价跌了这么多，总要有一个人做出牺牲。"一周以后，施正荣在董事会上鏖战3个小时，从方方面面对公司更换CEO的做法条分缕析、详陈利弊，说得对方哑口无言。但是一天后，尚德还是发布公告称，施正荣已辞去尚德CEO职务。半年以后，他又被罢免了尚德董事长的职务。这位推动中国光伏产业化的第一人，这位被海外媒体誉为"太阳王"的传奇人物，就此退出了他一手创办的全球最大光伏制造企业，中国光伏行业的历史走向也因此被彻底改写。

十多年后的今天，人们已经无法想象出一个一直由施正荣亲自掌舵的尚德会给整个行业带来什么，就像十多年前人们无法想象一个没有施正荣的尚德会走向何方。笼罩在他头上的，有太多的光环、荣誉，也有数不清的疑团和非议。很多人以为施正荣就此退出了光伏行业，却不知道他仍然十年如一日地在这个行业默默耕耘着。自从进入这个行业的那一天起，他从未离开过。如今，已是耳顺之年的施正荣说："我看透了人生，看穿了人生，更看懂了人生，但我的结论是还得干。"从他与马丁·格林教授相遇的那一刻起，光伏事业就改变了他的人生轨迹，他也改变了21世纪初的中国光伏产业。但这一次相遇在施正荣的成长经历中来得有多么偶然，恐怕连他自己都会觉得有些不可思议。

1963年，三年困难时期刚刚过去，在江苏扬中的一个村庄里，一户陈姓人家诞下了一对双胞胎男孩。他们已经有了一个女孩，没法再养活两个男孩。不到3个月双胞胎就吃不上奶了，每天只能喝些野菜汤。在诞下双胞胎的同一天，河对岸的施家诞下了一个女孩，可惜一生下来就没了气息。施家外婆和陈家奶奶是老相识，于是对陈家提出：抱一个孩子来给施家养。陈家人简单商量后，把弟弟送给了施家。他们铁定想不到的是，施家就这样轻易地抱走了后来的中国首富。

施家人将这个男孩视若珍宝，在他身上寄予了传宗接代的期望。施爷爷给他取名正荣，希望他振兴家业、荣耀祖宗。施父对他也是疼爱有加，去村上开个会都要把小正荣扛在肩上带着。

两家相隔不远，施正荣五六岁便知道了自己的身世，但没有任何怨言。在把他抱来之后，施家又生了三个孩子，生活负担较重，施父白天在生产队挣工分，晚上回家用竹条编暖壶壳贴补家用，施正荣很快学会了编暖壶壳的手工活，与此同时，他还帮父母插秧种田、割草喂羊、烧火做饭、照顾妹妹。作为长子，这些事情他都可以尽心做好，但他的心思并不在这里——他想上学。

施正荣从小就缠着比他大的孩子给他讲学校里的事情,看到别人背着书包从家门口经过,他羡慕极了。有一次,爷爷给他一块糖,他舍不得吃,拿给一个大孩子说:"我把糖给你,你把书包借我背一会儿!"后来就干脆跟着大孩子一道去上学。上学之后的施正荣展现出惊人的学习天赋,他从一年级下半学期开始跟读,虽少读半年,但对他完全没有影响。他上课时对答如流,考试次次名列前茅,随后成功从二年级跳到了四年级,被乡亲们誉为"神童"。

1976年,施正荣去了离家十里远的同德高中读书。因为没钱买雨靴,一到雨天他就披着塑料布、踩着木头做的高跷,走着泥泞的土路上学,来回要三个小时。午饭就喝苋菜汤,有时候没苋菜,就只能喝酱油汤。1977年,全国恢复高考,考上大学就能领粮证,俗称"红本本",有了它,大学生每个月都可享受国家的粮食补贴。而且那时考上大学几乎是农村孩子进入城市的唯一途径,一心想要跳出"农"门的施正荣也由此越发刻苦,上学路上都在默念公式,还经常因此摔个大跟头。

高二最后半年,施正荣开始住校。放学后他一个人留在教室自习,刷题太多导致草稿纸不够,他就在草稿纸上一层摞一层地写,先用铅笔写满,再换成钢笔继续写。就这样到1979年,他成为同德高中少数考上大学的学生之一。而那一年,他只有16岁。年纪轻轻的施正荣从未出过远门,这次他从风光旖旎的江南水乡,在火车上颠簸了两天两夜,来到了地势平坦的北国春城,来到了他考取的长春光学精密机械学院(现长春理工大学)。

由于高考英语分数不算入总成绩,只算参考分,所以入学时一部分人连"ABCD"都分不清,但施正荣从初中就开始学英语,不仅占得先机,还给自己制订了严格的英语学习计划。大二时他已能通读英文原版的专业书籍。"我最大的兴趣就是学习英语。当我学习数理化感觉很疲惫的时候,只要翻开英语书,就会觉得全身轻松。英语是我学习中最好的调剂品。"

为了学好英语,他勒紧裤腰带,用攒了一年多的钱买了一台"小三洋"录音机,用来练习英语口语。同寝室的好友看他为了攒钱,两个月没有正经吃一顿饭,就把自己钢笔的金笔尖卖了 8 元钱,给他改善伙食。在一个朝鲜族冷面馆,8 个同学吃了一碟狗肉、八碗面,又喝了四十多碗汤——因为狗肉汤是免费的。

施正荣为了学英语所做的一切,都在冥冥之中为他后来的留学生涯铺平了道路。倘若没有那一场充满戏剧性的留学生活,或许改变中国光伏产业的未必是他。

再论学好英语的重要性

20 世纪 80 年代初,"大学生"三个字在中国可能比今天的博士生还要金贵,但施正荣与当时坐等毕业包分配的同学不同,他的志向是搞研究,做一个科学家、大学教授或者研究人员。大二那年,刚 17 岁的他就决心报考研究生——既然本科读的是光学专业,他就相中了中科院上海光机所(以下简称"光机所"),因为上海离老家更近。在央视后来的访谈中,施正荣说:"我觉得可能和性格有关,我好像从来没有对自己满意过,总能发现还有更多的发展机会。"

1983 年,施正荣考取了中科院上海光机所研究生,主要做激光与薄膜材料相互作用的研究。等到 1986 年硕士毕业时,他成了一块"香饽饽",中科院激光研究所、上海纺织大学都向他抛出橄榄枝,最终他还是选择留在了光机所。只是毕业留校后他渐渐发现,这里科研机会少,发展空间小,于是他开始寻找出国发展的机会。同年,施正荣的托福(TOEFL)考试考了 590 分的高分,但光机所没有出国的名额,施正荣甚至考虑过辞职出去闯。苦等一年,1987 年光机所里有了几个公费出国的名额,到国外访学 1 年,报名的人很多,最终施正荣在选拔中过关斩将拔得头筹。

"批文下来了没有?""下来了。""是哪个国家?""美国。"工作人员由于太忙,没有去查就信口告诉了施正荣。施正荣马上着手去做准备,一口气把学校、导师、护照都办妥了，还开始学习美国文化知识，结果突然被告知是要去澳大利亚，打了他一个措手不及。他当时对澳大利亚一无所知，甚至都没法在世界地图上指出这个国家，但很快他就接受了这一点。他接到了新南威尔士大学、昆士兰大学、莫纳什大学三所院校物理系的邀请函，最后他选择了昆士兰大学，因为这所学校邀请函中写道："我校将给你提供助教的工作机会。"1988年春天，他告别新婚4个月的妻子张唯，踏上了远赴异国他乡的旅程。但从飞机落地那一刻起，施正荣就被"拮据"二字紧紧缠绕着，他的口袋里只装了100澳元，当时折合人民币300元左右。落地后，原本上海光机所的一位李教授该来接他，但不见其踪影。施正荣连他的电话号码都没有，急得在机场扯着嗓子大喊老李的名字，引得老外纷纷侧目，他只好自己打车去找。无奈当地出租车很贵，他不得不蹭上同航班一个北京小伙的顺风车找到老李的住处，坐在门口台阶上等。

当晚老李回家，满脸写着愧疚："本来说好了要去接你的，结果店里突然要我过去，我也是身不由己，快进屋坐吧！"原来老李在一个意大利餐馆刷盘子，一个小时能赚6澳元。施正荣这才知道，一个中国教授来到澳大利亚，也要靠打工挣钱来贴补家用，而老李的房子还是跟留学生合租的。"光是为了吃饭我每天至少要打工3个小时，我还要付房租，还要坐车，还要……"老李语重心长地说，"一句忠告，赶快去找一份工作吧！"

施正荣把老李的话记在了心里，但他并没有立马行动，他在等待学校的"补助"兑现。到了学校，他开始跟导师进行二氧化碳激光器及相关物质转换的研究，干了一个多月，省吃俭用之下，生活费也已经花了60澳元，眼看就要见底，可学校的补助还不见动静。囊中羞涩的施正荣这时才开始做临时工挣钱——上房顶扫落叶，一小时给10澳元，但这些钱很快又花光了。

他找到导师，询问补助的事情，却倍感失望。原来所谓的"校方补助"是助教一类的工作机会，助教的工资就是"补助"。当时助教名额已满，导师让他再等等，可他的肚皮已经等不下去了——有一次口袋里只有几澳元的他还得留着钱第二天去坐车，只能选择不吃晚饭。再加上昆士兰大学实验室设备陈旧，科研实力也有限，不甘心的施正荣开始另寻出路。

他翻出新南威尔士大学的邀请函，马上拨通了导师迈克的电话，迈克很热情，要他尽快过去，于是施正荣跟昆士兰大学匆匆告别，在车站见到了迈克。但施正荣万万没有想到，这所大学里有两个迈克教授，直到上车他才发现联系时把名字搞错了。

教授笑了："我就知道你找错人了，我们新南威尔士大学有两个迈克（迈克尔的昵称），我叫迈克尔·鲍克斯（Michael A. Box），我想你要找的可能是迈克尔·加尔（Michael Gal）教授。"

施正荣诧异地问："那您还来接我？"

"没关系，我和加尔教授是同事也是朋友，再说你已经联系上我了。"

就这样，施正荣通过"假"迈克找到了"真"迈克，还找到了两个中国师兄一起合住，总算是安顿了下来。第二天一大早，西装革履的他开始"扫街"，凭借着出色的美式英语得到了一份麦当劳的服务生兼职工作，每小时薪水12澳元。

从第二天起，施正荣凌晨5点起床，6点上班，干到早上9点再去学校上课，晚上7点到美式咖啡馆里做汉堡包，再赶到印度餐馆里做服务生，经常干到深夜一两点，然后开始下一个凌晨5点的循环。

3个月的时间里，他在澳洲靠打工攒下了2000澳元。他所做的这一切都是为了能把妻子接过来团聚。岳父岳母很不理解，一个为期一年的访问学者为什么要拖家带口。但在施正荣眼里，他在澳洲的"使命"还远没有完成。

1988年年底，张唯摆脱了家里和工作单位的重重阻力，登上了飞往澳大利亚的航班。施正荣说："留学时天天靠打工给我和妻子交学费，开始那段时间自然过得相当节俭，学理工的我也就逐渐变得特别精打细算，养成了好的习惯。没想到，这习惯后来还能在做生意上用到。"留学时，施正荣省下的澳元数以千计；办厂后，施正荣省下的人民币数以千万计。

虽然思念近一年，夫妻二人才好不容易团圆，但很快，施正荣的访问学者身份就要到期了，他想继续留在澳大利亚。他去请求迈克教授，教授也很无奈："施，我很欣赏你，非常想把你留下，但我的研究经费已经用完了。我没钱了，所以我很遗憾！"但迈克又提及："说起经费方面，还是马丁·格林教授的研究所最充裕。他的太阳能电池研究在世界处于一流水平，所以每年都会从政府和企业那里拿到很多研发资金，你可以去那里碰碰运气！"

这位马丁·格林教授是世界光伏学术界大名鼎鼎的人物，在全球范围内获奖无数，被誉为"现代太阳能之父"。他带领团队将硅太阳能电池（以硅为基体材料的太阳能电池）的转换效率提高到他研究前的150%以上，他的团队从1983年至2022年的39年中保持了30年的硅电池转换效率世界纪录。面对这样一位精英，施正荣想要证明自己的实力。他婉拒了迈克教授主动帮忙引荐的提议，要毛遂自荐去试一试。一番交谈下来，他出色的英语口语和物理光学知识让格林教授非常满意，但格林教授告诉他："我这里中国人太多了，而且我没有工作给你了。"

施正荣说："我并不是要找一个全职工作，一年哪怕只给8000澳元生活费就行了，主要是想有一个深造的机会。"格林教授同意了施正荣的提议，给他一年8000澳元生活费，签一年合同。

进入格林团队不久，他就向教授提出申请攻读博士。格林教授为了考验施正荣，要测一测他的英文水平，就让他自己先起草一份推荐信，格林教授在他的基础上再进行修改。不到一天的时间他就完成了任务，而格林教授开始对这个中国小伙子刮目相看，在给校方的推荐信中，他写了这样一句话："施先生的英文水平远远超过了一个博士生应有的水平。"

格林教授对中国学生的好感始于20世纪80年代，当时一批公派赴澳留学的中国学生在实验室里展现的出色科研能力给格林教授留下了深刻的印象，1984年他还受到一位中国学生的邀请，访问了华中科技大学，开授了一个为期3周的光伏课程，教室里上百名学生座无虚席。整个20世纪80年代，格林教授多次在中国发表演讲，参加学术会议，与中国学者有着广泛的交流。他把日益廉价的光伏产品同中国、印度等国家的工业化发展联系起来，认为发展中的大国可以利用光伏而非化石燃料推动工业化进程持续发展。

新南威尔士大学的博士学费每年要 15000 澳元，当时折合人民币 45000 元左右。这并没有难倒施正荣，他向校方申请学费减半，很快就获得了批准。从这时起，他改变了自己的作息，工作日每天拿出 12 个小时以上来学习和做科研，然后从周五下午 4 点开始在咖啡吧干到周六早上 8 点，连续工作两班 16 小时，每班 8 小时可以挣 100 澳元，这样经过周六的休息，周日一天还可以继续在实验室做科研。

毫不夸张地说，进入马丁·格林团队深造，既是施正荣人生的一道分水岭，也是中国光伏产业的一道分水岭。全球光伏产业竞争的"马拉松比赛"至此已跨越近 40 年的时间：其间，美国、日本、德国、澳大利亚等国先后取得过产业领先优势；而从此时此刻开始，中国光伏产业的知识积累开始提速；到 21 世纪初施正荣回国创业之后，中国光伏的产业化速度一骑绝尘，此后便超越了其他所有国家。但在开始讲述这"一骑绝尘"的故事之前，我们需要回到这场马拉松比赛的起点去看一看。美、日、德等发达国家都曾经是光伏赛场上遥遥领先的选手，可它们为什么一个接一个地中途"掉队"了呢？为什么 20 世纪光伏产业发展水平远不如它们的中国，反而在 21 世纪大器晚成，后来居上？

万物皆有裂痕，那是光照进来的地方

1954 年 4 月 25 日，这是人类光伏历史上里程碑式的重要日子。美国贝尔实验室特意为第一款太阳能电池的诞生举办新闻发布会，《纽约时报》的头版刊文《新电池利用了太阳的巨大能量》（*New Battery Taps Sun's Vast Power*），文中热情洋溢地写道："它可能标志着一个崭新时代的开始，最终实现人类最珍视的梦想之一——利用几乎无限的太阳能量为人类文明服务。"

人类第一块可以投入商用的太阳能电池诞生的过程，其实充满着意外。它既是其他研究课题带来的"副产品",同时也是跨领域科研人员打破壁垒、尽情探索的智慧结晶,这与贝尔实验室的科研制度紧密相关。美国贝尔实验室成立于1925年,前身是贝尔电话实验室公司,一方面这里开发可以供通信业务使用的新技术,另一方面会将所得利润投资于有益于社会的应用。在这个研究机构中工作的人拥有很大的自由权限,可以探索新奇有趣的技术。

20世纪30年代,贝尔实验室的科学家们断断续续地探索着光电效应背后的科学。1940年,工程师拉塞尔·休梅克·奥尔(Russell Shoemaker Ohl)正在研究在无线电传输中使用晶体的方法,他拿起一块硅样品,发现中间有一道裂痕,而当它暴露在阳光下的时候,这块硅料竟然会有电流通过,产生一股强度令人吃惊的电流。一开始他也不明白为什么会这样,而实际上可能是因为样品在制造过程中,裂缝两边偶然渗进了不同的杂质,形成了一个"p-n结"[①],当它暴露在光线中时就会促进电流的形成。奥尔在跟冶金学家杰克·斯卡夫(Jack Scaff)的一次通话中决定,要把裂缝两侧的其中一侧的硅称为p型(positive,正的,代表积极传导),另一侧的硅称为n型(negative,负的,代表消极传导)。奥尔的同事们花了14年时间,才把这一发现变成第一块"太阳能电池",而这一过程充满了偶然性。

到了20世纪40年代早期,他们开始确定,这两种硅当中包含着各种极其微量的杂质,因为半导体内的原子很容易与其他元素相结合。他们用电锯把n型硅切成小块,放到鼻子前闻一闻,就能闻到磷的气味,磷的浓度低到当时的测量设备都分辨不出来,同时他们还发现p型硅里含有微量的铝和硼。但是此时硅材料并不是他们重点研究领域的主流材料。20世纪

---

① 因为磷原子的最外层比硅原子最外层多1个电子,而硼原子的最外层则少1个电子,所以在高纯度的硅材料中掺杂磷或硼,会在材料的分子电荷里造成永久的不平衡,形成具有特殊电性能的半导体材料,掺杂磷的是n型半导体,掺杂硼的是p型半导体。当掺杂后的硅材料受到太阳光照的时候,由于获得了入射光子的能量,电子很容易离开原来的位置。但要形成电流,还需要让自由电荷做定向运动,那么让p型和n型半导体相互接触即可,这时在交界面会形成一个特殊的薄层,薄层中的电子和空穴对会形成电势垒,阻止电子和空穴的进一步移动,这个薄层被称为"p-n结"。如果对半导体材料进行光照,同时在p型/n型半导体的两侧外接导线相连,使半导体两端闭合,在扩散作用和p-n结内建电场的共同作用下,就可以形成电流,这种现象叫"光生伏特效应",简称"光伏效应"。

50 年代，贝尔实验室的很多人都在研究晶体管，对它的关注起源于第二次世界大战时期，当时需要制造一种用于雷达系统的高纯度锗。但是锗的问题在于，如果晶体管行业发展到一定规模，锗的稀有程度和高昂的价格可能会限制行业发展，而且锗晶体管在高温环境中的性能并不可靠，甚至超过 65 摄氏度就可能完全失效。在项目研究过程中，科学家们认为在制造晶体管方面，硅有取代锗的潜力，因为它更便宜、更耐用，把硅晶体管扔到沸水里都能正常工作。后来的半导体产业历史证明，硅的确成功地取代了锗。而除了做晶体管，科学家们还发现硅似乎是制造太阳能电池的好材料。

如果想要实现硅的导电性能，硅的纯度要有基本的保证，但是掺杂一定的磷或硼等杂质也是必要的，比如说 1000 万个硅原子里掺进去一个流动的硼原子，他们把这个硼原子叫作"功能性杂质"（functional impurity）。就像在一群懒洋洋的沙丁鱼里掺进去一条到处乱窜的鲶鱼，把整个半导体的导电性能激活了。贝尔实验室以每千克 948 美元的高价，从杜邦公司购买纯度极高的硅，然后加热。在冷却前，在熔化物当中加入细微的杂质来故意实现这种掺杂。贝尔实验室的冶金学家们做出了一块 11.4 厘米长、1.9 厘米宽的长方形晶体硅，上面堆着几十个 n-p-n 型结构，就像一摞叠在一起的方形薄脆小饼干。1954 年 1 月，他们从这摞薄片中切下了一片，制造出世界上第一个有效的硅晶体管。但这种制作方法太过于烦琐，不适合量产，于是化学工程师卡尔文·富勒（Calvin Fuller）又想了新的办法，他发现如果有人摸过黄铜的门把手，再去摸锗质结晶体，晶体就会不纯。那么可不可以利用晶体对杂质的极度敏感来制作"p-n 结"呢？富勒找到一根长条形的硅晶体，把它切成很多薄薄的圆片，有硬币那么大，然后将两片之间都分隔开再塞进熔炉，这些硅片在熔炉里会接触高温的气体，气体中含有杂质，比如磷会"袭击"硅片的表面，然后慢慢渗入硅片当中，在硅片表面就会产生一层极薄的 p 型和 n 型硅相互堆叠，每一层厚度不超过 1/1000 英寸，比头发丝还细。这个对硅片进行扩散掺杂的过程已经非常类似于后来整个光伏行业制作电池片当中的"扩散"步骤，而其中要用到的

"扩散炉"设备，是中国最早实现国产化的光伏设备之一。

富勒制作出了用来制作硅晶体管的扩散硅，而他的同事杰拉尔德·皮尔森（Gerald Pearson）正在研制一种叫作硅功率整流器的设备，皮尔森也发现硅材料对光线高度敏感。他在大学时期有个老朋友，叫达里尔·查宾（Daryl Chapin），也在贝尔实验室工作，查宾在1952年正在完善硒太阳能电池，想要用它为拉丁美洲偏远地区的电话进行供电，比如用在电话中继器这样的设备上，可以替代柴油发电机。皮尔森知道查宾的研究方向以后，建议查宾用硅来代替硒，因为晶体管项目组也在开发更好的硅晶体管，查宾的项目可以"搭个便车"——晶体管用硅的每一次改进，都能顺带提高硅基太阳能电池的效率。

由于有皮尔森在其中牵线搭桥，查宾、富勒和皮尔森三人开始通力合作，最终共同研制出了贝尔实验室第一块硅太阳能电池。研究期间，每当遭遇光电转化率的"天花板"时，他们三人就像共同调和一款"调味酱汁"一样，要么有人能制作出更高纯度的硅，要么有人能让掺杂过程更加均匀，要么有人能制作出更好的"p-n结"。最终在1954年3月，实现了太阳能电池6%的光电转换率，比此前的太阳能转换器效率提高了15倍以上，比他们三人的第一款装置2.3%的光电转换率也高出不少。他们立即将这一成果发表在学术期刊上，贝尔实验室还为三人的"太阳能转换装置"申请了专利。

当时贝尔实验室的人员规模已经达到了9000人，而这三位科学家平时在不同的楼里工作。他们说之所以能做出这项发明，是因为贝尔实验室的政策没有规定科学家们的合作必须经过老板的同意。在这里，科学家们可以向任何能给他们提供帮助的人直接求助。

尽管一年后，就有人将光电转换率提高到9%，但1956年，查宾计算出每1瓦的太阳能电池成本依然高达几百美元。一个美国家庭如果全部采用太阳能发电，其电力成本高达150万美元，意味着这项技术虽然理论上可以投入商用，但它很难在民用领域立即发挥作用。

谁来做"第一个吃螃蟹的人"?

尽管贝尔实验室的太阳能电池价格高昂,但它并没有被束之高阁,而是找到了它的第一批客户——美国军方。第二次世界大战期间,美国在"回形针行动"中招募了很多德国科学家,汉斯·齐格勒(Hans Zeigler)便是其中一位。他在1955年参观了贝尔实验室,并提出了将太阳能电池用于卫星供电系统的想法。但当时美国商业核反应堆的建设如火如荼,作为火力发电的替代品,成本高昂的光伏渐渐失去了拥趸。直到1957年苏联发射了第一颗绕地卫星斯普特尼克1号(Sputnik 1),正在与之进行太空竞赛的美国不甘人后,光伏在美国航空应用中的地位才被迅速提升,因为普通的机载电池和燃料使用几天以后就会耗尽,而太阳能电池板可以在太空中工作十年以上。一些制造企业瞄准这个市场,购买了贝尔实验室的专利许可,制造出了商用的太阳能电池。从1958年到1969年,美国太空项目总计花费约5000万美元,购买了1000万块太阳能电池。到1972年为止,大约有1000个航天器用上了太阳能电池。太空应用为光伏产业发展提供了一个500万~1000万美元的市场。另外一些企业将太阳能电池用于电信中继站的供电系统中,随后又推出了太阳能收音机,这是第一款使用太阳能电池的民用消费产品。

20世纪60年代,日本夏普开始生产用于导航照明的太阳能电池,美国石油公司埃克森美孚的科学家埃利奥特·伯曼(Elliot Berman)在日本参观游览时偶然发现了这些光伏系统,随后提出在埃克森美孚内部生产,很快美国海岸警卫队和在墨西哥湾开发离岸钻井平台的石油公司也用上了这些太阳能电池进行导航照明,众多石油和天然气公司开始成为太阳能电池生产厂商的下游客户。由于这其中有很多国际大客户,所以光伏技术和应用产品由此传播到了多个国家。

截至1974年,自贝尔实验室的突破性进展以后,光伏产品已经存在了20年,但价格仍然很贵,每年只能为约100千瓦的小众市场提供服务,比如卫星、海洋导航辅助设备、通信系统和离网住宅等。

1973年10月，阿拉伯国家石油禁运使石油价格在三个月内翻了两番，能源问题成为政界和公众热议的焦点。同年，尼克松（Richard Milhous Nixon）总统发起"独立计划"（Project Independence），将能源问题作为1974年美国国情咨文演讲的核心："到1980年，美国将不再依赖任何其他国家来提供我们工作、取暖和交通所需的能源。"美国政府宣布推动技术发展以应对能源危机，在石油禁运同月召开了著名的"樱桃山会议"（the Cherry Hill Conference），制定了光伏研发的目标，包括研发新材料、测试设备和大型发电系统。参会者建议1975—1985年投入2.5亿美元用于光伏研发，并将这一预算写进尼克松的"独立计划"蓝图当中。但实际上从1974—1981年，美国在光伏研发上投入了17亿美元，大大超过了预算总额。在此期间，美国能源部（DOE）和太阳能研究所（SERI）也相继成立，后者后来更名为美国国家可再生能源实验室（NREL）。从1976年美国国家可再生能源实验室发布"太阳能电池最高转换效率图"以来，到2022年1月的更新版，共收录了26种太阳能电池，包括晶硅电池、薄膜电池和各种新型电池，其中中国曾经上榜的世界纪录共计15项，2022年保持在榜的太阳能电池转换效率纪录有5项。

尼克松说，美国要"秉持阿波罗探月精神和曼哈顿计划的决心"，把能源独立作为"我们的国家目标"来对待，计划5年内为能源研究和开发投入100亿美元的资金，并希望带动同期2000亿美元的私营企业投资。联邦基金资助、新的能源机构、采购合同等各类利好因素齐备，吸引了数千名美国人进入光伏这一领域。

一项"大宗购买"（Block Buy）的公共采购计划，让美国能源研究与发展管理局（ERDA）可以从私营公司预订指定数量的光伏产品。虽然名为"大宗购买"，但实际采购量在今天看来少得可怜：比如1978—1979年，政府方面计划花费220万美元购买200千瓦的光伏产品，单价超过10美元/瓦，其中被采购的生产商甚至包括摩托罗拉在内。虽然购买量始终不大，但在1976—1981年期间，美国"大宗购买"计划的采购订单占了全球光伏产品采购量的17%。美国光伏公司的销售总额从1976年的700

万美元增长到 1982 年的 1 亿美元。2022 年 11 月，为了应对能源危机，降低用电成本，欧盟委员会也推出了一项类似的光伏"大买家"计划（Big Buyers Initiative），旨在支持城市或地区政府等公共机构批量购买屋顶光伏系统。

美国政府对光伏行业和可再生能源的重视在 20 世纪 70 年代末达到顶峰。1978 年，美国国会通过了《国家能源法案》，其中的《公用事业管制政策法案》（PURPA）是卡特（Jimmy Carter）政府为全球光伏政策制定者留下的一个重要遗产，法案要求公用电力事业公司要从可再生能源的发电企业手中购买更多的清洁电力。美国加州在推进这一法案时最为激进，为在该州购买光伏系统的人提供了 55% 的税收抵免。后来风力发电的开发商反馈，可再生能源项目是边际成本比较低的长期资本投资项目，最好能有一个固定的收购价格，这样能保证资本回报。于是加州公用事业委员会（CPUC）在 1985 年制定了"临时标准报价合同 #4"（Interim Standard Offer Contract #4，简称 ISO4），还制定了固定的付款时间表。由于 20 世纪 80 年代初，能源价格预期步入上涨通道，这些电力采购合同的电价以每年 7% 的幅度上涨，电力公司保证在 10 年内以规定的价格收购风电。ISO4 也成为后来德国和中国光伏"标杆电价"政策的一个雏形，尽管两国的政策电价与美国相反，是一路走低的。显而易见，ISO4 的丰厚回报刺激了加州风力发电的繁荣发展，华尔街银行为当地风电项目提供了 10 亿美元的支持。1985 年油价暴跌之后，ISO4 经过重新谈判，风电收购价格大幅下降。

整个 20 世纪 70 年代，美国的前后三位总统都大幅增加了联邦在可再生能源方面的研发预算，国会为此拨付的资金十分充裕。1978 年推出的《太阳能光伏研发法案》（*The Solar PV R&D Act*）提出了"国家光伏计划"，为期 10 年，耗资 15 亿美元，致力于实现光伏发电的商业化落地。从 1978 年到 1985 年，美国仅为多晶硅技术的研发投入就超过 8 亿美元，美国能源部和喷气推进实验室为德州仪器、海姆洛克（Hemlock）等企业出资研究低成本的太阳能级多晶硅。1979 年的伊朗伊斯兰革命和第二次石油危机，刺激卡特政府进一步推动光伏产业发展，制定了一项 30 亿美元的光伏产业研究计划。到20世纪80年代初，美国光伏企业的销售额占全球光伏市场的85%，而这其中70%的销售收入来自大型石油公司。它们的海上油气平台远离电网，大量使用离网的太阳能供电系统。因为1978年之前，石油公司用重达数百千克的铅酸电池供电，用完以后就扔到海里，对海洋生态造成污染，1978年美国环保部门禁止这种做法，所以它们纷纷转向采购太阳能电池。

但这样的市场繁荣景象没有持续多久，到了1981年，支持核能的里根（Ronald Wilson Reagan）当选总统，美国光伏产业风云突变。里根执政前，世界石油价格在1980年达到每桶35美元以上的峰值，而到1986年跌至每桶10美元。里根表示"能源部就不应该拿那么多钱"，将光伏研发预算从每年1.3亿美元削减到5000万美元，并将研究重点从应用端转向科研端。"大宗购买"计划也难以为继，比如1981—1985年，政府计划购买量为1000千瓦，实际执行的采购量只有9千瓦，还不够美国两户普通居民的屋顶户用光伏系统使用。里根甚至任命一名牙医——詹姆斯·B.爱德华兹（James B. Edwards）担任能源部长，后来更是下令关闭能源部（经两党成员反对没能通过），还解雇了太阳能研究所的负责人，裁员三分之二，并削减了80%的预算。1985年，沙特阿拉伯的石油产量过剩，价格暴跌，"能源独立"不再是一个令人忧心的问题，美国便"系统性地"取消了各类光伏发展计划。1986年，一个标志性事件是里根下令拆除了白宫屋顶的太阳能热水器，这些集热板是1979年卡特在位时安装上去的。此后多任美国总统都将白宫屋顶视作自己支持可再生能源的一个"秀场"，包括小布什（George Walker Bush）和奥巴马（Barack Hussein Obama）。1988年，里根政府的光伏研发资金相比于1980年的高峰时期削减了75%。

在整个20世纪下半叶，美国为全球光伏行业贡献了几十项技术突破，包括铝基浆料、氢等离子钝化、准正方形硅片等。马丁·格林教授统计发现，从1954年到2004年，光伏行业最重要的20项技术突破，其中的14项出现在1974—1981年，且几乎都诞生于美国。这些突破与政府支持密不可分，因为一半以上的技术是在美国能源研究与发展管理局和太阳能研究所推动产业发展时期研发出来的。

里根政府引领的长达数年的"光伏大撤退",让日本和德国先后抓住机会,成为20世纪末在全球光伏领域的"执牛耳者",比如1989年德国光伏研发金额首次超过了美国,日本的夏普、京瓷等公司在20世纪90年代迅速发展成为领先的光伏制造企业。

稻盛和夫赌对了

就在里根政府大幅削减美国光伏研发活动的同时,日本政府不仅为研发提供了更多的资金,还为大多数私营企业指派了各自的研究方向。日本负责光伏产业发展规划的部门主要是通商产业省(简称通产省,后改组为经济产业省),其管辖范围包括经济产业政策、通商政策、产业技术政策等。与后来中国地方政府和光伏企业的故事不同,中国光伏企业很多都是民间人士初创的小型企业,而日本的光伏产业制度安排是由政府与大公司协商制定政策和研究领域,初创企业在其中的作用微不足道。另外,通产省会在新兴技术领域勃兴之际就介入推动科研和商业化进程,会先于市场进行开发;而中国地方政府和银行总体上的态度是,等一家民营光伏企业证明自身在国际市场上已经具备一定竞争力之后,再提供更多有力的支持。

在1954年贝尔实验室推出第一块太阳能电池后不久,夏普公司创始人早川德次(Tokuji Hayakawa)就开始研究光伏领域。在他之前,三菱、三洋和NEC等企业也进入了光伏领域,产品应用领域包括通信中继站、浮标、灯塔和卫星供电等。

1973年的阿拉伯国家石油禁运事件不仅给美国人敲响了警钟,也加深了日本的危机感。当年夏天日本非常炎热,政府呼吁公众主动节能——就像2022年一样,从关窗关灯到适时关闭家用冰箱,推出了各种举措,还不得不为夏天中午的用电高峰限制电量。日本取暖用油价格开始飙涨,当年通货膨胀率达到29%。时任通产大臣、后来的日本首相中曾根康弘

（Yasuhiro Nakasone）率队奔赴中东，试图与过去没打过什么交道的国家建立友好关系，因为日本作为当时最大的石油进口国，完全依赖中东的供给。而通产省意识到，石油危机给了他们一个重新树立权威的绝佳机会，日本民众强烈意识到他们需要一个为自己服务的政府机构。当年秋天通产省下属的日本产业技术综合研究所（AIST）制定了"大规模工业计划"。根据该计划，日本通产省于1974年7月正式启动了"阳光计划"，包括六大研发领域，其中就有太阳能，总体目标是通过多项为期数年的中期研究项目，一方面要缓解夏季的电力短缺，另一方面要解决日本能源供应基础设施薄弱的问题，减少对外国石油的依赖。到2000年使得清洁能源技术可以满足未来几十年本国的大部分能源需求，其中新能源将占到日本能源消耗总量的20%。从时间跨度可以看出，日本的眼光放得比美国更为长远，并且其政策落地执行的周期之长也远远超过了美国。这项计划是日本第一个可以称之为"国家级计划"的大规模长期技术发展路线图。

在政府资助的太阳能项目中，光热发电获得的资金远比光伏发电要更多，因为当时日本人觉得光热的发展更接近商用水平。1981年，一个1兆瓦级的光热电站建成发电，但经过验证发现，由于日本空气湿度高、多雾，对阳光直射条件不利，使得来年电站发电量只有预测的三分之一，而且其发出的每千瓦时电的成本在100日元以上，超过日本火电的10倍、核电的20倍，所以后来这一设施于1983年还未结束试验发电期就被拆除。于是在20世纪80年代初，光伏接棒成为"阳光计划"的重点。一开始，受到资助的光伏应用项目同样针对细分市场，比如隧道照明、卫星等领域。因为日本方面预期光伏需要很长时间才能实现明显的成本下降，这会限制短期的应用场景，所以研发的核心就围绕着降低成本展开，目标是把光伏发电成本降低到当时的1%。为了使光伏发电项目得到更多的资金支持，项目一直规划到了2000年，并提出了雄心勃勃的目标：到1990年，日本50%的能源供给来自太阳能，到1995年，更要达到三分之二的水平。

参与"阳光计划"的企业阵容似乎足以给这样的宏伟目标"壮胆"：

松下、日立、NEC、东芝、夏普悉数参与进来。这些公司将参与"阳光计划"视为提高技术能力的一种手段。受到上述"大目标"的吸引，他们相信光伏终有一天会获得巨大的市场机会。

1973年，石油占日本全部一次能源供应量的77%。到1992年，也就是"新阳光计划"实施的前一年，石油的占比下降到58.2%。或许以此看来，降低日本对石油依赖度的目标取得了一定成效，但实际上，这主要归功于核能和天然气，其供应比例分别从1977年的2%和0.9%上升到1992年的10%和10.6%，而光伏等新能源在整个15年当中一直保持在1%左右的比例，离1990年达到50%占比的目标相去甚远。

我们的困惑在于：为什么日本没有完成这一目标，却成了继美国之后的世界光伏产业领先国家？

1974年，为了实现全面的集成技术研发，通产省下属的日本产业技术综合研究所把各个研究领域分配给了各大企业：组件制造技术交给了夏普，多晶硅薄膜技术交给了日立和NEC，带状硅技术交给了东芝和东洋硅业，化合物半导体太阳能电池交给了松下。换句话说，企业之间从一开始并不存在技术路线的重叠，它们要做的只是在自己"被安排"的赛道上奔跑。除了这些企业，稻盛和夫的京瓷也想参与其中，但他希望采用美国公司泰科（Tyco）持有专利的一种带状硅生长技术进行研发，被日本产业技术综合研究所拒绝，理由是国家项目用纳税人的钱改善外国技术，这是"不可持续的"。而且当时带状硅技术已经委托给东芝了，不能委托过多公司开发同一种技术，否则会产生重复投资的问题。

令人意想不到的是，最终率先引领日本光伏产业找到正确技术路线并实现大规模扩张的领军者，正是被官方排斥的京瓷。

虽然没有得到官方的认可，但稻盛和夫依然决定启动带状硅项目。1974年，夏普成立了"阳光计划"推广部门，该部门对京瓷所采用的这种带状晶体生长技术非常感兴趣。应用这项技术，可以在将硅锭切割成硅片时减少硅料的损耗，而那时硅的价格非常昂贵。

当时日本几乎没有设备可以实现这项技术，但如果想要让成本大幅下降，一味进口美国设备是不可行的，所以日本国内的半导体设备企业和光伏企业开始自主研发自家专用的生产设备，不同企业间的设备没有统一的规范，互不兼容，后来各大薄膜光伏生产企业的模式也是如此。与之形成对比的是，德国发展出了专门生产光伏制造设备的第三方企业，这些设备面向市场公开出售，不同环节的设备可以像搭积木一样进行组合排列，从而形成一条完整的生产线。幸运的是，中国光伏产业选择了类似德国的模式生产、销售光伏设备，大大加快了全行业设备水平提升的速度，从而避免了日本模式的"各自为战"，加速了设备工艺在全行业的扩散。

到20世纪70年代末，日本在薄膜光伏研发上取得技术突破，开发出了非晶硅。区别于晶体结构较为整齐的晶硅，非晶硅是另一种形态的硅，硅原子间的晶格网络呈无序排列。非晶硅应用于光伏产品，寄希望于大大减少硅的用量，因为可以将一层薄薄的非晶硅沉积在衬底上。衬底可以是塑料材质，还免去了晶体生长、晶片切割等步骤，这也是21世纪中国汉能等企业坚持投入非晶硅技术薄膜路线的重要原因。但非晶硅的缺点是其光电转换效率比晶硅低很多，往往只有晶硅的一半。日本人期待非晶硅光伏产品的光电转换效率可以追上晶硅产品的脚步，但时至今日，非晶硅光伏产品的效率在全球范围内也未能得到大幅提升。

表面上看，是日本"赌错"了一条技术路线。然而这背后还有更为隐秘的深层次原因，与官方研发体制的缺陷有着直接的关系。因为20世纪80年代初，光热电站试点失利，"阳光计划"的年度预算需要重新分配，光伏虽说扛起了大旗，但这其中又面临两种选择：是投入到"烧钱"的大型晶硅电池工厂试点当中，还是投入到当时备受瞩目、潜力似乎巨大（未来投资规模有望扩大）的行业"新星"非晶硅当中？如果晶硅方案的预算额度突然发生巨变，却依然在商业化应用上前途渺茫，无法取得实质性结果，那么相关责任人就有受到官方指责的风险。所以，在编制下一年"阳光计划"预算的时候，"生逢其时"的非晶硅就成了"接棒选手"，其年预算规模从1970年的几百万日元，暴涨到1981年的10亿日元以上，在20世纪80年代后期最高时更是接近30亿日元，而晶硅路线的预算在1982

年后从未出现明显的扩大。这说明官方机构把握技术投入的方向并非出于"阳光计划"真正的"长期主义"和对技术路线的坚持,而是对经费预算规模的维护。

1979年的伊朗伊斯兰革命和石油危机再次让"阳光计划"焕发了生机。当年11月,日本工业技术委员会提出一项要加速"阳光计划"的战略。1980年,日本颁布了《替代能源法》,并成立了一个新机构——日本新能源产业技术综合开发机构(NEDO)。这是通产省下属的一家半官方性质的机构,其任务是协调新能源开发过程中的三个重点:实际应用、制造改进和成本降低。从此NEDO负责接管"阳光计划"的所有事宜。

但就在这一时期,"阳光计划"已经开始"变味儿了"。整个20世纪80年代,其一半以上的预算都花在了煤炭技术上,比每年用于开发太阳能技术的预算(60亿~70亿日元)高出好几倍,最低时太阳能预算只占到总预算的八分之一。

一部分问题出在新机构的资金来源上。1980年后,日本通过"替代能源发展特别账户"为"阳光计划"提供稳定的资金支持,但这个账户的资金来源,主要是对电力和石油行业征收的税款所得,所以即便资金用来开发新能源,也必须服从电力来源多样化和发展煤炭的资金"初衷"。国家项目的研发原本应该以技术演进的投入为导向并实现国家目标,但此时相关机构更看重的是维持并扩大项目预算总额,而不管资金来源和流向是否服务于原本的项目方向,最终就导致了项目目标被分散。

另一部分问题出在了成立NEDO这个新机构上。通产省本着不增加"半官方机构"的原则,解散了"煤炭产业合理化法人团体",还将另外两家法人团体合二为一,所以新成立的新能源开发机构就"有义务"接收煤炭产业合理化法人团体的剩余业务,必须在"新能源"机构内部成立一个"煤炭开采工业合理化部门",到后来甚至连酒精生产业务部门也往这个机构里面装。事实上,这个新机构在人事、预算制定、拨款等方面的自由权很小,处处受到其上级单位日本产业技术综合研究所的限制。

在这一时期,众多日本企业判断光伏产品已经步入了商业化的前夜,不同企业之间开始加剧竞争，这其中非晶硅技术路线的商用前景最为企业所看好。夏普在光伏商业化应用中走在了前列，1980年推出了全世界第一款太阳能计算器。各大企业都开始关心如何将非晶硅光伏产品与自家的消费电子业务进行融合，比如三洋电机，选择做卡西欧的供应商，把薄膜光伏电池出售给后者，装在它们的太阳能计算器上。到1982年，日本已经实现了1.7兆瓦（1兆瓦=1000千瓦）的光伏产品年产量，但其中有高达80%的产品都用在了消费电子类产品当中。

日本政府方面此时无助地看到，企业对光伏产品能够商业化变现的浓厚兴趣，与"阳光计划"一开始解决石油依赖进口的初衷相去甚远。这些能够短期变现的、小面积使用薄膜光伏的消费电子产品，与能够在家庭和工商业屋顶上发电的大面积光伏组件，几乎背道而驰。

尽管日本新能源开发组织表达了对这一"南辕北辙"趋势的担忧，但当时日本方面出现了一种共识，即人们应该宽容并接纳消费电子应用的方向，这些细分市场的大规模发展最终会"促成"光伏产品大规模并网发电目标的实现。但当时的非晶硅产品应用到户外的时候，存在质量恶化和转换效率低下等问题。

1983年，NEDO开始了新一轮的委托研究项目，并宣布要在1985年对晶硅电池和非晶硅电池进行评估，然后二者择其一进行重点发展。当时，从事晶硅材料研究的公司仍然无法开发出适合商用的太阳能电池，非晶硅材料还是被各大公司所看好。整个20世纪80年代，日本80%的光伏研发投入集中在薄膜非晶硅光伏产品上。

当我们重新审视这段时期的历史时会发现，日本过于发达的消费电子产业没有对日本光伏产业的发展起到长期的助益，消费电子产业更青睐小尺寸的薄膜光伏应用产品，而这一倾向性改变了此时已经注重逐利的日本光伏产业。

归根结底，是日本晶硅光伏产品价格还没有低到足够吸引普通民众对大规模户用光伏系统进行安装，日本光伏企业只能"依傍"消费电子这一支付意愿更高、对光电转换效率又不太敏感的细分市场。

事实上，从一开始，日本以通产省和其下属机构为主导、大企业跟随并受前者委托开展研发的这套光伏技术开发体系本身就存在着三重困境。

第一重困境：政府目标与企业目标谁先谁后？政府希望实现国家目标，比如替代进口石油，而私营企业则希望研发能融入公司战略当中，为未来的商业化变现打下基础。如果政府强迫企业服从国家意志，企业就可能会对商业化前景不好的官方课题抱着"交作业"的态度去完成，把承担的科研项目当作积累知识和技术的手段；如果政府过分尊重企业的商业化远景，采取听之任之的态度，那么国家课题的目标就很可能发生偏离。

第二重困境：政府应该尽早集中资源在少数技术路线上，还是给不同企业分配迥异的课题任务？尽早明确技术路线，并集中资源，比如专注于非晶硅，可能以最少的资源换取到较大的成果，却也有可能赌错路线。对不同企业安排不同的课题方向，通过并行开发，多线作战，虽然能提高"至少成功一个"的潜力，但不仅投入规模大而分散，而且实际上也未必就能实现"课题—企业"之间的完美匹配，二者错配可能会导致总体上错失一些技术突破的机会。应该让企业用自己的眼睛去市场上"发现"最适合自身技术实力同时也是最具有突破潜力的技术路线。

第三重困境：政府会不会与企业争利？政府为企业研发提供资助，自然希望拥有所委托项目的专利成果，而企业也希望享有与自身研发投入匹配的成果与专利。如果政府强烈要求专利归国家所有，那么企业研发意愿必然不足；如果政府允许企业拥有专利并将其投入商业化变现，那么政府无法说服公众，这样的公款研发资助是正当的、是以公共利益为目的的。

虽然日本在光伏研发和商业化问题上，在政商关系的制度性安排上出现各种问题，但日本依然对光伏产业做出了杰出贡献，因为日本是第一个形成了较大规模光伏制造业的国家。

1980—1985年，日本新能源开发组织实现了光伏产品降低成本的目标，五年间价格下降了75%~80%。但是在1985年，随着石油价格暴跌，一些公司退出了光伏业务，因为"阳光计划"资助的示范市场太小，且消费电子市场已经趋于饱和，但京瓷、三洋和夏普公司依然选择继续坚持。

20 世纪 80 年代后期，这些坚守下来的公司主张扩大应用市场范围，进一步降低成本。但无论如何，建设大型光伏电站并获取到政府补贴的机会微乎其微。1986 年日本建成的一个 1 兆瓦级光伏示范电站，其组件成本高达每瓦 1000 日元，与暴跌的油价和日本廉价的火电（石油发电）相比，大型光伏电站实现盈利的目标遥遥无期。由于各大企业与通产省平时合作关系密切，所以它们希望"化整为零"，提出了开发小型分布式光伏屋顶系统并寻求政府补贴的诉求。稻盛和夫不厌其烦地向通产省官员进行宣讲，希望政府抓紧时间创造新的市场，不要再在非晶硅上浪费资源和时间了。事后证明，日本光伏产业的腾飞正是来自围绕这一诉求所制定政策路线的有力推动。

1984 年，京瓷利用此前日本太阳能公司的多晶硅太阳能电池技术开始为日本电力公司和海外客户生产大尺寸光伏发电系统。因为日本太阳能公司的带状硅技术没能生产出理想的产品，该公司就改用了德国瓦克公司的多晶硅铸锭技术。京瓷成为第一家采用这一技术批量生产光伏产品的公司。此时稻盛和夫意识到，京瓷的优势就在于果决地引进国外核心技术，然后对其进行优化改进。在引入瓦克公司的技术后，京瓷的太阳能电池市场占有率快速扩大。1995 年，日本多晶硅太阳能电池的产量超过了非晶硅电池。1998 年，全球范围内多晶硅电池产量 79.9 兆瓦，首次超过单晶硅电池的 75 兆瓦，此后多晶硅电池在日本和中国企业的推动下不断提升市场占有率，占据了主流光伏产品市场。

在京瓷改换技术路线之后，1985 年由政府牵头、由多家企业合力打造的 500 千瓦太阳能电池工厂试验运行也结束了，日立、东芝和 NEC 都自愿退出了"阳光计划"项目，从此夏普和京瓷取代了这些巨头在光伏产业的地位，主导了晶硅电池市场。

对通产省来说，这是一个极为讽刺的结果：曾经被官方寄予厚望的关东大型企业退出了"阳光计划"，而原本在计划启动时被排除在外的公司（京瓷），利用"阳光计划"不允许引入的方法（外国企业的铸锭技术），在太阳能电池的开发和制造中取得了突出的成就。事实证明京瓷走对了——铸锭技术在当时的性价比和成熟度都更高，它也成为尚德、英利等中国企业在世纪之交时率先投入国内量产的一种技术。

与日本自上而下进行安排的光伏产业化进程大相径庭，德国的光伏产业化是一场民间运动自发形成的产物。德国光伏产业成长起来的最大动力就是要与德国政府部门"对着干"。

一场"草根"运动引发的能源转型

2000年，德国环境部副部长来到德国莱茵河畔的一处灌木丛中，灌木丛旁边是一个废弃的停车场。他来为一块纪念碑揭幕，准确地说是一块不起眼的石头，只有90厘米高，上面用德语方言写着一句突兀的口号："我们说不！"（NAI HÄMMER GSAIT！）这块石头上镌刻着的是在德国乃至世界历史上第一次由老百姓成功阻止核电站建设工程的抗议运动故事，这场运动引发了德国跨越半个世纪且仍在持续的一场"能源转型"（Energie-Wende）运动。

1980年，在西德刚成立不久的生态研究所的科学家出版了一本能源类图书，书中第一次提出"能源转型"（Energie-Wende）这个词。当时几乎没有政界精英把它当回事，认为想要在德国的能源结构中同时抹杀掉石油和核能，这是不可能实现的——直到2020年，德国98%的石油和95%的天然气还依赖进口。

没有人会想到，今天的德国会成为全球可再生能源转型的领导国家之一，在全球主要经济体当中，德国是可再生能源体系最为成熟的一个工业强国。曾经德国跟中国一样，都是非常倚重煤炭等化石能源支撑经济增长的国家。德国是世界上褐煤储量最大的国家，然而褐煤也是最脏的一种煤。但到了2022年，根据弗劳恩霍夫太阳能系统研究所的数据，德国能源结构中可再生能源净发电量占比高达49.6%——在短短20年间，他们成功将这一比例从3%提升到近50%。有了德国这样的先例，想要同时实现能源转型、"双碳"目标和高质量发展的中国，在这个世界上并不孤单。中国作为世界上人口最多、GDP总量第二、二氧化碳排放量最大的国家，将更有勇气挑战"不可能"：在化石能源消费逐渐减少的同时，保持经济的健康、稳定、可持续增长。

2022年，在俄乌冲突的背景下，我们看到德国尽管经历了极其严峻的能源危机考验，但它们依然不肯轻易重启核电，其背后的意识形态根源也来自这场"能源转型"运动。这场运动的产物之一——2004年修订的《可再生能源法》，为全球的光伏制造行业打开了新市场的大门，让中国光伏产品迅速占领了德国乃至整个欧洲市场，使得尚德、英利等第一批中国光伏企业在短短几年间问鼎全球冠军的宝座，并由此拉开了中国光伏制造业爆发式发展的大幕。然而更令人想不到的是，德国的可再生能源发展，尤其是光伏的发展，是一个从"草根"运动开始自下而上的过程，是一个从"江湖之远"走向"庙堂之高"的故事。

1973年，为了应对第一次石油危机，欧洲国家将解决能源问题的方案转回到国内，加大国内能源的生产力度，而其中核能更是被寄予厚望。整个20世纪70年代是西方核能发展最快的一个阶段。因为核电站一般需要靠近水源，德国、瑞士和法国计划把莱茵河上游地区建成世界上核电站最密集的地方。

维尔（Wyhl）是位于德国、瑞士和法国的交界地带的一座德国小型市镇。20世纪70年代，这三个国家在其上下游不到150千米的路程之内，计划开工建设至少8个核电站，17个核反应堆。

当地政府举办了一场富有争议的全民公决，通过了核电站的建设提案，将土地卖给核电开发者之后，就准备破土动工了。原本维尔镇的居民在石油危机爆发后没有那么大的能力来抵制国家的核能建设，但附近法国老百姓的一场运动给他们"壮了胆"：法国人成功阻止了一个铅制品工厂在当地的建设活动。他们担心工厂会排放出氧化铅，摧毁当地的葡萄园收成。

为了占领铅制品工厂的工地，法国人叫来了当地的消防员，帮他们演练如果被政府官员强行拖走了该怎么办。结果当建设铅制品工厂的工人来到工地时发现，一群爷爷奶奶像站在"萝卜坑"里一样，下半截身体被埋在土里，只露出上半截，工人们觉得又好气又好笑。德国的一些居民还跑过去给法国人帮忙，确保工地日夜都有抗议群众"值班"。随后法国百姓成功阻止了铅制品工厂的建设。

有法国人"珠玉在前"，德国维尔镇的百姓们也不甘落后，他们要阻止核电站的建设。1975年2月，人们冲破围栏，在电站厂址上安营扎寨，其中还有一群弗赖堡大学化学系的学生和几位质疑核电站的老教授。这一次轮到法国人"投桃报李"，来帮德国人站岗了。

在维尔反核抗议者印发的传单上，开头写着这样一句："核电站对周围环境最严重的影响之一将是冷却塔产生的水蒸气。"由于当地有着大片果园和葡萄园，农民担心冷却塔的水蒸气会改变当地气候环境，进而对农作物收成产生不利影响。而我们今日所熟知的核辐射，对当时的民众来说还是非常陌生的。

抗议者相信，抗议活动一要有理有据，用科学来讲道理，二要让大家留在现场，防止当局重新开工。于是同年3月，工地上出现了一座"维尔森林社区学院"（Community College of the Wyhl Forest）和临时搭建的"友谊之家"，人们除了在里面办班授课，讨论能源技术，还开办了关于当地风俗、手工艺、动植物甚至旅游方面的讲座。社区活动日程排得满满当当，使得当地人可以在这里一直活动到晚上，许多当地人第一次了解到核辐射的危害。

德国社会学家迪特·鲁希特（Dieter Rucht）说，当地抗议活动已经超出了维尔地区，影响力向外部扩散。不同于过去某一地区的反核项目，维尔反核运动被理解成了对整个国家的核项目该不该开发的大讨论。在核电站厂址上的抗议活动长达8个月，后来经过长时间的对峙，到了1977年年初，弗赖堡当地法院终于撤销了核电站的施工许可，理由是电站外部安全壳结构存在应对爆炸事故的安全隐患。德国此后5年间都没有新的核电站获批建设。

维尔反核运动的余波未了，德国各地的老百姓也纷纷响应起来。长达8年的时间，维尔森林社区学院的科学家们轮流到附近的核电拟建地区发表演讲。他们也意识到，即便他们说得理性、中正、客观，但公民之间的讨论效果有限，他们缺乏一种与政府和企业的直接对话渠道。于是1977年，为了获得更切实的影响力，27个受过科学训练的反核人士在弗赖堡成立了应用生态研究所（Eco-Institute），为公民的诉讼程序提供科学支持、专家报告，并安排技术专家出庭作证。

这个"草根"研究所从一开始就是非主流的。它让很多老百姓意识到，主流的科学家都站在大型公用事业公司的一边，比如核电和煤电公司。正规的大学和研究机构里没有学术位置留给这些反对传统能源的人，这个应用生态研究所给这些善于批评、质疑的科学家安了一个家。这一研究所的首发成果，就是《能源转型》(*Energie-Wende*)一书，书中惊世骇俗地提出，德国可以完全退出核能，摆脱对石油的依赖，并首次提出了一个全新的德文单词"Energie-Wende"。几十年后，"Energie-Wende"已成为默克尔等德国政要随时挂在嘴边的一个词。《能源转型》书中还提出了一个革命性的命题，也就是经济增长可以和（传统）能源的增长脱钩——在传统能源消费减少的同时保持经济扩张。这一能源意识形态堪称先锋，虽然当时二氧化碳过度排放导致全球气候变暖还没有成为国际热议的主流话题，但"能源转型"的可持续发展思想却与"碳中和"的理念一脉相通，比《京都议定书》的签订早了17年，比欧盟立法确定实现碳中和时间早了40年。

受到这一思想精神感召的不仅有反核人士中的科学家，还有更多参与反核运动的普通人，他们深知，如果真的要让反核运动得到更广泛的认可，就不能"只破不立"，必须"既破又立"，给出替代核能的解决方案，也就是发展可再生能源。从1974年开始，反核活动就与当地对太阳能的推广紧密联系了起来，很多科学家、工程师和工匠聚集在反核活动现场，讨论如何打造太阳能设备的试验。1976年，巴登大区（如今德国巴登—符腾堡州的一部分）的活动人士和环保组织成员在维尔赞助举办了德国第一场太阳能技术展览。这场展览上只有维尔当地人做出来的12台太阳能设备，却吸引了超过12000名观众。比如一位电工维尔纳·米尔德布拉斯（Werner Mildebrath）展示了他自己用花园浇水的软管和深色油漆面板做出来的太阳能系统，放在屋顶上可以给自家供应热水。后来这个电工成立了一家小型太阳能公司。后来维尔纳将太阳能热水器出口远销至埃及，还做出了可能是德国第一块可以稳定运行的太阳能电池板。当地年轻的反核人士罗尔夫·迪施（Rolf Disch）成立了自己的太阳能建筑公司，还为弗赖堡足球场屋顶安装了太阳能装置。几年以后，当地的这一太阳能技术展览规模越来越大，逐渐变成了每年举办的弗赖堡生态贸易博览会（Eco-Trade Fair in Freiburg）。2000年，弗赖堡举办了国际太阳能展览会，这是全球最大的太阳能行业展会，至今它都是中国光伏企业家和高管们高度重视的海外展销活动。在施正荣等中国光伏企业家早期拓展海外市场拿下订单的过程中，这一展览会起到了举足轻重的营销作用。

奥拉夫·斯罗威格（Olaf Srowig），一个曾经在维尔森林社区学院学习过的年轻人，想到如果要发展可再生能源、弘扬"维尔精神"，最好的方法就是培养更多能够熟练制造可再生能源产品的匠人。于是1982年，当他成为贸易学校的校长时，他开始招募老师开授可再生能源技术课程。不久，当地出现了几百家与可再生能源相关的公司，后来更是每周都有3~4个电话打到学校来招聘熟练的技术工人。

物理学家阿道夫·戈茨伯格（Adolf Goetzberger）教授曾经在美国贝尔实验室研究晶体管。回到德国以后，他受到"维尔精神"的激励，说服了弗劳恩霍夫协会的会长，于1981年成立了著名的弗劳恩霍夫太阳能系统研究所（Fraunhofer ISE），它后来成为全欧洲最大、最知名的光伏研究机构。戈茨伯格后来还将国际太阳能协会（International Solar Energy Society）成功吸引到弗赖堡落户。他说："早期太阳能市场蓬勃发展的原因是人们把追求太阳能技术当作一种纯粹的爱好，他们（指维尔纳等人）的客户更关心这种新能源的开发利用，而不在乎成本。"1986年切尔诺贝利核事故之后，欧盟委员会还为弗劳恩霍夫太阳能系统研究所的一个光伏项目提供了资金支持。1992年,一个36岁的中国人经过层层选拔,获得了中国科学院"留学基金奖学金"的公派留学名额,前往德国弗劳恩霍夫应用材料研究所开展纳米研究。1995年,他遇到了对他有知遇之恩的弗劳恩霍夫太阳能系统研究所的副所长弗尔克尔·维特韦尔(Volker Wittwer)博士。受其影响,这个中国人找到了自己今后坚守一生的科研方向——太阳能光伏技术研究。他的名字叫沈辉,中国最著名的光伏领域学者之一。当他回到国内以后,2005年,他以弗劳恩霍夫太阳能系统研究所为标杆,在广东创办了中山大学太阳能系统研究所,此后为中国光伏行业输送了数百名硕士和博士研究生。

到了20世纪90年代,弗劳恩霍夫太阳能系统研究所开始研究一个普通家庭住宅能不能不接入电网、只靠太阳能就获得一年当中所需的全部电能和热能的课题。他们不仅改造了这样一户住宅,还让一家人真的在其中住了一年。后来在中国,受到欧美光伏发展动态的启发,天合光能的创始人高纪凡也做了这样一个"太阳房"。2015年,由弗劳恩霍夫太阳能系统研究所保持的多晶硅电池效率世界纪录也是被天合光能打破的,这是第一次有中国企业刷新了被美国可再生能源实验室认证的太阳能电池效率世界纪录。

1986年切尔诺贝利核事故发生后,德国舍瑙附近的监测点率先检测到异常的辐射水平。紧接着德国大部分地区降下了受辐射污染的雨水,这进一步加剧了德国国内对核能的反对。同年,德国联邦政府成立环境部。

此时的德国人已经将"反核"与"支持可再生能源"紧紧地联系在一起,"维尔精神"的影响进一步扩散,维尔所在的德国南巴登地区的很多居民将能源转型付诸行动。舍瑙村的居民决定集体出资买下当地电网,这样公用事业公司的核电站就没资格来给他们卖电了。为此他们进行了坚决的斗争,最终成为德国第一批专门提供可再生能源电力的电网运营商,德国其他地方的居民也开始效仿。后来修订的联邦法案允许他们在全国范围内销售清洁电力。

而维尔反核运动的参与人士当时也意识到,当地政党德国基督教民主联盟（简称基民盟，后来德国总理默克尔所在的政党）支持核电发展，不能代表当地民众的利益，所以他们决定推选一人担任州议会议员，这成为当地成立"绿党"的动因之一。1983年，绿党进入德国联邦议院，成为登堂入室的政治党派。1986年，德国《明镜周刊》封面上刊登了一幅水下科隆大教堂的图片。不久之后，时任德国总理赫尔穆特·科尔（Helmut Kohl）在德国议会谈到"全球变暖的严重威胁"，从此"退核"与"应对气候变化"成为德国能源转型合二为一的目标。1989年，德国联邦议院就气候变化问题成立了一个特别委员会，其中就包括一位应用生态研究所的董事会成员。发展至今，德国可再生能源的行业协会组织已经拥有了数十名专业说客，他们在协会、绿色能源智库、地方官员和德国各党派成员之间建立起紧密的联系网，保障并促进可再生能源发展在政治上获得更大的支持。

应用生态研究所在德国首次提出了"标杆电价"（feed-in tariff），而欧洲最早提出这一概念的国家是丹麦：1988年，丹麦为风力发电政策引入了"标杆电价"。1991年，正是受到丹麦相关法案和美国1978年的《公用事业管制政策法案》的启发，德国绿党和其他党派联合起草了《电力上网法》（*Electricity Feed-in Act*），法案借鉴了美国加州"临时标准报价合同#4"的成功经验，确保了可再生能源发电要并入电网，且小型的能源生产商在并网后可以获得有保障的固定价格，这一价格高于火电的上网价格，也就是"标杆电价"（或者称"上网电价补贴"）。法案要求运营电网的公用事业公司为这些可再生能源发电厂提供的电力支付其中的溢价部分，而不是从公共预算资金中拨付，最终完全由电力供应商及其客户承担。法案出台后有效推动了德国风电建设，因为法案中风电和光伏的上网电价相同，都是零售电价的90%，而当时风电的成本更低。1990—2000年，德国陆上风电发电量从71吉瓦时增长到9513吉瓦时，甚至超过了丹麦，而光伏发电量增长较少，只从1吉瓦时增长到60吉瓦时。"标杆电价"政策后来传播到许多国家并进行了改良，成为中国光伏、风电等可再生能源爆发式发展过程中最为重要的政策保障。截至2012年有超过65个国家应用了这一政策，它在可再生能源发电成本还高于火电的早期阶段，保障了相关投资者的收益，从而刺激了社会对可再生能源项目的投资热情。

1992年，德国太阳能促进协会（Solarenergie-Förderverein Deutschland e. V.）的创始人沃尔夫·凡·法贝克（Wolf Van Fabeck）动员其他市民，一起在亚琛市提出了高于国家标准的"标杆电价"补贴倡议，并在1994年获得了亚琛市议会的批准。当地建设的光伏电站可以获得每千瓦时2德国马克（约合人民币7~8元）的"标杆电价"，随后几十个城市效仿亚琛市出台了类似政策。这些政策同样刺激着各路企业进入光伏制造业，包括后来成为世界第一的Q-Cells，以及为中国光伏界所熟知的Solar World。Solar World在弗赖堡的生产线是德国第一个拥有光伏专用设备的光伏制造工厂。

到了1998年，绿党和德国社会民主党组成联合政府上台执政，越来越多支持可再生能源的想法得以付诸实施，包括提高可再生能源在电力结构中的份额——到2050年达到50%。更为重要的是，德国政府于2000年推出的《可再生能源法》，对太阳能、沼气等成本高于风电的可再生能源项目设置了更高的"标杆电价"，同时保证这些项目享受的"标杆电价"可以长达20年的时间。为了"安抚"来自保守派和经济部的反对者，法案借鉴日本的补贴退坡政策，保证补贴费率将每年下降5%，政府方面每过一段时间就将"标杆电价"进行下调，督促相关企业通过技术进步实现发电成本下降。法案还要求公用电力事业公司优先购买、销售可再生能源电力，同时引入"可再生能源附加费"，用来补偿政府给予的"标杆电价"和实际卖电价格之间的差额，并将这一附加费的支出分摊到国内电力消费者的电费账单当中，经测算每个家庭每月需支出20欧元。同时，这一部《可再生能源法》还对德国不同地区的可再生能源情况进行"区别对待"，比如风力资源好的地方，每年风力发电小时数多，电价就相应降低到5美分/千瓦时左右，而在风力资源欠佳的地区，发电小时数少，电价则为9美分/千瓦时，目的是鼓励企业在全国各地建设可再生能源发电设施。标杆电价、补贴退坡、可再生能源附加费、电价补贴标准分地区划定，这些重要的政策工具后来都被中国政策制定者吸纳并用于中国本土的可再生能源政策当中。

1991年《电力上网法》和2000年《可再生能源法》的其中一位重要发起人是德国著名政治家、德国联邦议院议员赫尔曼·舍尔（Hermann Scheer）。他十分钦佩美国前总统卡特在任时期为推广太阳能利用所做的关键性工作，但他也眼见这些努力被后来上任的总统破坏，因为传统能源和经济部门的利益集团会进行反扑。于是在构建德国可再生能源的法律体系时，他首先借鉴了当时近20年来全球的可再生能源政策，包括亚琛等城市的市政补贴计划、日本通产省的"千屋顶计划"和美国的ISO4：与美国ISO4一样，电网运营商要保障收购小型分布式电力生产商所生产的电力；与日本政策一样，德国推出了德国版的"千屋顶计划"，联邦政府提供总投资50%的投资补贴，州政府提供20%；与亚琛市的市政补贴一样，法案要保证固定的上网电价。同时，他还吸取了过去很多可再生能源补贴"一碗水端平"的教训，将风电和光伏等技术成熟水平不同、发电成本不同的能源补贴力度区分开。最后，他吸取卡特政府的教训，在法案中设置好了各类量化指标，但没有把法案的执行委托给单个政府部门，回避了政府高层中的强力反对者，化解了来自德国保守经济部门的干预风险。这些都是德国可再生能源政策得以在21世纪初长期较好执行的制度根基，也成为中国《可再生能源法》政策制定者的宝贵镜鉴。

2002年，德国可再生能源相关的政府工作从经济部门转移到环境部门。曾经代表传统能源行业利益的德国经济部门从此无法直接反对并干预可再生能源的发展。德国能源转型获得了由绿党主导的环境部门更加坚定的支持。

在德国，由一场简简单单的反核运动所衍生出的，是一整个覆盖在弗赖堡地区的可再生能源创新网络，其中包括：新的政治党派、可再生能源协会、太阳能制造企业、相关科研院所、技能培训学校、环保非政府组织、游说团体、居民所有的清洁电网等。1986年的切尔诺贝利核事故和后来引起国际热议的气候问题进一步提高了当地这一创新网络的知名度和合法性地位，社会民主党正式在其政党纲领中提出了"逐步淘汰核能"的目标，希望在10年内将其完成。曾经被视作"乌托邦"一样的疯狂想法，从此成为化石燃料和核能的替代品而被严肃对待。

却顾所来径，苍苍横翠微

2020年9月22日，中国国家主席习近平在第七十五届联合国大会一般性辩论上的讲话中指出，中国将提高国家自主贡献力度，采取更加有力的政策和措施，二氧化碳排放力争于2030年前达到峰值，努力争取2060年前实现碳中和。"碳中和"指的是国家、企业、产品、活动或个人在一定时间内直接或间接产生的二氧化碳或温室气体排放总量，通过植树造林、节能减排等形式，以抵消自身产生的二氧化碳或温室气体排放量，实现正负抵消，达到相对"零排放"。2030年前实现碳达峰、2060年前实现碳中和，是以习近平同志为核心的党中央统揽全局、站高谋远，围绕绿色发展做出的重大战略决策，为未来40年中国光伏产业的发展指明了方向。如果我们回顾历史，会发现自20世纪70年代以来，中国历届领导集体都为中国如今锚定的碳达峰、碳中和目标打下了坚实基础，而中国光伏行业的发展也不断交织其中。

1972年，第一次联合国人类环境会议（斯德哥尔摩会议）首次提出关于"气候变化"的议题。当时中国派出由时任冶金工业部部长唐克率领的高级代表团参会，回国后他们向党中央做了汇报。周恩来总理富有前瞻性地指出，要充分关注西方国家在发展过程中环境保护与经济发展之间相互关系的问题，并提出要推动能源问题研究的要求。当时中国的领导人就指出，我们不能走西方国家"先污染后治理"的老路，如今看来这是十分重要的思想进步。1974年，中国成立国务院环境保护领导小组，小组成员包括谷牧副总理在内的一批高级干部，他们通过大量的考察、研究，对西方经济增长与环境可持续发展之间的关系有了充分的了解和认识。1979年，

《中华人民共和国环境保护法（试行）》开始颁布施行。

1974年8月30日，周总理在病房里打电话到中央专门技术办公室，询问太阳能的应用情况。周总理的关注，让中国科学院开始牵头组织，成立了全国太阳能协调组，并有了后来的《全国太阳能科技发展十年规划（1975—1985年）》。

20世纪70年代后期，中国陆续建立了一批能源研究所，其中包括北京市太阳能研究所、农业农村部成都沼气科学研究所等。中国出现了一批新能源研究机构，诞生了一批新中国最早研究可再生能源的专家。到20世纪90年代初，北京市太阳能研究所已经可以将晶体硅电池的实验室转换效率提升到近20%（2022年中国大规模量产的主流单晶PERC电池转换效率在22%～23%），但因当时缺乏设备和工艺，无法实现产业化。

中国于1958年开始研究太阳能电池。1959年，中国科学院半导体研究所研制成功了国内第一片具有实用价值的太阳能电池。1971年，太阳能电池首次成功应用于我国发射的"实践一号"卫星上，这是中国发射的第二颗人造卫星。卫星上、下半球梯形平面上各安装了14片单晶硅太阳能电池组件，每片组件由60片太阳能电池组成。1973年，光伏作为天津港的航标灯电源，实现了国内的地面应用，但受产业发展状况的影响，光伏产品使用范围一直较窄，用量也不大。20世纪70年代，国内组建了光伏产业化的"国家队"，包括云南半导体器件厂（以下简称"云南半导体"）、秦皇岛华美太阳能等几家最早的中国光伏企业。从这些企业中走出了中国光伏制造业的拓荒者，比如从云南半导体走出来到天合光能帮助高纪凡的邱第明，从新疆太阳能研究所走出来的余国光，中国电子科技集团公司第十八研究所的于培诺等，他们点燃了中国光伏技术和产业化发展的第一把火。

20世纪80年代初，在国家科学技术委员会（简称"国家科委"，后改名为科学技术部）的组织下，石定寰等专家编写了中国首部《能源政策大纲》，1981年国家科委向中央提交了关于中国能源问题的十三条建议。据石定寰回忆："当时邓小平同志看到后，认为这个建议很有见地，并明确指出能源是经济的基础"。不久之后，石定寰等专家又提出了新能源的十六字方针："因地制宜，多能互补，综合利用，讲求效益"。这些方针至今看来仍然是不过时的。也是在"六五"计划（1981—1985 年）期间，中国将可再生能源纳入国家能源政策范畴，新能源领域的科技攻关被纳入国家计划，并被认为是"远有前景、近有实效"的能源利用形式。改革开放初期，在国家资金很有限的情况下，国家科委在风能、太阳能等新能源研究开发领域获得了一笔经费。

1982 年，在美国密西西比州的世界博览会上，中国展出的各类太阳能热水器、太阳能航标灯等产品吸引了众多目光，其中一艘中国的小型太阳能龙舟博得了满堂彩。与此同时，中国参会的世界首届新能源与可再生能源大会在肯尼亚的内罗毕召开，各国共同签署了《内罗毕宣言》，从此可再生能源领域的国际合作交往日益频繁。北京大兴建立了一个中德合作的新能源示范村，中国引进了德国的光伏、光热、风电等技术。此后，在石定寰等人的积极推动下，中欧合作不断深入。1986 年，国家计划委员会（简称"国家计委"，后改组为国家发展改革委）在农村能源"七五"计划中列出了"太阳能电池"这一专题，全国有 6 所大学和 6 个研究所展开了对晶体硅电池等的研究。在多晶硅领域，中国引进了国外的先进技术，在云南省和浙江省建设了两条生产线，分别生产原料和多晶硅电池，带动了中国多晶硅的发展。到 20 世纪 80 年代末期，中国太阳能电池产能从几百千瓦提升到 4.5 兆瓦，其中有 3.5 兆瓦产能都是单晶硅产线。这一产业化过程，使得在 1986—1990 年，也就是"七五"计划期间，国产太阳能电池的价格从 80 元 / 瓦下降到 40 元 / 瓦。这一产能水平持续到 2002 年，我国的太阳能电池实际年产量总和在 2 兆瓦左右，而当时日本夏普一家公司产能就超过 100 兆瓦。20 世纪 90 年代末，国产组件成本高达 35 元 / 瓦，平均售价 44 元 / 瓦，均高于进口产品。而且国产电池片效率较低，组件封装水平有限，部分工厂的产品使用 3～5 年就出现发黄起泡、焊线脱落的情况。

1988 年，联合国成立政府间气候变化专门委员会（IPCC），这个机构后来对引领、推动全球应对气候变化达成各项重要共识起到了重要作用，并不定期发布气候变化方面的权威报告。中国由当时的国务委员兼国家科委主任宋健带队，组团参加了 IPCC 报告的评估。1992 年，联合国制定了《联合国气候变化框架公约》（简称《公约》）。此时宋健向国家提出建议，因为气候变化问题不是简单的环境问题，而是一个环境、科学与发展相互交织的综合性问题，需要综合性部门来负责，希望由国家计委和国家科委来联合主抓这项工作。在《公约》的指引下，很多国家开始制定本国的《21 世纪议程》，而中国的这两大部门也开始联手研究这一问题。1994 年 3 月 21 日起，《公约》对中国生效，中国成为最早签署《公约》的国家之一，并成功与其他国家一道，推动达成了"共同但有区别的责任"原则，即发达国家在工业化过程中排放大量温室气体，应承担减排的主要责任，发展中国家如果能得到发达国家资金和技术援助，在不影响自身发展的同时自愿减排。

1994 年 3 月 25 日，《中国 21 世纪议程（草案）》经国务院常务会议通过。中国提出了自己的可持续发展总体战略与政策，指出中国太阳能开发利用前景广阔，并正式提出在国内发展太阳能、风能等可再生能源，同时加强光伏材料和设备的研发，目标是：到 2000 年之前，太阳能年利用量达到 200 万～300 万吨标准煤。这样自上而下的可持续发展战略规划为中国培养了一批熟知可再生能源的优秀干部，现在他们当中很多人已经身居要职。从那之后，可再生能源的发展开始被正式列入五年发展规划、国家科技攻关计划中。一些政府部门开始安排新能源专项，比如 1995 年，国家计委、国家科委、经贸委（全称"国家经济贸易委员会"，后被撤销）三大部委制定了中国第一个新能源发展规划——《中国新能源和可再生能源发展纲要（1996—2010）》，国家已经看到美国、日本、德国等国在光伏等新能源领域的各项举措和成就，并决定从此以后扩大太阳能的开发利用，把推广太阳能热水器、光伏发电系统作为重点来抓。其中在光伏领域的资助项目囊括了单晶硅、多晶硅、薄膜电池等多个技术方向，相关的研究资助帮助了中国第一批光伏民营企业实现立足，比如曹仁贤的阳光电源。1996年，中国太阳能热利用行业年销售额首次突破10亿元，达到12亿元，2003年太阳能热水器行业产值达到120亿元。1997年《京都议定书》的签订，又激励了高纪凡、苗连生等人投身前景光明的光伏行业。截至1997年年底，中国累计安装7万个户用光伏系统，总容量1.3兆瓦。此后世界银行通过全球环境基金项目（GEF）对中国进行贷款、捐赠，向中国边远地区推广了20万套户用光伏系统，荷兰政府向新疆赠送近10万套户用光伏系统，德国政府无偿援助中国2000万德国马克，支持中国改善边远地区贫困人口基本用电问题，日本、美国和欧洲企业也有类似的捐赠和示范项目。在光明工程的带动下，夏普、西门子、壳牌、三洋等企业进入中国市场，以较快的速度占据了一定的市场份额。当时正在法国光伏企业工作的瞿晓铧也是在这一时期频繁造访中国西部地区，为无电地区的居民提供太阳能产品，并由此对中国光伏市场有了初步的理解，还结识了一批行业内的好友，这些人后来成为阿特斯公司创立时就加入的元老。

2002年9月，时任国务院总理朱镕基飞赴南非约翰内斯堡，出席可持续发展世界首脑会议。时任德国总理施罗德在大会上提出在全球推动"可再生能源行动计划"。朱镕基总理也在那次大会上宣布中国已核准《京都议定书》，并承诺发展可再生能源。于是在2002—2003年，中国政府拨款近30亿元来支持"送电到乡"工程，以西部和北部地区7省共计700多个无电乡镇作为建设重点，光伏组件用量达到15.5兆瓦，由此催生出一批项目，推动国内建成了几条光伏组件的封装线，国内产能迅速达到100兆瓦，天合光能、阳光电源、无锡尚德等企业也在光伏领域赚到了宝贵的"第一桶金"。这是当时世界上最大规模的农村无电地区太阳能光伏发电工程，全国有40万~50万套户用光伏系统进入农牧民家庭，解决了1000多个无电乡130万人口的用电问题，工程总投资47亿元。

也正是从那时开始，中国制定自己的《可再生能源法》被提上了议事日程。为了在制定法案过程中有效借鉴国际先进经验，官方组织了两个代表团，由国家发展改革委能源研究所的两位同志王仲颖和李俊峰分别率队，一队去美国和澳大利亚考察，另一队前往欧洲和日本学习。国家发展改革委能源研究所还邀请了德国、日本、澳大利亚等国的专家讲述它们可再生能源相关法案的制定经验。在此基础上，国家发展改革委能源研究所将国际经验与国内实践相结合，制定了具有中国特色的《中华人民共和国可再生能源法（草案）》。李俊峰、史立山、梁志鹏三人负责全文的逐字定稿，到法案快成型的时候，国家发展改革委副主任张国宝进行审阅，逐段地讨论、修改、校对，最终定稿。

《中华人民共和国可再生能源法（草案）》以法律形式规定了"国家将可再生能源的开发利用列为能源发展的优先领域"，明确表示国家鼓励和支持可再生能源并网发电。其中第十九条写道："可再生能源发电项目的上网电价，由国务院价格主管部门根据不同类型可再生能源发电的特点和不同地区的情况，按照有利于促进可再生能源开发利用和经济合理的原则确定，并根据可再生能源开发利用技术的发展适时调整。上网电价应当公布。"第二十条写道："电网企业依照本法第十九条规定确定的上网电价收购可再生能源电量所发生的费用，高于按照常规能源发电平均上网电价计算所发生费用之间的差额，附加在销售电价中分摊。具体办法由国务院价格主管部门制定。"这两条为国内后来按照不同地区日照条件划分I、II、III类资源区，并推出光伏标杆上网电价提供了法律依据。

2006年，《国民经济和社会发展第十一个五年规划纲要》提出，"十一五"期间单位国内生产总值能源消耗降低20%左右，并首次单独设立一节，提出"大力发展可再生能源。实行优惠的财税、投资政策和强制性市场份额政策，鼓励生产与消费可再生能源，提高在一次能源消费中的比重"。

从20世纪下半叶到21世纪初，中国在可再生能源政策性立法工作、科学技术研究成果积累、初步产业化建设、示范性应用项目等方面取得了诸多进展，为2004年后中国光伏制造业崛起及2013年后国内光伏应用市场的发展奠定了坚实基础。

第二章
创业维艰

撕掉海报的"万元户"学生

1959年,江隆基调任兰州大学党委书记兼校长。来到兰州后,他着急要见的第一个人便是兰州大学上一任校长林迪生。二人聊起兰州大学现状和北京大学往事,在攀谈之际,提起了北京大学前教务长兼化学系主任曾昭抡。江隆基说:"我们经常一起开会,他是一位非常了不起的化学家,吉林大学的唐敖庆就是他的得意门生。"原来在1952年,江隆基风尘仆仆地来到北京大学前不久,中国化学学科的奠基人和早期领导者曾昭抡刚刚离开了北京大学,于1951年出任中华人民共和国教育部副部长兼高教司司长。曾昭抡在北京大学化学系的20年,是化学系从急待复兴走向全国一流的转折时期,所以江隆基到北京大学时,非常感念曾昭抡给化学系留下的"好底子",也对二人没能在北京大学共事一场深表遗憾。

曾昭抡是化学界的大教育家,他最得意的门生唐敖庆后来成为中国理论化学界的领军人物。唐敖庆的开创性研究,奠定了中国理论化学的基础,成为中国理论化学走向世界的重要基石。1945年美国"曼哈顿计划"试爆原子弹成功,曾昭抡带着作为助手的唐敖庆前往美国学习考察,同行的还有华罗庚,以及吴大猷的助手李政道。

1952年,中央决定进行全国高等院校的院系调整,曾昭抡以全局战略眼光，特别留意加强边远薄弱地区的高等教育。他建议在长春建立一所重点综合大学。按照他的意见，新建东北人民大学（1958年更名为吉林大学），作为教育部直属全国13所重点综合大学之一。曾昭抡从北大、清华点名抽调了一批优秀教师支援这所学校。于是1952年，作为北大化学系教授的唐敖庆被调到东北人民大学工作。1978—1986年，唐敖庆一直担任吉林大学的校长。

唐敖庆赴东北的33年之后，千里之外的南京大学化学系，一个名叫高纪凡的学生正在追着老师和同学问问题。对知识的渴求，使高纪凡养成了勤学好问的好习惯，但很多问题都超出了书本的范围，有时甚至连老师也无法给出满意的答案，于是在一次请教问题时，有位老师不经意间说出一句：你去问唐敖庆教授吧！

这句话让高纪凡眼前一亮。唐教授在物理化学和高分子物理化学，特别是量子化学方面造诣颇深，被誉为"中国量子化学之父"。他心想：对啊，为何不去报考唐教授的研究生呢？于是在1985年，高纪凡如愿被吉林大学理论化学研究所录取。三年后，他和同班的22个同学成了唐教授的关门弟子。多年以后，这个"爱问问题"的学生依然对唐教授心怀感念："他对我的影响很大，对我很好，就像父亲。"后来高纪凡在老家常州创办的天合光能成为全球光伏制造业的领军企业，高纪凡本人也成为中国光伏行业协会的首任理事长，但他第一次创业并不是在常州，成立的也不是光伏企业。

1964年，高纪凡出生在常州市武进区（现新北区）小新桥镇。从小性格内向的他喜欢读书看报，有一次他在村委会看报纸时，一些大人觉得他有些"可笑"，便嘲笑他"大人看报，娃也看报？"意思是他小小年纪装模作样瞎胡闹。从小学到中学，高纪凡一直是"学霸"，家里的墙上贴满了"三好学生"的奖状。1981年高考，他高分考上了南京大学化学系高分子化学专业，比招生基准线高出25分，在小镇上引起了轰动。

1986年，研究生在读的高纪凡随老师一起南下调研，在长三角地区发现一些乡镇企业正在做各种与化工相关的实验，还能直接转化为成果，生产各种日用化工产品，比如合成涂料，市场需求旺盛，一些小企业一年就有几百万元的销售收入。高纪凡等人受到企业主的热烈欢迎，因为他们很想做高附加值的高端产品，但很多小企业员工学历都很低，招不到高才生。高纪凡就跟老师提出，能不能让学校知识走出象牙塔，帮企业提升产品科技水平？老师很认可，却告诉他不可行，囿于当时的体制局限，科研与产业的结合极为艰难。但在此刻，一颗种子在高纪凡心里扎下了根。

回到学校，高纪凡和这些企业主依然保持着联系，企业主经常写信向他讨教技术问题，还问他能不能帮忙解决化工原料短缺的问题，比如聚乙烯、聚丙烯。当时国内原材料价格实行双轨制，国有企业按计划价采购聚乙烯，一吨只要2500元，而乡镇企业只能用市场价采购，一吨5000元。22岁的高纪凡买来红纸，在吉林大学理化楼前贴了一张大海报：家乡企业急需原材料，谁能搞到，每吨将给予300元的奖励。对比一下，当年高纪凡一个月的研究生生活补贴只有62元。第二天系里的辅导员就找到他说这不合规，让他把海报撕掉。但消息已经不胫而走，第三天就有人来寝室告诉高纪凡可以搞到货：一共30吨，每吨2500～3000元的计划价格。当高纪凡兴奋地拿着批条去提货时，发现工厂竟然不负责发货，为了找车皮把货运回南方，高纪凡奔波了大半年的时间。

没想到，在春节回家的火车上，高纪凡对面一位三十多岁的大哥，正好是某军区后勤部某地工厂管物资采购的主任，他管理的部门有专业车皮，二人一拍即合。当这30吨的原料顺利抵达南方后，大学生高纪凡大约赚到了3万元钱。这个"万元户"的消息在吉林大学化学系里炸开了锅，他买来好烟好酒，七毛六分钱一包的"大人参"牌香烟送给同学们随便抽，对待大家豪爽又大方。而这些在他看来都不算什么，将知识成果转化以后，变成企业的先进生产力，才是他最惦记的事情，也是他在得到"第一桶金"以后，眼光最长远、最独到的地方。他的心里还惦记着南方化工企业的需求，于是他决定跟两个同学去南方考察。

他们一行刚到距长春百余公里外的四平，一家小型国有化工厂厂长见到这些研究生顿时来了兴趣："你们到我这儿来，我的厂长不当了，你们当。"但高纪凡一行并没有因此停下脚步,他们一路走一路看,二十多天后,抵达了最终的目的地——深圳,在那里他们看到了一个沐浴在改革春风里的别样世界。

1988年夏天,23岁的高纪凡从吉林大学化学系研究生院物理化学专业毕业,他站在导师唐敖庆的面前,嗫嚅着说:"我不想去伯克利留学,我要去创业做企业。"唐教授听完没有批评他,而是沉默了几分钟,缓缓地说:"这段时间你去哪里了?"高纪凡一五一十地讲了去南方考察的经过。唐教授说:"你要想清楚啊,你一旦离开学校这个体系,是不可能再回来了。这条路没人带你的,你在学校里面我可以带你。你回去想三天,考虑清楚,三天后再来找我。"三天后,高纪凡推开导师的家门:"想了以后,还是想干!"唐教授同意了并叮嘱他:"将来不管遇到什么困难、挑战,一定要坚持不懈地走下去。"高纪凡一直将这句话牢记在心中。在教完高纪凡这一届学生后,唐教授则奔赴北京,担任国家自然科学基金委员会首任主任。

1988年秋天,高纪凡和两个同学又来到了深圳,为了省钱,住在一个老同学的宿舍里。经一位老师的介绍,他们认识了一个想找项目投资的老板。当时国内物资短缺,很多产品都需要进口,加工贸易盛行。投资人拿了些样品,让高纪凡他们模仿研制新产品。三个人用了6个月的时间,边查资料边做试验,最终做出了6种产品,其中一种,是对手表表壳进行电镀处理的化学试剂,手表表壳放进去以后能处理得锃光瓦亮、光洁如新。投资人拿到香港去检测,效果很好,于是出资成为他们的"天使投资人"。

他们在深圳图书馆附近找了一个铁皮仓库的小房间安顿下来,六七平方米的空间摆下两张双层床,上层睡觉,下层做实验。由于舍不得去外面吃饭,三个大小伙子就把4毛多钱一包的方便面煮上10包,就着榨菜一起吃。不会用广东话交流,他们就跟着电视学起了广东话。三四个月之后,他们研发出一种用于处理家电表面的化学制剂,实现了对高价英国产品的"国产替代",赚到了创业的第一桶金。不久,三人决定转战"小家电之都"顺德,并先后拿下了华宝和美的的订单,年销售额突破1000万元。

但高纪凡的广东创业之旅却就此画上了句号。

高纪凡的藏地密码

1992年,高纪凡匆匆告别了广东。当年3月,高纪凡等三人卖掉了企业,原因是合伙人吴兵拗不过父母,要去美国读书了。在老家常州市政府领导的盛情邀请下,高纪凡决定回乡创业,成立了常州武进协和精细化工厂。

当时全国各地高楼拔地而起,一家英国公司的高档铝板幕墙大受欢迎。高纪凡的工厂为这家公司的幕墙材料做表面喷涂处理,但这种下游业务利润不高。于是1995年,高纪凡将公司业务向上游延伸,从日本购买生产线,开始自己生产铝板幕墙。从小项目一点点积累,直至接到了中央军委大楼(现名"八一大楼")的幕墙订单。高纪凡在制造过程中将"质量第一"的理念发挥到了极致。一批铝板在高温焊接时出现轻微变形,工人抱有侥幸心理,觉得装到大楼高处人们也看不出来,毕竟板子金贵,一块要卖2000多元。结果高纪凡知道以后拿起一把锤子冲进车间,把这批板子砸了个稀烂,全车间的工人面面相觑,毕竟这每一锤子都是工人好几个月的工资。正是凭着过硬的质量,公司获得了军委大楼这个800多万元的项目,成功在行业内立足。1997年年底,公司改名为天合铝板幕墙制造有限公司,但让高纪凡头疼的事情又来了。

虽然公司每年可以做到几千万元的销售额,但建筑行业工程款拖欠问题严重,有时候甚至因为无法回款,连工人工资都发不出来。他一直在思考谋划新的业务方向,这时一位大人物的点拨解开了高纪凡的困惑。作为知识分子企业家,高纪凡被吸收进了江苏民主建国会,成为一名民主党派人士。1998年年底他被派往北京学习,其间,他认识了当时的中国民主建国会中央委员会主席成思危。二人聊天时,高纪凡指着马路对面的一幢大楼说："这个项目的幕墙就是用的我们公司的产品。"成思危饶有兴致地说："挺好，挺漂亮，这个东西老百姓能不能用？"高纪凡说："主要是金融机构的办公大楼用，一平方米四五千元，老百姓用不起。"成思危接着说："能不能做一些让老百姓能用得起的东西？"高纪凡说："好，我回去研究一下这个课题。"

回去以后，高纪凡就开始认真查资料、做研究。正是受成思危的点拨，高纪凡得以打开思路了解到太阳能产业。曾经的合伙人吴兵给他从美国寄来了最前沿的商业技术资料，其中就包含克林顿政府的"百万太阳能屋顶计划"资料，高纪凡看到后顿时眼前一亮，心想：这不就是成思危主席说的老百姓用得起的东西吗？

他延续了铝板幕墙的思维，想要探索出一条光伏和建筑的结合之路，这也是天合发展过程中的一个重要"基因"。这家当时只有几百人规模的小公司，成了中国民营企业中探索"光伏建筑一体化"（Building Integrated Photovoltaics，BIPV）的先驱。高纪凡意识到做这件事需要凭借"外力"，寻找智囊，于是他请到了河海大学苏南经济发展研究所的安文教授和机电工程学院的经士农教授，为他出谋划策。安文教授向高纪凡提了三条建议：一是传统行业机会不大，一定要坚定发展光伏这样的新兴产业；二是天合要力争上市；三是要让核心员工成为百万富翁。这三条建议高纪凡照单全收。在那一时期，三个人经常不分昼夜地讨论产品思路，一忙起来每天只睡两三个小时。如果忙到太晚，年过六旬的经教授就睡在沙发上，年近半百的安教授则拿本书垫在头底下做枕头，躺在办公桌上入睡。但他们骄阳似火的"创业"热情遭遇到的却是市场的冰冷。

天合用三四个月的时间开发了一些太阳能产品，包括太阳能警示灯、太阳能草坪灯和太阳能路灯等，但看热闹的人多，愿意付费的人很少。当时天合做的最大的一笔太阳能生意，是昆山一家公司买了十几个草坪灯——没有市场，这是很多中国光伏企业一开始面临的共同困境。但功夫也没有白费，经教授发明了不少专利、在光伏期刊上发表了很多论文。2000年，天合受全国太阳光伏能源系统标准化技术委员会的邀请，参与编写了中国首个国家独立光伏系统技术标准。

在探索光伏应用场景的过程中，高纪凡始终钟情于光伏技术和幕墙技术的结合，希望造出一座纯粹依靠太阳能供电、能不插电的房子。他把这个想法同到天合参观的常州市原市长陈鸿昌交流以后，老市长当场就说：我给你找二三十万元的科研支持资金，你们尽快做出来看看。最终高纪凡从常州市科技局的科研扶持资金中拿到了30万元，约为常州市当年科研经费（320万元）的十分之一。

为了这"一间房"，高纪凡忙活了小半年，四处找高手、找材料。原本计划只是把光伏板放在房顶上发电，能把屋里的灯点亮就算大功告成，但做着做着，高纪凡想要这间样板房兼具更多的实用功能，最终房间里的电视、灯具以及各种生活用品，全部采用了太阳能发电。这是中国第一个自主研发的光伏发电建筑项目，在当年常州主办的中国国际中小企业商品博览会上一炮而红，吸引了很多人参观。

此外，当时中央领导对光伏发电很感兴趣，希望把样板房拉到北京，让中央领导也能够看一看。可样板房实在太大，无法装上火车运送，高纪凡就安排做了一个微缩版的移动样板房，拉到北京放到中国科学会堂展出。当时正值中国申办奥运会期间，国际奥委会代表团访华，天合的光伏样板房成为向国际奥委会官员宣传"绿色奥运"的内容之一，还在申奥的专题片中出了镜。2001年年初，这间样板房登上了央视的《新闻联播》。直到20多年后，董明珠和格力还在为推广"光伏小屋""全屋家电用光伏"这样的应用场景努力着。

2002年5月，天合的员工很纳闷，老板领着一帮人在公司里到处改名字，连公司门口的大牌子都给摘了，从"天合铝板幕墙制造有限公司"改成了"常州天合光能有限公司"（简称"天合光能"）。原来这背后，是高纪凡在为一个大项目的招标做准备。

1996年，联合国在津巴布韦召开"世界太阳能高峰会议"，会后发表了《国际太阳能公约》《世界太阳能战略规划》等重要文件，表明了联合国对支持世界各国开发太阳能的决心，同时会议倡议在全球无电地区推动

"光明工程"，中国政府积极响应。当时一些地方的无电人口用酥油灯、柴油灯、蜡烛照明，有些家庭买不起酥油灯，学生就在烧牛粪的昏暗光线下写作业。1997年，中国"光明工程"进入实施阶段，当时技术更成熟的风电被选定为突破口，首期目标确定为5年内为全国2000个无电村、十分之一的无电人口（约800万人）带来光明，计划用10年时间解决边远地区人口的用电问题。截至2002年年底，中国无电乡人口大约还有3000万人，主要分布在西藏、新疆、四川、云南和贵州等地的深山区。2002年版的"光明工程"（"送电到乡"工程）则主要采用光伏发电，早期进入光伏产业的中国中小企业很多都从这一工程中获得了订单。

在与中国太阳能学会副理事长赵玉文交流时，高纪凡偶然间听到了"光明工程"招标的事，于是积极筹备，报名了"光明工程"第三批的招标。结果天合作为一家"铝板幕墙制造"企业参与竞标，遭到了评审专家和其他竞争者的非议，加之时间紧迫、准备不足，最终落选了。高纪凡给公司改头换面，就是想告诉大家：做了中国首个光伏样板房的天合，也是能干好光伏的。而为后来天合西藏工程立下大功的邱第明老先生，此时刚从云南半导体厂副厂长的位置退休，加入了天合光能。邱老先生动用自己二十多年积累的人脉，带着高纪凡把中科院电工所、中国太阳能学会等机构的专家拜访了一个遍，还飞到攀枝花、西昌、昌都、拉萨等地，向当地政府和主管部门负责人推介天合光能，想尽办法去争取参与"光明工程"的机会。

第四批项目招标日的前一天，邱第明、高纪凡和他的弟弟高纪庆三人还不确定招标该报什么价格合适。三个人在报送招标材料附近的小旅馆里争论到大半夜，最后高纪凡想了个办法，三个人各自在纸条上写下报价，三个人取平均值就是招标报价，最终天合确定了每瓦106元的报价。招标当天，天合光能投下的7个标段中了5个，拿下西藏昌都地区39座光伏电站的投资建设权，装机总容量达715千瓦，总投资额近8000万元。消息传回常州，公司上下一片欢腾，但高纪凡却告诫大家不要高兴得太早，结果还真的出现了一场风波。

一个竞争对手的负责人去有关部门告状，说天合光能根本没实力做这个项目，要求取消天合光能的中标资格。国家计委等部门为此派出工作组奔赴天合光能进行审查，直到工作组看完天合光能这些年取得的各项成绩，才最终认可了天合光能的项目承包建设能力，天合光能上上下下才终于长舒了一口气。

这个项目之所以引起波澜，是因为除它是国家重点项目外，项目利润也十分丰厚。天合光能在最终完工后测算过，整体利润约有2000多万元，接近天合光能此前数年的利润总和，所以有人"眼红"也是意料之内的事情。不过在正式开工之前，天合光能要先交几百万元的保证金，用于先行垫资购买组件、逆变器等产品，但此时天合光能的账上没有这么多钱。高纪凡没有为了省钱购买低价产品，而是找人借了500万元，采购了西门子的光伏组件，还采购了阳光电源的逆变器，也由此和曹仁贤结下了二十多年的友谊。

为了确保施工质量，高纪凡要求大家在进藏之前把每座光伏电站都在常州先安装一遍，然后再拆卸、编号、打包、运输。这些前期细致的准备和演练让后面的现场施工省去了很多麻烦，但他们还是"低估"了进藏长期施工的难度。

2002年10月，西藏"通电到乡"工程建设拉开大幕。天合光能先后共有18人进藏施工，在公司他们被称作"入藏十八勇士"。恶劣的环境和交通，对于他们来说是极为严峻的考验，骑马成为他们跋山涉水地去勘察光伏电站选址时最便捷的交通方式。很多来自江苏的小伙子初到藏区学会骑马很兴奋，以为可以肆意驰骋，好不快活，但不久就开始龇牙咧嘴，因为长期骑马出行，屁股都被磨破流血，睡觉只能趴着。一次他们骑马去乡里做搭建光伏电站的前期工作，背了一周的粮食出发，最后由于粮食殆尽只能用冷水泡方便面度日。即便是开车出门也要提心吊胆，走走停停成了家常便饭，下雪时经常要下车用手一点点抠掉轮胎上的积雪。遇上车子打滑抛锚，同事们即便已经冻得瑟瑟发抖，也还要把大衣脱下来垫在车轮底下，否则寸步难行。一次天合光能的员工运送一套价值200万元的组件到贡觉县，货车行驶到一处山路狭窄的急转弯时眼看就要坠入万丈悬崖，危急关头，天合光能公司项目一部经理刘承磊对司机大喊："打死打死，你把方向盘打死！"等货车缓慢过了弯大家下车一看，悬崖边只留下半个轮胎印。还有两名天合光能员工，白天开了一辆少了一块挡风玻璃的旧吉普车出发为电站选址，途中差点被一场泥石流卷走，晚上又迷了路，在野外等待救援。次日凌晨3点，司机捅醒了他们，一头眼泛绿光的孤狼正在没有挡风玻璃的车窗外蹲着，车内四人连大气都不敢出，一直到孤狼无机可乘悻悻离去。早上7点，四人下车才发现，吉普车竟然停在悬崖边上，崖下是波涛汹涌的澜沧江……

"入藏十八勇士"在西藏"历险"的过程中，高纪凡并没有一直坐镇大后方，而是经常亲自披挂上阵，与一线的勇士们同甘共苦。他的女儿高海纯一开始还很不理解："爸爸每次出差都要很久，一去好几个月，那里很艰险，条件也很差。看到他整个人黑了一圈，胡子拉碴的，都变沧桑了，就很担心他。但每次回来，他就会讲一些在西藏的故事，说到要建多少座电站，给多少人带去光明，他就特别兴奋，整个人就像发了光一样。我觉得这一定是一件对他和别人都特别有意义的事情，所以我跟妈妈都很支持他。"

历时8个多月，历经艰难险阻，天合光能"入藏十八勇士"终于完成了39座光伏电站的施工、安装和调试工作，所有参与西藏工程的员工都拿到了老板发的大红包。完工后天合光能又额外给当地赠送了一座光伏电站，最终建成40座光伏电站。为了藏民以后能安全、正确地使用电站，每建成一座光伏电站，天合光能的技术人员就要对当地的藏族管理人员进行培训，手把手地指导他们，直到考试合格，发给他们上岗证书，此外还用藏汉两种文字印好管理和使用办法，张贴在机房里。

高纪凡至今记得，在光伏电站的通电仪式上，一个藏族小女孩不吵不闹，睁大了闪闪发光的眼睛，一动不动地盯着电灯，盯得那么认真，都舍不得眨一下眼，生怕会错过什么一样。"那个眼神让我终生难忘。清澈、透明、亮晶晶的，发着光。从那以后我就铁了心，要把一生都献给太阳能。

后来从西藏回来，我们进一步确立了'用太阳能造福全人类'的公司使命。"按照后来国家能源局的统计数据，到 2005 年，"光明工程"实际向西藏投入 13.68 亿元，建设光伏电站 322 座，解决了 318 个无电乡的用电问题。

此隆基非彼隆基

1986 年 12 月，在兰州大学的中心花园里，一场隆重的文化活动正在举行。在江隆基逝世 20 周年之际，兰州大学为江校长塑立了一尊铜像，学校为此安排了一场入学教育仪式。当年入学的全体新生观摩了整个立像的过程，江隆基的遗孀宋超也出席了雕像落成仪式。这群学子仰望着江校长的铜像，聆听着校长严谨治学的事迹，深深地被江校长的精神所打动。后来，1986 级物理系的学生李振国和同学钟宝申、李春安、李文学又去瞻仰了江校长的铜像，四人约定：如果毕业后要创业，就以江隆基校长之名为公司命名，以纪念江校长为母校发展做出的突出贡献。

李振国说："其实我从没有见过他，只是感动于他的治学态度。他要求大家刻苦、务实，相信教育改变人生。大家深切地感受到，他这种治学态度，使兰州大学校风极好，给我们营造了有利于学习、研究的氛围。"李振国正是隆基绿能的创始人和掌门人，公司名字中的"隆基"二字，正是为了致敬江隆基。

1968 年，李振国出生于河南许昌一个地处高岗的小村庄，在那里成长至 12 岁便离开了，但这片土地却让他半生都魂牵梦萦："现在我经常半夜醒来，梦到自己又回到村子里，回到无忧无虑的童年。"那时每天放学以后，李振国就同小伙伴一起刨花生、捉蝉蛹、翻红薯秧子，即便是干农活也乐得自在。他干得最多的活就是割猪草，放学以后背着背篓、拿着镰刀出去，有时候贪玩到天黑才匆忙割上几把猪草，回家塞给小猪仔吃。每到冬天，家里几乎顿顿都要吃红薯，红薯饭、红薯汤、蒸红薯、烤红薯……

以至于到现在，李振国看见红薯就有点发憷。

李振国的父亲是全村唯一的大学生，从事地质工作，常年在外奔波。每到过年，他最盼望的就是父亲回家，等着父亲给他讲美猴王的故事、给他带回来很多外面的新鲜吃食。但他对父亲又爱又怕，因为考试成绩不好就要挨揍。李振国12岁那年，由于父亲工作调动，一家人搬到青海省西宁市，那里矿产丰富，正在准备大开发。转到青海上初中后，有一次，李振国拿到全校数学竞赛第一名，学校奖励他一个文具盒。他喜滋滋地回到家，等待父亲的表扬，结果又挨了父亲一顿揍，因为他只考了30多分。因为这个，父亲坚持让他转学。1986年，李振国在西宁参加高考，他原本的志愿是兰州大学化学系，却误打误撞地被调剂到了物理系半导体材料专业。而此时的他，还不知道，未来他的另外三位创业合伙人也正在奔赴这里：钟宝申、李文学和李春安被兰州大学物理系金属材料物理专业录取。

1986年，联合国成立40周年，这一年也被联合国确定为"国际和平年"。当年中国音乐人还创作了一首《让世界充满爱》，由100多位中国流行音乐歌手共同演唱，风靡大江南北，一直传唱至今。在1986级同学们的回忆里，那是个充盈着"青春、浪漫、理想、情怀"的年代。理想主义弥漫在整个校园，学生们在各种社团组织中尽情探索。李春安还特意花了几元钱报名学习了国标舞，每逢周末，大家把大教室里的桌子挪开，打开录音机，就开始跳舞。

李振国则喜欢在自习室看书。有一天，他忽然听到背后有高跟鞋"哒哒哒"的声音，于是转头去看，只见一个容貌清丽、散发着文艺气息的女生迎面走来，那是在中文系念书的李喜燕。谁也没想到，这不经意的一瞥却成就了一段一见钟情的佳话。这位女生，后来成了李振国的妻子，二人共同创业、相濡以沫，携手至今。

二人的相识以书为媒，那时的校园约会也大多与书有关。李振国经常站在江隆基校长的雕像前等李喜燕下课，然后二人结伴去上自习。彼时的兰大读书氛围浓厚，据后来的甘肃省文联主席、兰大中文系1986级校友王登渤回忆："那时候宿舍里互相传书看，要是说哪一本书谁没读过，那是很丢人的事情。一个宿舍8个人，晚上燃起16根蜡烛，经常一起读书到天亮。"一群意气风发、对知识如饥似渴的少年经常将从图书馆借来的书分割成好几部分，互相交换着看，看完了再装订好还回去。

因为读书氛围日渐浓厚，同学们常常苦于没有书看，这让钟宝申发现了商机。大三那年，他在宿舍楼里经营起了人生的第一份生意——图书租赁。他还制定了一条原则：只有那些愿意把自己的书贡献出来借给大家阅读的人才可以免费看书，否则就要收费。生意很快就火了起来，每个月都能有100多元进账，甚至超过了他毕业后第一份工作的月工资。

然而碍于课业，钟宝申经常不在宿舍，对这门生意的管理也相对粗放。一开始还有包括李文学在内的同学们一起帮忙照看，有同学前来借书，统统登记造册。后来因为大家都愿意将自己的书贡献出来，形成了互相借阅的习惯，图书生意也就失去了市场。于是钟宝申又打起了暖水壶的主意，收集毕业生扔掉的旧暖水壶外壳，换上新的壶胆之后再以低价卖给新生。

李文学在隆基绿能的几位合伙人中最为年长，与钟宝申又是同一专业、同一寝室的好友。他为人谦逊低调，做事沉稳，在同学中有很高的亲和力。

大学四年，对于李振国同学的"认真"，老师和同学们都印象深刻。大一时系里竞选学生会干部，对大部分人来说，照"老规矩"，所谓的选举不过是走个过场。但李振国、钟宝申可不这么想，他们主张开展真正的竞选并为此据理力争。经过一番激烈的辩论，最终"不安分"派赢得了胜利，额外争取到几个学生会干部名额。

在李振国的班主任、辅导员张继革的印象里，李振国就是这么一个"较真"的学生，他回忆道："李振国做事非常认真，坚持真理。当时大兴安岭着火，他就第一时间组织同学捐款，比学校团委还快。而且他还有一个特点，那就是看准一个目标，就咬定不放松。我想这也许是他后来取得成功非常重要的一个因素。"

张继革是李振国他们的班主任、辅导员，他1986年留校任教，实际年龄和这些学生们相差无几,这使他得以近距离观察这些学生。1986级兰大物理系学生,被称为是"黄金一代"的毕业生:他们热爱读书、不盲从权威、坚持正义与真理,怀揣学识报国和改变世界的理想。四年时间,张继革与他们建立了非常深厚的感情,早已超越了师徒关系。"不仅仅是因为他们是我带的第一届学生,还因为他们无论是办产业、做学问都非常优秀,这是让我感到非常骄傲和自豪的。这些年,无论我到哪儿去,只要有1986级的学生,我一定要和他们见面。"

2019年7月8日,在兰州大学110周年校庆组织的"归来忆芳华"校友分享论坛上,张继革被主持人请上讲台,坐在51岁、头发已经花白的李振国旁边,向台下的兰大学子分享了与弟子们的往事。

1990年毕业时,李振国和同学们被分配到天南海北。即将各奔东西之前,大家约定:如果今后个人有机会创办自己的企业,可在适当的时机将企业整合到同一个平台上。

20世纪90年代初,位于陕西华县的华山半导体材料厂(741厂),与峨嵋半导体材料厂(739厂)、洛阳单晶硅厂(740厂)齐名,是三大国有半导体材料工厂之一,同时也是国家"六五"规划的三大半导体硅材料专业科研生产基地。李振国毕业以后就被分配到了741厂,拉起了半导体材料——单晶硅。或许是天性中的"不安分"再一次作祟,李振国干了两年,因为受不了国企的僵化制度,提出了辞职。李振国说:"第一年的时候,我还有很大的热情去学习技术,到了第二年,明显感觉到自己进步变慢了。"这样的故事先后发生在隆基绿能几位创始人身上。

1992年是一个特殊的年份,邓小平南方谈话犹如催人奋进的号角,尤其是那句"改革开放胆子要大一些,敢于试验,不能像小脚女人一样。看准了的,就大胆地试,大胆地闯。"朴实而又掷地有声的话语,将正在中华大地上如火如荼展开的改革开放与社会主义现代化建设事业推向新的高潮。

也正是在这一年,李振国在妻子李喜燕的老家山西省运城市闻喜县创办了闻喜信达电子配件厂。这是一家小型电子配件厂,主要生产半导体器件整流二极管，李振国集生产、销售、运营于一身，妻子则帮着打理财务。最艰难的时候，夫妻二人不得不到处借钱，身边的朋友都借遍了。1995年，他又去西安理工大学的单晶硅基地，帮助建设单晶硅生产线。

李振国说，自己多次创业、折腾，其实都源于最朴素的想法："就想先把日子过得好一些。"

此时的李振国已经与单晶硅和半导体打了十年的交道。一次偶然的机会，他开始关注起与半导体有着紧密关联的光伏行业，他断定：光伏极有可能成为一个比半导体更有前景的产业。后来的行业发展轨迹印证了他的判断：2004年，德国修订《可再生能源法》，欧盟国家、美国、日本等发达国家和地区的光伏市场迅速启动，此后全球光伏产业在政策引导下迎来爆发式增长，光伏企业如雨后春笋般在各地冒头。

彼时的中国光伏产业还处于萌芽阶段，主要分为晶硅和薄膜两大技术路线，其中晶硅路线又分为单晶硅和多晶硅。由于多晶硅的技术门槛相对较低，2004年大量涌入的光伏企业都不约而同地选择了多晶硅路线，市场份额一度超过80%。而放眼国内，当时单晶硅企业只有4家，共2兆瓦产能，实际产能仅为0.5兆瓦。

李振国判断，单晶硅才是未来光伏降本增效的最大功臣。然而在创业早期，为了让公司能活下去，李振国也不得不妥协，生产多晶硅，但他始终没忘"单晶硅才是未来"。而隆基绿能专注于单晶硅，要等到他的同班同学钟宝申加入之后。至于单晶硅真正超越多晶硅，成为21世纪光伏行业的主流之选，还要再等10年。

1990年毕业后，钟宝申和3名同学被分配到了"煤都"抚顺。这座正在褪去计划经济光环的资源型城市已初现颓势。钟宝申所在的抚顺稀土磁性材料厂是辽宁抚顺客车厂旗下的子公司，全厂100多人。这份工作是他自己选的，因为他觉得对个人发展来说，小厂的机会更多。一开始，钟宝申一个月工资到手不过六七十元，还不如他在兰大办图书租赁的月收入。但他仍然乐得将这个小厂当成全方位训练自己的舞台，仅仅用了两年半的时间，他就从一个在车间倒班的基层员工成长为常务副总经理。在此期间，他干过技术员、生产员、销售员，几乎将所有岗位体验了一遍。他说："后来感觉到自己能学到的东西很有限，日复一日、按部就班、一眼望到头的生活也非我所愿。我想我还年轻，羽翼更谈不上丰满，所以还想再扑腾扑腾。"

20世纪90年代初的一天，受到邓小平南方谈话的鼓舞，李振国、李春安、钟宝申、李文学几个毕业生返校来到江隆基的塑像前，对着塑像立下宏愿：要以老校长的名字命名，创办一家高科技公司。

"在做事情的时候，你永远都不可能完全准备好，完美主义某种程度上一定会造成拖延，有时候可能导致贻误战机，但是只要你开始行动，你行动的那一刻，就是最好的时机。"钟宝申回想当年，觉得特别值得庆幸的一件事，就是没想太多。1993年，钟宝申辞职创办抚顺隆基磁电设备有限公司，后更名为沈阳隆基电磁科技股份有限公司（简称"沈阳隆基"）。

张承臣同为兰大物理系毕业生，日后接替钟宝申的职位，成为沈阳隆基的董事长。1990年毕业后，他被分配到甘肃兰州铝厂。3年后，张承臣升任科长，但不到半年就辞职了。"我觉得当时的工作和我的专业关联不大，想做点更有意义的、能真正当成事业来奋斗的工作。"当时的兰州铝厂属于国企，算是"铁饭碗"，在20世纪90年代的普通工薪阶层中还是很吃香，张承臣怕家人为自己忧心，因此辞职半年之后才告诉他们。

另一位同学李春安，后来的西安隆基董事、沈阳隆基董事和连城数控董事长，被分配到了甘肃省冶金物资贸易公司做业务员。

1993年，张承臣和李春安相继收到同学钟宝申的邀请，从兰州赶往抚顺。再加上早就在抚顺打拼的赵能平、陈宁2人，5个兰大校友聚首，开启了共同创业的热血征途。回忆起那段时光，李春安说："20多岁起就建立的友谊特别纯真，这种感情纽带使我们毕业3年后又聚到了一起。"几个人名义上是合伙人，但因为资金短缺，实际上都是给自己打工。当时抚顺石油学院（后更名为辽宁石油化工大学）就在抚顺稀土磁性材料工厂旁边，他们买了一台打包机，学生毕业时帮毕业生打包行李办理托运，托运一包行李能挣3元钱，一天打上个百八十包，挣回几百元钱，几个人都欢天喜地。但创业的首要任务是明确业务方向。由于团队中好几个人都是磁性材料专业出身，沈阳隆基就将业务聚焦在磁性材料应用领域的研发和拓展上。20世纪80年代末、90年代初，钕、铁、硼等永磁材料由于性能出众，被称为"永磁王"，在国内受到热捧。这类材料磁性强，能吸附起相当于1000倍自重的铁块，而且价格便宜。自1984年中国科学院物理所成功研制出稀土钕铁硼永磁体之后，中国各大高校竞相展开这类材料的应用研究。为充分发挥我国稀土大国的资源优势，促进钕铁硼研究成果的转化，中国政府将"高档稀土永磁钕铁硼产业化"列入国家"863"计划，此举极大地促进了中国烧结钕铁硼产业的发展。直到今天，特斯拉、比亚迪、蔚来、小鹏等品牌的部分电动车型需要用到的"永磁同步电机"就与这种材料有关。

当时的沈阳隆基也看到了钕铁硼的机会，认为这种永久磁铁相比传统电磁铁更节能，也更环保。但碍于创业初期资金实力不足，无法自研相关机械，于是将目光瞄准了永磁材料的应用。实际上，早在1993年之前，他们几个人还在国企过着朝九晚五的生活时，就了解到钕铁硼的最新动态。当时没有电话，几个人就经常来回写信，互相加油鼓劲，最后因为这个共同看好的领域聚在了一起。

沈阳隆基的主业是磁应用领域中的矿山磁选。通俗来说就是根据矿石磁导率的不同，用磁选机对矿石进行分离，此种方法能够有效地区分有磁性的铁钴镍和没有磁性的金银铝。如此一来，磁选能大大提高矿石品位的利用率，减少对环境的污染。除了矿山，这种磁性装备还能应用于其他金属领域的物料分离。

但在起步阶段，没钱请工人，他们就自己构思、画图纸，辛苦攒下的钱都花在了设备上。设备买来了就自学如何电焊。电焊工作，正规操作需要佩戴护目镜，但他们发现戴上之后反而没个准头，还碍手碍脚，索性扔掉护目镜直接焊，速度快了很多。这样一天下来，当天看不出任何异样，但一觉醒来，每个人眼睛肿得像桃子，目视都成问题，脸也肿了一大块。

钟宝申回忆起当年坐火车出差时，背包里经常会卷一条床单，上了火车就往车座底下一铺，躺下就睡。"当时乐在其中，感觉不出有多苦，就像小孩子玩游戏一样，玩几个小时都不会觉得疲惫，做自己喜欢做的事情，也就不觉得累了。"

1994年，钟宝申无意间在抚顺的一个邮局小摊上读到一本松下幸之助的自传，里面讲了一个故事：20世纪50年代末的一天，松下幸之助骑车外出，在一个广场上看到一个乞丐握着公园浇花的自来水管喝水。他就想：为什么有人喝水却没人收他的钱？他得出的结论是：当一种物质足够便宜的时候，我们就可以照顾到许多人。于是松下幸之助给他的企业定下一个目标：要让电像自来水一样便宜，惠及全社会。钟宝申后来回味这个故事，灵光一闪，想到光伏何尝不是这样？只要成本足够低，就能发挥更大的作用，给全人类带来更多的裨益。

1996年，公司正式注册商标，校友们不约而同地建议商标定为"隆基"。隆基这个名字，在兰大人心目中，是一个不可磨灭的精神符号。2006年，隆基绿能的核心价值观重申了这种精神：可靠、增值、愉悦。这六个字与兰州大学江隆基校长在任时提出的"勤奋、求实、进取"校风的六个字一脉相承。

以老校长的名字命名、兰大人创办的企业，不仅代表了兰大人缅怀老校长江隆基先生的初心，也体现他们饮水思源，对老一辈教育家、先贤的敬仰与思想理念的传承。同时，"隆基"这个名字也足够铿锵有力并寓意深远："隆"乃盛大、厚重、兴盛之意，"基"则为建筑物之根脚，寓意为事业之始。李春安说："我们既然用了江校长的名字，就不能按普通的标准，而要用更高的标准来要求自己，不能辱没了老校长的英名。"

2000年，李振国与两位校友一起创办了隆基绿能的前身——西安新盟电子科技有限公司（以下简称"西安新盟"），注册资本50万元。当时的西安新盟专门从事半导体材料单晶硅长晶切片业务，属于来料加工。开张头三年，公司规模一直不大。

2002年，半导体行业向好，西安新盟的业绩也逐渐有了起色。2003年3月至9月，西安新盟发生股权变更，李振国持股75%，妻子李喜燕持股25%但不参与公司经营，公司大小事情李振国一个人说了算。这时的李振国自信心开始膨胀，胸中顿生万丈豪情，一口气拍板了4个新项目。然而教训来得太快，仅半年多时间，这4个项目相继以失败告终。

2003年年中，西安新盟计划向一家欧洲客户出口两个货柜超过14吨晶硅料，单价为15美元/千克，合同总金额共计200万美元。这对于刚成立三年的西安新盟来说，无疑是一笔大生意。然而当产品交付给客户之后，对方却以不满足技术指标为由要求退货。眼看着这批货要积压，李振国遇到创业十年来的最大危机，"这是我第一次感受到生死一线的关口。"事后回忆起来，李振国仍然心有余悸。

由于在海外报关和运输方面缺乏经验，这批硅料一直辗转到2004年5月才运回国内港口。意外之喜从天而降，因为正好赶上硅料价格飙升的时间窗口，没想到这批货物刚运到港口，包装都没来得及拆，就被国内另外一家光伏企业以3倍的价格买走。

这次侥幸出现的转机，让李振国惊出了一身冷汗，同时也改变了这家初创企业的发展轨迹。"运气可不是每次都有的。"也正是从那个时候开始，李振国意识到，做企业搞"一言堂"的后果是灾难性的："企业不能一个人说了算，虽然正确的决定很快就能执行下去，但同样，错误的决定也会被很快执行。你可能做了99件正确的事，但如果在一件事情上犯了大错误，可能企业就毁了。"

为了避免这种情况发生，李振国决定不再单打独斗，他想到了他的兰大同学。"企业的发展需要更全面的能力建设，以及更规范的机制保障，不能将公司发展寄托在运气之上。"

这是一个"塞翁失马焉知非福"的案例，但理工男的严谨于此刻展露出来，让李振国得以在自信心膨胀之时悬崖勒马，一次次带领企业渡过危机。

2003年，李春安出资880万元人民币入股西安新盟，占股44%，成为第一大股东——这个身份一直保持到隆基绿能2012年上市。同年，李文学也成为西安新盟的股东，持股1%。

这时，远在辽宁的钟宝申还在打理自己的磁性材料企业沈阳隆基。2004年，沈阳隆基销售规模达到5亿元，成为磁性分选领域的世界冠军。登顶之后，钟宝申顿生寂然之感："规模是够了，但行业天花板太低，想象空间不大。"

也许，他是时候考虑更换赛道了。

政策反复，叠床架屋

让我们再次将视线转向海外。20世纪80年代，里根政府将光伏产业带入了低潮时期，美国光伏的头部企业生存境况堪忧，比如在光伏电池转换效率上全球领先的SunPower有长达6年时间无法筹集到资金，只得艰难地利用一些细分领域的市场谋求生存。他们将光敏半导体材料用在红外线数据端口上，这是一种早期在笔记本电脑之间传输数据的方法，另外他们还为本田公司的太阳能赛车开发电池片。

在20世纪下半叶，全球光伏产业的规模还不是很大，所以当国家宏观政策不利于光伏企业生存时，头部企业会想尽办法开拓一些"旁门左道"的细分市场，目的是保住企业，保住研发团队，从而保留住技术能力，耐心等待行业的下一次爆发。从1957年光伏产品首次应用在卫星上至今，光伏产业总能找到认可其价值的客户来买单。无论行业周期性波动给单个企业带来怎样的冲击，光伏产业总能找到它可以服务的终端市场，哪怕只是一个细分市场。因为早期采用光伏发电的客户所愿意支付的费用（每瓦售价）高于全市场的平均水平，比如在航空航天领域应用光伏产品，再高的单瓦售价在航天器整体成本面前依然微不足道，再如近海的石油钻井平台、灯塔、浮标、电信中继站等场景的采购需求，这些细分市场的存在为光伏企业保留其技术能力、延续其生产实践起到了至关重要的作用。等到下一轮市场需求出现时，或下一个利好政策出台时，这些不间断地掌握着"产业知识"的企业和人，会成为推动光伏产业快速繁荣的关键引擎。

1989年，当老布什总统上台时，美国可再生能源发电所占比例为1.9%（德国为1.12%），发电量超过德国的10倍。1991年第一次海湾战争爆发，这场由石油国家掀起的战争再次把能源问题推到了重要位置上。1992年，美国国会通过了《能源政策法案》（EPAct）。老布什政府表示对可再生能源很感兴趣，还将里根时期几乎倒闭的太阳能研究所再次救活，重新命名为美国国家可再生能源实验室（NREL）。这所实验室后来成为光伏行业认证太阳能电池光电转换效率世界纪录的重要机构，21世纪无数中国光伏产品在这一实验室获得效率认证并宣布打破世界纪录。但在当时如果深入研究这项新法案的文本，会发现这项"综合"法案在三百多页的篇幅中几乎谈到了每一种能源，其涉猎范围之广使得它在国会中获得了广泛的支持。所以美国众议院的投票是363票赞成、60票反对，而参议院直接采用"口头表决"的方式通过了它，这是在表决结果没有争议时采用的一种"走过场"程序。该法案中提到，支持对风能、太阳能等可再生能源发电的税收抵免（Tax Credit），风力发电会在未来10年内获得每度电1.5美分的税收抵免，而太阳能发电可以获得10%的税收抵免，这一方式在后来的30年中成为美国支持可再生能源项目的主要形式，包括拜登政府通过的《2022年通胀削减法案》（*Inflation Reduction Act of 2022*）。老布什政府采用这一方式，而不是进行直接补贴，是因为它虽然减少了政府的税收收入，但比起掏钱补贴更为低调，也更容易在国会获得通过，只需要修改一部税法即可。但是在联合国部队将伊拉克军队赶出科威特以后，国际油价再次回落，美国雄心勃勃的太阳能计划再次搁浅。

1992年至今，税收抵免政策在大部分时间里都发挥了它应有的作用。比方说2014年，美国可再生能源的生产税收抵免（补贴每度清洁电力）和投资税收抵免（补贴初始投资成本）总计41.1亿美元，相当于数百亿元人民币的"间接补贴"。

小布什总统在2005年进一步修订了这一法案，他继承了其父亲促进各种形式国内能源共同发展的思路，恢复了太阳能税收抵扣政策。他还在美国能源部增加了一项贷款计划，为能源项目提供贷款，尤其是贷款担保。

后来奥巴马利用小布什留下的美国能源部的贷款办公室（Loan Program Office）向美国光伏项目提供大量贷款和政府担保。在中国光伏制造企业取得国际竞争力以后，2011年，这些项目的补贴、债务担保纷纷到期，企业在美国本土裁员并将生产转移到海外的情况日益增多，奥巴马政府的"绿色新政"遭遇重大失败，从而间接地为其寻找"替罪羊"，对中国光伏产业实施"双反"（反倾销、反补贴）调查埋下了伏笔。从"双反"至今的十余年中，这一贷款办公室没有为可再生能源项目提供更多支持。

可以这样说，从20世纪末到21世纪初，美国可再生能源在技术和规模上取得的进步，是在美国能源政策的背景下推动的。但这种政策的总方针，用奥巴马的话来说，是一种"全方位能源战略"（All-of-the-Above Energy Strategy），这一战略承继自卡特以来的多位美国总统，也就是增加各类能源的国内生产，而不寻求在政策上大力推动可再生能源对传统化石能源的颠覆性替代。美国始终没有形成统一的、系统的、可持续的新能源发展战略。而后来的"页岩革命"使得美国页岩油气大幅增产，美国石油做到了自给自足，传统石化能源行业的利益得到进一步巩固，这也使美国用"能源转型"替代"全方位能源战略"的可能性变得更小。

日本光伏，成败互现

1988年，随着石油价格的大幅下跌，日本政府利用新能源为国内提供替代能源的紧迫感和危机感渐渐消退，相关的办事机构开始扩大其职能范围。"日本新能源产业技术综合开发机构"更名为"新能源和工业技术发展组织"，不再单独聚焦于新能源，而是负责研发范围更广泛的高科技应用项目，比如高速计算机、重组DNA技术、高分子膜材料、动脉手术激光、盲人阅读系统等。这样一来，新能源领域项目会在众多项目中被稀释，即便太阳能开发目标未能实现，机构也不会因此受到严格的审查和责问。

1990年，日本修订了《电力事业法》。曾经任何人想要安装电压超过

30伏的光伏系统，都需要很多烦琐的申请手续文件，还需要有执照的电工进行维护，但法案修订后，屋顶光伏的审查过程被大大简化。1992年，日本公用电力事业公司确定了回购光伏发电的办法，开始为自愿安装的住户提供"净计量电价"（Net Metering），这种模式需要两块电表，一块用于从电网购电，另一块用于向电网售电。用户屋顶光伏发出的电由电网回购，用户每个月的电费是由用电电费减去卖给电网的电费收益计算得出的，所以叫"净计量"。在分布式光伏发电蓬勃发展以后，这一电价计算方式后来广泛应用于多个国家，其中就包括中国。这一上网规则的修订极大地促进了屋顶光伏的投资建设。

1993年年底，通产省启动了"700个屋顶计划"，他们想通过这一试点补贴工程摸一下光伏潜在需求的底，结果超过1000名申请者报名。1994年，通产省将预算扩大到1000个屋顶，"700个屋顶计划"变成了"千屋顶计划"，结果收到了5000份申请。这一"千屋顶计划"的补贴方式是，为安装屋顶光伏的住户/业主提供光伏系统全部安装成本（包括光伏组件采购、系统安装、并网等成本）的50%的现金补贴，同时规定随着时间的推移，补贴比例将会下降，并在10年后降为0。这一为光伏项目提供"一次性初始补贴"的政策后来被中国政府部门借鉴、吸收，成为2008年国际金融危机后中国"金太阳"工程的政策参考。而"千屋顶计划"的政策创新，或许就是其中"补贴退坡"的模式，这一模式后来先后被德国和中国等国家广泛借鉴，并与"标杆电价"政策相结合，发挥了比日本"千屋顶计划"更大的产业刺激作用。

从20世纪90年代开始，日本通产省对光伏产业的引导职能发生了转变，从技术开发项目转变为引进和推广，并推动了一系列的法律修订、补贴政策制定和基础设施建设工作。

"千屋顶计划"实现了政策前三年每年1000套左右的光伏系统布设安装，通产省将其视为试点政策的成功，并从1997年到1999年，将预算增加了3~4倍。到2000年，日本就已成为全球最大的光伏市场，户用光伏安装数量在当年达到15879套，到2004年更是达到54475套。从20世纪

70年代初到1997年,日本(新)阳光工程用了二十多年的时间,将太阳能电池的制造成本从2万~3万日元/瓦降低到了600日元/瓦,相当于过去的2%~3%,同时将光伏发电系统的成本降低到过去的十五分之一左右(约2000日元/瓦)。

从1997年开始的几年里,日本的光伏累计发电量保持世界第一。1999年,日本超过美国,成为全球最大的太阳能电池生产国。2000年,全球太阳能电池产量287.65兆瓦,其中日本以128.6兆瓦占据了44.7%的份额。

然而日本光伏补贴政策的支持在21世纪初开始减弱,一方面是民众的安装热情使得补贴规模不断扩大并超出预算,另一方面是光伏的跨越式发展触怒了日本保守的电力巨头,日本电气事业联合会每个月都在报纸头版刊登诋毁可再生能源、拥护核电发展的宣传文章。2005年,"千屋顶计划"补贴结束,但"净计量电价"被保留了下来。该计划被执行的11年间,日本通过补贴约10亿美元,带动了约10亿美元的个人用户投资,总共安装了超过20万个分布式光伏系统,总计800兆瓦的装机容量,平均一套系统4千瓦左右。此期间,光伏系统的价格下降了三分之二,日本光伏市场成功地从消费电子产品的利基市场主导转向了由屋顶光伏系统主导的市场。其中,夏普受益最大,成为全球最大的光伏生产商,11年间生产规模扩大了200倍,年产能达到500兆瓦,全球市场份额从不到2%的提高到28%。

2003年,夏普占据了全球市场份额的30%,这是自1988年光伏行业有统计至今单一企业所占有过的最高的市场份额,后来尚德、英利、隆基等中国光伏企业虽然登上过世界第一的宝座,但也从未占据过如此之高的市场份额。2005年,日本取消光伏补贴政策,随后德国迅速超过日本,成为全球光伏制造业和发电行业的新霸主。随着中国和德国企业的崛起,到了2007年,夏普的全球市场份额缩减到10%以下,此后长期徘徊在百分比的个位数。夏普停滞不前的原因大抵可归结为以下三点。

第一个原因是,夏普、京瓷等日本企业重视产品质量且成本高昂,不愿意在节约成本的环节上进行妥协。

第二个原因是，日本并不太重视德国市场，导致德国市场井喷之后，他们没有做出快速响应，他们已经习惯了为本国生产产品。

第三个原因是，夏普不能迅速应对硅料价格暴涨并主动出击。大企业决策慢、流程多，而中德初创企业在签订硅料"长单"等方面决策速度更快。夏普对此的回应是：在薄膜非晶硅技术领域大规模扩产，这样可以大幅减少硅的用量。

21世纪初，中国光伏企业一成型就大举开拓海外市场。与中国不同的是，日本产业政策制定者和参与光伏制造业的大型企业，首先都极为重视日本本土市场，他们非常希望本土企业大范围占领日本光伏市场。事实证明，这一"本土情结"反而害了他们。在2004年欧美光伏市场爆发之后，日本光伏制造业在世界范围内彻底掉队，失去领先者地位。而且日本在福岛核电站事故之后也没有守住国门，让中国的光伏企业成功深入日本腹地开拓市场。这其中就包括一位来自清华大学的高才生，他是21世纪最早在日本布局光伏产品销售和光伏电站项目的中国企业家之一，也是最早在日本成功将光伏电站（而不是光伏企业）通过资产证券化实现上市、利用海外资金建设全球电站的中国光伏人，他的名字叫瞿晓铧。

清华"中人"

在所有中国光伏企业家当中，瞿晓铧可能是家境最好的一位，但这家境指的并不是"财产"。

1964年，瞿晓铧出生于北京。他的前半生似乎比其他光伏企业家要平顺得多：父母都是清华大学毕业生，毕业后双双留校，在清华大学数学系当老师。瞿晓铧的整个童年到青年时期都在清华园中度过，从清华的幼儿园到清华附小，再到清华附中，直至考上清华大学。后来瞿晓铧的弟弟也考进了清华，一家四口齐齐整整的清华人，是中国光伏业界绝无仅有的

"顶级配置"。

然而自小生活在"宇宙中心"五道口的瞿晓铧却说，中学时候自己的学习成绩不上不下，就是个"中人"，一直排在中游，身体也不算强壮。对于能考上清华，他的中学老师和同学都挺惊讶。

一开始瞿晓铧本来想学中医，因为瞿家家学中一直重视国学的传承，家里人喜欢探讨与中医相关的阴阳之道。瞿晓铧自己也觉得身体单薄，想"养养气"。真到文理分班时，他又转念想去学文科，因为他和父亲一样，平时就喜欢文言，同学还给他起了个绰号叫"词家"，并调侃道："你这个'词家'动不动就咬文嚼字，什么都文绉绉的，时不时就蹦出两句古诗。"直到今天在各种大会上发言时，他依然喜欢引用诗词来抒发情感。但当他报考大学时，爸妈对他说："你不能学文科，文科没有绝对真理，学理科去吧。"于是，他报考了清华大学的固体物理专业，他觉得自己是"误打误撞"进了物理这个行当。

那一年跟瞿晓铧同进清华大学物理系的，还有后来成为搜狐董事长兼CEO的张朝阳。在清华固体物理专业攻读的五年，用瞿晓铧自己的话来说：你物理都学了，还有什么比这更难的呢？每天，从早上7点冲出去买油条开始，到晚上10点半熄灯睡觉，他的作息几乎从来没被打乱过。酷爱游泳的他还当过三年的清华大学冬泳队队长。那个时候的他根本想不到，自己有一天可能再也不能在泳池中劈波斩浪了。

1986年，瞿晓铧顺利毕业，来年奔赴加拿大曼尼托巴大学攻读固体物理学硕士。安顿下来以后他发现，两室一厅的房子里面睡了9个中国留学生，大家都打地铺。后来瞿晓铧自己租房，10平方米的空间，一张床，一个小课桌，再加上一个炉灶。瞿晓铧回忆起这些，觉得"也没什么"。

在当地社区活动中，他认识了一位来自中国香港的朱老先生，对方在加拿大安大略省电力公司做到了副总裁的位置。老先生很愿意提携后辈，瞿晓铧硕士即将毕业的时候，老先生问他愿不愿意到多伦多大学读博士："我在多伦多大学认识一个博士生导师，我可以推荐你去。"瞿晓铧欣然答应。在参加社区活动期间，他还认识了在北京上完大学以后来到加拿大读书的上海女孩张含冰，也就是他后来的妻子。

瞿晓铧发现，他的新导师比他大不了几岁，三十出头，思想非常开放，研究课题都让学生自己选。瞿晓铧经常跟妻子抱怨，说这个老师都不怎么指导我，后来他明白了，这样的研究方式能留给学生更多自主探索和发挥的空间。他的研究方向是半导体光学。博士毕业的时候，妻子问他要不要去做IT行业，当时信息技术很火。瞿晓铧说："我是学材料的，不喜欢天天坐在那编程。"妻子又跟他说："要不你给朱老先生打个电话，问问他有没有合适的工作能推荐给你？"结果电话那头，朱老先生热情地跟他说："我这边电力公司有个位置，你要不要过来面试？"瞿晓铧再次欣然前往。

就这样，瞿晓铧1995年从多伦多大学取得博士学位后，1996年年初进入了安大略省电力公司工作。这是北美地区最大的电力公司之一，有政府背景。公司收购了美国德州仪器的太阳能技术，瞿晓铧入职的头两年就在研究太阳能。几年后，公司把太阳能业务部分卖给了ATS，这是一家做自动化设备的公司，公司想要进入光伏行业，做光伏设备，于是瞿晓铧进入了ATS。

ATS还收购了当时法国里昂的一家全球排名第四的光伏公司Photowatt。1998年，瞿晓铧被派往里昂的Photowatt工作。刚到里昂时，他心情很激动，因为这里曾经是邓小平勤工俭学的地方。闲暇时，瞿晓铧在城里到处寻找纪念邓小平的城市遗迹。在里昂的两年中，正值全球半导体行业多晶硅原料紧缺的时期，瞿晓铧就成了一个四处寻找硅料的多面手，还得到一个特别的职称——"亚太技术副总裁"。因为他既要管技术，又要管硅材料采购，同时还要负责中国和整个亚太地区的市场开发，所以职称上干脆来了个"三合一"，这让他有机会深入了解光伏生产链的每个环节。除此之外，他还要负责加拿大联邦气候变化行动基金（CCAF）和加拿大自然资源部资助的太阳能技术进步项目，以及由加拿大国际开发署（CIDA）资助的中国光伏技术转让项目。其间他多次走访陕西、湖北、青海等地，并为青海无电的牧民提供光伏产品和服务。一套10瓦的太阳能电池板，带着两盏灯，收取成本费四五百元，相当于牧民小半年的收入，但还是供不应求，连寺庙里的喇嘛都跑来购买。对青海的牧民来说，"天黑能开灯"彻底改变了他们的生活。

1998年夏天，第五届全国光伏会议在安徽黄山举办，这是瞿晓铧第一次参加国内光伏会议。在酒店的会场大厅，每家企业只要花1000元就能得到一个展位——一个只有学生课桌大小的展桌。瞿晓铧把法国Photowatt生产的10瓦光伏小组件拿出来展示，吸引了很多人的目光，因为当时国内见过国外多晶硅组件的人很少，国内大多是单晶硅产品。而他此次参展最大的收获，是认识了在场的一位海归博士——施正荣，二人很快成为朋友。他们一起登上黄山的光明顶，漫看云卷云舒，聊起各自的留学生涯。虽然后来施、瞿二人一度成为生意场上的竞争对手，但这段友谊一直保持至今，成为光伏业界的一段佳话。

回到法国以后，瞿晓铧继续按部就班地工作。有一天，一个其他公司的销售人员拿着一张单子来问瞿晓铧，说墨西哥的大众汽车公司需要一款车载的太阳能充电器。因为在墨西哥生产的捷达汽车，在运输到全球各地之前，会在停车场放置一段时间，而车内蓄电池的电量会因此渐渐耗尽，导致汽车打不着火，如果为新车再次充电，需要消耗大量人力和成本。大众汽车公司希望安装一个小型太阳能电池板，为蓄电池充电。瞿晓铧当时正好有个把太阳能应用在汽车上的研发成果，所以一听就来了精神，他拿着这笔业务去请示老板。每次请示汇报之前，瞿晓铧都会精心准备一页纸，写好自己要讲的重点，汇报完就交上去，节省老板的决策时间。

老板看了这个单子，觉得太小了，认为他们是上市企业，不值得做。当时太阳能在母公司里只是一个很小的部门，一直在赔钱，在公司里不受重视。瞿晓铧说："即便我是副总裁，他们换我办公室都不会事先告诉我的。"但老板的"一盆冷水"没有让他灰心。

"在那个时候，我也不敢说太阳能发电会改天换地，发展到今天这个局面。但我一直认为，它能为子孙万代创造一个更美好的地球。既对社会有意义，又是自己做得开心的事情，即使赔钱做都赔得理直气壮！"过了没几天，瞿晓铧又找到老板说："这个项目如果公司不做，我想试试。但想要成本够低，只能在中国做。现在有两种方案：如果公司是主要投资者，那么我还是你的雇员，我帮你管理，你负主要责任；如果你觉得中国太远，这个项目离主营业务也太远，那么你提供设备，当小股东，我来承担所有剩下的风险。怎么样？"老板说："没有问题，我支持你去创业，并且继续给你发一年工资，希望你能够成功。不过如果你没有成功，那你可就不能再回公司工作了。"那是 2001 年，瞿晓铧年薪 10 万加元，当年合 50 万元人民币以上。他回忆说："当时太阳能部门只是一个小部门，我的很多时间都花在了写报告等文案工作上。自己很多的想法、想做的事情在 ATS 都无法落实。"

在回国考察期间，他第一时间找到了施正荣，通过交流，他更加坚定了自己回中国"干光伏"的决心。

施正荣想创业

施正荣在澳大利亚新南威尔士大学通过"毛遂自荐"拜在马丁·格林教授门下后，"半路出家"开始研究太阳能，只用了 3 个月，他就把太阳能电池转换效率提升到 19% 以上。当时研究所里很多人都在主攻 PERC 电池这个方向，因为实验室技术较为成熟，大规模商业化空间大，可以预期的产业利润也更可观，此时研究所的一些人已经将小面积 PERC 电池的转换效率提升到 22%～23% 的水平。就在这时，施正荣却回家跟妻子"抱怨"说，自己不想做了。

妻子大为不解，他解释道："在太阳能电池这个领域，师兄们都已经做了很长时间，转化效率已经很高了。我自己要做一个博士论文，最起码要比他们再高 0.5% 吧？"

妻子说："就你能折腾。"

施正荣说："我肯定要做得比他们好，不能给中国人丢脸！"

不久,"不走寻常路"的施正荣心里打起了新算盘。起因是有一天在实验室里,几个同事一边喝咖啡,一边讨论楼上一个荷兰人牵头负责的薄膜太阳能电池项目。

"听楼上的阿尔帕说,他们那个课题可以让太阳能电池像复印机一样,给玻璃铺上一层硅膜,我看简直是天方夜谭!"

"要是他们真研究成功了,电池成本要降不少呢!"

"哪有那么容易啊?都快半年了,一点动静没有呢!"

别人随口一聊的茶歇谈资,到施正荣这里就变成了"机遇"。他知道太阳能电池当时推广受限,就是因为造价高,而造价高的主要原因是硅片要占总成本的一半以上。如果真的在低成本的玻璃上铺一层超薄的硅膜就可以发电,光伏的大规模产业化就指日可待了。正好在上海光机所的时候,他曾做过一些薄膜方面的工作,于是他主动请缨,找格林教授认领了这个课题。

前任课题组团队一共三个博士后和两个博士,他们都在琢磨,怎样在硅薄膜生长过程中,让固态的玻璃不至于软化变形。但难就难在玻璃的熔点很低,所以试验总是失败。施正荣刚进入课题组,格林教授就告诉他先不要做玻璃生长了,还是先研究如何让硅长在硅表面吧,这样容易一些。施正荣进入课题组以后很快写了两篇论文出来,但他还是不甘心,如果无法攻克玻璃生长的问题,就只能做出平平无奇的论文,达不到他对自己的要求。所以他决定平时照常工作,自己利用周末时间再偷偷钻研这个课题。有一天,他突发奇想:玻璃本来就是液体凝固而成的,不一定要用固态玻璃做实验啊!但是当时他并不了解晶体生长的具体过程,于是就自己发明了一个"趣味实验":他买来普通的食盐,溶解在100℃的沸水里直至饱和状态(水里再也溶解不了一点食盐),然后将水降温。因为一般来说溶液温度越低,对一种溶质的溶解度就越低,所以食盐的饱和溶液里就会析出氯化钠(NaCl)晶体。施正荣在显微镜下通过观察这个过程来了解晶体的生长,从而获得了对硅晶体在液态玻璃上生长过程的重要启示。又忙活了不到半年时间,他用液态玻璃作为基底,成功地将硅薄膜生长了出来，成了世界上第一个攻克这一难题的人。

当他小心翼翼地捧着这块两英寸大的薄膜电池片跑到格林教授那里报喜时，教授情不自禁地抱住了施正荣，激动得一句话也说不出来。因为格林教授为此申请了100万美元经费，耗时两年不见成果，如今到了期限最后一年，施正荣的突破性进展解了他的燃眉之急。这一年年底，格林教授凭借施正荣的研究成果，又申请到一大笔课题研究经费。施正荣被正式安排到这个课题组，专门研究薄膜电池。他需要增加薄膜的密度，让其更加均匀、光滑。1991年2月14日，施正荣终于研制出能完全连续地生长在玻璃上的多晶硅薄膜。而4天前，他刚刚过完自己28岁的生日。

在攻读博士期间，施正荣靠自己解决问题的本事给格林教授留下了深刻的印象，他说："正荣是一个非常神通广大的人。"（Zhengrong is very resourceful.）意思是没有什么课题是施正荣搞不定的。很多人做实验、搞科研，缺点东西就说搞不成了，而施正荣不是这样，他会想办法调动一切可以利用的资源去"成事"：研究所里没有的东西，新南威尔士大学有没有？新南威尔士大学没有，悉尼大学有没有？悉尼大学也没有，问问墨尔本大学行不行？为了达到他的科研目标，他可以把整个澳大利亚的科研资源翻个遍。他通过查找学术论文，看到其他大学的实验室成果可能对他有帮助，即便不认识对方，他也直接给对方写电子邮件，表达交流访问的诉求，其中90%以上的沟通都得到了热情回应。施正荣就提前做好功课，把要问的问题打印出来，甚至有时候他提的问题还给对方的科研工作带来了新的启发。为了跳出澳大利亚在南半球的局限，拓展国际学术资源，他每年要去世界各地参与4~5次国际光伏会议。开一次会要在其他国家待上半个月，格林教授也不管他，正是希望他能借开会的机会多学习、多访问。后来创立公司之后，他对手下的科研人员也讲："这件事只要你真心想做，怎么会做不成呢？"为了完成科研攻关，他还自己上手设计实验室装备，因为他很清楚，要想在太阳能电池上实现任何工艺，都需要装备来实现。比如他在澳大利亚设计了一种扩散炉，拿到学校的加工厂去制作。厂商问："人家的扩散炉都是横着的，你怎么要竖着的？"他说："我有我要实现的工艺，你就照做吧。"因此他在设备领域也发表了多篇论文，相关的知识积累让他在回国创业进行设备选型时显得游刃有余。

1991年10月，施正荣以薄膜太阳能电池为题完成了博士论文。格林教授的评价是："在我看过的所有论文里，这是一篇作者母语不是英语却没有经过任何修改的最好的博士论文。"施正荣攻读新南威尔士大学博士学位只用了两年半，刷新了该校最快的博士毕业纪录。毕业后，澳大利亚国立大学电子研究中心等机构迫不及待地要把施正荣挖走，格林教授赶紧把他提拔成了副研究员，每年加薪1万澳元。施正荣没有"跳槽"，选择跟随恩师留校担任研究员，后来又升任薄膜实验室的组长，得到了在异国他乡第一份稳定而体面的工作，并且顺利拿到了绿卡，置办了属于自己的房产。

1993年，格林教授的研究所迎来了一批中国客人，带队的是云南半导体器件厂的党委书记傅其中，随行的还有厂里的工程师汪义川，他们不远万里来请教一些生产技术上的问题。第一个看见他们的正是施正荣。见到远道而来的祖国同胞，施正荣热情地把他们引荐给格林教授，还主动当起了翻译。当时国内的光电转换效率在12%左右，格林教授告诉他们通过工艺改造，至少可以提高到20%以上，这让汪义川大吃一惊，因为当时转换效率每提高1%，成本就可以降低10%。一行人顿感自己就像是井底之蛙，突然发现了广阔天地，当即邀请格林教授到云南参观交流。

格林教授没有让他们等太久。1994年，格林教授带着施正荣一起飞赴云南，他们考虑的是把他们的光伏技术在中国落地商业化投产。正如前面提到的，格林教授始终关注发展中大国的工业化问题。他的团队曾经在20世纪80年代末将其高效率电池技术授权给印度人，并帮助他们在新德里建设了一条该技术的生产线，但当格林教授从印度离开时就已经预感到，这条产线建在印度可能还不如建在中国。

参观完云南半导体器件厂，格林教授一行人却打消了这个念头：这里的机器设备、生产工艺、技术实力、企业管理等各个方面都还比较落后；大部分环节依赖手工作业，电池质量不高，年产量也只有500千瓦（在我们之后的光伏企业故事中，谈到产品的产量，你再也不会看到"千瓦"这个计量单位，因为它实在是太低了，相当于只能给 100 户人家的房顶安装户用光伏发电系统）。格林教授在参观完中国所有潜在合作者后说："这些地方都没法合作，应该有的基础设施他们全都没有。"但云南半导体器件厂还是迫切希望能引进国外的先进技术，在施正荣的劝说下，格林教授爽快地答应下来。这其中要涉及一笔专利转让费，即便格林教授给的是"成本价"，云南半导体器件厂却依然拿不出钱来。汪义川事后说："区区几十万美元就能把格林教授的技术引进过来，现在看来都是不可思议的，太划算了啊！但我们云南半导体器件厂是国有企业，当时还处在计划经济的转型期，这样的项目如果上面不立计划我们一点钱都拿不出来。最终我们没能申请成功，机会就这样被错过了。"

云南半导体器件厂与格林教授的合作失之交臂并非偶然，而是被时代的大背景所限。在国家"六五"和"七五"计划期间，为了改善农村能源问题，中央和地方政府在光伏行业投入资金，国内出现 4 家光伏生产企业，分别位于云南、开封、宁波与秦皇岛，生产设备全部依赖进口。云南半导体器件厂是其中较为典型、规模较大的一家，在 20 世纪 90 年代可以把少量组件出口到欧洲市场，但由于当时国企体制的限制，在各个方面依然无法达到与国际科研单位对接合作的水平。国际上商用多晶硅组件的转换效率在 15% 以上，单晶硅组件的在 17% 以上，而国内的只有 10% 和 12%，差距很大。

对施正荣来说，这趟云南之行也不算一无所获，他结交了一些新朋友，其中就包括汪义川。回到澳大利亚后，他们逢年过节也会互通电话，寄张贺卡表示问候。这趟考察还让施正荣明白了一个道理：如果没有政府出面支持，在中国干光伏事业是不可能成功的，换作其他国家同样如此。

1995 年，在这场"徒劳"的中国行过去半年后，格林教授决定就在澳大利亚把学术成果商业化。他得到了新南威尔士当地的电力公司 4500 万美元的融资后，成立了一家光伏公司——太平洋太阳能电力有限公司（Pacific Solar），公司位于悉尼东南部的郊区。格林实验室的很多人都持有股份并在其中任职。施正荣作为研究骨干,被任命为副研究总监,负责产品研发,工资一下子涨了3倍多!格林教授说:"当初我之所以下定决心上这个项目,就是出于我对施正荣个人智慧、才能和热情的信心。"

在公司筹备过程中,所有设备的采购、调试和技术规划都由施正荣亲自主持。其间妻子二胎临产时,他因为专注于试验,关掉了手机。妻子情急之下一个人忍着剧痛,开车40分钟到医院把孩子生了下来,为了照顾还留在家中的大儿子,分娩当晚又独自开车回家,这件事令施正荣一直内疚不已。1995—1998年,经过三年的研发,公司开始进入商业化阶段,2000年完成了大规模产业化,意味着研发工作进入成熟和平稳推进的阶段,施正荣也升任公司技术执行董事,年薪涨到了20万美元。放在20年前,这是多少中国人奋斗一辈子都难以企及的目标:手持绿卡,海外定居,身居要职,收入丰厚,夫妻恩爱,儿女双全。但施正荣感到的却是生活的束缚与停滞,他觉得生活就像一潭死水。虽然在这里,作为华人的他已经升到了很高职位,他的上司只有格林教授一人,但是他认为一个单纯从事研发的公司,不搞生产是很难真正实现产业化的,但公司给他的定位就是做研发,所以他的很多想法都无法落地实现。比方说,格林教授为公司选定的技术路线正是施正荣研究的薄膜光伏。按理说施正荣应该高兴,但他认为"鸡蛋不应该放在一个篮子里"。他两次向董事会提出,公司可以利用部分资金建设一条晶硅电池的产线,因为格林教授实验室举世瞩目的巨大成就,都建立在创造晶硅电池转换效率世界纪录的基础上。但董事会否决了他的提议,他担心"胳膊拧不过大腿",新公司难以超越夏普、英国石油公司等大企业旗下晶硅电池厂商的生产规模。施正荣没有跟管理层过多地争论,但他心里想的是:为什么不呢?再大的公司也是从零开始的,为什么没有勇气从头做起?

闲不住的施正荣再一次想要"折腾折腾"。他联系上了纽约州立大学的研发公司,但对方给的待遇一般,而且要他立刻去上班。施正荣担心自己身背十几项专利去跳槽,格林教授未必会轻易放他走,所以推掉了美国的邀请。他在澳大利亚的中国朋友们看他过得不开心,纷纷劝他下海创业。他看到当地很多华人开饭馆、开超市，于是动了心思，回到家对太太说："你那么会做菜，不如我们开个饭馆吧，我们自己当老板！"

没想到张唯斩钉截铁地说："我不愿意！"

"那我们开个超市吧！"

张唯叹了口气："如果换作1990年或1991年我们最困难的时候，我会去做，但现在我不愿意做。"

"为什么呢？"

"那时候为了生活没有办法，但现在我们可以选择了。开饭馆也好，开超市也罢，都是不用读大学就可以做的事情！你现在博士毕业，有很好的专业，为什么不做你的专业呢？如果你做自己专业的事情，我天涯海角都陪你去，但要是想开饭馆、超市我绝对不同意！"

施正荣听完妻子一番话后非常羞愧，他坚定地说："你放心，我再也不会提这样的事，我一定会在自己的专业上做出一番成就来！"

就在施正荣"心旌荡漾"的这一时期，他留意到了新的产业机会。美国波音公司旗下有家子公司，叫光谱实验室（Spectrolab），这家公司主要生产用于太空空间的太阳能电池。施正荣发现这家公司的一些早期专利即将到期，这意味着所有人可以免费获取它们的技术。施正荣对于利用这些技术做出商业化产品越来越感兴趣。在20世纪末，欧洲、日本光伏产业的发展都很快，但他在海外寻摸了一圈，也没有找到合适的投资者和技术项目，于是他想到了回国创业，也就在这个时候，他遇到了杨怀进。

这个人在后来，将远隔万里的施正荣、格林教授、靳保芳和中电光伏创始人赵建华联系了起来，并且是中国4家光伏头部企业的创始人之一与上市推手。

就在施正荣对于创业方向依然举棋不定的时候，在中国的河北省，一个退伍军人已经开始筹划起光伏制造项目，他的名字叫苗连生。

一年卖 5 亿元化妆品，没啥意思！

1987 年的春节联欢晚会上，费翔演唱了《冬天里的一把火》和《故乡的云》，风靡全国。姜昆和唐杰忠表演了相声《虎口遐想》。而就在除夕夜的两周前，1 月 15 日，保定古城区的裕华路上，一家小店的开张变成了一场轰动性事件——英利化妆品经销部（以下简称"英利"），第一次把化妆品专营模式引入了保定，顾客一进门，就可以看到来自全国琳琅满目的品牌化妆品。邸丽梅，英利化妆品经销部最早的店员，现在的保定嘉盛光电科技股份有限公司董事长，她记得那天早晨一开业，店里就塞满了人，挤都挤不动，到晚上八九点钟还是人头攒动，大家都觉得这种模式很新鲜，与国营商店的化妆品销售模式完全不同。

渐渐地，英利成了很多品牌的河北省总代理，柜台上的化妆品品类也扩展到上千种，店内还提供化妆品美容护肤的现场体验和真人示范。让老板苗连生引以为傲的是，当时英利的销售员在保定街头成了一景，因为销售员长得端正、颜值高，统一穿着工服，还会统一化妆。苗连生说："那时候你在大街上能看见几个化妆的人？"

英利的展览馆内至今存放着一张苗连生站柜台的照片，当时的他留着蓬松的头发，戴着墨镜，站在一个琳琅满目的化妆品货架前。开张之后短短几年，英利就做到了 5 亿元左右的年销售额。

苗连生的销售之道是："中午招呼客人不用太热情，人都忙着吃饭，没心情买东西，晚上要使出所有力气来，尤其是逛街的小情侣，女人看中了，男人就得掏钱。"不了解苗连生的人很难想象，这个深谙女性爱美之道的人，竟然是一名退伍老兵。

1956 年，苗连生出生于河北保定，他的父亲是军人，新中国成立以后成为铁路工人，还当过工厂的安全巡视员。苗连生 13 岁就出去参军，当过解放军某部的司机、警务员和秘书，先后两次前往越南参加援越抗美和对越自卫反击战，28 岁退伍。与他同为退伍军人出身的任正非，在英利化妆品经销部开业的同年创办了华为。

回到家乡的苗连生觉察到，改革开放以后女性爱美的需求正在逐渐释放，于是他做起了化妆品生意。此后他还做过商品展销，开过迪斯科舞厅，出口过脱水蔬菜，做出过保定第一桶弱碱性水。苗连生的主张是："别人没做的我先做，别人都做的我不做！"这么多的产业，钱是挣到了，但都没有让苗连生提起真正的兴趣。一个战友对他说："小苗，你别弄这些了，得养自个儿的'孩子'。"就给他介绍了一种新鲜的玩意——太阳能霓虹灯，类似于"光伏电池+彩色灯牌"一类的产品，太阳能供电带动电机转动，把玻璃丝编成的各种图案和文字用七彩颜色显示出来。

在保定方言里，太阳叫"老爷儿"。当地人从来都不知道"老爷儿"还可以发电，国内大部分人对"太阳能"的第一反应还停留在"热水器"上。而就在这时，不被英利员工理解的苗连生，选择从日本引进一条太阳能霓虹灯的生产线。在保定街头，人们抬眼就能看到"点一盏太阳灯，照一道腾飞路"的宣传语，这便是苗连生的创意手笔。

在开化妆品店的时候，英利的库房里就备着两台发电机以供不时之需。当时电不够用，一周七天"停二开五""停三开四"是常事。苗连生觉得："要是能大范围使用太阳能发电，让老百姓和工厂都用上绿色电力，是件多好的事儿。"

1997年，中国政府开始实施"光明工程"，不只有高纪凡一人对此心动。苗连生了解到西部大开发当中的太阳能项目，有国家开发银行发放的专项拨款，但是作为民营企业的英利没有获得此类贷款的资格，只能干着急。而读报纸，是苗连生在部队服役时留下的习惯。1998年5月31日，苗连生在《经济日报》上看到一篇介绍光伏产业前景的文章《请你享用太阳能》。文章中提到，太阳能产品"在解决无电人口用电问题的同时，将节约近2000亿元的电网投资，形成400亿元的产值。"文章还讲道："只要能达到按现有价格效力提高一倍的技术水平，我们就能迎来一场光伏领域的技术革命。"苗连生激动不已，随后他放下所有生意，开始疯狂地查找光伏资料，并向行业专家请教。这一年，苗连生42岁，比任正非创办华为的时候小一岁。1998年，苗连生重组英利，成立保定天威英利新能源有限公司，并向保定高新区管委会下面的一个投资公司转让了60%的股份。没有厂房，他就在别人留下的50亩"半拉子工程"上改造建设。

也是在1998年，国家计委提出要建设一个3兆瓦的多晶硅太阳能电池及应用系统示范项目。这是国家高科技产业化发展项目计划的重要部分，也是国家"光明工程"的配套项目。苗连生回忆起那时候在国内提3兆瓦的光伏产线"能把人吓蒙了"。他得知这个消息，兴奋得睡不着觉，拿出自己的积蓄来积极争取项目，一天跑两趟北京，到中科院和电子工业部六所请教专家。他说："我们不知道跑了多少路，跑坏了几辆车，甚至放下一切商业活动，就来争取这个项目。"半年时间，苗连生和同事们乘坐的一辆白色捷达汽车跑了9.8万公里，最多的一个月在北京、石家庄和保定三地之间跑了31趟。1998年5—7月，项目一路通过保定市计委、河北省计委审批，正式上报国家审查项目可行性。到1999年2月，英利终于拿到项目批复文件，当时厂房还没有完全建好，只有几间租用的办公室，公司仅有的20多个员工在车间里不分昼夜地钻研引进的技术。一开始焊接工序都是半自动化的，大部分零件只能用手焊，公司还专门派了3个人去合作商意大利的Helios公司学习培训，学会了再回公司教给大家，同时组织人手，查阅、翻译大量资料，制定基本的工艺流程。国家发展改革委宏观经济研究院研究员王斯成至今还记得，当时英利100多名员工，在一个空荡荡的大车间里，一人搬一个小板凳，聚精会神地听他做光伏培训。

2001年8月，英利收到了Helios公司发来的第一批设备原料：1台太阳模拟仪，3个焊接台，1台3千瓦高压测试装置，试车用成套材料，1台半自动装框机，1台铝框打孔机，1套接线盒和印刷电路板图纸，1套铝框和角键图纸等。2002年5月，英利第一条光伏组件生产线调试完成，生产出了第一块组件，组件就是一块块真正布设到光伏电站中的"长方形"太阳能电池板，是组装好以后用来发电的终端产品，每一块组件当中包含很多块互联的太阳能电池片。

一开始，组件的生产是非常"朴素"的，一排排整齐的焊接台上，英利员工弯着腰，手持烙铁焊接每一片电池。但即便是技术能手，一个班次的工作下来也只能焊接 10 块左右，甚至铺不满 1 块组件，就已经累得腰酸背痛。而且手工焊接虚焊多，看上去焊好了，实际上没能完全融合，会造成接触不良，而且碎片率高，一次成型率低。直到 2005 年，英利引进了自动化焊接设备，这一问题才得以改善，一台设备焊 1 小时就相当于一个人 1 个班次的产量。

1999 年，英利中标了四川阿坝太阳能"送电到乡"项目的承建权，其投资达 1.5 亿元的多晶硅电池产线一期工程也准备上马，但英利早年做化妆品的"家底"不足以独力支撑项目，保定高新区也支持不了这么大的项目。于是苗连生去找国家开发银行"化缘"，但对方又嫌项目太小，把球踢给了中国建设银行。苗连生给中国建设银行负责人做了大量科普扫盲工作，结果项目还是被"毙"了。对方说："你这东西挺好，但现在一年能做到两三亿元的销售额吗？不可能吧。"

直到 2001 年，事情出现转机，天威集团董事长丁强发现了英利。当时天威集团是保定最大的国有企业之一，是中国变压器行业的龙头，旗下的天威保变还是上市公司。2002 年，英利得到增资扩股，天威保变持有英利 49% 的股份，英利自身保留 45% 的股份，北京中新立业科技投资咨询有限公司持有 6% 的股份。天威保变承诺，作为财务投资人不插手企业经营。

2002 年，拿到投资的英利从美国 GT Solar 公司引进了第一代天车式铸锭炉，从瑞士购买了多线锯切割机，从意大利引进了油加热层压机，在接续地采购、组装、调试过程中完善自身工艺流程，并于同年完成了厂房建设。英利一期工程顺利完工，电池和组件产能达到 3 兆瓦，填补了中国商业化生产多晶硅电池的空白。2003 年，3 兆瓦示范项目顺利通过国家验收，英利实现 1000 万元营收。2003 年 10 月 10 日，英利生产出中国第一块 240 千克多晶硅锭。从铸锭、切片到形成组件，英利实现了中国第一条多晶硅生产线，开启了中国光伏制造与应用的产业化进程。

国企"独苗"沈浩平

1993年,当苗连生翻开报纸第一次了解到光伏行业时,沈浩平则已经在半导体和光伏行业摸爬滚打了十几年。那一年,沈浩平坐在电影院里,观看了斯皮尔伯格导演的《侏罗纪公园》。当他看到银幕上的一句台词——"生命总要寻找出路"(Life finds a way.)时,这句看似平常的话语像一道闪电一样击中了他的心。当时他所在的天津市半导体材料厂,也就是天津中环半导体股份有限公司(以下简称"中环")的前身,正处在生死攸关之际,苦苦寻找着转型的门路。短短十年后,由中环生产的航天级太阳能电池硅片用在了杨利伟乘坐的神舟五号飞船上。在二十多年之后,中环成为美国苹果公司在中国的唯一一个光伏电站合作伙伴。苹果公司在美国的苹果园区(Apple Park)总部大楼建成了全球最大的屋顶光伏电站,而电站所使用的正是来自中环的硅片。

1985年,是国企全面深化改革的第一年,地方国企要开始自负盈亏,但很多国企不适应这种市场经济体制。于是1986年,中环开始与北京605厂一起,给日本一家企业做代工挣钱,而这家日企正是与晶龙合作的松宫。当时日本光伏蓬勃发展,夏普独占全球产能的60%,中环也给夏普做配套。中环依托日本市场需求,加大了对光伏业务的投入,当年即生产出5英寸太阳能级硅片。我们讲过,太阳能电池片大多是蓝色的,而灰色的硅片是用来生产太阳能电池片的上一级产品。

1991年前后,天津市半导体材料厂一度濒临破产。沈浩平说:"1987年,我已经是国内这个行业的顶尖人才,甚至能找出教科书里面的错误去修改了。可那时候却发现,即使拥有强大的技术,企业依然难以为继。我们被教育的理念是,只要拥有某项专业技术能力,就可以改变生存环境,甚至改变整个世界。但残酷的现实告诉我们,技术并不是唯一的决定因素。"

1991年,天津市半导体材料厂因发不出工资,被迫搞起了承包,沈浩平和同事们自筹50万元购买原料和设备。他说:"当时的出发点很朴素,就是因为厂里没钱，要把干区熔（一种提纯方法）的几十号兄弟姐妹养起来。"但在推进过程中，沈浩平发现厂里很多资历老的员工是没有跳槽谋生的能力的。当时能力突出的沈浩平有各种机会跳槽到薪酬待遇更好的企业，可是他不忍心就这么抛下这些老大哥、老大姐，他说："一帮人把命都搭上了跟我干，如果我中途放弃，他们就真的无路可走、吃不上饭了，所以我必须不离不弃。"最终，他选择了留下。直到今天，他成为中国头部光伏企业的领导者当中唯一一个自大学毕业后就留在同一家国企中工作的"老黄牛"，这一干就长达四十余年。而他还有另一个身份——兰州大学物理系毕业生，他是李振国、钟宝申、李春安、李文学等隆基绿能合伙人的同门大师兄。

1958年，天津市半导体材料厂成立。1959年，天津市手工业局改名为天津市电机工业局。1969年，天津组建了第三半导体器件厂。这些都可以算是中环的前身，而其早期实际控制人是天津市国资委。它成为中国北方半导体材料行业的摇篮，新中国第一台彩色电视机、第一台BP机、第一台照相机和第一台录像机都是在这里诞生的。这家工厂曾经是与云南半导体、秦皇岛华美太阳能、宁波太阳能、天津18所并列的五家最早的中国光伏企业。

1983年，沈浩平从兰州大学毕业后来到天津市半导体材料厂。这位新来的高才生有一篇出色的毕业论文，被刊登在国家级刊物《电子学报》上，内容就是围绕薄膜非晶硅电池的，他也因此收获了不小的名气。

1984年，在国家"六五"计划的引导下，他和同事们克服重重困难，对区熔法硅单晶技术进行创新。用这种方法制备出的单晶硅，氧含量和杂质含量很低，经过多次区熔提炼，可以得到低氧高阻的单晶硅，适合制作电力电子器件。如果不考虑性价比，单纯以材料性能为标准，那么硅基光伏材料的"鄙视链"大概是这样的：多晶铸锭低于直拉单晶，而直拉单晶又低于区熔单晶。区熔法以其高品质的性能，一直站在半导体级单晶材料技术难度的最顶端。

经过成千上万次试验，沈浩平团队研发出3英寸以上的区熔硅单晶、

CFZ（直拉区熔法）硅单晶等技术，使得公司成为当时该领域国内第一、国际第三的领军企业。中环也是国内首家拉制出 6 英寸和 8 英寸区熔硅单晶的企业，与国际领先水平保持同步。沈浩平则被誉为"中国晶体生长领域的第一人"。沈浩平说："即使三十年后看，当时的很多晶体生长理论都是对的，一直沿用至今。"1958 年开始做半导体锗材料，1969 年做直拉硅单晶，1978 年做区熔硅单晶，1981 年开始进军光伏领域，2002 年在全球范围内首先将多线切割技术应用于硅材料加工，乃至率先在业内使用金刚线切割硅片……沈浩平曾经霸气地说道："我实在想不出来，单晶技术有哪项不是在中环提出并应用到生产的。"

1998 年，作为厂里最年轻的技术带头人，沈浩平被晋升为厂长。次年中环集团成立。他知道如果厂子做不好，员工们就要饿肚子。所以成为厂长的时候，他许了一个愿："要让这三百个大哥大姐全部平稳退休。"而中环在 21 世纪的故事，从某种层面可以看作沈浩平挣扎着还愿的故事。直到 2020 年年底，沈浩平终于实现了这个愿望，这令他无比自豪。

"我们大家上上下下都有一个理念，就是让员工二十年不失业，换句话说我们竞争力强的根源来自我们恐惧失业。其他光伏企业采用的是股权激励、收益激励，而我们则是恐惧激励。"

也就是在沈浩平出任厂长的当年，厂子迎来了重大转折，与美国 ASIMI 公司签订了长期合同做来料加工业务，把进口来的多晶硅料拉成单晶硅棒，然后再切成硅片运送回去，以至于 2000 年前后，中环成为国内拥有最多多晶硅的企业。

在中环的车间里，到处张贴着美国德州仪器于 1987 年发布的《工艺技术黄金守则》，其中写道："工艺工程师务必在晶片生产厂内投入大量时间精力，不研究现场情况就在办公室里做出工艺决策是极不明智的。"沈浩平是这样要求别人的，自己也更是这样做的。从 1985 年到 2001 年，他始终坚持在一线倒班。即使已经当了三年厂长，他还能做到像工人一样，晚上 10 点上班，早上 6 点下班。"产品和技术创新不到一线去，根本搞不出来"，沈浩平说。

1999—2002年,中环投入3000多万元更新设备、完成扩产,硅堆产量达到3亿支。其中的高压硅堆是一种硅高频高压整流二极管,在黑白电视机和其他电子仪器中用作高频高压整流。中环在这一时期的销售额也因此破亿,国内市场占有率达到43%,名列第一。

然而,刚刚在世纪之交带领中环获得喘息之机的沈浩平又遭遇到了新的打击:进入21世纪,液晶显示技术开始逐渐替代传统的CRT显示技术。从前人们家里厚重的"大屁股"电视机和显示器用的就是CRT显示技术。液晶显示技术的普及对中国彩电行业的冲击巨大,而中环也因此备受摧残。因为当时中环的高压硅堆、硅整流二极管、硅桥式整流器这三大类高压器件,主要都应用在CRT电视机和显示器上。2007年,中环的年报中警示:"相关产品存在生命周期风险。"但好在中环抓住了2004年以后中国光伏产业的爆发,逐渐成长为隆基绿能在单晶硅片领域最强的对手。

一个大学老师,带领国产逆变器突围

1997年,在合肥市宣城路的一间不足20平方米的简陋出租屋里,一群人把曹仁贤团团围住,吵着闹着要他还钱。他别无他法,只能把刚到手不到两个月的借款退了回去。此时的阳光电源账户上就只剩下一千多元,公司随时可能"夭折"。几乎没有人理解他到底想做什么,就连他自己心里也不是那么有底:放着好端端的"铁饭碗"不要,非要自己创业找罪受。结果还是教书时发表的几篇论文救了他的阳光电源一命,方才有了今日全球最大的光伏逆变器企业。

1968年,曹仁贤出生在浙江杭州萧山的一个农村家庭。小时候母亲早上4点钟就要起床干活,忙碌的身影给了他无穷的学习动力。1986年,曹仁贤考上了合肥工业大学电气自动化专业,本科毕业后被推荐成为免试研究生。曹仁贤或许不知道的是,二十多年前,教育部决定为还在北大的江隆基调动工作时,给了他两个选项,一是兰州大学,二是合肥工业大学。

最后江隆基觉得合肥工业大学是工科大学，他不懂专业，最终选择了兰州大学。如果不是江隆基的"一念之差"，1986年新生入学时参加老校长纪念活动的可能就不是隆基绿能的几位创始人，而是曹仁贤了。曹仁贤研究生毕业时，安徽和家乡浙江的不少企业都来邀请他，但他想继续做科研，于是在1993年毕业后留校当了老师，所以业内一些同行喜欢叫他"曹老师"。

在学校教书的四年里，曹仁贤主要的研究方向是可再生能源发电，1997年在《太阳能学报》上发表学术文章《微处理器控制光伏水泵SPWM变频器的设计》，同年又在《合肥工业大学学报》上撰文《独立光伏电站系统的仿真与优化设计》。可以说曹仁贤是中国光伏行业的民营企业家当中，最早在国内研究光伏发电的专业人士之一。

在当老师的时候，经常有来自西部地区的人到学校问："能不能把一两瓦的小灯泡做成大功率的？""能不能做成标准的交流电，让我们老乡也能看上电视？"曹仁贤没有像任丙彦教授那样，等来一个"知音"一样的企业家主动把他的学术成果产业化，所以他决定向合肥工业大学提出辞呈，出来创业。

1997年11月，曹仁贤拿着教书时攒下的8万元，又找邻居和朋友借款，凑出50万元注册资金，成立了阳光电源，然后就有了开头的那一幕，曹仁贤不知道他要靠什么挨过接下来的新年。

1998年年初，正在闷头做实验的曹仁贤接到一个陌生人的电话，对方自称是南疆铁路库尔勒到喀什段的电源技术人员。铁路沿线需要架设大量的电力设施，其中就需要一种铁路信号供电系统中要用到的太阳能控制器。同类产品海外进口价格非常高，技术人员在搜寻相关资料的时候，发现了曹仁贤的论文，于是托人联系上了他。

几天以后，对方来到了曹仁贤的出租屋，只看到几个工人，几台简易设备和一间小作坊，而他们要交给曹仁贤的则是一个国家级的重点工程。"你有能力做好吗？"对方问道。准备了很久的曹仁贤把他多年在电源和电网领域积攒的专业知识和想法和盘托出。对方听完以后终于信服了，表示可以试一试。

于是曹仁贤开始了两个月的闭门研发。而就在此时,曹仁贤刚刚50岁的母亲意外离世。他顶着几夜未眠的困意,奔回家中为母亲料理后事,尽孝后又急忙折回合肥继续研发,直到1998年5月30日研发完成。

曹仁贤戴着孝箍直奔兰州,对方工程师在得知事情原委以后感动不已,马不停蹄地将曹仁贤的产品——中国第一台太阳能控制器投入检测。结果产品顺利通过所有测试,双方立即签约,成立了半年的阳光电源终于拿到了第一张金额60万元的订单。

曹仁贤希望把公司定位在离网逆变器上,因为其中涉及的微处理器、功率半导体相关技术是他的长项。但做完这个订单,阳光电源却没有迎来开门红,因为当时可做的只有一些无电地区的"光明工程"项目。曹仁贤渐渐意识到国内光伏发电业务的订单养活不了阳光电源,他陷入了"找订单—赚钱—投入光伏发电系统研发—再找新订单"的循环。一旦研发资金不够,项目青黄不接的话,公司就要"断粮",他自己也要挨饿。有时候,他一天三顿饭只吃馒头和咸菜,这样难挨的日子一直持续到1999年上半年。在几经尝试以后,他决定把主要精力放在控制器和逆变器寻求突破上,当年公司收入终于超过了200万元。当时中国的光伏逆变器市场还被外企巨头把控着,阳光电源只能在西门子、施耐德电气、SMA、ABB留下的市场缝隙中生存。因为光伏组件在接收太阳光照射之后,发出来的电是直流电,而我们老百姓和工厂企业所用的电都是交流电,所以这当中就需要一个转换设备,也就是逆变器。虽然在一个光伏电站的整体投资当中,逆变器并没有占到很大的比例,但它所起的作用却非常关键,是将交直流电力"迎来送往"的一个枢纽设备。如果少了它,或者它出了问题,我们就没法大规模利用光伏电站所产生的电能。

那时候的曹仁贤和阳光电源受尽了冷眼,因为有的招标会指定其他公司产品,有的是投标环节让去了,但明确告诉他不会中标。他被问到最多的问题就是:"你的产品能和国际巨头的相比吗?我们凭什么用你的?"用曹仁贤的话说:"前面几年确实很困难,我也做了一些自己不愿做的产品,把公司维持住。维持的目的是希望有朝一日能将新能源产品做大,就像饿了先弄一点儿干粮垫垫肚子一样,但我的目标一直很坚定。近几年,我们光伏项目做得比较少,主要是像南疆铁路独立离网发电系统这样的项目。这种类型的工程都是一次性的,一辈子可能都接不到第二个了。"

离网发电系统,就是指不需要并入供电电网就能发电的系统,比如说在一些偏远又人烟稀少的地方,把电线拉过去不划算,对这类离网发电系统就有一定需求。这一点在电视剧《山海情》当中就有生动的体现:黄轩饰演的村干部马德福为了村民搬迁以后的供电问题,一遍一遍地跑供电局,供电局要求必须达到或超过60户村民搬迁成功才给通电,结果搬迁路上遇到沙尘暴,跑回去了3户,只剩下59户,马德福央求各路领导,也没给他破例。而采用离网光伏发电系统就不会引起这样的麻烦,可以当地发电,当地消纳,不走"全国一张大电网"。但是这样的应用在中国大电网覆盖面越来越广的趋势下,变得没有竞争力。因为离网的光伏发电系统一般包含蓄电池(白天充的电,在晚上就可以使用),所以系统造价较高。只有在印度、非洲等经济欠发达的偏远地区,由于电网基础设施相对不完善,居民宁可选择比并网电价更贵的离网光伏发电,也不想再过没电的日子。

1997—2000年,国内一些企业家陆续开始投身风电、光伏产业。当时李俊峰正在担任国家发展改革委能源研究所可再生能源发展中心主任。他认为国内企业家需要得到一些理论指导和帮助,想要请来专家系统地为风电、光电企业负责人讲授新能源产业的发展之道。于是他拉到了100万美元的巨额赞助,还请到了美国宾夕法尼亚大学沃顿商学院的小企业创新中心主任来中国授课,利用连续四年的夏季时间在北京的友谊宾馆为企业家们办了四期"可再生能源企业家培训班"。包括施正荣、曹仁贤、苗连生以及后来发展成为风电整机中国第一、全球第二的金风科技的两任董事长于午铭和武钢在内的众多企业家,都是这四期培训班的学员。在课上他们一边学习可再生能源产业相关知识,一边学习如何做好中小企业。因此这个培训班也被称作"中国新能源产业的黄埔军校"。

第一年开班的时候，大家挤在宾馆的一个小房间里，只有四十几个人到场，而隔壁的友谊宫里则是一个有400多人参加的互联网大型论坛。李俊峰就在现场给大家鼓劲："互联网这个东西不需要那么多企业，但是能源不是这样。能源就像食品，天天吃，天天消耗，技术不断在进步，只要入了能源这行，你这一辈子就离不开它。"武钢问李俊峰："李老师，我们金风科技未来会发展成什么样子？"李俊峰说："你们有三种选择，第一种是你们做得非常成功，资本来找你们了，你们就上市，做成世界上头部的风能企业；第二种是你们做得不错，但是能力有限，别人收购了你们，你们财务自由了，也很好；第三种最不济，你们就做维修风机，像个4S店一样，因为时间长了风机会出问题，你们只要维修服务好，也能衣食无忧。但这三种都要求你们得勤奋，你们要是像我这么懒，光说不练可不行。"在场的企业家们都笑了。

第四期培训班办完以后不久，2001年，阳光电源的50千瓦三相离网逆变器研制成功，幸运地赶上了2002年国家"送电到乡"的工程项目。2012年，西藏自治区发展改革委组织了对当年"送电到乡"的产品做了一次巡检。结果发现一些设备厂商的产品，故障率高达75%，这些制造商在西藏市场检验中被淘汰；而阳光电源的逆变器故障率最低，在西藏长期稳定运行。

2003年，成立六年的阳光电源实现了从无源逆变技术到有源逆变技术的跨越，掌握了核心的光伏并网发电技术，并在上海成功安装调试完成国内首座10千瓦光伏并网电站，其中的逆变器采用了"三相全桥＋高效变压器"的拓扑结构和交流电流实时跟踪控制技术。这是中国第一台具有自主知识产权的光伏并网逆变器。

在2004年大量光伏企业在欧洲热土上挣钱的时候，阳光电源还在求生存，而不是谋发展。曹仁贤陷入了一个新的循环：他用生产不间断电源（UPS）、应急电源、开关电源这些传统产品的钱，投入光伏逆变器新品的研发工作中。当年推出第一代单相光伏逆变器，提升了系统效率和输出电能质量，还推出了风电变流器产品，迎来了一个事业发展期。2005年，阳光电源承担的"十五"国家科技攻关计划"并网光伏发电用系列逆变器的产业化开发"项目提前通过了验收，实现了30千瓦以下系列光伏并网逆变器的技术研发和产业化工作。

但随后他意识到：自己在分心赚钱的过程当中，会透支原来的资源，使自己的专长大打折扣。虽然也赚了钱，但失去了客户对自己原有品牌的认知，是得不偿失的。在他眼里，没有逆变器，阳光电源什么都不是。于是他大胆砍掉了UPS和应急电源这些"好"业务，每年直接损失几千万元也在所不惜。

"现在赚钱，不等于明年还会赚钱。顶尖企业三年以后的产品都在预演了，我们还在为今天的生活拼命，肯定没有后劲。"在曹仁贤眼里，现在做减法，是为了将来做加法。"这是非常痛苦的决策过程，因为有的传统电源产品我们做得不错，比如应急电源，已经做到了行业前三，但为了保持真正的竞争力，就必须承受销售收入的下降。"

2005年以后，阳光电源设计、优化了新一代的电抗器、滤波器、变压器等关键部件。从100千瓦到250千瓦再到500千瓦，阳光电源完成系列化电站型逆变器的研发，产品迅速进入海外市场，拿下英国、法国等欧洲国家的市场大量订单。

2009年，当国内地面电站出现以后，阳光电源利用大功率逆变器迅速抓住机遇，推出1兆瓦光伏电站整体解决方案。中国第一个20兆瓦光伏并网发电特许权示范项目落户敦煌，采用的逆变设备就是阳光电源的。

2010年，阳光电源的逆变器在国内市场占有率达到42.8%，已连续三年位居全国第一，基本相当于第二到第六名五大外国品牌在华市场占有率的总和（43.5%）。如果当时没有阳光电源，国内的逆变器市场格局很有可能会像国际市场上那样，由五大外国品牌包揽60%左右的市场份额（2009年）。而伴随着当年海外市场的复苏，阳光电源营收和利润呈现爆发式增长，营收从2009年的1.8亿元蹿升至2010年的5.99亿元，净利润连续两年增幅超过300%，境外营收占比从2009年的8.37%激增到2010年的62.25%。光伏逆变器约占全球市场份额的2.4%。

2011年11月，阳光电源在深交所挂牌上市，成为中国新能源电源行业第一股。阳光电源IPO过会的那一天，曹仁贤记得在场的所有人都笑了，只有他一直绷着脸："我真的高兴不起来，当时只觉得是重新开始了，我们今后要以更严格的标准成长，这个时候是不容易笑起来的。"

筚路蓝缕，以启尚德

2000年的新年之夜，经过一位女士的引见，施正荣在中国驻澳大利亚大使馆的晚宴上认识了杨怀进。从澳大利亚硕士毕业后，杨怀进一直在从事中澳之间的贸易工作，他建议施正荣到国内发展太阳能事业。

"目前国内创业的形势是非常好的。你的项目这么好，一定有人愿意投资。"

"我确实非常想回国，但我在国内没路子啊！"

"这样，你先做一份计划书给我，我帮你跑跑。"

"那好，写完了我给你打电话。"

施正荣的岳父曾经不希望女婿留在澳大利亚，但如今二老已被接来澳洲定居。眼看女婿又要折腾回国，岳父见劝不动，就对女儿说："施正荣缺乏社会经验啊！他回国创业，怕是给人家卖了，还帮人数钱呢！你劝劝他吧！"没想到张唯却对父亲说："我和他说过了，只要他做专业的事情，天涯海角我都陪着他！"老人也便不再劝了。

有了家人的支持，施正荣花了一周时间，用中文手写了200页的商业计划书。当时只做过科研、没办过公司的他不知道在"财务分析"方面要怎么计算工厂的材料、设备成本。他比照着实验室里这些东西的成本，打个七折就当作大规模生产的采购成本了。而在产品售价方面，当时国际上的组件价格是每瓦3.5~3.8美元，他计算出如果他生产的每一瓦组件能以3美元的价格出售，产品仍可以保持25%的毛利率。后来尚德刚实现量产的时候，产品毛利率果真是25%。

杨怀进把这份报告带到了国内，背着一台十几斤重的投影仪开始在全国十几个城市奔走，给各地方官员做科普。杨怀进告诉施正荣，国内的项目有了一些眉目，于是，2000年8月施正荣带着资料回国。他和很多海归人员一样，第一站选择了上海。上海的国际化程度高，高新技术企业多，也是他读研究生期间生活过的城市，同时上海还是他妻子的老家，但他发现上海并不欢迎他。为了找资金，他在上海一家著名的创投公司楼下等了足足三个小时，却依然没有见到对方负责人。一些人嘲笑他"靠这种东西能筹到钱才怪"。

随后杨怀进又带着他去了杭州、镇江、秦皇岛、大连等城市，很多地方政府表示欢迎，但是谈到条件的时候，展现出的诚意都一般。施正荣甚至还找过老家扬中市政府，结果也未能如愿。在考察产业时他发现，当时中国年产屋顶光伏系统大约是500套，仅仅略高于海外一个实验室的产量规模。看到国内的情况，施正荣的心都凉了半截，考虑要不要回澳大利亚继续做科研。在他动摇的时候，妻子张唯告诉他："你要做学问的话就回澳大利亚，要想创业还得留在国内。"

"一个人决定做一件事不容易，决定不做一件事同样不容易。我要是没有充分的自信，就赶不上中国太阳能发电事业的春天了"，施正荣说道。就在杨、施二人屡屡碰壁的时候，杨怀进找到了自己过去的老师，他们二人的扬中同乡徐成荣，徐老师当时已经在扬中市政府任职。经过他的引荐，施正荣接触到了时任无锡市经济贸易委员会主任李延人，也就是后来的尚德董事长。施正荣没抱多大希望，请徐成荣转交了一份可行性报告过去，结果没想到，无锡方面竟然立即邀请他到当地做报告。

2000年8月8日，施正荣来到无锡，做了一场3个小时的报告会。当地领导说："我们找你这样的人才已经找了几年，今天终于找到了！我们就是要吸引你这样的科学家回来当老板！"施正荣后来回忆道："我回国时，从来没把自己定位成总经理，而是定位成副总，分管技术。到无锡时他们说，你要来干，就当第一把手。所以我当时觉得像找到了知音一样。"

2000年以前，中国兴起了一股风险投资热，无锡成为最早一批尝试风险投资的城市，成立了无锡市国联信托投资有限公司，其投资部经理叫张维国。在决定投资尚德之前，张维国已经栽过好几个跟头，积累了一定的"经验"，所以在遇到施正荣时，他决定要把这个"洋博士"先查个底朝天再说。

两人第一次见面后的三天，中国第六届光伏会议在昆明举办，张维国决定跟着施正荣一起去看看。本着"多听少说"的原则，张维国先是旁听施正荣与其他业内人士的交流，看施正荣如何回答现场众多光伏专家的提问。而后他又单独咨询了很多人，得到的结论是一致的：施正荣是一个在光伏研究领域颇有作为的年轻专家。

但考察工作还远没有结束。无锡市政府为此组成了一个专项调研小组，张维国和四名负责人一起飞往澳大利亚考察。他们首先得确认施正荣是否真的是格林教授的学生，学术水平到底怎样，同时还要考察一下光伏在海外的市场。当他们来到施正荣工作过的太平洋太阳能电力有限公司，施正荣的前同事们对他给予了高度的评价。而后张维国又了解到，光伏发电已经应用在2000年的悉尼奥运会上，而澳大利亚政府在政策上大力支持该行业。他们一行人这才松了口气，这一趟没有白跑，可以回去交差了。

2001年1月，无锡市政府决定支持施正荣的光伏项目上马，无锡尚德太阳能电力有限公司正式注册成立。施正荣之所以取了这个名字，是因为有彰显"崇尚道德"的意蕴。没想到三年以后，经过全市几百万老百姓的评选，无锡市委常委会将无锡城市精神确定为"尚德务实、和谐奋进"，二者不谋而合。

在当地政府的动员下，江苏小天鹅集团、无锡国联信托投资公司、无锡高新技术投资公司、无锡水星集团、无锡市创业投资公司、无锡山禾集团等企业共出资600万美元，与施正荣共同组建了中澳合资的"无锡尚德"，并占75%的股权。施正荣则以40万美元现金和160万美元的技术入股，占25%的股权，施正荣名下股份通过他个人全资拥有的澳大利亚公司PSS（Power Solar System Pty. Ltd.）间接持有。

无锡方面请施正荣做总经理，董事长则由无锡市政府指派的李延人担任。后来无锡方面希望其他无锡企业共同出资入股尚德受阻的时候，正是李延人出面四处奔走，才解决了尚德融资难的问题。除施正荣外，另外八家股东分别是无锡市创业投资有限责任公司、无锡市高新技术风险投资股份有限公司、无锡市科达创新投资有限公司、无锡市国联信托投资有限公司、小天鹅集团、无锡水星集团、无锡山禾集团与上海宝来投资管理有限公司。但这些股东很多都是"光打雷不下雨"，他们对光伏行业不是太有信心，迟迟不肯拿出钱来。于是，无锡市一位主管工业的副书记厉声说道："施博士是一个人才，如果你们把他给放走了，我就找你们算账！"谁都不敢担这个责任，所以很快资金就到位了，最终尚德获得600万美元的注资。施正荣形容尚德是"吃百家饭"长大的。

有些股东当时没有信心到了这个程度："要我们投就投吧！就当打个水漂，送人不要了……"而施正荣当时心里想的是："我哪怕累死在无锡，也不能让这些人瞧不起！"

当国内一切就绪，他立马登上飞机。当他告诉格林教授离职的消息时，格林教授对他说："这件事我100%地支持你。我知道你肯定经过了深思熟虑，所以我相信你做的是对的。去吧！"就这样，施正荣放弃了在澳大利亚多年经营的一切，变卖房产，带着一家老小，以及20箱、总计3立方米的光伏技术资料回国。当时国内的光伏产业可以用"一穷二白"来形容，光伏技术人才也十分紧缺，施正荣一个电话就把当年云南半导体器件厂的老朋友汪义川拉了过来，让他到尚德做总工程师。

2001年6月2日的《科技日报》头版报道："尚德公司实际生产能力达10兆瓦，5年内实际生产能力将达到30兆瓦……"很多业内人士看到这样的报道，都认为这是在"吹牛"。因为当时中国的4家光伏厂家，每家年生产能力都不到1兆瓦，加起来只有2.4兆瓦。用兆瓦数乘以全年发电小时数，就能得出这些光伏产品一年发出的电量。我们以2021年全国光伏平均利用小时数1163小时为例（实际上这个数字每年波动不大），直流侧 2.4 兆瓦的光伏组件，如果按照容配比①1.2∶1 来计算，在交流侧就是 2 兆瓦，2 兆瓦乘 1163 小时等于 2326 兆瓦时，即 232.6 万千瓦时。232.6 万度电，听起来是个不小的数字，但如果放在 2021 年，这些光伏板一年发出的电只够全国人民使用 8.8 秒。

为了早日实现更大规模量产，尚德建厂期间，施正荣就像踩上了"风火轮"，走路都是"咚咚咚"一路小跑，天天跟工人在一起劳作。厂房图纸由他亲手描绘，人员招聘由他亲自面试，员工形容他"忙得可怜"。

当时国内光伏设备主要依赖进口，施正荣手里只有 640 万美元，减去建厂的花费，已经所剩不多，他还必须耗费大量时间对进口设备进行精挑细选，然后反复与国外供应商讨价还价。花了两个月时间，他完成了第一期工程中 10 兆瓦太阳能电池生产线和 8 兆瓦组件生产线的全部设备采购。

出国多年的施正荣刚回国时还不是很适应，他不太懂国内做生意的"规矩"。下班后供应商和客户组的饭局他经常推掉："我心想我哪有你那闲工夫喝酒？其实人家是想通过喝酒，跟我谈一些事情，我没有意识到这点，就是缺根弦。"

"后来偶尔去两次'交流交流'以后，发现供给我们的硅片就越来越多了，然后我就感觉这喝酒确实是有甜头的，所以也悟出了一种国内的沟通方式。最多的时候，这样的沟通每周要达到二十多次，包括早饭、中饭、晚饭，有时候还得吃两次……"整个 2002 年，施正荣忙得前不着村后不着店，当他猛一抬头，竟发现尚德就要发不出工资了。从这时一直到 2004 年年底，他主动带头只拿四分之一的月薪，带领大家一起勒紧裤腰带挺住。

不仅如此，工厂的改造也陷入了困境。一个小公司来做工程，10 万元的项目，尚德早就预付了一半，结果对方做了一半就要求支付全款。一个工人冲到施正荣办公室，摆出一副要跟他干仗的架势。就在同一个星期

---

① 一般来说，光伏组件能达到其额定功率的时间段在其全部工作时间中占比较少，所以为了在早晚日照不充足的时间段更充分地利用光伏逆变器的装机容量，摊低逆变器在光伏系统中的成本，组件装机规模会略大于其匹配的逆变器的装机规模。经过逆变器的转换，光伏电站发出的交流电功率会略小于光伏组件发出的直流电的功率，于是形成了"容配比"这一概念，指的是光伏组件的安装容量和逆变器的额定容量的比值。

里，一个清洗公司把清洗好的尚德管道拉回来，卸车后财务已经下班。他们拿不到钱，为了区区两万块钱，就要拉走尚德的东西。施正荣急得奔下楼一声怒吼："谁敢拉走！这是我们的财产，你们给我把它卸下来！谁敢动一下，我施正荣和他不共戴天。"后来回忆起来施正荣笑了笑说："我发现有时候老总发发脾气还是管用的！"

对外，他是企业公关一线的"门面"和当家人；对内，他是为一切技术设备操心的第一把手。他要求工程技术人员：如果设备出现故障，或者质量下降，无论白天黑夜，一定要通知他到场。面对谁都没摸过的太阳能电池生产线设备，尚德的中国工人是怎样一步步变成"行家里手"的呢？施正荣利用了新南威尔士大学的斯图尔特·温汉姆（Stuart Wenham）教授研发的一套"模拟生产设施"进行生产培训。原本在大学里，这套教程对应的操练对象仅仅是一个班的同学，大家通过模拟实操像打游戏一样获得分数，每个人可以达到的产量越多，他在"游戏"系统中得到的分数就越高。而现在温汉姆教授本人亲自飞来无锡，给尚德员工进行了两周的培训，指导生产经理如何调整工艺流程。有一次江苏省科技厅的厅长在温汉姆教授培训的房间外旁听以后激动地说："这才叫真正的企业和大学联合培养，我们就要推行这种模式！"

从商业计划书的撰写到产线工人实操训练，科研工作者出身的施正荣把尚德变成了一个放大版的"新南威尔士太阳能实验室"。这套实用的模拟系统让尚德许多工程师"小白"迅速上手，其后数年间，其中有些人在转投其他公司后，又将他们在此习得的专业知识传播给了更多的同行。不出所料，在尚德上市之前，温汉姆教授成了尚德的首席技术官。在后来面对投资人的路演中，他如法炮制，通过生动的讲解和实操模拟，成功激发了很多投资人对尚德的兴趣。

2002年7月，尚德第一条产线设备全部到位，施正荣亲自上场安装调试设备。由于长期过度劳累，他的脚后跟剧烈疼痛，一度无法支撑站立。但好在2002年9月，第一条10兆瓦太阳能电池生产线建成投产。施正荣留了一个"升级接口"，让这条产线可以兼容单晶硅片和多晶硅片。前三个月每天运转 16 个小时，第一批产品下线检测性能优异，光伏组件的转换效率达到 15%，高于施正荣向董事会承诺的 14%。这一条产线的产能相当于前 4 年国内太阳能电池产量的总和。后人评价尚德的这次成功是一举将中国的光伏制造水平向前推进了 15 年。"当第一台设备在众人的怀疑声中顺利投产时，我第一次看到了别人信任的眼神"，施正荣回忆道。格林教授还专程飞到无锡对施正荣表示祝贺，对徒弟赞赏有加的教授预言："尚德将成为世界光伏产业的中国超越者。"

虽然东西是做出来了，却不知道怎么营销。尚德一连换了几个销售经理，销量都不见起色，因为阿里巴巴当时对于做 B2B（企业对企业）业务的公司有三年免费期，他们甚至把光伏产品挂到了阿里巴巴平台旗下的商务网站去卖，但效果依然不好。国内销售屡屡碰壁并不意外，中国的光伏市场在 2001 年以前仅占世界市场 1% 的份额。到 2004 年，我国的光伏市场更是只占世界市场 0.5% 的份额，比例不升反降，原因是国内光伏市场的增速远远不及海外。

可以说从一开始，施正荣就很清楚，在国内光伏产业还没有实质性起步的时候，尚德的产品必须瞄准海外市场。而格林教授提醒他，一个全新的中国品牌想要快速说服外国人，最有力的抓手便是拥有技术标准体系中的各种"通行证"。所以尚德刚刚投产，施正荣就花了 6 万美元把产品送到全球各大权威机构进行检测。在 2002 年 9 月到 2003 年 9 月的一年中，尚德产品几乎取得了所有的国际认证，施正荣称其为"出国证"。后来为了方便企业对产品进行认证检测，在无锡市政府的主持和尚德的协助下，国家太阳能光伏产品质量检测检验中心（CPVT）正式成立，该中心就坐落在无锡尚德对面。

到 2002 年年底，尚德的生产成本还没有降到施正荣在商业计划书中提出的每瓦 3 美元的目标，但正在接近中：他们以每瓦 3.28 美元的成本生产组件，以每瓦 3.48 美元的价格出售。

随着 2002 年进入尾声，施正荣又肩负起尚德开拓海外市场的重任，坐飞机满世界跑市场，参加各种展会。在德国的一次展会上，有多家外国企业签订了意向书，虽然订单量不大，但总算有了种"买卖开张"的感觉。2002年12月，尚德单月有所盈利，但整个2002年尚德是亏损的，销售1000多万元，亏损700多万元。

尚德的亏损让无锡市政府的压力非常大。有人说政府大把大把的钱打了水漂，并给尚德扣了一顶"光打雷不下雨"的帽子，还说尚德"吃白食""放大炮"、得了"政府依赖症"……各种难听的话都冒了出来。施正荣倒是想得开："人家投了那么多钱，总要让人家发两句牢骚啊。"

到2003年上半年"非典"时期，国家经济遭遇了短暂的波折，尚德只能靠贷款维持，而能抵押给银行的东西已经抵押光了。这时，又是李延人出面多方游说，从其他企业手里拿到5000万元担保资金，又找无锡市劳动局拿到低息贷款5000多万元。时任无锡市副市长谈学明当时说："尚德能否进入产业化，这是个坎。"最艰难的时候，无计可施的施正荣把进口的硅棒直接切割掉，变卖成内销的硅片，而不是去生产成品电池和光伏组件——相当于一个原本做火腿肠的工厂，拉来整猪不用来做火腿肠，却直接把猪屠宰了就地变卖猪肉。

相信看到这里，不熟悉光伏行业的读者或许会对"硅棒""硅片""电池""组件"等产品的区别产生困惑，这里就来说说尚德在整个光伏制造业中的产业分工。

全球光伏产业的主要技术，选用的是晶硅材料，这其中又分为单晶硅（Monocrystalline Silicon）和多晶硅（Multicrystalline Silicon）。单晶硅电池有能力突破更高的光电转换效率，但在当时成本更高。多晶硅电池成本低，但转换效率低于单晶硅电池。施正荣在国内一开始选用的是多晶硅电池技术路线，后来补充了单晶硅电池路线。

在晶硅光伏产品生产的全流程当中，首先就像挖煤矿一样，要去开采硅矿，从硅石矿中提取硅。硅是地球上第二丰富的元素，在地壳中的质量占比为27%～28%，仅次于氧元素，且无毒无害。比如石英砂就是一种硅石矿，主要成分是二氧化硅（SiO_2），把它放在高温下与碳发生化学反应，形成液体的硅和二氧化碳气体，硅的纯度在98%～99%，再形成低纯度的工业硅，以粉末形式存在。把工业硅再次提炼到不同的纯度，可以用于不同的工业用途，比如合金硅、有机硅、多晶硅等。

多晶硅是由工业硅提炼后纯度达到 99.9999% 以上的产品，这个纯度也就是俗称的"6 个 9"以上，提炼技术壁垒高，被国际上七家大公司实施了技术封锁，严禁转让。这七家公司分别是：美国的海姆洛克、MEMC，德国的瓦克（Wacker），挪威的 REC，日本的德山、三菱和住友。

多晶硅料如果在铸锭炉中经过高温铸锭，可以生长成四四方方的多晶硅锭；如果在单晶硅炉中进行直拉，可以拉制成细长的单晶硅棒。对硅锭或硅棒进行切片，可以形成硅片（Wafer）。硅片再经过 10~20 道工序，就可以做成一片一片巴掌大的太阳能电池（PV Cell）了，虽然名为"电池"，但太阳能电池片没有储蓄能量的功能，它的作用是有效地吸收太阳所发出的光能，产生电压和电流。

单个电池面积小，发电功率低，而且又薄又脆，容易被折断，所以最后要将很多片电池平铺、封装起来形成光伏组件（PV Module）[1]。我们在前面提到过，组件就是光伏制造企业最终出售给发电用户的终端产品。其封装材料表面是钢化的白玻璃，玻璃下面是用高分子材料制成的胶膜，胶膜夹在中间，可以把玻璃和电池黏合在一起，抵抗紫外线，可保证在风吹日晒雨淋雪打的自然环境下，电池的寿命长达几十年。在电池的背面一般还附有一层背板，背板和电池片之间同样夹有一层胶膜。整个光伏组件呈现为一个"巨无霸"汉堡的层叠结构，从上到下依次是：玻璃、胶膜、电池、胶膜和背板。组件的四边一般采用金属边框进行封装。发展到今天，一些组件取消了背板，背面同样采用玻璃，利用太阳直射到地面后反射到组件背面的光线可以实现电池的双面发电，进一步提高单位面积的发电效益。

需要注意的是，有时候"多晶硅"指的是用来生产硅棒和硅锭的多晶硅料（简称"硅料"）。在光伏行业，无论单晶组件产品还是多晶组件产

---

[1] 光伏组件也被称作"光伏电池板"（PV Panel），容易与"电池（片）"发生混淆。

品，都需要使用"多晶硅料"来生产。而与"单晶硅"进行比较时所提及的"多晶硅"，泛指用多晶硅料制成的多晶硅锭、多晶硅片、多晶电池和晶硅组件等产品以及相应的技术路线（如图2-1所示），读者需对二者加以区分。

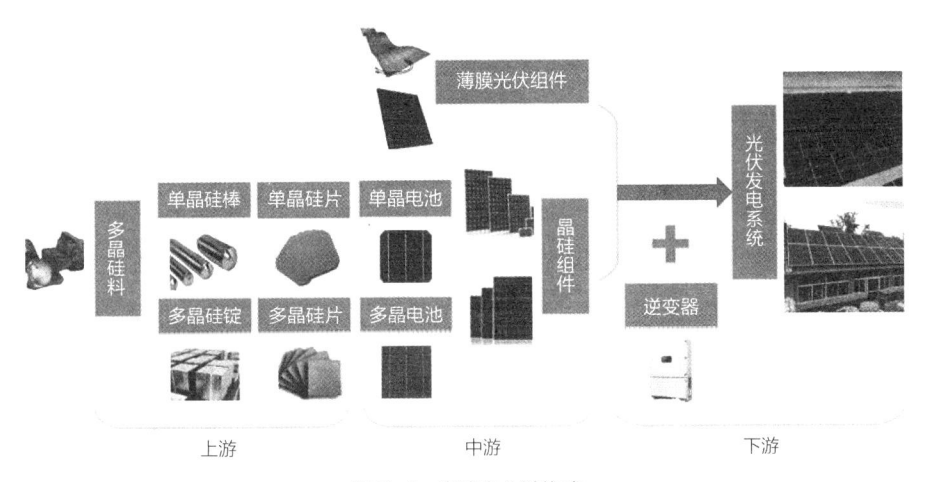

图2-1 光伏产业链构成

图片来源：中国光伏行业协会《中国光伏产业发展路线图（2022年版）》。

施正荣的尚德当时在整个光伏制造流程中，只参与"用硅片制成电池"和"将电池封装为组件"这两个环节。尚德早期不参与硅矿开采、制备工业硅、生产多晶硅、铸成多晶硅锭（拉制单晶硅棒）、切割成硅片这些上游环节，也不参与下游光伏发电系统的投资、建设、运营、维护等环节。

施正荣说："首先讲的永远是生存，工资怎么发下去。这个难关挺过去才能考虑下一步。"但不是所有人都有跟他一样坚定的信念。2002—2003年，对尚德失去信心的员工渐渐流失，有人说："抱歉，我相信你是一个很好的科学家，但你未见得是个优秀的企业领导人。"他们担心中国市场太小，而欧洲市场又无法切入进去。这其中包括许多关键人物，如初创时对他鼎力相助的老乡杨怀进和徐成荣，还有在澳大利亚期间，在他手下共事五年的张凤鸣博士，以及从澳大利亚来的销售主管泰德都相继离去。杨怀进与靳保芳牵手创办晶澳，是在离开尚德之后的2005年开始的。消息传到外界，质疑声就更大了："你自己带来的人都不信任你了，可见你是真的不行！"施正荣回忆说："我在澳大利亚边打工边学习的时候，也没那段日子难熬，要债、诉苦的人一个接一个。"面对逆境，施正荣觉得没必要辩解太多，他说："我还不如什么都不说，闷着头把事情做成。等到事情做好了，很多问题都会迎刃而解。"2003年上半年，施正荣再次成了"空中飞人"，在亚、欧、非各洲参加展销会，还实现了首次出口南非的销售突破。

转机来自在德国弗赖堡举办的国际新能源产品展览会上，尚德是唯一参展的亚洲企业，虽然展台只有9平方米，但是当外国人听说这是马丁·格林教授的得意门生，见到其本人可以用地道的英语跟大家交流的时候，就对施正荣产生了不小的兴趣。他们发现尚德的产品在品质完全不输甚至优于别的竞品的同时，价格还便宜5%，于是德国经销商的热情让公司积压的8兆瓦组件很快销售一空。

德国一家太阳能组件生产商Extra Solar的高管海恩纳女士说："如果说中国产品存在价格优势的话，那也是非常有限的。"德国PRO太阳能电力销售有限公司的沃尔茨先生认为，尚德的太阳能设备是针对欧洲标准生产的，中国产品的优势还体现在出色的产品性能和灵活充足的供应上。施正荣自己则评价道："尚德的产品比国外产品便宜5%，质量又好，销售商都说再涨20%~30%的价格他们也要。"随着德国、日本、新加坡、澳大利亚的订单向尚德涌来，2003年，尚德总收入达到1389万美元，净利润为92.5万美元，首次实现全年盈利。渐渐地，生产线产能不足的问题开始显现，尚德流失了不少订单。

2002年施正荣本想扩充产能，被董事会否决，这一次他决定再也不等了。"董事会同意最好，不同意我也要扩充产能。我不但要建第二条生产线，而且还要建第三条、第四条，只要市场对太阳能电池有需求，我就会不断扩大尚德的生产规模。现在不抓住机会，尚德就没有任何前途可言，犹豫不决只会误大事"，施正荣说道。

2003年7月,董事会终于同意尚德建设第二条15兆瓦电池生产线,但没有提供任何融资。最终施正荣是从无锡当地银行获得了贷款。他后来非常庆幸道:"要是没有抓住这次机会,2004年的黄金市场就错过了,只能眼睁睁看着别人赚钱。"而这一次,正是一个关键人物和一家关键企业的出现,助了施正荣一臂之力。

产业繁荣,始自尚德

2003年的一天,施正荣走进位于湖南长沙的中国电子科技集团公司第四十八研究所(以下简称"中电48所"),那个时候,他背负了很大的压力。当他想要扩大产能、建设第二条电池生产线时,无奈囊中羞涩,资金有限,买不起昂贵的进口设备,因此他想来长沙碰碰运气。中电48所的技术负责人王俊朝热情接待了他和随行的汪义川,三人相谈甚欢。走出中电48所的时候,施正荣满心欢喜地订购了一台扩散炉设备。王俊朝一路送他到了长沙的机场,开车回所里的路上,突然接到施正荣的电话:"王所,我考虑了半天,我想再买一台扩散炉可以吗?"王俊朝喜出望外:"当然可以了!"几个小时以后,施正荣乘坐飞机平安降落在无锡,王俊朝又接到施正荣的电话:"王所,我想再买一台,我买三台可以吗?"王俊朝说:"当然可以!"中国国产化光伏设备大规模应用的序幕就此拉开。

然而这里出现了一个很重要的问题:在尚德和英利这一批企业快速崛起之前,中国几乎没有形成真正意义上的光伏产业,这批新兴企业选用的首批设备几乎全部依赖进口。2002年,尚德成立一周年,国产光伏设备又是从何而来的呢?我们必须通过了解中电48所的历史来寻找这个答案。

中电48所成立于1964年,其前身是原国防科工委第14研究院北京新工艺研究室与公安部湖南实验工厂合并组建的长沙半导体工艺设备研究所。中电48所属于骨干科研院所,此前从事定向专项生产,根据国家对微电子发展的实际需要,从"三束"为主的半导体微细加工设备研发入手,包括离子束注入机、电子束曝光机、分子束外延设备等,渐渐发展出半导体物理气相沉积(PVD)、化学气相沉积(CVD)、注入、扩散工艺和设备技术。

电子工业出版社于1993年出版的《实用电子技术与电子产品汇编》一书中曾记载,王俊朝所在的中电48所当时就已经研制出汽相外延[①]系统,可以在汽相状态下,让单晶硅层生长淀积在单晶片上。20世纪90年代初,国内已经有部分厂家做出了比较简单的汽相外延设备,但只适合1~2英寸的晶片工艺,而中电48所当时正在研制新一代的全自动立式汽相外延设备,其中气路系统用到的管道、阀门、质量流量计等仍需选用进口件。

美国应用材料公司(Applied Materials)等生产的同类产品更早一点,大多出现在20世纪80年代后期。王俊朝认为,当时国内汽相外延的工艺水平与国外差距还不是很大,尤其是砷化镓(GaAs)的汽相外延工艺只比国外落后几年。

20世纪80年代末,中电48所接到了来自南京中电55所(中国电子科技集团第五十五研究所)的一笔订单,中电55所希望中电48所为他们开发扩散炉。扩散炉的作用是在高温下将杂质材料(比如硼或磷)从四周掺入硅片表面,并通过硅原子之间的空隙,向硅片内部渗透扩散,形成n型半导体和p型半导体的交界面,也就是"p-n结",这是包括太阳能电池在内的很多半导体材料生产过程中最基本的工序。当时进口扩散炉每台要花费上百万元人民币,中电55所希望能为半导体产线节省资金,与中电48所签订的合同金额略高于20万元。中电48所需要为此组建一支团队。所内第一次采用了招标的方式来选拔人才,谁竞标成功谁来负责这个项目。

当时几个老资历的技术人员鼓励王俊朝:"小伙子,你去竞标吧,我们支持你一起做。"最终王俊朝拔得头筹。1989年年初,26岁的他成为中电48所扩散炉课题组组长。当时基本没有上网查资料的条件,他通过单

---

① 汽相外延(Vapor Phase Epitaxy)是1993年公布的电子学名词,现写作"气相外延",本书中在提及20世纪90年代的相应内容时仍保留"汽相外延"的写法。

位的情报室查找了一些外文资料，其实也只有几张国外设备的照片、一份技术指标表和简单的资料而已。攻关了近两年时间，到1990年年底，他们成功研制出中国第一台微机控制全自动扩散炉，多个环节工艺过程均采用计算机控制，这个项目还通过了原电子工业部主持的产品成果鉴定。两台扩散炉做成以后，王俊朝亲自守在南京中电55所，前后花了3~4个月时间与对方工程师一起熟悉工艺、调试设备。学软件工程出身的他在主持这个项目的过程中，又对电子、机械领域的知识有了更深入的了解。多年以后，全自动扩散炉这一国产化设备也率先成为中国光伏设备大规模国产化的突破口。但在当时，王俊朝完全没有预料到这一点，中电48所面对的客户非常有限，只有云南半导体、宁波太阳能、开封太阳能等几个厂家有少量的设备需求。也就是说，中电48所的技术能力就像"茶壶里煮饺子"，有劲也使不出来。

同一时期，国营北京建中机器厂和青岛无线电专用设备厂也可以生产扩散炉。当时国产扩散炉可以处理4英寸的硅片，且处理5英寸的硅片的扩散炉正在研制中，但美、日等国家的扩散炉已经可以处理8英寸的硅片。国外已在大量生产立式扩散炉，而国内只有卧式扩散炉。用一句话来概括，国内部分品类的光伏设备（技术）在20世纪末已经完成了从无到有的阶段，但尚未开启从有到优的升级之路。

正是20世纪下半叶，半导体集成电路关键工艺装备领域和电子工业窑炉等高温装备领域相关技术的长期积累，让21世纪初的中电48所具备了与尚德这一批国内光伏企业同步崛起并为后者快速形成配套的技术实力。

但在世纪之交，继续单纯依靠军工产品的研发销售使得中电48所出现领域狭窄、后劲不足、运转迟缓的问题。中电48所开始迫切需要从"研究所发展模式"向"现代企业发展模式"转变。

王俊朝作为施正荣的同龄人，从20世纪80年代一毕业就进入中电48所，从研究室主任到科技处处长，后来升到了主管技术的副所长。在20世纪90年代，他和单位其他人一样对市场大潮感到迷茫，所里承担的很多都是国家计划内的科研项目，还有一些客户委托的研发课题。虽然每年所里要做上百个项目，但不仅规模很小，而且所在行业分散，这些项目即使做出来，也与真正的产业化相距甚远。在泛半导体领域，中电48所来自市场的营业额少得可怜。

2001年，也就是尚德创立的同年，广州一个做光伏灯具的老板飞到北京找到王俊朝，问他：进口电池片太贵了，还经常买不到，咱国内能不能自己做？于是王俊朝从他手上得到了国内第一条5兆瓦电池生产线的订单，从此中电48所开始正式进入光伏装备领域，成为中国最早从事光伏装备研发生产的单位。后来深圳拓日公司又给了王俊朝第二个3兆瓦产线设备订单。中电48所利用过去的技术积累很快推出了高温扩散炉和等离子体刻蚀机，这些半导体设备也小批量地直接用在了云南半导体、宁波太阳能和英利的早期产线当中，但并没有为满足光伏制造需求进行定制和优化设计。

2001年，施正荣在青岛举办的一场光伏会议上，宣布要做10兆瓦的电池生产线，接近国内产能总和的5倍，业内人士对其嗤之以鼻，很多人说："又一个洋骗子回来了。"散会就餐结束后，王俊朝在会场附近散步，碰到了施正荣，二人有了第一次交流。会后王俊朝嘱咐同事要多留意他："施博士的一些思路与众不同，我发现这个人很有想法。"

2002年，中国电子科技集团成立，中电48所被划归到这家庞大的央企当中。这时中电48所年营收只有1亿~2亿元，半导体设备年销售额只有300万元。面对这种情况，老所长找到王俊朝，让他把市场也管起来，抓一抓销售。结果大家看到的是，王俊朝接手了中电48所的市场工作以后，几个月没有新开一单。原来他考虑的是：我一个搞技术的，我得知道先从哪里下手。一时没有头绪，他就先带领团队花了几个月时间调研，从单位技术所涉及的几十个行业中寻找产业化出路。中电48所对外的名称叫"长沙半导体工艺设备研究所"，很显然，做半导体设备应该是最顺理成章的一条出路，但王俊朝坚决地否定了这一路线，他最终在众多产业中锁定了光伏。

王俊朝做出这一判断的依据，是他的亲身经历。他曾经主持申报了中电48所拿到的第一个国家"863"计划项目,任务是制造半导体LED芯片行业前道工序当中的MOCVD(有机金属化学气相沉积法)设备。这种设备需要用到一种喷淋头,要在直径十几厘米的喷淋头上打出4000多个孔,而且是双层孔,孔与孔之间不能相连,也不能打穿。这种喷淋头中电48所自己做不了,就在全国各地遍寻高人,结果找不到一个可以加工这种零部件的单位。最后他们几经辗转,找到了航天领域的一位老技工,对方要求几个月的工期,不能催货,因为4000多个孔中间有1个被打坏,整个喷淋头就需要报废重做。

这一经历让王俊朝深刻体会到当时国内工业基础的薄弱:我们能设计出来的时候,在国内找不到合适的材料;能找到材料的时候,又没有相应的加工手段。他曾走访过应用材料公司等海外企业,国内外半导体工业过于悬殊的实力差距让他倒吸一口凉气,觉得短期内很难找到突破口。所以在选定中电48所技术路线时,他首先规避了主流的半导体领域,最终锁定了LED、光伏和电力电子三大行业,这些领域同属于大半导体范畴,但对设备技术要求没有半导体那么高。

选定这些方向以后,王俊朝向中电48所领导汇报。所里决定,那种只能带来100万元左右营收并且没有后续发展的项目通通砍掉,就这样大刀阔斧地削减了一大半项目,此后集中精力在王俊朝选定的三大行业持续发力。

"当时对于光伏是否能形成一个产业,我们心里也没底,毕竟那时全国太阳能电池产量加在一起才2兆瓦,无论如何也称不上是一个产业。直到尚德2005年上市,光伏在中国才开始逐渐真正形成产业。"王俊朝说。

聚焦"主业"后的第一年,中电48所在这三个领域的营收从300多万元翻了一番,达到700多万元,第二年更是接近2000万元。有一家在电力电子领域做功率器件的厂商一下子向中电48所订了10台扩散炉。王俊朝说:"那种成就感,比我现在拿下一个几亿元的大合同还要让人印象深刻。我知道我的思路对了。"

在这期间,尚德的第一条产线成功跑通,但量产之后发现设备经常出现问题，尤其是一台进口的二手扩散炉让施正荣头疼不已。有人质疑施正荣拿一台破旧设备滥竽充数，充当技术入股的资本金。施正荣与王俊朝见面时问："王所你们搞扩散炉的，能不能帮我维修翻新一下？"王俊朝欣然应允。这台二手设备是三管的，每一管翻修费用 10 万元，中电 48 所从尚德那里拿到了这笔 30 万元的订单。王俊朝团队花了几个月时间，换掉扩散炉的控制系统和电器部分，改用国产软件，只保留设备炉体和部分硬件，改造完成以后，设备运行效果非常出色，这让施正荣大喜过望。

2003 年，施正荣开始筹备第二条产线扩产，他顺理成章地联系到王俊朝："通过改造设备我认识了你们，我没想到国内还有像你们这样有实力的企业，扩散炉你们来做吧，我去长沙找你。"于是就出现了本节开头的那一幕。在中电 48 所施正荣惊喜地发现，国产的扩散炉性能指标一点都不比进口的差，而价格只有进口产品的三分之一。原本只想订 1 台扩散炉的他，最终一口气订了 3 台。王俊朝团队对过去半导体行业使用的扩散炉做了一些改动，去掉了一些光伏制造过程中不需要的功能，专门为中国光伏产线打造了第一批国产光伏设备，除了 3 台扩散炉，还有等离子刻蚀机。

在光伏行业外，很少有人知道王俊朝和中电 48 所对于中国光伏行业发展的重要意义。王俊朝几乎参与了中国第一批电池片工厂的产线建设，包括尚德、林洋、英利、天合、中电、阿特斯与晶澳等。

2002 年，苗连生也曾找到王俊朝，想做铸锭设备，王俊朝则推荐他做电池线，苗连生一开始不肯做，后来从美国引进了一条 3 兆瓦的电池生产线。在给天合光能做首条电池产线的时候，王俊朝和高纪凡聊光伏行业聊了两个小时，敲定合同却只用了 10 分钟。

正是中电 48 所和国内其他光伏设备企业给了施正荣这批企业家更大的信心。在建设第二条产线的时候，施正荣决定同步使用国产设备和国外二手设备，他凭着自己多年来对设备的了解，对其进行了大量的改造和优化，使得第二条产线上除制造难度较大的丝网印刷机是来自海外的设备外，其他所有设备都用上了国产设备。原辅料方面，在建设第一条产线时，尚德连用于覆盖光伏电池的玻璃都是从英国皮尔金顿（Pilkington）公司在澳大利亚的工厂采购的（发展至2022年，中国光伏玻璃自给率已经达到98%），用来提升电池导电性能的铝浆也是进口的。另外，第一条产线上所用到的硅片是德国制造的多晶硅片，而在建设第二条产线时施正荣发现，国内已经有制造商可以为内存芯片和微处理器生产单晶硅片，于是他大胆决定在第二条产线上使用中国制造的单晶硅片，价格比德国的多晶硅片便宜很多。隆基绿能就是从这时开始成为尚德的单晶硅片供应商，并在发展早期从尚德获得了大量订单。施正荣还了解到，西安理工大学正在开展一项研究单晶硅炉的科研项目，该项目填补了单晶硅棒生产装备领域的空白，而常州亿晶和锦州阳光集团等企业也具备单晶硅棒、单晶硅片的生产能力。听到这些消息，施正荣很兴奋。因为单晶硅比多晶硅转换效率高，国内产品比进口产品在价格上也优势明显。

在2003年上半年，一个二十岁出头的小姑娘手里拿着一个装有铝浆的小瓶子，带着她在香港大学当教授的叔叔一起来到尚德，点名要见施正荣。这个姑娘叫许珊，她来自广州市儒兴科技开发有限公司（以下简称"儒兴科技"），希望尚德可以试用他们自己生产的铝浆。当时国内光伏浆料市场被美国杜邦、韩国三星等国外公司垄断，施正荣接待了他们。此后两年时间里，尚德就一直与儒兴科技一起开发国产化浆料，经过反复不断地调试、打磨，最终在2005年，尚德实现100%使用儒兴科技的浆料，儒兴科技的产品也一度占据国内80%以上的市场。

除了儒兴科技之外，施正荣还告诉亚玛顿的老板林金锡："你不要随大流，你做点其他人不做的，这样也不用面对那么激烈的竞争。"后来亚玛顿就开始为尚德的光伏组件做镀膜玻璃。一家名叫福斯特的企业生产了EVA胶膜，希望供给尚德，尚德花一年多时间完成产品试用，福斯特从此获得大批量订单。还有一家名为赛伍的企业，在与施正荣沟通之后选择了光伏组件背板这个领域，并在尚德的扶持下成为国内背板领域的重要供应商。施正荣的一个扬州同乡听了他的建议，做起了光伏焊带生意，第一家客户也是尚德。类似这样的故事还有很多。为了培育国内原材料和装备供应链，施正荣带领很多供应链企业到国外去学习、考察，让他们知道市场需要什么样的产品、应该怎么做。有人问施正荣："是不是这些公司都有你的股份啊？"施正荣说："与我一点关系都没有，这些民营企业老板就是有这种嗅觉，我知道帮他们也是在帮我们自己。"

除此之外，尚德还支持和协助上海经信委发起创办"国际太阳能光伏与智慧能源（上海）展览会暨论坛"（上海 SNEC 展会）。时至今日，该展会已经发展成为全球最负盛名的太阳能行业博览会之一，每年有 20 余万人次参观。在尚德对上下游企业的号召下，2007 年大家共襄盛举，在上海的华亭宾馆举办了第一届上海 SNEC 展会，参展人数 200 多人，马丁·格林教授亲自到场并发表演讲，施正荣为他做翻译。

尚德通过预付款项、试用反馈、组织考察、协办展会等方式支持了一大批光伏供应链上下游的配套企业迅速成长。任何熟悉光伏产业或者关注光伏板块股票的人都知道，上述所有这些具名的企业，后来都成为在光伏行业各个环节当中数一数二的龙头企业。用我们今天的话说，这当中很多企业都称得上是"专精特新"。有一家企业负责人多年后对施正荣说："谢谢你当时支持我们，否则我们都经营不下去了。"施正荣回想了半天，都忘了自己还曾帮过这家企业。而其他与尚德展开正面竞争的电池和组件生产企业也从供应链企业的发展中获益，有一家企业负责人说过这样一句话："施博士买什么我们就买什么，不用自己再选了。"

除了国内产业链因尚德而受益，很多企业在人才引进方面也受惠于尚德和马丁·格林教授。为了争夺光伏人才，一些企业从尚德挖人，哪怕是只在尚德工作过 3 个月的人也要挖。一个人在尚德的年薪如果是 5 万元，那么跳槽之后可能就是 20 万～30 万元。这种技术人员的扩散也成了中国光伏行业早期知识扩散的一种方式。因为格林教授团队的杰出成就，新南威尔士大学专门成立了一个光伏与可再生能源工程学院，其历年的数百名学生中有近一半都是中国留学生。很多学生是因为听说了施正荣和格林教授的师生故事慕名前来求学的。施正荣的尚德与格林教授的光伏与可再生能源工程学院展开密切的产、学、研合作，双方联合培养研究生，尚德的研究人员到新南威尔士大学去学习，格林教授的学生来到无锡尚德实习，双方人员共同研究、共同开发，很多专利和论文都是由双方人员共同完成的。新南威尔士大学的很多中国留学生学成以后又回到祖国成为光伏企业或研究机构的骨干。多年来，新南威尔士大学为中国和全球其他国家培养了数千名光伏专业人才。2007年，格林教授还获得了"中国政府友谊奖"[1]，并受到中国国家领导人的亲自接见。

在当初中国光伏产业一穷二白，处于缺乏市场、技术、人才、供应链的"四无"状态，施正荣凭借他的海外视野、知识经验和家国情怀，创立了尚德，开始全面整合全球资源，积极培育国内原材料和装备供应链，推动国际合作培养中国光伏人才和技术创新。清华大学在一项研究中将施正荣定义为"中国光伏产业的生态架构设计师"。

除了对设备、原料供应商提供真金白银的扶持，尚德还同供应商联合进行技术研发，并将新技术成功推向大规模产业化应用。2009年，尚德宣布"冥王星"（Pluto）电池产线顺利投产，可以不使用较高级别的硅材料就能获得高转换效率和高电力输出。在研发过程中，施正荣亲自带领团队发明了冥王星电池的两大核心技术："连续激光（CW）掺杂技术"和"光诱导电镀铜金属电极技术"，大幅简化了 PERL[2] 电池的关键工艺，将 243 平方厘米的电池面积做到了 20.5% 的光电转换效率，实现了高效太阳能电池从实验室走向产业化。这种电池技术是 PERC 电池产业化的前身，PERC 电池是最近数年来中国大规模量产的一种电池，其主要特色之一是通过改造电池背面结构实现背面发电，而冥王星电池技术成功解决了电池正面的一些结构问题。

冥王星电池制作过程中需要使用激光进行开槽，尚德就找到了武汉的帝尔激光，与他们共同开发了一套激光设备，这也是应用在中国光伏产业的首套激光开槽设备。为什么要引入激光呢？因为制作电池片时，为了制作"p-n 结"，掺杂（硼、磷、镓等）过程中存在着一对矛盾：如果发射极（p-n 结）掺杂浓度较高，虽然可以减小硅片和电极之间的接触电阻，

---

[1] 中国政府友谊奖是为表彰在中国现代化建设中做出突出贡献的外国专家而设立的最高荣誉奖项。
[2] Passivated Emitter and Rear Locally-diffused，钝化发射极背部局域扩散。

降低电池的串联电阻，但会导致载流子复合变大，少子寿命降低，影响电池的开路电压和短路电流，对电池效率产生负面影响；而如果掺杂浓度较低，虽然可以降低表面复合，提高少子寿命，但会导致接触电阻增大，影响电池的串联。选择性发射极太阳能电池的结构设计可以很好地解决这一矛盾，而这就是激光发挥作用的地方。选择性发射极太阳能电池，就是在金属栅线与硅片接触部位及其附近进行高浓度掺杂，而在电极以外的区域进行低浓度掺杂。这样既能降低硅片和电极之间的接触电阻，又能降低表面的复合，提高少子寿命。落实到工艺层面该怎么做呢？使用激光对电池片进行刻蚀，在很薄的硅片上开一个槽而不切断电池。在激光开槽的过程中，通过加热能逐步融化硅片的局部表面层。传统的晶硅电池是利用丝网印刷工艺来制作电极，电极接触的地方较粗，宽度大约为100微米，遮光面积也大；而使用激光来制作电极，电极宽度能做到只有20~30微米，这样电池片就能有更大的面积用来发电。

在融化硅片的过程中，可以把磷掺杂到这条极窄的局部电极区域，也就形成了所谓的"选择性掺杂"——读者可以将这一过程理解为"犁地"，先沿着一条线用犁破碎土块（融化硅片局部），耕出一条沟槽，紧接着就播种（掺杂磷）。这样只有电极接触的硅片表面是高浓度掺杂（重掺杂），而整个硅片的其他区域是低浓度掺杂——这样就做到了有的放矢，而不再像过去那样对整个硅片的掺杂浓度较为均一，也就解决了我们刚才说到的这一对矛盾。从2006年开始，尚德与帝尔激光紧密合作长达5~6年的时间，成功实现了这一技术。后来尚德与帝尔激光合作开发的激光选择性扩散的生产设备也获得了光伏产业普遍采纳，使帝尔激光的国产设备占据了中国光伏制造业80%的市场份额，树立了民族品牌，实现了关键装备国产化。如今这一由尚德率先实现产业化应用的技术已经成为中国光伏行业的"标配"。

同时，尚德在冥王星电池上实现了一项重要的技术突破，就是用"镀铜"来取代电池片对银浆的消耗。铜在地球上的储量远远高于银，铜的价格也远低于银。时至今日，主要晶硅电池依然在使用银浆来导电，因为银的导电性能更佳。如果不解决光伏行业耗银量规模较大的问题，地球上的银矿储量将无法满足我们达成"碳中和"目标所需要的光伏银浆消耗量。现在，全球光伏行业的共识就是，要实现"太阳能电池去贵金属化"。而早在十多年前，施正荣就主导研发了"光诱导电镀铜金属电极的技术和装备"，同时解决了一系列用铜替代银后给太阳能电池制造过程带来的问题，比如由于金属沉积在阳极造成短路而引起的电池效率下降的问题，避免了使用任何电镀挂具损坏太阳能电池片以及造成沉积金属不均匀的可能，还能有效控制电化学反应速率，保证所沉积的金属的均匀性，特别有利于制备具有选择性扩散结构的高效太阳能电池。同时，尚德还成功地开发了大规模光诱导电镀铜金属电极太阳能电池的生产装备。该镀铜金属化技术结合连续激光（CW）掺杂技术，成功地实现了实验室高效太阳能电池 PERC（钝化发射极背接触）和 PERL 电池结构的产业化。这一研究成果获得了江苏省科技进步一等奖和国家科技进步二等奖。当时镀铜的冥王星电池已经实现量产并销售超过 300 兆瓦，包括澳大利亚悉尼剧院的屋顶使用的都是镀铜的冥王星电池。但遗憾的是，到 2012 年 9 月以后，由于尚德陷入动荡和危机，冥王星电池完全停产。截至 2022 年年底，镀铜技术产业化仍然是中国光伏行业希望着力攻克的一大技术难题。所以让施正荣感到尤为可惜的是，在他离开尚德之后，二十多台镀铜工艺相关的设备不知所踪。如果没有后来发生的一系列变故，中国光伏产业大规模实现"铜代替银"的进程可能提前 10 年左右的时间。作为技术型企业家，施正荣不仅有着超前的战略眼光，而且能够将头脑中先进的技术想法扎扎实实地落地、推向量产，让新技术同时做到成熟、可靠、成本可负担。尚德在技术产业化方面所走过的道路，代表了中国技术型企业家在技术产业化、设备国产化方面从零起步，一步步实现从"追跑"到"领跑"的蝶变过程。施正荣在澳大利亚积累的科研经验，让他可以在看到降低成本的机会时迅速切换技术。对于价格过于昂贵、难以承受的进口设备，他选择以降低一部分电池转换效率为代价，把相关工艺流程缩减掉。

施正荣说："我回国所选择的技术都不是我在国外学到的最先进的技

术,而是相对比较成熟的技术。为什么?这样风险比较小。你要是带一些研究性、开发性的技术进来,尽管很先进,但折腾不起。你好不容易筹集到五六百万美元,如果技术失败钱就全打水漂了。"

要知道,施正荣创业前一直在当时全球最为精锐的光伏研究机构担任要职。但在创业的过程中,施正荣选择了低成本、最适宜中国生产、能最快实现扩张、可靠到足以获得国际认证的技术路线,从而在欧美光伏刺激政策来临时,为中国光伏企业能够在巨头环伺的海外市场势如破竹地抢滩登陆、摧城拔寨立下了汗马功劳。而创业前后的强烈反差与相互交织,构成了施正荣作为科学家与企业家的一体两面。

2003年12月,尚德第二条15兆瓦生产线投产。这条新产线选用了中电48所的一些设备,改变了生产工艺,全部生产单晶硅电池。产线成本仅为第一条产线的三分之一,略高于100万美元。这样尚德就能以2.8美元/瓦的价格销售光伏组件了,不仅实现了商业计划书当中的目标,还远低于当时同行4.5美元/瓦的平均水平。而这时距离尚德和中国光伏产业的全面爆发,还有8个月的时间。

大众汽车与阿特斯神灯

2001年春天,还在法国Photowatt工作的瞿晓铧回国出差,偶然知道了施正荣已经回国创业的消息,他立马拨通了施正荣的电话,赶来无锡拜访。当时的尚德还处于初创阶段,施正荣在一个临建工程的简陋板房里接待了远道而来的瞿晓铧。瞿晓铧问他为什么选择在无锡创业,环境如何,政府方面会提供哪些支持,留学生归国会不会水土不服,等等。施正荣毫无保留地分享了他的创业经验和他对于国内光伏行业的展望。二人聊完以后,瞿晓铧感觉回国创业不再只是停留在他头脑中的想法,而是得到了关键的实证,从此更加坚定了回国创业的决心。为了这个创业梦,他抵押了在加拿大的房产,联系到好几家公司给他投资,在不到一个月的时间内拿到了一百多万元的资金。这一次回国，加拿大的老板不仅继续给他发一年工资，还送给他一台层压机和一台测试仪，瞿晓铧还带着一位原籍希腊的销售同事一起回到了老家常熟。

2001年10月，瞿晓铧回国选厂址，只用了一个月时间便火速办完一切手续，11月在加拿大完成公司注册。他当时已入加拿大籍，作为外籍人员，在国内必须以公司名义来注册公司，所以需要先有一个加拿大公司，再注册国内公司。加拿大公司的注册地址用的是瞿晓铧的家庭地址，就跟车库创业差不多。

2001年圣诞节，瞿晓铧回到加拿大，妻子张含冰却看到平时一贯放松的他在这个假期里满面愁容。妻子理解瞿晓铧焦急却又不好对家人张口的矛盾心情：2002年3月就是大众第一批产品的发货期，公司初创阶段，一张白纸，从零开始，时间紧迫，可当时孩子年幼，他又不好意思回家不久就匆匆离开。

"你有退路吗？"张含冰挑破了这层窗户纸。

"订单签了，房子抵押了，没有退路了。"

"没退路，就别挣扎了，大步往前走吧。出国留学的时候，我们都是自费来的加拿大，当初只允许换60加元。大不了回到'零'嘛，我们到加拿大以后就是从'零'开始的……我在银行里工作，家里房子也买好了，哪怕你那里不赚钱，我们养活孩子，有一个地方住还是没有问题的。"

"你明天就飞回去，也不要过元旦了，不用顾虑太多。"于是圣诞节刚过的12月26日，瞿晓铧就启程回国了。这个"皮包公司"的新老板拎回来的，只有一纸订单、五箱设备，还有抵押多伦多房产得到的贷款。

飞机落地以后他在宾馆住了一晚。第二天清早，瞿晓铧在宾馆外散步，拨通了一个电话："本成吗？我是晓铧，我回国了。来常熟，我们一起干吧！"李本成，西安一家"中字头"国有半导体企业的总经理。

"好呀，我7号就去常熟！"李本成爽快地答应了。

5分钟之后，瞿晓铧又给对方打了一个电话："等到7号黄花菜都凉了，你马上过来吧。"第二天，李本成二话不说就从西安赶到了常熟，还带来了副手施尚林，施尚林是和他在同一企业的副总经理。后来李本成一直做到了阿特斯的副总裁，施尚林则成为组件事业部的总经理。瞿晓铧一通招兵买马，有更多人放弃了原本安稳的工作、优厚的待遇，来跟他一起创业。这些人都是瞿晓铧在法国公司负责亚太地区项目时认识的合作伙伴。正如李本成所说，看一个项目一两天是看不出来的，关键是看人。

用瞿晓铧的话说："我的感觉是'厚德载物'，人行走在世上，品德与信誉才是最宝贵的。我的老东家 ATS 之所以给我提供设备，很多朋友之所以支持我，是因为他们相信我瞿晓铧是不会捣糨糊的。"

常熟市杨园镇，距离著名的沙家浜只有 20 千米。杨园镇政府给瞿晓铧提供了 1400 平方米的厂房，只用一天时间就帮他办好了公司执照、银行开户等手续，让瞿晓铧感受到了当地政府的亲商理念，"他们把鼓励海外学子回国创业真正落到了实处。"瞿晓铧说。

瞿晓铧在加拿大注册的公司名叫 Canadian Solar，直译为"加拿大太阳能公司"。而在国内，瞿晓铧为了感谢 ATS 公司的支持，取公司首字母缩写扩展成汉语拼音，给公司取名"阿特斯"。

空空荡荡的厂房，没过几天就来了一帮上海人，原来是瞿晓铧的大舅子领着一群上海朋友，利用周末时间来帮瞿晓铧接水通电、搬运设备。在那个筹备工厂建设的冬天里，瞿晓铧每天早上 7 点都要跑到仓库盘点原材料，然后跟工人一起搬运安装设备，中午跟大家一起蹲在地上吃盒饭，晚上再捧个脸盆挂条毛巾，带着希腊籍同事和工人一起去附近的公共浴室洗澡，深夜他还要挑灯翻译技术资料。希腊籍同事学会的第一个中文字是"毛"，因为他胸毛特别密实，每次他一到公共浴池泡澡，其他浴客就指着他"毛、毛、毛"地叫成一片，大家笑得不亦乐乎。

三个月的时间里，瞿晓铧跟同事加班加点推进技术攻关，春节期间也只休息了一天。走亲访友的常熟人路过厂区就能看到瞿晓铧忙得不可开交。公司有四十几个女工，机器不多，主要靠手工操作。最终在 3 月份，阿特斯顺利发出第一批货，毛利率达到 50%。

第一年，阿特斯公司 50 人的规模，做到了 300 万美元的销售额。在和大众合作的最初三年里，阿特斯为大众提供了75万台太阳能汽车充电器。在2002年，阿特斯按照汽车行业的标准，建立了整套质量管理体系。

阿特斯早期的着眼点是开发一些漂亮又实用的小产品，而除汽车产品外，另一个代表性产品就是"阿特斯神灯"，这是供通电困难地区的居民使用的光伏灯具，一个像平板电脑大小的光伏组件，配上一盏LED灯，"晒太阳"5个小时，能照明8~100个小时（三档亮度续航时间不同）。今天国内对这类产品的需求已经很少了，但"阿特斯神灯"在印度、印度尼西亚、菲律宾等国家依然能派上用场。2003年，离网光伏应用产品占了公司销量的六成以上。

在企业发展初期，光伏企业家之间经常互相帮扶。有一次瞿晓铧和妻子张含冰去美国夏威夷参加展会，高纪凡的妻子吴春燕给她打电话："你们走没走？我们有个样品组件实在塞不进车里了，你们能不能帮我们带一件？"瞿晓铧拿过电话说："可以啊，拿过来吧。"所有人开拓海外市场的方式都一样的简单、直接。当时阿特斯去参加德国最大的太阳能展会Intersolar，只有一个3米长、3米宽的小展位。瞿晓铧带一部移动电话，行李里面揣两个组件就过去了。所谓的布展，就是把组件放上去，然后用透明胶布一贴，贴好了就开展，到晚上闭展的时候，把透明胶布一撕，就关门了。瞿晓铧说："前几年都是这样过来的。"

到2004年，阿特斯已经成为大众汽车的全球A级供应商，当年销售额突破1000万美元。这时，瞿晓铧同施正荣、高纪凡、苗连生等人一样，看到了新的机会，瞄准了新的目标。

第二部

PART TWO

2004—2008

伴随着德国光伏市场的率先爆发,中国光伏产业迎来了第一个"盛夏"。在地方政府的大力扶持和企业家们艰苦奋斗之下,一波又一波的海外上市热潮先后成就了多个中国首富、各省首富和新能源首富,然而一颗供应链危机的种子也就此埋下……

第三章
千军万马

忽如一夜春风来

在买设备的问题上,施正荣精打细算到了令人发指的地步。比如在建设第二条产线时需要配备的丝网印刷机,国内生产不出来,而进口设备售价高达150万美元。施正荣通过日本友人了解到,有一家叫NPC的日本制造商制造这种设备,但由于企业知名度不够,产品一直无人问津。

施正荣趁机杀价,表示愿意做"第一个吃螃蟹"的人,条件是在日方大降价的基础上再打五折,实际只出40万美元。日本企业正好想借此机会树立标杆,于是答应下来,不久,设备准时送到了尚德。

但俗话说"一分钱一分货",日本的设备刚用起来就出现严重问题,使硅片的破碎率高达20%。董事会对施正荣的"眼光"一边倒地提出质疑,甚至有人说他吃了回扣。施正荣声色俱厉地越洋投诉,让日本企业火速派出3个工程师赶到尚德,用两周时间调试设备并确认运行良好后才离开。

2004年尚德在建设第三条产线时,一直关注海外动向的施正荣有一天看到消息,美国光伏公司AstroPower宣布破产,从纽约证券交易所(以下简称"纽交所")退市了。说起来他跟这家公司还有一点间接的关系:在尚德生产线上有一套关键的设备,叫等离子体增强化学气相沉积系统

（PECVD），是在德国设备制造厂 Roth & Rau 那里买的；尚德购买的是德国人"新鲜出炉"的全厂第三套设备，而最初的两套设备当年就卖给了这家 AstroPower。

施正荣立马抓起电话给 AstroPower 的负责人打了过去，电话那头喜出望外："是的先生！我们正准备卖呢，这套设备才用了不到 2000 个小时！"然后施正荣就放出了大招："不过我只能用你们购机时一半的价格收购。"对方急于出手，立即答应下来。

于是施正荣只花了 1000 多万元，就把这套价值 2000 多万元的设备买了过来，还免费先运到德国制造商那里做了一次翻新保养，工厂接收以后立马就可以投入生产。通过一系列超值的设备采购，让尚德在短短两年内产能增长了 7 倍，虽然还不到当时行业巨头夏普的五分之一，但已经为即将到来的光伏产品需求暴涨做好了准备。

万事俱备，只欠东风。2002 年德国大选，施罗德连任总理，"红绿联盟"再次取得胜利。绿党在大选后声望日盛，他们终于有机会推动德国《可再生能源法》的再一次修订，进而给予可再生能源产业更强有力的支持。2004 年 8 月，尚德第三条产线正式投产的当月，德国政府颁布了《可再生能源法 2004》，对光伏等新能源企业发放政府补贴。同年德国以每千瓦时 0.54~0.624 欧元的价格（当年折合人民币 5.5~6.4 元）收购太阳能电力汇入电网，这一电价水平几乎是零售电价的 3 倍，并且保障收购 20 年。同时政府还给居民提供 3% 的贴息贷款，鼓励居民购买、安装太阳能发电设备。

还有一点非常重要，德国的新政中再次明确相关补贴会随着时间的推移而减少，即"补贴退坡"，这就变相鼓励人们抢装太阳能产品"宜早不宜迟"。德国政府对这种"越晚越少"的补贴政策的信心来自光伏技术进步带来的成本下降速度会快于电价的下降幅度。

最后，德国政府一改之前限定总额的"审批制"，改为只要符合要求就可以先安装再结算的"登记制"。这些光伏政策的变化使得整个产业立刻就爆发了，东风来了。

2004年德国对光伏组件的需求出现井喷式增长，光伏发电设备的安装量增长4倍，带动全球2004年的光伏市场规模激增61%。1998年，德国太阳能年总装机容量仅1.4万千瓦。2004年这个数字就翻了20倍，德国也一举超越日本，成为全球最大的光伏市场，占全球市场份额的39%，到2005年更是占了全球市场份额的48%。德国从此长期保持全球光伏装机容量第一，直到2013年被中国取代。

德国旺盛的光伏装机需求远远超出德国光伏企业所能承接的制造能力。原本德国的两家大型光伏厂商Q-Cells和Solar World应该能"近水楼台先得月"，但它们都无法在成本上与尚德竞争。后来随着光伏组件销售价格的快速下降，Q-Cells的成本太高导致入不敷出。而这时规模快速扩张、响应灵活迅速、质量认证可靠、价格公道合理的中国光伏产品一下子就成为德国客商争抢的香饽饽。所以2004年，尚德的销售收入从上一年的1.15亿元猛增到7.06亿元，毛利从2229万元增长到2.08亿元，生产能力也扩充到60兆瓦——截至2003年年底，中国光伏系统累计安装容量也只有约50兆瓦。不仅如此，尚德的订单更是一下子排到了2007年。2004年，尚德不仅实现盈利，而且首次进入全球光伏生产商前十强。创立三年就做到世界前十，尚德也算创造了中国产业界的一项纪录。

在2004年8月，中电光伏与林洋新能源成立，其管理层人员要么是从尚德挖过来的，要么是在澳大利亚光伏产业有过学习和工作经历的人。次年，晶澳、赛维LDK和昱辉阳光也相继成立。2004年，中国一举成为全球太阳能组件产量排名第四的国家，仅次于德国、日本和美国，太阳能电池产量排名全球第五。

施正荣的扩张之路才刚刚开始。2005年9月，尚德新厂区投产，成为中国第一个百兆瓦级的太阳能电池制造基地。这个新厂区号称世界六大太阳能电力生产基地之一，采用了当时国际上最先进的制造工艺和技术设备，一张张光碟大小的硅片经清洗、甩干、镀膜、印刷电路等工序处理后，成为一张张太阳能电池片。而先进的设备不仅能自动检测出电池的光电转换效率，还能将每个电池片的数据结果录入电脑系统，据此进行自动分拣。2008年，尚德每兆瓦组件用工人数只需要4人，到2010年进一步减少到1.49人。尚德2011年曾测算过，劳动力成本仅占光伏组件生产总成本的3%~4%。这也从一个侧面证明：中国光伏产品物美价廉，获得海外客商的青睐，靠的并不是中国当时较为低廉的劳动力成本，因为自动化水平在21世纪早期就已经达到了较高水平，工人工资因素在光伏产品成本中的影响非常小。

尚德人自豪地说："我们的电池光电转换效率达到17.5%，最近一两年内会提高到20%，而目前国内其他厂家一般不到15%。"根据尚德的测算，每提高1%的光电转换效率，可直接带动企业7%的毛利率提升。

面对激烈的市场竞争，施正荣提出尚德产品提供25年"零费用维护"的维修保障，且25年内保证产品80%的发电能力。因为在长年累月的实际使用过程中，就像手机电池的容量衰减一样，光伏组件的发电能力衰减是一定会发生的。施正荣说："太阳能电池的质量保证期是25年，在此期间产品出现衰变、转换效率低于一定数值都会进行补偿。"

尚德的销售情况代表了当时中国光伏组件销售的整体面貌：2004年尚德产能占中国光伏产能的六成以上，出口额22亿元，净利润达1.64亿元。其中来自德国、欧洲其他地区和中国国内的当年销售收入占比分别为72%、17%和8%。

蜚声海内外的尚德也开始在全球范围内网罗人才。至2006年，尚德公司数十人的研发团队中有一半是来自国外的光伏专家，特别是美国等地的一些著名光伏材料学专家纷纷加盟，使得尚德的研发力量大大增强。一位江苏省领导在参观尚德时笑谈："施博士，你这可是个创新啊！人家都是中国人给外国人打工，到这里看到那么多外国人在给中国人打工！"

然而表面的无尽风光掩盖不了一个最基本的事实：尚德缺钱。施正荣说："我说要扩产，要购买原料，大家都说'好'；我问如果不上市能不能追加投资？没人吭声。既不能上市，又不给钱扩产，银行贷款负债率也已高达60%，我心里也打鼓，担心有一天资金链会断掉。"这是施正荣最大的一块心病。

当时公司已发展到一定的规模，国有股东在资金和管理上都无法提供更多的支持。施正荣想把尚德做大做强，因此股权改造势在必行。但就在推动这件事的过程中，施正荣被气得住进了医院，自从创办尚德以来，他第一次有了退出公司的想法。

中国新首富

2004年，纽交所CEO约翰·塞恩（John Thain）访华，他列出了5个想要会面的中国企业家名字：丁磊、马云、陈天桥、李彦宏和施正荣。塞恩认识前四个人并不稀奇，而塞恩和施正荣的缘分则是他自己"偷看"来的。

包括高盛在内的一些外国投资机构当时已主动向尚德抛出了橄榄枝。而另一边，银行贷款率接近警戒线的尚德急需新的融资。国内上市难，国外上市成了可以考虑的一种选项。但这就意味着国有股超过70%的尚德必须完成股权结构调整，让国有股份以合理合法的方式退出，避免国有资产流失，才能在海外上市。

2004年10月，尚德原董事长李延人四年任期届满，经董事会选举，施正荣被选为尚德公司新董事长。为了感谢李延人对尚德做出的贡献，公司决定送给李延人100万元人民币及一辆奥迪A6轿车。李延人在离职后去了云南，筹建了一家光伏行业的上游企业——生产多晶硅的云南爱信硅科技有限公司，并亲自出任公司董事长兼总经理。后来李延人担任过海润光伏的董事长，而参与重组这家公司、后来还担任过其CEO的正是杨怀进。

尚德公司股权结构的调整也随之拉开了大幕，施正荣选择一家一家去谈。有的股东答应得很爽快，比如小天鹅集团答复说："行啊！施博士，你给我们一点增值就是了，两倍就差不多了。"有的股东听完后不可思议地说道："哇！10倍的投资回报，这么高！"但也有完全不配合的股东，想等到尚德海外上市后猛赚一笔，对施正荣扔下一句："门儿都没有！"

2004年岁末的一个周末，尚德正在召开例会。会议中途，施正荣收到了一封传真，是无锡市政府一位反对退股的领导发来的。传真要求，施正荣根据公司章程尽快组织新的董事会，选举新任董事长和总经理，为了下一阶段把尚德做强做大，国有股不宜退出。看到这份传真，施正荣顿时感到一阵心悸，赶忙到医院去检查，结果发现血压飙到 170/110mmHg，最后只得在医院里度过了 2005 年的春节。心灰意冷的施正荣甚至做好了最坏的打算：他们不退我退，什么股票、公司都不要了。双方越闹越僵，施正荣想到了最后一根救命稻草——无锡市政府。于是他呈上一份报告，前前后后详细分析了上市的迫切性，在报告的最后他写了这样一句话："为什么国有企业的改革，都要等到奄奄一息的时候才贱卖？为什么在它强身体壮的时候，不让它腾飞？"

这份报告起到了关键作用。市政府领导在无锡市企业家联欢会上，当着尚德所有股东代表的面指出，政府要靠企业，企业是纳税人。基于这一点，企业应该发展，企业家应该发展。政府不应该与企业在利益上发生冲突，国有股应该从一般企业中退出。因此一要满足尚德的上市要求，国有股该退；二要符合投资各方的利益，至于这两点如何平衡，由企业和股东商量，这算是为争执下了个"定性不定量"的硬指标。

施正荣感觉一块长期压在他心头的石头终于搬走了，施正荣说道："整个过程都是很痛苦、很折磨人的。当时经过了 10 个月的心理战，最后是政府的一声令下，尚德才得以重组。"在原有股东参与的最后一届董事会上，施正荣被选举为无锡尚德董事长和总经理。到 2005 年 3 月，所有股东均同意退出，他们拿到了相当于当初投资额 10~23 倍的投资回报。

施正荣感慨道："我想如果在其他城市，你赚钱了，政府怎么可能退出呢？但无锡市政府有这样的远见，它认为政府的功能就是扶持企业的发展。企业自己翅膀硬了，政府就退出。所以这种理念应该讲是比较超前的。无锡市的几任市长和市委书记都很支持尚德这个项目，思想都很开明。"

更为难得的是，无锡市政府后来将这种"退出"方式制度化，一旦企业销售额和利润达到一定规模，那么创业团队将自动增持股份到 51%，甚至是 75%。在企业走向成功的道路上，为了确保企业未来的大发展能跟资本市场接轨，政府承担了风险，却主动不享受同股同利。难怪施正荣这件事发生之后，有创业者这样评价："无锡市政府扮演的天使投资人角色，比天使还天使。"

2005 年 5 月，通过一系列复杂交易，尚德在海外注册的一家公司完成了对全部国有股份的收购，而这时施正荣个人持股比例达到了 46.8%。2005 年下半年，经过一番对上市地点的挑选比较后，施正荣决定奔赴纳斯达克上市。他认为尚德是一家科技型公司，纳斯达克是一个科技型板块，所以双方非常契合。

可好巧不巧，他递交给纳斯达克的上市计划被纽交所的 CEO 约翰·塞恩看到了。他们通过尚德上市的主承销商摩根士丹利联系到施正荣，然后纽交所就开始明目张胆地"挖墙脚"：无数次地打电话、发传真、发邮件，劝施正荣来纽交所上市。

纽交所的想法是：如果可以把尚德拉过来上市，那在继尚德之后赴美上市的中国企业甚至整个资本市场中的影响力是不可估量的。当时纽交所正与纳斯达克在全球范围内争夺优质资源，纽交所需要在中国找到合适的"形象代言人"，尚德正是他们志在必得的人选。当他们得知施正荣还没有下定决心，就派出纽交所二号人物、董事总经理马杜飞抵无锡，与施正荣进行多次沟通。

马杜的三个理由最终说服了施正荣。首先，尚德是中国排名第一的太阳能专业公司，一流的企业自然要到一流的资本市场融资；其次，纽交所在政府层面拥有无可比拟的影响力；最后，在纳斯达克上市，尚德只是其中"之一"的中国民企，但在纽交所上市，尚德可以成为纽交所的中国"第一"民企。

2005 年 9 月 28 日，施正荣下定决心让尚德改到纽交所上市，并在一周内说服了董事会，不久就将招股说明书递到了美国证监会。跟 2004 年同期相比，尚德已实现超 300% 的增长。路演期间，投资人对尚德的认可远超预期，超额认购达 22 倍之多，施正荣在内部讨论后决定"限购"——

封顶认购数，每家机构不能超过可认购额的 10%。施正荣还为公司的董事、员工、顾问争取到了 611 万股的股票期权。为了激励尚德的员工，实现人员稳定，外资机构最终没有提出异议。

2005 年 12 月 14 日 9 点 30 分，纽交所前，五星红旗高高飘扬。随着钟声敲响，无锡尚德正式在这里挂牌上市，成了第一个入驻纽交所的中国民营企业——在尚德之前，只有中国人寿、中国石化、中国电信、华能国际等大型国企才能到纽交所上市。

这一次的敲钟台上除了纽交所高管和尚德高管，还站着时任无锡市副市长谈学明、无锡市科技局局长刘钟其。在合影时，谈学明稍稍后退了一点，突出了施正荣的位置，他解释说："在与施正荣所有的合影中，我都是这样定位自己的，这也是无锡政府的定位——辅助。"

刚开盘时，尚德股票一度无法交易，因为只有人买，没有人卖。直到股价走高，突破每股 20 美元，才有人开始卖出股票，交易也随之火爆起来，有交易员表示"好几年都没有看到这种景象了"。当天尚德收盘时共筹得 4 亿美元资金，成为 2005 年在美国上市的中国企业中融资额度最大的一家公司，市值达 30.67 亿美元，远超新浪、盛大等中国公司在纳斯达克的市值。施正荣当日跻身中国百富榜前五名，而尚德内部一夜之间也出现 20 多个百万富翁。马杜说："尚德的上市，标志着中国的民营企业第一次融入美国主流资本市场。"尚德上市当天，瞿晓铧敲锣打鼓地给施正荣送去了一块牌匾以示庆贺。

值得一提的是，当天晚上的庆功宴破例在纽交所交易大厅举行，宾客们不由得对一个相貌跟施正荣极其相似的贵宾反复打量，原来他就是施正荣的孪生哥哥、陈家长子陈恒龙。陈恒龙是美国特拉华大学博士，受到弟弟创业成功的启发，同样回国创业，现在是苏州益茂电动客车有限公司董事长，同样在新能源领域深耕。

随着尚德的成功上市，在国内媒体上关于施正荣对待财富的描述日渐呈现出两极分化的景象：一方面，有人说他生活俭朴，在食堂和员工一起排队打饭，办公室陈设简单，书架上陈列的都是光伏专业书籍，而妻子张唯浑身上下唯一的首饰就是结婚戒指。在尚德公司，除了正式的对外文件，所有内部用纸也都是双面打印。另一方面，有国内媒体报道，施正荣在公司上市之后曾说："从此以后，我再也不会去挣一分钱，我就花钱。"这件事也给他引来了外界的各种风言风语。

实际上这是上市后妻子张唯对他说的话，而被有些媒体断章取义了。张唯的意思是生活不要太奢侈，而是应该用财富去回馈社会。比如2006年1月成立的"施氏家族慈善基金会"，是当时国内唯一一家关注气候变化、环境保护的非公募慈善基金会，张唯作为理事长负责打理日常业务。

2005年12月30日，在一个记者朋友的提议下，施正荣在办公室里打开计算机，看着公司股价，拿着计算器来计算自己的身价，结果是16.8亿美元。"这是我第一次计算自己股票的市值。别人都说我是富豪，但我实际上没感觉到和以前有什么区别，我还是得照常上班、出差，拿的也是工资。"

"我对钱本身没太多感觉，它只是我回国折腾的副产品罢了。"2006年1月，尚德股价冲破30美元大关，施正荣身价约186亿元人民币，远超2005年中国首富黄光裕，被《新财富》杂志评为"中国新首富"。

当月，无锡尚德上市经验汇报会在北京人民大会堂举行。中华全国工商业联合会和国家发展改革委的有关领导出席会议，并认真听取了施正荣总结尚德在美国成功上市的经验汇报。在发言中，施正荣多次表达对无锡市委市政府的感谢，称"没有无锡，就没有尚德"。

无锡市政府将施正荣塑造成了"无锡创新先锋"，将一座宽3米、高2米的施正荣巨型半身人像竖立在无锡市的街头。当时，中央电视台《新闻联播》节目在《经典中国 辉煌"十五"》栏目中，对尚德所取得的重大成就进行了重点报道。不久，《新闻联播》节目再次以《自主创新提高经济增长质量》为题对尚德进行了报道。

在人们关注光伏企业与企业家"乍富""乍贵"的同时，往往忽略了一点，就是施正荣和尚德对于整个中国清洁能源转型的重大意义：在尚德上市并取得海内外重大影响之前，中国在可再生能源方面的发展重心是风能，因为在发展早期，风电电价比光电电价要便宜得多。而施正荣的出现，以及尚德等光伏企业制造成本的快速下降，让"风光争霸战"的局势出现逆转，光伏企业在吸引政府和资金支持上的优势逐渐显露出来。

围绕着尚德，有一大批配套企业落户无锡。在硅片领域，高佳太阳能（无锡）有限公司、江阴海润科技有限公司等企业于2005年先后在此落户；在硅料领域，无锡中彩集团成立无锡中彩科技有限公司，投资新建年产300吨的太阳能级多晶硅项目；在太阳能电池和组件领域，成立于2005年的江阴浚鑫科技有限公司，2006年就实现了4.02亿元销售额和4200万元净利润，并于2007年登陆英国AIM创业板，首发融资人民币超5亿元，当年销售额和净利润再翻一番。

在尚德的带动下，无锡40多家光伏生产骨干企业和配套企业逐渐崛起，初步形成了光伏高新技术产业集群。尚德、国飞、二泉、浚鑫、海润等一大批光伏品牌脱颖而出，形成包括多晶硅材料生产、硅棒拉制、硅片切片、太阳能电池及组件封装、光伏发电系统应用等环节在内的光伏产业链，呈现出"上游企业有所发展、中游企业迅速壮大、下游企业不断涌现"的特点。短短几年时间，就形成"全国光伏看江苏，江苏光伏看无锡"的格局。2007年，无锡被授予"国家科技兴贸创新基地（新能源）"，成为中国最大的光伏产业生产和出口基地。在尚德上市的2005年到2008年之间，无锡在以硅科技和新能源为代表的高新技术产业上增势迅猛，光伏产业产值跃居世界前列，占全国的50%以上、全球的10%以上。

尚德在长三角地区所引领的产业集群，成为中国的一片"产业公地"。这其中包括了训练有素、可以在企业间流动的高级管理人员、工程师和产业工人队伍，地方政府部门对相似企业的资金支持、政策支持，在供应链上游可以给各家电池、组件企业做配套支持的原料、辅料、辅材和设备供应商等。包括天合光能和阿特斯在内的许多光伏企业也都位于这一产业集群当中。

换句话说，正是因为"尚德们"的草创和野蛮生长，才有"为尚德们服务"的一切产业要素（劳动力、土地、资金、政策、原料、设备、市场），这些"产业公地"中的要素对于光伏企业的成长，就像土壤、阳光、水和空气之于植物的生长一样。尚德是一棵树，它的开枝散叶，在长三角地区繁衍出一片热带雨林，也就是互联网领域人人爱用的词——"生态"。到2007年，中国已初步形成珠三角光伏应用产品加工、长三角太阳能电池制造与京津冀硅片和太阳能电池生产三个光伏产业聚集区域。一份统计数据显示，2007年中国生产光伏组件的企业有200多家，2008年猛增至近400家。虽然当时的长三角供应链完整性远不如今时今日，但"尚德—无锡—长三角"模式完成了中国光伏从1到n的跨越，这是尚德的历史使命。而从低端供应链的小"n"迈向全产业链自主可控的大"N"，这个故事就要交给在尚德之后崛起的新公司们去讲了。

彭小峰多了一个"心眼"

在十多年前，彭小峰与施正荣并称"光伏双雄"。十多年后的今天，他在中国的光伏事业早已一败涂地，却在美国重操旧业，意欲东山再起。在讲述彭小峰的故事之前，有必要对江西的一座小城做一番介绍。如果不是彭小峰，或许中国光伏发展史上不会留下这座城市的名字；如果不是这座城市，或许彭小峰未必会成为我们这本书的主人公之一。

新余，人称"钢城"，铁矿和煤炭资源丰富，是一座以钢铁产业为主的江西工业小城。1960年，国务院会议决定，撤销新余县，设立新余市。新余的第一任市长就是新余钢铁厂的前任厂长。1993年，刚合并不久的新余钢铁总厂（简称"新钢"）钢产量首次突破100万吨。正是钢铁产业的发达，使新余直到20世纪末都严重依赖重工业，80%的财政收入全靠新钢一家，没有形成第二支柱产业，以至于"新钢打一个喷嚏，新余就要感冒。"如果继续在钢铁产业的路上狂奔，当产量达到1000万吨时，仅铁路物流成本就要增加10个亿。

整个20世纪90年代，中国钢铁一直面对着外国进口钢材的激烈竞争。受限于设备落后、生产成本较高、低附加值钢材产量严重过剩和高附加值钢材品种依赖进口等因素，钢铁行业全面亏损。新余也不能独善其身，拥有员工近 10 万人的老钢厂经济效益急转直下。随着国企改革的深入，钢厂大量员工下岗，男性 45 岁、女性 40 岁就可以"内退"。直到赛维 LDK 于 21 世纪初在新余蓬勃发展的时候，新余市城区人口也不过 43 万，足见新余对钢铁行业的依赖之深。

迈入 21 世纪，为了加快调整产业结构，找到新的经济增长点，解决失业人口就业问题，新余市努力在其他产业方面进行探索。比如 2002 年，江苏雨润集团收购新余肉联厂，建设生猪屠宰和肉制品深加工基地，新余市两家大型纺织企业实现改制等。但一系列的举措并未收到明显成效。2004 年，新余市轻、重工业增加值比重是 5.5∶94.5。新余市规模以上工业企业收入中，新钢一家独占 71%；规模以上工业企业利税总额，新钢独占 87%。那一年在江西的 11 个市中，面积最小、人口最少的新余市 GDP 排名倒数第二，生产总值只有 134 亿元。无论是家电、纺织还是汽车产业，对于一个资源、交通、人才各方面都落后的小市来说，很难实现大的发展。当时新余的决策者意识到，要改变"一钢独大"的局面，必须调整产业结构，高起点培育具有巨大发展前景的新兴产业。有心栽花花不开，无心插柳柳成荫。一场下雪天里突如其来的车祸，改变了这座城市的命运。

2003 年年底，彭小峰还在做劳保生意。他创办的苏州柳新实业有限公司出口额超 10 亿元，员工近 1 万名，是亚洲规模最大的劳保用品生产企业之一。一次在欧洲出差时，他去德国客户家里做客。吃饭时他无意间发现主人家的光伏发电装置，就聊起了这个行业，了解到欧洲正在热议可再生能源，风能和太阳能应用范围正在扩大，还可能要对光伏发电进行立法。

2004 年，还不到 30 岁的彭小峰把苏州的公司交给父母打理后，开始对各种可再生能源产业进行为期两年的市场调研，最终锁定了光伏产业。因为他知道，虽然当时光伏发电属于最贵的一种，但是成本下降的速度也是最快的。可光伏行业那么多环节，从哪个角度入手呢？彭小峰一开始也模仿尚德，准备做电池和组件，还购置了设备。直到他遇到了佟兴雪——GT Solar 的亚太区总裁（GT Solar 是 GT Advanced Technologies 的前身）。

佟兴雪建议彭小峰停掉所有电池组件生产线，退掉设备，全力发展多晶硅片。佟兴雪帮彭小峰分析硅片生产目前的产能瓶颈、解决方法以及还需要多大的投资规模。这些产业分析让彭小峰眼前一亮。他意识到，上游的多晶硅料和硅片环节利润丰厚，但国内少有人做，而生产多晶硅片的企业大多来自美国和日本。彭小峰想："总要有中国企业为光伏生产硅片，为什么不能是我们呢？"他和新余市的交集，也正是从这里开始。

2005年春节刚过，在江西吉安老家过完年的彭小峰正开着车赶回苏州，去进行一场商业谈判。近千公里的车程刚开出百余公里，到达新余境内，汽车就因为雪天路滑，与一辆大卡车发生了剐蹭。虽然没有人员伤亡，但事故可能耽误他的重要谈判。情急之下，彭小峰想到了一个人，那个只有一面之交的新余市经济开发区区委书记。于是赶紧掏出他的名片，把电话拨了过去。

这个区委书记二话不说，马上派人来处理事故，还把新余市经济开发区主任的车调了过来，送彭小峰和他夫人赶回苏州，使得谈判得以按时进行。而新余市领导的热情、细心和高效，给彭小峰留下了深刻印象。

几个月后，彭小峰决定到新余投资，扩大劳保产品的生产规模。而在他的商业计划中，正在筹备的光伏产业要放到上海附近。在新余市领导视察劳保产品工业园的时候，彭小峰向视察领导透露了建设硅片工厂的设想，很快，当新余市市长得知这件事后立即找到彭小峰进行交流。这位市长早在2001年担任上饶市副市长时，就开始关注光伏产业，为了学习相关知识，曾经专门跑到上海交通大学太阳能研究所求教。当他了解到光伏作为清洁能源的好处以后，就想在上饶办一个太阳能电池组装厂，但很快他被调任到宜春市，建厂的事情就搁置了。

两个人只交流了半个小时，彭小峰就改变了主意，决定把硅片厂落户新余。彭小峰告诉市长，过去美国、德国对光伏技术，比如硅锭生产、硅片切割、硅料提纯等都实行严格的技术封锁，但从2005年5月起，他们同意输出硅片等生产技术。在这个基础上，彭小峰想做出一个"世界级光伏企业"，并且要到海外去融资。他信誓旦旦地说："第一年做到亚洲最大，第二年前往美国上市。"市长听了很心动，紧接着就问彭小峰："要实现这些，你有什么要求？"彭小峰说："第一，要解决人才问题；第二，要保证企业生产24小时供电；第三，需要政府的资金支持。"

这第二点供电问题，是彭小峰和很多长三角企业家的痛。他之所以没有把硅片工厂放在苏州，就是因为他被停电停怕了。当时长三角闹"电荒"，比如2005年夏天，江苏省因为600万千瓦的用电缺口无法缓解，只能拉闸限电，彭小峰在苏州的劳保工厂每周"开四停三"，而硅片企业耗电量大，更怕停电。

关于第三点，彭小峰提出希望新余政府方面出资2亿元人民币，但是企业计划未来在海外上市，所以这笔钱不能入股，只能算借款，这也是吸取了施正荣和尚德的经验教训。

精明的彭小峰早就计算过，如果要让国产硅片凸显出成本优势，规模必须上到50~70兆瓦。而50兆瓦的生产线，投资就得5亿元，彭小峰手里只有3亿元，这就是他向市长"狮子大开口"的原因。

一下子拿出2亿元，还是对单一企业的借款，对于任何地方领导来说，这都是一场不小的政治冒险。彭小峰也估计，新余市可能要就这三个问题考虑很久，没有抱十足的希望。但当时的市委书记没有犹豫，他说："如果你能投资3亿元，我们就能支持你2亿元。"彭小峰的三个条件，新余市政府全都答应了。

类似这样的故事，同样发生在常州。天合上市前，时任常州市委书记召集二十几个相关部门的负责人，召开天合上市前准备工作现场会。市委书记直截了当地说："天合筹备上市有什么问题，在会上提出来，我们当场解决。"

高纪凡提出了三个难题，第一个难题是市里批给天合建设厂区、研发楼的800亩土地，土地证至今还没办下来，土地作为重要的资产项目不合规合法，上市是有问题的。相关部门负责人说一直在积极推进这项工作，但由于天合的部分费用还没付清，所以没批下来，请示书记该怎么处理。书记当场表态要全力支持天合上市筹备工作，尽快解决土地问题。

第二个难题是企业发展流动资金短缺，需要银行贷款。但去银行经常吃闭门羹，民企融资太难。当时七八家大银行的领导都在场，书记现场做出本地银行要负责协调支持的指示。

第三个难题是供电问题。天合的单晶硅生产线需要稳定的电力供应，但当时停电时有发生。拉单晶硅棒时不能停电，一停电整锅单晶硅就报废了。常州市供电局领导当即表态：我们尽全力支持，一般企业是一条线，天合光能我们拉两条线。书记却说："两条不够就三条，三条不够就四条，要全力做好服务！"会后不久，天合的电力供应又增加了两条专线，保证了电力的稳定供应。对于高纪凡提出的所有难题，现场办公会都给出了解决办法。在2004年崛起的这一批光伏企业的政企关系当中，我们可以看到惊人的共性。

事实上，就在新余市政府领导拍板支持彭小峰和赛维LDK之后，当地依然有很多干部还不知道光伏是什么。为此，市政府不得不把上海交大的太阳能专家请到新余来给大家做培训。

新余市政府人事部门成立10个小分队，专门为赛维LDK组织了全国范围的招聘，在200多位应聘者中选出8位有光伏相关专业背景的工程师送到国外培训。后来新余市劳动保障局对赛维LDK扩招工作起到了鼎力相助的作用，比如仅2008年5—8月就帮助赛维LDK招聘了6000名员工。

而为了凑足两亿元资金，新余市付出了艰辛的努力。2004年，新余市生产总值约为134亿元，经济总量仅相当于南昌的17%，在江西省的11个设区市中排名倒数第二，经济规模很小。新余全市财政收入不过18亿元，可彭小峰留给新余市筹措资金的时间却只有几个月。为此新余市找到江西省国际投资信托公司，以新余市财政做担保，发放信托产品，融资1.2亿元。而为了解决剩下的8000万元缺口，他们又从江西省财政厅拿到了3000万元，从新余城市经营结余中挤出了5000万元，这样东拼西凑才凑足了2亿元。彭小峰说："既能满足我提出的3个条件，又能让我实现回江西老家创业的想法，新余最终成了我的不二选择。"

在赛维LDK建设初期，新余市政府还积极引导各家商业银行给赛维

LDK 放贷，前后高达十几亿元。赛维 LDK 一位常务副总裁透露，新余一家银行的行长在发放巨额贷款以后心里忐忑不安，晚上睡不着觉，就深夜一个人绕开赛维 LDK 工地的保安，偷偷爬上屋顶，看看他这笔贷款是不是真用在了企业建设、设备安装上了。

2005 年 3 月，彭小峰与佟兴雪所在的 GT Solar 公司签订意向合同，花费 3300 万美元购买多晶硅片生产设备。GT Solar 是全球唯一能提供光伏产业全套生产设备的公司，这项签约也成为其史上签订的金额最大的合同。由于尚德等下游企业已经呈现爆发式增长的态势，导致上游硅片处于持续紧缺状态，赛维 LDK 订购设备的消息一传出，就收到了源源不断的订单，拿到了十几亿元的产品预付款。

有了设备，还缺原料。精明的彭小峰跑到东南亚、日韩、欧美等地考察，在这些地方低价"扫货"，购入数百吨半导体级硅片的边角料。赛维 LDK 后来还掌握了一项独家技术，可以把这些边角料和高级硅原料混合在一起熔炼成统一硅纯度的产品。而本来用于生产劳保的工业园区，也被改造成了赛维 LDK 的光伏产业基地。

有了设备，有了原料，彭小峰还缺一位心仪已久的得力干将，他一定要把这个人才挖到手。

光速赛维 LDK

2005 年年初的一天，佟兴雪正在无锡尚德与施正荣谈事情，突然接到一个陌生电话，对方说他叫彭小峰，希望能约他中午在无锡见上一面相互认识一下。佟兴雪正跟施正荣聊得兴起，没怎么在意就随口答应了。

中午时分，佟兴雪的电话再次响起，彭小峰说他已经到了尚德大门口，佟兴雪这才意识到自己的疏忽，带着歉意跟施正荣告别后慌忙赴约，第一次见到了彭小峰。二人在午餐时，彭小峰将他的商业计划一股脑地告诉了佟兴雪，佟兴雪也被他的计划所打动，二人聊得火热，彼此相见恨晚。在相识初期，佟兴雪就给了彭小峰"做上游不做下游"的关键建议。两年后，佟兴雪成为赛维LDK的总裁兼首席运营官。佟兴雪说，他是教会彭小峰喝酒的人，也是在彭小峰车上唯一特许抽烟的人。

除了佟兴雪，施正荣的恩师马丁·格林教授也受聘成为新余市政府顾问。在赛维LDK，人们还能看到来自美国的厂长、首席财务官和首席技术官，来自意大利的总工程师，来自日本的工艺研发主任，来自马来西亚的采购总监，以及一大批从加拿大、瑞士、日本回国的专业人才。用彭小峰的话说："这些人才没一个是好请的，都很牛。"

2005年，江西赛维LDK太阳能高科技有限公司成立。彭小峰解释说："赛，是超越、超过；维，是维度、界限；赛维LDK，就是超越一定的高度。"2006年5月，赛维LDK硅片项目正式投产，生产出的第一块多晶硅锭重达275千克，亚洲最大。当时其他硅片企业产能在30兆瓦左右，而赛维LDK在2006年4月投产的一期工程，产能在当年10月就达到200兆瓦，发展速度令人咋舌。

2007年6月，时任江西省省长和彭小峰共同敲响了纽交所的开市钟声。赛维LDK融资总额4.69亿美元，成为中国企业在美国单一发行规模最大的一次IPO，也是江西省首个在美国上市的企业。从创立到上市，赛维LDK只用了短短两年时间，是尚德的一半。

彭小峰告诉大家："我从18岁开始创业，先做贸易，然后做到今天的规模，用了13年时间。大家不要只看赛维LDK的两三年，而要看我这13年。"在赛维LDK上市一个月后，新余市市长终于松了一口气：赛维LDK将2亿元借款连本带利地还给了新余市政府，利息比银行还高。他回忆说："上市不成功肯定就有风险。那我们也就只能做积极探索产业发展的牺牲品。"

2007年10月，赛维LDK的市值达到102.85亿美元，一时风头无两。整个2007年，赛维LDK主营业务营收40.8亿元，硅片产能再次翻番，达到400兆瓦，规模位列亚洲第一、世界第二，仅次于挪威的REC公司。

2007年的《福布斯》亚洲版"中国40富豪榜"上，前十大富豪主要来自地产业，只有彭小峰来自新能源行业，身价达到 286.6 亿元，首次进榜就冲到了第六。这一年，彭小峰 32 岁。在 2007—2008 年的多个富豪榜中，彭小峰取代施正荣，成为中国新能源首富。

2008 年，赛维 LDK 硅片产能超过挪威的 REC 公司，达到 1.46 吉瓦，相当于全球产量的四分之一，是世界上第一家迈入"吉瓦俱乐部"的硅片企业。

1 吉瓦在光伏行业是一个相当大的功率单位，一般用在匹配近些年的光伏企业扩产规模，或者某个国家的光伏装机容量上。

1 吉瓦的光伏组件能做什么呢？我们以国家能源局公布的 2021 年中国用电情况为例，中国全年用电量 83128 亿度电，意味着平均每一小时的用电量约为 9.49 亿度电。1 吉瓦的光伏组件安装在中国，按照容配比 1.2∶1 来计算，2021 年全年可以产生约 9.7 亿度电。不考虑其波动性和间歇性问题，也不考虑早晚用电波动，仅考虑发用电量大小，这些电足够全国人民使用 1 小时以上（约 61.25 分钟）。1 吉瓦在本书中是一个经常要用到的重要概念，读者可以将其发电量与"可供全国人民使用 1 小时"挂钩。而类似地，国内 1 兆瓦光伏发电量约等于"可供全国人民使用 3.7 秒"，国内 1 太瓦（1000 吉瓦）光伏发电量约等于"可供全国人民使用一个半月"（约 42.5 天）——2022 年全球光伏装机容量刚刚突破 1 太瓦。这些数字换算虽然并不十分严谨，但方便读者直观感受光伏组件的产量/装机规模大小。而如果这些组件安装在沙特等光照条件比中国更充足的地方，发出的电量还会更多。赛维 LDK 此时的硅片产能达到 1.46 吉瓦，意味着当赛维 LDK 达到满产，用其硅片可以制作出的组件产量也在 1.46 吉瓦左右。

在上游，这么大的产量需要大批量、高规格的设备才能支撑。2008 年，赛维 LDK 为了抢占多晶硅铸锭炉的市场先机，提高产能效率，与京运通签订了合作研发协议，当时京运通的很多技术人员吃住全在赛维 LDK。赛维 LDK 还把 GTAT 公司的设备调拨给京运通进行研究试用。随后京运通与赛维 LDK 合作的 660 机型——单炉产量 660 千克的铸锭炉投入使用，使得赛维 LDK 的多晶硅产能效率提高 40% 左右。这一炉型研发成功后，京运通必须供赛维 LDK 独家使用三年，才能投入市场量产。这种深度绑定、独家先供的模式当时在光伏生产企业与设备企业间一直被广泛采用。

在下游，截至 2008 年第二季度末，赛维 LDK 已经签订了 9 份"长单"，成为世界上在手订单量最多的太阳能硅片公司，最远期的订单已排至 2018 年，订单总量超过了 13 吉瓦，收到的定金比例超过 10%，有 7 亿美元左右。全球最大的 20 个光伏企业中，有 14 个都是赛维 LDK 的客户。这样的态势推高了彭小峰的乐观预期，在 2008 年产能刚过 1 吉瓦的时候，就将 2010 年的产能目标设定在了 3.2 吉瓦。

2008 年 11 月，赛维 LDK 成为中国国家标准《太阳能级多晶硅硅块》《太阳能级多晶硅片》的起草单位。首个国家光伏产品检验检测中心也在赛维 LDK 投入使用。需要进出口的光伏产品，尤其是多晶硅片是否质量合格，赛维 LDK 的检测结果是具有权威参考性的。

一个企业可能做对了 100 件事，于是它成功了；但它只需要做错一件大事，便可能陷入万劫不复的境地。在赛维 LDK 上市的短短两个月后，彭小峰对外宣布启动"全球产业链扩张"战略，要投资 120 亿元兴建全球首个 1.5 万吨级高纯多晶硅项目。而正是这个重大决策，成为赛维 LDK 自掘坟墓的开始。

先声夺人

"瞿总，德国市场现在光伏屋顶很火，我们做的电池板太小啦，必须做大板子！"阿特斯的一位销售经理对瞿晓铧说道。在稳稳地把握住太阳能汽车充电器、"阿特斯神灯"等小型离网光伏应用市场之后，瞿晓铧和他的同事们也想投身并网光伏组件制造的热潮当中。

"好啊，我们可以组织去德国弗赖堡参加展会。"于是张含冰带领阿特斯员工参加各类海外展会，到了现场把别人的宣传册拿过来学习，争取下次把自己的宣传册印得更好。经过这些展会，阿特斯人打开了眼界，发现光伏的世界已经远不止一个小小的汽车充电器了。国际光伏市场正在从离网需求向大型并网需求转变。

参加展会回来，阿特斯就开始着手做"大板子"。当时几乎所有的设备、辅料都需要进口，瞿晓铧就先从给德国公司代工做起。因为德国市场太火爆，德国本土企业做不过来，成本也高，就交给中国企业代工。阿特斯就是这样边干边学，随后慢慢开始做自己的品牌。随着企业规模逐渐变大，自有资金周转不过来，2006年，阿特斯引入风险投资，当年11月成为第一家在纳斯达克上市的中国光伏企业。瞿晓铧认为，尚德和阿特斯能分别成为第一家在纽交所和纳斯达克上市的中国光伏企业，与他和施正荣的海外留学经历和工作背景是分不开的。

这当中还有一个插曲，瞿晓铧没有忘记ATS的老板，作为当年支持他创业的回报，公司上市前，阿特斯确认ATS的初始投资为22万加元，按比例给了ATS 8%的股份。公司上市以后，这些股票价值4000万加元。只是有些遗憾的是，这位老板此时已经过世了。

通过上市，阿特斯获得了1.55亿美元的融资，当年就在苏州高新区成立了苏州阿特斯阳光电力科技有限公司。在这个被瞿晓铧形容为"有点像社办工厂"的四层小楼里，阿特斯开始进军光伏组件和电池片的制造。

2007年，西班牙光伏市场启动，在同年9月美国的一个展会上，瞿晓铧和一个熟识的德国记者聊天。记者说现在大家的焦点都在西班牙了，那边有政策大力支持光伏并网。瞿晓铧事后赶紧让公司的人翻看近期光伏业的国际期刊，发现果真如此。瞿晓铧预计这会带来新一轮的爆发性增长，导致硅片、组件的供不应求和价格上涨。当时阿特斯的一个采购员还在美国跟硅片供货商谈价格，双方僵持不下。瞿晓铧立刻告诉他："不要谈了，那边报什么价格，都立马接受，马上签约。"

很多国内厂商都还没有认识到这一点，而阿特斯及早签约，确保了供应，控制了成本，在那轮行情中获利颇丰。2007年，阿特斯营收突破3亿美元，同比增长344%。

杨怀进，来了

2003年6月，随着国家电力系统主辅分离、辅业改制，宁晋县电力局由职工出资购买了晶隆半导体厂全部国有资产，组建了河北晶龙实业集团，其中超过95%的职工都积极参股。2004年河北晶龙实业集团与阳光工贸有限公司进行战略重组，成立晶龙集团，晶龙的控股公司又购买了赛美港龙的全部国有股份。靳保芳认为，到2003年年底，晶龙在光伏多晶硅生产上已经是世界第一，在国产设备还相对落后的条件下，晶龙在拉晶水平、同类单台炉产量和成品率方面已经达到世界先进水平。

一个西班牙公司找上门来想进货，最后只能悻悻而回，因为当时晶龙的订单已经排到了2008年，即便是先付款，也可能买不到晶龙的单晶硅棒，因为价格已经从每千克60美元涨到180美元，产品依然供不应求，就连晶龙的废料都有企业高价收购。靳保芳把当年舍不得当废品卖掉、攒了10年的"锅底料"以50美元/千克的价格一口气全卖了出去，接近过去合格品的价格。硅片环节也是一样，靳保芳说："比如市场有10家需要硅片的企业，但只有1家供应硅片的，始终达不到供需平衡。"国内一些知名的太阳能电池片企业，如果想拿到晶龙的单晶硅棒和硅片产品，就必须拿多晶硅料来换。而在晶龙长长的客户名单上，排在第一位的就是无锡尚德。

从2003年开始，宁晋太阳能级单晶硅产量连续多年保持世界第一，并一度占到国内总产量的70%，全球的20%。从中国第一，到亚洲第一，再到世界第一，晶龙完成"三级跳"只用了8年。

曾经有很多人找到靳保芳，希望晶龙拓展到多晶硅料的生产，因为晶龙的单晶硅棒生产，同样需要用到多晶硅料。靳保芳再三权衡利弊，决定还是不能轻易介入。他说："硅料生产资金投入大，10亿~20亿元人民币只是一个保底的投资水平，更重要的是其科技含量高，我们即便是有钱投入，一时也没有这个技术能力。"靳保芳在2007年了解到，国内有30多家企业准备上马多晶硅项目，他判断到2009—2010年时，多晶硅产能会过剩。晶龙曾经参与创办过江苏的多晶硅厂徐州中能，最终选择在2008年5月份主动卖掉5%的股份，换回了4个亿的资金。他考虑企业发展要注意规模，为此提出了"适度发展"战略，不能不发展，但也不能盲目大发展。

2005年3月，杨怀进受邀到晶龙集团考察，认识了靳保芳。和他一同前来的，还有澳大利亚新南威尔士大学太阳能研究中心的科学家戴熙明博士。杨怀进感慨于宁晋当地有如此完整的单晶硅产业链和技术实力，考察当天双方就签署了合作协议，促成了晶龙集团与澳大利亚光电科技有限公司、澳大利亚太阳能发展有限公司的三方合资。2005年5月，晶澳太阳能公司成立，杨怀进出任总经理。当时晶澳厂区还是一片玉米地，他们全套引进了具有国际先进水平的硅片、电池和组件生产线，只用了10个月，于2006年3月就实现投产，当年销售额突破6亿元。2007年2月晶澳在美国纳斯达克上市，成为河北省第一个在纳斯达克主板上市的公司，首次上市融资2.4亿美元。晶龙持有晶澳31%的股份。

2003年，晶龙收入只有3亿元，靳保芳说："那时候全球太阳能光伏产业处于低谷，我每天要为单晶硅卖给谁而发愁。哪想到接下来的两年，市场突然大爆发，光伏产业迅速崛起。在这个行业做了10年，如此火爆的场面，我也是头一次遇到。"

靳保芳非常信任杨怀进团队，杨怀进说："我们除了有大事向董事长汇报，其他事情他都让我们放手干，极其信任我这样一个外来的人。我过去从未担任过总经理，就智商和能力来讲，我并不比别人强。我们之所以能成功地做点事情，就是因为工作环境好，是靳总为我们创造了一个宽松、信任的环境。"

2005年，由于多晶硅料供不应求，导致进口料价格翻番，连带着国内单晶硅价格也大幅上涨，"月月不一样，月月都上涨"。但靳保芳做出一个决定，当年销售出的1100万片硅片，每片售价比市场价低3元，全年让利三四千万元。为了稳住单晶硅和光伏发电市场价格，保证下游电池企业真正得到利益，加快发展速度，这些硅片都是直接卖给厂家，如无锡尚德、南京中电、林洋新能源等，而没有卖给中间商。2006年，晶龙集团全年营收36亿元，利税8亿元，缴税2亿元，占全县财政收入的40%，同比涨幅全部超过100%。

但也是2006年，多晶硅料持续供应紧张制约着光伏企业的发展。企业除了"开源"，就只能从"节流"上想办法。各大光伏企业都把目光瞄准了减少切割过程中的硅料损耗，努力提高每千克单晶硅棒的出片率。

读者可以把切割硅片的过程想象成伐木：电锯来回拉扯，木屑四溅，意味着切割过程中出现了木料的损失。伐木场不在乎这点损耗，因为锯断大树只需要锯一次。但将硅棒切割成硅片，就像将一棵树锯成数十个薄片，这其中的木料损耗就相当可观了，损耗量不仅与切片次数有关，还与电锯的薄厚（也就是切割线的粗细）有关。这其中就出现了两个难题：用越细的线去切，硅料损耗（刀耗损失）会越少，但线的质量就要过硬——用线过细容易崩断，所以切割线需要又细又结实；而用同样的细线，要想切割损耗量尽可能少，则切片次数应尽量少，硅片数量减少，每张硅片会越厚。

电池片厂商采购硅片的时候，厚度不是它们考虑的因素，因为在保证硅片完整的情况下，光伏组件的发电效率主要与总面积（电池片数量 × 每一片的面积）有关，与厚度无关。硅片厂商想要赚取更多的收入，就要卖出更多的硅片数量。意味着在用硅量一定的前提下，硅片就需要切得更薄，但这样产品在运输和下游加工过程中会更容易出现破碎和（电池片的）隐裂——也就是一些肉眼不可见的细微破裂，会影响电池片发电效率。这就要求硅片厂商同时需要攻关的技术包括：更细且更不易断的切割线，更薄但不至于出现大量破碎、隐裂的硅片厚度下限。

2005—2006年，晶龙通过改进工艺，用直径140微米的钢线替代了160微米的钢线，刀耗损失从200微米缩小到180微米，又将单晶硅硅片厚度从270微米降到200微米，也就是硅片厚度从约3根头发丝的宽度变成了2根，这"少一根发丝"的改变使得每千克6.5英寸的硅棒切出的硅片数从57片提高到65片，创造了近1亿元的效益。

将单晶硅棒加工成硅片的过程中还需要"切方"。把圆棒切成准方棒，要用到切方机。进口切方机价格昂贵，国外对中国实施技术封锁。由河北工业大学高级工程师吴树田任所长的晶龙电子材料研究所就自己研制出了切割单晶硅的方棒切割机，填补了中国没有切方机的空白，后来又攻克了线切难题。晶龙成立的切片加工中心，迅速成为中国最大的硅片加工基地。这意味着曾经只能拿到日本去做深加工的宁晋单晶硅棒，现在不出国门，就能变成硅片，实现更高的产品附加值。

过去晶龙拉单晶硅棒用到的高纯石墨器件，全部要从日本东洋碳素公司进口，每年采购金额都在3000万元以上。为了突破这一局面，晶龙在1998年成立高纯石墨厂，从小尺寸石墨器件零的突破，到批量生产10~22英寸各尺寸半导体石墨制品，年产5万余件，成功实现了完全替代进口产品。

早在隆基成为单晶硅霸主之前数年，晶龙就做出了完整的单晶硅光伏产业链：既包含晶体生长—切方切片—电池片—组件各个环节，又包含石英坩埚、高纯石墨件、无水乙醇、悬浮液、包装箱等高耗品。而晶龙每年都会根据市场与生产情况，选出十几项科技攻关课题，落实到科研人员头上，组织人员进行重点攻关。

晶龙能迸发出这样的创新活力，除对科研人员的付出给予物质奖励外，还从20世纪90年代中期开始，实行了末位淘汰制，打破了管理层和员工的界限，也打破了学历的壁垒，唯才是举。比如一个工人是技术能手，他推动的技术革新大大提高了生产效率，就被破格提拔为主管设备的副厂长。2007年前后，晶龙有近50%的管理人员都是来自基层的普通职工。

晶龙流传着这样一句话："在靳总眼里，家庭寒酸不以为耻，事业不兴则深以为辱。"靳保芳的女儿技校刚毕业时没找到工作，靳保芳没有在晶龙安置女儿，而是让她自己在集市上"练摊"，妻子上班迟到2分钟也要被他罚钱……靳保芳觉得这些都算不得"羞耻"，但是如果有一个职工吃不起饭，那才是他做领导的最大耻辱。

因为全身心扑在事业上，靳保芳成立公司以后很少照顾母亲。1987

年,他还在农机公司当经理的时候,发现母亲得了癌症,没过多少天就离开了人世。临终前,他跪在母亲床前流泪,母亲安慰他说:"自古忠孝两难全,孩子,你尽忠了。"靳保芳说:"我对于母亲来说不是个合格的儿子,对于妻子不是个合格的丈夫,对于女儿不是个合格的父亲。"

截至2007年,晶龙已经拥有单晶硅炉300多台,比世界第二的公司多1倍;成为中国最大的硅片加工中心,一年切出的硅片近1亿片;单晶硅产能突破1000吨,占全国同类产品产量的50%;而单晶硅电池片的光电转换效率平均达到16.7%,最高到17.7%,也是国内的最高水平,但当年外国企业最高已经做到了24%,仍有一定差距。

几年以前,在离开尚德的时候,杨怀进对施正荣说:"我帮你做融资的工作已经完成了。我并不认为在这么大一个企业里面我有能力胜任现在这个总经理助理的位置。我就是一个做贸易的人,在工厂里做不出多大贡献来,还拿6万美元的工资,我是不称职的。我希望你能用这6万美元雇5个高手来帮助你,这是我内心真实的想法。"

而到了2007年,杨怀进同样向靳保芳主动提出,自己要退位让贤,公司应该请职业经理人来做晶澳公司总裁。杨怀进告诉靳保芳,他要去谋划更加重要的事。

采购硅料的入场券,直通F1赛车场

根据中国工程院的专家调查,2005年,中国对多晶硅的需求量为3800吨,其中光伏产业需求2691吨。而当年中国多晶硅产量只有60吨左右,即便全部供应光伏产业,也仅占需求量的2%~3%,95%以上的原料需求不得不依赖进口。

中国电子材料行业协会发布的另一份报告显示,2005年全世界多晶硅公司总产量为29100吨,其中半导体级多晶硅20600吨,太阳能级8500吨,而太阳能级多晶硅的实际需求是14500吨,缺口达6000吨,属于严重供不应求。

面对硅料的持续短缺,不同的企业有不同的应对方法。在承包并完成西藏"通电到乡"工程的那两年,天合的太阳能项目产值超过了幕墙生意,高纪凡对光伏的商业回报充满了信心,开始到甘肃、内蒙古等地跑项目,想要再接一个这样的大项目,结果却一无所获。其他地方没有太多光伏电站的建设需求,天合好几个月没项目可做。于是安文教授建议天合先做一些光热项目,比如太阳能热水器,"以短养长",先度过这段空窗期。

2003年,天合开始尝试建设光伏组件生产线,由邱第明来主导。通过租赁厂房、购买层压机等设备,天合拼凑出了一条生产线,整体产能不足1兆瓦,其中几道工序都需要手工操作,建成投产后也只生产了一个货柜十几千瓦的产品,因为国内市场几乎没有需求。

德国市场启动以后,高纪凡到德国参加光伏展会,结果发现火爆程度出乎意料,背过去的50本宣传册被一抢而空。2004年1月回到国内,高纪凡立刻开会,想要火速扩产。但是高管团队集体反对,理由是公司缺技术、缺资金、缺人才,蛮干风险太大。高纪凡一个个做思想工作,还是说不通,最后他罕见地"独断专行"起来:"你们什么困难都不要跟我讲,这个事情我安排你就必须去干!"只用了6个月,天合6兆瓦单晶组件生产基地竣工投产。

但是,当天合的员工为了生产组件去采购电池片时,供应电池片的企业答复说:"我们没有单晶硅片,你们买了单晶硅片拿过来,我们再给你们做电池。"天合的员工又跑到硅片企业买硅片,对方说:"你们得先供应给我们硅棒,我们加工成硅片给你们。"采购员工回来反馈说:"这事干着太憋屈了,拿着钱在哪边都不受人待见。"因为当时的情况就是市场井喷,原材料供应全线吃紧。在高纪凡心中,天合就应该是一个"垂直一体化"的产业链布局,自己生产单晶硅,做成电池片,这样组件环节就不愁"没米下锅"。

2005年,邱第明和高纪庆还在北京、深圳等地考察单晶硅炉设备情况,可行性研究报告还没写好,高纪凡就下令:不用写了,直接去买!于是 48 台单晶硅炉进厂，其中 24 台采购自西安理工大学校办工厂，24 台采购自京运通公司。经过调试后，2005 年 7 月，天合拉出了自己的第一根单晶硅棒，批量的硅棒拿出去换电池片，换回来就能加工成组件。

为了鼓舞士气，高纪凡在年中就给大家发放了 300 万元奖金。2005 年 8 月，很多员工收到了数倍于工资的奖金，这让大家干劲十足，在生产线上加班加点，当年就完成了 3 亿元的销售目标，实现净利润 3000 万元。而短短数月前的春节期间，天合新厂区还是一个杂乱的工地，一个个水泥墩子的墩坑里还存着积蓄的雨水。这就是中国光伏制造企业面对市场的响应速度。在同一时期，为了能让天合获得外部资金，实现快速发展，高纪凡让出了大股东的地位。

2006 年 2 月，天合又开始制造硅片。但这依然没有解决一个困扰光伏行业几十年的根本性问题——制造硅片要用到的硅料，才是最容易短缺，也最难扩产的环节。光伏发展早期，用到的硅料都是半导体行业的边角废料，原因在于更加精细的半导体行业对于硅料的消耗小许多，而且采购价格高，所以硅料生产企业一开始瞧不上来采购的光伏企业。高纪凡回忆说："我们去买硅料，半导体企业对我们不重视，经常都是吃闭门羹。当时硅料主要用于半导体，全球硅料加起来也就两三万吨，他们不卖，也不扩产，他们认为太阳能不会成为一个产业，太阳能不可能成为硅料的主流，对我们根本不感兴趣。"

天合的 48 台单晶硅炉一旦开机，就像 48 个嗷嗷待哺的孩子。从北京到辽宁，再到浙江，天合采购员奔赴全国各地找各种门路去买硅料，但国内供应量实在太小，于是高纪凡决定转战海外。对天合来说，走出去利用全球市场配置资源就成为必然要走的一条路。有一次在寻找电池供应商时，天合商务人员联系到西班牙的一个知名电池企业，但因为对方不信任天合这家"小公司"，不愿意将产品卖给天合。高纪凡亲自飞到西班牙谈合作，却接连吃了好几次闭门羹，因为企业负责人去看赛车比赛了。

在高纪凡了解到西班牙的赛车文化后，索性让天合成为一级方程式赛车比赛的赞助商，每到一个比赛城市，他就在赛车场旁边租个酒店，邀请

VIP客户和供应商一起看，感受赛车运动的独特魅力。比赛看得开心，谈起生意也顺畅很多。很快，包括天合硅料短缺等问题，都通过海外市场得到了很大的缓解。天合一连赞助了三年的赛车比赛，借机建立起在欧洲市场的知名度，到2006年已将销售市场拓展到了数十个国家。2008年，天合又花费130万欧元赞助了西甲足球俱乐部西班牙队，还把天合的光伏设备布设到当地足球场中。

天合的国际化不仅在于原材料和销售两端的国际化，更体现在团队人才的国际化上。天合高管开会时的语言经常出现中英文混合的情况，一些国际高管试着用自己蹩脚的汉语表达汇报工作，高纪凡觉得这样不对，于是就对大家说："与其你们这么多人说中文，不如我来改变，我来说英文。你们不用将就我了，开会就用英文。"每天无论多忙，高纪凡都会抽出1小时来学英语，渐渐过了语言关，这是一个本土企业家在国际化转型过程中体现出的包容态度和坚持开放的决心。

可即便这一时期有了外国硅料企业的供货，天合的硅料供应依然不够。很快，高纪凡即将做出他在创办天合的二十多年中最为艰难又饱受煎熬的一个决定。

高纪凡"毁约"

从供应链角度来说，为了做光伏组件，需要做电池片；为了做电池片，需要做硅片——那为了做硅片，是不是还要自己做多晶硅呢？高纪凡对这个问题从未停止过思考。

2006年，天合的营业收入突破7亿元人民币，2007年升至27亿元，2008年突破50亿元，一路翻着番地增长，到2010年营业收入已突破了100亿元。这期间的天合已经不是一家会在国内吃闭门羹的"小公司"了，来自内蒙古、新疆、安徽等省份的许多城市的领导踏破门槛，希望天合能到当地投资建设，开出的条件有产业园土地零定价的，有提供几十亿元资金贷款 3 年不要利息的,还有承诺配套给 10 亿吨煤矿的。但这些都被高纪凡婉言谢绝了,他显得异常冷静:3 年内不要利息,3 年后还能不要?到时候拿什么还钱?他当时就认为,和其他行业一样,光伏行业的发展不可能永远一帆风顺。

他要求天合坚决不到各地胡乱投资。可是这样的话,各种各样配套的原辅料问题如何解决?在一次考察大型汽车厂的过程中,高纪凡豁然开朗起来。在车厂附近,分布着各种零配件厂,围绕整车厂展开分工配合。而反观各地光伏产业园,只会"合并同类项",把同样环节的企业放到一个园子里竞争打架。

高纪凡决定就在常州本地做一个上下游配套的产业园。常州市政府为此划拨出一块 11.24 平方千米的土地用于产业园建设,规划形成了"核心区—设备及应用区—材料区"相结合的区域产业布局结构,时任常州国家高新区党工委书记还告诉高纪凡:"你做好龙头,负责凝聚企业,选好的企业进来之后,我们负责把企业服务好,土地、办证、办照做到最快、最优!"2008 年 4 月,首批 5 家企业挪威玻璃、千松研磨、菲利华、常州广泰、苏州固锝入园,总投资约 20 亿元。天合前后共精选了 40 多家配套企业入园。

天合优先采购这些企业的产品,彼此之间供货距离近,运费几乎为零,中间产品库存也几乎为零,大大降低了配套企业的生产成本。同时天合与配套企业一起研究新产品、新技术,天合需要什么新产品、产品标准如何,配套企业第一时间掌握。天合还跟配套企业打通产品质量体系,配套企业的出厂检验就是天合的进厂检验,不需要重复开箱检验。在这样的通力合作下,入园企业的产品标准和创新力一下就被带动了起来,多家企业快速发展壮大并成功上市。时任常州市新北区委书记就指出:"没有天合,哪来的这个产业园?没有天合的品牌,就没有常州的光伏品牌。"

在赴美上市之前,高纪凡就认识到,第一个赴美上市的无锡尚德优势集中在电池片环节,天合需要讲出不一样的故事。他与同事们集思广益,提出了"垂直一体化"的概念,也就是打造"硅棒—硅片—电池—组件—系统安装"全产业链业务，而常州产业园正是这一思路下的产物。从 2006—2010 年，天合将"垂直一体化"做了下来，也因此收获颇丰：到 2010 年，天合实现销售收入 18.6 亿美元，同比增长 119.8%；净利润 3.115 亿美元，同比增长 223.7%。这是天合前后数年间最赚钱的一年。但自从 2010 年光伏行业再度陷入过热之后，高纪凡果断放弃了"垂直一体化"，重新回到专业化的发展方向上来，将天合具备更强优势的硅片、组件业务做到最大。

虽然高纪凡克制住了到各地投资办厂的冲动，却也差点就禁不住硅料的"诱惑"而坠入万丈深渊。

当时国内光伏产业缺硅缺到了什么程度？不仅半导体行业用剩下的边角料被用光，连报废的半导体产品，比如电阻上的芯片，都要拿来把硅片磨一磨、洗一洗进行再利用。这些报废品被吃干榨尽以后，人们就去半导体厂倾倒废料的垃圾场里面"淘金"，还在半导体厂区附近掘地三尺，把路面挖开，把多年前掺着石头沙子来铺路的废弃硅料捡出来用。甚至因此出现了一个特别的产业——"洗料"，很多企业一个清洗车间里能看到上千名工人。那时赛维 LDK 大举扩招，很多人入职以后才发现，自己的工作就是戴上口罩，在一盆装满指甲盖大小的碎硅片里进行手工分拣。2000 多名年轻女工 24 小时三班倒，每人拿一个小电表测出碎片的极性是 n 型还是 p 型，测完以后分类，分类之后用酸将表面附着的二氧化硅等杂质洗掉，酸洗后再烘干。这样每人每天可以挑出几千克硅料，为赛维 LDK 省下 2000~3000 元的成本。当时这个环节的生产模式和彭小峰的劳保工厂没有本质区别，属于劳动密集型的"来料加工"。

与上游供应商签订硅料长单的企业不仅要支付大量预付款，而且在履行长单的头两三年里供货量也不会很大，远水解不了近渴。面对这样的极端窘境，上不上多晶硅项目，自己做不做硅料，成了摆在高纪凡面前的两难选择：不做，天合的组件工厂就只能像面临停电一样难受；做，不仅投资巨大，而且周期长，风险大。

全国很多地方政府都欢迎天合到当地投建多晶硅项目，因为一上马产值至少几十亿元，投产以后利润高、税收高。天合经过一番筛选，最终看上了江苏连云港，当地有核电站，政府补贴之后供应电价能做到一度电四毛多钱，这能降低耗电量大的多晶硅不少生产成本。

2007年12月，双方在南京签订投资意向书，投资额高达10亿美元，2012年前全部投产，是当时国内首个规划年产万吨级的多晶硅项目，也是连云港引进的投资规模最大的工业项目，江苏省将它定为"一号工程"予以重点推进。在启动仪式上，江苏省一位副省长和连云港政府官员悉数到场，场面隆重。与此同时，天合向GT Solar签订了3亿美元的设备采购和服务意向合同，但高纪凡心里仍不踏实，他在签正式合同之前，前往GT Solar美国总部进行考察。

就在GT Solar接待人员介绍公司发展规划的过程中，一张图引起了高纪凡的注意，那是GT Solar正在执行和规划的项目，还有全球各地光伏企业的多晶硅项目规划情况。高纪凡把这些数字稍微一算，惊出了一身冷汗：总吨数比当下全球需求多出3~5倍！

到后来的2010年年初，仅中国就有18个省份的35个多晶硅项目在建或准备动工。如果全部完工并达到预计产能，中国多晶硅产量就会达到14万吨，而预计2010年全球多晶硅需求只有8万吨左右。按此规划，很可能没等天合光能的多晶硅项目全部投产，全球多晶硅就已经严重过剩了。

这趟考察完成，按计划应该回国立马签订正式合同了，但高纪凡"不敢"回国了！他把自己关在美国一个酒店里，整整三天三夜没合眼。他意识到自己已经骑虎难下了，一个被上上下下、里里外外像众星捧月一样推出来的大项目，他能说不做就不做了吗？

三天过后，高纪凡决定放弃这个项目，宁可慢些发展，也不能背一座"五行山"上路。他向政府方面做了充分说明，并承诺未来在江苏投资更多项目，回馈本地经济，又为连云港找到一家企业接手，总投资修订为30亿元。

2008年4月，天合正式宣布终止连云港10亿美元多晶硅项目建设，同时终止与GT Solar的设备供应合同。为此天合一共损失前期项目开支等费用1000多万元，没有人明白高纪凡悬崖勒马用意何在。但短短几个月后，全球光伏市场随着金融风暴的愈演愈烈开始急转直下……

2008年9月15日，美国银行发表声明，以近500亿美元收购美国第三大投资银行——美林。不到两年之前，天合赴美上市还是由美林投资和担任主承销券商的，而因为次贷危机影响，美林创下了93年来的最大季度亏损。

从2008年第三季度开始，全球光伏企业开始感受到这场金融危机的杀伤力：订单萎缩、资金链断裂、裁员停工、市值缩水，就连欧元兑换人民币的汇率在短短3个月内从10.85跌到8.69，跌幅近20%。一个100万欧元的单子，因为汇率波动就要损失掉人民币20万元左右，足够吞噬全部利润。多晶硅价格从顶峰的500美元/千克，跌到40美元/千克左右，缩水超过90%。如果天合真在连云港投下10亿美元，后果将不堪设想。

缺硅之痛

2006年3月，《福布斯》杂志给施正荣这位中国新首富送了一个雅号："太阳王"。常年为中国编制富豪榜单的胡润（Rupert Hoogewerf）都不禁感叹道："施正荣的出现，让我们意识到中国仍有不少富豪尚未被发现。"当年《纽约时报》专栏作家托马斯·弗里德曼（Thomas L. Friedman）在一篇介绍施正荣的人物特写中称他为"中国的阳光男孩"，并警告美国人，"如果美国的政策制定者和企业还不开始竭尽所能来发展我们自己的清洁能源，那么中国新兴绿色能源企业家可能要在清洁能源业务中打败我们了。"一位建行无锡分行的工作人员回忆道，当时银行快把尚德的门槛踏破了，争相希望能为尚德提供贷款，在激烈竞争中放宽了信贷条件。2006年，尚德短期信用贷款增至8.7亿元，是2005年的近4倍，2008年进一步增至22亿元，2010年更是增至近50亿元。

2006年12月，尚德产能进一步提升，达到300兆瓦，跃居全球光伏产业前三强。用尚德员工的话说，公司盖楼的速度都赶不上它们发展的脚步。尚德副总经理张维国经常被人问起这样一个问题："尚德的 10 条生产线是 24 小时不间断生产吗？"张维国总是幽默地回答："随时欢迎您夜里来参观。"

2007 年 1 月，尚德总市值达到 49.22 亿美元，折合人民币近 400 亿元，成为中国海外上市的民营企业中市值最高的公司。同月，施正荣入选"2006 CCTV 中国经济年度人物"，颁奖词中写道："他穿洋过海追逐太阳，开启了中国最清洁的产业；他让阳光照耀财富，为明天积蓄新的能量。"到这一年结束时，尚德销售收入超 100 亿元人民币，公司市值突破 100 亿美元，位列世界光伏行业第二位。

2008 年 1 月，施正荣入选英国《卫报》评出的"可以拯救地球的 50 人"榜单，同入榜单的还有当时美国的前副总统艾尔·戈尔（Albert Arnold Gore Jr.）和英国的查尔斯王子（HRH Prince Charles）。这一年，尚德产能突破 10 亿瓦特，成为全球最大的光伏组件生产企业。没有人会想到，7 年前他还仅仅是一个在澳洲工作的青年科学家。那时候当你在网上搜索"施正荣"的时候，网站甚至会询问："你要找的是不是中国台湾企业家'施振荣'？"而在 7 年后，他就完成了公司市值从"40 万美元"到"100 亿美元"的创业神话。

这样的财富传奇人生点燃了无数国人投身太阳能事业的热情。国内的太阳能概念迅速升温，一哄而上，冒出几十家、上百家光伏企业，而风险投资追逐太阳能简直像发了疯一样。尚德上市后的两年内，天合、阿特斯、英利等十余家企业也先后登陆海外资本市场，从美国资本市场共募资 70 亿美元。截至 2010 年，海内外上市的中国光伏企业超过 20 家。

在"施正荣效应"的带动下，共有 12 位来自中国的新南威尔士大学光伏博士选择回国创业，他们后来都在国内光伏企业身居要职，被光伏业内称为"新南威尔士帮"。用施正荣的话说："全世界主要光伏企业的技术负责人都是我的校友。"比如 1984 年，格林教授的第二位中国学生赵建华，是施正荣的扬中老乡，他们二人和杨怀进并称"扬中三杰"。施正荣

1992年博士毕业那年，赵建华已经是格林教授太阳能研究所的副主任了。赵建华和王艾华夫妇都是格林教授的博士生，二人于2004年与杨怀进创办了中电光伏。格林教授的第三位中国学生戴熙明于2005年回国，担任晶澳的联合创始人兼首席技术官，同样与杨怀进共事了几年。而施正荣是格林教授的第五位中国弟子。格林教授对他的中国学生回国创业的举动大加赞赏，并用实际行动支持他们。比如，一些风投机构在投资尚德前对其开展过尽职调查，他们怀疑施正荣可能与格林教授团队存在专利所有权的冲突问题，格林教授则亲自执笔回信："正荣现在做的事情，在技术上与我们不存在任何冲突。"

不过这么多同行回国投身光伏行业创业对施正荣也造成了一定的压力，最要紧的倒还不是尚德在产品销售端多了很多竞争对手，而是由于对手变多，上游的原材料不够用了。2000年，多晶硅原料的国际进口价还是9美元/千克，到了2005年年底达到80美元/千克，甚至有人愿以200美元/千克的价格囤积居奇。

"6个9"纯度的多晶硅原料是从98%~99%的低纯度工业硅中提取来的。当时国内被"卡脖子"技术制约发展的现状是，工业级硅的年产能力在90万~120万吨，相关企业普遍采用电弧法用炭还原提取工业硅，所用技术较为简单，耗电量大。由于企业之间充分竞争，互相压价，这些工业硅经常以每千克1美元的价格卖到海外，几乎相当于在"卖电"。而国外企业拿到廉价工业硅，提炼成太阳能级多晶硅再卖回中国，价格高达每千克40美元，后来甚至达到每千克200~300美元。中国原本拥有丰富的硅矿资源，但我们把它开发成高附加值产业原料的能力严重不足。

从2005年年底到2006年下半年，中国光伏企业的生产成本上涨幅度超过50%，光伏组件利润从25%一路下跌至10%以下。这并不难理解：在下游销售端没有大幅涨价的情况下，上游太阳能级硅料价格越高，中国的光伏电池和组件生产企业的采购成本就越高，利润空间就越小，中国制造越多的光伏产品，外国企业能在原料加工环节从中国攫取走的价值就越大。

随着光伏产业爆发式的产能增长，当时中国国内晶硅原料产能显得尤为不足，拥有千吨级多晶硅资源的只有4个地方：四川新光硅业、河南洛阳中硅、辽宁凌海金华和宁夏石嘴山。

尚德在四川新光硅业引入投资方的角逐中败给了天威英利，施正荣转而支持了峨嵋半导体厂一个年产200吨的多晶硅项目，凭此获得少量的原料供应。施正荣还给了峨嵋半导体厂500万美元的预付款，用来扩大国产硅料的产量。随后他转战年产300吨的河南洛阳中硅，把尚德的产线以最快的速度安置在洛阳。为了获得充足的原料供应，尚德在洛阳子公司的位置紧邻河南洛阳中硅的工厂。

但尚德不仅缺硅，也缺乏将硅锭切成硅片的能力。即便从国内供应商手中购买了硅锭，也要送到日本或挪威先进行切片，然后再将硅片发回国内，整个过程成本很高。直到2004年年初，施正荣才靠个人关系从瑞士企业梅耶博格（Meyer Burger）手中购得两台用于硅锭切片的多线切割机，每台售价85万欧元。在尚德购入这两台机器后的不到10年时间，中国企业总共从梅耶博格等海外企业购买了约2万台多线切割机。施正荣的一个老乡王禄宝找到施正荣，希望进入光伏行业，但不知道做什么好。施正荣说："如果你真想做，现在国内没有多线切割机，你可以研发生产这个，这样光伏的上下游在国内就连起来了。"后来王禄宝的环太集团拉开了我国多线切割机国产化的序幕。

2004年5月，施正荣到美国底特律出差，洽谈硅料采购。一个美籍日裔的销售人员接待了他，对方表示非常看好尚德的发展，但是所有硅料产能都被Q-Cells、SunPower等欧美企业订购一空，没货供给中国企业，真想买的话就只能先交1亿美元的预付款签订长期采购合同，如果违约还要赔付巨额违约金。

施正荣永远都忘不了，上市之前的尚德经历过高纯度硅只能维持两天生产的极端窘境。施正荣亲口承认，尚德IPO的主要目的之一就是解决原材料问题——在招股说明书中，IPO募集资金有约1亿美元要用于购买原材料或者预付定金，另外4000万美元用来扩充产能，2000万美元用于技术研发。

按当时国内的产出情况，每生产 1 兆瓦硅片就需要 13 吨的多晶硅料，而到 2006 年年底，尚德产能达到 300 兆瓦，其需要的晶硅原料就近 4000 吨了，这还只是尚德一家。而当时国内与尚德规模相当的光伏企业已有 10 家左右。截至 2005 年，中国多晶硅产量总共只有 50 吨，因为原来硅料企业的客户都是半导体企业，不需要那么多硅料。而光伏与半导体不同，想发更多的电，就需要铺更大面积的组件，就需要用到更大量的硅料。

尚德首席财务官张怡说："拥硅者为王，谁掌握了多晶硅料，谁就掌握了光伏行业的命脉。"即便 G 天威（天威英利的母公司）是新光硅业的二股东，也只能保证天威英利"饿不着"，可以优先采购，但硅价依然要按照市场价格来计算。

2004 年 10 月的一天，尚德公司里乱作一团，因为施正荣突然失踪，打手机、座机通通没人接，家里、办公室也找不到人。更让人着急的是，当天国家发展改革委的领导点名要见他。直到第二天，公司秘书上班才发现老板不久前发来的邮件，原来他坐飞机去了中亚，因为他听说那里有硅片卖。

施正荣下了飞机，在吉尔吉斯斯坦坐了 13 个小时的汽车，到一座矿山里一看，这里也只不过是一个把石英矿变成冶金级硅（一种工业硅）的破旧工厂罢了。大失所望的他突然想到有一家合作过的德国公司，是 Solar World 的子公司 Deutsche Solar，它是全世界最大的硅片生产商，他抱着一线希望前往德国一试。

在德国波恩，施正荣来到了 Solar World 的老总弗兰克·阿斯贝克（Frank Asbeck）的家里，弗兰克用好酒好菜热情款待了他，还带他去庄园参观。在庄园里散步的时候，施正荣借机寻问对方明年能给尚德增加多少硅料供应，弗兰克用手比画了一个蛋，说道："尚德明年的是零。"毕竟私人感情跟做生意是两码事，何况德国光伏市场需求旺盛本就导致德国硅片供不应求。

施正荣本已准备打道回府，这时候弗兰克七八岁的儿子跑了出来，拿着一只损坏的打火机，问爸爸可不可以让这个中国叔叔帮忙修一修。施正荣一看，竟然是一只20世纪70年代中国产的"东方红"牌打火机，能不能修好他心里也没底，但那个孩子天真的眼神让他瞬间想起了自己的两个孩子，于是决定帮助这个小家伙。回国以后，施正荣找地方修好了打火机，一打着火，还能播放《东方红》的乐曲。施正荣趁圣诞前夕，把打火机用精致的礼盒包好寄回德国，然后他就把这事给忘了。

十几天后，他接到一个来自德国的电话，对方正是Deutsche Solar的工作人员，要跟他签一份供货合同，给尚德提供十年的硅片。原来就是因为那个打火机，德国老板深受感动。这份协议最终于2005年2月签署。弗兰克还把他的很多客户都介绍到尚德公司。

但这只是这个小故事生动的前一半，它的后一半就是典型的"在商言商"了。一方面，Deutsche Solar给尚德提供的硅片数量占其全年产量的10%以上；另一方面，Deutsche Solar的母公司Solar World还会"回购"尚德用他们的原料和技术生产的光伏组件。根据协议，如果德国供应商提供的硅片价格上升，尚德可以提高对德出售的光伏组件的价格，等于涨价压力被转移给了终端客户。

这个打火机的小故事似乎到这里就结束了。按道理说，这是一个皆大欢喜的双赢局面。但施正荣万万没想到，七年后，正是弗兰克领导的Solar World向欧洲委员会提交了针对中国光伏企业的反倾销申诉，拉开了声势浩大的"双反"（反倾销、反补贴）序幕，对尚德和其他中国企业背刺一刀。

2005年尚德上市融到了4亿美元，施正荣心想："我有钱了，总能买到硅料了吧。"可当他找到德国、美国的企业时，对方却都答复说已经卖完了，并且给了两个解决方案：要么下次有货通知你，要么付1亿美元订金，"等我把厂建完了，一般要2~3年，然后再给你供货。"万般无奈之下，2006年7月，施正荣与全球十大硅片供应商之一的美国孟山都电子材料公司（MEMC）签订了长达10年的硅片供货合同。

当时MEMC坐拥硅源，给尚德的条件十分苛刻，开价很高。施正荣在长达两个月内几乎天天和对方的CEO电话交流，谈判过程异常艰辛。

尚德内部有人抱怨对方赚得太多了，最后施正荣劝说大家："不要算人家赚多少，只算自己能赚多少。我们行业现在就是这样的状况，在处于被动的时候，该'弯腰'还是得'弯腰'。"

最终双方商定，MEMC从2007年第一季度开始供货，意在为尚德2010年实现1000兆瓦的目标提供充足的原材料供应，而尚德预计要为从MEMC购买的硅片支付总计60亿美元左右，双方的预定价格将以往年价格作为基准参数。这份合同加上之前签订的其他采购大单，可保证尚德从2009年起每年获得2000吨原材料的稳定供应。

2007年1月，亚洲硅业刚刚成立，尚德就与亚洲硅业签订了长达16年、金额15亿美元的支付合约，用来购买多晶硅原料。2008年年底，亚洲硅业正式建成投产。此后五年内，尚德为亚洲硅业提供了1000万美元的无息贷款、5亿元人民币担保和近1亿美元的预付款项。在相当长一段时间内，尚德是亚洲硅业唯一的客户，亚洲硅业也成为尚德的三大供应商之一。2010—2012年，亚洲硅业共计向无锡尚德销售多晶硅料5504.35吨，平均单价319.27元/千克，合计金额17.57亿元。

2007年6月，尚德与美国合谷穴材料厂（Hoku Materials）签订6.78亿美元的十年多晶硅料供货合同。2007年10月，尚德与Renesola签署为期4年、总量510兆瓦的硅料供应协议。2008年尚德又斥资1亿美元入股俄罗斯多晶硅厂商Nitol，签订了为期5年的供应合同。这些高价"锁定"原料的动作最终成为拖垮尚德的一个沉重包袱。

在与MEMC签订大单之后，施正荣又全资收购了世界上最大的光伏组件生产商之一——日本MSK公司，意在将终端销售铺向日本，同时将日本的太阳能电池组件新技术转移至国内。为此，施正荣决定在上海建立一个新型太阳能电池研发制造基地来承接新技术的转移。而此时再回上海"谈事"，比当年碰一鼻子灰的情况截然不同，这个首期投资6000万美元、占地200亩的大项目只用十多天就谈好了。直到这时，施正荣才正式将他在攻读博士期间研究的项目——薄膜光伏电池的研发和制造纳入尚德的版图中来。量产薄膜电池的计划显然也与硅料紧缺的情况有关，因为薄膜电池的用硅量远远少于晶硅电池。

施正荣一系列指向上游原材料的布局可谓用心良苦，但当"风口"真正袭来的时候，有时单个企业或个人的努力就显得有些微不足道了。2007年年底，多晶硅产品的价格飙升到史无前例的近500美元/千克，在4年内暴涨了10倍，当时甚至可以说一根硅棒就可以换一辆奥迪汽车。但历史无数次地提醒我们：贵上极则反贱，贱下极则反贵。

眼见利润丰厚，越来越多的中国企业开始对硅料和硅片生产感兴趣，不过最关键的是要有设备。2010年，英利从美国GTAT公司那里采购了铸锭炉，建造了自己的多晶硅工厂，这种设备价格昂贵，能耗很高，需要将硅放置在加热到1100℃以上的气体中。原本GTAT公司是不想卖设备给中国的，但总有人禁不住高价的诱惑。中国硅料、硅片生产企业如雨后春笋般冒出来，约有40家新公司，它们为铸锭炉和多晶硅生产线投入高昂的成本。但是只要硅料价格超过每千克400美元，这些成本都是可以收回来的。巨大的利益诱惑让企业家丧失了理智，冲昏了头脑。中科院院士、国家"973"计划科学家王占国就公开呼吁："国内所有已经投产和正在规划准备投产的多晶硅产能加在一起有十多万吨，所有想干的人都干了，设计规划的产能高于全球的需求，显然是供过于求，很危险。"

越来越多的中国企业介入上游晶硅供应，就像有人告诉你，把1元钱1瓶的矿泉水运到山顶可以卖1000元/瓶，那开着直升机运几箱水上去可能都是划算的。但这里最危险的地方在于，如果没人想爬这座山了，那花费重金运到山顶的水便一文不值了。

早在那场"金融海啸"来临之前，相比国内企业打得一片火热，欧洲的光伏市场已经出现降温的迹象。

第四章
千方百计

中国光伏的"内伤"

在2004年德国推出一系列扶持政策之后,就有许多德国人认为,德国的能源补贴最终将撑鼓国外光伏企业的腰包,尤其是中国和日本的企业。当时日本供给了全球一半的光伏产品产量,其中70%用于出口,仅夏普一家就独占全球光伏市场份额的28%。

同时,中国光伏产能迅猛扩张,于2006年超过美国,成为仅次于日本、德国的全球第三大光伏产品生产国。从光伏设备购买情况也可以明显看出:2000—2005年,大多数设备的买家是欧洲公司,而到了2010年,超过90%的光伏设备销往中国。自2007年起的数年内,由于后进企业大肆扩张的势头迅猛,单个光伏企业的全球市场份额就从未再超过10%,市场越发进入充分竞争的格局。

2005年11月,施罗德卸任,默克尔上台,德国国内要求扶持本国光伏企业、减少对外依赖的呼声越来越高。中国光伏企业的销售人员也发现,德国的生意没有之前好做了。德国对光伏产品的质量要求也水涨船高,光电转换效率在16%以下的产品几乎不可能进入德国市场,而很多中国企业还没有达到德国要求的水平。

2004—2005年,光伏销售工作轻松到只要接电话就有订单来,而且买家几乎都是先交钱后发货。到了 2006 年第三季度，光伏组件价格首次出现下跌，第四季度跌幅达到 10%，德国一些主要港口出现几百兆瓦光伏产品滞留港口的情况。因为从 2006 年开始，德国政府减少了对光伏产业的补贴，需求量缩减一半，整个国际市场减少了四分之一。但跟后来的那场风暴比起来，这时国内企业面临的境况还可以用"和风细雨"来形容。

眼看德国生意遭遇挫折，很多中国企业开始把目光转向美国。2006 年年中，国际油价突破 70 美元／桶，为降低对石油等传统能源的依赖，美国加州通过《百万太阳能屋顶法案》，计划在 2007—2016 年投入 21.67 亿美元，布设 1940 兆瓦的太阳能发电能力（后来的统计显示，截至 2016 年 8 月，实际安装的光伏发电达到了 4216 兆瓦，比计划翻了一番不止）。2006 年 8 月，尚德在美国特拉华州成立子公司，以开拓市场。当年尚德开始向美国出口不到 20 兆瓦的光伏组件，与之相比，尚德的一些欧洲客户单笔订单都比其全美订单加起来还多，比如德国一个分销商就购买了 100 兆瓦的光伏组件。

但无论把子公司设置到哪里，都改变不了这一批光伏企业"三头在外"的事实：大部分多晶硅原料依赖进口，大量核心设备依赖进口，产品销售依赖出口。2006 年 3 月，在第十届全国人民代表大会第四次会议上，被选为全国人大代表的靳保芳在发言时就曾指出："我国迄今为止，尚无生产千吨多晶硅的生产技术，多晶材料如果持续短缺，一旦国外发达国家对原材料进行封锁，我国光伏产业各企业将有全部覆灭的危险。"

大量后发企业之所以能成功涌入光伏赛道，快速实现上市造富的神话，是因为这些企业都跟尚德一样，选择从技术难度较小的生产环节入手，主要从德国进口硅片生产电池片，将电池片封装后形成组件，然后出口到海外，除了德国，也包括西班牙、意大利和美国等地。

早期的中国企业，比如尚德，至少还会零敲碎打地购买单个设备以降低成本，再把这些设备自行改造调试，组成一条生产线。而后进的中国企业则干脆购买成套的机器设备。这些由供应商为它们整合好的"一条龙"生产线，其安装、调试工作也被称为"交钥匙"工程服务，从生产电池到装配组件的"集成化生产解决方案",都可以由外方全部执行。

早在 2003—2004 年,德国的 Centrotherm 公司就向中国台湾地区的昱晶能源科技、升阳光电科技等公司提供"交钥匙"工程服务。2007—2008 年,中国大陆的很多公司还从美国应用材料公司那里购买了多个"交钥匙"工程服务。这就是尚德之后一些中国光伏企业在不到两年的时间里,闪电般地从 0 扩大到 100 兆瓦产能的秘密。而尚德同样的产能扩张耗时长达 5 年。

施正荣选择自行组装生产线,是在用时间换金钱,因为他缺的是钱;一些后起之秀选择"交钥匙"工程服务,是在用金钱换时间,因为他们需要在海外光伏补贴正盛之时快速抢占市场份额。于是 2007 年,中国成为全球最大的光伏制造国。

当时在国内,整个光伏产业链已经分化明显,上游原材料企业利润更高,尚德也具备了进入上游的资金和实力,但施正荣按兵不动。他解释说:"想法倒是有过,这样一来,企业的产业链确实完整了,但在国际资本市场中的吸引力也会大大降低。西方经济体早已完成了高度专业化分工的过程,他们更认可一个企业专注于一件产品,做到全球第一,而不是什么都做,什么都不突出。我们一些企业家是不知道这种区别的,往往把自己的精力与人力、财力浪费在企业规模的纵向扩大上,吃了上家碰下家,只能让我们离西方资本市场越来越远。"他还补充道,"我是制造企业,我肯定不可能涉足所有的应用,我只能相当于英特尔,提供 CPU,然后有诸如戴尔这样的公司会把 CPU 用到各行各业。"

2006 年,施正荣考虑收购位于美国纽约州金斯顿市的一家光伏开发商,差一点就进入了光伏电站的开发业务,也就是涉足产业链下游。施正荣最终放弃了这项收购,他的理由是:"如果你跟你的客户竞争,谁还愿意从你这买东西呢?"他说他是一个很专注的人,只做太阳能。但只做组件环节就叫专注,还是做好光伏上下游全产业链的打造才叫专注?直到今天,这依然是一个值得深刻讨论的问题。

但在尚德的第二个五年发展规划里,施正荣这样写道:"到 2012 年公司成立10周年之际，公司将成为覆盖硅材料、硅基太阳能电池、硅基薄膜电池、光伏组件、发电系统和光伏与建筑一体化（BIPV）的完整光伏产业链，形成产能5000兆瓦，销售收入突破1000亿元人民币的光伏产业集团。"面对专业化和多元化，施正荣给出了新的答案。

在尚德上市路演的过程中，投资人问得最多的问题就是："为什么尚德在不断扩张当中，还能保持不断盈利？"施正荣的回答是："最重要的一点是技术、技术，还是技术。"尚德首席财务官张怡进一步解释说："我们在最佳的时机选择了最优化的技术，以最大限度地保证投资回报和盈利。这其实就是对我们公司最精髓的概述。"

事实上，尚德在产能扩张方面很舍得花钱，但在技术投入上却较少。在尚德初创时期，施正荣在面临各种资源约束的情况下，挤出了100万美元建立了一个研发实验室，这是中国第一个按照国际科学标准建造的光伏实验室。但从2003—2011年，虽然尚德营收规模数百倍地扩大，但尚德的研发费用率始终徘徊在1%上下。而后来崛起的像隆基这样的龙头企业，常年保持研发费用率都在5%左右。

为什么中国光伏产品在维持研发费用率不高的同时，还能在与国际光伏巨头的激烈竞争中不断开疆拓土、占据优势？原来这其中一部分原因，并不在尚德等企业的身上。

国产替代进行时

正是尚德、天合等一批国内光伏制造企业的快速崛起，给了中国光伏设备企业大发展的绝佳机遇。随着国内光伏产业在2004年以后的全面爆发，王俊朝所在的中电48所几乎倾尽全力，重点突破光伏领域重点技术，在原有扩散炉和刻蚀机的基础上，进一步开发出了制造太阳能电池时所需要的大部分工艺设备，到2012年其市场覆盖全国，并将设备出口至20个国家和地区。

太阳能电池制造中需要用到的三大关键设备分别是扩散炉、PECVD设备和丝网印刷机。因为有了尚德源源不断的订单，中电48所的设备研发更加有的放矢，扩散炉设备水平得到了进一步提升，2004年其自主研发的软着陆闭管扩散技术达到了国际先进水平。到2008年，中电48所制造的扩散炉牢牢占据着国内85%左右的市场，还出口到了海外。

PECVD设备是这三大设备中的关键。众所周知，要想实现更好的光伏发电转换效率，就需要电池更多地"吸收"太阳光，这意味着要尽可能地减少电池表面对太阳光的反射。如果直接把表面光滑的硅片放在折射率为1.0的空气中，那么照射在硅片表面的光有30%都会被反射走。PECVD设备的一大作用，就是在硅片表面沉积一层减反射膜，增加入射光的透射，减少反射。它的另一大作用，是对晶体硅表面进行钝化处理，降低表面缺陷对于少数载流子的复合作用。读者可以将硅表面的缺陷想象为"陷阱"，而少数载流子就是能够导电的"勇士"，钝化过程就是通过处理硅片表面，尽量避免让"勇士"落入陷阱（复合），从而让更多的"勇士"跑动起来，参与导电过程，实现更高的转换效率。由于PECVD设备技术含量高，少数发达国家垄断了这种设备的制造，导致其价格昂贵。

出于对王俊朝和中电48所的高度信任，施正荣想让王俊朝看看整条尚德生产线上还有哪些外国设备是中电48所未来可以做到国产替代的。施正荣向他提议："你们是不是可以试试PECVD设备？"王俊朝说："国内确实没有这种大装片量的管式设备。这样，你提要求，我们来做。"于是从2004年开始，中电48所与尚德联合进行科研攻关，但是王俊朝现在回想起这个过程，都觉得当时的情况是非常"可笑"的。

PECVD是CVD（Chemical Vapor Deposition，化学气相沉积）过程的一种，这个通过沉积来制膜的过程要在真空环境中进行，不能有任何污染物，避免杂质的干扰。但是由于没有可参考的样机，王俊朝团队只能从零开始摸索，所以他们走过很多弯路，比如初期研发的设备采用的竟然是普通的油泵，而没有采用完全无油的干泵。另外现在管式PECVD采用的硅片镀膜载体都是石墨舟，它既可以导电，又可以放置硅片，还能作为等离子体的放电基板，但是中电 48 所研发时用过铝板和不锈钢板，结果发现硅片上根本长不出来膜。王俊朝和团队一度觉得这个项目干不下去了，毕竟人员都换了两批。王俊朝思索：既然老同志不行，那就换年轻人去闯。经过反复摸索，到 2006 年终于做出了一台两管的样机（施正荣买回来的二手设备都有 4 管）放在了中电 48 所的实验室里。设备的稳定性还无从谈起，镀膜载体也没有采用石墨舟，但是基本原理已经跑通，硅片上能够长出来花花绿绿的一层膜了（尽管成膜质量很差）。王俊朝给施正荣打去电话，告诉他项目进展情况，施正荣很快就专程飞到长沙来看这台设备。王俊朝原本没抱太大希望，但施正荣说："我觉得可以的，你要不拉过去吧，放到我的研发试验线上去。"

此后随着尚德的进口管式 PECVD 设备进厂，王俊朝在对比过程中学到了很多东西，尤其是发现国外设备在设计上考虑得十分完善。在此基础上，中电 48 所又对自己的管式 PECVD 设备做了一次技术升级，最终成功研发出国内第一代管式 PECVD 设备，这是中国第一种没有靠模仿进口设备、从零开始研发并成功应用到大规模量产环节的国产光伏专用设备。之所以扩散炉和 PECVD 设备能成为率先实现国产化的两种光伏设备，是因为制作 p-n 结和镀膜两个环节都属于半导体工艺，所以中电 48 所积累的相关技术能力是可以进行较快迁移的。此后中电 48 所向客户做出"免费使用，满意再付款"的承诺，并在大规模生产中证明，这种设备可以完全替代国外同类设备，于是中电 48 所开始接到越来越多的订单——2006 年销售额为 3400 万元，2007 年达到 5700 万元，2008 年更是占据全国三分之一的市场份额。

尚德上市之后，施正荣成为中国首富的消息不胫而走，很多江浙地区老板嗅到了发财的机会，都想投资建设太阳能电池产线，向尚德的人打听国产设备从哪里买，结果答案都是去中电 48 所找王所。一些老板找到王俊朝后表示，自己对电池产线的设备没有其他需求，只要照着尚德的做就行。

2003—2006 年，中国新上的标准太阳能电池产线一共 47 条，每条的产能为 25 兆瓦，相关设备市场总额超过 25 亿元。其中约三分之一的市场被国产设备占据，主要由中电 48 所贡献。这些设备累计为国家节约外汇近 3 亿美元，为企业节约投资超过 20 亿元。其中，2005 年国产设备销量 330 台套，销售额近 4 亿元，2006 年销售额达到 7 亿元。

2006 年，中电 48 所在北京通州建成了第一条以自产装备为主的 25 兆瓦晶体硅太阳能电池生产线，取得完全自主知识产权。同时中国大陆有 4 家光伏设备生产企业订单金额过亿，甚至还吸引来了日本、韩国的批量订单。2007 年中电 48 所光伏装备收入为 1.2 亿元，成为中国最大的太阳能电池设备制造供应商，2008 年收入为 1.5 亿元。2009 年，在国际金融危机的持续冲击下，中电 48 所逆势扩张，光伏装备销售额达到 3.5 亿元，甚至开始在国外设立办事处，以应对设备出口到海外以后技术支持跟不上的情况。值得一提的是，中电 48 所多年年均研发经费超过 3000 万元。

还有一家名为精工科技（曾用名：精功科技）的企业老板金良顺曾经收购了宁波一家企业，进军光伏行业。2005 年精工科技进口了 4 台多晶硅铸锭炉，每台花费了 500 多万元，但是在追加订单的时候，竟被外方告知要一年多以后才能提货，而且售后跟不上，于是精工科技想自己改造这 4 台设备，对方态度强硬地说，想改造他们的专利产品就得付钱。

不肯受气的金良顺决定自研、自造、自用。因为精工科技一直都有机械制造方面的业务，储备了大量机械、电控、工艺人才。精工科技副总经理卫国军说："我们大概知道多晶硅铸锭炉的原理，就是加热让硅料融化，然后利用温差进行垂直向上的凝固，最后变成硅锭。搞技术的嘛，知道大方向，就能尝试各种途径达到目的。"2007 年，精工科技生产出中国第一台多晶硅铸锭炉——这比英利用国外设备生产出的第一块多晶硅铸锭只晚了 4 年。而当时世界上只有来自美国、德国和瑞士的 3 家公司能制造多晶硅铸锭炉。作为一种硅重熔的设备，多晶硅铸锭炉重熔质量的好坏直接影响电池的转换效率和电池加工的成品率。当时一台售价 380 万元的国产多晶硅铸锭炉的毛利率高达 40% 以上，即便在 2008 年多晶硅价格暴跌之际，一台多晶硅铸锭炉的利润也高达 30%。

2008年1月，中电48所也成功研制出多晶硅铸锭炉，解决了大规模生产多晶硅锭的技术瓶颈，晶体生长速率、炉内真空度、单炉能耗等技术指标均达到或优于国外同类型产品指标。在2006年年底的原国家信息产业部电子发展基金评定中，中电48所通过竞标获得了200万元的经费支持，用来研发多晶硅铸锭炉，最终设备安装调试一次成功，项目比计划提前了一年完成。在2008年的新品发布会上，中电48所多晶硅铸锭炉的订单量达到48台，订单金额达到8亿元左右，与无锡尚德公司等6家国内知名光伏企业签订总计10.47亿元的设备订单。

就在2008年，GTAT公司在国内销售了约800台多晶硅铸锭炉，主力机型450型（也就是450千克/炉的规格）每台价格在60万美元以上，仅此一项就从中国赚走超过25亿元人民币。面对"国货"的竞争压力，GTAT公司开始改变销售策略，不断向生产企业销售新的技术升级包，试图"绑定"更多忠实用户。

双方设备在中国市场的你争我夺下进入白热化阶段。到2008年，国内的铸锭炉研发厂家已近10家，下半年，国产450型多晶硅铸锭炉实现批量生产。在2008年国产240型多晶硅铸锭炉占据主流之前，GTAT公司的240型设备在国内售价在500万元左右。

当时国内铸锭炉保有量达500台左右，年加工硅料能力为2万吨。不过当时一台国产铸锭炉当中同样有多达30%的零配件需要进口，虽然多是通用零件，但进口时还是会遭遇国外对手的掣肘，他们有时会要求国外核心零部件供应商对中国企业采取限制供货的手段。而部分关键零部件，如加热器、高温耐材等如果实现国产替代，还可以进一步提高国产设备的性价比优势。

2009年，时任天威英利首席战略官助理的李梅说："现在GTAT公司提供的炉子我们很难满意，一般都是自己的技术人员改装以后再投入使用。"当时国产240型多晶硅铸锭炉的售价约为200万元一台，实现了进一步降价。而国产450型多晶硅铸锭炉的售价在300万~400万元。比GTAT公司的同款机型在价格上便宜了100万元左右。王俊朝认为，当时国产240机型各方面技术都很成熟，450机型则还需要一段时间发展，不过由于价格优势明显，相信国产机型成为国内主要市场主流只是一个时间问题。比如协鑫早期使用的铸锭炉同样全部采用GTAT公司的产品，但在2009年以后采用了精工科技的产品，价格不到GTAT公司产品的四成。

面对供应链各个环节的"卡脖子"局面，有人在为光伏设备的国产化不懈攻关，也有人已经在多晶硅料的国产化道路上耕耘了很久。

为了多晶硅国产化，他拿出了全部积蓄

严大洲，中国恩菲工程技术有限公司副总工程师，中国五矿材料领域首席科学家，硅基材料制备技术国家工程研究中心主任。业内人士对他还有一个更简洁的尊称——"中国多晶硅产业的拓荒者"。在他开始研究多晶硅产线技术和设备国产化的时候，他面对的是国内几乎为零的规模化生产能力，以及海外巨头对中国企业严密的技术封锁。

有一次，严大洲在全球多晶硅巨头德国瓦克公司参观时，瓦克的人告诉他，作为德国化工企业的领头羊，瓦克会给其他德国企业人员做培训，于是严大洲就问道："那我们中国人来你这里参加培训行不行？"瓦克的人说："不行，不能培训中国人。"有这种经历的不止严大洲一人。中山大学的沈辉教授曾经联系瓦克研发部门的负责人，希望瓦克与中国企业合作发展多晶硅。负责人说多晶硅是很敏感的技术，公司是不会在中国发展的。在多晶硅价格达到400～500美元/千克时，时任国家发展改革委能源研究所副所长的李俊峰也曾经同瓦克的老总谈判，希望他们能来中国建厂，却被断然拒绝。李俊峰告诉他们："中国有句老话，叫'重赏之下必有勇夫'，你们不同意，我保证中国自己就能把多晶硅这个产业给做出来，你们信不信？"瓦克的老总说："这不可能，这里面的工艺太复杂了，你们中国人干不了，买我们的产品就可以了。"

西方人的傲慢和自信来自他们当时已有半个世纪的技术积累。1955

年，西门子公司为了解决硅基整流管的原料问题，对多晶硅提纯技术进行研发，成功将三氯氢硅（$SiHCl_3$）和氢气通入钟罩式的反应器当中，在炽热的硅芯表面沉积出高纯度多晶硅（$SiHCl_3 + H_2 \to Si + HCl$），这一技术被称为"西门子法"，并于 1957 年实现规模化生产。当年德国的瓦克公司也开始了高纯度多晶硅的实验室生产，达到每 1000 万个硅原子中只有一个杂质原子的水平。1958 年西门子公司把这一方法授权给瓦克使用，瓦克的多晶硅产量在 1959—1969 年这 10 年间从 0.53 吨提升到 60 吨。这一方法经过近 60 年的优化和完善，形成了如今成熟的"三氯氢硅法"，旧称"改良西门子法"，可以实现物料闭路循环、热量综合利用。全球多晶硅生产领域 90% 以上的产能均采用这一方法。虽然中国自 20 世纪 50 年代开始，就陆续有一些科研院所和工厂尝试过各种多晶硅生产方式，还一度得到过苏联专家的技术支持，到 1969 年，全国多晶硅产量超过 1 吨，但最终很多项目停留在工艺研究阶段，没有形成规模化生产，以至于在 21 世纪初，让中国光伏人刻骨铭心地体会到了被"卡脖子"的滋味。

1988 年，严大洲研究生毕业之后，来到北京有色冶金设计研究总院（中国有色工程有限公司暨中国恩菲工程技术有限公司的前身，以下统一简称"恩菲"）工作，先后承担了电解铝、水泥、锆、钛、稀土冶炼、稀土材料、半导体材料单晶硅、多晶硅等项目的科研和工程设计。用他自己的话说，他早年间从业的相当一部分精力都用来"找矿"了，国家需要什么，他就找什么。直到世纪之交，他才将大部分精力投入多晶硅的国产化进程中来。多晶硅不仅是光伏组件的原料，也是半导体集成电路产业所要用到的关键原料。我们每个人的手机芯片、计算机芯片都是在硅晶圆的基础上制成的，而硅晶圆的原材料也是高纯度的多晶硅。

2000 年，严大洲作为项目总设计师，给四川省有关部门写了一份项目建议书，获得批准立项，之后上报了项目的"可行性研究报告"，将一个年产 1000 吨多晶硅的项目报到了国家发展改革委。国家发展改革委认为项目价值很大，同时风险也很大，所以就拨付了一笔产业发展基金。但是承建这一项目的企业没有能力一下子投资十几亿元，所以就邀请了多方入股，共同建设。其中有一个股东来自电力公司，他们不相信国产的多晶硅技术与装备，即便是国家发展改革委已经同意上马的项目，这个股东也执意要求使用进口的技术和装备。道不同不相为谋，严大洲等人离开了四川，拿着自己的技术到处去找人洽谈合作，希望能将技术转让落地，却没有人看得上。万般无奈之下，他们选择折中方案，将其中涉及合成三氯氢硅的原料技术先在唐山落地，建设了一个2000吨的三氯氢硅生产线。三氯氢硅是生产多晶硅的重要原料，在一定温度和反应条件下，向其中通入氢气就可以发生化学反应，生成高纯度的多晶硅原料，用于生产光伏使用的硅片或半导体集成电路使用的晶圆。

但是即便是这样一个前道的产线，它的命运也十分坎坷。当时唐山的企业老总对严大洲说："严总，你老说这技术好，那你自己怎么不投资呢？"结果严大洲等技术人员，还有恩菲的一些领导，总共8个人，每个人拿出5万元投入这个项目中，这5万元是当时严大洲全部的存款。他们的40万元，加上企业投资，一共720余万元，到后来光伏产业爆发，多晶硅价格暴涨，其中有一年就赚回了全部投资。由于财务上和地方上的一些原因，这个项目的收益没有给他们按期分红，但好在国产的三氯氢硅合成技术第一次得到了大规模量产的实践机会。

从那以后，严大洲等人继续写"可行性研究报告"，再一次踏上了全国奔波的路途：广西、云南、山西、内蒙古……直到2003年，他来到了河南省洛阳市。这里有一个行将破产的多晶硅工厂，工厂是当年在周恩来总理亲自主持下，为了从日本窒素公司引进一条多晶硅生产线而创办的。这是中国首次从国外引进的多晶硅生产线，年产能只有区区的3吨，技术也不完整，但这是20世纪末国内硕果仅存的两家多晶硅生产单位（另一家是峨嵋半导体材料厂）。严大洲找上门的时候，工厂已经停产数年，178个工人即将下岗。但严大洲发现，这里的工人知道多晶硅是什么。当严大洲及团队介绍自己的技术时，对方表示出了真正的认可。

这个工厂，就是后来国内多晶硅行业鼎鼎大名的洛阳中硅的雏形。那一年，中国的多晶硅产量在62吨左右，而严大洲他们希望这个工厂能从

500 吨做起。可双方凑不出这么多投资，于是就缩减到 300 吨，总投资 2.4 亿元。严大洲和他的同事们就住在一个简陋的招待所里办公，办公室是农民家的土屋，工作时还有拖拉机"突突突"地从旁边开过。经过两年的筹备、建设和调试，到 2005 年 10 月，这里顺利量产了第一炉多晶硅。当年我国多晶硅生产规模首次突破百吨级大关，年生产能力为 400 吨，其中洛阳中硅为 300 吨，四川峨嵋为 100 吨。

在这条示范线建设期间，严大洲他们面临着一个难题：缺少还原炉。这是三氯氢硅通过化学反应生成多晶硅的关键设备。还原炉大小以"多少对棒"来衡量，因为反应完成后，炉内的多晶硅是以一对一对顶部相连的"倒 U 形"棒状形式出现的。今天国内最大的还原炉有 72 对棒，而在当时国内连 12 对棒的还原炉都没出现。严大洲他们打算自己设计、自己制造，但缺少启动资金，因为各家银行都不肯给他们发放贷款，洛阳市政府方面索性就动用当年全市的 1000 万元科研经费，拿出了其中的一半支持他们。

好不容易有了经费，严大洲发现与还原炉配套的各类零部件国产化又成了新问题，他们想要的东西国内根本就找不到。比如为还原炉供电，需要使用 IGBT（绝缘栅双极型晶体管）来调节还原炉运行过程中的电压和电流，这时需要用到一种叫作"可控硅"（也叫晶闸管）的元器件，但是国内没有企业听说过这种东西，恩菲就需要发动国内的变压器厂来制造它。还有大量的非标准化设备，都是恩菲画出图纸，交给相关厂家来制造。在这个过程中，国内出现了一些能够给多晶硅产线设备进行配套的供应商，当中的一些企业后来还成为上市公司。

瓦克等德国企业之所以能在 20 世纪下半叶取得多晶硅生产的领先地位，就是因为有大量的设备供应商与它们分工协作，提供支持。比如 SolMic 提供工艺包、牵头负责技术协调工作，Centrotherm 提供还原和氢化单元，AEG 提供还原和氢化单元的电气部分，西门子公司提供还原和氢化单元的控制部分等。而中国多晶硅行业的健康发展，同样离不开恩菲等企业与大量上游设备、零部件企业的通力协作。

就这样，严大洲等人用了一年时间，做出了国内第一台还原炉，到

2004年春节这台炉子就试产出了多晶硅。中国银行的当地分行见项目可行，率先同意给他们发放贷款。这样这条年产300吨多晶硅的项目才得到了更多的资金支持，得以顺利推进。

要知道从1964年峨嵋半导体厂成立，启动年产800千克多晶硅产线建设开始，一直到2005年的这41年当中，全国的多晶硅年产能间或超过100吨，远远不能满足中国电子工业的发展需要。而这条实现规模化生产的示范线，涵盖了中国多晶硅产线需要的几项关键设备和技术，包括大型还原炉、干法回收（回收干燥的氯化氢气体）和冷氢化等，成功打破了国外企业的封锁和垄断。在此基础上，恩菲团队得以不断地研发技术、升级装备，很快他们就将规模扩大到1000吨、5000吨、2万吨。

2005年之前，日本和德国企业只肯卖给中国多晶硅原料。或许是得知了中国有本土企业已经突破了产业化技术，实现了多晶硅设备、产线的规模化，因此2006年后，它们突然同意输出相关的技术、设备，此后中国多晶硅大规模量产的局面得以打开。随着国内光伏制造业的蓬勃发展，国外设备开始源源不断地进入中国，当时一台进口的12对棒还原炉价格高达60万欧元，有些企业还是纷纷抢购。也正是在2006年，全球太阳能级多晶硅的市场需求超过了电子级多晶硅。

为了进一步提高多晶硅关键设备的国产化水平，后来国家"863"计划又给予了恩菲很大的支持。2005年，全世界都还没有24对棒的大型还原炉，国家科技部高新技术司组织院士专家论证由恩菲承担的国家"863"攻关课题——"24对棒节能型多晶硅还原炉成套装置"，很多专家认为还原炉不可能做成。但高新技术司力排众议，坚决推动了还原炉项目的落地。当时国家"十五"规划只剩最后半年的时间，他们就从别的课题组里挤出了300万元没用完的资金。结果恩菲不负众望，在2007年超预期完成任务，使24对棒还原炉成为核心国产设备。一台还原炉年产能力就达到80～100吨，相当于2005年以前全国一年的产量，这一技术成功应用在1000吨和2000吨的产业化项目中。在此之后，国家"十一五""十二五"支撑计划又相继支持36对棒、48对棒还原炉的研究，单炉产量相比24对棒又提高了50%以上，形成了具有中国特色的技术体系，基本实现国产化，达到了世界先进水平。截至2016年，中国多晶硅生产线设备基本实现90%以上的国产化率，促进中国多晶硅产线投资大幅降低。也是在2016年，国产多晶硅在国内供应的占比首次超过50%，扭转了长期过半依赖进口的局面。

2007年，中国多晶硅生产规模首次突破1000吨大关，达到1130吨，其中洛阳中硅为520吨，新光硅业为155吨，峨嵋半导体厂为155吨，江苏中能为150吨。在多晶硅价格已经达到疯狂状态的2007年8月，洛阳中硅的多晶硅卖到了375万元/吨的价格，按质量计价，它甚至比白银都要贵。

在多晶硅价格暴涨时期，洛阳市政府方面看到多晶硅扩产创收的巨大机会，于是主动找到洛阳中硅，提出给洛阳中硅非常优惠的工商业电价，条件是中硅的大股东恩菲不再向其他单位转让多晶硅生产技术。洛阳中硅当时非常赚钱，而且降低电价能大幅降低生产成本，所以恩菲觉得这个条件可以接受。此后几年恩菲就没有再帮助其他企业建设多晶硅产线，而这个工作主要由化工部第八设计院（简称"化八院"）、天津化工设计院、南京化工设计院等设计院以及后来的化工部第六设计院来承担。

亚洲硅王的诞生

除恩菲、化八院外，中国还有一家重要的多晶硅产线设计公司，叫华陆工程科技有限责任公司，其前身是化工部第六设计院。2006年协鑫旗下的江苏中能开工，江苏中能的产线就是由华陆公司设计的。一期工厂建成投产用了21个月，二期只用了不到15个月，而当时多数多晶硅工厂投产时间都在2年以上。协鑫一步步超越瓦克，成为全球最大的多晶硅生产企业，并连续保持了多年的王者地位。

协鑫的发展史充满了神秘的色彩。1958年，协鑫创始人朱共山出生于江苏省盐城市阜宁县东沟镇农村，1981年毕业于南京电力专科学校，主修电气自动化。20世纪80年代，朱共山在家乡从事一些普通的工作，比如售货员。但随着改革开放后的下海大潮，他不再满足于在老家偏安一隅的小日子。当时已是江苏盐城轻工局自动化成套设备厂厂长的他，辞去了公职，开始下海经商，在上海创立了协鑫集团的前身——上海协成电器成套厂。1996年，朱共山在江苏太仓，同央企保利集团旗下的香港新海康航业投资有限公司共同创办了太仓新海康协鑫热电有限公司，赚到了第一桶金。此后十年间，朱共山看准了国内火电装机不足带来的商机，在江浙地区建成了二十多家热电厂，还衍生出热电联产、垃圾发电、生物质能等多种发电形式，一跃成为最大的民营电企，朱共山被人称作"民营电王"。

2005年，江苏电力集团牵头，打算在江苏连云港建设一座多晶硅厂，但因项目股东意见不一致，进展不顺利，需要寻找接盘方。江苏电力集团的负责人找到朱共山，朱共山在分析了光伏行业下游各个环节国内企业的竞争态势后，决定进入多晶硅这一国内供应出现明显缺口的领域，并将连云港的项目转到了协鑫电力项目布局的重镇徐州。于是2006年，朱共山砸下70亿元成立了江苏中能，协鑫持股65%，开始进军多晶硅原料领域。江苏中能第一条1500吨多晶硅生产线开工，到2007年9月即实现投产，占了全国总产能的一半，此时正好赶上多晶硅价格突破300美元/千克，使得江苏中能毛利率高达70%，朱共山要求公司用最快速度加大产能。时任保利协鑫副总裁的吕锦标说，为了抢进度完成第一条1500吨的产线，很多设备都是从国外空运过来的，如果设备能早点到，进度还会更快。

为了向德国瓦克公司学习生产多晶硅的技术，协鑫通过商务渠道去和瓦克母公司沟通，希望参观德国工厂，被对方一口回绝。但是功夫不负有心人，他们找到了当地一家给瓦克提供还原炉的民营企业。协鑫人说最大的收获就是买到了还原炉，至少知道了这是个什么东西，同时还买到了一些来自日本、美国的装备，而后才有了一系列的国产设备。2007年9月，协鑫的第一条1500吨产线用的就是这些炉子。

协鑫人没有选择长期依赖德国的还原炉，而是基于下单时厂商提供的加压、控温等环节的基本参数，在设备使用过程中，自己琢磨哪些参数可以优化修改，进而升级装备，比如哪里需要挪个孔，哪个零部件需要挪个位置，一边生产一边设计优化方案。到 2008 年第二条 1500 吨产线投产的时候，国内企业就已经可以生产还原炉了。协鑫着手从 12 对棒，放大到 18 对棒、24 对棒、36 对棒，因为更多的对棒会使还原产量、效率更高。但放大以后设备布局需要调整，协鑫的工程师就同国内企业一起重新计算、设计，一步步实现还原炉乃至更多硅料设备的国产替代。

为了一炮打响，协鑫聘请了华陆公司操刀设计产线，从峨嵋半导体厂、新光硅业、洛阳中硅等老牌工厂招聘多晶硅人才，又高薪聘请了很多来自中石油、中石化、扬子石化等国有石化企业和半导体行业的人才。其 2007 年第一期投产项目，几个车间主任均来自中石油和扬子石化，同时协鑫在美国成立研发中心，聘请了三十多位美国多晶硅研究人才。

无论是传统的西门子法，还是三氯氢硅法，生产多晶硅都需要在炉内维持 1100 摄氏度的高温。当时平均生产每千克多晶硅耗电 200～400 千瓦时，电费占全部成本的 40% 左右，还会产生 10 千克的废料四氯化硅（$SiCl_4$）。为了处理这种废物，还需要投资配置新的氢化设备，否则不仅原料转化率低，对环境影响也很大。当时国内多晶硅生产最大的瓶颈是，没有掌握将废料四氯化硅加氢还原为三氯氢硅后再次投入生产的关键工艺，也就是氢化工艺的流程没有 100% 突破。

为了攻克氢化工艺，这些来自国内化工、半导体、电子、电力等行业的工程师以及化工设计院、装备制造企业的人才悉数参与其中。协鑫的第一条 1500 吨产线也成了一个"试验场"，很多工艺都是在这条产线上试运行的。最终江苏中能通过美国 GTAT 公司的技术，并由华陆公司完成这一技术在中国的工程化实践落地，从而解决了冷氢化技术大规模应用的问题，将其冷氢化能力从 2008 年的 30 万吨/年提升到 2011 年的 130 万吨/年，同年实现近 100% 的三氯氢硅自给，大幅降低了多晶硅生产成本。当两条 1500 吨产线上马以后，国内技术才不断走向成熟，有力支撑了协鑫的快速大规模扩张。

冷氢化技术的关键点在于几乎不排放四氯化硅，而是让废料四氯化硅成为原料，在一个闭环的系统中参与生产。具体做法是让四氯化硅在氢气的作用下再还原为三氯氢硅，作为原料充入还原炉，或者用于生产硅酸。直至充入炉内的硅元素完全转化为多晶硅，就没有了四氯化硅的废料排放。

通过冷氢化技术，江苏中能极大减少了外购三氯氢硅原料的数量，同时改进设备，降低电耗，建设超高临界火电厂作为自备电厂——0.33元的度电成本远低于江苏徐州当地大工业企业的0.6~0.7元，仅此一项就能让每千克多晶硅成本下降近10元，大幅降低电价和蒸汽价格，同时80%以上的多晶硅产品供给协鑫硅锭厂使用，只有不足20%的产品外销，销售管理费用进一步下降，使得在晶硅价格低位徘徊的2009—2012年的大部分时间内，其成本都低于产品售价，始终保持盈利。

通过一系列成本效益控制手段，2008年，江苏中能多晶硅综合能耗在每千克200千瓦时以上，而到2014年就降到了每千克73~75千瓦时。其1500吨产线的单位投资成本为70万元/吨，到15000吨产线时已经降到25万元/吨。每千克多晶硅生产成本从2008年的67美元下降到2012年的17美元，单线产能扩大十倍，成本下降了将近四分之三。

2008年12月，江苏中能启动第三期工程时，设备国产化率已经达到80%。到了2019年，在协鑫位于江苏、新疆的多晶硅工厂里，设备的国产化率超过95%，与进口设备相比，国产设备的采购成本、运维成本能降低30%以上。

吕锦标说："包括曾经把我们的技术人员拒之门外在内的国际一流企业，是非常震惊甚至怀疑的。业内的领先企业一直观察中国的多晶硅生产，认为中国从20世纪六七十年代就进行尝试，始终没有成功，肯定做不起来。但我们就是成功了，我们做到了。"

协鑫独创的具有自主知识产权的GCL法多晶硅超大规模清洁生产技术，完全实现物料的全循环利用，与国际三大多晶硅生产企业海姆洛克、OCI、瓦克的工艺相比，流程更短、物料和能量利用率更高，极大降低了生产成本，实现了多晶硅的清洁生产与绿色制造，总体技术水平已经处于国际领先地位。

在国内多晶硅生产企业和光伏下游制造企业之间，也形成了一种新的生态。在多晶硅价格达到顶峰，逼近 500 美元 / 千克大关前后，江苏中能没有乘机收割暴利，而是学习国外竞争对手，选择与客户签订长单，合同价格比现货价低 40%～50%。这一举措使得协鑫的长期营收趋势变得更加平滑稳定，在随后多晶硅价格暴跌之际，没有出现急速下跌。2008 年，中能硅业产能从 3000 吨扩增至 1.8 万吨，供货量占了当年全国的一半。朱共山几次带队与客户谈判，采取降价、延长合同的方式，给客户减少硅料价格速降带来的损失，同时保持双方合同总价值不变。

2009 年，朱共山用 263.5 亿港元收购了江苏中能的全部股权，并将其整合进协鑫。同年 11 月，中国主权财富基金中投公司用 55 亿港元入股协鑫，获得 20% 的股权，成为第二大股东。2009 年，协鑫还开始向下游的硅片大举扩张，计划一年后产能扩充至 3.5 吉瓦，超过当时全国最大的赛维 LDK 硅片 3 吉瓦的产能。这样雷厉风行的建厂速度来自朱共山"嫉慢如仇"的性格。2009 年 6 月，朱共山给朱战军下了一个任务，要求他 8 个月内建成一座下游硅片厂并投产。当时朱战军连切片机、长晶炉等核心设备都没见过，9 月才正式动工。为了完成任务，他带着团队在零下 10℃的严寒中坚持 24 小时不间断作业，甚至决定建设厂房时不拆模板、支架，直接浇筑水泥，从而省去了拆支架的时间，最终在 2010 年 1 月成功投产。

朱战军说，当年之所以下定决心要做硅片，一方面是因为硅片的价格更加坚挺，另一方面则是公司与下游客户签订的均是硅片长单协议，而不是硅料长单协议，因为客户要的是硅片。因此，要么下游公司有自己的切片厂自己加工，要么保利协鑫不得不找切片厂代加工，再卖给客户，这是协鑫决定进军硅片环节的主要动力。2010 年，协鑫的硅片产能如预期达到 3.5 吉瓦，成为全球最大的硅片产商。从 2011 年开始，协鑫连续 8 年蝉联全球硅片产量第一，直至 2019 年后才被隆基和中环先后超越。也是在 2011 年，朱共山以 160 亿元的身家成为中国的新能源首富。那一年光伏行业陷入寒冬，而协鑫逆势扩张，多晶硅产能达到 6.5 万吨，硅片产能提升至 8 吉瓦，全年净利润达到 42.7 亿港元。

从 2007 年一期 1500 吨产线投产开始，江苏中能就马不停蹄地启动了二期 1500 吨的产线建设，两期项目投产契合了多晶硅价格暴涨。江苏中能选择将利润再投资，2009 年启动三期产线建设，到 2010 年实现 2.1 万吨产能规模，直接冲进全球前五。江苏中能在 2010 年继续启动了 3 条 15000 吨产线建设，一年后快速实现全部达产，产能跃升至 6.5 万吨，助推 2011 年中国多晶硅产量达到创纪录的 8.4 万吨，占全球总产量的 35%，首次超越美国，问鼎世界第一。在这一过程中，华陆公司为江苏中能设计的冷氢化装置产能规模也迅速扩大，第一代冷氢化装置反应器直径只有 0.9 米，处理能力 1 万吨，随后一步步扩大到 1.6 米、2.4 米、3.6～4.0 米和 4.5 米。伴随着装置产能规模扩大，工艺也相应改进提升。2013 年，江苏中能第一次超越德国瓦克，成为全球多晶硅生产规模第一的企业，直至 2021 年才被通威旗下的永祥超越。

一次中东之旅引出的新产业

每个人都有自己的梦想，每个人的梦想背后，都有耐人寻味的故事，正泰的新能源之梦，同样如此……

很多场合，南存辉都会被问及同一个话题：正泰本来是做低压电器出名的，怎么会想到布局太阳能领域呢？对于此类疑问，南存辉多半会以一句"机缘巧合"开头，与人娓娓道来。

南存辉带领企业在太阳能产业的转型"机缘"，与一位领导人有关。彼时，党的十六大提出走新型工业化道路，南存辉结合企业发展，也在思考正泰的转型升级。他认为，过去的许多年中，虽然正泰从低压电器起步，向中高压输配电设备延伸，成为中国工业电气龙头企业之一，但产业领域处于后端，主要是做配套，最前端的部分，比如发电，无论火电还是水电，都不是正泰的强项，受限于缺乏技术和资金压力，不敢贸然尝试。

后来，南存辉看到国家"十一五"规划要大力发展新能源，他认为"机缘"终于来了，也想往这个方向发展，但不知从何做起。

大概是2005年前后，南存辉随时任国务院副总理吴仪率领的中国经贸考察团前往中东。途中，时任国家发展改革委副主任、国家能源局局长的张国宝找到南存辉，分析了国内国际经济形势，并特意对南存辉说道："国家鼓励发展新能源，你们作为一个比较有实力的民营制造企业，能不能也进来搞风能设备制造，推动装备国产化。"南存辉听罢，心中一亮，回国后，立刻组织专家对此建议进行研究。正泰管理层一致认为，有政府的倡导支持，肯定是好事，应该赶紧落实。

而南存辉最终选择进军光伏行业，离不开美国斯坦福大学教授沈志勋的建议。沈志勋作为克林顿时代的美国政府能源顾问，十多年前就接受南存辉的邀请担任正泰的全球科技顾问了。南存辉就发展风能的想法向他咨询，并请他帮助引进人才。但沈志勋思考后回复南存辉，新能源中的太阳能取之不尽、用之不竭，而且环保，有着巨大的市场运用与发展空间，不如以光伏为切入点，进军新能源产业。

光伏是什么？商业模式与前景如何？南存辉向沈教授虚心求教，初步了解了全球光伏产业发展的趋势与情况，并对如何进入光伏行业进行了全面的分析。

南存辉后来劝说股东道："未来光伏会比风电机会更大。光伏上下游产业链比较长，市场基本在海外，大部分企业和正泰的性质一样，都是民营企业在搞制造，所以正泰来做把握更大一些。"

与正泰交流的其他海外专家还提到了一点，光伏最小的单位是一片电池片的面积，也就是"一巴掌大小"，如果将来清洁能源要与人们的日常生活紧密结合的话，一定是一个分布式的场景，这是风电很难做到的。

2006年10月，"浙江正泰太阳能科技有限公司"在杭州注册成立，正泰新能源之梦由此发端。

"初试"薄膜

为了布局新能源产业，南存辉请来了包括薄膜电池专家在内的很多国际知名的光伏专家组成技术团队，不久后就将正泰薄膜电池的转换效率提高到了 12%。南存辉布局之时，正值全球多晶硅价格暴涨，选择用硅量更少、成本更低的薄膜技术路线是恰逢其时的。在投产几个月内，正泰薄膜电池的销量远超预期，因为产能跟不上订单增速，工厂开始 24 小时不间断生产。

那时奥巴马当选美国总统后在国会发表的首次讲话中指出："谁掌握了可再生能源，谁就能领导 21 世纪。"这段演说被南存辉反复琢磨。然而，受外部环境和市场因素影响，2008 年下半年，尤其是从 10 月份开始，正泰太阳能的订单量断崖式下跌，而此时正泰第一条 100 兆瓦的多晶硅电池产线刚刚上马，厂房盖好了，员工培训完了，设备到位了，订单却没了。是继续还是放弃？南存辉跟大家通过集体论证后决定，集团调集资金，准备随时给太阳能公司提供支持。"我做企业做了三十年，从来没像做光伏企业头几年那样惊心动魄，专家们提了一个方案，我们一决策，几个亿就花出去了。"南存辉说道。2009 年 3 月，正泰引入外部投资，开工建设第二代薄膜电池产线。同时开始在业内大举开展"人才抄底行动"，从海内外招揽了 200 多位光伏人才。

话分两头，一边是刚刚起步、从零开始的新业务，一边是亟须人才梯队建设的实际需求，正泰上下求贤若渴。

2005 年，正泰电器的法务部来了个实习生，名叫陆川。当时他只有 24 岁，负责输变电法务方面的工作。一般人实习都是三个月到半年，而陆川在正泰实习了整整 4 年，从刚读博士一直到博士毕业，每周只有一天集中上课，其他 4 天没有课，他就都待在正泰。

用"学霸"来形容陆川这个"80 后"似乎并不为过：1999 年，他考上了上海华东政法大学的法学专业，2003 年继续在本系攻读法学研究生，并考取了中国法律职业资格证。2004 年，他报名了学校与美国芝加哥肯特法学院的合作项目，前往美国继续攻读法律硕士，2005年顺利拿下了两校的研究生学位后回国，按照既定计划攻读博士。"和大多数远赴北上广的求学者一样，我也想到外面更大的世界谋求发展，正泰在上海的布局给了我这样的机会。"

2009年春天，即将毕业的陆川已经跟华东政法大学谈好，得到了他梦寐以求的留校任教的机会，这也是他从小的一个梦想——当老师。南存辉找来陆川，说正泰太阳能这么好的机会，学校的事以后再说嘛。对于正泰来说，美国留学、精通英文，又懂光伏的陆川是一定要挽留下来的人才。几次劝说下来，陆川被正泰的发展前景与南存辉的诚意所打动，全职进入正泰工作，成为正泰太阳能的董秘。

在此之前，他在正泰法务部干得顺风顺水，现在却主动申请调到了投资管理部，只因为他喜欢新的挑战。

谁绊住了英利？

河北英利的苗连生，在中国光伏产业第一轮从涉足制造到扎堆上市的热潮中，可谓是"起了个大早，赶了个晚集"。

2004年10月，英利想要投资4亿元启动二期工程，但由于大量资金要垫给上游厂家做硅料的预付款，导致企业流动资金紧张，负债率一度高达100%，实际业务主要靠短期滚动融资来推进，也就是借新钱还旧债。苗连生希望天威保变提供融资担保支持，而天威保变的条件是必须获得绝对控股权，为此英利忍痛出售了2%的股权，天威保变持股比例达到51%。这笔资金使得英利能抓住机遇，成为与尚德等企业并肩而立的第一批头部企业，但也给英利后来的发展带来了不小的麻烦。

自2005年年底开始，天威集团和保定市国资委奔走于各个部委，希望能在天威保变控股的前提下实现天威英利上市。但后来的主承销商高盛当时就说，这些努力可能都是徒劳的，希望英利去做天威保变的工作，如果对方能放弃控制权，高盛可以在半年内帮英利上市。天威的"不想放弃"耽误了英利半年的时间，这半年正是国内光伏企业在海外"扎堆上市"的日子，新的融资使得同行们在采购原料和扩张生产能力方面实现了跨越。

2005年9月，天威保变收购了四川新光硅业35.66%的股权，成为中国首个千吨级多晶硅企业的第二大股东。到2008年，新光硅业与天威英利预签了1000吨硅料合同，占到天威英利硅料用量的一半左右。

2006年夏天，德国世界杯举世瞩目，世界杯赛事也成了德国宣传其可再生能源转型和绿色发展理念的大舞台。世界杯足球赛组委会拿出了大约120万欧元的资金，用于投资降低温室气体排放的项目。作为重要比赛场馆的凯泽斯劳滕足球场，屋顶安装了1兆瓦的光伏组件，是全世界最大的足球场屋顶光伏发电工程，而其组件全部由英利提供。

没想到，最后一批英利组件通过集装箱船运往德国的过程中，一场突发的强台风，让两个装满组件的集装箱落入海中，而此时距离德国世界杯开幕已经进入最后的倒计时阶段。德国足球场屋顶的承建方抱着试探的心态，给英利发了一封电子邮件，希望英利能加急运送一批新组件给他们，这引发了英利内部的一场争论。当时中国光伏产品在国际上销售火爆，客户都是先给预付款再等提货，已近满产的英利一时也没有额外的组件产品，但最终苗连生拍板：答应德国人，给他们供货，而且给他们空运，运费由英利来出。最终球场屋顶的光伏组件布设工作在开幕式前顺利完成。

感激不已的德国人为了报答英利，免费在德国世界杯的球场上为英利树立了一块场边广告牌。与所有场边广告牌的位置不同，"YINGLI SOLAR"（英利太阳能）的标志被印在了紧挨着球门旁边的球场草坪上。

此后不久，全球最大的光伏地面电站葡萄牙茂拉项目招标，经过激烈的角逐，第一轮4.8兆瓦和第二轮10兆瓦两个大项目，都被英利收入囊中。苗连生说："我当时站在山顶上看着下面的光伏板，感觉就像在看着自己的队伍一样。"

但这样的高光时刻毕竟是短暂的，在尚德等一大批中国企业赴美上市的大潮中，英利掉队的根本原因，是它"剪不断，理还乱"的股权结构。

2006年8月8日，国家六部委共同颁布了《关于外国投资者并购境内企业的规定》，被称"10号文"，企业赴海外上市会受到进一步的限制和监管。这份文件将于9月8日生效，届时英利再想上市就更加艰难了。

在这种情况下，"要么大家固守二期项目，一起慢慢死掉；要么暂时分开，天威保变出让2%股权"。最终天威保变妥协，在"10号文"公布的第二天，英利集团增资2500万元，持股份额变成了51%。当年保变以156万元买走的2%，苗连生用了近16倍的价格才收回来。英利在开曼群岛成立的海外上市主体——英利绿色能源经过两轮私募之后终于坎坷上市。

2007年6月8日，苗连生敲响了纽交所的开市钟，成了纽交所215年历史上第一个不系领带就敲钟的人，理由也很简单，因为他不习惯——他能做到穿西装而不穿英利工服敲钟已经是很给面子了。但此时投资者对扎堆上市的中国光伏企业已经"审美疲劳"，英利上市首日就跌破了发行价。不过这并不妨碍51岁的苗连生以140亿元的身家成为当年的河北首富。

成功上市融资的英利在2007年披露了十年规划：在保定投入资金1228亿元，打造年营收3055亿元的新能源产业园区。而那一年，英利年收入是40.59亿元，净利润3.89亿元，持有货币资金9.61亿元，短期债务规模12.61亿元。

没有人能满足苗连生的胃口，一个世界杯球场当然不能，他想要的是让英利照耀全球。

蛰伏的隆基

2005年8月的一天，钟宝申在马来西亚拜访客户。当他正在吉隆坡双子塔观光时，他的手机突然响了，他拿起来一看，是老同学李振国。李振国兴致勃勃地告诉钟宝申，现在市场形势出现了一些变化，对太阳能单晶硅的需求已经超过了半导体产品，而且销售价格也比半导体产品更高，质量要求又不像半导体产品那样苛刻。基于这些情况，他考虑从海外购买一批二手单晶硅炉，转入太阳能单晶硅的生产。

在此之前，二人的公司在半导体单晶硅方面已有合作。听完李振国的讲述，钟宝申回国后马上联系李振国见面详谈。经过深入探讨以后，二人一致认为光伏产业未来潜力巨大。这次见面后，在磁性材料领域遭遇天花板的钟宝申决定辞去沈阳隆基总经理职务，加入李振国的西安新盟。2006年，钟宝申将沈阳隆基托付给同为兰大校友的张承臣等人，交代好工作，立即奔赴西安。

2007年12月，西安新盟确定单晶硅技术路线，并遵从当初约定，将公司更名为西安隆基。当时公司主要做一些简单的来料加工，其中包括半导体晶硅材料的回收。随着光伏市场日渐火爆，越来越多的企业进入多晶硅原料生产领域，但由于其经验和技术不足，生产多晶硅时，在靠近电极的部分晶硅材料会受到碳污染，西安隆基的回收业务，就是从美国进口被污染的硅料，进行除碳清洁处理后，再转卖给乌克兰的半导体公司。

正是因为一段货物积压从"山重水复"到"柳暗花明"的经历，李振国才下定决心引入战略合伙人。钟宝申、李春安加入西安隆基后，隆基的决策机制发生了巨大的变化。遇到意见分歧，大家会在民主会上畅所欲言。如果只有一人反对，发言者仍然可以坚持自己的看法。"如果两三个人都反对，那么我知道肯定是我出了问题，因为我们彼此信任，毫无猜忌。"李春安说。隆基自始至终坚持的一个原则是：理性至上，遵守共识。在钟宝申看来，李振国的放手也在很大程度上促成了这种无间的互信：在很多问题的决策上，李振国都只是将自己当成一个普通的参与者。他经常说："这个不一定要按照我的意见。"大家觉得他作为老板，能把自己当成与大家平等的一员，这一点很了不起。

作为公司的掌舵人，面对新的机遇，李振国总是忍不住想要尝试。如果几个人评估下来发现的确是好机会，在会上定了调，大家就会全力以赴地去推进。但如果预感到有巨大的风险，钟宝申就会从战略层面提出意见。在回顾决策过程时大家发现，被钟宝申"枪毙"掉的项目提案占比几乎达到了80%。2010年，另一位兰大校友李文学加入后，又会从项目可行性与执行层面给出专业建议，进一步补全了隆基的决策链条。因此在面对宏观经济环境波动与行业周期跌宕起伏的过程中，隆基也没有让自己陷入"九死一生"的境地，而一家企业绝无可能仅靠一场"豪赌"就能赢得持续的胜利。钟宝申说："我觉得我们的合伙人比电影《中国合伙人》里面做得还要好，因为我们的友谊和工作关系一直维持到今天，还能保持高度的信任、协同。"

早在2006年，负责战略规划的钟宝申就意识到，光伏行业是一个"烧钱"的行业，没有资金投入就无法形成规模化的生产和销售，也就无法与其他同行同台竞技。彼时的隆基只有100多号人，一年的业务流水不过几千万元，仅有的16台设备还是从美国淘回来的二手货，已经用了几十年，隆基花300万元买下，淘汰掉它们是早晚的事。隆基要花重金购买新设备，就需要引入战略投资。

2007年，无锡尚德如日中天，正在寻找合适的投资标的。此时隆基是无锡尚德的硅片供应商，钟宝申向尚德表明意向，并数次亲赴无锡与施正荣接洽。几轮谈判下来，尚德希望持股超过20%。而券商则告诫隆基，如果隆基有未来上市的打算，尚德持股不宜过多，否则会形成关联交易。而李振国的考虑是，施正荣作为中国光伏行业的领军人物进入隆基董事会，有助于公司的战略决策制定。2008年5月，无锡尚德出资131.05万元入股隆基，占比4.98%。自此，隆基在无锡尚德的带领下，开始了行业"小透明"的蛰伏之路。它的声名鹊起，要等到6年以后。

当时在市场上占据绝对主流的是多晶硅光伏组件产品（及其上游的多晶硅硅片和多晶硅电池片）。可以对比的两个数据是：直到2013年，多晶硅片依然占据全球75%以上的份额，中国市场更是多晶硅的天下；而到2022年，多晶硅片市占率下降到2.5%，单晶硅片占到97.5%。

行业人士认为，除同为兰大校友的沈浩平外，隆基几乎是凭一己之力，在全行业成功推广了单晶硅技术路线，并在此基础上保持行业领先地位。

现在，我们需要回到那个历史节点，重新梳理隆基"专注于单晶硅"这个"孤勇者"般的决定究竟是如何做出来的，从而理解这个全球首家市值突破 5000 亿元的光伏企业到底做对了什么。

在互联网领域有一个词像"长期主义"一样盛行，它就是"终局思维"。意思是说，在思考一个问题时，需要考虑问题所描述的对象的终极形态是怎样的。如果这个终极结果是可以确定的，那么从这个"结果"出发，以终为始，一步步倒推出每一步应该怎么做才能导向那个"终局"。隆基确定单晶硅技术路线的过程，就是践行"终局思维"的过程。

你可能听说过这样一个说法，如果将地球表面一小时接收到的太阳光能量全部收集起来，足够全世界使用一整年。之所以能达到这样惊人的程度，并不是因为太阳在每平方米土地上辐射的能量密度足够高，而是因为地球的"截面"面积足够大。

大型光伏电站之所以占地面积大，是因为太阳光的能量密度低，所以需要布设大量的光伏组件才能收集到足够多的太阳能，并将其转化为电能。然而生产大量的光伏组件，就意味着需要大量的光伏玻璃、背板、铝边框、线缆和支架。电站占地面积越大，这些物料的采购量也就越大，成本就越高，这部分成本与光伏组件产品本身的技术水平没有太大关系。

那么，如果要持续降低光伏电站的投资成本，使光伏发电成本变得足够低，就需要让同样面积的电站发出尽可能多的电，这势必要提高光伏组件的光电转换效率。如果将光电转换效率从 10% 提高到 20%，那么同样一个电站，每天的发电量就可能从 1 万度变成 2 万度，电费收益也将翻番。这样一来，每度电中"包含"的玻璃、支架等固定成本和土地租金成本就会被"摊薄"至原来的 50%，从而显著降低光伏的发电成本。举个例子来说明这一点，从 2013 年到 2022 年，由于电池片效率的提升和组件环节的优化设计，封装 1 吉瓦组件所需的胶膜面积从 1380 万平方米下降到 920 万平方米，1 吉瓦组件所需的背板面积从 700 万平方米下降到 480 万平方米。即使不考虑胶膜、背板环节本身的降本空间，假设其价格维持不变，仅这一环节也能节省出超过 33% 的胶膜采购成本和超过 31% 的背板采购成本。

这样一来，光伏技术升级的目标就变得非常明确了：提高光电转换效率才是根本。钟宝申说："我们讨论后一致认为，如果无法提高光电转化效率，光伏产业就没有意义。"这是隆基在2004—2005年间通过模型测算得出的结论。所谓"没有意义"，就是说如果光伏发电成本无法大幅度降低，那么光伏发电与煤电甚至与同为新能源的风电相比，将毫无还手之力。2008年核定的内蒙古鄂尔多斯和上海崇明光伏电站的上网电价为4元/千瓦时，而2008年核定的六省、区72个风电项目上网电价在0.51～0.61元/千瓦时，而煤电的上网电价比风电还低。

既然如此，那么目标就十分明确了：弄清楚能显著提高太阳能发电量（发电效率）的技术路径到底是什么？隆基开展了全球调研和评估，分析了光伏和光热技术，研究了薄膜和晶硅电池未来的降本空间对发电成本的影响，考察了单晶硅和多晶硅的电池技术路线，分析了隆基用的硅料应该用物理提纯法还是三氯氢硅法……最后他们排除了光热和薄膜，认为只有晶硅技术路线适用。

那究竟是单晶硅还是多晶硅呢？

在当时，多晶硅在国内产业配套相对完善，更容易在短期内实现技术进步，新进入者更容易实现快速扩产。如果衡量当时的发电效率与组件价格，那么无疑是多晶硅路线的"性价比"更高。单晶硅与之相比，在这些方面处于全面的劣势，但由于无晶界（多晶材料中晶粒之间的接合区域），单晶硅在晶体品质、电学性能、机械性能等方面却优于多晶硅，转换效率更高。

隆基抓住了这个关键点：随着技术的不断进步，光伏电池光电转换效率一定会越来越高，届时市场会拿着一根"小皮鞭"，疯狂地"鞭打"所有电池厂商，在同样的售价下去实现更高的电池效率，而这又会倒逼光伏制造企业不断提高对基础材料的要求。

让一个胖子通过锻炼变成瘦子是相对容易的，也是很多人通过努力都可以做到的；但如果让一个瘦子变成专业运动员，这个过程中就会出现门槛。如果一个人身体的"底子"不够，运动的基础素质不够，是不可能被遴选为运动员的。

单晶硅和多晶硅谁的底子更好，谁更有可能在光电转换效率这条赛道上捅破更高的天花板，成为专业的"运动员"？答案是单晶硅。钟宝申说："多晶硅其实也是单晶硅，单晶硅是整个晶片结构完全有序排列，是长程有序；多晶硅则是一小块一小块有序，是短程有序。在多晶硅的晶体结构中，一个个小颗粒排列有序，颗粒与颗粒之间有晶界，存在微晶和杂质。多晶硅在发电时，其实还是单晶体在发电，中间的晶界是不发电的，所以多晶硅发电效率一定比不过单晶硅。我们认为要么是这个产业没前途，如果产业有前途，那一定是以单晶硅为主。我们相信这个产业有前途，所以愿意一试。"

尽管在21世纪初的中国，想要发展单晶硅路线，面临着各种各样的壁垒和障碍，但这就是隆基"兰大合伙人"团队经过缜密思考与模型测算之后得出的结论。

在李振国那里，这个故事还有一个更为简化的版本，它围绕两个问题展开：第一，光伏行业的本质是什么？第二，未来的竞争格局会是怎样的？

针对第一个问题，李振国的答案是平价上网。平价上网指的是，以火力发电为参照，实现光伏发电与火力发电在供电侧的度电成本要打平，在配电侧的度电售价也要持平。想要实现平价上网，就需要不断降低光伏度电成本，对应到产业链任何一个环节，如果你的降本增效不能为将来的度电成本降低做贡献，那就不是好的技术路线，就是"耍流氓"。基于此，隆基认为单晶硅是能满足可持续降本增效、实现平价上网的技术路线的。

那么问题来了，如果一种技术已经实现了"降本增效"，怎么能说它没有为将来的度电成本降低做出贡献呢？答案在于四个字：可持续性。以核电为例，即使在一定时期内实现了降低成本，但核电站是一项非常复杂的工程，其度电成本的降幅有限，有一个几乎难以突破的"地板价"。因为近年来人们对核电安全性的顾虑，新建核电站的安全防护成本还在上升,从而导致度电成本出现了"抬头"趋势,这些因素都制约着核电这种发电方式降本增效的可持续性。同理,我们在考察光伏技术的时候就要考虑,哪类技术路线产品未来度电成本的"地板价"可能做到更低,而不是当下哪种技术路线可以快速降本(却更快触碰到了它的"地板价",以至于降无可降)。基于此,隆基给出的答案是单晶硅。

针对第二个问题,隆基认为,光伏一定是一个充分竞争的行业。李振国认为:"凡是人可以造出来的东西,短缺一定是阶段性的,过剩才是常态。"这与人们的日常生活经验相通,无论是芯片还是矿泉水,无论涉及的制造业领域是高端还是低端,"短缺→价格上涨→吸引投资→扩大生产规模→充分满足需求以至于过剩→价格下跌→产量萎缩→短缺",如此循环往复。这样的故事在各个行业上演过无数次,其区别主要在于扩产周期的不同,例如芯片的扩产就比矿泉水的扩产要慢得多,但内在市场规律却是相通的。

如果一种产品,能通过各种技术手段实现降本增效,它的生产又没有被垄断,而是面对充分的开放竞争,结果会怎样?就是所有参与企业都会废寝忘食、挖空心思来赶超对手,争取快人一步实现降本增效,这样才能在同类产品当中抢占优势——要么做到同质化产品中成本更低,要么做到在同等成本/售价的基础上发电效率更高。而这样的优势在一个开放市场中,通过人才的流动、设备的选购,以及各家企业的科研攻关,会在行业中不断扩散,上一轮的优势到下一轮就成了共识——"地球人都知道"且都能做到,企业不得不又开始新一轮的竞逐。这样的良性循环会使得大量光伏制造企业不断朝着"坡道最长"的降本增效赛道迈进,不断击穿一层又一层"地板价",让光伏发电平价上网成为可能,甚至使度电成本低于其他任何一种能源。

正是这些朴素得不能再朴素的真理,成就了中国光伏行业 20 年来最为激动人心的故事,也是中国数百万光伏从业者一路走来披肝沥胆、奋勇拼搏的真实写照。只不过早在十几年前,它作为一种沙盘推演、一种"思想实验",就已经被隆基的几位合伙人完整地"预见"到了。

在接下来的时间里，隆基的几乎所有动作，都围绕单晶硅技术路线的"降本增效"展开。从2006年开始，隆基成为全球晶硅领域中第一家采用定制化设备的光伏企业。很多人以为隆基这样做是为了降低成本，但只猜对了一半。更为重要的是，隆基在当时就看到了晶硅领域的"后发优势"——谁先扩产谁更容易落后，这是光伏行业一个很难被外人理解的"怪圈"。

因为几乎所有的晶硅制造商都会选择通用设备，而这种设备是由第三方企业提供的，也就意味着谁后买，谁就更有可能买到更好、更新、更便宜的设备。因为光伏制造设备的迭代速度太快了，快到以年为单位来衡量。就像换手机，选择"再等等"的人总能换到更好的新手机。

所以，隆基在采购设备之前，一定会评估未来技术革新之后设备是否还有升级空间。如果答案是没有，意味着后浪拍死前浪，等着做"最后一人"就行了。但"老兵"的经验真的就一文不值了吗？这样的情况在多晶硅电池和组件领域不断发生，而在单晶硅领域还没有发生过。

钟宝申认为，"老兵"们的一大优势就在于，他们比后进者更清楚这个行业的发展规律和这个产业的技术积累。既然如此，今天选用的设备就要"嫁接"上对未来的理解与判断。基于这种理解，隆基才开始了设备合作定制，这样做大大延缓了隆基的扩张速度，但让隆基的技术储备变得更加扎实。

通俗一点来讲，这就意味着隆基的设备生命周期更长、投资效率更高。同一功能的设备，其他厂商的通用设备面临行业更迭大潮，可能会在2～3年内就被替代或淘汰，而隆基的设备"寿命"可能实现翻倍甚至更长。

2006年，隆基的一台单晶硅炉每个月的产量达到500千克，因为留下了升级接口，2010年隆基对单晶硅炉进行了一次升级，产量翻倍至每月1吨。到2016年，隆基再次升级单晶硅炉，实现每月产量3吨。直到2018年年底，这些单晶硅炉还在源源不断地投入生产，而这时按照业内通行的"十年折旧法"，这批单晶硅炉折旧期已经结束，意味着此时在上市公司的账面上，这些单晶硅棒产品的设备成本是零。而同样是 2018 年出产的 1 吨单晶硅棒，其他厂商就要将设备折旧计入成本。单晶硅炉技术的进步是飞速的，2017 年，行业内单晶硅炉投料量还只有 530 千克，而到 2021 年，单晶硅炉投料量就达到了 2800 千克，先进设备单晶硅炉投料量更是超过 3500 千克，且未来仍有较大的提升空间。这对于单晶技术的降本增效起到了至关重要的作用，使得企业投资单晶硅棒的性价比一步步逼近直至超过多晶硅铸锭。

这也就是隆基反复对外宣扬的一大战略，叫作"不领先不扩产"，而不是因为赚钱才扩产。换句话说，当所有人都在做"蹲起跳"的时候，选择"深蹲跳"的人一定会是起跳更晚但跳得更高的那个。

对此，钟宝申有一个形象的解释："做企业、做事情，首要的一点，就是要创造能真正为社会带来价值的产品。"他举了个例子来说明这句话的内在涵义："比如你看到张三生产一种产品，成本是 9 毛钱，售价能达到 1 块 5。你觉得这是个发财的好机会，即便自己的成本只能做到 1 块钱，只要卖得出去还是能赚钱的，所以你也争着做。当然，市场上很多人都会这样想，为什么不做呢？但在我看来，这就是在浪费社会财富，因为每一个单位产品都浪费了 1 毛钱。"在钟宝申看来，从成本角度，这样的人就是社会财富的蔑视者和浪费者，也极有可能是行业的搅局者。行业供需不平衡时，这样的搅局者确实也会有市场。但对于隆基而言，聚焦核心主业才是最重要的，他们不会去抓这种赚快钱的机会。

2006—2007 年，硅片价格奇高，就在许多企业选择签订长单的时候，隆基仍然按照现货价格采购多晶硅原料。通过对多晶硅行业的调研，隆基对其制造成本有了基本的评估：多晶硅短缺是暂时的，其价格最终会回归市场化。钟宝申说："隆基不是没有受到过诱惑的，但我们自己没有多少资源，一旦出现风险，不会有人救你，只能自己设置防火墙。"在 2008 年的金融海啸当中，西欧各国陷入财政危机，大大缩减了对光伏的补贴，光伏市场急剧萎缩，多晶硅价格暴跌，而正是理性、谨慎的决策帮助隆基挺过了这次危机。形成鲜明对比的是，同一时期签订长单并大举扩产的很多企业在金融危机后投入生产，面对硅料现货价格暴跌，陷入了"生产即亏损""投产即破产"的境地。

在隆基合伙人看来，光伏行业的产能过剩根本上就是一个伪命题，因为先进产能不会过剩。钟宝申说，就像当年电视机分液晶电视和CRT（阴极射线管）电视一样，当时两种电视产量加起来是超过市场需求的，但液晶电视本身满足不了市场需求。所谓"过剩"的市场并没有阻挡液晶电视作为先进产能大举扩张、替代CRT电视常规产能的步伐。在隆基看来，这样的故事模板同样适用于单晶硅对多晶硅的替代。

2009年春节，在隆基的年会上，李振国举起酒杯，看着台下1500多名员工，他突然感觉到人生开启了新的阶段。如果说1990年到1999年的十年，是养家糊口、摸爬滚打的创业阶段，2000年到2009年的十年则是自我价值实现的阶段，那么从此时此刻到未来的一段时间，就是责任担当的新阶段：带领隆基聚焦单晶硅，让台下这1500多名员工长长久久地端好手中的饭碗，变成了他人生中最重要的事情。

就在这一年，隆基做出了另一个大胆的决定，一个在隆基发展历史上仅次于单晶硅路线的关键决定，再一次颠覆了整个行业的游戏规则。然而，在执行这个决策的过程中，隆基历尽了艰辛。

第三部

PART THREE

2008—2013

金融危机时期，中国光伏企业感受到了来自大洋彼岸的阵阵寒意，硅料价格的下跌速度更是超出了所有人的预料，打乱了众多企业的扩产节奏。就在这一时期，中国首次推出了"金太阳"工程，支持国内的光伏电站示范项目。在光伏市场蓬勃发展之时，全球光伏业的"蛋糕"越做越大，中国分到的"蛋糕"份额也在逐年扩张；但当行业处于下行通道，"蛋糕"本身在缩小，一些在国际竞争中处于劣势的国家和企业，就不会对中国光伏的份额扩张继续坐视不管。某些欧美国家自负地认为，中国永远离不开它们这块诱人的"蛋糕"，通过"双反"来制裁中国产品、打击中国企业，妄图夺回市场份额，遏制中国光伏产业发展。它们或许忘记了一件事：拥有14亿人口的中国，可以自己"烘焙"出一块全世界最大的"蛋糕"来……

第五章 冷暖自知

赛维LDK梦，新余梦

2009年，赛维LDK首次进入中国企业500强名单，排名第471位，是最年轻的中国500强企业。彭小峰用短短4年时间，完成了很多企业家用十几年甚至几十年才实现的企业目标。而赛维LDK的迅速壮大，给新余市委市政府注入了一针强心剂，提出要把新余打造成"世界太阳能硅片之都"的目标，并推出一系列鼓励和扶持的政策措施：实行土地优惠政策，优先保证光伏企业用地；实行用电优惠政策，力争把光伏企业电价控制在0.4元/千瓦时以下；还为光伏企业建成专用变电站6座，相当于再造了一个赣西电网；从2006年起，每年从全市光伏企业税收的地方留成部分中安排10%的资金，用作支持光伏产业发展的专项基金；新余市的光伏企业投产后，上缴所得税的地方留成部分，前三年按100%，后两年按60%的比例奖励给企业用于项目建设……

2008年6月，江西省政府召开支持新余加快光伏产业发展现场会，提出把光伏产业明确列为全省工业经济发展的"一号工程"，为全省"三大千亿产业"之首，举全省之力支持新余光伏产业发展。同年10月，南昌大学太阳能光伏学院挂牌成立，省长亲自为学院揭牌。同时新余市还依托高职高专教育，与赛维LDK等企业联合办学，"订单式"培养光伏专业技术人才，源源不断地向企业输送科研人才和技术能手。

新余官员到温州招商的时候，温州方面表示愿意把几百家制鞋企业搬迁到新余，结果被他们婉言谢绝了，因为这样的劳动密集型低端产业跟新余大力发展战略性新兴产业的思路"不对口"。为了光伏产业发展，新余在招商引资的时候，针对光伏链条上每一个环节去寻找厂商和投资方。在赛维LDK成立之初，市长每个月至少要带着班子成员到赛维LDK现场办公一次，当场解决问题。在赛维LDK扩建征用土地过程中，新余市国土资源局规划科专门为赛维LDK去省里跑用地指标，涉及的农田、拆迁、补偿和安置工作，新余市政府全部包办。

赛维LDK建厂需要通过环境影响评价（简称"环评"），要对可能对环境产生的不利影响，以及需要采取的措施，预先进行评估，征求工程所在地居民和地方政府的意见，对原来的建设计划进行修改，直到取得一致意见再开工建设。为了赛维LDK的环评工作，新余市环保局专门成立"项目环保协调领导小组"，环保局局长亲任组长，每个环节都有专人负责对接协调。如果对接不到位、不及时，还会有专人对这些工作进行督导催办。

赛维LDK之所以能够在短短两年多的时间里，走完了同行5~6年才能走完的历程，与新余市委、市政府提供的全天候、全方位、全过程"保姆式服务"密不可分。佟兴雪说："赛维LDK如果不设在新余市也能生存下去，但发展速度肯定没有这么快。"也正因为赛维LDK的头部效应和新余推出的各项精准扶持政策，越来越多的光伏企业把目光投向了新余。

2006年，来自中国台湾地区的升阳光电开始与赛维LDK签订供料合约，升阳光电购买赛维LDK的硅片后制成电池片出售。2007年，由于全球硅料供应紧张，升阳光电决定将生产线靠近硅料产地，开始谋求与新余市政府合作。2008年，新余市领导亲自率团赴台湾地区招商，升阳光电当即表示要加大在新余的投资力度。2008年5月，江西升阳光电科技有限公司在新余成立，并决定引进欧洲的自动化生产线。当年11月，首条40兆瓦太阳能电池生产线正式投产。新余由此完成了对光伏中游产品——太阳能电池生产线的布局。同年入驻的还有中意合资的江西瑞晶太阳能科技有限公司,到 2012 年其组件产能达到 200 兆瓦,进一步完善了新余光伏制造业终端组件产品的布局。

还有台湾科冠、宁波华升、嘉兴昌峰等一大批光伏上下游企业接二连三地来到新余。2008 年,在全球金融危机的背景下,新余的外贸进出口总额达到 41.9 亿美元,占到全省的三分之一,位列江西省第一。2009 年第一季度,新余光伏产业增加值 17.9 亿元,同比增长 110.9%,占全市规模以上的 40.5%,历史上首次超过钢铁产业(增加值 15.6 亿元,占比 35.2%)。

2010 年,赛维 LDK 产能达到 2 吉瓦,营收 200 亿元。赛维 LDK 之所以能在一些环节取得领先地位,是因为在 2007—2009 年,它买断了供应商 70% 的设备产能。其他企业想要进入这个行业,最多只能拿到另外 30% 的产能,也就是根本不可能在短时间内赶上赛维 LDK。

在赛维 LDK 和光伏产业的身上,新余市政府寄予了厚望:实现从"一钢独大"到"多元发展",从"人口小市"到"产业大市",从传统"钢城"到"国家新能源科技城",从"重化工业城市"到"国家森林城市"的华丽转身。2009 年 11 月,江西省新余市被科技部命名为"国家新能源示范城",成为中国第一座以发展新能源产业为重点的科技示范城。2010 年,新余市吸引了一大批上下游企业入驻,硅料、硅片、电池和组件产能分别达到 11000 吨、3000 兆瓦、1095 兆瓦和 250 兆瓦,形成"硅料—铸锭—硅片—电池—组件—太阳能应用产品"较为完整的产业链和产业集群。

但为了硅片环节而进军硅料的彭小峰,没能复制上一阶段的成功。"天下武功,唯快不破",可想一口吃成个"胖子"的赛维 LDK,这一次的速度却不得不慢下来。

赛维 LDK 由盛转衰的一大标志性事件,是 2009 年 9 月,投资 120 亿元兴建的全球第一个 1.5 万吨级高纯硅项目的投产。这个体量庞大的航母级项目,被彭小峰视作赛维 LDK 真正"成功"的标志,其重要性甚至超过赴美上市。2007 年 8 月,赛维 LDK 在上市 2 个月后就开启了高强度的资本扩张道路,启动"全产业链扩张"战略,对外宣布了 1.5 万吨级高纯硅项目,当时多晶硅的价格是 300 美元 / 千克。但此后赛维 LDK 足足花了

25 个月的时间才建成投产。

彭小峰考虑的是：过去中国硅料企业做到百吨级时，国外已是千吨级，人家每千克卖 30 美元，而国内光成本就要每千克 60 美元，根本没法与国外企业竞争；如今中国企业好不容易做到千吨级，可国外已经是万吨级硅料基地，这不是重复历史吗？赛维 LDK 如何突出重围，和国外企业正面竞争？彭小峰说："宁可多花一些钱在硅料技术引进上，也要与国外企业在同一起跑线上竞争，所以建就要建一个规模大、效率高的硅料基地。"彭小峰认为中国国内电耗能做到比国外低，还有丰富的工业硅原料基地优势，长期下来的综合成本可以低于国外。恰巧当时一家国外企业由于种种原因无法生产硅料，就把生产设备卖给了赛维 LDK。这套设备就成了 1.5 万吨硅料项目的核心技术，其他需要用到的技术由赛维 LDK 自行研发。

这当中，我们需要理解硅料生产不同于光伏制造业其他环节的一大区别，那就是硅料的提纯过程所需要的生产线更接近大型化工行业的生产线，并排而立的高炉每一个高达几十米。而硅片、电池片、组件环节的生产线，都是由室内几米高的模块化设备组成的。从工业硅到太阳能级多晶硅的提纯过程涉及数十道工序，以及大量复杂的化学反应，因此成为中国光伏行业早期赶超发达国家光伏制造业的一大障碍。

为什么光伏行业大发展，硅料一定紧缺并且价格暴涨？答案是六个字：扩产周期不同。中国光伏行业协会名誉理事长王勃华在《2021 年光伏行业发展回顾与 2022 年形势展望》中提到，组件的扩产周期是 3～6 个月，硅片和电池片的扩产周期是 6～9 个月，而硅料的扩产周期是 1.5～2 年。所以高纯硅项目从筹备立项、开工到炼出第一炉硅料，一般要经历 18～24 个月的时间。

换句话说，即使一家硅料企业和一家硅片企业同时宣布将产能扩大一倍，快速完成产量倍增的硅片产线最快也要等上 9 个月，最慢则要等上 15 个月左右，才能拿到扩产后的硅料投入生产，在这期间硅料仍然短缺，所以价格会明显上涨。对硅料孜孜以求的客户，一般要么通过其他方式（签订硅料长单、采购高价硅料、回收半导体废料等）满足短期需求，要么因为"没米下锅"导致开工率低下，市场占有率萎缩，渐渐被边缘化甚至被淘汰。这也就意味着，一家上游企业如果在硅料价格暴涨期间决定上马硅料产线，那么很有可能在18~24个月后投产时，硅料价格已经完成一轮上涨，而后跌回甚至跌破企业生产硅料的成本线。从投资角度来看，这就像股市中的"追高"一样，企业有可能自投产之后的每一炉多晶硅料都是赔钱的，而企业和地方却难以割肉出局，因为前期已经投入了动辄几十亿、上百亿元的沉没成本，其中可能还牵涉大量的银行贷款。

这就是光伏行业的产能周期。在中国光伏产业风云变幻的前进道路上，有无数的中小企业，乃至行业巨头，都倒在了这上面。因为"拥硅为王"的背面，就是"失硅为虏"（上游企业错失投产多晶硅的最佳时期，下游企业丧失保障多晶硅原料供应的能力）。

股民们对此应该并不陌生，比如2021年，中能硅业、大全新能源、通威股份都出现高额盈利，其中中能硅业的拥有者保利协鑫更是扭亏百亿元，从2020年的净亏损57亿元变成2021年的净利润51亿元。在《2022胡润全球富豪榜》上，排名前三的光伏富豪也都是硅料企业的老板。这是因为在2021年这些企业趁着硅料价格位于高位时，在短期内赚到了超额利润。而可以预见的是，随着各家产能更充分的释放，硅料供应紧张得到缓解，价格会出现下行，它们在2022年之后或许很难凭借硅料单一环节继续赚到如此丰厚的利润。

这就是困扰中国光伏行业二十年的"供需错配"。由于中国光伏崛起的速度之快、规模之大，是20世纪德国、日本、美国等先发国家从未出现过的，因此供应链一些环节的产品价格暴涨暴跌，一直被视作中国光伏行业非理性、不健康发展的一个"佐证"而为外界所诟病。

但不得不说，产业链不同环节的扩产周期无法做到同步，是价格波动的根本原因。所谓高利润环节吸引众多企业扎堆涌入、盲目扩产以至于出现阶段性的"产能过剩"，只是上下游产能扩产周期不同这一"刚性约束"下的结果，而非根本原因。例如，2008年全年，赛维LDK营收16亿美元，同比大涨214%，但危机已经浮现：2008年第四季度，净亏损1.331

亿美元，毛利率 –29.7%。赛维 LDK 的高价原料库存贬值，第四季度公司减记 2.167 亿美元，就是陈旧货品（硅料）价格大跌导致的。

2009 年 9 月，赛维 LDK 投资 120 亿元，在江西省新余市高新区马洪镇建设的全球第一个 1.5 万吨级高纯硅项目投产，其中包括 3 条年产 5000 吨硅料生产线。赛维 LDK 称该项目拥有完整自主知识产权、全闭路循环系统和最低的能耗指标，标志着中国企业成功掌握了世界先进万吨级高纯硅核心技术，打破了长久以来的行业封锁和产业瓶颈。但投产当月，多晶硅市场价格已经跌到 60 美元/千克左右。而就在整整一年前的 2008 年 9 月，多晶硅价格攀升到了 475 美元/千克的历史高位——赛维 LDK 错过了它，随后价格在当年第四季度就进入了暴跌模式。

赛维 LDK 这 1.5 万吨项目在 2009 年真正投产的并不是全部产能，只是第一条 5000 吨生产线。一位从 2009 年起就在马洪硅料厂工作的员工说，2009—2017 年，这里最多只用了两条生产线，也就是至少三分之一产能的巨额投资被浪费。赛维 LDK 的债权人认为，如果当年彭小峰能不那么激进，不让三条生产线同时开工上马，而是视市场情况循序渐进，情况可能会更好。

截至 2008 年年底，中国在建的硅料项目超过 30 个，总投资近千亿元。在规划当中，这些产能多数将在 2012 年前实现。如果全部达产，将造成严重的"供过于求"。

在 2008 年全球金融危机的背景下，硅料企业面临着下游海外需求大幅萎缩和上游产能供给连年飙升的双重打击。2010 年，赛维 LDK 多晶硅产量 5052 吨，每千克售价 59.64 美元；2011 年，赛维 LDK 多晶硅产量 10455 吨，每千克售价 56.46 美元；2012 年，赛维 LDK 多晶硅产量大幅下跌至 2520 吨，每千克售价也腰斩至 26.05 美元，跌破赛维 LDK 的成本线。

与此同时，赛维 LDK 硅片的平均售价从 2008 年的 2.35 美元/瓦暴跌至 2009 年的 1.05 美元/瓦。在接下来的 2010 年里，赛维 LDK 将 2009 年的 898.1 兆瓦硅片产量迅速翻倍扩大至 1717.6 兆瓦，但同时硅片价格进一步下探到 0.89 美元/瓦。

面对边扩张边暴跌的营收危机，2010年，彭小峰用个人全部资产无限担保，稳定上万名员工就业。2010年9月，当国家开发银行与赛维LDK宣布签订总额度高达600亿元人民币（约89亿美元）的战略合作协议时，赛维LDK被冠以获得授信额度最大的国内光伏企业，也是当时民企中获得国家开发银行授信额度最高的企业之一。银行对企业的授信，包含很多种业务形式，读者可以简单地理解为银行给企业开了一张600亿元的"信用卡"，用不用，什么时候用，企业可以自行决定，但并不是授信600亿元后就立马给企业全额"打款"。2010年，国家开发银行提供的授信承诺还包括：尚德500亿元、天合300亿元、晶澳300亿元、英利360亿元。五家企业授信承诺达到2060亿元。在后来欧盟对华"双反"制裁过程中，国家开发银行对企业提供的巨额信用额度成了中国光伏企业获得政府不正当补贴的一大"罪状"。在英文报道中"信用额度"被翻译成"credit line"，但与欧美国家的"credit line"授予企业最高特定额度贷款不同，国家开发银行当时与企业只是签订了谅解备忘录。很多时候这可以作为企业标榜自身的市场营销工具，真正的贷款还是要按照具体项目进行审贷、批贷。其实国家开发银行在利率等方面并不比其他国有银行具有更强的竞争力，首先国家开发银行需要对民营光伏企业收取6.5%的基准利率（高于央行最低基准利率5.1%），其次国家开发银行对公司财务状况评估后会产生额外利率，最后再外加国家开发银行的各种手续费，实际上一些光伏企业从国家开发银行拿到的贷款并不多。

2010年，新余市联手赛维LDK等龙头企业组建了国内第一家光伏交易市场，要将其打造为世界级的全产业链交易平台，一个覆盖硅料、硅片、电池、组件、应用系统、各种辅料和配套产品及光伏设备的全球光伏产品集散中心，一个让赛维LDK等企业采购方可以定点采购的市场。2005—2010年，新余市地区生产总值从177亿元涨到631亿元；财政总收入从23亿元涨到80亿元；规模以上工业主营业务收入从238亿元涨到1200亿元。到2010年，新余市经济社会13项主要经济指标的增长幅度，有5项排名全省第一。当年江西省人均GDP是3000美元，省会南昌市人均 GDP 为 6000 美元，而新余市人均 GDP 已经突破 8000 美元。到 2011 年年底，新余市已注册光伏企业 106 家，投产企业 25 家，全行业从业人员 3 万余人。当年全市光伏产业实现主营业务收入 409 亿元。新余市试图用赛维 LDK 和光伏产业的成功证明，内陆中部欠发达地区的发展之道不只有"承接沿海产业转移"这一条路，还可以"开拓全国甚至全世界领先的一个产业"。

然而想一步"登堂入室"的新余梦，终究还是碎了。

尚德止损

2008 年，施正荣告诉英国《卫报》，十年之内，尚德可能会像 BP 或壳牌这些石油公司的体量一样大。2008 年，尚德的组件生产目标是 1 吉瓦，为 2007 年的两倍。但尚德的硅料长单只能满足大约一半的产量，另一半硅料如果要支付现货价格，就会严重削弱尚德的盈利水平。按季度市场价格来说，2008 年，多晶硅料全年价格都在 300 美元/千克以上。

2008 年，西班牙颁布了力度空前的太阳能产业激励措施，使西班牙当年光伏装机容量占了全球当年总量的 41%。然而颇具戏剧性的是，由于全球金融危机后，西班牙政府在政策上的一脚"急刹车"，使西班牙的这一比例在 2009 年骤降到 6%，这一局势的突变同样影响到尚德。2008 年尚德收入的 37.4%——7.18 亿美元都来自西班牙市场，2009 年骤降到 6110 万美元，仅占尚德 2009 年收入的 3.6%。

除了海外一些市场的戏剧性萎缩，上游的硅料价格暴跌同样让施正荣感到措手不及。2008 年 9—10 月，尚德正在为第四季度的生产备料，以 350~400 美元/千克的价格购买了多晶硅，足够满足第四季度三分之一的需求。结果从 2008 年 10 月开始，硅料价格出现暴跌，到 11 月迅速跌到 200 美元/千克以下，跌幅达到 50%。到 2009 年第一季度硅料价格跌破 100 美元/千克关口。

2008年第四季度，尚德毛利率仅为0.6%，雪上加霜的是，该季度欧元兑美元持续贬值，跌幅达到8%，而同期以欧元计价的组件降价幅度达到7%。两相叠加，按美元折算的组件价格降幅接近15%。而此时尚德85%左右的组件是销往欧洲市场的。同时第四季度受到硅价暴跌影响，尚德在Nitol Solar和合谷穴材料厂的投资损失在4900万~5200万美元。事实上，尚德投资6.78亿美元与合谷穴材料厂在美国爱达荷州的波卡特洛开办的年产2000吨多晶硅的工厂从未投入过运营，到2013年其7亿美元的厂房设备仅以830万美元被拍卖。

瞿晓铧在加拿大工作时负责过多晶硅的采购。他认为，说施正荣签硅料长单是一个错误属于"事后诸葛亮"，因为当时多晶硅价格在400美元/千克左右，施正荣的长单一下子签到了200美元/千克。他和其他人一样，谁也没有想到这个价格会在之后一路下探到20美元/千克。以尚德当时的产能来说，用400美元/千克的价格从市场上零敲碎打地去买散货并不现实，与MEMC签200美元/千克的长单合同，就是一个迫不得已的"城下之盟"。就是这样一份合同，当时业界还有人羡慕施正荣，因为不是每个人想签就能签到的。

从2008年第四季度开始，由于欧洲客户推迟一部分订单交付，尚德产量缩减为产能的一半，并裁员800人，相当于员工总人数的近一成，同时缓聘了2000名新员工。此后尚德部分车间开始用"上三休二"甚至"上二休三"的方式来安排轮班。截至2008年年底，尚德总产能1000兆瓦，位居全球第一，当年售出光伏产品497.5兆瓦，低于预期的550兆瓦。2008年全年，尚德电力的净利润从前一年的1.43亿美元锐减至0.31亿美元。于是尚德决定暂停原先的产能扩张计划。

2009年，尚德与四川大学组建四川尚德太阳能电力有限公司，对薄膜电池项目进行研发，后来尚德为此付出数亿元的研发经费，但转换率并没有获得显著提升。在晶硅价格高企时，尚德在上海投入5000万美元建设薄膜电池工厂，当时多晶硅组件价格接近4美元/瓦，而薄膜组件成本是0.6~0.7美元/瓦。但一期建好之后，由于薄膜电池转化率太低，不具备竞争力，在 2010 年 11 月，薄膜电池工厂又改建为晶硅电池工厂。尚德建设薄膜电池工厂的举措并没有错，只是由于硅料价格暴跌之后，薄膜产品因为其自身光电转换率低下的问题，导致其相比于晶硅产品失去了性价比优势。

在这一时期，中国的光伏市场需求远未被释放，2008 年市场总量只有 40 兆瓦，即便全部被尚德吃下，与其自身产能相比也少到几乎可以忽略。2009 年，国家启动了"金太阳"工程，支持光伏发电在国内的示范应用。尚德申请的 1.1 兆瓦洛阳师范学院光伏建筑应用项目获批，却不能按照工期推进，第二年就因为"无法实施"进了取消名单。2012 年尚德更是没有获批一个"金太阳"项目。

"我们投资少并不是因为资金的问题，而是对项目评价和运营成本等进行了综合考虑。"时任尚德电力媒体关系副总裁这样回应说。2009—2011 年这一阶段，尚德参与的"金太阳"工程效果不及预期。比如 2010 年，尚德投资的扬州大学附属中学的光伏项目，在工程结束以后，尚德只得把整个项目成果白送给学校，因为当时的发电项目在实际运营中存在着一系列难题。比如光伏发电要并入电网，电站投资方要向省电力公司支付高昂的设计安装费，有的甚至高达 100 万元。而对于如何消纳光伏发出去的电，国家当时也并没有明确的制度，比如由谁来向用户收取电费，剩余电量能否出售等，都没有细化的措施保障。

再有，光伏组件安装需要租用屋顶，屋顶租金连年上涨，这会影响每年发电的投资回报率。还有一些公司、机关单位，在 10~20 年内可能出现业主变更，分布式电站能否续租屋顶也都是未知数。当时某大型光伏企业曾透露，国内市场对其利润贡献率不足 5%。

国内市场打不开，国外市场又陷入疯狂的"内卷"。2009 年 8 月，随着硅料价格的进一步下跌，国内一些光伏企业已经把多晶硅组件价格由 2.5 美元/瓦降至 2 美元/瓦以下，英利称其 2010 年的组件单价将会为 1.65~1.7 美元/瓦。面对激烈的市场竞争，尚德产品的平均价格，从 2008 年的 3.89 美元/瓦，降到 2009 年的 2.4 美元/瓦，再到 2010 年的 1.82 美元/瓦。面对这样的价格下滑趋势，2011 年 7 月，尚德电力决定提前终止与 MEMC

曾签订的 10 年硅片供应协议，宁愿向 MEMC 支付 2.12 亿美元的违约金，也不愿再持续以高于市价的长单价格购入 MEMC 的硅片——2011 年赛维 LDK 的硅片价格已经跌到了 0.67 美元/瓦，比 2009 年遭腰斩后的 1.05 美元/瓦进一步缩水超过三分之一。然而以上这一连串的止损决策，都不构成最终压垮尚德的真正原因。

一篇文章引发的血雨腥风

在风雨飘摇中，2008 年中国的光伏产业又被兜头泼上了一盆脏水，直到今天也没有完全洗干净。当年初春，一个美籍韩国女记者车恩静（Ariana Eunjung Cha）在洛阳中硅的工厂周围鬼鬼祟祟地徘徊了很久，多次提出要对中硅的严大洲等人进行采访，中硅多次拒绝。2008 年 3 月 9 日，美国《华盛顿邮报》突然刊出了一篇文章，题目为《太阳能企业将污染留在中国》（*Solar Energy Firms Leave Waste Behind in China*），随即引起了轩然大波，而这一文章的作者正是车恩静。

"在玉米地和小学操场之间，工人们停下脚步，将一桶冒泡的白色液体倒在地上。然后他们转过身来，一言不发地开车穿过他们大院的大门。"文章介绍说，这些白色液体是四氯化硅，含有剧毒。洛阳中硅每天倾倒这些液体废料多达 10 次，最终让整片土地变得像雪一样白。车恩静此前曾采访过任丙彦教授，并"巧妙地"引用任教授的观点写道："倾倒四氯化硅的土地会种不出庄稼。"车恩静将排放污染物的原因归咎为洛阳中硅在四氯化硅闭环回收方面做得不到位。

此后至今长达十几年的时间里，"生产多晶硅会产生高污染"的印象深深地植入了很多中国人的脑海当中。

文章刊出当天，正值中国两会期间。6 天以后，第十一届全国人民代表大会第一次会议通过《第十一届全国人民代表大会第一次会议关于国务院机构改革方案的决定》，国家环境保护总局升格为国务院组成部门——

中华人民共和国环境保护部，这是一次酝酿已久的国家战略层面的机构调整；而5个月以后，北京奥运会即将开幕，部分外媒热衷于报道中国的负面新闻。这些是整个事件的大背景。

很快，正在美国访问的国家发展改革委主任就看到了这则新闻，随后他将这篇文章直接发给了国家领导人。3月11日，严大洲等人先后到工业和信息化部、国家环境保护局、国家发展改革委、科技部——汇报中硅的情况。

3月12日，严大洲飞到上海参加半导体行业展会。他落地以后第一件事，就是直接来到《华盛顿邮报》在上海的办公室，要求同车恩静就文章内容当面对质。对方称自己在外面采访，没有时间接待他。于是严大洲在前台留下电话号码，再三强调一定要见到车恩静，但是几经联系，对方一直是回避态度。而在半导体行业展会上，任丙彦教授用了一半的发言时间来痛骂车恩静的这篇文章是胡说八道。

此时美国方面已借此事提出要求，让在美上市的几家中国企业针对洛阳中硅污染一事提交尽职调查报告。阿特斯的李本成找到严大洲，他发现车恩静文章中用来说明造成环境污染的照片里有一片半人高的玉米地，旁边有一团白色的泡沫。严大洲知道这些白色泡沫不是有毒的四氯化硅，而是二氧化硅，这是一种无毒无害的物质，是玻璃和沙子的主要成分。细心的李本成发现，洛阳3月份只有小麦，没有玉米，河南的春玉米要到4月下旬至5月中旬才会种植，所以按照车恩静在2008年3月初到访洛阳的时间推算，这张照片就是不真实的，至少绝不是她暗访期间在现场拍摄到的。阿特斯方面据此认为，这篇文章也是不真实的，他们就这样回复了美国方面的质询。

据严大洲了解，洛阳中硅曾经将一部分二氧化硅堆放在围墙外的一个地方，这个地方平时还堆放着农村的秸秆等农业废弃物，其中有一推车的废弃物是属于洛阳中硅的，当中有二氧化硅，还混合了没有烧透的石灰石残渣，经过中和以后变为酸碱中性的残渣，可以用来填坑、铺路，并没有什么污染。截至2007年，洛阳中硅每年产生近万吨的四氯化硅，其中的

80% 利用冷氢化专利技术回收处理成多晶硅原料三氯氢硅返回系统使用，另有 20% 转化为气相白炭黑。而正在建设中的项目会将四氯化硅全部转换为三氯氢硅和气相的二氧化硅，几乎不存在外排的废弃物。

企业单方面的解释总是难以让所有人消除疑虑。生态环境部后来派专门的工作组来到洛阳中硅，对企业上中下游进行了两周的全面监测，报告直接呈递中央，结果显示所有排放均达标。后来中国环境科学研究院又组成团队，对全国多晶硅生产企业进行了连续三年的调研，其中也包括中硅。结果发现中硅两万吨的多晶硅产线中，氮氧化物、二氧化硫和颗粒物排放都是零。环科院的专家甚至说，洛阳中硅的排放比很多发电厂的排放都要少，哪能有污染？

2008 年，中硅的多晶硅事件也引起了国内媒体的高度关注，中央电视台一档知名财经节目的记者来到中硅采访，严大洲作为公司的新闻发言人表示欢迎，让央视记者可以在工厂内四处走动。采访完成之后，严大洲邀请这位记者到洛阳市内吃晚饭。酒过三巡，记者开口讲道："我已经在你们工厂周围转了一个星期了，稿子也都提前写好了，现在一看，回去没法交差了。"原来他已经顺着《华盛顿邮报》文章的思路，预设了"这家企业有污染"的新闻节目应该如何制作。

严大洲问他："那你感受到污染了吗？"

记者摇摇头："没有，看来民族产业的发展真是不容易啊！"

在随后央视播出的这期节目中，这位记者转而采用了一套"阴阳笔法"来描绘中国多晶硅产业的发展情况。其核心观点变更为：有技术、有实力的中国多晶硅企业是没有污染的（比如洛阳中硅），剩下的企业就有存在污染的可能。最后这期节目留给公众的总体印象依然是：当时国内多晶硅行业普遍存在污染情况。严大洲笑称："这个电视片一定要看 5 遍才行，看完 5 遍你才能看出道道呢。"

实事求是地说，在《华盛顿邮报》报道时，中国早期确实存在个别多晶硅企业，因为废弃物处理能力有限，采用热氢化工艺后，将处理不了的四氯化硅倾倒到工厂以外的地方造成了污染。但这既不符合文章所记录的洛阳中硅的真实情况,也并非当时中国多晶硅工厂污染物处理的主要方式,更不能说明此后十几年中国多晶硅生产都是"高污染产业"。多晶硅完全可以做到清洁生产,不能因个别事件就给整个行业错误定性。

一个很简单的道理就是,不经回收就将反应过程中含有硅元素的化合物任意排放、倾倒本身既不环保,也不经济。比如一次投入 45 吨三氯氢硅原料,可以生成 1 吨多晶硅,副产约 20 吨四氯化硅,还有十几吨没有产生化学反应的三氯氢硅,这种生产方式的一次转换效率低。因为四氯化硅副产物当中含有硅元素,而多晶硅生产的目的就是尽可能通过一系列化学反应,尽可能地对硅进行提纯,所以要想办法将四氯化硅分离出来以后,再次转化为三氯氢硅投入下一轮生产,这也就是三氯氢硅法几十年"改良"过程所努力的方向之一。江苏中能的技术人员说:"和别的行业不一样,我们副产物流出系统多少,就需要增加多少成本来补充这些物料。我们怎么舍得排放这些宝贝?"

针对这一问题,当时德国、俄罗斯等国家向中国出售的四氯化硅主要回收技术为"热氢化",它的氢化温度为 1200 摄氏度,是用四氯化硅加氢产生化学反应形成三氯氢硅($SiCl_4+H_2 \rightarrow SiHCl_3+HCl$),反应转化率为 18%~24%。

而"冷氢化"技术有三大优点:

首先,冷氢化技术的氢化温度更低,只有 500~600 摄氏度,是将四氯化硅加硅再加氢后反应生成三氯氢硅($SiCl_4+Si+H_2 \rightarrow SiHCl_3$),转化率能达到 25%~30%。当时热氢化技术每千克电耗达到 20 千瓦时电,而冷氢化技术每千克电耗只需要 5 千瓦时电(现如今只需要 0.3 千瓦时电),具有显著的节能优势。

其次,冷氢化技术具有显著的规模效应。单体冷氢化装置生产能力可以达到 20 万吨以上,满足万吨级多晶硅生产的需求,而大规模的热氢化需要安装多套装置,单位成本与产能几乎呈线性关系,所以多晶硅生产规模越大,使用冷氢化技术就越能发挥出单位成本显著下降的优势。

最后,冷氢化技术可以回收利用生产过程中产生的氯化氢,也就是盐酸的主要成分，降低环保压力。

虽然冷氢化技术优点很多，但要在国内多晶硅生产中形成这样的闭路循环，高效回收四氯化硅和氯化氢，相关技术在国内仍然是一个核心攻关难题，所以国家还专门设立了"863"计划专项来支持"冷氢化"这一技术的突破。在工业和信息化部电子信息产业发展基金和科技部支撑计划的支持下，"十一五"和"十二五"期间，国家支持江苏中能、洛阳中硅、大全新能源和黄河水电新能源公司积极开展冷氢化技术研究，其中江苏中能通过对国外先进技术设备的引进吸收再创新，研发的单套冷氢化装置的处理能力达到20万吨/年。洛阳中硅通过自主研发，成功完成低温加压氢化技术研究，四氯化硅经3~4次循环可实现全回收利用。

恩菲在2002年申请了冷氢化技术发明专利，并在年产300吨多晶硅产业化项目中得以应用，洛阳中硅在2007年前后，也就是硅料价格最高的一年升级冷氢化技术与装备，满足其年产2000吨多晶硅的需求。而此时此刻，恩菲事实上已经在这一技术上耕耘了10年的时间。1996年，国家支持北京有色冶金设计研究总院与峨嵋半导体材料厂合作，建设一条年产100吨的小规模多晶硅工业性生产示范线，形成完整的采用三氯氢硅工艺的多晶硅生产系统，其中就包括四氯化硅氢化等方法。1997年，严大洲等人就在天津设立了一家工厂，利用当地能生产氯气的条件，在一个小型装置上进行了冷氢化技术试验。后来他们又在四川的峨嵋做了一个放大版的冷氢化装置，建成了一条年产100吨的多晶硅闭路循环工艺系统，全部回收各环节尾气，解决了传统西门子法物耗、能耗、污染"三高"的问题。这一系列布局都为后来年生产300吨示范线及之后更大规模的冷氢化装置实现国产化快速突破奠定了坚实的基础。这也再一次印证了：同光伏设备的快速国产化进程一样，中国光伏行业在2004年后之所以能迅速抓住欧洲光伏市场爆发的机会，迅速扩大各环节产能，掌握相关的技术原理并进行规模化迭代、升级、优化，得益于此前数年甚至数十年国内相关设备、原料企业的技术能力积累。即便这种积累是建立在小规模、示范性项目上的，也充分体现了其技术能力"从无到有"的本质性跨越。

但是《华盛顿邮报》事件依然给中国光伏多晶硅行业带来了极其恶劣的影响。2009年8月的国务院常务会议"点名"多晶硅产业有"重复建设倾向",10月,国家发展改革委等十部门联合举行"抑制部分行业产能过剩和重复建设信息发布会",表示多晶硅存在产能"过剩"风险。

在这两次会议中间,国务院发布了一份对中国多晶硅行业产生重大影响的文件,名为《关于抑制部分行业产能过剩和重复建设引导产业健康发展若干意见》(国发〔2009〕38号),也就是日后光伏业内尽人皆知的"38号文"。其中提道:"多晶硅是信息产业和光伏产业的基础材料,属于高耗能和高污染产品。从生产工业硅到太阳能电池全过程综合电耗约220万千瓦时/兆瓦。2008年我国多晶硅产能2万吨,产量4000吨左右,在建产能约8万吨,产能已明显过剩。我国光伏发电市场发展缓慢,国内太阳能电池98%用于出口,相当于大量输出国内紧缺的能源。"

"38号文"还要求严格控制在能源短缺、电价较高的地区新建多晶硅项目,对缺乏配套综合利用、环保不达标的多晶硅项目不予核准或备案。新建多晶硅项目规模必须大于3000吨/年,占地面积小于6公顷/千吨多晶硅,太阳能级多晶硅还原电耗小于60千瓦时/千克,还原尾气中四氯化硅、氯化氢、氢气回收利用率不低于98.5%、99%、99%。到2011年前,淘汰综合电耗大于200千瓦时/千克的多晶硅产能。

中国可再生能源学会光伏专业委员会副主任吴达成说:"该文一出,国内的银行和审批机构对多晶硅项目都是风声鹤唳,草木皆兵。新上项目基本叫停;未报批的均不再报批;已批准未投资的,也不再投资;已投资未投产的,也不敢再投产。"截至2010年,国家发展改革委仅批准了江苏中能技改、新疆特变电工三期1.2万吨等几个项目。

应该说"38号文"的出台,从长期来看,对于国内光伏多晶硅产业的发展有着提质增效并淘汰落后产能的积极意义,有效遏制了各地盲目投资、重复建设、无序上马的混乱局面。2009年年中,多晶硅现货价格跌至60~70美元/千克,而国内成本普遍在50~70美元/千克,个别没有闭环式生产的企业,成本高达100美元/千克。在这样的情况下,有必要展开

"优胜劣汰"，让技术领先的头部企业进一步实现降本增效，淘汰掉那些落后产能。2015年，工业和信息化部发布《光伏制造行业规范条件》，将"38号文"对多晶硅产线参数的要求进一步升级，规定多晶硅生产过程的电耗须小于120千瓦时/千克；新建和改扩建项目电耗须小于100千瓦时/千克。2016年，中国多晶硅产量达到19.4万吨，历史上首次超过全球产量的50%，这其中7家头部企业的产量占据全国总产量的80%以上，能耗、成本、环保等各项指标处于全行业领先地位，可以说政策的引导起到了积极的效果。

但是与此同时，"38号文"也体现了政府对光伏行业"高耗能、高污染"（俗称"两高"）倾向的担忧，引发了舆论对此问题的广泛争论。

"38号文"的出台也使海外多晶硅巨头趁机大举扩张对华销售力度，抢占中国市场。据中国海关总署统计，2009年中国进口多晶硅2万吨，占国内需求的55%。而2010年，中国进口多晶硅超过4万吨，多数月份同比增长超过100%，多晶硅价格也从每千克55美元上升至近100美元，海外巨头从中国攫取的利润规模在数十亿到上百亿元人民币。从2009年到2015年，中国进口多晶硅达到46万吨，这从一个侧面也反映出了中国下游企业对多晶硅原料持续的旺盛需求。

更高的进口多晶硅价格会抬升光伏组件的终端价格，进而增加光伏发电成本，不利于中国开发光伏电站。2009年12月，国家能源局官员表示，国内多晶硅有50%要从国外进口，中国不存在多晶硅产能过剩的现象，这是中国政府官员第一次站出来为此前的"多晶硅产能过剩论"松绑。事实上，当时多晶硅行业的现状是：总量不过剩，质量比较低，能效和技术水平偏低。不久，时任科技部部长万钢、时任中国可再生能源学会理事长石定寰也先后表态反对多晶硅产能过剩说法。

从政策面的角度来讲，最务实的态度自然是搁置分歧，推动行业健康发展。于是在2010年的最后一天，工业和信息化部、国家发展改革委、环保部会同有关部门制定了《多晶硅行业准入条件》，并在2011年1月初发布。文件对多晶硅项目的技术指标要求基本延续了"38号文"当中的要求。但这一次，新的《多晶硅行业准入条件》的关注点从讨论"是否过剩"转向了"企业是否环保生产"，并且不再将多晶硅与"两高"相提并论。工业和信息化部一位官员强调："我们出台这个文件不是要限制企业，而是要规范行业发展。"一位参与起草这一文件的人士指出，产能规模、能耗要求、环保要求是中国新建多晶硅项目的"三道红线"，其中的产能规模（大于3000吨／年）如果参考国际标准，当时国内只有四分之一的企业能达到这一水平。这一标准将有效遏制国内规模小于3000吨／年的多晶硅小型工厂一直存在的能耗较高、缺少四氯化硅闭路循环装置等问题。未来新建的项目必须通过审批，符合各项准入条件，否则将无法上马。

为了共同推动国内多晶硅产业健康发展，2010年2月4日，由洛阳中硅、中国有色工程设计研究总院、清华大学和天津大学联合组建的洛阳多晶硅材料制备技术国家工程实验室正式揭牌成立。实验室广发英雄帖，欢迎各路多晶硅企业参与其中，并形成了一个多晶硅高技术产业联盟，严大洲任联盟副秘书长。当时这个联盟组织成员单位相互交流，每年举办4次企业参观活动，被访企业自选交流主题，比如多晶硅的安全生产、质量控制、环保要求、工程设计等。这种开放式的行业交流方式极大地促进了国内多晶硅行业的技术进步，比如还原炉设计的大型化。此后24对棒、36对棒、48对棒、60对棒、72对棒的国产还原炉形成了一条清晰完整的升级通道，使得配套的辅助工艺设备、电器设备、工艺管线和阀门都相应减少，有效提升了多晶硅生产企业的生产效益，降低了物耗、能耗，减少了操作人员数量，降低了建设投资，使得相同生产规模的厂房占地面积越来越小——2009年，一个产能1000吨的工厂占地1000亩（1亩≈667平方米），如今一个产能10万吨的工厂占地同样是1000亩。2011年，全国申请多晶硅准入备案的企业多达58家，行业初步呈现出良性复苏的态势。在国务院出台《关于促进光伏产业健康发展的若干意见》（国发24号文）后，国内光伏市场规模扩大，多晶硅需求扩大，产品价格回升，很多企业开始复产。到2013年年底，国内开工企业达到15家，产能16万吨。同时国家开始把多晶硅项目审批权限下放到地方。多晶硅产线投资额也大幅下降，从 2005—2010 年的 7 亿~10 亿元/千吨下降到 2013 年的 2 亿~4 亿元/千吨，2016 年进一步下降到 1 亿元/千吨。2014 年，协鑫多晶硅产量占全国总产量的 49.1%，到这一年年底，国产多晶硅价格达到 151 元/千克，比 2013 年年初增长 25.8%，企业盈利情况明显好转。

"38 号文"提到过"严格控制在能源短缺、电价较高的地区新建多晶硅项目"，不支持在中东部能源成本较高的地区新建多晶硅项目，引导一部分企业开始往西北部能源价格洼地转移。比如 2013 年年底，原本在重庆万州生产多晶硅的大全集团，开始在新疆投资建设多晶硅生产基地，此后协鑫、特变、东方希望等企业也纷纷在新疆建设大型多晶硅生产项目。

在新疆，企业利用当地极其廉价的煤炭资源，通过自备电厂或附近的燃煤电厂发电。东、中、西部地区大工业用电成本分别为每千瓦时 0.6 元、0.5 元和 0.4 元，按照主流多晶硅生产线综合电耗 80~90 千瓦时/千克（2016 年数据），折合多晶硅电价成本就是每千克 54 元、45 元和 36 元，而新疆自备电厂发电成本只有 0.1~0.2 元/千瓦时，用电成本在 0.2~0.25 元/千瓦时，能大幅降低多晶硅成本结构中占比较高的电费成本。另外，新疆阿勒泰山、天山一带有着丰富的石英硅矿资源，其中准噶尔地区探明储量达到 1.2 亿吨，围绕其发展的石英硅开采、工业硅生产企业众多。到 2015 年年底，中国多晶硅企业生产成本降至 11 美元/千克，甚至略低于 2004 年欧洲光伏市场爆发之前海外多晶硅头部企业 12 美元/千克的生产成本，实现全球最低，基本实现对国外太阳能级多晶硅的进口替代，产品质量基本达到电子级三级品的要求。此时中国多晶硅企业历经近 50 年的发展，终于在太阳能级多晶硅的质量、成本、规模等方面全面领先国外企业。

当北方人见识到疯狂的南方

2008 年，靳保芳的晶龙集团实现销售收入 118 亿元，利税 26.5 亿元，缴税占宁晋县财政收入的 52%。有人评价说："宁晋工薪阶层的工资一半是晶龙发的。"晶龙也成为河北省第一家销售收入突破百亿元的民营高科技企业，一举进入中国企业 500 强。

当年，靳保芳先后到无锡尚德、南京中电、江西赛维 LDK 等头部企业考察，感受到了南方光伏企业闪电般的发展速度。事实上南方的光伏产业已经做"疯"了，有些地方卖袜子、卖服装、卖麻将机的人纷纷向光伏行业转行，遍地都是五六台单晶硅炉的小厂。沿海附近的许多家庭，买上两三台线切机，再买几根单晶硅棒，切成片就拿出去卖。杨怀进说："假如你投资一台 1000 万元人民币的硅片切割机，那么在三个月之内，你就可以收回这台切割机的成本。投资太阳能电池产线的话，基本上当年收回全部成本，甚至还有利润，哪怕你仅仅是把几十吨重的设备空运回来也能挣钱。因为大家都知道，与其在海上漂一个月，不如早两三个礼拜放到你的车间里去'印钱'嘛。"有一次，王俊朝给一个海南的企业建好了光伏产线，他问对方工厂净化工作是怎么考虑的，对方回答："净化？我们海南空气好，用不着净化。"而在另一家广州的光伏工厂里，王俊朝看到工厂的管理混乱到狗都可以在车间里到处乱跑。光伏产业已经狂热到不讲技术参数，不论质量管控的失控边缘了。

跨界入局企业当中规模比较大的有信泰集团，它是温州最大的眼镜企业，其眼镜业务拥有 1800 名员工，2010 年产值 2.8 亿元，税后利润不到 1400 万元；而光伏业务虽然只有几百名员工，2010 年产值却达到 20 亿元，其中一个厂产值就有 5 亿元，利润 6800 万元。

王俊朝指出，光伏设备投资额的大幅下降是国内很多老板跨界进入光伏领域的重要原因。他给出了一个公式：1 个工程师 +5000 万元投资 +2000 平方米厂房 =7.5 亿元产值。当时一片 125 毫米 ×125 毫米大小的电池片可以卖到 70 多元，一条电池产线可以在半年内收回投资成本。

除了很多中低端制造业企业进入光伏领域，还有一些半导体企业也想到光伏行业分一杯羹，比如在华为被美国制裁后日渐被国人所熟知的中国芯片巨头中芯国际。这类半导体企业有两大特点：一是轻视了光伏制造的技术难度，二是总想按照半导体产线的高标准来建设光伏产线。王俊朝曾经同中芯国际高层面谈，言谈中对方透露出一种轻视光伏设备产线的傲慢态度："我们半导体集成电路 400 多个工艺环节，你们这才多少，也就十来个工艺环节吧？"在那一波跨界企业当中，中芯国际是唯一没有采用中电 48 所设备来建设光伏产线的企业。它的工程师曾经还非常激动地给王俊朝打电话说："我想到可以用离子注入机代替扩散炉来做'p-n 结'环节，整个掺杂过程可以精确控制。"但王俊朝反问道："离子注入机产能有多少？你机器旋转一靶只有几十片，而扩散炉一次最少能做 200 片（后来做到 400 片），你的成本和效率能比得了吗？"但对方坚持按照半导体产线的思路建设。有一次中芯国际的员工向王俊朝说道："我们几个工厂一个月的电池片产能有 10 万片之多。"王俊朝反问道："你知道 25 兆瓦电池片产线一天的产能是 3 万片吗？我们一条产线只用 4 天就抵得上你们几个厂一个月的产能。"几年以后，对方向王俊朝感叹道："王所你说得没错，光伏制造想要低成本做到稳定、高产、一致性好，还真不那么容易。"

虽然中芯国际、台积电等中国半导体企业后来相继退出了光伏制造领域，但很多半导体领域的高端人才从此进入光伏制造业。比如 2022 年异军突起的光伏制造企业一道新能，其董事长刘勇曾经就是中芯国际北京厂厂长。时至今日，中芯国际跨界进入光伏领域的"前同事联盟"每年还会举办一次聚会，人数多达数十人。

回顾那段时间国内企业跨界涌入光伏行业的疯狂浪潮，杨怀进说："这就像我走到海边，有很多鱼跳到岸上来了，我捡了好几筐鱼。等天亮了，渔民见到那么多鱼，会觉得我是一个非常厉害的渔民，空手竟然还能捕到这么多的鱼，并表示要对我进行投资，造大船让我出海捕鱼。实际上这都是高估，高估我们的能力，高估我们的本事，没人愿意听我们来解释这个行业，了解真相更是无从谈起。"

就在这个时候，靳保芳预感到光伏行业的"大洗牌"即将来临，现金为王的时期就要到来。他卖掉了晶澳 600 万股份，变现 4 亿元。2008 年 8 月，刚从南方考察归来他就立即召集所有中层干部开会，突然宣布了一个让所有人大吃一惊的决定："甩货！一点库存都不留！"当时光伏市场可以说是如日中天，晶龙一片薄薄的 6 英寸单晶硅片能卖到 60 元，而且客户都是先打预付款，等着来拉货的。

果不其然，一个月后硅片价格开始下行，10 月从 50 元 / 片跌到 30 元 / 片，而市场远没有探底企稳的迹象，后来甚至跌到 15 元 / 片。而此时晶龙已经资金回笼，9 月单月净利润就达到 1 亿元，如果再晚一个月，就得赔上 1 亿元。同时晶龙调整经营策略，减少原材料采购量，根据生产进度快进快销，以产订购，以产定销。这一系列及时的举措让它在行业"入冬"时为自己留足了"棉袄"和"干粮"。

曾随靳保芳到南方考察的晶龙集团常务副总经理贾二英感慨道："行业火爆的时候，每个人都在谈论风险，可又有谁能坐视有钱不挣？能断然做出撤退的决定，靳总确实有着好企业家对市场超乎寻常的敏感。"困难时期，有子公司建议裁员 30%，靳保芳听后立即回复道："企业再困难，职工一个也不能下岗！"从 2008 年 10 月到 2009 年 9 月，晶龙没有一人下岗。"危机来了，员工都指望着企业，这时候裁员，大家的生活怎么办？要为员工保住饭碗。"靳保芳说道。

2008 年，晶龙成为年产单晶硅 5000 吨、石英坩埚 12 万只、硅片 2 亿片、电池片 1 吉瓦的"航母"级企业，在全球电池片企业中产量已经排名第七，与无锡尚德并列中国第一。但到了 2009 年，晶澳在上半年连续停产 3 个月，亏损 2090 万美元。"工闲"时晶龙就邀请专家对员工进行培训。因为及时止损，产业布局得当，晶龙集团上半年依然实现盈利近 1 亿元。杨怀进在当年的一场沟通会上说："我们都是种地的农民，突然天上掉金子了，大家都发财了。现在不掉了，大家不用感觉像天塌了一样，认真种地就行。"

为了让身处下游的晶澳公司早日走出困境，2009 年 8 月，作为集团董事长的靳保芳兼任晶澳首席执行官。他带领团队通过节能降耗，使得每瓦产品的非硅制造成本（也就是除了硅料以外的成本）降低了 15%。从 2008 年起，晶龙全员转变观念，狠抓质量。过去市面上大量单晶硅片的效率只能达到 17% 左右，而晶龙将效率提升到 18% 以上。不仅如此，晶龙自主研制的"超薄片切割法"，用 100 微米的切割钢线，切出了 180 微米厚度的单晶硅片，成品率超过 99%。这样每千克单晶硅能多切出 6.67 片，增加效益近 200 元，每台设备每刀省下了 40 千米长的钢线。年产千吨多晶硅的晶龙，每年因此增加 2 亿元进账。而这只是晶龙在 2008 年研发出的 246 项科技创新成果当中的一项。

走出去的"陷阱"

懂得"踩刹车"的企业家不只靳保芳一人。就在多晶硅价格一路飙升的过程中，瞿晓铧也没有签硅料的长期供货合同。瞿晓铧想：50 美元/千克的时候都没签，现在 80 美元/千克了，还签它干啥？结果一路涨到 400 多美元/千克。当时如果签一个十年的长约，一口气承诺购买 100～200 吨硅料，单价瞬间能降到 100 美元/千克，可谓"魔鬼的诱惑"。

看到一些同事因此沉不住气了，瞿晓铧说："人家签长约的，能赚 30% 以上的毛利就让人家去赚。虽然我们没签，但只要保证 15% 的毛利就可以，再低对企业不利，要对股民负责。"但实际上 30% 以上的毛利和 15% 的毛利，反映在股票市场上的估值是完全不一样的。一个会被捧到天上，一个会被砸到地下。全球金融危机发生的 2008 年，多晶硅现货价高达 400 美元/千克以上，并且供不应求，但阿特斯从 2008 年 10 月初就开始限制高价硅料的采购，并开始限产限量，是市场反应最快的光伏企业之一。

瞿晓铧说："那时候市场还很乐观，很多企业觉得西班牙削减补助不算什么，其他市场会迅速补上。人都会有这种心理，不愿相信市场会有起伏。那年 9 月份雷曼宣布破产，很多企业也没想到这会对实体经济造成影响。基于以上这些因素，我感觉到了风起于青蘋之末，于是决定紧缩。"2008 年 9 月，阿特斯接连开会，研究对策。到 10 月完成部署，决定只按照一个月的生产需求来备料，即便出了问题也只是损失一个月的库存。

瞿晓铧永远不会忘记，公司最后一次能签硅料长单的机会发生在清华园里。那天是 2011 年 4 月底的一天，清华大学迎来了百年校庆，庆典正在隆重举行。台上杨振宁和老校友合唱着《西南联大校歌》，台下瞿晓铧却紧握着手机，跟阿特斯负责采购的副总持续通话，决定要不要跟一家美国公司签十年期的多晶硅料长约。

瞿晓铧思考再三后说："这个事情我想不清楚，我觉得这么大的事情，想不清楚就不做。"后来瞿晓铧回忆说："我觉得不要去赌，这可能跟理工男的性格有关。"

"我们不一定要做第一，但一定要做到一流。想进入第一方阵，就要勇于争先，跑在前列。如果说一定要做第一名，那就会出现超越经营底线的问题，做事情还是要自然点儿。"阿特斯不做第一，只做一流，是瞿晓铧一直坚持的一个理念——就像他在清华大学表现出的那样，安安稳稳地做一个"中人"。

妻子张含冰也这样认为，她说："他稳健的性格源自他的成长经历。他父母是清华大学的老师，他小时候在这里长大，清华院校里面高手如云。他说他读大学的时候成绩总是中游，他看到很多比他厉害得多的人。这使得他在创业成功之后能够一直保持平和的心态。"

瞿晓铧说："光伏这个行业，在上一轮周期倒下的企业基本上都犯了一个错误，就是对上游的高纯多晶硅料做了比较大的投资，或者自己投资生产，或者签了一些长期订单。阿特斯是属于比较少见的企业，抵抗住了诱惑。"

在很多企业押注多晶硅的时候，瞿晓铧选择返回他的另一个"大本营"——加拿大。很多人都盯着美国市场，但2009年，加拿大安大略省，也就是瞿晓铧先前工作的地方，通过了《绿色能源法案》，要重点开发光伏项目，而牵头的本土企业正是他任职过的安大略省电力公司。瞿晓铧认为跟着它做，肯定可以做起来。于是瞿晓铧把当年用加拿大家庭地址注册的"皮包公司"变成一个货真价实的"加拿大太阳能公司"，还拿到了一批电站项目，最后证明这些电站盈利情况非常好。到2010年，阿特斯海外团队中的外国员工已超过了100人，其中有一些是瞿晓铧在加拿大工作时的朋友、同事，瞿晓铧原来的一个老板还成了阿特斯加拿大公司的总经理。

在 2009 年拿到光伏电站建设指标以后，整个阿特斯加拿大团队都乐观地认为不出一年这些电站就能建好，因为光伏电站建设周期确实只需要几个月的时间。招标方要求中标者在当地生产光伏组件，于是这些外国同事就紧急订购光伏设备，随后大张旗鼓地干了起来。设备到位了，员工培训了，中国骨干技术人员也抽调过去了，结果瞿晓铧傻眼了——2010 年年底，阿特斯中标的所有电站，全部卡在了环境评估、社区咨询等环节上。于是他们继续筹备、继续等待，结果到 2011 年年底，还是一个电站都没通过，直到 2012 年年底才有几个电站通过环境评估获得开工许可。原来加拿大当地环境评估工作非常复杂，需要电站建设方考虑的问题包括：电站遭遇洪水怎么办？洪水之后会不会淤积泥沙，会不会出现水土流失的情况？该地块是否属于候鸟的迁徙地？如果是的话，那么一年当中到底有多少候鸟落地？电站建成影响了候鸟迁徙，如何解决这一问题？诸如此类还有很多问题，阿特斯加拿大团队这才体会到开发海外电站的不易。一个美国朋友对瞿晓铧说："安大略省的这一波市场的特点就是，你可能会犯下你能想到和你想不到的所有错误。"好在 2014 年，也就是中标 5 年之后，阿特斯在加拿大安大略省的光伏电站全部建成，转让给了电站的长期运营方。在这期间，加拿大当地的光伏制造企业和电站开发商可谓"血流遍地"，很多企业倒下了，而阿特斯好在已经开展了全球多元化的市场布局，没有被安大略省这一个"泥潭"拖住，最后在这里赚得了丰厚的投资回报。根据彭博新能源财经的统计，2010—2015 年，阿特斯始终是在海外开发电站最多的中国企业。截至 2015 年，其开发规模超过 1.2 吉瓦，是第二名海润光伏的 5 倍左右，加拿大也成为中国企业在境外开发光伏电站规模最大的国家。

在开发加拿大光伏电站的同一时期，阿特斯另辟蹊径，开拓起了日本市场。2009 年，阿特斯在日本成立事业部，在东京最繁华的地段设立子公司，推广光伏户用系统和电站业务。阿特斯是最早进入日本市场的两家中国企业之一，当时没有人重视这个市场，都觉得日本人选择光伏产品肯定是"胳膊肘往里拐"，只偏爱日本本土产品。阿特斯在日本埋头做了几年工作之后迎来了转机，2011年日本福岛第一核电站发生事故导致本国所有核电站关闭，此后日本大规模推广光伏应用项目，阿特斯成功把握住了这个机会。随后几年时间，阿特斯都是日本境内海外光伏品牌中的第一名。

2011年，瞿晓铧自豪地说："现在中国的太阳能行业主力企业当中，在海外有10兆瓦以上电站EPC[①]经验的有谁？如果有一两家，阿特斯肯定包括在内。何况我们的经验不只是来自一两个项目。我想这些是阿特斯综合竞争力的组成部分。"

张含冰在拓展海外市场的过程中起到了关键作用。在韩国参展时，张含冰连续两年都碰到一个韩国人来跟她打招呼，他是一家欧洲公司的韩国分公司总经理。张含冰借着攀谈的机会向他了解韩国市场情况，聊着聊着就感觉这个人可能有加盟阿特斯的念头。第二年回国后张含冰立马给他发了邮件，告诉他阿特斯要在韩国成立分公司，问他愿不愿意加盟，对方欣然应允。

早期阿特斯没有市场部，张含冰的名片上连职务都没写，所以这位韩国人不清楚张含冰的身份，但他觉得张含冰说话挺有分量。他回忆说："当时我猜大概是老板娘。"后来这个韩国人为阿特斯立下了汗马功劳。在韩国市场萎缩之际，阿特斯日本分公司的一位经理离职，公司就把这个韩国人派了过去。他连日语都不会讲，却让阿特斯日本分公司的业绩连续三年保持增长。瞿晓铧评价夫人说："她主管全球市场部，这个部门很重要。女士对于市场的敏感度要比男士好，所以我们的市场部女士多，包括我们在海外做市场的员工也是女士居多。"

敦煌"六毛九"事件

在瞿晓铧转向加拿大和日本市场进行布局的时候，苗连生想"一口吞下"国内市场中最大的电站项目。

---

① EPC是Engineering Procurement Construction的缩写，指"设计、采购、施工一体化模式"。

2008 年，英利上市 1 年后就遭遇全球金融危机的冲击。苗连生带领管理层到井冈山参加誓师大会，喊出了"狭路相逢勇者胜，勇者相逢智者胜"的口号，外人并不理解这样做除了提振士气还有什么作用。但很快，来自欧、美、亚多国的 60 多家客户共 300 余人参加了 10 月在保定召开的英利年会，苗连生宣布英利在全球率先主动降价，把组件价格从 4.1 美元 / 瓦降到 2.98 美元 / 瓦，随后又降到 2.6 美元 / 瓦和 1.99 美元 / 瓦。

这样做给英利带来了立竿见影的效果，当年销售组件 281 兆瓦，收入 85 亿元，利润 13.5 亿元，业绩较 2007 年翻番，全球排名第六，成为业内为数不多的实现年初目标的企业。在 2009 年德国汉堡举办的欧洲太阳能光伏展会上，苗连生语惊四座："全球行业的定价权在我这儿，只要我们英利不涨价，谁也涨不上去！" 2009 年，英利产能成为中国第一，世界第四。

苗连生不仅要出口海外的定价权，他还想利用超低价格在当时国内市场最大的电站项目中拔得头筹。2009 年 3 月 22 日，北京鸿坤国际酒店内，甘肃敦煌 10 兆瓦光伏并网发电特许权示范项目举行招标。这个项目占地 100 万平方米，总投资约 5 亿元，年均可发电 1637 万千瓦时。虽然在今天来看这只是一个小项目，一年的发电量只够 2021 年全国人民使用 62 秒，却是当时国内最大的光伏发电站示范项目，因此意义重大。

敦煌项目的竞标胜出方需要在 18 个月内建成发电站，并拥有 25 年的特许经营权。敦煌项目最终确定的中标电价有可能成为国内后续光伏电站并网的基准价格或重要参考价格，甚至影响到国内未来的光伏发电补贴政策。

此次招标共有 18 家竞标者参与，其中包括中国五大发电集团（华能、大唐、华电、国电、中电投）和主要的光伏企业，多数企业的报价都在 1～2 元 / 千瓦时，而英利（准确地说，是英利绿色能源和国投电力组成的竞标联合体）报出了 0.69 元 / 千瓦时的价格。这个价格顿时引起业内一片哗然——此前获批的 4 个光伏发电项目，中标价都是 4 元 / 千瓦时。这次中广核能源团队通过大量计算，摸底报出了 1.09 元 / 千瓦时的价格，却发现自己只是次低价。面对当时 10 元 / 瓦的组件、2 元 / 瓦的逆变器价格，这家电力央企的负责人无法想象 0.69 元 / 千瓦时的价格如何能做到盈利。

时任国家发展改革委能源研究所可再生能源发展中心副研究员的胡润青也表示:"我们本以为投标价应该在两元多,没想到市场变化这么大。"作为评审委员的王斯成看到英利的报价后一脸不可思议。还有业内人士说苗连生是"价格屠夫"。而有的企业家则批评英利是"害群之马":"我们的'本事'就是降价!一降价,在欧美市场就会出现一片中国企业自相残杀的情形。任何产业都是这样。为什么我们要重蹈家电行业的覆辙?"9月的中国(无锡)国际新能源产业峰会上,施正荣宣称:"谁能做到0.8元/千瓦时还赚钱,我愿意奖赏1000万美元!"而苗连生说:"同行做不到,只能说明他们研发管理、成本控制做得不行啊!这种事总得有人当靶子,我们是想传递给政府和老百姓这样一个信息:太阳能发电不是贵族,其价格并不是高不可攀的。"

也有人分析说像敦煌10兆瓦这样备受瞩目的大项目,一旦拿下来就是中国光伏并网发电的老大哥,这样名声可以一炮打响,以亏本换市场未必不合适。但英利首席战略官马学禄说,公司这个价格完全可以做到收支相抵。

在1个月后举办的2009中国(洛阳)太阳能光伏产业年会上,13家光伏龙头企业签署了《推动光伏发电"一元工程"建设》倡议书,指出光伏产业奋斗目标就是在2012年实现光伏发电1元/千瓦时的上网电价目标,而英利方面表示提前到2010年就能实现。

在敦煌10兆瓦项目竞标之初,参与招标的官员曾经提示过竞标人,谁出价低就给谁。但面对这个结果,敦煌市负责该项目的一位领导也有点头疼:"我们希望有个大家都能接受的合适的价格,而现在这个价格出来以后一片哗然,我们自己也不是很乐观。"把项目给英利,达不到通过这个项目来摸底发电成本的目的;不给英利,怎么来平衡各方利益、彰显公平?开标以后,还需要经过评委评审,然后上报国家发展改革委批准,最终确定中标者。

最后的结果出乎很多人的意料:英利没有中标,但英利的联合方国投电力以1.09元/千瓦时的电价拿到了一个标段,中广核、赛维LDK BEST(彭小峰控制的另一家光伏企业)与比利时Enfinity公司组成的联合体成为最大赢家，以 1.09 元 / 千瓦时的电价中标剩余标段。中国第一个光伏特许权项目下了一个"双黄蛋"。而在重重反对的压力下，国投电力与英利的联合体在 6 月上旬主动退出了竞标。国家发展改革委的构想是，借 1.09 元 / 千瓦时这个"锚"，上马一批光伏发电项目，推动企业降本增效，让光伏上网电价降到 1 元 / 千瓦时以下。

中广核很快进入建设阶段，选择了赛维 LDK、阳光电源和无锡昊阳作为组件、逆变器和平单轴跟踪系统的供应商。英利以意想不到的方式再次参与了这个项目。中广核负责人在组件发货前几天来到赛维 LDK 工厂，他们看到崭新的组件已经装好了箱，但是由于欧洲市场在忙着抢装，赛维 LDK 选择把这批新鲜出炉的组件运往海外，因为海外订单价格高、利润丰厚，所以没有按原计划把货发往敦煌。中广核只好去找英利，以 9 元 / 瓦的价格临时采购了英利的组件。到 2010 年 10 月，中广核敦煌 10 兆瓦项目全部建成并网。

然而这不是中国首个光伏并网大项目的故事结局，它的命运就像敦煌莫高窟的命运一样坎坷：在电站投运之后不久，支架出现了大面积故障，在敦煌的狂风中，大量的支架轴承、电机等零部件几乎全被摧毁，只因为在计算 1.09 元 / 千瓦时的底价过程中，中广核的计算依据是采用平单轴跟踪支架。当时这项技术的不成熟给敦煌 10 兆瓦项目的运营方狠狠地上了一课。中广核团队立即与厂家沟通，更换电机，还让支架企业安排了一个售后维修团队驻扎在敦煌，基本上把所有的零部件都换了个遍。也因为出现这起事故，中广核团队发现在敦煌这样的高纬度地区，冬天阳光照射条件比较差，用平单轴跟踪支架的发电量还不如用固定支架，于是中广核开始对跟踪系统与发电量之间的关系进行研究。在敦煌 10 兆瓦项目之后，中广核在新能源，尤其是光伏和风电领域都实现了更好的发展，成为新能源电力投资企业中技术储备实力最强的企业之一。

中广核和国投电力都在敦煌 10 兆瓦项目中选择了阳光电源的逆变器，这是对阳光电源产品质量的认可。阳光电源用十年的时间，把逆变器价格降低了 90%，不仅在与 SMA、西门子等众多外企逐鹿中国市场之时脱颖而出，在此后更是成功地将众多外企"挤"出了中国。阳光电源负责人说："敦煌10兆瓦特许权项目建设时，逆变器价格高的很大一部分原因是不少零部件还必须依靠进口采购。而这十年来，随着零部件国产化、集成技术的发展，再加上规模化效应，逆变器的价格飞速下降。"

就在敦煌10兆瓦项目招标的2009年第一季度，英利上市后首次出现季度性亏损，净亏损1.42亿元，而2008年第一季度还是2.2亿元的净利润。英利的马学禄回忆说："当时投标六毛九，我们沉默了3个月，业内一片骂声。"很长一段时间，"六毛九"都成了讽刺英利的代名词，甚至有人后来指责英利"摧毁光伏产业""导致德国反倾销"。苗连生想："你们都骂我六毛九，那我就放个大招，把你们骂回去。"于是他决定在2010年，抛出两枚"重磅炸弹"。

中国光伏真正的奥秘

2008年6月在上海举办的"光伏产业领袖高峰论坛"上，中电48所副所长王俊朝被客户围着催货。王俊朝觉得自己很幸运，赶上了一个朝阳行业在中国的发展。以前中电48所在没有找到产业化出路的时候，他去参加各种部委的会议，中电48所这种专用设备的厂家总是被人瞧不起，王俊朝始终憋着一股气，直到进入光伏行业这口气才算出来了。

虽然下游的光伏企业面临着全球金融危机的冲击，但2008—2009年，可以说是中国光伏设备突飞猛进的一段时间。

2008年年底，成立刚满一年的连城数控成功研发出中国第一批具有自主知识产权的多线切方机，质量和性能都可以与国外竞品相媲美，而此前该型设备全部需要进口。2010年连城数控的切方设备实现销售收入1.46亿元。

同样在2008年，利用自家设备做起了电池业务的中电48所实现太阳能电池产销51兆瓦，位居全国第11，使湖南省从一个几乎没有光伏产业的省份跨入全国前五。更重要的是，当年国内的每一条太阳能电池产线上，都可以看到中电 48 所的产品。

2009 年 12 月，无锡开源机床集团有限公司（无锡机床厂）投资成立的无锡开源太阳能设备科技有限公司宣布，国内第一台太阳能电池晶硅全自动多线切片机研制成功，技术性能与国际先进水平相当，这标志着我国全自动多线切片机依赖进口的历史宣告结束。

2009 年，中国光伏设备企业从硅材料生产、硅片加工到太阳能电池的生产以及相应的纯水制备、环保处理、净化工程的建设等，都已经初步具备成套供应的能力。当年王俊朝表示，与欧美大厂设备相比较，中国设备价格大概从对方的五分之一起跳，甚至只有对方的十分之一，在价格上绝对具有竞争力。

但是 2009 年年底，一直以来都想在长沙养老的王俊朝突然向中电 48 所递交了辞呈，他说："一辈子没对组织提过要求，现在就是想安安静静地离开，换个活法。"当时他已经是厅级待遇，再过几年就能安安稳稳地退休，但他放弃了体制内的一切。领导们在经过数月的挽留无果后，最终同意了他的辞职申请。随后他举家迁往深圳，与他人联合创办了大族光伏，继续做光伏设备。

事实上，王俊朝当时并不同意中电 48 所对发展方向的选择。眼看电池片企业赚得盆满钵满，为这些企业提供设备的中电 48 所不甘心只做"卖铲人"，因为一条 25 兆瓦的产线设备，中电 48 所能拿到的销售额只有 1000 多万元，但做出来的电池片年产值却超过 7 亿元，所以中电 48 所的领导希望扩大企业在光伏领域的营收规模，进入下游制造环节。但是王俊朝认为，中电 48 所应该专注于光伏设备的研发与制造，不应该同自己的客户直接竞争，但他的反对没有效果。在进军下游之后，所内不断抽调他手下的设备技术人员去做电池片、做组件、拉单晶硅棒。后来十几年的发展也显示出，这一过程对中电 48 所的光伏设备研发制造实力造成了明显的冲击，中电 48 所渐渐退出了国内光伏设备厂商的第一梯队。另外一边，深圳市方面积极地联络王俊朝，希望把他作为高端领军人才引入深圳，深圳市政府有关领导甚至亲自到长沙来动员他,还把如何安置他家人的问题一并考虑妥当,解决了他很多的后顾之忧。于是两方面因素叠加,王俊朝举家来到深圳创业,继续钻研他所热爱的光伏设备领域。

当时他考察了一遍市场上热销的设备,发现这些设备用的都是两年前的技术,需要更新换代了。他说:"如果本土设备跟不上工艺技术的发展,好不容易建立起来的市场和技术基础必然受到动摇,与国外设备的差距一定会被拉大。"王俊朝带领的团队一大半时间都待在电池片工厂,调研客户对下一代设备的需求,而基于对他的信任,很多知名光伏企业甚至把生产车间完完全全向王俊朝团队敞开,让他们与工程师毫无保留地交流,比如在尚德产线上,他的团队通过两个多月的日夜奋战,很快找到了产品的切入点——一种被称作高方阻扩散的工艺。

确定研发方向后便开始研发,每天工作十多个小时,2个月后完成第一套图纸设计工作,6个月后新一代设备出炉,这套设备的电池片转换率比当时主流国产设备高出0.2%左右。而让王俊朝意外的是,样机的图纸还没完全设计完成,客户的订单已经来了。他感慨道:"以前大家会看重你的地位、级别,但从中电48所出来后我什么都不是,大家却依然对我这么信任。所以我相信真诚地对待别人,就能够收获真诚。"短短半年时间,公司的合同金额累计到了3亿元。

在王俊朝离职前后,中电48所的光伏设备也取得了令人瞩目的成绩:在单台设备方面,中电48所的单晶硅炉、清洗制绒机、高温烧结炉、丝网印刷机、多线切割机等众多设备,性能指标达到国内领先、国际先进的水平,填补了国内市场空白。而中电48所的看家设备——高温扩散炉和等离子体刻蚀机在国内的市场占有率已经高达80%。中电48所的铸锭炉电耗低于国外先进水平,国产全自动高精度太阳能电池测试分选设备各项技术指标接近国外同类设备的先进水平,碎片率指标优于进口产品,多线切割机的双棒切割成品率达到98%,高于国外水平。

与此同时,中电48所还在2010年推出了从硅片加工到电池组件生产"整线交钥匙"的解决方案。2010—2012年,中电48所的太阳能电池"交钥匙工程"受到市场认可，2010年提供了20条25兆瓦太阳能电池整线"交钥匙工程"，而2012年第一季度的订单量就达到此前三年的总和。

这样一条标准的25兆瓦太阳能电池产线，如果完全采用进口设备，需要投入近7000万元，而采用国产设备，只需投入2500万元左右。用王俊朝的话说："国外建一条产线的投入可以在中国建三条产线。"因为光伏产品更新换代速度快，所以按照实际生产情况，采用3年折旧期来算，国内产线生产的每一瓦太阳能电池比进口产品能低0.6元人民币。这对于面临激烈竞争的中国光伏企业有着巨大的吸引力。而这才是中国光伏对比国外同行，能够更快实现产品价格下降、抢占更广大国际市场的重要奥秘。

在2008全球金融危机之后，中国光伏企业的扩张与金融危机前出现了明显区别，过去"有钱快挣"的目标是第一位的，所以是用钱换时间，进口设备和进口交钥匙产线成为首选；但此时欧洲各国纷纷开始阶梯式地削减光伏电站补贴，电站投资者对电站建设的成本更加敏感，光伏组件的采购价格就要进一步下降，传导到制造端，光伏制造企业此时再扩产就要考虑成本因素，而制造设备降成本就成为重点。这一时期，中电48所、精工科技等国内企业领导均表示，组件厂商在采购设备时会"货比三家"，而更具性价比的国内优秀设备厂商也因此脱颖而出。这一次扩张比全球金融危机前的"野蛮生长"来得更加理性。

2010年10月，中电48所与赛维LDK签订近百台光伏设备销售合同，总金额近1亿元，是中电48所装备销售史上"一次性订货数量最大、合同总金额最多"的单笔合同。而这些设备将是赛维LDK的电池片产线上唯一的国产设备。同年，中电48所还与常州亿晶、江西瑞晶、天通股份等多家光伏企业签订光伏设备订单和"整线交钥匙工程"合同。

当年，中电48所不仅向阿联酋交付光伏产线关键设备，实现中国大型光伏装备的首次出口，还向美国应用材料公司出口了除丝网印刷机外的光伏产线整线设备。也就是说，从20世纪80年代开始就领先中国光伏设备的这家美国企业，开始接受中国光伏设备的"反向出口"。

2010年1—9月，中电48所的光伏设备销售额破纪录，超过2005—

2008年光伏设备销售额之和，在中国光伏电池制造设备领域占据着80%的市场份额。中电48所凭借11.8亿元的光伏装备销售额，在2010年首次进入全球前十。当年中国太阳能电池制造商进入全球前十的一共有五家，而光伏装备领域只有中电48所一家。时任中电48所所长骄傲地说："现在，你们所有光伏企业一投资建产线，首先就会想到我们的扩散炉。"

很有意思的是，由于2010年光伏行业陷入"硅料荒"，中电48所的销售负责人甚至因此拒绝出售光伏设备产线。"上次居然有几个温州商人，要合伙买我们的半条产线，被我一口拒绝了，即便你生产线安装好了，也很可能没法投产，因为你根本买不到硅料和硅片。"这位负责人说道。

从2002年到2011年1月，中电48所累计向尚德、赛维LDK、阿特斯等国内光伏企业提供了3300多套光伏设备。根据Solarbuzz的统计，2008—2011年，中电48所、精工科技、京运通和铂阳精工四家设备厂商收益总和的年复合增长率超过200%。

截至2010年，我国各个环节的光伏设备国产化情况大致如下：

硅料提纯环节，国产设备的技术水平仍然与国外产品差距较大，在当时较为薄弱。

硅片加工环节，不同细分领域的设备情况略有不同。单晶领域，国内部分合资企业生产的高档全自动单晶硅炉接近国际先进水平，但价格仍然较高，所以没有普及开来。自动化程度较低、价格低廉适用的中低端单晶硅炉得到大量应用，而且以性价比优势占据国内市场90%以上的统治地位，还批量出口到亚洲其他国家。其中，2004—2006年，国产单晶生长设备销售额从0.8亿元涨到了3.5亿元。

而在多晶硅领域，京运通、精工科技、汉虹等厂家的国产多晶硅铸锭炉，与美国GT、德国AGL、法国ECM等国外厂商的产品形成了激烈竞争。截至2010年，中国企业使用的铸锭炉实现了从100%进口到国产设备占据30%份额的跨越。到2011年，国内已经有超过30家企业在生产多晶硅铸锭炉和单晶硅炉设备。

切方、切片设备还在加速国产化进程中，硅棒切方国产设备基本过关，切片机尚不成熟，其中中电 45 所生产的 DXQ-601 型太阳能多线切割机也进入国内市场，打破了国外多线切割机一统天下的局面，为国产设备争得一席之地。后来中电 48 所也研发出这种设备以后，定价 25 万美元，而西方设备厂商得知情况后立刻就将原价 80 万美元的机器打了 5 折，以 40 万美元的价格出售。

电池片环节，部分产品如扩散炉、等离子刻蚀机开始少量出口，太阳能电池产线所需的 10 多种设备中，有 6 种主辅设备在国内产线占据主导地位，有 2 种和进口设备并存，同时份额在逐步扩大，还有 3 种则 100% 依赖进口，分别是全自动丝网印刷机、自动分拣机和平板式 PECVD。

另外，截至 2010 年，中国电池片产线上已经出现了国产的自动插片、取片、上下料机构以及设备间的部分转送装置，离国产整线设备组成的全自动电池生产线的诞生又更近了一步。

组件生产设备中的层压机等高端自动化产品与国际先进水平相差无几，且有明显的技术特色，但占据市场大部分份额的也是中低端产品。

总体上看，当时的国产光伏设备主要有这样几个特点：一是主要集中在晶硅光伏产品，其中硅料加工、电池和组件环节的设备占比最高。比如 2009 年，中国光伏设备销售额 20.21 亿元，其中 65.1% 是晶硅生产和加工设备，34.9% 是电池片制造设备。我国在一些单个环节具备"整线交钥匙工程"的装备能力，但不具备生产所有光伏大生产线设备（比如硅料环节设备）的能力。二是重点主要围绕传统光伏设备，力求达到"物美价廉"，但对新技术领域研发投入不足，原创技术少，测绘模仿多，技术进步缓慢。三是没有执行统一规范的行业标准，设备企业"各自为政"致使规格不统一，又缺乏与设备使用方的交流沟通，给使用方带来不便。

中国电子专用设备工业协会的资料显示，当时太阳能设备已经成为我国电子专用设备的主力军。但与此同时，我们还要清醒地意识到，制造端的龙头企业，在选择关键环节的重要设备时，为了优先保证产品的性能、良率和生产的稳定性，很有可能首选还是进口设备，国产替代的过程并不是一蹴而就的。

壮士断腕

南存辉一番好言相劝，成功地留下了正泰的优秀实习生陆川。

当时正泰太阳能为了规避硅料成本暴涨的问题，选择了薄膜路线。在多晶硅料价格 400~500 美元/千克的时候，多晶硅组件价格为 2 美元/瓦左右，而薄膜的用硅量只有晶硅的 1/200 左右，价格上"努努力"就可以达到 1 美元/瓦，所以即便效率低一点，薄膜的性价比也占优势。但从 2009 年年底到 2010 年年初，随着多晶硅价格的继续暴跌和下游需求的萎缩，多晶硅组件价格跌到了 0.8 美元/瓦，比薄膜的价格还低。正泰太阳能本想在 2010 年拿着薄膜的产能去美国上市融资，这下直接被宣判了"死刑"。

陆川说："早在正式入职太阳能部门之前，我就见识到了光伏这个跌宕起伏的产业。2009 年国庆节前，公司还在组织工人加班加点，但国际金融危机下，节后很多订单突然都取消了，公司产线一度停产。"

在陆川的回忆中，最为惊心动魄的一次，是 2009 年公司急需购买硅片，找到了一家企业，但对方要正泰先支付 3 亿元的预付款。陆川说："要知道当年公司销售额都没有 3 亿元，所以最终这个合同经过评估取消了。后来才知道那家硅片厂根本就没有投产，好在我们决策成功，有惊无险地渡过了。"

当时正泰的薄膜技术团队还在苦苦坚持，认为薄膜还能降本，与晶硅展开一搏。但正泰的薄膜设备全部靠进口，产品也尚不成熟，晶硅降价速度依然很快。在这种形势下，正泰只能选择小规模引入晶硅生产线，为一些德国客户做贴牌代工。在这个过程中，由于德国人对品控管理要求严格，所以正泰被倒逼着提高了晶硅生产端的能力，正泰内部的技术路线天平在逐渐倾斜。2012 年，正泰最后一批薄膜组件交付完成以后，薄膜产线彻底关停。

对于走过的弯路，陆川一点也不避讳："其实没有那么复杂，犯错就认错，方向不对掉头继续。"正泰的基因就是"创业"精神，所有成绩都是创始人、董事长南存辉和全体员工一点一点做出来的。陆川说:"我们常说正泰的钱是拧螺丝拧出来的,我们最大的优点就是对行业有敬畏感,吸取教训。江浙企业最大的优点:实事求是。"有错就要认,挨打要立正。

而在南存辉开始在战略上放弃薄膜技术路线的当年,汉能的李河君毅然杀入这个领域。后来,李河君几乎买下所有他能买到的薄膜光伏技术和生产公司。这让南存辉心有余悸:太过守旧会被淘汰,而过于超前创新会沦为先烈,正泰应该清醒地保持适度创新。

南存辉没有将全部的光伏筹码押在制造端上。2009 年 10 月,浙江正泰新能源开发有限公司成立,它成为行业内少数拥有电力工程总承包二级资质的新能源企业。公司成立的目的也很明确:建电站,收电费。当时正泰电站业务选择兵分两路,有人做国内电站,而陆川去做海外电站——这也就是陆川所说的"掉头继续"。

从 2009 年到 2012 年,国内还没有"光伏上网标杆电价"这个东西,意味着当时正泰建设的国内电站就是按照脱硫煤电价来结算的,只有几毛钱。直到 2012 年标杆电价推出以后,正泰的电站才获得了标杆电价的待遇。

其中正泰宁夏石嘴山 10 兆瓦项目,总投资金额高达 2.4 亿元。这么大的投入需要银行贷款,可没有光伏标杆电价,怎么去说服银行呢?当时银行的工作人员去向主管部门了解:将来你们能给光伏电站的电价是多少?主管部门的回复是 1.3 元 / 千瓦时,因为只有这样才能保证电站项目的现金流。后来官方给出的标杆电价历史最高时也只有 1.15 元 / 千瓦时,低于 1.3 元 / 千瓦时。

这时国内投资光伏电站的民营光伏制造企业还不多,而且规模都很小。为什么正泰要"吃螃蟹"呢?南存辉与他们的思考角度有些不同。建设电站除需要用到光伏组件,能帮助正泰消化一部分产能外,光伏电站还需要直流柜等一系列配套的电力产品,而正泰的制造端刚好能满足这些需求。

2009 年 9 月,浙江第一个兆瓦级别的光伏电站项目成功验收,是坐落在杭州能源与环境产业园的 2 兆瓦屋顶光伏发电项目,正泰集团为这个项目提供了全套的光伏组件、配件和安装服务。换句话说，如果这个电站不是由正泰操盘的，那么其光伏产品、配套产品和施工建设很可能来自三家不同的企业，而无法由一家企业"全包圆"。早在2006年布局光伏产业之时，正泰就已经覆盖了各种与电相关的产品。

2010年6月，国家发展改革委公布了总计280兆瓦的光伏并网发电特许权项目招标方案。国内光伏企业的"西部大开发"才算正式拉开序幕。而到这一年，先人一步的正泰已经部署了宁夏、青海、新疆、甘肃总计1.8吉瓦的电站投资项目。在光伏制造业遭遇寒冬的时候，正泰紧紧围绕电站建设做文章，除了在国内抢滩登陆，还在欧美、中东、韩国、泰国各地承接电站建设项目。当时韩国最大的光伏电站项目，用的就是正泰的单晶电池组件。

正泰渐渐摸索出一种模式：依托电器设备的主业，用投资电站的方式，带动光伏产品的销售。在全球光伏行业"哀鸿遍野"的2012年，正泰销售额突破50亿元，盈利达到1.6亿元。

然而就在这时，正泰出现了较大的人事变动，陆川再一次"临危受命"，而他将面对的是一个他从来没有接触过的全新领域。

秋天里的"一把火"

从2008年第四季度开始，全球光伏行业进入一个"死循环"：银行收紧资金流动性，不给光伏电站项目贷款，各国投资商就没有资金建设新项目，就不需要采购那么多光伏组件，光伏制造业各环节需求就会急剧萎缩，比如组件价格就会持续下跌，而采购商见状就会进一步收紧采购意向，对下跌保持观望。

2008年第四季度，天合光能净亏损70万美元。这在当时的中国光伏业已经算是一个"佳绩"。但高纪凡连春节都没过完，2009年正月初六就带着销售部门的高管，坐上了飞往欧洲的航班："先到客户那里去，听听市场最真实的声音，一定会有不一样的收获。"

只是他没想到，欧洲本土受到的冲击竟然如此猛烈。动身前往德国之前，他们已经约好与一家大型光伏企业洽谈，而当高纪凡来到这家公司时，接待人员告诉他：公司已经破产。就在他们起飞后不久，公司向当地法院申请了破产保护。

一家倒了，就去下一家。随后一行人又飞往巴黎拜会了几十家企业，关于产品、认证、物流、付款方式，他们一项一项地与客户沟通，有的客户当场就签订了新订单。等到开春，天气回暖，天合光能的订单就逐渐多了起来。

欧洲企业负责人认为萧条只是暂时的，他们依然对光伏行业的前景充满信心。高纪凡还从客户那里了解到，欧盟把光伏定为战略性发展方向，欧洲一家银行2009年向光伏产业投放的资金会比2008年增长50%~100%。与此同时，由于组件成本在电站投资中占了很大比重，2009年组件价格同比下降30%，而德国光伏电价只下降了9%，所以光伏电站的投资回报率反而有了较大的增长。高纪凡因此相信，眼前的寒冬并不是末日，而是一次低位扩张、弯道超车的好机会。

回国后，高纪凡加速推进产能扩张，投资5亿美元建设500兆瓦的垂直一体化产品生产基地，意味着天合光能要在2008年年底400兆瓦的组件产能基础上快速实现翻倍增长。要想实现这个目标，就需要大笔的贷款融资，当时银行一听说是光伏企业，立刻"大门紧闭"，而天合光能却在2009年顺利拿到了5家银行的3亿美元银行贷款。

因为天合光能每个季度发完季报，财务负责人就主动到银行与行长、信贷负责人沟通经营情况、行业政策，把自己的账目给银行看，甚至包括海外子公司的账目。长期如此，几家合作银行都对天合光能的经营情况知根知底，信任感日积月累，就从来没出现过"晴天放伞，雨天收伞"的状况。

2009年，天合光能毛利率为28.1%，同比增长19.8%，净利润9760万美元，同比增长59%，以399兆瓦的出货量名列全球光伏企业第八位，首次进入全球前十。而这一年国内市场出现了新的转机。

为了进一步促进国内光伏发展，中国在2009年开始推行"金太阳"工程，中央财政从可再生能源专项资金中进行安排，支持光伏发电在国内的示范应用。纳入"金太阳"示范工程的项目原则上按光伏发电系统及其配套输配电工程总投资的50%给予补助，偏远无电地区的独立光伏发电系统按总投资的70%给予补助。

随着一系列产业刺激政策的出台，国内光伏制造企业又变成一派热火朝天的景象。无锡尚德的一位副总裁对媒体说："订单应接不暇，工人三班倒作业都忙不过来，货车在厂门口排长队等着提货。"

除了头部企业纷纷扩大产能，很多其他领域的企业也杀了进来。全国各地光伏产业园的建设大潮一浪高过一浪，有45个城市宣布要建设千亿元级的光伏产业园。截至2010年，中国400家参与光伏产业的企业中，有300家左右都在从事太阳能电池片和组件的生产加工。时任中国光伏产业联盟（中国光伏行业协会的前身）秘书长王勃华为此可犯了难：很多地方的光伏产业园开工建设，都要请他去做嘉宾剪彩。他心知肚明，这样一哄而上的建设不是什么好事，但是如果去给人捧场，就不能说实话砸场子。最后没办法，王勃华只好以自己"身体不适""没有时间"等各种理由来推脱。

在"金太阳"示范工程的刺激下，国内光伏电站新增装机规模从2008年的几十兆瓦快速增长到2009年的160兆瓦和2010年的500兆瓦。事实上，"金太阳"示范工程虽然在一定程度上启动了国内市场，但补贴方式存在一定的问题，因为短期内一次性补贴光伏电站建设的效果，不如长期补贴光伏发电。就政策面而言，一次性补贴投入较大，就会限制能得到补贴的电站规模，对于有效消化阶段性过剩产能起到的作用很有限。而从政策效果来说，无论哪种补贴方式，国家希望达到的最终目的都是鼓励生产更多可再生能源电力，而不是简单地建造发电设施。但一次性补贴建设工程会导致一部分设施在建完以后，不一定会"认真"发电。我们抛开"金太阳"示范工程，用美国投资税收抵免政策来说明这一点。如果你要在美国兴建一个光伏电站，在某些年份中就会在联邦层面得到投资税收抵免（ITC），占电站投资额的30%，也就是100万美元的投资"补贴"30万美元。一些州政府也会给予一定的投资税收抵免，甚至比政府"补贴"的比例还要大。比如2015年，北卡罗来纳州提供额外的35%，而路易斯安那州提供额外的50%。在路易斯安那州建光伏电站，只需要出资20%的比例即可。如果建设者把光伏组件安装在有树遮挡的屋顶上，发电量会直线下降，但既然只要出资20%，谁还会那么在意发电量呢？这就是不同的激励政策会对人的行为产生不同的导向作用的原因。类似的情况也出现在"金太阳"示范工程项目中，一部分企业采取"跑审批、骗补贴、拖工期、以次充好"等手段，先是骗取"金太阳"示范工程项目的建设资质，然后在实际建设中虚报采购金额，采用低价的劣质材料进行建设，建成之后只要拿到补贴，甚至不去实际经营光伏电站。这就导致国家的资金发放下去了，却没有产生应有的发电量。截至2012年年底，"金太阳"示范工程只有装机总量的40%实现并网发电，其他工程都因为各种原因没能并网。到2013年5月，国家宣布取消"金太阳"示范工程项目。

面对国内的"光伏热"，天合光能的创始人高纪凡有着不一样的思考：根据市场研究机构iSuppli的报告，2009年全球电池组件的平均价格同比下跌了37.8%，硅片价格同比下跌了50%，多晶硅价格同比下跌了80%。而2010年，德国联邦参议院通过了可再生能源法光伏发电上网补贴修订案，把德国光伏发电补贴额降低了13%，法国等国家也计划在2010—2011年取消对太阳能电池和组件的补贴政策。2008—2010年，受到国际金融危机和补贴退坡政策双重夹击，欧洲的很多光伏巨头，如Q-Cells、Sovello、Odersun都面临经营困难。

高纪凡预计这样的同行洗牌同样会在中国发生，可能会比欧洲晚2~3年。就在这一时期，他没有继续沿着"思维惯性"去扩张产能，而是选择苦练内功，加强天合光能的技术创新实力。

2007年，时任科技部部长万钢认为：企业应该成为科技创新的主体。当年科技部提出要建设37个企业国家重点实验室，并没有纳入新能源领域。但 2009 年,科技部突然发文宣布将太阳能光伏、风力发电等方向补充列入第二批新建企业国家重点实验室能源领域的指南方向。与依托高等院校和科研院所建设的国家重点实验室有所不同,企业国家重点实验室主要是面向社会和行业未来发展的需求,开展应用基础研究和竞争前共性技术研究,研究制定国际标准、国家和行业标准,聚集和培养优秀人才,引领和带动行业技术进步。除了很多国字头的企业,像华为、华大基因、科大讯飞、海尔集团、格力电器等都设有企业国家重点实验室。

当时高纪凡有一个非常坚定的信念:"不扩产,搞研发。"他对科研团队说:"国家重点实验室,代表一个国家在某个科学领域的最高水平。天合一直坚持科技创新,现在机会这么难得,再难也要申请下来,即便今年不行,我们也要按照高标准严要求先做起来,明年继续争取。"冯志强在美国半导体公司工作多年,后来成为天合光能国家重点实验室主任。回国后当他第一次见到高纪凡时,高纪凡告诉他:"我为什么要召集全球的技术人才回来?现在光伏行业大家都在扩产,但我觉得未来十年的趋势是用技术创新驱动公司发展,我觉得应该走这条路。所以你回来的话,就来天合光能做研发吧。"当时常州市政府领导也很支持天合光能申请国家重点实验室,带着高纪凡一起去科技部汇报。科技部来到天合光能考察时,发现企业确实有实力承接这个实验室。随后科技部复审入围名单,高纪凡用 50 分钟详细介绍了天合光能的基本情况、实验设备、科研人才、研究方向等内容。经过一番激烈的角逐,最终于 2010 年,科技部决定在天合光能和英利一南一北成立两个国家重点实验室,分别是"光伏科学与技术国家重点实验室"和"光伏材料与技术国家重点实验室"。天合光能的国家重点实验室确定了高性价比电池、高性价比电池材料、高效高可靠组件、智能和建筑一体化系统等研究方向,围绕光伏发展中亟须解决的"高效低成本"等核心问题,开展应用性基础研究和产业化前瞻性研究。为了做好配套,天合光能投资 2.4 亿元建设实验室大楼,并于 2012 年 5 月落成启用。天合光能在投建这座大楼期间,正值光伏行业深度调整的阶段,很多企业都面临着资金紧缺的压力,但高纪凡认为再苦不能苦研发,就算"勒紧裤腰带"也一定要按照高标准把国家重点实验室建设好。从2010年到2020年，天合光能的这座国家重点实验室累计投入研发资金约100亿元，并逐步发展成世界级的技术创新平台，也为天合光能的技术创新能力奠定了扎实的基础。

国家重点实验室需要组建一个强大的学术委员会团队，天合光能委员会由13个委员组成，包括冯志强在内，来自天合光能的只有3个人，其他10位都是来自国内外的顶级光伏专家，包括来自德国弗劳恩霍夫研究所的主任以及澳大利亚新南威尔士大学、中山大学、浙江大学的教授。当时天合光能的实验室还需要聘请一位代表行业顶尖水平的首席科学家，学术委员会当中弗劳恩霍夫研究所主任说他有一位朋友可以堪此大任，是皮埃尔·弗林登（Pierre Verlinden）博士。皮埃尔在知名的光伏公司SunPower工作了长达11年的时间，并曾长期担任研发总监。经过弗劳恩霍夫研究所主任的游说，皮埃尔博士辞掉了原来的工作，全职加入天合光能，后来一直干到了退休。这些中外学术精英的加入成为天合光能的一道"金字招牌"，为天合光能吸引来了更多优秀的博士毕业生，他们中很多人都是这些学术委员的得意门生，天合光能整体的研发实力也大大增强，此后多年不断刷新光伏电池转换效率的世界纪录。

2010年，天合光能不仅业绩傲人，还获批建立国家重点实验室，可谓"双喜临门"。但英利的苗连生可能才是那一年里，整个光伏行业中最开心的人。

世界杯球场上的方块字

2006年，在德国世界杯上尝到甜头的苗连生，想要让英利正式成为2010年南非世界杯的赞助商。但每届世界杯官方赞助商名额只有8个，而且不是靠"砸钱"就能搞定的。企业需要经过国际足联一系列评估机制的筛选，所以多年来赞助商名额都被世界顶级企业垄断，中国企业一直没有机会。但英利抓住了一条：国际足联宣传其使命是"改善世界环境，创造美好未来"。这与英利致力于为世界提供清洁可再生能源的使命不谋而合。最终经过激烈角逐，英利成功跻身南非世界杯的官方赞助商，在全部64场比赛中"刷屏"，也成为第一家赞助世界杯的中国企业。业界推测英利为此次赞助至少花费了2亿元。同年英利还成为拜仁队的赞助商，成为德甲第一家中国赞助商。

"烧钱"做这些事情，是因为苗连生提出英利要从制造工业品向打造"全球品牌"的消费品转型。通过赞助足球赛事，把产品打入各个国家的市场是英利的真正目的，还有不少新员工也是因为看到这个广告才了解并加入英利的。苗连生要求赞助世界杯的广告必须做到：一要有汉字，二要出现"中国"两个字。为了这两点诉求，苗连生从北京飞到瑞士，又从瑞士飞到南非，用了3个月，行程超10万千米，最终才征得国际足联的同意。在南非世界杯的球场边的广告中，打出"中国英利"4个大字，与麦当劳等品牌的英文标识轮番出现。苗连生说："我相信外国人看到这个广告也会感到新奇，他们也会上网搜索这4个汉字的含义。"

在南非世界杯期间，英利公众关注度提高了9倍，苗连生说："半决赛的时候'官网都炸了'，英利市值增加5.44亿美元，海外订单激增，厂里所有车都开出去拉货了。"后来因为订单量大大超出产能，英利还将产品价格提高了5%~7%。同时英利进入一些外国政要的视线，一些南美和非洲国家政府开始与英利接洽太阳能项目。英利销售覆盖的国家和地区从20多个扩展到近50个。那年南非世界杯开赛以后，苗连生忙得没有去看一场球赛。那时的英利看上去一切都很美，上市公司英利绿色能源营收125亿元，净利润14.19亿元，毛利率达到33%。

2010年，除了世界杯，苗连生认为自己还办成了一件大事。这个项目的一期投资高达25亿元。为了做成它，苗连生抵押了个人股权进行融资。而他用这个项目的名字，掷地有声地回应了一年前围绕"六毛九"的质疑。

早在2007年9月，英利就成立了一个神秘的部门，取名"筹粮处"。只有11个人参与其中，其他人都不知道这个部门是干什么的——英利是要给自己筹措粮食？直到 2010 年 1 月，英利 1 号院里挂上了一块崭新的牌子："全球最完整产业链"。这时候谜底揭晓："筹粮处"，就是英利自建硅料厂的前身，厂名叫"六九硅业"。

在硅料价格暴涨时期，"拥硅为王"的上游供应商提出：英利可以跟我们签长期合同，但 10 年内不能自建硅料厂。苗连生不能忍受这种受制于人、被"卡脖子"的状态，于是拒绝签约，忍受着短期采购硅料带来的高价，遂有了兴建"筹粮处"的打算。为了不让硅料厂商知情，自然要保密。

但是滑稽的事情也出现了，对政府部门难道也保密吗？负责项目的张明利回忆："刚开始不敢说是什么项目，又拿不出东西来，报什么呢？"结果光申请地皮就跑了 3 个月。推进过程中，11 个人为了熟悉工艺流程，拿着词典阅读厚厚的英文资料，还花了几千美元请来 19 人的专家团队进行培训。

即便在六九硅业官宣试产、工艺流程图公开之后，关键设备参数和反应温度等信息依然保密："我给你这些物料，不告诉你温度、压力，你弄不出来。"这是英利的最高机密，外人进入六九硅业厂区都禁止拍照，行政部经理警惕性很高："当年大庆油田一张海报，日本人都能分析出产量来。"

与主流多晶硅厂商的三氯氢硅法不同的是，英利选择了硅烷法，斥巨资从国外进口设备，希望一步到位解决当时硅料生产"高污染""高耗能"的问题。用传统方法生产 1 吨多晶硅，会产生超过 10 吨的剧毒副产品四氯化硅。而六九硅业的这种方法是闭环生产，无污染、无废气，不生成四氯化硅，原料到成品转化率高，单位能耗也低。

但之所以它没有成为主流方法，一个原因是硅烷气体安全性比较差，遇空气易爆炸。日本小松公司就曾发生过爆炸事故，后来就没有再推广。而张明利说英利的安全保障系统总投资 2.1 亿元，是全球最先进的。

同赛维 LDK 的硅料项目一样，"筹粮处"筹建的时候，硅料价格尚在高位，但六九硅业投产的时候，硅料价格已经降到了 50 美元 / 千克左右。而当时主流方法的生产成本就达到 50～60 美元 / 千克。赛维 LDK 的新闻发言人姚峰说，国内项目只有把成本控制在 30 美元 / 千克左右，才能实现

"微利"。

整个 2010 年上半年，英利人都告诉外界，他们能把硅料成本控制在每千克 28 美元以内。张明利说："我们花这么大价钱做全产业链，第一不受别人制约，第二可以更好地控制成本。"英利新能源在官网上写道："与全球范围内的同类型企业相比，我们的优势更加明显——我们的全部生产线均位于同一生产基地，能够最大限度地减少中间环节成本。"苗连生相信：自己动手，丰衣足食，"成本＋规模"，可以一举夺魁。但很遗憾的是，实际成本超过硅料售价的六九硅业没能"幸免于难"。2011 年，六九硅业计提减值 22.75 亿元。2013 年，英利财报上不得不承认"我们的多晶硅成本可能高于市场水平"。2015 年 4 月，保定市宣布对"治理无望"的六九硅业实施关停搬迁。

和天合光能一样，苗连生想要打造"垂直一体化"的光伏产业链，但他有两点与高纪凡不同：苗连生希望英利"全包圆"，靠自己打通硅料、硅片、电池片、组件和电站所有环节，英利也的确做到了。高纪凡与他相比，不仅放弃了风险最大的硅料环节，而且采用产业园集群的开放式协作完成垂直一体化。不同的企业家在这一点上意见存在明显的分歧。瞿晓铧就反对单个光伏企业做全产业链布局："你想什么都抓，最后 5 个指头都按不住的。成熟的企业很少做全产业链，它会专注自己最有能力做精做好的一块。"苗连生想不到的是，英利"大而全"的包袱终究会将他压得喘不过气来，直至他"退而不休"的那一天。

第六章
凛冬将至

亚利桑那，不足为外人道也

2019年，奥巴马夫妇投资拍摄的一部纪录片《美国工厂》（American Factory）讲述了"中国玻璃大王"曹德旺于2014年起在美国代顿市投资建厂，生产汽车玻璃的故事。这部纪录片获得了第92届奥斯卡金像奖最佳纪录长片奖。而早在曹德旺投资办厂的4年前，尚德就已经来到美国的亚利桑那州筹建工厂。当地政府对尚德到来的兴奋劲，丝毫不逊于代顿市欢迎曹德旺。

在我们正式开始讲述尚德走向败落之前，请允许我们稍稍离题，讲述这个在中国光伏产业中鲜为人知的故事——尚德在美国亚利桑那州建厂后不久又关闭了工厂。这是中国第一代出海建厂的光伏企业，从这个故事中，我们还能得到这样几个问题的答案：把工厂开到外国电站投资者的家门口，是否划算？中国地方政府鼓励扶持光伏企业办厂的举措，是不是"天下独有"的？海外工厂的供应链体系能否经受住国际贸易争端的考验？

2010年5月，来自德国的肖特太阳能公司（Schott Solar）庆祝其在美国新墨西哥州的工厂开业。同一周，尚德宣布要在美国开设一家工厂，并在半年内完成选址。选址小组对美国17个州进行了考察，很多州的政府官员都对尚德来本州开办工厂表示热烈欢迎，各地"招商引资"的积极性丝毫不亚于中国。宾夕法尼亚州和密歇根州的州长亲自打电话给施正荣，希望尚德过去办厂。尚德首席技术官温汉姆博士在得克萨斯州访问时，新墨西哥州的经济发展组织负责人专门飞过去请温汉姆一行人吃饭。而亚利桑那州的大凤凰城经济委员会（GPEC）每隔两三天就给尚德负责人打电话，问他们还需要了解什么信息，还想见什么人，他们会提供全面而周到的一站式服务。亚利桑那州同无锡一样，希望通过吸引尚德这样的企业，聚拢更多的光伏企业兴办工厂，他们把亚利桑那州称为"美国的太阳能之都"。

亚利桑那州的相关负责人之所以如此热情，是因为2008年房地产泡沫破裂时，亚利桑那州和佛罗里达州、内华达州等处于阳光地带的州受到的冲击最大。亚利桑那州失业率从2007年年中的3.5%涨到了2010年年初的10.8%，建筑业职位数量几乎腰斩，而尚德正是在此时宣布办厂的。前后两任州长都认为亚利桑那州的产业转型升级迫在眉睫，不能依赖建筑行业，要发展其他新兴产业。老州长还让亚利桑那州商务部门在2007年发布了一份《亚利桑那州太阳能发电路线图研究报告》。新一任州长说："这里一年320天的阳光是无可匹敌的，在这里发展太阳能产业是理所当然的。"尚德到来时，当地已经有十几家光伏企业。2010—2012年，当地光伏相关岗位数从2105个上升到5000个以上，成为全美光伏从业人数第二多的州。

早在尚德公布来美建厂之前，亚利桑那州立大学的行政管理人员乔纳森·芬克（Jonathan Fink）就前往无锡拜会了尚德和阿特斯。芬克还招聘了两个曾经在新南威尔士大学受到过施正荣培养的行业人才加入亚利桑那州立大学。

2010年10月8日，几百名中美商人、政府官员、工人齐聚美国亚利桑那州嘉年市（Goodyear）——一个约6.5万人口的小城市。这里正在举办一场盛大的仪式，庆祝尚德开办新工厂，这是中国第一家"绿色科技"制造企业在美国投资建厂。亚利桑那州州长在发言时回过头去，对身后的施正荣说："施博士，今天真是个好日子！"当地报纸《亚利桑那共和报》将尚德落户美国称为"美国吸引外资的重大胜利"。

尚德首期投资1000万美元，建设50兆瓦的太阳能电池板产能，其实这只占到尚德当年29亿美元营收和1.5吉瓦发货量的很小一部分。尚德全球员工共有2万人，而这里只雇用了75名当地工人，每名工人会得到32000~35000美元的年薪和医保。尚德北美销售部总裁乐观预测，几年之后这里就能雇用1000名美国工人。然而在顶峰时期，这里也只雇用了100名工人。虽然美国工厂体量很小，但对于当时的尚德来说，进入欧洲以外的市场对找到新的盈利增长点至关重要。

几乎同一时期，英利也宣布要在美国建厂，它还获得了美国能源部450万美元的支持，但最终英利取消了在美建厂的计划，因为2008年国际金融危机爆发后，电池价格大幅下跌。2011年，在美国生产电池的成本在0.55美元/瓦左右，而在中国不到0.4美元/瓦，意味着1兆瓦的产量，就要差出15万美元。美国工厂的25兆瓦产能如果实现满产，则成本相差375万美元左右，当年合2400万元人民币，差异巨大。后来上任的尚德首席财务官金纬看到这个成本差异时，恨不得立即关闭美国工厂。

成本差异中超过50%并不是由劳动力成本而是由供应链成本造成的，因为一些原材料成本比中国高出了20%。施正荣早就清楚这一点，他的想法是可以耐心地"再等几年"，静观美国的光伏供应链配套网络，比如玻璃、接线盒、支架的本土制造商体系的完善，能不能使这个成本差异缩小。因为在2008—2009年，Solar World公司、肖特太阳能公司这些欧洲光伏企业也都在美国开设工厂，美国本土企业"理应"有动力成为这些电池片、组件企业的供应商。其间，奥巴马总统在2009年2月签署了《2009年美国复苏与再投资法案》（ARRA），推出了一揽子刺激和优惠方案，规定先进能源生产可以取得抵扣税，总计23亿美元，一个新建、再建或扩建的可再生能源项目可以抵扣总投资成本的30%，除此之外，还有可再生能源项目贷款担保、使用设备的奖励折旧等，购买尚德光伏产品的家庭和企业还有资格获得联邦投资税收抵扣（FITC）。尚德在2009年的年报中描述："增加这处生产设施将使我们能争取到只对美国制造商、不对外国制造商开放的项目。"但这座小小的工厂很快就被卷进一场国际贸易风暴中。它就像一只漂浮在大海上的小舢板，一个浪头过来，还能勉力支撑；一次海啸袭来，便无影无踪。

一份"划时代"的《通知》

2010年8月和10月，尚德美国工厂还在建设中，美国商务部初裁对中国产铝型材征收最高137.65%的反补贴税及59.31%的反倾销税。铝型材的用途之一是制作封装光伏组件的金属边框。而尚德美国工厂依赖从中国进口的铝框架，当时在美国没有可替代的同类产品。

2010年9月，美国钢铁工人联合会按《1974年美国贸易法案》第301条款的规定，向美国贸易代表办公室提交了长达5800页的申请书，称中国政府给予新能源企业高额补贴，提高了产品的价格优势，影响美国人就业。他们称过去两年美国光伏产品需求量增长了41%，而在中国出口至美国的太阳能电池翻番的情况下，美国本土产量只增加了7%，四家美国主要生产商损失了580个就业岗位。这份调查申请是奥巴马政府收到的第一宗301申请，"301条款"针对的是影响美国产品/服务贸易的外国不公平行为。在申请文件中，美国钢铁工人联合会声称中国给新能源行业发放的补贴高达2160亿美元，占全球新能源补贴规模的一半。时任国家发展改革委能源研究所副所长的李俊峰指出，这份5800页申请书当中提到的很多中方政策都早已过时，但都被美方罗织成了所谓的"证据"。2010年10月15日，美国政府宣布接受美国钢铁工人联合会的请求，启动对中国清洁能源有关政策和措施的"301调查"，其中涉及中国的风能、太阳能、高效电池和新能源汽车行业的154家企业。

在两天后的媒体发布会上，时任国家发展改革委副主任、国家能源局局长的张国宝指出，美方对中国的指责不成立，很多数据都是靠臆想和猜测产生的，所谓调查只是为了争取选票，而不是公平贸易。因为半个月后的 11 月 2 日就是国会中期选举，美国钢铁工人联合会的地位举足轻重，其选票可以左右候选议员的成败，而失业率是他们最关注的问题。当时美国失业率在 9.5% 的高水平附近已维持 14 个月，如果奥巴马不启动调查，必然激怒作为民主党主要支持者的美国劳工团体。

2010 年 10 月 19 日，中国机电产品进出口商会举行媒体见面会，驳斥美方指控。时任中国机电产品进出口商会一部主任的孙广彬说，要论补贴，美国政府从补贴政策到补贴金额，都是全世界首位，动作又多又快。2009 年以来，美国对新能源、能效、智能电网都有补贴，补贴金额超过 250 亿美元。时任中国机电产品进出口商会副会长的姚文萍说，此前访美过程中，美国能源部副部长曾向她表示，美国对新能源行业实行补贴政策，个别企业享受的补贴金额高达 8000 万美元。而目前中国的新能源出口支持政策还在研究之中，并未启动。与美国的现金补贴相比，中国的支持也不是直接给钱，没有任何一家企业得到补贴。

中国机电产品进出口商会还强调，美国展开"301 调查"，最终损害的是美国自身的利益。以光伏组件为例，2010 年 1—8 月，中国对美国出口的组件份额中，有 75% 为加工贸易，中国企业主要赚取加工费，绝大部分的利益由美国企业获得。而占中国组件出口量 50% 以上的企业，都是美国上市公司，对中国展开"301 调查"损害的会是美国投资者的利益。

2010 年 10 月 21 日，包括华锐、英利、GE 在内的多家中美可再生能源企业在北京举行"301 条款"问题座谈会。李俊峰呼吁，国内可再生能源生产企业要据理力争，不能沉默也不能抱怨，争取在 90 天内使美国政府撤销这一调查。李俊峰还说道，在 WTO 的规则中，确实规定不能因出口表现给予补贴，但中国因出口给予的优惠政策只是返还 17% 的增值税，这在国际上是通行的做法，而美国因为没有增值税，所以不存在这方面的问题。国家发展改革委能源所研究员姜克隽也提到，中国对风能、太阳能的补贴都是在发电环节，并没有补贴到生产制造上。

在美国"301 调查"风波发酵期间，中国光伏企业还收到来自欧洲市场接二连三的坏消息。从 2010 年 12 月 10 日起的 3 个月内，法国会暂停建设部分光伏项目，这期间会研究是否应该限制建设电站，并进一步削减支付给光伏发电企业的补贴费率。捷克政府则实施了更严苛的惩罚方案，对光伏电站电力销售的收入征收 26% 的"太阳能税"，还要追溯性地征收之前已经"免去"的税收，以此消除捷克光伏电站的投资泡沫。2011 年 1 月，德国光伏产业与德国政府达成一致，确定了 2011 年中期光伏补贴电价加速下调的方案，从 2011 年 7 月 1 日开始，补贴会有 3%～15% 不等的削减。这个政策的原则是"装得越多，补贴越少"。比如，装机容量在 3.5～4.5 吉瓦，补贴下调 3%；而如果装机容量超过 6.5 吉瓦，补贴则下调 12%。

有的光伏企业家表示，欧洲削减补贴对中国光伏企业来说并不全是坏事，因为中国光伏产品在性价比上的优势会因此更加突出。然而他的判断中忽略了一点：一些欧美国家不会眼睁睁地看着本土光伏制造企业在面对中国产品的激烈竞争时，如自由落体运动一般出现业绩下滑、丧失竞争力乃至被淘汰出局的局面。2005—2009 年，中国光伏产品出口额较此之前增长超过 10 倍，即便在 2008 年国际金融危机的冲击下，2009 年出口也达到了 154.4 亿美元，同比增长 147.8%。从图 6-1 中我们可以看到 2007—2011 年中欧太阳能电池出货量，其中中国电池出货量连年翻番，4 年增长近 20 倍；而欧洲电池出货量在 2011 年大幅下跌，直接退回到 2008 年的水平。欧洲出货量从与中国出货量旗鼓相当，到只有中国出货量的十分之一，仅仅过去了 4 年的时间。在这样的竞争态势下，欧洲方面怎么可能"坐以待毙"？

2010 年，尚德成为北美最大的光伏组件供应商，出口组件 250 兆瓦，占据 20% 的市场份额。因为直接运输组件的成本较高，尚德计划把现成的电池和零部件运输到美国工厂，然后由美国工人封装成组件，包括焊接电池片、覆盖玻璃、涂上密封胶、装上接线盒、安装金属边框等步骤。尚德美国对外事务前副总裁史蒂夫·查蒂玛（Steve Chadima）说："只有在不增加成本的情况下我们才会这样做（让美国工人封装组件），而且美国工厂的产量也不会占到尚德组件销售总量的大头。"

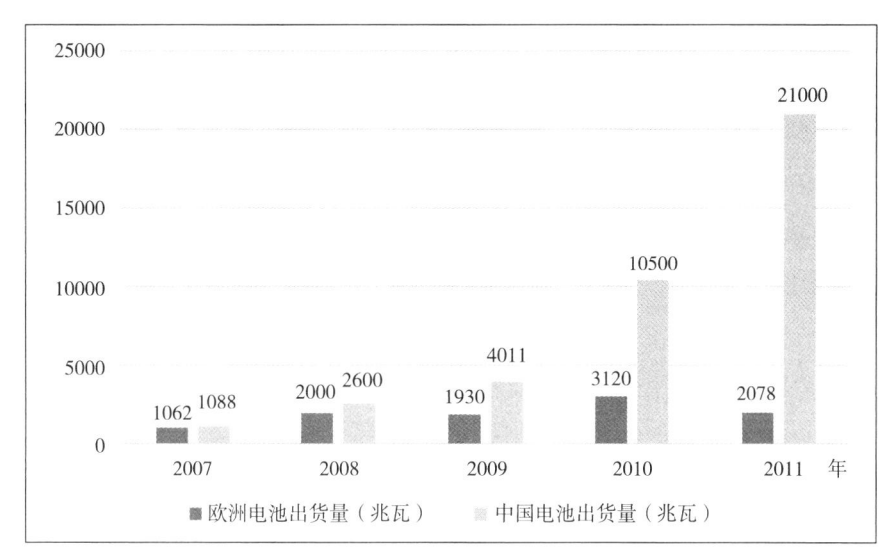

图 6-1 2007—2011 年中欧太阳能电池出货量
数据来源：PVNews。

尚德在亚利桑那州工厂开工一年多以后，全球太阳能市场迅速恶化，加上德国、意大利在 2011 年削减补贴，导致多晶硅价格暴跌。中国光伏组件产能供过于求，使更多产品出口到了美国，尚德面临着激烈的竞争。很快，亚利桑那州工厂生产的组件开始丧失价格优势，每瓦成本比售价都要高出 0.2 美元。

2011 年第一季度，中国光伏组件出货量两年来首次同比下滑近 10%。一位组件企业的销售经理说："3 月底，11 元/瓦，要求给 50% 预付款，客户求着我签合同；过了一周，4 月初，我再去找客户，客户冷笑道：'现在 10.5 元/瓦都买得到'。"随后整个 2011 年，晶硅光伏产品价格开始"连环跳"，从 3 月中旬到 12 月初，组件现货均价从 1.62 美元/瓦，下降到 0.924 美元/瓦，下跌近 43%；而硅片现货均价从 3.72 美元/片下跌到 1.183 美元/片，下跌近 68%。现货价格大跌，加上市场需求萎缩，导致库存量增加，很多头部企业三季报中计提了数千万美元的存货减值。

2011 年夏末秋初，尚德通过游说，阻止了亚利桑那州通过一项对光伏产业不利的法案。尚德说如果法案被通过，它就要重新考虑在该州的投

第六章 | 凛冬将至

资，最终法案未通过。然而这样一城一池的得失在之后席卷全行业的风暴中显得微不足道。

中国光伏产业联盟秘书处2011年年末表示，国内一半以上的光伏中小电池和组件企业停产，30%的光伏企业大幅减产，10%~20%的光伏企业小幅减产或勉强维持，且均开始了不同程度的裁员。而在这种情况下，大型光伏企业还在不停扩产，比如尚德2010年上半年投资2.97亿美元建设四期工程，2011年9月投产，到2011年年底，尚德达到2.4吉瓦的组件生产能力。同时尚德还向上游硅片领域扩张，目标是一年内把硅片产能扩大到电池和组件总产能的25%~50%。尚德自产硅片成本高于专业厂商，又赶上了硅片价格暴跌。有人说，硅片价格已经低到了"切片不如买片"的程度。而当时已成为全球最大多晶硅生产企业的保利协鑫也计划到2012年年底前把多晶硅产能增加到6.5万吨，把硅片产能增加到6.5吉瓦。艾库乐森新能源投资咨询（北京）有限公司董事总经理魏江茂认为："行业短时间内难以消化库存压力，现在仍有将近1万兆瓦（10吉瓦）的产品还压在欧洲的港口和其他地方。"

但在2011年夏天，除出口市场的"冰与火"考验外，还发生了一件对中国光伏产业影响深远的重要事件。

2011年8月1日，国家发展改革委公布《国家发展改革委关于完善太阳能光伏发电上网电价政策的通知》（以下简称《通知》），明确了对非招标太阳能光伏发电项目实行全国统一的标杆上网电价，正式发布了中国版的上网电价补贴政策。《通知》中提道："2011年7月1日以前核准建设、2011年12月31日建成投产、我委尚未核定价格的太阳能光伏发电项目，上网电价统一核定为每千瓦时1.15元。"这一价格高于此前敦煌招标项目1.09元/千瓦时的中标电价，也远高于各省的煤电上网电价。

《通知》还开启了光伏上网电价的"1元时代"："在2011年7月1日及以后核准的太阳能光伏发电项目，以及2011年7月1日之前核准但截至2011年12月31日仍未建成投产的太阳能光伏发电项目，除西藏仍执行每千瓦时1.15元的上网电价外，其余省（区、市）上网电价均按每千瓦时 1 元执行。今后，我委将根据投资成本变化、技术进步情况等因素适时调整。"中国在充分借鉴德、日等发达国家标杆电价机制成熟经验的基础上，为"标杆电价"的退坡，以及平价上网时代的来临，留下了较为灵活的窗口。

这一《通知》具有怎样划时代的意义？在此之前的 10 年中，中国本土光伏累计发电装机容量只有 0.5 吉瓦。而在此之后的 5 年里，中国光伏累计装机容量达到 63 吉瓦，跃升为世界第一。

同时《通知》中还有两项值得注意：

一是"对享受中央财政资金补贴的太阳能光伏发电项目，其上网电量按当地脱硫燃煤机组标杆上网电价执行"。这是指电力公司在收购光伏并网发出的每千瓦时电时，要与当地煤电价格保持一致。

二是对于"上网电价高于当地脱硫燃煤机组标杆上网电价的部分，仍按《可再生能源发电价格和费用分摊管理试行办法》有关规定，通过全国征收的可再生能源电价附加解决"。比如说某省的煤电价格是 0.4 元 / 千瓦时，而光伏上网的标杆电价是 1 元 / 千瓦时，那么这中间 0.6 元的"差额"就要从"全国征收的可再生能源电价附加"里面出，而不是由当地电力公司来出这笔钱。这 0.6 元，就是国家给光伏发电的"补贴"钱，但严格意义上，它的主要来源并不是国家财政直接掏钱补贴，也不是补贴给光伏产品制造企业的，而是从除居民用电和农业生产以外，全社会所用的每一千瓦时电里"抠出"的一点点钱，放进这个名叫"可再生能源电价附加"的"存钱罐"里面，国家再把"存钱罐"里的钱分配给各个光伏电站、风电场等可再生能源发电项目。从 2006 年至今，可再生能源电价附加征收标准从 0.1 分 / 千瓦时上升至 1.9 分 / 千瓦时。[①] 虽然居民用电不在征收范围内，但我们生活中所购买的每一项产品和服务都包含着它们的工商业用电

[①] 2011 年 11 月底财综〔2011〕115 号文规定可再生能源电价附加征收标准为 0.8 分 / 千瓦时；2013 年 8 月底发改价格〔2013〕1651 号文印发，将向除居民生活和农业生产以外其他用电征收的可再生能源电价附加标准由 0.8 分 / 千瓦时提高至 1.5 分 / 千瓦时；2016 年 1 月财税〔2016〕4 号文印发，明确自 2016 年 1 月 1 日起，将各省（自治区、直辖市，不含新疆维吾尔自治区、西藏自治区）居民生活和农业生产以外全部销售电量基金征收标准，由 1.5 分 / 千瓦时提高到 1.9 分 / 千瓦时，之后再未发生变化。

成本，所以我们是通过各类消费间接地缴纳了这笔钱。这是近十几年来，我们每一个人为中国可再生能源事业做出的一份贡献。可再生能源电价附加占到中国可再生能源补贴资金来源的 80% 左右，而国家财政公共预算安排的专项资金占比不超过 20%。从 2011 年起，这两笔钱汇入统一的"可再生能源发展基金"。

当这样一个具有划时代意义的夏天过去之后，中国光伏行业却迎来了第一个真正意义上的"寒冬"。导火索是一家"刚好"陷入危机的美国光伏企业的破产事件。

奥巴马"甩锅"

2011 年 9 月 1 日，美国索林佐公司（Solyndra）申请破产，裁员 1000 多人。这家公司曾被推崇清洁能源的奥巴马视为"掌上明珠"。2009 年 3 月，奥巴马执政伊始，美国能源部就给索林佐公司批准了 5.35 亿美元的可再生能源贷款。后来索林佐公司还从加州可替代能源和先进运输融资管理局获得 2510 万美元的减税。在美国能源部发给索林佐公司的贷款担保函上写着：如果借款人无法偿还贷款，政府将代替公司偿还贷款。还有其他公司的情况同索林佐公司一样，美国政府也为其提供联邦贷款担保。索林佐公司申请破产后，一位美国议员将能源部损失的 5 亿美元贷款担保比作一起火车抢劫案。

申请破产一周以后，美国民主党参议员、参议院贸易委员会主席罗恩·怀登（Ron Wyden）要求美国政府针对不断增长的中国输美太阳能电池采取积极的调查行动，以确认中国是否采取了不公平贸易措施。怀登估算 2011 年美国从中国进口的光伏组件会比 2010 年增加 240%，大量进口会损害美国的光伏产业，造成工人失业。事实上，虽然美国是光伏组件净进口国，但如果放在整个光伏价值链来看，凭借美国多晶硅和光伏制造设备的大量出口，美国仍然是整个价值链上的净出口国。中国专家提供的数据证明了这一点,李俊峰指出,中国光伏企业从美国进口的原料和设备价值超过 50 亿美元,而出口到美国的光伏产品则不足 20 亿美元。

索林佐公司破产事件让奥巴马政府备感"羞辱",因为奥巴马曾把索林佐公司作为绿色科技和创造就业机会的理想典范。2011 年 11 月,索林佐公司变卖了工厂的各种东西,包括工业机器人和显微镜,甚至还拍卖了一条奥巴马莅临参观工厂时,员工为了欢迎他所用到的一条蓝色横幅,上面写着:"索林佐……美国制造"(Solyndra...Made in the USA)。拍得这条横幅的中标者叫斯科特·洛格斯登(Scott Logsdon),是一名被索林佐公司解雇的工人,他为此花了 400 美元。他希望在接下来总统选举日来临之际,随着索林佐公司破产的备受关注,这条横幅能够升值。连一个普通工人都能预感到,政府方面会有人拿索林佐公司破产的事件在大选中"做文章"。

在奥巴马竞选连任时,索林佐公司的破产让他上任后力推的整个 800 亿美元清洁技术计划变成一个政治负担,也让他背负了巨大的舆论压力。当时的共和党总统候选人罗姆尼(Willard Mitt Romney)利用索林佐公司破产事件攻击奥巴马长达数月时间,甚至将其作为电视竞选广告的主题,讽刺索林佐是奥巴马刺激计划的失败象征。而这时,一个被攻击的美国政客最容易做出的决定,自然就是"甩锅",以转移公众的注意力。

中国可再生能源学会原副理事长孟宪淦后来说:"美国在找替罪羊时,很自然地把目标锁定在了中国,加上此前美国有三家光伏企业倒闭,自然会认为是中国人拿着低价产品来竞争。"

2011 年 10 月 19 日,德国光伏企业 Solar World 的美国分公司联合其他 6 家匿名企业组成美国太阳能制造商联合会(CASM),向美国商务部和美国国际贸易委员会(ITC)提起申诉,指责中国政府向国内生产企业提供包括供应链补贴、设置贸易壁垒等措施,使中国光伏企业在美倾销光伏组件,伤害了美国产业,要求美国政府对向美国出口光伏产品晶硅电池的中国企业进行"双反"调查,并要求对中国光伏产品征收超过 10 亿美元的关税。这 7 家公司在申诉书中点名了 70 多家中国光伏企业。就在提起申诉的当天,美国国际贸易委员会对"双反"调查正式立案。

打头阵的 Solar World 在 2011 年亏损 2.33 亿欧元，也是 7 家企业中唯一公开请愿的制造商，其他几家公司都选择匿名。美国光伏产业协会（SEIA）副总裁约翰·斯默诺（John Smirnow）认为，它们匿名是出于供应链考虑。他说："这些公司很可能从中国采购零部件，但又希望能在自己的组件当中使用其他非中国公司的电池片，担心一旦公布自己的名字，中国企业会立即终止与它们的合同。"

10 月 19 日当天，瞿晓铧正在美国参加光伏展会，得知此消息，马上就从美国飞回国内。因为在出口美国的晶硅光伏产品中，尚德、英利、天合、阿特斯的市场份额占据前四，所以它们被公认为此次应对"双反"调查的带头企业。10 月 23 日，施正荣、苗连生、高纪凡和瞿晓铧四人开了一个电话会议，交流了各自的看法。

2011 年 11 月 8 日，美国商务部和美国国际贸易委员会针对此次"双反"调查举行了产业损害初裁听证会。就在听证会的前一天，美国申诉企业突然提出申请，要求把调查的范围由电池扩大至组件，把中国组装的晶硅组件，以及第三国使用中国产晶硅电池所生产的组件这两类产品也列入调查范围。

在听证会上，尚德、英利、天合、阿特斯等总共 14 家中国光伏企业进行了首次联合抗辩。Solar World 的委托律师以及 14 家中国企业委托的美国盛德律师事务所的律师，经过了近 6 个小时的举证、质询、辩护，最终使美国国际贸易委员会决定暂缓立案，将原定于 11 月 19 日的"双反"调查裁定时间延迟到 12 月 2 日。一家国内大型光伏企业的高管表示："暂缓立案的原因有两方面：第一，质疑中国光伏企业对美国光伏产业造成伤害的证据不足；第二，很多美国光伏企业并不支持本次申诉。"同日，美国商务部决定接受申请，立案调查。

孙广彬说，这次"双反"调查本身就存在问题。首先，美国起诉企业的代表性不足，7 家企业总规模不到 1000 人，在美国市场上份额很小，无法代表全部美国光伏企业。其次，产品的选择不公平。这次起诉只选择了晶硅电池，不包括薄膜电池，全球最大的薄膜电池生产商正是美国的第一太阳能公司（First Solar），所以这次"双反"的目的就是要把中国产品品类挡在美国之外。第三，我们具有成本优势，但并没有低于成本价销售，所以不是"倾销"。如果阻止性价比高的中国产品进入美国，将阻碍美国对清洁能源的使用，美国是在搬起石头砸自己的脚。

瞿晓铧说："实际上美国的电池和组件的制造厂商竞争不过中国，主要是它们自己技术上不能快速更新、产业规模不够造成的，而并不是由中国产品造成的。"

李俊峰预测，12月2日的裁定有三种可能的结果：要么倾销和补贴的指责不成立，调查结束；要么继续补充调查；要么倾销和补贴成立，美国将出台惩罚性贸易关税。

就在11月中旬，全球最大的光伏市场德国还传来一个坏消息，德国经济部提议要将每年的新增光伏安装量限制在1吉瓦，以控制补贴规模，这与市场预期的超过5吉瓦的新增装机容量相比，跌幅很大。

由于对美国初裁结果不抱太大希望，11月21日，施正荣、瞿晓铧、高纪凡、苗连生四人再次召开电话会议，觉得有必要召开一个新闻发布会，向美国相关机构施压。因为三家企业位于江浙，英利离北京最近，所以苗连生主动提出由英利承办发布会，承担所有费用，联系北京媒体，其他三家企业只需要出席即可。此后数天，四家公司相关负责人又开了三次电话会议，磋商具体细节。发布会定于11月29日，赶在距离美国国际贸易委员会公布初裁结果的前3天召开。

筹备发布会期间的11月25日，应中国机电产品进出口商会和中华全国工商业联合会新能源商会的申请，商务部依据《中华人民共和国对外贸易法》和《对外贸易壁垒调查规则》规定，对美国可再生能源扶持政策及补贴措施启动贸易壁垒调查。

2011年11月29日下午1点30分左右，瞿晓铧在北京东方君悦大酒店匆匆吃完一碗面后，前往酒店地下一层的宴会厅。两个小时后，这里将举行"应对美国太阳能产品'双反'调查新闻发布会"。提前到场的瞿晓铧被几个早早来到会场的记者拉住寒暄，而随后出现的苗连生、施正荣和高纪凡三人则立即进入会场附近的小会议室。2点30分,四人在会议室聚齐。在过去十多年里,这四人从未聚首过,有的人甚至都没有对方的联系方式。大家坐在一起时,很少有人提及"双反"调查,更多的是闲聊,气氛看上去很轻松。

3点25分左右,四人陆续走出会议室,排成一排步入会场,瞿晓铧和施正荣在前,高纪凡和苗连生随后,四人回答问题的积极性也跟他们步入会场的顺序一样。台下还有晶澳、林洋、江苏中能等10家光伏企业的代表、中国机电产品进出口商会和全国工商联新能源商会的负责人。

4点左右,四人上台回答国内外115家媒体的提问,其中瞿晓铧发言最多,而苗连生除了被点名,剩下的时间都背靠着椅子,一脸严肃。四大企业联合国内其他10家光伏企业表达了一致意见——"双反"调查是对中国光伏产业及光伏产品出口美国现状的歪曲,必将对中美两国绿色能源产业的可持续发展及消费者利益造成严重损害。

瞿晓铧说:"我们现在呼吁的是美国官方应秉持法律的精神,我们要求的是公正的态度,为中国光伏行业取得一个公平的贸易环境。"苗连生说,对此次"双反"调查不担心,不惧怕。高纪凡预测,未来五年,光伏在全球多地都能实现用户端平价上网,到2020年甚至可以实现上网侧平价,因此光伏行业在未来十年仍将持续发展。"双反"一定程度上违背了这个趋势,希望美国政府更加全面地看待这一事件。施正荣强调,中国光伏企业没有享受特殊的补贴政策,近期的银行贷款利率在6%~7%,高于欧美。中国企业在成本上的优势归功于规模和技术上的抢先一步。"美国企业不用担心,中国的光伏市场足够大。"这是国内光伏企业对美国"双反"调查最掷地有声的回应。

孟宪淦说:"中国的光伏生产企业都是民营企业,没有国家的补贴,否则就违反了市场机制,更不可能在美国上市了。而我们花高价买了它们的设备,还要低价卖给它们产品,里外它们赚了两笔钱,还要骂中国,你说讲理不讲理?"2011年12月2日,美国国际贸易委员会就美对华太阳能电池(板)反倾销和反补贴案做出损害初裁,认定中国输美太阳能电池

（板）对美国产业造成实质损害。

2011年12月，在美上市的11家中国光伏企业发布了三季报，一位业内人士评价："真是一季比一季惨，一家比一家惨。"除大全新能源以外，其他10家企业第三季度全部亏损。根据Photon统计，2010年有超过450家光伏制造企业表现活跃，而到2012年仅剩154家。

2012年3月20日，美国商务部对镀锌钢丝、化学增白剂、晶体硅光伏电池及组件三类中国输美产品做出反倾销或反补贴调查的初裁，认定中国输美晶体硅光伏电池及组件存在补贴行为，幅度为2.9%~4.73%。2011年，美国从中国进口的此类产品总价值为31亿美元。这一初裁结果的公布，使事态严重程度大大低于预期，中国在美上市的光伏股得以普遍上涨。同月，三大信贷评级机构之一的惠誉发布报告称，美国政府对中国光伏产品出口征收反补贴税，不太可能阻碍中国光伏产品的市场份额扩大，也阻碍不了光伏产品价格的全面下降。2006—2020年美国光伏组件平均价格如图6-2所示。

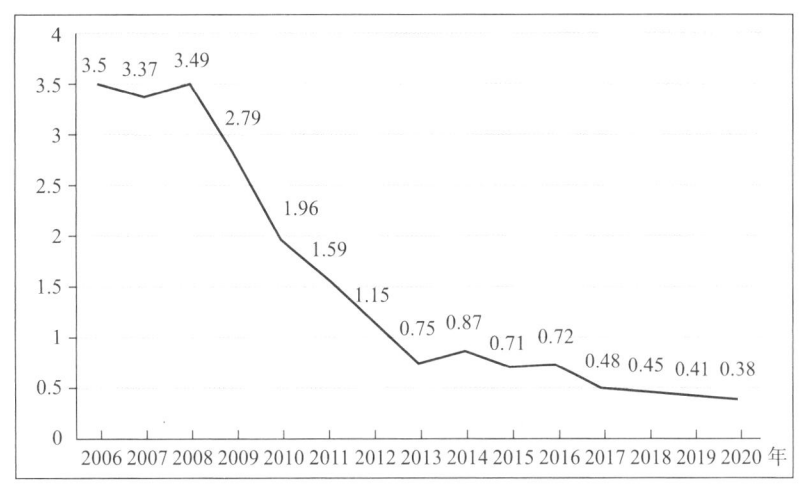

图6-2 2006—2020年美国光伏组件平均价格（单位：美元/瓦）

数据来源：美国能源信息署（EIA）。

2012年5月17日，美国商务部对中国进口晶体硅光伏电池及组件的反倾销初裁结果认定，强制应诉企业（Mandatory Respondent）无锡尚德太阳能有限公司、常州天合光能有限公司的税率分别为31.22%、31.14%，其他59家单独税率应诉企业的税率为31.18%，其余未应诉企业的税率高达249.96%。消息一出，在美国上市的中国太阳能企业股价全线下挫，晶澳跌15.32%，英利跌13.04%，晶科跌10.9%，尚德、赛维LDK、天合、阿特斯等主要企业跌幅均超过5%。

2012年5月18日，中国光伏产业通过中国机电产品进出口商会发表声明，认为美国商务部的初裁决定，在一定程度上扭曲了中国光伏产业的生产及对美出口情况，是不公正的。美国商务部无视泰国没有完整的光伏产业链的事实，不接受中国应诉企业的主张，坚持选取泰国作为替代国，对此，中国企业严重不满。瞿晓铧说："实际上泰国根本就没有光伏产业链，泰国每年组件产量不到100兆瓦（0.1吉瓦），而中国有几十吉瓦，这个数量是完全不可比的，但他们用泰国来做参照，得出的结论肯定是不公平的。"另外，美国商务部仅选定两家企业作为反倾销强制应诉企业，也无视了中国企业的诉求。高纪凡直言："美国针对中国光伏产品的反倾销初裁，不公平、不合理。"

美国保尔森基金会认为，即便关税能挡住中国光伏进口产品，也不可能对美国光伏行业就业产生整体性的积极影响，因为美国大量光伏相关工作都与电站建设、运营维护、销售和提供服务有关，而不是在制造端。根据太阳能基金会的数据（the Solar Foundation），即便在美国光伏制造业鼎盛的2011年，美国每100个从事光伏行业的人之中，制造业员工也只占36个。

初裁结果公布一周后，5月24日，中国财政部宣布，中央财政2012年将安排979亿元节能减排和可再生能源专项资金，比上年增加251亿元，加上可再生能源电价附加、战略性新兴产业、循环经济、服务业发展资金和中央基建投资中安排的资金，合计将达到1700亿元。其中，可再生能源电价附加与光伏"标杆电价"补贴密切相关，通知中还提到"加快发展新能源和可再生能源，大力推进以非常规油气资源为核心、以煤炭清洁化利用和发展可再生能源为重要补充的能源清洁化战略"。同月，住房和城乡建设部发布《"十二五"建筑节能专项规划》，其中可再生能源建筑（主要为光伏一体化建筑）的应用面积为 25 亿平方米，比"十一五"期间约 4000 万平方米的示范面积提高了 60 多倍。同时，财政部发布通知，对未来建成的光电一体化项目，2012 年的补助标准暂定为 9 元 / 瓦，比 2011 年提高 3 元 / 瓦。

一方面，中国有充足的政策工具包用于打开光伏产品的国内应用市场；另一方面，中国面对欧美光伏"双反"同样有合理、合法的应对和反制手段。接下来读者将持续见证中国推进"双线作战"的战略战术能力。

2012 年 7 月 20 日，中国商务部网站发布公告，决定自 2012 年 7 月 20 日起对原产于美国的太阳能级多晶硅进行反补贴和反倾销立案调查，同时对韩国进口太阳能级多晶硅进行反倾销立案调查。时任中国机电产品进出口商会太阳能光伏产品分会秘书长的孙广彬表示，如果商务部立案，这就是打贸易战了，打贸易战对中国、美国都没有利益，是"多输"局面，没有赢家。

2012 年 7 月 24 日，Solar World 故伎重演，联合多家企业组成的欧洲光伏制造商联盟（EU ProSun）向欧盟委员会提交了对中国光伏产品进行反倾销立案调查的申请。Solar World 称："如果布鲁塞尔（欧盟总部所在地）再不采取反制行动，所有欧盟制造商很快都会倒闭。"鲜为人知的是，2009 年，Solar World 就曾向欧盟提出过对中国光伏产品展开"双反"调查，但没能如愿，这次显然是想借着美国"双反"的成功仗势欺人。

德国《明镜周刊》评价："现在要由国家出手援助这名拥有两座古堡的人了。"原来在德国，Solar World 创始人弗兰克·阿斯贝克（Frank Asbeck）的名声并不好，他因肆无忌惮的发言和奢靡的生活作风闻名，在德国境内拥有两座古堡，还拥有其周围 350 公顷的私人森林。就在他掀起欧洲"双反"的 2012 年第三季度后，Solar World 的总亏损额已经超过 10 亿欧元。即便公司陷入危机，也不影响他开着玛莎拉蒂、过着一百年前巴洛克时代贵族的好日子。

更让人感到震惊的是，叫嚣着让中国政府不要给中国企业发补贴的

Solar World，在 2003—2011 年收到的直接补贴就高达 1.3 亿欧元。2009 年在美国获得 1100 万美元的"俄勒冈州商业能源税收减免"，以 730 万美元的价格转手卖给了沃尔玛，随后申请了第二轮税收减免，又获得了 1940 万美元。其从美国能源部获得的"清洁能源厂商税收减免"金额更是高达 8220 万美元。

弗兰克·阿斯贝克应该清醒地意识到，如果诚如他所言，中国政府真的发放了"补贴"，那么 Solar World 也是中国补贴的受益者，因为自从与施正荣充满"戏剧性"的合作开始，Solar World 的单晶硅片就采购自中国企业。施正荣打电话质问他："弗兰克，你在搞什么？中国光伏产品物美价廉，你也获得了很多利益，不然以你们的成本水平，你早就破产了。搞'双反'伤害的不只是中国企业，很多欧洲企业也被你牵连了。"但对方告诉他形势有变，这是一场"自救"行动。Solar World 当时已陷入生存危机，善于玩弄政治的弗兰克想要苟延残喘，把"双反"当成救命稻草。施正荣多次飞赴德国对弗兰克晓之以理、动之以情，弗兰克也表示道理他都明白。他带施正荣参观 Solar World 的德国工厂，说："你要是收购了我们，这工厂都是你的，我也就脱身了。"当时买下 Solar World 大约需要 4 亿欧元，施正荣和政府层面多次协商沟通，但时值中国光伏行业集体陷入困境，没有一家企业能立刻拿出 4 亿欧元，所以收购一事也只能作罢，不得不眼睁睁看着 Solar World 继续在欧美两地兴风作浪。

同美国一样，欧洲光伏制造商联盟拒绝透露其他匿名成员信息。Solar World 的副总裁兼发言人、欧洲光伏制造商联盟倡议主席米兰·尼茨施克（Milan Nitzschke）表示，为保护成员企业，只有三方知道企业名单：他本人、欧盟委员会和提供法律咨询的律师事务所。而同美国选择泰国作为替代国的做法类似，由于欧盟不承认中国的市场经济地位，欧盟委员会要拿中国出口欧洲产品的售价，与印度产品在本土的售价进行比较，以此来判断中国是不是在"搞倾销"。

2012 年 7 月 26 日，英利、尚德、天合、阿特斯 4 家中国主要光伏企业联合发表声明，强烈呼吁欧盟慎重考虑对华光伏企业发起反倾销调查，并希望中国政府积极维护国内企业合法权益。声明提道:"我们强烈恳求中国政府在欧盟展开官方调查之前,立即与欧盟展开高层对话,促成双边解决方案,并阻止启动调查。"声明还提道:"Solar World 的起诉是受其自身商业利益所驱使的,因而毫无根据。我们再次强调,中国光伏行业没有收受所谓的非法补贴,也没有进行倾销。"当时中国仅占到整个国际光伏产业价值链比重的 8%~10%,按国际上光伏电站每瓦安装成本 2.5~3 美元计算,中国制造业增加值仅 0.2~0.3 美元/瓦。各国在发展光伏产业的过程中属于利益共同体。

再将时间拉回 21 天前的 7 月 5 日,天合光能总部迎来了一位重要的客人。时任中共中央政治局委员、国务院副总理王岐山来到天合光能考察调研。

高纪凡认真做了汇报:中国 80%~90% 的光伏产品都用于出口,如果"双反"大幅提高关税,80% 的海外市场就被封住了,大量中国光伏企业将无法生存。高关税不仅会打击中国光伏产业,中国产品进不去的市场,当地竞争就会减少,价格就会往上提,对当地消费者也不利。而从更大方面来说,全球绿色环保产业发展也将遭受重创。希望政府层面尽可能同欧洲、美国展开对话,寻求利益共同点,化解贸易争端,达成互利共赢。

高纪凡一边汇报,王岐山一边就不清楚的地方提问,一下子就汇报了40 分钟。

同样在 7 月,中国商务部进出口公平贸易局负责人表示,中国光伏产品的价格竞争力,主要来自原材料价格下降和中国产业技术进步,而不是欧洲企业所谓的倾销行为。

时任英利首席战略官的王亦逾表示,在美国"双反"调查中,中国企业已经通过大量事实证明中国企业不存在任何非法补贴和倾销,而且当时多晶硅价格已经跌至不到 30 美元/千克。

王俊朝认为,中国的产业技术进步可以概括为一种"产业化技术"能力。他说:"一个产业的大生产的技术能力,目前中国光伏在这方面是领先的,全球没有一个国家能同我们相比。"新技术的产业化不是简单的规模放大。很多时候，实验室技术可以不考虑成本，只需追求性能的极致突破，每瓦的成本不是最重要的目标，但产业化不仅要考虑制造成本，还要考虑批量生产的质量和技术水平的稳定性——这也正是为什么施正荣回国后主动选择了转换效率低了 0.5 个百分点的技术进行量产。在实验室里，一种新技术可能做 1~2 兆瓦没有问题，但做 100 兆瓦时就行不通了，因为设备原理都要改变，技术路线也要跟着改变。王俊朝说："产业化技术实力，其中牵涉到装备、工艺、材料、管理、市场等诸多配套，是一个系统工程。这里面的平衡并不容易，所以才有那么多的实验室技术难以产业化。"归根结底，产业化技术要求配套系统能为产业发展提供质量有保证、价格又合适的支撑。一些国家可以在实验室里把光伏技术做到很高端，却无法实现质、量、价的协同优势。在王俊朝看来，这才是人家要"双反"我们的真正原因，他说："人家为什么封锁我们？因为我们的产业化水平比他们高，已经把他们逼得无路可走了——我们不只动了他们的蛋糕，我们连他们做蛋糕的机器都给替代了，他们没有活路了。"

2012 年 8 月 17 日，中能硅业、赛维 LDK、洛阳中硅、大全新能源四家占据中国多晶硅产业 80% 份额的多晶硅企业提交申诉，要求对产自欧盟的多晶硅实行"双反"调查，商务部受理了该项申诉。

而中德关系也成为使欧洲对华"双反"态度松动的一把钥匙。2012 年 8 月底，应时任国务院总理温家宝的邀请，时任德国总理默克尔对中国进行第六次正式访问。她与中国领导人的会面次数当时已经超过了会见奥巴马的次数。德国官员在默克尔访华前的记者会上甚至称中德关系是"特殊关系"。

在默克尔来到中国前，发生了一个鲜为人知的故事。不敢说这个故事究竟在后续事件的发展中起到了多大的作用，但至少可以看作是高手间的博弈，也许一颗棋子的落下就能起到"四两拨千斤"的奇效。

位于北京中关村以西的苏州街，有一家古色古香的京式菜馆，名叫"白家大院"。2012 年 8 月的一天，餐馆里有一桌客人，请客的是李俊峰，而前来赴宴的都是欧洲商会的成员。李俊峰说："平时都是你们请我吃饭，我今天也请你们吃一顿北京菜。但是今天这顿饭是'鸿门宴'。我们中国人讲究'以和为贵'，两人打架，双方都会受伤。你们觉得光伏是我们的优势产业，就要用'双反'政策收拾我们，那你们想一想，什么是你们的优势产业？"

一桌子欧洲人面面相觑，问李俊峰有什么主意。李俊峰说："我给我们的政府提了个建议，既不违反 WTO 原则，还能收拾你们。我们就学习新加坡，学习日本，向欧洲大排量的豪华进口汽车征收'环境特别消费税'。你们想想，中国路上跑的美国豪华车并不多，都是你们欧洲的，尤其是德国的大品牌。这个税如果一开征，我们又环保，又占理。过几天默克尔就来访华了，你们要是想明白了，就去跟默克尔说一声。"李俊峰提到的这一税种在国际上绝非空穴来风，国际能源署在《2022 年全球电动汽车展望》当中就建议各国在电动化过渡期，如果要增加对电动车的支持，可以对高排放的内燃机汽车征税，来资助低排放汽车及电动汽车的购买行为。

2012 年 8 月 30 日，温家宝和默克尔主持的第二轮中德政府磋商会议如期举行。两位总理就协商解决光伏领域的贸易问题达成一定共识，同意通过协商解决光伏产业的有关问题，避免反倾销。第二天，温家宝和默克尔共同主持的中德企业家论坛在天津举办。默克尔在会见记者时也表示，希望欧盟委员会、有关企业与中方一起通过沟通交流来解决问题，不要启动反倾销程序。她说："现在还有时间，所以最好是协商解决。"

高纪凡在论坛上发言时讲道，德国电力装机总量中的 25% 是太阳能装机，带动了上下游产业发展，两国企业间的合作使德国的上网电价从 2004 年的 0.64 欧元/千瓦时降到 2012 年的 0.16 欧元/千瓦时，使德国政府支出不断减少，投资人持续获利，使德国政府的清洁能源目标得以实现，也使中国走出去的领先企业在合作中实现了持续发展，这种互利共赢的局面需要持续加强。

但欧盟委员会在反倾销申请 45 天期限的最后一天，也就是 2012 年 9 月 6 日做出了立案决定，依然宣布对中国光伏产品发起反倾销调查，美国被选为用来确认合理价格的第三方市场经济国家。对此孙广彬评价："拿综合成本很高的国家产品来衡量我们的出口价格，我们不用应诉就已经输了。"

在欧盟委员会发出调查公告以后，有135家国内企业参与了欧盟委员会反倾销应诉的调查问卷。中方诉讼代理人、美国盛德律师事务所律师李磊说："中国企业目前正在做两个方面的工作，一方面是填反倾销问卷，我们需要向欧盟证明我们的生产成本是低于我们的销售价格的，所以我们是有利润的；另一方面，中国企业正在配合中国政府做反补贴问卷的答卷工作，希望能够向欧盟证明自己没有接受到中国政府的不正当的补贴。"

当时，国内工商信息联网程度不高，中国机电产品进出口商会用电话、传真、电子邮件，甚至查黄页、查114的方式联系企业，然后征求这些企业的意见，愿不愿授权商会与欧盟委员会就价格承诺进行谈判。有40家企业没有授权，最终商会取得了95家企业的谈判授权。

同时中国机电产品进出口商会在抗辩过程中，抓住了起诉方的一些问题，比如Solar World没有达到欧盟委员会对起诉方的要求——达到欧盟总产能的25%。经过孙广彬和律师的大量走访调查，发现Solar World和其他几家企业产能都达不到起诉案的要求。

为中国商务部承担反补贴应诉工作的金诚同达律师事务所，发现美国商务部要求提供的信息量很大，仅是生产硅料的29家厂商，就提供了70家相关公司的工商信息，递交材料近2000页。

不仅如此，美国商务部还对包括"金太阳"工程在内的30个补贴项目发起调查。美国商务部提问："中国进出口银行有没有给中国光伏企业的美国客户提供出口买方信贷？"这指的是：美国企业为了购买中国光伏产品，有没有从中国进出口银行拿到利率较低的贷款？中国光伏企业不可能知道这些，于是在这一栏纷纷填写的是"我不知道我的买方有没有拿到这个信贷"。然后美国商务部就提出一定要核查中国政府，要求查看中国进出口银行的原始数据库，但银行出于保护国家机密和客户隐私的要求，拒绝配合。在中国商务部的努力斡旋之下，中方给美国商务部提供了核查系统中涉案数据的有限查询功能。但即使这样，美国商务部依然以各种理由认定这些可查数据不可信、存在信息缺失。2012年10月17日，美国商务部在反补贴终裁决定中，认为中国政府在出口买方信贷项目中没有尽到合作义务，因此以"不利可得事实"（Adverse Facts Available，AFA）做出裁决。也就是说如果美国商务部发现利害相关方没有按他们的要求提供信息，美国商务部就可以推定这一信息对利害相关方是不利的，那么美国商务部就可以无视中国进出口银行提供的相关资料，征用"其他调查相似项目的最高税率"，他们采用了2006年铜版纸反补贴调查中"政策性贷款"项目的税率——10.54%，导致补贴税率远远高于积极应诉情况下可能争取到的低税率。其中，常州天合和无锡尚德作为两家强制应诉企业，终裁中的反补贴税率从初裁时的4.73%和2.9%上升到15.97%和14.78%。

西方不亮东方亮。2012年9月12日至13日，当时的商务部国际贸易谈判副代表崇泉率中国政府代表团访问德国，与时任德国经济部对外经济政策司总司长布劳纳、总理府对外经济司总司长霍斯特曼、外交部经济司总司长埃尔布林举行会谈，就欧盟对中国光伏产品反倾销立案调查一事交换意见，阐述一系列中方立场。

德方表示，德国虽不能左右欧盟委员会的立案调查及裁决，但愿发挥积极作用，继续敦促欧盟委员会公平公正审慎处理，努力避免贸易冲突的发生。德方对中欧最终找到满意的解决方案有信心，也将力促两国业界开展沟通与合作。

就在2012年9月13日，中国国家能源局印发《太阳能发电发展"十二五"规划》，提出到2015年年底，中国光伏发电装机容量达到21吉瓦以上。而全国能源工作会议上的数据显示，截至2013年1月，全国光伏发电装机容量是7吉瓦。这意味着光伏装机容量要在短短3年内达到此前几十年装机总量的3倍。

9月14日，崇泉率中国政府代表团在布鲁塞尔与欧盟贸易总司司长德马尔蒂就欧盟对中国太阳能电池反倾销案进行磋商。崇泉表示，中方希望欧盟谨慎行事，通过磋商解决中欧贸易问题，维护中欧经贸关系大局。

同日，中国国家能源局正式下发《国家能源局关于申报分布式光伏发电规模化应用示范区的通知》，鼓励各省（区、市）利用自有财政资金，在国家补贴政策基础上，以适当方式支持分布式光伏发电示范区建设。

9月17日，德国总理默克尔在柏林举行的新闻发布会上表示，尽管欧盟委员会已针对中国光伏产品启动反倾销调查程序，但她仍然坚持通过对话政治解决中欧光伏贸易争端。

2012年9—10月，欧洲多家光伏企业申请破产或启动破产程序，包括西班牙光伏建筑一体化公司Soliker、西班牙光伏组件制造商Yohkon Energía、意大利光伏企业Ecoware SPA等。

10月10日，欧盟公布对华光伏反倾销调查的中国应诉企业名单，抽样调查企业共计134家，其中英利、尚德、赛维LDK、锦州阳光、晶澳和旺能光电6家为强制应诉企业。这134家企业约占欧盟进口中国光伏产品的80%。什么是强制应诉企业？如果中国企业想摆脱被征收高额关税的命运，维持、扩大欧洲市场的话，重要的是争取在欧盟的调查中成为接受全面调查的企业，也就是强制应诉企业。为了确定其余128家被调查企业的反倾销税率，抽样选中的6家出口企业会按照相关条例计算加权平均后的反倾销率。按照惯例，强制应诉企业会获得单独关税税率，并略低于其他应诉企业。

半个月后的10月26日，中国国家电网发布《关于做好分布式光伏发电并网服务工作的意见》。依据这份新的文件，今后国家电网将大力支持分布式光伏发电并网，承诺为分布式光伏发电项目真心实意提供一切优惠条件、全心全意做好并网服务、为并网工程开辟绿色通道，承诺免费并网、限时办结（45个工作日内全部流程办理完毕）、全额收购富余电量。随后，2013年2月，中国国家电网又发布《关于做好分布式电源并网服务工作的意见》，将服务范围由分布式光伏发电进一步扩大到所有类型的分布式电源。

2012年11月5日，中国就欧盟部分成员国的光伏补贴措施，提出与欧盟及其相关成员国在世贸组织争端解决机制下进行磋商，正式启动世贸争端解决程序。欧盟部分成员国的法律规定，如果光伏发电项目的主要零部件原产于欧盟国家或欧洲经济区国家，那么这一项目所生产的电力，就可以获得一定金额或比例的上网电价补贴。中方认为，这一补贴措施违反WTO协定关于国民待遇和最惠国待遇的规定，构成WTO协定禁止的进口替代补贴，并严重影响中国光伏产品出口，损害中国作为WTO成员的正当权益。

10—11月，美国商务部和美国国际贸易委员会先后做出终裁。11月7日，美国国际贸易委员会全票通过，认定中国光伏产品进口对美国光伏行业造成"实质性损害"，针对中国相关生产和出口企业征收18.32%~249.96%的反倾销关税，以及14.78%~15.97%的反补贴关税。

同一天，有媒体报道称，工业和信息化部、商务部、国家能源局、财政部等四部委和36家银行机构代表，在河北保定召开会议，讨论中国光伏产业未来的发展方向。会上各部委基本达成共识，对光伏企业"扶强汰劣"，增强竞争力。此前美国投资机构美新集团2012年8月的数据显示，中国最大的10家光伏企业的债务累计高达175亿美元，光伏企业总体负债率已超过70%。

2012年11月8日，欧盟正式发起了对中国光伏产品的"双反"调查。与美国只针对太阳能电池和组件不同，欧盟调查的产品还包括硅片。

次日，财政部、科技部、住房和城乡建设部、国家能源局联合下发通知，决定启动年内第二批"金太阳"工程和太阳能光电建筑应用示范项目，支持以光伏发电为主的微电网技术集成及应用示范，并将根据投资情况给予财政补助。鼓励在学校、医院、社区、公共建筑等区域安装光伏发电系统。

2012年第四季度到2013年第一季度，国家出台了一系列政策，从电站项目规划、电站项目审批、电站补贴标准、光电建筑一体化、电站产品标准体系、电站并网标准、光伏电站并网、金融等多方面为光伏产业发展提供政策保障和扶持，为国内光伏产品市场的应用营造了良好的发展环境。

根据国家电监会公布的数据，2012年中国光伏发电35亿千瓦时，同比增长414.4%；新增装机容量为4.7吉瓦，同比增长80.3%；累计装机容量达到8.2吉瓦，当年新增就超过此前全部装机量。全球光伏制造数据库统计，中国排名前20位的光伏组件和电池制造商均已涉足电站开发业务，中国2012年的光伏电站投资总额在450亿元左右。当年，中国超过美国、德国，成为全球第一大新能源投资国，其中大部分投资增量来自光伏产业。但同时我们也要看到，在2012年之前，中国生产的所有光伏产品，国内市场只接纳了8.5%。

而与中国形成鲜明对比的是，2012年，欧洲光伏融资额在连续8年增长后，首次出现下降，从2011年的701.4亿美元降至513.6亿美元，甚至比2010年的633.4亿美元还要低约120亿美元。

一家海外光伏逆变器制造企业的总经理耿波说："用我们公司首席执行官的一句话来说就是，如果我们在中国市场都没有机会的话，那我们实在想不到全球哪里还有机会。"

2012年11月初，孙广彬表示，中国机电产品进出口商会已经积极向商务部和其他部委建议，希望在"双反"契机下，让中国光伏企业提高出口规格，利用产业准入、技术、质量、认证等几道门槛，让竞价比更好的企业未来继续占领国际市场。而另外一些中小企业就去做大企业的配套。

2021年11月10日，时任商务部部长陈德铭在接受媒体采访时说："你说我买你的设备，用你的原料，现在产品给你，你却要（征收）249%的关税，我还要你原料干吗？要你的设备干吗？中国是一个还处在工业化、城镇化进程中的国家，还有大量的建设要用到光伏产品。美国这样做，会使自己丢掉一块至少未来比它更大的市场。我希望大家坐下来磋商，尽量不要打贸易战，但我也有责任在人家打我们企业、使我们企业利益受损害时，坚决保护我们的企业。"在这次采访的9天前，商务部发布公告，决定对原产于欧盟的进口太阳能级多晶硅进行反补贴、反倾销立案调查，与2012年7月20日已发起的对原产于美国和韩国的进口太阳能级多晶硅反倾销调查及对原产于美国的进口太阳能级多晶硅反补贴调查进行合并调查。

但是国内光伏头部企业家面对来势汹汹的"双反"和企业连续亏损的

困境，陷入了士气低落的状态。2012年年底，李俊峰叫齐了当时几乎所有头部企业家，包括施正荣、高纪凡、瞿晓铧、苗连生、靳保芳、朱共山等人，一起在北京的西郊宾馆吃饭。多年以后，李俊峰回忆起他当着这一群人的面夸下的海口："国际上闹得再厉害，我们能搞定，'双反'是可以打掉的，但你们自己相互的低价竞争，我真管不了，希望你们在这方面能自律。因为风电行业就有过这个教训，华锐和金风价格战打得一塌糊涂，最后华锐破产。你们不能再恶意竞争了，要吸取教训。"企业家们关心海外市场尚无起色的时候，国内市场到底该怎么开发，李俊峰斩钉截铁地说："中央会出台政策的。"

2012年12月6日，在王岐山调研天合5个月后，时任中共中央政治局委员、国务委员兼国务院秘书长马凯先后考察了中能硅业、保利协鑫，然后来到天合光能，认真了解光伏产业情况。

高纪凡就中国光伏产业走出困境提出两点建议：一是光伏产业高价从国外进口硅料，做好产品之后基本又都卖到国外，这么好的清洁能源产品中国自己却用得很少，最后还要被别的国家抱怨说我们搞低价恶性竞争。中国有必要扩大内需，扩大国内光伏应用规模，开拓国内光伏应用市场。二是光伏行业要想可持续发展，就应该有一个行业沟通和协调的平台。中国光伏行业危机重重，一个重要原因就是行业不够自律，没有行业组织起到治理和规划的作用，对外竞争也是一盘散沙，缺乏统一协调，建议成立一个国家级的光伏行业协会。

马凯调研期间，一些企业还反映希望国家借鉴两年前出台的《多晶硅行业准入条件》，规范光伏行业的发展。因为在以往的一些产业刺激政策之下，伴随着光伏设备水平、原料国产化率的进一步提升，光伏产线投资强度明显下降，刺激了一些地方再次大规模上马光伏制造项目。但无论未来国家补贴规模能有多大，如果任由光伏各环节产能无序扩张，频繁上马低水平、同质化的产线，国家开放多大国内市场、给予多少政策扶持都会是杯水车薪，而且不利于光伏行业整体竞争力的提升。

在马凯赴天合光能等企业调研后的短短两周，2012年12月19日，温家宝主持召开国务院常务会议，研究确定促进光伏产业健康发展的政策措施。国务院总理专门召开国务院常务会议来研究扶持政策，这在中国光伏发展史上还是第一次。会议认为，近年来中国光伏产业快速发展，已经形成较为完整的光伏制造产业体系，但当前主要问题是：产能严重过剩，市场过度依赖外需，企业普遍经营困难。针对这些问题，会议确定了支持光伏产业的五大政策措施：加快产业结构调整和技术进步；规范产业发展秩序；积极开拓国内光伏应用市场；完善支持政策；充分发挥市场机制作用，减少政府干预，禁止地方保护。这些政策措施每一条都扣住了光伏产业的痛点、堵点和难点，此后数年的中国光伏产业扶持政策，包括2013年出台的影响深远的"24号文"，其主基调和大框架都来自此次会议奠定的基础。

2012年，由于遭受欧美"双反"的沉重打击，中国光伏产品出口额为233亿美元，同比下降35%，出口价格也大幅下降29.2%。其中占全部光伏产品出口额64.2%的电池和组件出口额暴跌42.1%。按出口统计，中国对美国、德国出口同比下降30.5%和61.8%，对整个欧洲出口下降45.1%。"双反"危机让中国光伏产业经历了长达8个季度的全线亏损。2011年年中，全行业组件库存一度达到10吉瓦，按当时每瓦组件价格估算，总价值在500亿~1000亿元人民币。一家龙头企业的老总说，仓库积压了几十亿元的产品，每天睡一觉起来就要损失100多万元，一个季度就能蒸发1亿元。2011年1—10月，尚德、英利、天合、晶澳、阿特斯的股价分别下跌了71%、64%、71.2%、73%、70%，美国评级机构也普遍唱空我国光伏企业。我国在美11家企业的组件出货量是美国第一太阳能的5倍以上，但这11家企业的总市值只有33亿~34亿美元，还不如第一太阳能一家企业的市值。从2011年到2012年，中国光伏产品出口额从226.75亿美元跌到127亿美元，2012年中国全产业链破产和停产企业超过350家。

2013年3月8日，陈德铭在十二届全国人大一次会议新闻中心举行的记者会上提道："中国大量的光伏企业目前非常艰难，有的已经支撑不下去了。"4月8日，商务部新闻发言人姚坚透露，2013年第一季度，中国遭到 12 个国家发起的 22 起贸易救济措施调查。

2013 年 4 月 10 日，欧盟公布了一份提案，旨在提高保护欧洲企业免受海外不公平竞争影响的能力。欧盟这份提案出炉时，欧盟委员会正在考虑是否就涉及太阳能电池板和电信设备的重大贸易纠纷采取针对中国的行动。当时这份提案还没有经过欧洲议会和欧洲理事会下的各国政府同意，所以尚未成为法律文件。而欧盟贸易专员德古赫特（Karel De Gucht）称，中国的"工业补贴"是一个非常严重的问题。

路透社援引知情人士报道称，在 2013 年 5 月 8 日的欧盟各国贸易代表会议上，德古赫特提议对中国太阳能电池板征收惩罚性关税，以保护欧盟的同类产品生产商。这一提议一旦被采纳，临时性征收措施则有望在当年 6 月 6 日前启动。消息一出，反对征收惩罚关税的欧洲平价太阳能联盟（AFASE）立即做出回应，称这一消息"令人极为担忧"。

2013 年 5 月 9 日，中国国务院原参事、中国可再生能源学会原理事长石定寰与德国能源署总裁斯蒂芬·科勒（Stephan Kohler）联合发文《用联盟代替对抗促进中德光伏合作》。两人指出："德国瓦克公司生产的晶硅占世界市场份额的 20% 左右，德国制造商 SMA 生产的逆变器约占世界市场 30% 的份额，德国的光伏板生产设备约占全球份额的 50%。制造光伏电池上高导电率接触线所需的银浆的最大供应商是德国的贺利氏公司。在中国生产的大约一半光伏产品使用了德国的生产设备。如果德国公司失去国际市场，就等于失去 80% 的市场。众所周知，在德国光伏行业的各个领域，产品的出口份额都在 60% 左右。"

石定寰表示："我们希望德国企业与中国企业在产品全价值链的视野下加强合作……中德两国企业加强合作，完全可以在不断发展的中国以及全球的光伏市场中实现互利共赢。"

2013 年 5 月 22 日下午，中国机电产品进出口商会在结束与欧盟委员会的磋商后，紧急召开了媒体通气会。中国机电产品进出口商会会长张钰晶透露，在前往欧洲前，商会与国内光伏业界制定了非常细致的价格承诺方案，希望能用这个方案替代征税。然而，这份中方精心准备的方案却被欧方直接拒绝，同时欧方还不回应中方谈判工作组提出的各种问题和解释。欧方完全没有表现出通过磋商解决问题的诚意，导致首轮谈判破裂。当时欧盟委员会提出要把调查期内的平均价格再提升47.6%作为承诺价格，按它的算法，就是把1欧元的均价变成1.5欧元。商会副会长王贵清说："我们没有想到也无法接受这样的结果。"但谈判的大门没有关上，次日，中国商务部率团紧急赴欧，向欧盟委员会就价格承诺问题再次进行磋商。

2013年5月23日上午，英利上千名员工在厂区里摆成一个大大的"NO"队形，手中高举"Trade Protection"（贸易保护）的抗议横幅，大喊口号，反对欧盟制裁（如图6-3所示）。在阿特斯、天合等数十家光伏企业厂区也出现了同样的一幕。

图 6-3 英利员工反对欧盟制裁

图片来源：纪录片《为了零碳》第二集。

时任晶科能源全球品牌总监钱晶义愤填膺地说："我们做错了什么？中国光伏企业十年来的努力，进行规模投入、技术提升、成本降低，加快了光伏发电平价上网，让光伏产品更快商品化和市场化，与传统能源相比更具竞争优势，大大节省了各国政府为发展新能源而从财政中划拨的补贴，创造了欧美上百万人的就业机会。请问我们做错了什么？请问惩罚我们什么？！"

2013年5月24日，欧盟成员国内部就欧盟委员会对华光伏征税建议案投票表决结果出炉，根据透露出来的消息，最终有14~17个国家反对对华光伏"双反"议案，只有法国、意大利、西班牙、立陶宛等4~6个国家支持欧盟委员会提议，波兰等4国弃权。欧盟委员会规则规定，弃权票视同为赞成票处理。根据欧盟法律，在这一阶段，即使多数成员国投反对票，欧盟委员会仍可启动临时反倾销与反补贴措施。

德古赫特说，是由于中国"施压"，一些欧盟成员国才投了反对票，但欧盟委员会仍将独立做出决定。中国驻欧盟使团发言人于29日表示："这是欧盟成员国认真权衡利弊得失之后做出的理性判断，根本不存在任何方面施压的问题。"而就在投票的同一天，欧盟委员会大楼门口出现了一口白色的棺材，一支乐队在吹奏"哀悼曲"，吸引了很多人驻足观看。原来这是欧洲平价太阳能联盟在为欧洲光伏业"出殡"，他们抬着象征即将失去的光伏行业工作岗位的棺材在布鲁塞尔街头游行，声讨欧盟对中国企业施加37%~69%的关税决定会让欧洲失去20多万个工作岗位。

中国应对欧美"双反"的故事，似乎达到了一个小高潮。然而接下来，我们需要回到半个多世纪以前，将这个故事换挡，再提速。

"双反"的结局

20世纪50年代的一天，在北大副校长的办公室里，江隆基的案头上多了一份学生的课堂作业和一位教授的论文。那份作业来自政治经济学专业一个成绩优异的学生，他写了一篇《马克思的再生产理论在社会主义中的运用》，文章不仅理论分析扎实，而且理论联系实际，对于苏联长期片面优先发展重工业、忽视轻工业和农业的局限，大胆提出了自己不同的意见。还有一篇经济系教授的论文，同样论述马克思的再生产理论，却只是照本宣科，毫无新意。

北大经济系的教研室主任张友仁把它们同时送到了江隆基的手上鉴定判断。江隆基看后没有袒护功成名就的教授，而是对学生的作业大加赞赏，建议在北大学报上发表，还叮嘱张友仁，要对这个学生多加指导，让他更好更快成长，他很有发展前途。

这名被江校长点名关照的学生，名叫厉以宁，后来成长为中国著名的经济学家，担任北京大学战略研究所名誉理事长，北京大学光华管理学院创始院长、博士生导师。

到了20世纪70年代，厉以宁已成为北大博导，北大博士生的论文答辩需要有十几位具有高级职称的人员参加评审。但厉以宁对一个学生提出了更高的要求，他开出的评审名单全都是国内经济学界大家。他告诉这名学生："这些人看重的是论文本身的分量，而不会在意论文的表面或其他与学术无关的东西。这样做对你有益，可使你的论文得到真实的评价，经得起各种检验。"

因为这张"大咖"评审名单，学生把论文又认真修改了一次，题目叫《论我国经济的三元结构》。这篇论文获得了中国内地经济学界最高奖项——孙冶方经济科学奖的论文奖。这位北大博士的名字叫李克强。1991年，李克强和其他两名同学，与老师厉以宁合著了一本《走向繁荣的战略选择》，深入探讨中国的经济改革战略。

2013年3月15日，在第十二届全国人大第一次会议上，李克强当选国务院总理，成为中华人民共和国成立以来第七位总理。上任短短两个月后，李克强飞抵德国柏林，与时任德国总理默克尔举行会谈。中国与德国签署了17份双边协议，包括从文化交流、投资援助，到与西门子、SIE和宝马等企业的商业合作。同一天，默克尔表示将协调欧盟对中国光伏产品征税的问题，确保不会发展到永久征税的地步。会晤后双方发表的《中德关于李克强总理访问德国的联合新闻公报》第14条中写道："双方共同反对保护主义，愿通过对话解决光伏、无线通信产品等贸易争端。"

两位总理会晤后的第二天，时任中国商务部国际贸易谈判代表兼副部长钟山在布鲁塞尔与欧盟委员会贸易官员会谈中表示，如果欧方强行征税，中国政府不会坐视不管，将采取必要措施维护国家利益。

整个欧洲光伏行业形势出现逆转，"挺中"的呼声一浪高过一浪。2013年5月底，来自欧盟700多家光伏消费类企业的1000多名高管向欧盟委员会贸易委员德古赫特发去联名信，对向中国光伏产品征税表达强烈抗议。有数据统计，欧盟光伏制造企业仅提供约8000个就业岗位，而光伏设备安装、售后服务、光伏发电、设计研发等处在光伏产业链上下游的企业吸纳了数十万就业人口。美国也是如此。2011年，美国约有15万人受雇于光伏行业，而全球约为80万人。光伏行业在工厂中每创造10个工作岗位，在下游各个环节，包括安装、融资、项目开发、分销等，就能创造15个工作岗位。用贸易手段打击中国制造业，就会连带损害欧美国家的下游光伏企业和雇员的利益。

2013年5月30日，时任中国商务部新闻发言人沈丹阳在回答记者提问时表示：现在的形势是，中方该说的都说了，能做的也都做了，诚意已经充分展示了。接下来双方能不能好好坐下来谈，能不能谈得成，能不能避免贸易摩擦的扩大和升级，完全取决于欧方。

2013年6月3日晚上，李克强总理应约同欧盟委员会主席巴罗佐通话，就欧盟对华光伏产品"双反"案亲自交涉。李克强总理说，此案如果处理不好，不仅会影响中欧企业的利益，还可能引发贸易战。贸易战没有赢家，希望中欧双方从大局出发，通过谈判磋商解决贸易争端。李克强总理还很坦率地向巴罗佐表示，如果欧方执意采取制裁性措施，中方必然要进行反制。这是中国政府高层第一次对欧盟明确表达反制裁的强硬态度。巴罗佐表示，欧方高度重视中欧关系和中方关切，愿努力同中方通过对话与协商解决贸易摩擦，推动中欧关系和各领域合作向前发展。

2013年6月4日，欧盟委员会宣布初裁结果：欧盟从2013年6月6日至8月5日，对产自中国的光伏产品征收11.8%的临时反倾销税，如果双方未能在8月6日前达成妥协方案，届时反倾销税率将升至47.6%，对所有中国光伏企业征收37.3%~67.9%不等的临时反倾销税。值得一提的是，27个欧盟成员国当中有18个国家反对这一决定。但是初裁与终裁不同，这次初裁只有4个国家同意，而终裁需要欧盟理事会多数同意才能通过。

当时德古赫特的态度还比较强硬，他说："据我们估计，中国光伏组件的公平价格要比其销往欧洲市场的实际现价高出88%。"德古赫特说中国倾销光伏产品，至少危及欧洲25000个现有工作岗位。他还以美国对华光伏"双反"为例，说明欧盟这么做不是贸易保护主义。

初裁结果公布后，欧洲平价太阳能联盟援引研究机构Prognos的数据说，20%的关税就会让欧洲在未来三年里失去17.55万个工作岗位，关税所创造的工作岗位只能弥补损失岗位数量的五分之一。平价太阳能联盟当中有580多家欧洲光伏企业，年产值达200亿欧元。

而根据中国光伏产业联盟秘书处测算，11.8%的税率意味着中国光伏组件的售价会高至0.78美元/瓦左右，相比于韩国等国家的产品，价格优势将荡然无存，但中国不会坐以待毙。

初裁结果公布的第二天，2013年6月5日上午，中国商务部宣布对欧盟葡萄酒展开反倾销调查。起因是2013年5月15日，商务部收到中国酒业协会代表国内葡萄酒产业正式提交的反倾销调查申请，申请人请求对原产于欧盟的进口葡萄酒进行反倾销调查。

当日下午，商务部召开中欧光伏产品贸易摩擦专题发布会，会上沈丹阳说道："他们公布了初裁结果，决定征收11.8%的临时关税。作为中国政府来说，对于他们的决定是持坚决反对态度的。但是这也可以看出欧盟委员会体现了一定的灵活性，是在有关方面所做工作基础上体现的灵活性，中方对此表示欢迎。这种降低幅度，为我们下一步磋商和对话提供了一定的条件。"

2013年6月5日当天，法国总统奥朗德立即要求欧盟制定统一对华贸易政策。一个年贸易额不足10亿美元的葡萄酒，触动了一直支持欧盟对华光伏产品征收反倾销税决定的法国。《金融时报》评价称中国"做出了一个明智的战术选择"，因为法国、西班牙和意大利在对华光伏问题上立场强硬，比如法国总统奥朗德就提出过要平衡中法贸易，改变法国对华贸易逆差严重的情况——2012年1—9月，法中贸易逆差总额100.3亿美元。而法国、西班牙、意大利这三个国家同时也是对华葡萄酒出口大国。

2012年欧盟对中国出口葡萄酒总额为7.63亿欧元，其中，法国规模最大，达到5.46亿欧元；西班牙第二，规模为8900万欧元；意大利第三，规模为7700万欧元。法国、西班牙、意大利三国对中国出口葡萄酒的规模占欧盟对中国出口葡萄酒总额的93.3%。支持中国的德国虽然是第四，但只占总额的1%左右。

而从2007年到2011年，中国从法国进口的葡萄酒销售额增加了5倍。其中著名的波尔多地区最大的葡萄酒出口市场就是中国。虽然葡萄酒贸易金额与光伏产业不在同一个数量级，但这样的反制可谓"打蛇打到了七寸"。中欧国际工商学院经济学和金融学教授许斌说："此举很有分寸，锁定葡萄酒足以起到发出信号的作用，但又不至于伤害欧盟的产业。"

2013年6月7日，李克强考察位于河北邢台的晶龙集团。在切割车间里，他问在场员工："最近光伏产业很困难。这两个月能挺得住吗？"靳保芳说："我们知道国家做了很多工作，使欧盟在最后一刻将临时反倾销税从47.6%下调到11.8%。"李克强说，困难是暂时的，成效是有的，但谈判没有结束。我们坚决反对贸易保护主义，希望企业和政府一起做好工作。

一周以后的6月14日，李克强主持召开国务院常务会议，部署大气污染防治十条措施，研究促进光伏产业健康发展。会议出台了六条具体措施，也就是后来对行业发展影响巨大的"国六条"：一是加强规划和产业政策引导，促进合理布局，重点拓展分布式光伏发电应用。二是电网企业要保障配套电网与光伏发电项目同步建设投产，优先安排光伏发电计划，全额收购所发电量。三是完善光伏发电电价支持政策，制定光伏电站分区域上网标杆电价，扩大可再生能源基金规模，保障对分布式光伏发电按电量补贴的资金及时发放到位。四是鼓励金融机构采取措施缓解光伏制造企业融资困难。五是支持关键材料及设备的技术研发和产业化，加强光伏产业标准和规范建设。六是鼓励企业兼并重组、做优做强，抑制产能盲目扩张。

具体来说，分布式光伏，意味着除"三北"地区（西北、东北、华北北部）的大型地面电站外，广阔的中东部地区中大量的工商业建筑，例如厂房大面积的闲置屋顶，以及农村地区的居民屋顶，都将成为国内光伏市场开疆拓土的"新蓝海"。

全额收购所发电量，意味着光伏电站发出的每度电都能卖出去，保障了电站投资方的收益，增强了企业投资兴建电站的意愿，将进一步扩大光伏组件在国内的销售市场。

上网标杆电价，意味着一个光伏电站建成后第1年到第20年里所发出的每一度电，都能享受到高于煤电上网电价的收购价格。区别于以往"金太阳"工程一次性补贴给电站项目建设者，这是对光伏发出的每一度电保持长期较高价格的补贴式"采购"。

以2017年的数据为例，当时某光伏电站每度电的标杆电价是0.85元，年发电小时数1200小时，意味着1瓦的光伏组件全年可以发出1.2千瓦时（1.2度）的电，保守估计组件寿命为20年，总计可以发出24度电（不计衰减），所有电卖给电网得到20.4元，而组件价格当年平均为3元，电站的建设成本均摊到这1瓦组件上是3.75元，电站每年的运营维护成本较低，先忽略不计，这样电站投资方均摊到每1瓦的投资总成本是6.75元，20年中每瓦的全部收益就是20.4-6.75=13.65（元），相当于投资成本的2倍以上，平均每瓦每年的电费收益是0.6825元，相当于投资成本的10%。这样即使电站投资方的一部分投资来源于银行贷款，也能保证每年有一定的投资收益。这就是"国六条"中的第三条"完善光伏发电电价支持政策"的重要意义。

"国六条"里第四条提到的融资支持，让原本在"双反"寒冬中资金紧张的光伏企业看到了希望，其中融资会重点扶持光伏电站的建设和投资。

第五条，支持关键材料设备的技术研发和产业化，意味着国家将支持中国企业打造更多、更好、更便宜的国产光伏原料和设备，进一步助力中国光伏制造企业降本增效。

第六条，鼓励企业兼并重组、做优做强，抑制产能盲目扩张，则是对有实力的头部企业的明确支持，让"跑得快"的企业做优做强，成为平抑光伏产能周期剧烈波动的压舱石。比如 2012 年我国建成的光伏组件产能达 45 吉瓦，是 2009 年的 7 倍，过热的重复投资建设情况必须得到有效遏制和进一步优化，才能推动产业长久良性发展。

"国六条"的出台，意味着光伏产业由此上升到国家战略层面，包括之后出台的一系列细化政策措施，让中国国内光伏市场从 2013 年开始进入新一轮景气周期，迎来了在自己家门口的"大爆发"。2013 年，中国光伏发电新增装机容量达 11.3 吉瓦，同比增长 22.9%，占全球新增装机容量的 30.5%，首次跃升至全球第一；2015 年，中国光伏发电累计装机容量达到 43 吉瓦，首次超过德国，成为全球第一。

"国六条"颁布后的第四天，在商务部例行新闻发布会上，时任商务部进出口公平贸易局副司长刘丹阳否认了对欧盟葡萄酒产业"报复"的说法，称葡萄酒"双反"调查是根据相关法律和程序开展的正常贸易调查，同时否认了中国酝酿对欧盟进口高档车启动"反倾销"调查的不实报道。时任中酒协葡萄酒分会秘书长的王祖名也说，2008—2011 年，欧盟对华出口葡萄酒增长了近 4 倍。中酒协搜集的证据表明，欧盟为葡萄酒产业提供了大量补贴。

就在中国葡萄酒"双反"调查公布之后，广州一位葡萄酒贸易商于先生很快收到来自法国商家的邮件，邮件里说："法国政府很愚蠢，希望不会影响我们的生意。"于先生合作的酒庄来自法国南部朗多克地区。

在对光伏案的反制产生一定的效果后，中国通过"分别谈判"的方式与欧盟各个成员国接触，希望能够瓦解欧盟的光伏"双反"。

2013 年 6 月 21 日，第 27 届中国 – 欧盟经贸混委会在北京举行。会议的一大议题就是中欧光伏产品贸易摩擦问题。会后披露的消息称，中欧已对和平解决光伏贸易争端达成初步一致，将通过协商妥善解决问题。当日下午，混委会结束后，在欧盟驻华使团召开的新闻发布会上，德古赫特表示："中欧双方谈判有一个非常明确的目标，就是通过友好的、谈判的方式来寻找解决方案。我希望在今后几天或几周之内解决这个问题。"时任中国商务部部长高虎城也表示,中欧双方均有意愿和诚意,在今天的会议上双方也再次重申,通过价格承诺谈判妥善解决"双反"案。

价格承诺是一种协议,指出口商主动承诺提高其出口产品的价格,或者停止以倾销价格向进口国出口产品,以此消除倾销所造成的损害,进口国接受其承诺并中止或者终止反倾销调查。

2013年7月15日,国务院发布了《国务院关于促进光伏产业健康发展的若干意见》(国发〔2013〕24号,以下简称《意见》),支持光伏产业发展,将半年前制定的到2015年实现21吉瓦以上装机容量目标进一步提高到35吉瓦以上,2013—2015年年均新增装机容量要达到10吉瓦左右。这是什么样的规模?如果这一目标达成,且没有"弃光"现象出现,年均新增的光伏发电将足够2021年的全国人民使用12个小时以上。

《意见》中提出:"加快企业兼并重组,淘汰产品质量差、技术落后的生产企业,培育一批具有较强技术研发能力和市场竞争力的龙头企业。"还提出:"新上光伏制造项目应满足单晶硅光伏电池转换效率不低于20%、多晶硅光伏电池转换效率不低于18%、薄膜光伏电池转换效率不低于12%,多晶硅生产综合电耗不高于100千瓦时/千克。"对于很多光伏企业来说,有些指标非常严格。比如国内单晶硅电池转换效率当时多数还在19%~19.5%,多晶硅企业的平均生产电耗很多都在100千瓦时/千克以上。国内市场的开放和扩大,并不意味着中低端企业可以在家门口"躺着挣钱",而是需要企业更加殚精竭虑地降本增效,才可能在新的约束条件下存活、发展下去。这是一双"红舞鞋",也是一个"紧箍咒"。

同时,《意见》对光伏装备制造水平指明了目标和方向,要"加快提高技术和装备水平。通过实施新能源集成应用工程,支持高效率晶硅电池及新型薄膜电池、电子级多晶硅、四氯化硅闭环循环装置、高端切割机、全自动丝网印刷机、平板式镀膜工艺、高纯度关键材料等的研发和产业化。"

2013年7月17日,三十多家欧洲光伏企业在欧盟委员会举行的听证会上恳求欧盟委员会尽早"醒悟",停止对中国光伏产品征收惩罚性关税,避免对欧洲光伏产业造成更大的伤害。这次听证会是应欧洲平价太阳能联盟的要求举行的。

欧洲平价太阳能联盟主席、德国太阳能企业 Soventix 的首席执行官索斯滕·普罗伊格沙斯（Thorsten Preugschas）说："临时反倾销税已经导致欧洲光伏企业订单被取消，就业在减少。由于光伏产品价格升高，需求严重萎缩，我们的一些企业已经不得不裁掉部分工人。"

荷兰奥斯科梅拉太阳能解决方案公司执行总裁丹尼斯·吉塞拉尔（Dennis Gyselaer）表示，欧盟委员会此前的所有评估都是基于 7 家欧洲光伏生产企业提供的数据，没有考虑到近千家欧洲光伏消费类企业的诉求。大多数欧洲光伏产业下游企业的净利润都已低于 10%，即便是反倾销税停留在 11.8% 的水平，它们也根本没有能力承受其带来的价格压力。

欧盟委员会说过，如果欧洲光伏市场出现萎缩，欧洲光伏安装企业和发电企业可以转型做诸如风能一类的其他产业。吉塞拉尔反驳道："这根本无法实现，光伏是一个专业性极强的产业，我们的员工都接受了专业培训，不可能轻易转行去其他行业。"

荷兰大型光伏企业太阳能光明公司执行总裁彼得·德斯梅特（Pieter Desmet）说："我们向欧盟委员会提交了更多数据和事实，证明对华光伏产品征税会给欧洲光伏产业带来巨大的伤害。"

2013 年 7 月 27 日，中国机电产品进出口商会、中国可再生能源学会等 5 家行业组织发表《关于中国输欧光伏产品贸易争端达成价格承诺的联合声明》，宣布经过中欧双方艰苦、细致的谈判，中国光伏产业代表与欧盟委员会就中国输欧光伏产品贸易争端达成价格承诺。共有 95 家中国企业参加此次价格承诺谈判，该价格承诺体现了中方绝大多数企业的意愿，使中国光伏产品在双方协商达成的贸易安排下，得以继续对欧盟出口，并保持合理的市场份额。

中国机电产品进出口商会法律部主任陈惠清表示，最终谈判的价格控制水平不对外公布，出口数量配额如何在国内企业中分配，也还在研究阶段，不便透露。但是，大多数企业对此是满意的，通过这样的贸易安排，企业能保持合理的出口份额。总体来说，中国能保持住在欧盟 60% 的市场份额。

总之，最终以"限价、限量"的方式保住了中国企业在欧洲的市场份额。根据后来各方透露的数据，中方承诺对欧出口光伏组件价格不低于 0.56 欧元 / 瓦，按当时汇率约为 4.4 元人民币 / 瓦，中国每年对欧光伏出口的配额上限为 7 吉瓦，约占欧盟 2012 年新增装机容量的一半。中国出口组件总量中超过 7 吉瓦的部分，会被征收 47.6% 的反倾销税。也就是说，如果中国光伏企业以最低限价出口，出货量刚好达到配额上限的话，一年组件出口金额在 308 亿元人民币左右。后来欧盟在 2013 年 12 月做出终裁，裁定中国光伏产品的反倾销税率为 27.3%~53.4%，反补贴税率为 3.5%~11.5%。因为价格承诺的落实，实际上这一"双反"税率并没有执行。

2013 年 7 月 27 日，时任商务部发言人沈丹阳就"中欧贸易史上涉案金额最大的摩擦案件"得以化解发表了谈话，并表示了赞赏和欢迎。中国机电产品进出口商会、中国可再生能源学会、中国光伏产业联盟等 5 家行业协会也在声明发布后表示欢迎。孙广彬说："谈判能取得成功，取决于党中央、国务院的高度重视，取决于各部委政策的有力支持。欧盟跟我们谈判时，总以为我们离不开欧洲市场。而恰恰在谈判期间，我国出台了一系列启动国内市场的政策，让欧盟委员会感觉到中国的光伏企业并不是离不开欧洲市场。"在谈判期间，中国机电产品进出口商会还选出了 13 家企业作为咨询委员会，这些企业代表就坐在谈判房间的隔壁。每当谈判人员遇到技术问题，他们就到隔壁咨询，企业代表为他们提供了大量的数据支持。

在这份价格承诺中，欧盟还"预防"了中国企业可能采取的"曲线救国"措施。他们一度提出，一旦发现中国企业采取任何方式规避价格限制，比如成立海外公司再出口到欧洲、瞒报光伏产品实际功率、买一赠一变相降低价格等，欧盟会立刻对所有中国出口欧洲的光伏产品征收 47.6% 的反倾销关税。但在中方的大力争取之下，这一条款改成了只针对违反政策的企业。

从长远来看，一个固定的最低价格从 2013 年下半年起执行，限价到 2015 年，其实并不利于中国光伏企业抢占欧洲市场。因为光伏行业技术升级、产线优化速度很快，使成本、售价降低速度也很快，有"十年变成十分之一"的说法，所以在后来的执行过程中，中欧双方很快就发现，固定最低价格是在"刻舟求剑"。如果中国企业死守这个价格，而其他国家的竞争对手却可以灵活调价，那么中国企业只会失去越来越多的市场份额。到 2015 年 12 月，天合光能率先宣布退出欧盟光伏价格承诺机制，孙广彬当时表示："主要问题是价格承诺的售价比欧洲市场上的正常价格高出很多，迫使中国企业退出日常进出口业务。欧盟还限制中国企业在欧盟地区建立新工厂，迫使中国企业退出该协议。"2015 年 12 月 5 日，欧盟委员会发布立案公告，决定对适用于中国光伏产品的"双反"措施启动日落复审调查，调查结果将决定 15 个月后，欧盟对华"双反"能否彻底被取消。到 2018 年 8 月 31 日，欧盟委员会最终决定，"双反"措施在 2018 年 9 月 3 日到期后不再延长，结束了对中国进口光伏电池和组件的最低进口价格限制，意味着长达 5 年的中欧光伏贸易争端画上了一个句号。

在价格承诺谈成之后，授权中国机电产品进出口商会进行谈判的 94 家企业[①]（约占欧盟 60% 的市场份额）幸运地获得了零关税出口欧盟的资格，而没有签订"价格承诺"的企业再想出口欧洲，就要交 47.6% 的反倾销税。2013 年 8 月 5 日，中国机电产品进出口商会和 94 家企业在北京召开大会，研究价格承诺实施办法。商务部要求，方案必须取得大多数企业的同意才能执行。最终有 86 家企业同意了份额分配实施办法，确定了 7 吉瓦份额 "65%、25%、10%" 的分配方案：7 吉瓦中的 65%，按 94 家企业在调查期间和调查期后的三个季度中，出口额占 94 家出口总额的比例来分配；而 25% 分配给参加行业抗辩的企业，这包括了 36 家企业，它们给中国机电产品进出口商会组织的抗辩交了近 200 万元律师费，按照"谁应诉谁受益"的原则，这 25% 分给了这些为行业做出贡献的企业；而剩下的 10%，考虑到一些小企业在三个季度中的出口额比较小，那么中国机电产品进出口商会就先帮助这些配额不到 2 兆瓦的企业，给它们补到 2 兆

---

① 浙江上虞的一家企业因为种种原因，始终联系不上。所以 95 家企业中，最终只有 94 家企业真正具备零关税资格。

瓦。整个分配过程体现了公开透明、谁应诉谁受益和照顾小企业的原则。

欧盟贸易专员德古赫特（DeGucht）此时已经改口说道："我相信这将消除对欧洲工业的损害，欧洲工业将有空间恢复其市场份额。"而Solar World的米兰·尼茨施克（Milan Nizschke）依然坚称："中欧双方协议中规定的最低价格为0.55~0.57欧元/瓦，与目前中国组件的倾销价格水平完全一致。"他认为这项协议不是解决方案，而是"投降"，违反了欧盟贸易法，危及欧洲光伏产业的生存。德古赫特驳斥了"投降"的说法，并反击道："我认为他们这么说没有事实依据。"（I think they have no case.）

欧洲方面态度的"分裂"，来自其产业上中下游企业的立场不一致，上游原辅料及设备厂商和下游电站相关企业反对欧盟征收关税，它们需要与中国企业合作，代表联盟就是欧洲平价太阳能联盟。而中游制造企业则与中国企业直接竞争，所以支持征收关税，代表联盟就是欧洲光伏制造商联盟。

在国家层面，对于是否制裁中国，欧盟各国也产生了巨大的分歧。2012年，德国是世界上最大的净出口国，而法国和西班牙分别是第四大和第十大净进口国。意大利虽然在2012年有了贸易顺差，但在之前多年都是排名靠前的贸易逆差国家。2012年，德国的贸易顺差占GDP的比重超过6%，当然不希望发起任何贸易战争。而这些贸易逆差国家在国内就业紧张、内需不足的情况下，迫切需要拉动外需、提振经济、增加就业机会，而不是消费国外的进口产品。

从发展本国可再生能源的动机角度来分析，德国的可再生能源政策更侧重于如何利用可再生能源发电。虽然德国曾经接替日本，成为光伏制造业的全球第一，但德国对靠大力发展光伏制造业，进而带动经济增长这一点并不十分在意。真正在意这一点的是中国，这恰恰是中国光伏产业发展初期的首要目标。

由于中国和德国处在不同的发展阶段，其可再生能源转型过程也出现了由"增长需求"驱动和由"绿色需求"驱动的分野。在"双反"时期，这一差异体现得尤为明显：德国帮助中国与欧盟委员会进行斡旋沟通，最终经过多方努力，中国通过价格承诺实现了"零关税"的出口目标，保住了一部分欧洲市场。尽管率先攻击中国并挑起"双反"战争的始作俑者是德国光伏制造企业 Solar World，但德国政府高层并没有站在与中国对立的一边。从 2004 年到 2013 年，德国可再生能源行业就业人数几乎翻番，达到近 38 万人，相关公司营业收入达到 230 亿欧元。大量可再生能源电站布设在原东德较为贫困的农村地区，这些电站成了当地实现就业和税收的最大来源。截至 2012 年，居民个人持有全德国近一半的可再生能源装机容量。即便没有房产，很多人也投资可再生能源发电项目，比如学校屋顶光伏、风电场或者沼气发电装置。他们并不是个人持有，而是通过"能源合作社"（Energy Cooperative）的形式来认购项目的份额。类似于集体出资持有一个光伏电站，认购"一股"一般都不到 500 欧元，某些项目最低认购金额甚至不到 100 欧元。这些"草根"形式的可再生能源项目之所以能够顺利落地，其时代背景与德国 20 世纪下半叶可再生能源发展的历史轨迹是一脉相承的。

对于中国光伏制造企业来说，想要在不正当国际贸易制裁环境中继续保持可再生能源发电装备的出口优势，就必须提高"作战能力"。从 2011 年美国"双反"调查至今，中国光伏产品在全球遭遇了至少 14 起贸易救济调查，累计涉案金额约 300 亿美元。在这个过程中，中国光伏企业提升了应对能力，变成了"外战内行"。这其中，我们要提前讲述一个中国光伏企业史上最低反倾销税率的故事，故事的主人公是正泰。

2019 年 7 月，美国商务部公布了对中国光伏反倾销调查第五次行政复审的仲裁结果：因为在 2019 年调查期间对美出口量大，所以正泰和东方日升成为两家强制应诉企业，它们的反倾销税率分别为 2.67% 和 4.79%，其他 21 家中国对美光伏电池和组件出口企业的平均税率也从第四轮终裁的 15.85% 降到 4.06%。这是中国光伏企业取得的最低反倾销税率。

然而一开始的初裁结果却让人大跌眼镜，美国商务部裁定正泰的倾销幅度高达 98.41%。正泰聘请的律师团队拿到美国商务部公布的计算过程后，发现税率之所以这么高，是因为他们在编写统计分析系统（SAS）程序时犯了错，比如一个计算原材料成本的过程，公式原本是这样的：

IRONORE_IN = IRONORE ×（IRONORE SV + IRONORE FREIGHT）

但美国商务部的计算变成了这样：

IRONORE_IN = IRONORE × IRONORE SV + IRONORE FREIGHT

仅仅是少打了一对括号，就使得原料成本中的运费瞬间被放大了几百倍，而类似的错误在美国商务部的程序当中多达几十个，就是这些低级错误导致税率飙到了 98.41%。

抓住了美国商务部的"小辫子"，律师团队却建议正泰"按兵不动"，不要在初裁评论中向美方解释说明，因为初裁税率不会马上执行，等到终裁结果公布前一个月，也就是美方的"事实评论关门时间"到来前，再"一锤定音"，不给对方留下更多提出异议的时间。

律师徐铮说："我们不提前说出来，是要让申请人那边放松警惕，以为提出这么高的税率，他们最后能得逞，这样在终裁的抗辩阶段就可能少提一些对正泰不利的主张。"

此时作为上市公司的正泰面对初裁结果承受了巨大的市场压力，但依然选择听从律师的建议，等到了终裁前"一举反攻"，最终赢得了 2.67% 的超低税率，也帮助其他中国光伏企业大幅降低了税率。

终裁结果公布以后，律师吴亚洲说："这次代理正泰参加美国反倾销调查是我执业 17 年代理的近百起案件中，涉及企业最多、工作量最大、案件结果最跌宕起伏的一个案件。"

2021 年 10 月 20 日，美国商务部发布对中国光伏反倾销调查第七次复审终裁公告，以浙江晶科、东方日升为代表的多家光伏企业获得了零税率。这是中国企业第一次在光伏贸易救济案件中获得零税率。

有一次，瞿晓铧在朋友圈里分享了阿特斯等企业代表中国光伏企业就反补贴调查起诉美国商务部并最终胜诉的消息。过了一会儿，他的父母就给他打来电话说道："你不要出头，瞎闹，起什么诉？"瞿晓铧向父母进行了解释，但他的解释没能赢得父母的认同。瞿晓铧意识到，俗话说"枪打出头鸟"，去承担强制应诉方的角色是会承担一定风险和压力的。但是如果人人都不出头，中国光伏行业就只能任人鱼肉；所以无论是过去还是未来，无论企业排名如何变换，面对不合理的国际贸易争端，头部企业永远都肩负着一种责任，为整个行业发声，为自己也为所有人争取利益、保护权益。

2022年1月26日，世贸组织宣布，中国每年可对价值6.45亿美元的美国进口商品征收关税。该贸易争端裁决始于2012年，当时因美国对太阳能电池板等中国产品征收反补贴关税，中国将美国诉至世贸组织。此前世贸组织已裁决美国相关措施违反世贸组织规定。迟到的裁决没能抹去当年"双反"对中国光伏产业的巨大冲击，但公平和正义终究还是到来了，这场打了十年的官司，中国胜诉了！

而颇有讽刺意味的是，2018年年初，特朗普提出要对进口的太阳能组件征收关税，其中包括来自德国Solar World公司的组件。这家公司在当年3月即宣告破产，而这已经是它的第三次破产了。它曾经急不可耐地希望用关税来保护自己，最后却"搬起石头砸了自己的脚"。

通过一系列国内政策的出台、中国光伏市场的开放，与欧美对中国光伏企业的贸易制裁两条主线并行的叙事，我们希望向读者说明：中国光伏或许是最早打通"国内国际双循环"的行业之一。

2020年，中共中央政治局常务委员会召开会议，首次提出"要深化供给侧结构性改革，充分发挥我国超大规模市场优势和内需潜力，构建国内国际双循环相互促进的新发展格局。"

在"双反"危机中，在国际光伏产业普遍陷入萎缩和下行周期之时，中国政府为中国光伏企业打开的国内大市场环境，对国内产业推进的一系列扶持和鼓励政策措施，是中国经济开展"逆周期调节"的一个典型范例。2013年上半年中欧"双反"仍在进行时，中国光伏A股上市企业的净利润总和为512万元，相比于2012年上半年亏损3.6亿元，已经出现回暖复苏的迹象。2013年，中国创纪录地完成了10.95吉瓦的新增光伏装机容量，接近当时美国在运光伏装机容量的总和。

这种先利用出口机会抢占市场，完成产品国际认证，当行业在全球处于下行周期时，加码国内产业政策，洞开国内市场，实现国内、国际并进发展的"双循环"打法，并非中国首创，也绝不仅限于光伏行业，而是很多国家发展优势工业门类经常用到的一套组合式战略。

现在，让我们回到这个故事的一开始——那块"小舢板"上面，看看尚德在美国的工厂在这场大风大浪中究竟经历了什么。

谁"欺骗"了尚德？

从2009年到2011年，美国的光伏发电总装机容量增长了300%，但这没有给尚德等中国企业带来"好运"。

2012年5月，美国商务部发布初裁结果，开始对中国光伏产品征收关税，认定强制应诉企业无锡尚德太阳能有限公司的税率为31.22%。2012年10月美国商务部发布最终裁定，对在中国生产的尚德电池要征收35.97%的关税。对尚德美国工厂来说，这个结果是致命的，相当于直接给工厂判了"死刑"，因为美国商务部认定"中国产品"的标准，不是看组件的原产地，而是看电池片的原产地。即使尚德从中国购买电池片，到美国封装成"Made in USA"的组件，也要被征收"双反"关税。

一位尚德前雇员回忆说："亚利桑那州工厂的情况在'双反'之前就很难了，我们努力维持工厂保持开工。对铝框架和电池征收关税是压死骆驼的最后一根稻草。当时工厂已经处于挣扎状态，成本非常高，把自己生产的电池运过来还要附加关税，我们实在无法应付。"

就在美国"双反"拉开大幕的2011年，美国光伏市场刚刚超越了德国市场，成为尚德最大的收入来源国，占尚德销售收入的23%。

由于"双反"政策的实施，亚利桑那州的整个光伏产业都遭受重创，工作岗位数量急剧下降。美国大凤凰城经济委员会（GPEC）业务开发执行副总裁克里斯·卡马乔（Chris Camacho）说："短短两年时间里，联邦和各州的政策180度大转弯。房地产行业崩溃后，很多美国人接受了光伏电站建设和相关服务的再培训，现在他们再次失去了工作。"

在尚德，有人丢掉了工作，也有人得到了新工作，其中就有一个被施正荣寄予厚望的"海归"精英，他的名字叫金纬。这个人的出现让尚德的陨落真相变得扑朔迷离起来。

2011年5月，这位美籍华人出任尚德CFO。尚德人记得他在公司第一次亮相时，说了一句："在尚德，施总永远是老大，我永远是老二。"还说他会带领大家走出困境。

金纬说他一生中经历过好几次大危机，1999年在一家工程公司做CFO，赶上了东南亚金融危机；在迪士尼旗下一家公司做CFO时，美国娱乐业遭受"9·11"事件的冲击。他要做的是把企业带出泥潭。他对施正荣说："我有这个能力把尚德的股价提上去。"不幸的是，整个2012年，尚德市值蒸发了60%。就在他入职的2011年，尚德净利润从2010年的2.379亿美元变成负的10.062亿美元。彼时为了获得流动性资金，调整资产负债结构，施正荣说他花了一年时间才找到一个新的CFO，还是从美国找来的。后来施正荣回忆说，当时他感觉自己就像是"三明治夹在中间的部分"，公司在美国上市，董事会里很多独立董事都是外国人，公司95%以上的销售市场又在海外，只有制造环节在中国。上一任CFO要离开的时候，他为了找到继任者非常头疼，希望他最好是一个中国人，又希望他能有国际化的背景和思维方式。经过猎头的介绍，他才物色到了金纬。但是金纬在入职前就提出要求：如果要我当尚德CFO，那么我必须进董事会。一般来说，CFO能否进入董事会不是CFO个人能决定的，但当时尚德苦于半年没找到CFO，最后在这一点上选择了妥协。而令施正荣想不到的是，就是这次妥协，直接把他赶出了尚德的大门。

2012年第一季度，中国在境外上市的十几家光伏企业全线亏损，尚德和赛维LDK的毛利率分别是0.59%和–65.5%。2012年上半年，尚德平均每天要亏损1000万元，股价从90美元一路跌至1美元左右。

2012年年中，尚德电力股东劝说施正荣放弃无锡尚德，这样可以确保美国上市资产的安全，让尚德电力尽快摆脱债务危机。只要宣布无锡尚德破产，海外上市的尚德电力的短期借款就能立马减少 70%，长期借款能被完全抹掉，应付账款也可以解决，华尔街对尚德的信心就能立刻恢复，股价就有望反弹。这一要求立即遭到施正荣反对。施正荣认为放弃无锡尚德就是饮鸩止渴，而且是不负责任地把包袱甩给了国内银行和无锡市政府。

于是 2012 年 7 月，股东们又希望尚德电力出售其投资的一家子公司——环球太阳能基金（Global Solar Fund，GSF）的股权，偿还一笔即将到期的 5.41 亿美元的可转债。但就在这时，尚德"爆雷"了。

事情的缘起可以追溯到 2007 年，正在光伏产品供不应求的时候，施正荣已经产生了一种危机感：如果有一天下游的电站渠道不行了，尚德应该怎么办？当时他想买一家 EPC 公司[①]。通常，公司在总价合同条件下，对其所承包工程的质量、安全、费用和进度负责。施正荣看好了一家美国纽约的 EPC 公司，他询问尚德在美国的销售总经理这桩生意如何，经理说："施博士，你这样买个 EPC 公司，那其他同类公司也是你的客户啊，这样你不就跟它们变成竞争关系了吗？"施正荣觉得他说的很有道理，于是放弃了这项收购计划。但身为企业领导者，还是要做出前瞻性的布局，于是他就想到：如果我可以成为所有 EPC 公司的幕后英雄，岂不是更好？我可以设立一个基金，专门投资光伏项目，这样 EPC 公司就有活干了，我还和它们不是竞争关系。

2008 年，尚德作为有限合伙人（LP）投资了在卢森堡注册的环球太阳能基金，这支基金的目的主要是投资建设欧洲的光伏电站，尚德的这种投资安排也可以从财务上把项目融资排除在报表之外。对于尚德来说，投资建设海外电站，可以赚取欧洲有补贴电价的电费收入，同时让这些电站在建设时采购尚德组件，GSF 又可以向中国和欧洲的银行贷款，可谓一举三得。2009—2011 年，GSF 通过西班牙和意大利的附属公司销售了 3.468 亿美元的尚德光伏组件。GSF 与尚德会计上不并表，所有电站在刚刚建成

[①] EPC 是英文"设计、采购、施工一体化模式"的缩写，也就是工程总承包。在光伏行业，EPC 具体是指公司受业主委托，按照合同约定对光伏电站工程建设项目的设计、采购、施工、试运行等实行全过程或若干阶段的承包。通常公司在总价合同条件下，对其所承包工程的质量、安全、费用和进度负责。

可以发电时，尚德在会计上就可以将电站的"公允价值"记为尚德的投资收益。尚德2011年年报中写道："GSF的工程竣工后，被投资公司的公允市场价值采用现金流量贴现法来确定。"贴现模型中使用的主要假设包括项目生命周期内预计发电量、政府上网电价、项目生命周期等，而所有这些假设以及GSF的公司价值要经过第三方审计机构的审计和评估。打个比方，相当于GSF养了一群小鸡（建设电站），小鸡刚刚变成母鸡（建成电站，并网发电），理论上它能下20年的蛋，尚德可以将这只母鸡未来"能下"的所有鸡蛋价值一把折现，计为当下的投资收益，也就是"公允价值"，而不是等待母鸡一个个下蛋时再在20年中分散"入账"。2011年年底，经审计评估后GSF的公允价值为3.693亿欧元。根据会计学当中的权益法，尚德确认了在GSF股权收益中的份额为2.695亿美元。

这样做是合理合法的财务操作，但依赖于三个条件：一是GSF在欧洲投资的这些电站建设审批合法合规，二是顺利并网发电，三是长期稳定地拿到相关国家的电价补贴。很遗憾，在GSF投资过程中，尚德受到了合作者杰维尔·罗梅罗（Javier Romero）的欺骗。一支投资基金的管理权是由普通合伙人（GP）拥有的，GSF的普通合伙人是过去尚德在西班牙的销售代理杰维尔·罗梅罗控制的一家公司。施正荣当时已经同罗梅罗合作了两年，他认为这个人很是精明能干。为了增强董事会和股东对这项投资的信心，施正荣决定自掏腰包参与基金（LP）的投资，基金（LP）由尚德持股79%，施正荣持股11%，罗梅罗持股10%。后来施正荣在2012年提交给新加坡法院的书面证词中解释说，之所以这样安排，是因为尚德并没有想要控制拟设基金（GP）的管理，如果尚德控制了GP公司，那么它就有义务将拟设基金的财务报表同尚德自己的财务报表合并起来。

2010年5月，国家开发银行给GSF提供了一笔5.54亿欧元的贷款，用于意大利光伏项目建设，但要以GSF在意大利所投资的光伏电站项目作为质押，并且额外提出要求尚德为光伏电站项目提供担保的双保险条件。但如此一来，尚德就要把这笔负债记在账上。为了避免这样做，罗梅罗将5.6亿欧元的德国国债抵押给了尚德，尚德用这批国债来支持担保，也就形成了"反担保"的关系。"反担保"通俗来说，指的是 A、B、C 三个人中，A 找 C 借钱，但 A 与 C 不相熟，即便 A 有资产可以做抵押，C 也认为风险比较大。于是 A 就找到 B，请求 B 给他作担保，B 与 A、与 C 都有信任关系，B 向 C 表示："我愿意为 A 担保，你放心借给他吧。"但 B 也怕承担风险，于是要求 A 拿出他的资产抵押给 B，这就形成了反担保。

在尚德 GSF 反担保这件事上，A 是罗梅罗，B 是尚德，C 是国家开发银行，而反担保抵押物就是 GSF 在意大利所投资的光伏电站项目和德国国债。一旦罗梅罗的项目公司违约，尚德可自主出售和处理这笔债券。

尚德没有在 2009 年年报中披露这笔反担保交易，但美国证券交易委员会（SEC）资料显示，后来尚德在 2010 年 10 月 SEC 的要求下公布了这笔贷款担保情况。从 2010 年 11 月到 2011 年 4 月，SEC 四次致信尚德，敦促其进一步披露 GSF、德国国债和罗梅罗的相关情况，之后 SEC 表示审阅备案文件完毕，没有再进一步问询。2011 年尚德年报中显示，截至 2011 年年底，尚德为 GSF 出资 1.557 亿欧元，GSF 已在意大利建设 145 兆瓦的光伏电站，其中 143 兆瓦已经并网发电，尚德从 GSF 投资的项目中获得 1950 万美元的投资回报。

金纬的一份书面证词显示，就在 2012 年，临近 5.41 亿美元债券偿还期间，尚德原本准备把持有的 GSF 股权出售给两个有兴趣的买家，但外聘顾问在做尽职调查中发现，这笔 GSF 反担保当中"可能存在瑕疵"。2012 年 7 月，尚德宣布了这一发现，并展开调查。同月，尚德在新加坡一家法院起诉罗梅罗，指控他诈骗。8 月，尚德称他们检查了原始文件，发现可能存在伪造，用于反担保的德国国债可能不存在。

同样在 2012 年 8 月，尚德公告称收到多个国家法院令状，罗梅罗在全球所有资产都已被冻结。法庭文件显示罗梅罗拒绝承认自己有错，把欺骗性债券的问题归咎于外部经纪人，事实上，罗梅罗是从一家不知名的欧洲公司借到的债券。这家欧洲公司是一家瑞士信托机构，名叫 Trastt Capital SA，主要提供信托和银行业务，当时拥有几十亿美元的各种类型的国债。无论罗梅罗如何解释，事实上都是他欺骗了尚德。意大利的检察官认为，GSF 在意大利的电站项目是罗梅罗和他当地的商业伙伴一起策划的"意大利史上最大的太阳能欺诈案"（the biggest solar energy fraud in Italian history）。

意大利当局没有指控尚德位于开曼群岛的控股公司或者在中国的无锡尚德有任何不当行为，但意大利方面对罗梅罗和他的两名合作伙伴提起了刑事指控，罪名是欺诈、团伙犯罪和非法转移公共资金。检察官指控罗梅罗等人从政府机构骗取了 650 万欧元的公共资金。早在 2011 年，意大利普利亚大区布林迪西省的刑事检察官尼科朗格洛·吉扎迪（Nicolangelo Ghizzardi）就发起了一系列调查，最终政府扣押了 70 座光伏电站，其中有 27 座属于 GSF。

2011 年 12 月，吉扎迪检察官向法庭递交文件，指控罗梅罗等人利用其在意大利开设的公司，将大规模光伏电站分割成较小的电站项目，这样这些公司就可以有资格更快地完成环境影响评估，使得 GSF 能快速获得政府绿色能源补贴。有时罗梅罗会给没有完工的电站伪造完工证明以骗取政府补贴。吉扎迪检察官认为，如果不是这些欺诈行为被揭露，被骗取的政府资金就不是 650 万欧元，而是 3 亿欧元。罗梅罗的律师在书面声明中坚称这笔钱不是非法获得的，拿到手的补贴没有消失，而是被"再投资于意大利"。

2013 年 9 月，吉扎迪检察官对罗梅罗和其他被告提出指控，罪名是"有组织犯罪"，但逮捕令无法送达罗梅罗，因为当时他居住在上海。罗梅罗声称自己不是逃犯。另外，吉扎迪从罗梅罗得到的 650 万欧元意大利政府绿色能源激励基金中追回了 300 万欧元。

2013 年 9—10 月，意大利布林迪西法院发出裁决通知，决定查封由 GSF 投资的公司所建造的 47 个光伏电站。尚德方面称这些意大利电站约 37.8 兆瓦，占 GSF 拥有电站总装机容量的 27%。法院对电站建造许可的流程合规性调查始于 2010 年，认为多个电站在获取建造许可权方面可能存在不当操作，尤其是环评、设计和获取电站补贴方面存在犯罪嫌疑。光伏行业专家赵玉文分析认为："此次电站被查封就意味着长期的意大利电价补贴和投资收益将被取消，所以对尚德电力来说，损失比较大。"

时间回到 2012 年 8 月 1 日，在被爆出 GSF 反担保当中"可能存在瑕疵"之后，尚德股价连续三个交易日跌幅超过 10%，盘中一度跌至 0.81 美元，这是尚德 2005 年上市以来股价首次跌破 1 美元。当日，华尔街对尚德发出退市警告。美国投资机构 Maxim Group 统计，中国最大的 10 家光伏企业当时的债务累计 175 亿美元，约合 1110 亿元人民币。Maxim Group 特别指出，江西赛维 LDK 和无锡尚德破产的可能性最大。当时保利协鑫的一位高管承认，政府找协鑫谈过入股尚德这件事情，但考虑到当时的光伏行情、公司不介入光伏电池生产的初衷，最后还是婉拒了。

2012 年 8 月 8 日，星期三，据施正荣回忆，那是他永远都不会忘记的一天。当天上海下起了大暴雨，施正荣坐在车里，准备从上海赶往无锡上班，路上他打了一个盹儿，醒来以后收到一封邮件，是独立董事王珊（Susan Wang）发给他的。信的主要内容只有一个：要求施正荣在 24 小时内辞去尚德 CEO 的职务。施正荣立即拨通了她的电话询问原因。对方说："股价跌了这么多，总要有一个人做出牺牲。"

施正荣说："第一，是不是一定要做这个牺牲？我是 CEO，牺牲了我接下来怎么办？国内的银行和政府关系都是我在联系，你们怎么处理？"王珊说："没关系，这个我们都是专业的。"施正荣又问："那谁来当 CEO？"她说："由作为 CFO 的金纬来接任。"施正荣好像突然明白了些什么。王珊还告诉施正荣，这个事情要立即决定。施正荣挂掉电话后不久，就向无锡市政府领导进行了汇报，市领导也很重视，约谈了金纬。金纬说这是董事会的决定，改变不了。

对方想要第 2 天就召开董事会，但施正荣认为这件事不能任由他们摆布，于是他找出了公司章程，发现按照公司会议规定，要等 3 天之后才能召开董事会，最终对方只得同意在 8 月 14 日、星期二召开电话会议。事实上，再过一周的周六，这批董事们本来也要来无锡召开董事会，但一来他们不愿与施正荣当面对质，二来他们已经迫不及待地想要施正荣辞去 CEO 职务。

星期二当天，施正荣与各位董事鏖战3个小时，他从方方面面对更换CEO的做法条分缕析并详陈利弊，对公司、员工、股民、供应商、政府、银行等尚德利益相关方会造成怎样的影响做出了客观的分析判断。这些董事们一时间哑口无言，要求休会15分钟后立即投票。不出所料，施正荣"被投了下去"，董事会以一种残酷的手段夺走了他CEO的位置。

8月15日，公司发布公告，施正荣辞去CEO职务，由原CFO金纬接任CEO，施正荣担任执行董事长兼首席战略官（CSO）。同月，由无锡市市长担任组长的无锡市应对欧美"双反"、促进光伏产业健康发展领导小组和工作服务小组成立。领导小组召集银行协调，确保尚德能获得金融机构集中授信支持。由中国银行牵头的金融系统工作组随后进驻尚德。

2012年9月，无锡市市长前往无锡尚德现场办公，明确表示政府会支持尚德渡过难关，市长说："欧美国家这种毫不遵守游戏规则，遏制中国企业发展的做法（'双反'调查），实际上遏制了新能源产业的发展。作为中国政府，不救企业，不帮企业，谁来关心企业，谁来救？"政府当时认为，只要国外市场能够恢复，对无锡尚德资金支持足够，尚德就能挺住。9月底，市长带来了几个月以来唯一的好消息：无锡市政府为了帮助尚德走出危机，通过协调金融机构并出台政策，目前中国银行已为尚德发放了首批2亿元资金。

在2012年11月的一份证词中，金纬表示GSF反担保欺诈事件对尚德的财务状况产生了"重大"（significant）影响，在2012年11月29日的一份文件中，金纬说："尚德向中国多家银行进行再融资的能力……被削弱了。"

2013年开年，已经进入"雪崩"状态的尚德迎来了"一出大戏"。

赛维LDK不能倒

2011年，赛维LDK纳税达到13.6亿元，是新余市第一纳税大户，约占当年新余市财政总收入的12.2%。

到了2012年上半年，新余市光伏产业仅实现税收4608万元，减少7.61亿元，同比下降94.29%，其中赛维LDK申报销售收入下降75.8%，入库代扣代缴企业所得税149万元，同比下降99.4%。

一家给赛维LDK供应硅粉的供应商说，从2012年5月起，它就开始从赛维LDK拿货物冲抵部分账款。新余市当地一家自动化设备企业负责人说："只要跟赛维LDK做生意，没有不被欠钱的。"新余市中级人民法院曾有过同一天全部开庭案件都与赛维LDK有关的"盛况"。赛维LDK的危机在上游产生了连锁反应。2008年，京运通与赛维LDK签订设备采购合同，约定2010年年底之前赛维LDK须采购铸锭炉580台，其中2008年提货80台，2009年为200台，2010年为300台，随后又约定2011年提货225台，2012年为236台。可赛维LDK在2008年和2009年的实际提货量仅为18台和101台，从2010年开始，赛维LDK更是没能按合同约定前去提货。受此牵连，京运通的股价，从2011年9月上市时的每股42元，跌至2012年7月底时的每股7.56元，跌去82%。2012年年底，京运通打赢了和赛维LDK的官司，赛维LDK需向京运通支付违约金2.94亿元。作为赛维LDK"债主"的除了京运通，还有天龙光电、奥克股份、新大新材、恒星科技等A股光伏公司，它们对赛维LDK有总计近5亿元的应收账款，更为不幸的是这些公司在2012年均背负了巨额亏损。

此时新余市的宣传已经从过去的"世界硅都"，转变为打造"户外照明之都"和"城市矿产示范基地"。2012年第二季度，江西省财政部门建立了20亿元的"赛维LDK稳定发展基金"，帮助赛维LDK周转贷款。一位新余市工信委的工作人员说，不管是工信委主任、主管副主任，还是新能源产业科负责人，几乎每天都不在办公室，而是在赛维LDK。2012年上半年，在赛维LDK陷入危机之后，新余市规模以上工业实现利润16.07亿元，较2011年同比下降了52.7%。

在2012年7月的新余市金融工作座谈会上，时任新余市市委书记指出："要认识到我市的产业发展方向是正确的，当前企业面临的困难是暂时的。""越是困难时期，越要全面客观地看待企业的发展，帮助企业渡过难关。"当月，多晶硅价格下探到 22 美元 / 千克，而赛维 LDK 的生产成本是 38 美元 / 千克。当年第二季度，赛维 LDK 归属股东净亏损 2.543 亿美元，多晶硅产能闲置近 90%，电池片产能闲置 80%。

10 月，赛维 LDK 又利用财政资金兑付了 4 亿元短期融资券。当时赛维 LDK 的融资手段很少，除了用政府的钱，主要靠出售部分土地。赛维 LDK 的 CFO 赖坤表示，多晶硅项目只有在完成技改、成本降低到 20 美元 / 千克以后才更适合 IPO，目前 IPO 会非常困难。

即便在这种严峻形势下，时任新余市市委书记还是在 9 月的全市领导干部会议上表示："全力支持新钢、赛维 LDK、江锂公司分别打造成千亿元企业。"那新余市具体是怎么做的呢？2012 年 10 月，赛维 LDK 以 0.86 美元 / 股的价格定向增发了股份，其中 19.9% 以 2300 万美元卖给了恒瑞新能源。事实上，这是一家成立时间不到一个月的企业，由新余市国资委持有 40% 的股份。而恒瑞新能源另外 60% 的股份由北京恒基伟业投资发展公司持有。

从 2012 年开始，新余市一直在努力挽救赛维 LDK，不断选择用引入战略投资的方式延续其生命。作为一个年财政收入只有 120 多亿元、地方经济规模仅有无锡市十分之一的地方政府，新余市想靠自己的力量挽赛维 LDK 于既倒，但遗憾的是到 2018 年为止，赛维 LDK 的几乎所有债权人以 90%~100% 的比例为其欠债买单。

2012 年 11 月，彭小峰被迫辞职，CEO 佟兴雪走上台前。他上任以后立马对一些资产进行剥离，关掉了合肥的电池厂，只留下新余市一个小型电池厂，主要做试验用，还关闭了其他一些公司、办事处。整个 2012 年，多晶硅价格无止境地"探底"，年末更是触及 15 美元 / 千克，比所有中国企业的成本线还要低，导致大量企业停产。"大厂"一边流血一边硬扛，而成本上更没有优势的中小硅料企业则被大量淘汰出局，使得中国前五大多晶硅企业产量占比大约达到全国的四分之三（74.5%），同比提高了 17 个百分点。到 2013 年年中，中国有色金属工业协会硅业分会的研报显示，国内只有 4 家多晶硅企业能勉强维持开工，且产能利用率已不足 30%，连续一年以上大额亏损经营，使多数产能在 1000~3000 吨的多晶硅工厂倒闭。到 2014 年年底，四川新光硅业，这家建成中国第一条千吨级多晶硅产线的企业宣告破产。2015 年，被誉为中国"多晶硅鼻祖"的峨嵋半导体厂也进入破产清算程序。

2012 年，赛维 LDK 总负债达到 270 亿元，负债率超过 100%。彭小峰提出"三清三减"以应对寒冬，即"清库存、清闲置资产、清收预收账款""削减控制职能开支、裁减员工、减少运营管理费用"。至 2013 年 3 月，赛维 LDK 的员工数量从 2012 年年初的 29000 人，缩减到 11000 人。当时有记者走访赛维 LDK 员工宿舍一层的值班室，这里的员工告诉他，原来挤在一起看电视的有几十个人，来晚了连位置都没有，而现在一天都难得有一两个人看电视，食堂里大部分店面都没开张。铸锭车间的员工说："原来工资有 2500 元，现在干的活更多了，工资却只有 2000 元，加班工资也没了，加了班的就用轮休补。"而赛维 LDK 一些高管更是主动申请不领薪水，佟兴雪就半年没有领。

2013 年 1 月，赛维 LDK 宣布免去佟兴雪法人、董事长职务，委派彭小峰担任，同时解聘佟兴雪总经理职务，聘请彭小峰担任总经理，而这距离 2012 年 11 月彭小峰卸任 CEO 只过了约 70 天。佟兴雪说："这是我主动要求的，并不是有什么内幕。我当了江西赛维 LDK 董事长和总经理之后，太多签字来找我，我忙不过来，所以主动要求拿掉，现在我是赛维 LDK 集团的总裁兼 CEO，也在兼任 COO（首席运营官）。"

2013 年 3 月，彭小峰说："10 年以前，互联网行业被一些人认为是骗局，但 10 年以后，互联网对整个人类生活方式的改变，大家有目共睹。我相信 10 年以后，光伏行业会像互联网行业一样，改变我们的生活方式。"他说的或许是对的，但在光伏行业崭新的 10 年里，已不再有赛维 LDK 的位置。

从 2012 年到 2013 年第一季度，江西省政府专门为赛维 LDK 的生存发展组织了 4 次会议，新余市政府为赛维 LDK 开的专题会议更是不计其数。2013 年 3 月，江西省政府要求各家银行在不新增担保条件的前提下，给赛维 LDK 注入生产性资金 20 亿元，将赛维 LDK60 亿元短期贷款和贸易融资置换成中长期项目贷款。

当月，赛维LDK在江西井冈山召开了一年一度的全球供应商大会，200多家供应商参会。会上佟兴雪放言，2013年预计实现销售收入27亿美元。而彭小峰说："我们面临资金的困难，需要找银行贷款，如果银行要求个人担保，我百分百可以作为担保人。对我来说，赛维LDK就是我的全部。"

4月16日，赛维LDK宣布，公司于4月15日到期的总额为2379.3万美元的高级可转债无法支付，但公司及时就其中的1665.3万美元与主要债权人达成延期支付协议，可谓有惊无险。紧接着，4月17日，合肥赛维LDK被作价1.2亿元人民币出售给合肥市政府旗下的合肥高新区社会化服务公司。这个投资25亿元、产能1600兆瓦的项目，曾经是全球规模最大的单体光伏项目。一位业内人士分析，这跟兑付可转债没有直接关联，合肥的资产卖了不能变现，基本上都冲抵了合肥那边的贷款。

声称"赛维LDK就是我的全部"的彭小峰，在2013年7月注册成立了非凡定美社，并于当年9月正式上线，类似于早期的微商。但因为赛维LDK债主四处讨债，2014年3月非凡定美社就开不出工资了，仅维持半年就宣告结束。那段时间，彭小峰还被列入了"全国法院失信被执行人名单"，他不断在微博上宣泄内心的痛苦，而微博留言中多是讨债和谩骂之声。

2013年8月，江西省政府召开专题协调会议，要求各银行按"自行消化"原则，妥善处理赛维LDK的现有欠息，防止赛维LDK的贷款在全国企业征信系统中出现不良记录。11月，国家开发银行牵头，11家银行与赛维LDK敲定三年定期贷款，总金额20亿元，利率为央行基准利率的90%。一家债权行人士说："政府一家一家银行做工作，恳请我们救赛维LDK。"

2014年3月，赛维LDK从纽交所摘牌。

在光伏行业面临"双反"严重打击的同时，曾经大手笔向光伏龙头企业授信的国家开发银行也遭受到舆论压力。2010—2012年，国家开发银行针对光伏发电的贷款余额（截至当时尚未归还的贷款总额）增速达到135%。到2012年年底，国家开发银行有关负责人披露了自身光伏发电的贷款情况，结果出人意料：2011年，国家开发银行资产突破6万亿元，不良率只有0.4%，连续27个月低于1%，全球排名第一。截至2012年8月底，国家开发银行对光伏全产业的贷款余额500多亿元，占当年全行5.52万亿元贷款余额的0.9%，远低于之前市场传闻的2000亿元以上。为了保证500亿元光伏贷款的安全，国家开发银行当时原则上对光伏产业的上游企业不新增贷款；对光伏下游发电企业的国内项目则大力支持，积极提供贷款，国外的项目需要在防范风险的前提下提供贷款。

很多光伏电站运行时间超过20年，而多数银行能批准的贷款期限最长仅为5年，少数银行能提供10~15年的长期贷款。这意味着在电站建成发电的前面数年时间中，企业即便电费足额到手，也需要动用额外的资金来偿还短期银行贷款，这当中有一个资金"期限错配"的问题，会打击企业通过贷款方式投资光伏电站的积极性。而国家开发银行作为一个政策性银行，在一定程度上缓解了这个问题。比如2013年9月，为了支持分布式光伏电站的发展，国家开发银行推出最长20年的贷款期限，优质的项目还可以给予基准利率下浮5%~10%的优惠。

从国家政策的风向来看，下游的光伏电站已经超越了光伏制造业，成为国家大力开拓国内新能源应用市场、积极消化短期光伏过剩产能的发力点。彭小峰明白这一点，他也看到了光伏电站投资商融资难的问题，于是他抛下了赛维LDK，成立了一家新公司，抓住国内风口，再次创造资本神话。但这次看似审时度势的二次创业，却最终使他落得了身败名裂的下场。

流血的冠军

2012年，苗连生的英利全球出货量达到2.1吉瓦，超过尚德和美国第一太阳能，成为全球出货量冠军，其中国内的出货量也远高于同行，达到0.5吉瓦。2013年，英利成功卫冕，全球出货量为3.2吉瓦，成为第一个出货量突破3吉瓦的光伏企业。

英利在国内的高市场占有率与承揽"金太阳"工程项目密不可分。2012年,第一批"金太阳"工程装机总量是1.7吉瓦,同年第二批工程的装机规模扩大,达到2.8吉瓦,这样两批的总装机量超过了此前三年的总和。在2012年的第二批"金太阳"工程项目中,除英利外,其他光伏企业出现的次数并不多,比如天合光能仅在大本营常州申报了1个项目,装机容量0.01吉瓦,尚德和阿特斯都没有项目。在面对种种不确定性条件的约束下,英利部署了多达15个分布式发电项目,占第二批"金太阳"总装机规模的10%,这些项目必须在2013年6月底之前完工。而此时英利已经连续三年蝉联"金太阳"工程中总装机规模最大的企业。

"双反"期间全球出货量第一的王座,是苗连生用牺牲利润的低价竞争策略才争来的。2012年英利亏损30.6亿元,2013年继续亏损19.4亿元,而英利不得不用接下来的数年时间咽下这一苦果。

面对巨大压力,很多人劝苗连生裁员给企业减负,但他始终不愿走到这一步。2012年,苗连生拎着两口大锅,近到天津、衡水,远到海南,亲自下厨配料,给当地员工炖鱼炖肉,鼓舞士气。在"大吃大喝"的另一面,是英利人花钱不再像过去那样豪爽了。英利的中层干部说,以前日子好过的时候,产品毛利率有百分之几十,请客人吃饭,几个人点一大桌也不觉得浪费,而自从集团提出降本增效的口号,则开始讲究"三菜一汤",适可而止。经过半年的时间,成本控制的理念渗透到英利的方方面面。

2007年,苗连生高薪挖来了曾在普华永道工作过7年的李宗炜,这个人让英利"未雨绸缪",在还不缺钱的时候完成了信用评级。借此英利就可以利用银行贷款之外的票据市场,来发行低息票据,且无须抵押。2010年和2012年,英利发行了3笔中期票据,还款期长达5年,总额近40亿元。这样英利当时的短期债务压力较小,而长期负债占了总负债的一半以上。

但即便如此,英利的财务恶化也远超预期。2011—2014年,英利中国亏损超过15亿美元(约合95亿元人民币),在2013年苗连生喊出"大决战"口号时,其短期资金缺口也已迅速增至56.11亿元。

苗连生口中的"大决战",是在"双反"进行中的第二年,英利开始

"二次创业",计划未来五年地面电站装机达到13~15吉瓦,分布式发电装机达到2吉瓦。苗连生要求,英利要在未来两年内进入国内下游发电企业中的前两名,进入国际新兴市场综合指数前十名。

越是艰难的时候,英利的"半军事化"气质就越凸显。英利每次有大的动作,苗连生都喜欢用知名战役来命名:2008年后接连发起了阻击、进攻、攻坚的"三大战役"。2010年6月进行了万人誓师的"百日大战"。2011年下半年面对行业危机展开"全面进攻战",还有"电站建设大会战"等。2012年,苗连生曾经要求所有员工要"杀出一条血路来"。英利的厂房顶上悬挂着"团结奋斗,翻越光伏雪山;勇敢坚强,冲出光伏草地"的标语。在苗连生的办公室墙上,挂着一幅某书法家创作的书法作品《毛泽东〈清平乐·六盘山〉》:"今日长缨在手,何时缚住苍龙?"而企业名称之所以叫作"英利",就是取"英勇胜利"之意。

无论寒暑,每天清晨五点多,苗连生都会准时跑步。跑完步,他会和公司高管们一起整齐地出现在英利的大门口,向大家说"早上好"。这样的习惯他坚持了30多年,即便退休之后也没有改变。有媒体曾经质疑他作秀,苗连生就回了一句话:"谁坚持作秀30年给我看看?"连外国人到英利工作以后,也要到门口站岗,唱红歌。苗连生每天还要疾走一小时,每千米用时7分钟。有记者跟他说:"你这速度,我们年轻人都追不上。"苗连生笑嘻嘻地答道:"你们就是懒。"

2013年的一天,早操时下起了暴雨,公司决定坚持出操。怕员工退缩,57岁的苗连生带头冲进雨里,紧跟着几千员工也冒雨出操。跑操结束以后,苗连生让人准备了姜糖水,宣布冒雨跑步的每个人发300元现金,当天上午让人取来了几十万元现金全部发放到位。

在英利,根据员工入职先后顺序,苗连生会用"黄埔"和"抗大"来为他们"分批",2002—2004年入职的员工被称为"黄埔一期"。英利的中层可以被称为"某总",而所有人要统一称呼苗连生为"领导"。

有媒体曾经描绘过这样一幅场面:"看到苗连生的丰田越野车驶来,员工会顿时像上了弦一样紧绷起来,不苟言笑。蹲在路边休息的保安会像遭到电击一样立即弹跳起来，就连高管也会紧张。"

"闲不住"的苗连生有时候会像军训里深夜突击的教官一样，在凌晨12点到早上5点，出现在任何一个车间里视察工作，还曾经要求上千名管理人员吃住在公司。

有一次内部大会上，英利副总经理郑小强宣布罢免一家子公司的高管团队三人，原因是苗连生认为他们缺乏激情和责任，遇到问题互相推诿、作风浮躁，不能主动分析、查找原因。被罢免后，这三名高管跟普通员工一起参加培训，培训内容是反复观看电视剧《亮剑》一个月。苗连生说："我让他们反复看、反复想，琢磨自己问题出在哪儿，想想怎么带队伍。"

有一次在招聘时，为了考验面试者对党的忠诚度，他甚至故意"下套"，对面试者说："我们是民营企业，没钱给你交党费，你要是退党我就要你。"看到面试者拒绝，苗连生笑着说："要是你真同意退党，我就直接把你撵出去了。"苗连生希望英利的队伍"熬得住、扛得起，出击得凶猛、执行得彻底"。作为英利这个大家庭的"家长"，他时常挂在嘴头上的一句话就是"多操心"。

"双反"时期，随着国内利好政策的不断释放，很多组件企业开始对国内光伏电站进行布局，2013年，苗连生奔赴云南、广西、广东等地进行实地考察，耗时半个月，行程1万多公里。同年英利定下新目标：两年后要在国内光伏电站领域成为前两名，2017年出货量要达到15~17吉瓦，约是2013年出货量的5倍。截至2014年年底，英利共有分布式光伏电站699个，遍布全国22个省市。

一般来说，开发光伏电站的企业不会押上"全款"，而是会准备20%~30%的资本金，剩下70%~80%的资金向银行贷款。如果英利要悉数开发1.6吉瓦的光伏电站，当时需要约160亿元的前期投入。如此巨额的资金，对于负债率高达95%的英利来说，难度自然不小。而且光伏电站想要实现盈利，"标杆电价"当中的政府补贴及时发放尤为重要，但在国内光伏电站建设超预期发展的过程中，电站建成后不能及时收到补贴的情况时有发生。

"请你们相信我"

行业下行阶段，几乎所有企业都缺钱。2012年，为了筹措资金，时任中环总经理的沈浩平和董事会秘书安艳清等人去寻求定增，也就是上市公司向符合条件的少数特定投资者非公开地发行股份。处在"双反"寒冬当中，他们的定增方案自然遭到了机构的质疑。出于对沈浩平团队的信任，对方在会上提出一个方案："定增可以做，但你们几个核心管理层人员需要抵押个人房产，且3年内不能领薪酬。"

安艳清后来回忆道："我知道这几个大男人在家里都是老婆管钱，让他们跟家里谈，很难张开这个口。"

沈浩平申请休会十分钟。三个男人在走廊里低着头抽烟，没人说话。沈浩平常年做研发，烟瘾比较大，多的时候一天要抽两包烟。

过了良久，他声音不大却语气坚定地说："请你们相信我，相信我对行业和中环未来的判断，更何况，我们还这么努力。"

最终几个核心管理层人员选择相信沈浩平，真的集体抵押了个人房产，签了三年的军令状。因为他们相信：没有人能比沈浩平这个一毕业就跟着中环起起伏伏走到今天的男人对企业的感情更深厚。他们的举动赢得了集团的支持，在建项目得以继续进行，并在2012年取得了丰厚回报。

那年还发生了一件在当时看来似乎无足轻重的大事：从2009年起，美国的SunPower就在中国寻找合作伙伴，想将金刚线切割技术用在光伏行业当中。2011年，它找到了中环，因为这是一家愿意全力投入金刚线研发的企业，双方就此展开了长达十年的合作。中环在金刚线研发合作中投入2亿元，想要提高硅片切割速度，降低切割线的线材损耗（简称"线损"）。2011年年底，中环发布了区熔单晶硅片等三种单晶硅片新产品。2012年与SunPower签订的金刚线单晶硅片合同也顺利执行，当年中环的金刚线技术研发就取得初步成功，在开始投入硅片量产过程当中，经过工艺优化，切片耗时和线损降低了三分之二以上。到2013年第一季度，中环就恢复了盈利。当年8月国内出台了光伏上网标杆电价，行业开始复苏，中环全年盈利 7208 万元。而最终将金钢线技术发扬光大的，则是沈浩平的师弟们。

兰大人，即将撑起中国光伏硅片市场的半壁江山。

尚德"过冬"

在 2012 年 GSF 反担保事件暴雷之后，施正荣辞去尚德 CEO 的职位，由 CFO 金纬接任。尚德历史上最难堪的一幕即将上演。

2013 年 1 月 14 日，尚德员工发表公开信《尚德员工的共同呼吁：开除 CEO 金纬》。按照这封信的说法，半年前金纬上任 CEO 后，大刀阔斧地对尚德进行裁员，还关闭了尚德部分产线。金纬随后将美国尚德的 CFO 丁怀安调到尚德集团，出任"临时 CFO"。而奇怪的是上任不到 1 个月，丁怀安又被调回美国尚德官复原职，金纬接棒，从此他成为尚德集 CEO 和 CFO 于一身的跨国公司高管，也就是说金纬可以自己给自己核准并调拨资金。随后金纬开始干预销售，在国内项目投标价普遍低于 3.9 元 / 瓦的时候，他要求国内事业部只能以 4.1 元 / 瓦的价格出货，导致尚德国内销售人员难以接单。2012 年下半年最大的订单，与苏美达公司签订的 100 兆瓦组件供应协议也因此泡汤，尚德此时能拿到的国内项目寥寥无几，金纬又以此为由，将国内事业部裁员 50% 以上。

信中说，金纬上任一年内，尚德国内市场份额缩水到 10% 以下。他在尚德内一边重用他的亲信高管，给自己和相关人员升职加薪，另一边裁掉了几千名一线工人，导致尚德发生了创立 12 年来的第一场大面积罢工。当有员工和供应商来"堵门"抗议的时候，金纬从不接见，连无锡市新区领导和各大银行高层想见他一面都极为困难。公开信还提到金纬试图让尚德电力破产，然后把巨额债务包袱和员工安置问题甩给无锡市政府。

公开信强烈谴责金纬置尚德上万员工、几百家供应商和关心尚德发展的地方政府、银行的利益于不顾，将尚德变成了小团体排除异己、谋取私利的斗兽场。信的末尾写道："请全球员工、股东、董事会、政府、公安、媒体、各界人士以及美国证监会的所有相关方来尚德彻底调查真相！明察美国资本家结党营私、剥削压迫的罪证！"

2013年1月16日，尚德方面还未对此信做出回应，媒体就曝光了由尚德前高管和现任高管联合制作的调查报告，矛头直指施正荣，说他涉嫌利用与香港辉煌硅科技投资（香港）有限公司的关联交易转移资产，掏空公司。转移路径是：亚洲硅业生产多晶硅，然后卖给辉煌硅科技制成硅片，最后这些硅片由尚德收购做成电池片。报告称，即便在尚德财务状况不佳的情况下，尚德依然要高价购买这些关联企业的材料。但是第三方机构每年都对尚德电力进行各种审计，如果尚德电力真的存在这种不恰当的关联交易，那么在美国"双反"调查中就应该暴露无遗。

1月18日，尚德电力在官方微博发布对"尚德公司员工公开信"的回应，内容避重就轻，对CEO金纬的个人问题更是置若罔闻。

3月3日，尚德召开董事会前，王珊将施正荣叫到了上海日航饭店25层的一个会议室。施正荣以为她跟以往一样，在董事会召开之前开个碰头会，了解一下行业和公司的经营发展情况。结果进门之后，等待他的是王珊等人安排的一群外国律师用英文对其进行"轰炸"。他们说："最近我们同政府各界进行了沟通，上到国家发展改革委、商务部，下到无锡市政府，还有各大银行，大家对你的印象都很差，我们希望你董事长的职位也不要做了。"一名律师对施正荣说，5分钟内我们就要罢免你的董事长职务。施正荣说："你们讲的我一个字都不信，你们罢免我CEO的职务就已经给公司造成不可挽回的损失，如今你们是错上加错，我是不会同意的。"次日的董事会上又是一番唇枪舌剑，最终董事会决议罢免施正荣的董事长职务，任命王珊为董事会主席。

就在尚德发生重大变故的这几个月当中，已经失去部分权力的施正荣依然坚持天天上班，而不是像外界所传的那样"撒手不管"。即使已不再是尚德的CEO，他仍与6家银行签署了个人资产质押协议以助企业脱困；但因为其中的一家银行一直在走审批流程而没有盖章，导致协议最终搁置。有一天尚德召开员工大会，金纬正在大礼堂的讲台上发言，施正荣晚到了几分钟，刚刚步入会场，全体员工立刻起立鼓掌欢迎他。那一刻绽露出的人心向背，让施正荣至今仍记忆犹新。

3月5日晚间，施正荣发表声明，声称废除他的董事长职务的做法是错误且非法的，随后施正荣在开曼法院起诉了相关董事。3月6日尚德发布公告称，让王珊接替施正荣的做法是"正当且有效的"。对此迈哲华（上海）投资管理咨询有限公司能源电力总监曹寅分析认为："在美国的大公司中，董事长被资方投票选下去很常见。在美国公司中，权力最大的既不是CEO，也不是董事长，而是华尔街资本。他们只看结果，不太有耐心。"一些外界的声音甚至将施正荣"退居二线"解读为施正荣的"金蝉脱壳"之计，实质上是没有理解中国公司法与美国上市公司制度之间的不同。按照美国的上市公司章程，即便施正荣是尚德的实际控制人，公司也是董事会说了算，掌握大量股份的实际控制人也可能被董事会投票选下去。而按照中国人理解的中国企业，实际控制人施正荣在尚德危机过程中先后卸任CEO和董事长，看起来就像是找傀儡当替身，自己随时准备"出逃"。施正荣说："我是有苦说不出。开三个小时的会跟人家辩论，最后把我投票选下去了，这个过程又有谁知道呢？"

屋漏偏逢连夜雨，还是在3月5日，时任国家开发银行董事长陈元表示，国家开发银行将限制中国光伏企业的新增贷款。当时光伏组件价格已经从2011年的1.4美元/瓦腰斩，下跌到0.7美元/瓦。2010年的产能翻倍扩张，此时不仅让尚德的产能供大于求，更加剧了尚德的债务危机。

3月7日，距离"罢免"施正荣仅过去3天，尚德宣布GSF反担保纠纷已经达成和解，罗梅罗的股份全部转让给尚德，GSF与尚德的会计账目合并，公司解除了对罗梅罗的所有诉讼。

3月15日，在尚德20多亿美元的债务当中，有一笔5.41亿美元可转债发生了实质性违约。原来市场上这笔债券的实际交易价格只有面值的40%。虽然尚德按照美国法律尝试与所有可转债持有人达成延长协议，但最终由于操作难度太大无功而返。同一天，无锡尚德还有包括近10亿元人民币银行债务在内的总计约45亿元人民币的债务到期。债务事件引发了连锁反应，导致国际金融公司和部分国内银行等其他债权人交叉违约。3月14日、15日，尚德股价两天暴跌38%，收盘价0.67美元，市值1.5亿美元，美国Maxim集团将尚德股票目标价下调到0美元。

当月，无锡市政府破产重组领导工作小组接管了尚德日常管理工作。原来从2012年开始，就陆续有银行向无锡市中院起诉尚德，经过法院初步排查，9家债权银行对尚德的诉讼金额折合人民币共计71亿元。法院经过几个月的前期调查协调以后，认定尚德确实无法偿还债务，于是做出了尚德破产重整的最终裁定。尚德也因此成为中国光伏行业中第一个倒下的巨人。从表面上看，GSF反担保事件是引发尚德危机的导火索，但从根本上来讲，欧美倾尽全力的"双反"合围重创整个中国光伏产业，加上尚德内部的人事动荡，才是让尚德走向破产重整的主要原因。一般人听到"破产"两字的第一反应就是企业完蛋了，但具体怎么"完蛋"是有区别的。破产方式分为破产清算和破产重整。破产清算包括停止经营活动、查封拍卖资产用于抵偿债务，更接近人们一般认为的"企业完蛋"；而破产重整其实是一种破产保护，对于一些破产但有希望再生的债务人，法院协调各方利害关系人，强制调整其利益，清理债务、整顿生产，努力让企业摆脱财务困境，重获经营能力，尚德就属于后一种。被尚德欠钱的供应商此时不能再全额追讨债务，债权银行的融资也暂停收取利息。而最终，所有债权人的债务会被打折清偿，没有人能100%拿回尚德欠他们的钱。打个比方，一个养鸡场老板破产了，破产清算更像是债主们就地分鸡、卖鸡，而破产重整是引入新的资金，努力维护好养鸡场秩序，让母鸡继续下蛋偿债。对于破产重整的消息，尚德员工似乎并不意外，因为从2012年年底以来，大部分工厂就已经告知工人放假，甚至被解雇。

2013年4月，彭博社和《香港经济时报》先后报道巴菲特旗下的中美能源控股公司可能有意收购尚德。这家企业是巴菲特的伯克希尔·哈撒韦公司的旗下企业，在美国投资光伏和风电项目。尚德内部人士向《中国证券报》表示，目前正在接触多家投资者，不排除传闻中的机构。而中美能源发言人对此不予置评。

5月22日,尚德召开首次债权人会议,529家债权人总计申报173.96亿元,其中银行债权70多亿元,供应商欠款90多亿元。施正荣出席会议,但没有发言。

同月,全国首家地方资产管理公司(Asset Management Company,AMC)——江苏资产管理有限公司成立,尚德曾经的投资方无锡国联是其最大的股东和牵头人,其余股东主要是江苏省国资委所属的国资企业,这家地方AMC负责经营江苏省内金融机构不良资产的批量转让,而注册地正是在无锡。整个江苏的不良资产集中在光伏和钢贸行业,其中又以无锡为首,而无锡尚德又是光伏行业不良贷款最多的企业。

有分析师认为,无锡尚德的经营水平和品牌尚属行业领先,属于应当存活下来的大型企业,从上万名员工、400多家供应商,以及已经深度介入的政府资金等各方面因素综合考虑,破产清算对谁都没有好处。所以引入资产管理公司,对维系尚德的长远发展、恢复其造血能力至关重要。"不良资产"的名字虽然不好听,但既然可以称其为"资产",一般来说其价值主要来源于三个方面:第一,企业自身有价值,比如一些周期性行业,在行业低谷时期企业出现现金流异常,不能按期偿还银行贷款,但只要度过寒冬,现金流就能迅速好转,偿债能力就会大幅提升,进而摘掉"不良资产"的帽子;第二,企业资产有价值,比如企业的设备价值、土地再开发价值;第三,企业保证人有价值,即便企业没有可执行的资产,但其担保人信用水平和偿债能力很高,那么债权价值就可以从保证人那里收回。尚德的情况更接近第一种。截至2013年1月底,尚德的银行债务总额达到79亿元,对外担保金额近20亿元,一旦这些关联公司无法偿还到期债务,无锡尚德自身的债务负担也将加剧。但一些读者或许不知道,2013年宣布破产重整的无锡尚德一直存续至今,在每年各场光伏行业大会上,你依然可以看到尚德的展位和产品。2021年,尚德是光伏组件出货量全球前十的企业,虽然它不再是光伏行业的龙头企业,但其光伏产品依然行销海内外100多个国家和地区。这其中资产管理公司在困难时期发挥的作用功不可没。

那么什么是资产管理公司？1999年，正值亚洲金融危机期间，在认真分析国内金融问题、吸取国外经验教训的基础上，中国政府审时度势，陆续成立了四家资产管理公司——中国信达、中国华融、中国长城和中国东方，对应接收建行、工行、农行、中行的不良贷款。四家公司的使命是在十年期限内专职处置不良资产，动用国家手段挽救不良资产率日益高涨的国有银行，避免这些银行背负的负债和不良贷款给国内金融体系带来系统性风险。在2016年英利陷入危机之后，英利启动了债务重组，其中一套债务重组方案就是引入中国信达资产管理股份有限公司作为战略投资人。

2009年，时值国际金融危机期间，十年之约到期，四家资产管理公司没有退出，而是持续运营至今，成为持有全牌照的股份制金融公司。为了防范、化解地方金融风险，2012年财政部和原银监会联合下发《金融企业不良资产批量转让管理办法》，允许各省成立一家地方资产管理公司，2013年成立的江苏资产管理公司便是其中的第一家。而在2016年以前，原银监会要求地方AMC购入的不良资产，不得对外转让，应采取债务重组的方式进行处置，这就等于将破产清算、转卖、资产证券化等其他处置不良资产的路给堵上了。

2013年6月，尚德开始公开招募战略投资人，此时上海、镇江、洛阳等尚德的子公司大多发展良好，运营能力增强，6—7月，这些子公司经营已有盈余。7月尚德方面通过谈判，确定了4家企业作为自己的战略投资候选人，8月对这些候选人开展尽职调查，其中包括英利等头部企业，并确认了尚德欠银行、供应商、担保人的债权是107亿元人民币。

2013年8月30日，尚德公告说明，此次重组方案方向主要包括：由尚德电力保留关键资产，从而保证尚德在合理的规模上持续运营；将尚德电力未偿还的债务转换为公司股权；对尚德电力运营的下属公司设置最高债务水平；引入新战略投资人来完成重组流程。此后不久，金纬从尚德辞职。

一位施正荣的亲戚曾经这样感慨地评价施正荣："他是个好人，是真心想把公司做好，吃亏在用人上，真心帮他的都走了，留下的都是些拆台的。"施正荣偏爱那些简历光鲜、有着海外留学和工作经历的高管和新锐，而相比之下却对尚德本土人才和"老人"重视不够，使得这两类人才对尚德出现了隔阂和积怨，为后面的悲剧埋下了苦果。人们已无法去假设，一个没有金纬、只有施正荣掌舵的尚德，会不会挽狂澜于既倒，直至恢复元气、东山再起。

2013年10月8日召开的尚德重整投标会上演了戏剧性的一幕，4家早前参与接盘的战略投资候选企业无一到场，参与竞标者变成了顺风光电与无锡国联，而顺风光电的方案无比优厚，不仅开出了30亿元的高价，而且几乎答应了政府提出的所有条件，称将自行解决无锡尚德的债务问题。最终，顺风光电胜出，成为无锡尚德接盘方案中的首选战略投资人。

2013年11月3日，因收购无锡尚德停牌多日的顺风光电发布公告称，公司成功竞投收购及重整无锡尚德全部权益，总代价30亿元人民币，公司股票于11月4日复牌。

顺风光电的实际控制人为郑建明，他曾经是国务院发展研究中心国际技术经济研究所副研究员、海南特区时报社副社长。20世纪90年代，他开发了上海最早的一批商品房公寓，2003年又购入香港地产项目，净赚数亿元。2010年国美发生"陈黄之争"，在国美大股东黄光裕和董事会主席陈晓内斗之际，郑建明一个月内买入2.5亿股国美股票，持股比例超过陈晓，从此一战成名，人称"抄底王"。

在公告中，顺风光电承诺除30亿元资金外，还担保在接盘尚德后3个月内向无锡国联缴付2500万美元，以及在重整计划获无锡市中级人民法院批准后两年内，顺风光电将根据无锡尚德的业务发展情况向其提供资金，助其提升固定资产及营运资金水平，并将承担其在重整期间内的所有亏损。除此以外，尚德于2013年3月20日至2013年10月31日期间的亏损，顺风光电也承诺由其子公司江苏顺风每月承担封顶2000万元的亏损。

这就是尚德破产重整的结局：尚德最终确认债权总额为94.6亿元，普通债权偿付比例为31.55%，也就是顺风光电拿出的30亿元。听起来这个比例似乎很低，但如果这一方案不通过，进入破产清算程序，无锡尚德的资产只有22.43亿元，按清算价值变现，银行只能拿到14.8%的偿付。

事实上，与后来的赛维LDK重整比起来，尚德这"打3折"的偿债比例已经是一个非常好的结果了，干脆利索，没有拖泥带水。最高人民法院在2016年甚至将尚德破产重整事件列入了《企业破产重整及清算十大典型案例》，并评价道："无锡尚德重整案充分发挥破产程序在清理金融债权方面的集中优势、效率优势和经济优势，切实维护了经济秩序稳定和金融安全。"包括曾经对尚德产生负面影响的GSF，在由第三方机构妥善运营管理后，其所持有的海外电站每年还能产生5000万~6000万欧元的电费收入，这部分收入所产生的利润会用于偿还尚德相关债务。如果一定要深究尚德和赛维LDK重整过程大相径庭背后的原因，或许地方政府的不同态度折射出的是不同地方经济实力的差异。尚德所在的江苏省无锡市虽然很重视无锡尚德，一度将尚德视为"无锡名片"，但无锡市的经济规模大约是新余市的10倍，无锡市的经济支柱除了新能源，还有机械装备、纺织及服装加工、电子信息、生物医药、现代物流等一大批行业，而新余市与赛维LDK之间的"脐带"关系显然缠绕得更紧。

顺风光电在派驻执行董事、财务和法务人员入驻无锡尚德后，开始介入日常经营管理。顺风光电方面表示，从2013年3月20日至10月底，除了P2工厂停产、P3组件工厂部分停产，镇江荣德硅片厂和上海电池厂均为满负荷生产，他们对尚德的未来充满乐观的期待。

2013年11月，纽交所停止了无锡尚德的母公司尚德电力的股票交易，尚德电力在开曼群岛申请进入清算程序。2014年2月，尚德电力在美国破产法院申请破产保护。一代光伏传奇企业和"太阳王"的故事，就此落幕。

关于尚德等一批企业的陨落，杨怀进这样反思道："我觉得我们不够清醒，认为自己真的很了不起，但我们只是有过很简单的经历，在农村长大，在城里读书，在国外留学，凭借掌握的一门专业知识，借助行业突然的爆发，把企业做好了。实际上我们是没有企业管理经验的，所以企业有了钱，我们就会乱花钱、乱投资，垄断这个、打败那个。我们实际上出了很多昏招，因为我们没有用正确的价值观去指导我们做正确的事情。"

中山大学的沈辉教授说："无论如何，尚德的历史功绩不容忘却，最有历史意义的是，'尚德效应'使得中国光伏产业发生了跳跃性的发展。"王俊朝评价道："从某种意义上可以说，如果没有施正荣，中国就没有这个行业。"他认为尚德真正的问题主要还是内部问题：早期创业者逐渐远离核心岗位，没有经历企业困难期的空降兵对企业的感情很难说有多深，最终内耗误事。

2013年3月，王俊朝和施正荣在一起待了几天，大家坐在一起，平心静气地聊了聊。王俊朝说："坦率地讲，光伏行业发展这么快，几乎每一个明天都是新的、未知的，能始终保持平静心态做事，任谁都很难。今年销售额2亿元，明年10亿元，后年100亿元，员工从几百人膨胀到几万人，这些像是天方夜谭一样的故事都是实实在在发生了的。所以难免有时会迷失方向，忽略掉这是时势造英雄。尚德风光时把它捧上天，困难时把它踩下地，这都不合适，尚德的学费很多是替行业交的。其他企业可以跟随尚德走，从而绕开雷区避免重复错误，而作为当时打头阵的尚德只能摸索，甚至乱冲一气。"

在2011年到2013年，尚德渐入危机的几年当中，国内某知名媒体连续炮制了多篇轰动一时的关于施正荣的文章，其中不乏一些颠倒是非、混淆视听的内容。随着此后国内自媒体快速发展，这些文章中未经证实过的"生动"素材在媒体圈中流传甚广，被一再引用和传播。

多年以后，施正荣说："对于质疑，我保持沉默。因为我还是以大局为重，在企业遇到困难时，政府和行业都在帮助我们解决大问题。我没有必要去跟媒体计较个人的事情。在合适的时候，我会把我要讲的话跟年轻人分享，因为这是一种经历。知识分子、技术人员在创业的过程中有很多不足的地方，比如如何识人，如何综合整合各种资源，等等。我是一个问心无愧的人，基于这些，我沉默也不觉得委屈。何况保持沉默也是一种表达。我过去所成就的事业，是基于天时、地利、人和才能做成的，因此我非常感恩。"

得知施正荣离开尚德的消息，瞿晓铧拿起手机，给施正荣发了一条短信，其中引用了古诗《题乌江亭》的下半句："江东子弟多才俊，卷土重来未可知。"瞿晓铧或许已经忘记了，他发给施正荣的那首古诗的上半句正是"胜败兵家事不期，包羞忍耻是男儿。"

离开尚德以后，施正荣一个人在澳洲独居了三四个月。刚回澳洲的时候，他发现自己都不知道该怎么花钱，因为之前马不停蹄地工作，到哪里出差，别人都帮他安排好一切，连信用卡都不用刷，整个人陷在忙忙碌碌的循环里。他把在中国发生的桩桩件件的事都讲给了他的老师格林教授听，格林教授则觉得施正荣做得非常出色。因为他心疼这个学生，从2006年就开始一直对施正荣说："你太累了，你要学会享受生活。"回到澳洲的施正荣知道，他要调整好自己。他工作日就待在家里洗衣服、做饭，周末自己开车出去同朋友吃饭。那段时间，他开始一个人漫无目的地行走，沿着海边走，沿着马路走，没有目的地，一直往前走。兜里揣上100元钱，走到哪儿，渴了喝一杯咖啡，饿了点一个三明治，累了就坐公交车回家。他觉得最宝贵的是没有失去自己，经过几个月时间的调整，他感觉内心前所未有的踏实。也是通过行走，他调理好身体，瘦了7.5千克。"当时的考虑是，肯定还要做事。你让我天天泡在高尔夫球场，我不开心。我不可能什么都不做，但不管做什么，身体是第一位的。把身心调整好，才能够继续向前走。"施正荣说道。

2014年，在施正荣的支持下，曾经的尚德高级副总裁龙国柱成立了上海羿仕新能源科技有限公司，后来这家企业更名为上迈新能源科技有限公司。有人问施正荣："你再搞一个尚德出来，不是轻而易举的吗？"施正荣说："重复以前做的事，那何必呢？这不是我的定位，我喜欢做新的东西。"展望未来，施正荣认为那些传统组件无法安装的地方，都会是他的蓝海市场。他将以一种全新的方式，带着一种和所有国内光伏企业都不同的创新产品回归光伏。他说："谈不上回归，因为我从来没有离开过。"

第七章
国之大计

千回百转，成立协会

经过时任国务院副总理马凯于 2013 年 3 月 16 日在十二届全国人大一次会议决定上的批示，经中华人民共和国民政部的批准，2014 年 6 月 27 日，中国光伏行业协会在北京万寿宾馆成立。中国光伏行业协会是中华人民共和国民政部批准成立的国家一级协会，是全国性、行业性、非营利性的社会组织。

中国光伏行业协会成立伊始就有 158 家会员单位，包括天合光能、英利、阿特斯、保利协鑫、晶澳、隆基等知名企业。2023 年，协会会员数量超过 720 家。从业务类型来看，会员单位业务规模覆盖了全国 95% 的多晶硅、98% 的硅片、94% 的电池片、97% 的组件、95% 的逆变器，以及 80% 光伏设备、96% 的封装胶膜、90% 的背板等原辅材料和零部件的制造端产能；覆盖了全国光伏电站开发、投资、设计、施工、运维服务等超过 60% 的下游市场应用端力量。此外，会员单位还包括行业研究机构、高校科研机构、标准及检测认证机构、地方光伏行业组织、行业媒体以及海外企业在中国的业务公司等。协会的会员单位代表着中国光伏产业界的骨干力量，具有广泛的代表性。

在中国光伏行业协会名誉理事长、首任秘书长王勃华看来，协会一路发展到今天殊为不易，离不开政府部门和各会员单位的大力支持。中国光伏行业协会成立的过程，既有着偶然因素推动，同时也体现着中国光伏行业在发展进程中的必然需求。

现在中国的光伏人，每年有两份大会的报告是一定要学习的，就是年初的《光伏行业年度发展回顾与形势展望》与年中的《中国光伏行业上半年发展回顾与下半年形势展望》，这两份报告都是由中国光伏行业协会出品的。在很多光伏上市公司的年度报告和招股书当中，细心的人会发现，很多图表数据的来源都是"CPIA"，而这正是"中国光伏行业协会"（China Photovoltaic Industry Association）的英文缩写。每一年，中国光伏行业协会还会发布两本已成为行业人士必然参考借鉴的纸质版报告：《中国光伏产业年度报告》与《中国光伏产业发展路线图》。王勃华说，有很多人告诉他，他们是看了协会的报告以后才决定进入光伏行业的。还有一些高校的研究人员说，他们写作论文的过程中殷切地期盼着协会的新报告赶紧出炉，争取在其中引用最新的行业数据。

如今，中国光伏行业协会已经成为中国最具权威性和代表性的一家光伏行业组织。然而就像中国光伏行业本身一样，协会的发展也经历了从无到有、从小到大的过程，而王勃华是这一过程的重要参与者和见证人。

1986年，王勃华进入国家机关，曾在原电子工业部微电子器件局、原机械电子工业部微电子与基础产品司、原电子工业部基础产品重大工程司、原信息产业部电子信息产品管理司、工业和信息化部电子信息司先后任主任科员、副处长、处长、副巡视员。很长一段时间，他主管着电子专用设备和专用仪器，而光伏只是一个5级分类下的"小"行业。"工业"下可分出"电子工业"，"电子工业"下分"电子元器件工业"，"电子元器件工业"下分"电子元件行业"和"电子器件行业"，"电子元件行业"中又可分出"化学与物理电源行业"，"化学与物理电源行业"中又包含了锂离子电池、铅酸电池、太阳能光伏电池等。王勃华曾担任电子基础处的处长，所以光伏电池也在他的管辖范围内。

在21世纪初，在应用端，中国光伏装机容量在全世界的装机容量占比很小，所以那时的中国光伏行业主要指的是制造业，当时国内光伏制造业的主要矛盾就是原料、设备、市场"三头在外"，其中多晶硅原料严重依赖进口的问题十分突出。所以在管理行业的过程中，王勃华等政府官员着重希望帮助行业解决多晶硅"卡脖子"的问题，相关部门曾经设立专项，专门推动光伏电池用多晶硅材料的国产化进程，历经千辛万苦，终于实现了突破。

在2008年国际金融危机冲击过后，政府部门、行业组织、生产企业都越来越强烈地意识到，这个行业需要权威的统计数据来为各类型组织机构的决策提供依据，但当时行业数据统计的差异较大，而且信息严重不全。早在中国光伏行业协会成立之前，有一些社会机构曾经断断续续地出版过几本关于中国光伏行业情况的报告，但是统计口径不一，甚至一份报告读完，读者无法分辨出"太阳能电池片"的产量和"光伏组件"的产量分别是多少，因为报告中笼统采用了"太阳能电池"这一模糊的说法。

从自上而下的行业管理角度来说，政府需要及时、准确、全面地了解光伏行业的发展动态和遇到的问题，制定政策前需要清楚行业情况，政策施行后也需要了解政策的效果反馈。从自下而上的行业发展角度来说，企业也希望了解行业现状，在投资新项目之前完成准确的可行性研究报告，能通过合适渠道向政府部门及时反映问题和诉求。

在工业和信息化部电子信息司和国家发展改革委高技术司的大力支持下，几家头部光伏企业牵头，希望能够成立"中国光伏行业协会"，但是想要成立"中"字头的协会非常困难。2010年5月，22家领先光伏企业在常州发起成立"中国光伏产业联盟"（以下简称"联盟"），这是中国光伏行业协会的前身，由天合、尚德、协鑫、晶龙和英利5家担任联合主席单位，会员单位149家，由王勃华担任联盟的秘书长，由高纪凡担任联盟的联合主席。

但是联盟成立不久就遇到了困难，只收齐了第一年的会费。第二年全行业就遭遇了欧美"双反"的打击，企业陷入寒冬，纷纷裁员、减薪，一些企业也就交不上会费了。

尽管面临着这样那样的困难，联盟依然在"双反"过程中为行业发挥了重要作用。

在时任商务部国际贸易谈判副代表崇泉率队前往欧洲谈判的前一天，商务部贸易救济调查局主持召开应对欧盟光伏"双反"的会议，王勃华代表联盟参会并做了报告。随后崇泉点名要王勃华提供发言稿，表示要在飞往欧洲的途中进一步学习消化。在中国发起对原产于美国和韩国的进口太阳能级多晶硅的反倾销调查，以及对原产于美国的进口太阳能级多晶硅的反补贴调查过程中，中国光伏产业联盟也协同政府部门和中国光伏企业做了大量工作。

而联盟最重要的一项工作，就是在2011年，也就是联盟成立仅一年时，及时推出了第一份中国光伏产业年度报告，此后每年一本，从不间断。工业和信息化部的一位领导告诉王勃华，有一次国务院几个部门正在开会研究光伏有关事项，每个部门都拿着一本联盟的年度报告，它已经成了政府各部门了解中国光伏行业重要的决策参考之一。

为什么中国光伏产业联盟（后来的中国光伏行业协会）能够掌握中国光伏产业链上下游各环节较为准确翔实的一手数据，写出全行业最权威的行业报告呢？有下面三点原因。

第一，这与联盟（协会）同政府部门紧密的协作关系有关。2013年9月，工业和信息化部发布《光伏制造行业规范条件》，着力促进光伏制造企业良性发展，鼓励企业扩张先进产能，同时淘汰落后产能。文件中提到，现有的光伏制造企业和项目中，多晶硅电池和单晶硅电池的光电转换效率分别不低于16%和17%；新建及改扩建光伏制造企业和项目中，多晶硅电池和单晶硅电池的光电转换效率分别不低于18%和20%。文件在制定过程中的很多工作都是由中国光伏产业联盟具体落实的。因为联盟的大量会员单位都是制造业企业，所以不同于传统的能源研究机构，联盟在日常工作中要对接很多制造业企业，因此对中国光伏产业的实际情况和实时动态掌握得更为细致、准确。联盟通过大量的走访、摸排、调研，掌握了行业不同水平的企业已经实现的电池光电转换效率，在此基础上划分出了

"先进产能"和"落后产能"之间的分界线，是有着扎实的现实依据的。对于制定怎样的政策能更好地引导光伏制造业健康发展，联盟（协会）一直在想方设法为工业和信息化部等政府相关部门提供重要的决策参考。《光伏制造行业规范条件》每三年修订一次，对光伏行业高质量发展意义重大。后来推动单晶硅光伏产品实现大发展的"领跑者"计划，其开头部分对先进光伏产品的技术参数要求就是从《光伏制造行业规范条件》（2015年本）对"新建及改扩建光伏制造企业和项目产品"的要求当中借鉴而来的。从2013年制定《光伏制造行业规范条件》开始，光伏企业就需要向联盟提报生产数据资料，联盟也因此收集汇总了企业大量的一手数据。

第二，联盟（协会）的会员单位数量越来越多，覆盖中国光伏行业各环节产能、产量的比例越来越高，从会员单位那里汇总的数据本身就能在相当程度上代表了中国光伏行业的整体面貌。

第三，由于联盟（协会）同众多光伏企业保持着密切的沟通与协作关系，所以即便一时出现缺少的数据信息，协会工作人员也能点对点地联系到生产企业负责人，从而填补数据空白，在行业数据信息的上传下达方面响应十分迅速。

除了呈现数据，在报告中描述行业各方面基本情况时，中国光伏行业协会秘书处积极调动各相关领域中的权威人士参与协会报告的撰写工作，包括中国电子技术标准化研究院专家、国家发展改革委能源研究所研究员、各省光伏行业组织秘书长、头部企业首席技术官等专业人士，确保由最了解行业相关领域情况的人执笔，并最终由中国光伏行业协会秘书处工作人员进行统稿及审定。

这就是中国光伏行业协会及其前身中国光伏产业联盟每一年的年度报告在行业内都具有不可替代的参考价值的原因。

虽然一开始成立的只是一个产业联盟，但是联盟的各参与方还是在为成立国家一级协会"中国光伏行业协会"而积极努力地奔走着。

联盟成立半年后，2010年11月，时任全国人大常委会副委员长华建敏考察天合光能，高纪凡向华建敏做了汇报，提及希望成立"中国光伏行业协会"。王勃华等人代表联盟递交了一份建议成立协会的报告，5家联盟主席单位全部盖章签字，联盟成立了筹备组，为成立协会做好前期准备工作。

其间，联盟多次向主管部门工业和信息化部电子信息司进行汇报，工业和信息化部多次给予指导。联盟还多次征询政协相关意见，同登记管理部门民政部和其他部门积极沟通，工业和信息化部电子信息司的领导也同民政部进行沟通。

2012年年初，工业和信息化部人事司和电子司就成立中国光伏行业协会的事宜进行专题沟通。

2012年7月，时任国务院副总理王岐山视察天合光能，高纪凡向王岐山提出了成立中国光伏行业协会的构想。

2012年9月，商务部会同工业和信息化部报送了一份应对欧盟光伏"双反"的签报，签报中提到了一些建议举措，其中提及成立中国光伏行业协会的建议。这份签报得到了时任国务院总理温家宝的亲笔批示。

2012年12月，时任中共中央政治局委员、国务委员兼国务院秘书长马凯在江苏调研光伏行业发展情况并召开座谈会，国务院多个部门负责人参加会议。王勃华和高纪凡先后汇报，先后两次提及成立中国光伏行业协会的建议，马凯当场做出指示，要求有关部门推动落实成立协会的相关事宜。

2013年5月，中国光伏产业联盟在浙江嘉兴举办"2013中国（嘉兴）太阳能光伏产业年会"，会上联盟负责人向企业代表做了关于筹备成立中国光伏行业协会的报告。7月，联盟在北京召开筹备会议，通过了一系列与筹备相关的文件和工作事项。9月5日，联盟将相关筹备材料提交工业和信息化部人事司，并于9月16日在工业和信息化部获批。随后，联盟将筹备材料同工业和信息化部批复文件送交民政部，在民政部指导下对申报文件进行修改、补充和完善。

2014年2月，相关申报文件递交国务院，联盟等待数月都没有得到批复。工业和信息化部电子司、办公厅的同志多次帮助协调和沟通，时任工业和信息化部党组书记、部长苗圩也亲自做了很多工作，至2014年5月26日，国务院正式批复同意筹备成立中国光伏行业协会。

2014年6月27日，中国光伏行业协会在北京万寿宾馆成立，全国政协副主席马培华、工业和信息化部副部长杨学山出席成立大会并发表讲话，同时为中国光伏行业协会揭牌，国务院多个部门司局级以上的领导参加大会。此次会议被有关媒体称为"2014年中国光伏行业最重要事件"。

在中国光伏行业协会成立后，中国光伏行业协会秘书处积极作为，在不到十年的发展历程中成为政府与企业之间、国内与国外之间、企业与企业之间、行业与行业组织之间的重要桥梁与纽带。在工业和信息化部指导下和中国光伏行业协会成员单位的大力支持下，中国光伏行业协会在支撑工业和信息化部、发展改革委、商务部、能源局等相关部门及地方政府部门相关工作、反映会员单位诉求、研究产业发展、组织开展各类行业会议、促进产业国际交流等方面做了大量工作，在行业政策研究、产业发展监测、技术路线探讨、标准化工作、对外贸易纠纷磋商、国际交流合作等多个方面全面深入地开展工作，并取得了一定的成绩。

在日常工作中，政府各部门对于快速发展的光伏行业有着大量的数据信息和内容调研需求，而中国光伏行业协会成为行业信息上达各部门重要的权威渠道。另外，中国光伏行业协会秘书处与各国政府能源部门、光伏组织之间积极开展合作交流，对中国企业走出去、外国企业到中国来起到了很好的引介作用。同时，协会在光伏上下游产业链各环节当中积极促进企业交流，经常举办线上及线下的研讨会，邀请企业界人士和行业专家学者分享行业的最新动态，促进同行之间互通有无。从协会成立伊始，王勃华秘书长就亲自带队，同可再生能源专委会、全国工商联新能源商会等成立时间更早的光伏相关组织机构间建立起交流合作关系。

如今，每年两次召开的行业（半）年度回顾与展望会已经形成了中国光伏行业具有品牌号召力的重大活动。中国光伏行业协会已经成为中国光伏行业最具影响力的行业组织。

事不过三,"双反"再临

2014年1月23日,美国商务部发布公告,对进口自中国的光伏产品发起反倾销和反补贴合并调查,同时对原产于中国台湾地区的光伏产品启动反倾销调查,开始第二轮"双反"调查。然而这一次,中国企业的反应比上一次要平静得多。

在欧美第一轮"双反"终裁前后,中国企业就开始积极寻找替代出口的方式,比如昱辉阳光采取外包路线,中电光伏在土耳其合作生产电池和组件,而阿特斯会从加拿大安大略省的工厂向欧洲发货。其他大量的光伏企业也找到了一种可以规避"双反"关税的捷径:由于在美国第一轮"双反"终裁结果中,光伏组件的原产地由电池产地决定,所以为了避免高额关税,一些中国企业开始从中国台湾地区进口电池,因为这里不在征收范围内,电池运到大陆做成组件再销往美国。虽然这样做成本有所上升,但是比起"双反"关税还是划算得多。因此中国组件在美国市场的份额也迅速恢复。

美国人"见招拆招",2014年的第二轮"双反"把调查范围扩大到包括电池、组件、层压材料等在内的"晶体硅光伏产品",还把中国台湾地区产的电池也纳入调查范围。

为了千方百计地"惩罚"中国光伏企业,美国商务部在第二轮"双反"中设计出了一种令人匪夷所思的"三选二"规则:一件光伏产品,在它所涉及的硅片、电池、组件中,如果有任意两种产物都是在同一个地方生产的,比如同在中国生产,那么该产品就会被纳入"双反"范围。这种为了单一贸易争端特意修改现行贸易规定的做法在美国可谓史无前例,为了把中国组件企业赶出美国市场,美国商务部已经无所不用其极。

美国政府完全无视当时很多美国光伏配套企业在中国设厂、销售光伏设备和原辅料的情况,比如美国杜邦公司为中国光伏企业提供背板、银浆和盖板玻璃减反膜涂料。欧美光伏设备材料企业每年在中国收入达到百亿美元级别,而它们会跟着中国光伏组件企业"一荣俱荣,一损俱损"。另外，光伏组件在当时美国光伏电站的总成本结构中占比不足 50%，另外超过一半的产业价值都是在美国当地创造的，带动了很多美国本地就业机会。时任世界可再生能源理事会主席、前欧盟执委会官员沃尔夫冈·帕尔茨（Wolfgang Palz）说："没有中国企业，就没有世界光伏产业的今天，也就没有 80 万个就业岗位。"

帕尔茨还说："大家都同时犯了一个错误，乐观地估计了光伏市场增速，一厢情愿地以为未来世界范围内光伏市场发展速度将永远保持在一个高水平，都迫不及待地扩大产能，致使全球光伏发电设备产能严重过剩。这不只是中国企业的错，德国、美国企业也都是产能过剩的始作俑者，也最终作茧自缚。出了问题，大家都习惯找替罪羊，这种逻辑是荒谬的。中国企业的生产线主要产自德国，大家的设备是一样的，技术是相当的，只是中国的企业效率更高，成本效益控制得更好，指责中国是不公平的。"

中国商务部贸易救济调查局负责人表示，这是美方在 2012 年 11 月对中国输美光伏产品已征收高额反倾销、反补贴税的情况下，再次对中国光伏产品发起"双反"调查并试图征收高额税，中方对此表示强烈不满。

不过此时此刻，美国、欧盟等中国光伏产品传统出口地的市场份额已经明显下降，中国和一些新兴国家市场需求增长迅速，这些国家的市场前景让中国企业找到了新的"金矿"，而到海外建厂也成为新的选择——正所谓"魔高一尺，道高一丈"。

在 2013 年第一季度的各大光伏企业业绩分析会上，日本市场成为大家关注的重点。随着福岛核电站事故后日本对可再生能源的新一轮重视，2013 年，日本进口光伏产品达到 30 亿美元，成为中国光伏产品最大的输出国。因为在 2013 年，日本大型光伏电站的上网电价补贴，也就是"标杆电价"达到 0.35 美元 / 千瓦时，是当时世界上最高的光伏补贴电价。

到 2014 年上半年，日本占到中国电池和组件出口份额的三分之一，有 26 家中国企业在日本做电站、卖产品。当年中国光伏出口格局中，亚洲占 54.5%，欧洲占 18.8%，美国占 17%，亚洲市场第一次超过 50%。除日本以外，中国对菲律宾、巴基斯坦的出口同比增长都超过 110%。2013

年中国组件出口量排名前十的国家中欧洲国家占了4个，到2017年只剩下荷兰一个；2013年排名前三的出口市场合计出口占比近70%，到2018年下降到40%左右，有效分散了出口市场波动的风险。

2014年12月16日，美国商务部宣布对中国光伏第二轮"双反"终裁结果，认定从中国进口的晶体硅光伏产品存在倾销和补贴行为，将对相关产品的生产商和出口商征收反倾销税和反补贴税。其中天合光能被征收26.71%的反倾销税，昱辉阳光与晶科能源被征收78.42%的反倾销税，其他应诉企业和非应诉企业分别被征收52.13%和165.04%的反倾销税；同时，分别征收天合光能与尚德49.79%和27.64%的反补贴税，征收其他企业38.72%的反补贴税。

到2015年，孙广彬说："总体来看，中国的光伏电池贸易格局已经非常健康，60%出口到了国外，40%内销自用。中国去年大概出口了22吉瓦的光伏电池，自己装机用了12吉瓦。这种出口、内销六四开的格局，已经摆脱了单纯依赖欧美市场的局面。"

同时，中国企业开始积极在海外的制造业下游进行产能布局。2015年，时任天合光能首席财务官的谭韧曾经算过一笔账，美国的关税使得中国制造的组件成本提高了0.03美元/瓦，相当于每兆瓦组件产品成本上升18万~19万元人民币，而如果在印度或东南亚等不受关税影响的地区制造，成本只会增加0.01美元/瓦。截至2015年年底，中国光伏企业海外工厂的产能约为9.1吉瓦，其中近一半的产能来自马来西亚。海外产能中超过60%是组件产能，约30%是电池产能。很显然，单纯的关税壁垒挡不住中国光伏企业寻找"出路"的脚步。发展至2022年，由东南亚出口的光伏组件已经成为美国光伏电站开发商不可或缺的产品，以至于拜登政府只能搁置对东南亚光伏产品的"双反"调查。

东南亚产能建设只是中国光伏制造业能力"溢出"的一个插曲。这一时期全球真正的光伏热点地区已经变成了中国西部。

西部之外，天地广阔

2012年年底，正泰销售团队的负责人离职，陆川作为一个法学博士被迫接手了销售业务。正泰不缺销售人才，但过去正泰光伏产品的销售靠的是渠道，在海外发展的客户大多是经销商和代理，而如今，光伏产品在海外的销售工作需要面对大量直销客户，这就对销售模式提出了新挑战。因为主管销售工作压力大，又要到全球各地出差，导致陆川的精神状态很差，于是他开始练习慢跑，后来渐渐成了一个马拉松爱好者。陆川认为自己被"赶鸭子上架"负责销售业务也是有一定必然性的，因为正泰当时95%左右的销售都是面向海外市场的。面对国外客户的销售负责人，一要会讲英文，二要懂光伏。而两方面都很擅长的陆川在不久后又一次成为正泰内部的不二人选，出任正泰的常务副总。

除了销售光伏产品，正泰在这一时期着重发力的业务板块就是投资、建设国内的光伏电站。在过去的十几年中，正泰多年都是中国民营企业中规模最大的光伏电站投资运营商。

在中国推出了光伏上网的"标杆电价"以后，光伏电站迎来了大发展。这一机制的优势在于，它能让光伏电站的投资者在未来20年看到比较确定的收益现金流。但其局限在于，靠行政手段人为降低（退坡）的电价水平，与光伏制造业每时每刻所发生的"降本增效"水平会出现差异，也就是"谁降得快"的问题。其间如果出现了每度电电价退坡较慢，而光伏组件每瓦价格下降较快的阶段，就意味着光伏电站的电费收益和建设成本（其中一大部分是组件成本）之间的差距被拉大，电站的收益率就会变高。

在2013—2017年，一些电站项目在实际运作中就出现了这种情况。西部的一些电站项目，在通过银行贷款以后，"年化"收益率高达20%~30%，意味着3~5年就可以收回全部投资，之后15~20年的发电收益都是"净赚"，这导致一大批光伏投资客冲到西部去投建电站。业内人士形容道："去往格尔木的飞机和火车上，随时都能找到做光伏电站的人。"根据中银国际的统计，2015年A股上市的光伏制造企业几乎全都涉足下游光伏电站。

由于这当中的利润极其丰厚，还催生出了一种具有特色的产物——路条。不熟悉能源行业的人对这个东西想必是陌生的。"路条"是指国家发展改革委同意项目开展前期工作的批文。过去光伏行业有"大小路条"之分，如果只拿到同意开展前期工作的批复文件，就是"小路条"，文件名称一般是《关于某公司开展某并网光伏发电项目前期工作的复函》。文件中确定了项目的场址等信息，从下发之日起一年内有效，企业需要尽快办理土地使用、环境保护、矿产压覆以及电网接入等前期工作事宜。在完成这些之后，光伏电站项目再获得《某地方国家发展改革委关于某项目核准的批复》，就是拿到了"大路条"。拿到"小路条"需要半年，而拿到"大路条"需要等待的时间可能更长。

2013年国家能源局发布的《光伏电站项目管理暂行办法》中改变了这种局面，光伏电站项目由核准制改为备案制，光伏电站项目实施备案管理后没有了"小路条"，只有"大路条"。

"路条"的本质就是资源开发权的归属得到了国家的正式承认，与煤矿、铁矿的开发权类似。虽然国家能源局把权力下放到地方，采取了备案制，但因为补贴规模有限，且光伏电站每年的新增装机有上限（比如10吉瓦），所以在备案制下依然会有很多人争抢有限的资源。由于这个开发权可以为投资人带来可观的收益，所以投资人会愿意为"路条"支付一定费用。最疯狂的时候，"路条费"被炒到了1元/瓦，也就是开发100兆瓦的电站，企业什么都没建，光"路条费"就要付出1亿元。2014年年底开始，国家能源局连续发文整顿"倒卖路条"的行为。

还有一些地方政府手里攥着路条的审批权，需要光伏企业到这里投资建厂才能拿到"路条"建电站。然而对企业来说，很多西部偏远地区完全不适合建设某些供应链环节的光伏工厂，非但无法与企业原有的上下游环节形成配套，还会抬高来回运输的物流成本。

很多西部电站在建成并网之后，还面临着利用率不高、被迫"弃光"

的问题。2015年甘肃弃光率达31%，新疆弃光率达26%。2016年甘肃、新疆弃光率分别达到30.45%和32.23%，也就是电站全年有超过30%的可发电小时数，在电网的调度指挥之下不得发电，弃光程度超出了很多西部电站投资方的预期。2016年，全国可再生能源弃电近1100亿千瓦时，超过三峡水电站一年的发电量。在尚德破产中出场的"白衣骑士"郑建明，他的顺风光电在发布2016年上半年盈利警告中就指出，新疆限电问题导致公司出现约3亿千瓦时的发电量损失和约2.46亿元的发电收入损失。一批冲进西部电站市场的早期投资者受到重创。

面对西部电站在大规模建设过程中日渐暴露出的补贴拖欠问题、路条倒卖问题和弃光增加问题，陆川和正泰新能源先知先觉，转过身来把视野投向了大本营江浙一带。2014年4月，一个偶然的机会，正泰与衢州市林业局、江山市人民政府、江山市林业局等单位进行对接并确立了合作，这是正泰新能源在东部地区投建的第一个地面光伏电站。

很多人不愿意在江浙地区投建电站，是因为江浙一带的日照资源较差，这意味着光伏年发电小时数少。比如2020年，该地区光伏年利用小时数是998小时，位列全国倒数第六。日照越少，年发电量也越少，年电费收益自然也越少，这就导致收回建设成本的时间变长，电站投资价值被拉低。

但这些人忽略了一点，就是东部沿海地区缺少煤矿，经常需要从外省运煤进来，所以江浙一带脱硫煤的上网电价比西部高，比如浙江省要0.4元/千瓦时以上，而西部很多地方只需0.2元/千瓦时。假设东西部同样标杆电价是1元/千瓦时，这1元钱实际被拆成了两部分：一部分是当地电网公司用脱硫煤上网电价收购光伏电站所发电力的度电价格，这部分结算周期频繁，近乎"实销实结"，可以被发电企业视作"现金流"；而标杆电价与当地脱硫煤上网电价之间的价差，才是需要国家给予光伏电站的"补贴"，这部分钱的发放周期是比较长的，比如按年结算。

我们依然以东西部同样标杆电价1元/千瓦时来举例，1千瓦时电从西部某光伏电站发出来，电网公司花0.2元收购，国家要补贴差额0.8元；

而 1 千瓦时电从浙江某光伏电站发出来，电网公司花 0.4 元收购，国家只需要补贴 0.6 元。同样一个光伏电站，在浙江有 0.4 元的现金流可以收到，而西部电站只能收到 0.2 元。陆川说："在东部地区为企业、工厂的屋顶做分布式光伏电站，除了国家补贴和省补，再加上可以余电上网，现金流状况其实是很好的。"

可不要小看了 0.2 元和 0.4 元的差别，对持有电站规模比较大的企业来说，这甚至关系到企业的生死存亡。一个 10 兆瓦的光伏电站，即便只按东部光照较差地区的全年发电小时数 1000 小时来计算，一年的发电量就是 1000 万千瓦时电，卖给电网公司当年就可以收到 400 万元以上的现金流，而西部电站即便光照更好、发电小时数更高，现金流可能也只有 200 万~300 万元。

每个企业都要做一个选择题：你是等待可能遥遥无期的 0.8 元，还是选择立刻就能到手的 0.4 元？正泰独树一帜，选择了后者。在西部电站投资过热的情况下，正泰在西部控制规模，同时回到东部发展。

后来正泰江山电站顺利建成且一次并网成功以后，电站年均发电量 2 亿千瓦时，可满足江山市 10 万户（40 万居民）的用电需求，产生 2 亿元收入（含电费和补贴），并且给当地政府创造年均 2000 万元税收，还实现了"农林光互补"（如图 7-1 所示）。考虑到农业种植需要，正泰一方面扩大了光伏设备前后阵列的距离，给农作物留下生长空间，另一方面适当提高了支架的离地高度，腾出了最低约 1.4 米、最高约 3 米的棚下种植空间，还在当地成立了江山隆泰农业开发有限公司，聘请农业技术人员大面积种植中草药特色水果和有机蔬菜，并因地制宜在部分地块饲养了鸡、鸭、鹅等家禽，最终建成了"四个一千亩"基地：一千亩中草药、一千亩特色蔬菜、一千亩传统蔬菜、一千亩油茶干粮。这四千余亩种植面积雇用农民来种植养护，有效解决了当地农村剩余劳动力。项目每年支付农民劳务费 480 万元，支付土地租金 500 万元，提升了当地农村经济，帮助近千户农民实现增收。

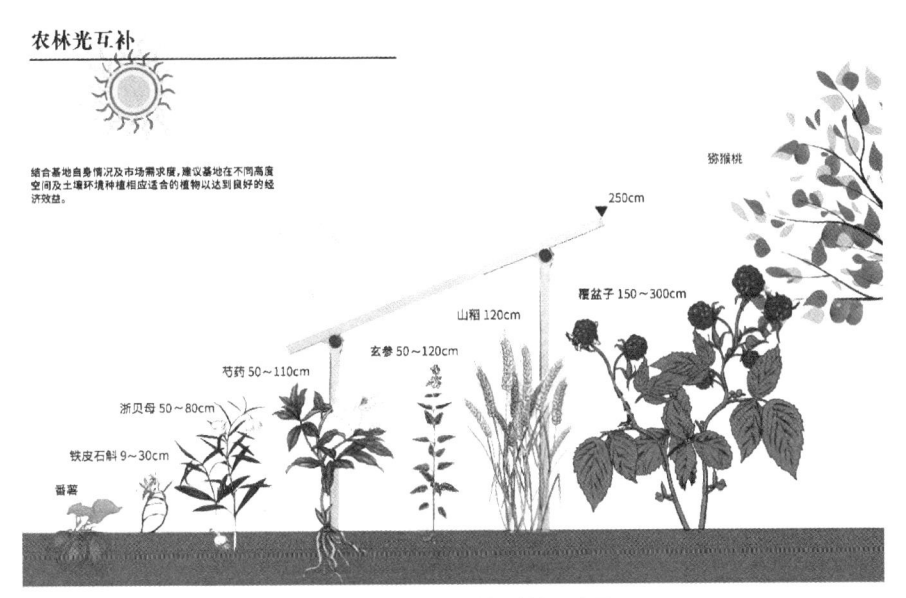

图 7-1　江山项目植物种植示意图

图片来源：正泰新能源。

在过去十几年中，协鑫等企业的光伏电站发展规模曾一度超过了正泰，但正泰没有想着把第一名夺回来，而是坚持每年 1~1.5 吉瓦的开发规模。陆川说："我们核心强调的还是你能不能走得远，而不是走得有多快。"

当别的企业把电站当成一头"现金奶牛"的时候，陆川则是这么思考的："我是把电站看成我们的一个产品，我们是一家既可以卖出地面电站产品，又可以卖出工商业电站产品，还可以卖出户用电站产品的一家公司。我们把电站做强的逻辑，实际就是我们怎么把这个'产品'做得更好，所以我们不在乎产品里的组件是正泰的，还是晶科的，抑或是隆基的，关键是我们把它们组合在一起的时候，这个产品能以最优价卖出，性价比最好，这是我们的定义。"

当别人追求电站开发和投资业务大干快上的时候，正泰提前布局了电站运维和户用光伏，陆川解释说："可能将来其他企业也看到这个商机冲进来了，那我们的下一个商机是什么？我们一定要不同，要保持对新业务的探索，这种新业务基本上用 3~5 年时间才能培育成熟。没有一个提前布局的阶段，你肯定是搞不好的。所以我们怎么保持健康？就是不停地将新业务培育成熟，使当下最赚钱的业务能保持在正泰这个体系内，比如现在新能源板块内最赚钱的是户用，那 5 年前不会有人想到户用最赚钱。如果我今天还是干着 5 年前一样的光伏制造和电站，风险肯定就很大了。"

西部电站建设过热、弃光、补贴不到位等问题不只启发了正泰转变思路，通威同样把目光投向了东部。但通威认为，东部地区人口稠密，寸土寸金，不仅很难找到几百亩以上的闲置土地，而且土地租金也比西部更高。

但谁说光伏电站就一定要建在陆地上？2013 年年底，通威的刘汉元提出了"渔光一体"的战略构想——很多养殖鱼塘就分布在城市的近郊，这些鱼塘的水面正好可以用来大面积建设光伏电站。而通威早年间就是全球最大的水产饲料企业，它积累多年的水产资源恰好变成了优势，可以形成水上光伏发电、水下水产养殖的"渔光一体"创新商业模式，如图 7-2 所示。

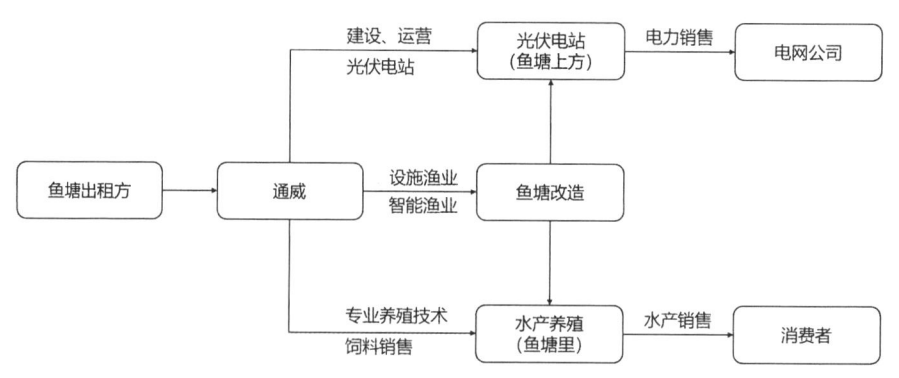

图 7-2　通威"渔光一体"创新商业模式示意图

资料来源：白勇《创变者逻辑》。

但这一模式真的验证、施行起来，出现的问题并不少。比如水面大面积覆盖电池板，可能导致阳光照射加热不足，影响鱼的生长。此外还会造成水中藻类繁殖减少，导致水中的溶氧量减少，进而需要多耗电来增氧。还有布设电站以后，清淤、投饵等作业也可能会发生改变。2013 年年底，通威首席水产技术专家吴宗文把通威已经成熟的、包括非抗生素的电化水消毒、底排污、立体微孔增氧、智能风送投饵、智能机械捕鱼等在内的很多项技术结合在一起研究，一周内拿出了解决方案，随后组成了500人的研发团队，历经300多天，采集记录12万个数据，并经过大量对比试验，找到了"渔光一体"模式的最优实施方案。他们证明了光伏板遮阳可以降低水温，减少水中有害藻类的繁殖，底排污技术沉淀的排泄物还可以在鱼塘旁边的低处用来种植蔬菜。"渔光一体"模式可以实现零污染、零排放。后来进行"渔光一体"模式改造的养殖户，每季水产可以增产50%以上，亩产约1.5吨鱼，每亩水面光伏年发电量达到5万~10万千瓦时，新增的电费收入是过去单养鱼每亩收入的数倍。而为了实现光伏发电需要对池塘进行的改造工作，只需要额外增加3%的投资成本就可以完成。

不仅如此，通威还可以在鱼塘周边的配套用地上建成环境优美的休闲度假区，形成水上发电、水面景观、水下养鱼的复合商业生态，把一个"渔光一体"项目变成一个占地数百亩的湿地公园。

截至2022年年中，通威建成以"渔光一体"为主的光伏电站51座，累计装机并网规模达到3.12吉瓦，实现平均每亩鱼塘水下年产1吨安全水产品，水上年产5万~10万千瓦时电（相当于4.3~8.6吨原油提供的能量）。"渔光一体"电站全年结算电量30.9亿千瓦时。在一些地方，通威还将"渔光一体"模式升级为"渔光小镇"，因地制宜地搭载旅游休闲、观光科普等第三产业，实现一、二、三产业有机融合。

同陆川和刘汉元一样，阿特斯的瞿晓铧也没有陷在国内西部电站开发的白热化竞争当中，但他没有把视野局限在国内，而是早早布局，把目光投向了更多新兴市场。"双反"之后，阿特斯就瞄准了巴西的光伏电站市场，并为此筹备了很久。但是就像加拿大安大略省的电站项目一样，"第一个吃螃蟹"的人在把路趟出来的时候总是"深一脚，浅一脚"，很多事情也不是自己能够左右的。

能源项目通过拍卖招标是巴西的传统政策，2014年巴西首次开展了光伏电站项目招标。阿特斯立刻参与竞标，并拿到了巴西米纳斯吉拉斯州（Minas Gerais）399兆瓦的项目，该电站项目被命名为"霹雳波"（Pirapora）。

但是天有不测风云，在阿特斯成功中标以后的2015年，巴西法币雷亚尔巨幅贬值，年内雷亚尔对美元汇率最低谷较年初高点累计贬值幅度达到38%以上。巴西全年通货膨胀率达到10.67%，导致当地贷款利率高企，达到10%以上的水平。在这种情况下，如果一个当地电站项目要实现正常盈利，其内部收益率需要达到18%~19%。阿特斯此时已是骑虎难下。转过年来，巴西又出现了政治危机：2016年4—8月，巴西参议院通过了对总统迪尔玛·罗塞夫（Dilma Rousseff）的弹劾案，她成为全世界第一位被弹劾下台的女总统。

巴西动荡的政治经济环境给阿特斯出了一道难题。当时瞿晓铧同海外团队开会讨论了四五次，每次长达4~5个小时，最后也拿不出一个妥善的解决方案。瞿晓铧说："咱保证金都交了，也退不下来了，那就找合作伙伴吧。"2015年年底，联合国气候变化大会在法国巴黎举行，瞿晓铧到场发言。在会议期间，他同业内的老熟人交谈，偶然间聊到了法国电力集团（EDF）旗下的新能源公司，巧的是瞿晓铧原来在法国里昂工作过的Photowatt公司已经被EDF收购了。于是瞿晓铧的前同事就帮他牵线搭桥，认识了EDF的光伏业务负责人。对方告诉他，EDF在全球划定了7个战略性布局的开发重点。瞿晓铧问具体是哪七个，对方掰着指头数，发现有巴西。瞿晓铧笑着说："你要不要跟我们合作？"于是EDF就加入了阿特斯在巴西的电站项目。随着这个法国"国企"下属的新能源公司加入，阿特斯在当地融资困难的局面一下子得到了巨大的改善。阿特斯从巴西唯一能够提供长期低息贷款的金融机构巴西开发银行拿到了贷款，还从多个渠道获得了项目融资。从2016年开始，雷亚尔的汇率又出现了上升。2017年，EDF收购了阿特斯"霹雳波"电站80%的股权。2018年，阿特斯又将"霹雳波"电站20%的剩余股权出售给巴西领先的可再生能源公司欧米茄一代（Omega Geração S.A）。阿特斯和EDF两家公司都从这个项目中获得了可观的回报，实现了双赢。通过投建海外电站，阿特斯还带动了所在国当地的就业，比如阿特斯在墨西哥的三座电站，总装机容量为367兆瓦，为当地创造了1500个就业岗位。

随着阿特斯在海外光伏电站项目中的实战经验越来越丰富，其全球光伏电站项目储备规模也越来越大，至今已发展成全球最大的太阳能电站开发商之一。这些项目不仅可以成为公司稳定的"现金奶牛"，同时也可以通过灵活的资产化运作和所有权转让，为公司带来可观的投资收益。海外市场多元化的电站布局也成为后来国内光伏制造业在遭受国内光伏政策冲击时，阿特斯得以从容应对的定海神针。

电网互联，无问西东

光伏企业如果不看好西部电站的投资经济性，可以选择东部分布式项目、渔光互补项目，还可以选择海外电站项目去投资、建设、经营。但对于承担着国家绝大部分省份输电工程建设任务的国家电网来说，面对西部地区电力输送的困境，它永远不可能"一走了之"。它要想尽办法解决远距离电力输送的问题，为此还开发出了中国独步全球的输电技术——特高压。

"现在特高压技术获得了成功，人们说我是'特高压之父'，我认为应该是'特高压之负'，胜负的负。这么多年，我因为坚持搞特高压，弄得自己伤痕累累，这些又能跟谁说呢？"刘振亚，原国家电网公司董事长，全球能源互联网发展合作组织首任主席这样感慨道。

如今同光伏、高铁一样，特高压已经成为中国进行国际宣传时一张靓丽的名片。但在当年，特高压曾经在电力行业内引起过巨大的争议，经过漫长的专业论证，其间还因为反对意见几经搁置，最终才得以大规模推广。如果不是国家最终下定决心，启动中国国内的特高压工程建设，中国光伏行业不可能发展到如今的规模，因为光照资源好的西部地区没有那么多本地居民和产业可以消纳大规模的可再生能源发电量，也没有办法把电送出去。如果没有特高压这样远距离、低损耗的输电技术，中国就不可能实现西部电站的大发展，更不会在今天提出装机规模达到数亿千瓦的"风光大基地"计划。

但是我们也要坦率地说，利用特高压输送可再生能源电力，并不是中国一开始发展特高压的"本意",只能说是一个"副产品",因为当时我们有着更突出、更尖锐的能源供需矛盾问题亟待解决。

2004年年底,刘振亚刚刚上任国家电网公司总经理、党组书记两个月,他和国家发展改革委的主要领导一起去参加三峡—广东直流输电工程验收总结会。在一辆中巴车上,时任国家发展改革委主任马凯与主管能源的副主任张国宝问刘振亚怎么解决中国缺电的情况,刘振亚感到非常焦虑,因为国内的电力供应已经拖了经济发展的后腿。

中国76%的煤炭资源分布在西部和北部地区,80%的水能资源分布在西南部地区,80%的风能、90%的太阳能资源分布在西部和北部地区,但是70%以上的电力消费在中东部地区,能源富集地区和电力需求中心的距离普遍在1000~4000千米,传统的500千伏电压等级难以承担超过1000千米的远距离输电任务。截至2021年,中国电力消费量大于发电量的省份达到17个,其中广东、山东、浙江、江苏、河北五省的用电量比发电量多出1000亿千瓦时以上,用电缺口很大。

这样窘迫的情况不仅刘振亚清楚,电力行业的人清楚,连美国人都清楚。美国历史学家彭慕兰(Kenneth Pomeranz)在其代表作《大分流》中就提出过一个观点:中国之所以在近代与西方形成越来越大的实力差距,其中一个重要原因就是与英国相比,中国的煤矿聚集地和工商业较为发达的江南富庶地区距离过远,没有铁路,没有输电线,仅仅依靠畜力,中国没有能够大规模向经济重镇输送高效能源的运输方式。由于燃料吃紧,又无法依靠水路获得大量煤,18世纪的长江下游是中国森林砍伐最严重的地区之一,能源供给限制了经济社会的进一步发展,也限制了化石能源利用技术的进一步突破。而英国得天独厚的地理优势在于,像曼彻斯特这样的城市,不仅有类似中国江南的便利运河条件,同时还靠近英国中北部的产煤区,所以通过稳定的煤炭供应,加上改良后的蒸汽机替代了马匹为纺纱机提供动力,当地棉纺织业的产能效率得到显著提升。纺织机工人的劳动生产率是手纺工人的40倍,这使得曼彻斯特成为在工业革命开始后最先实现经济腾飞的地区。而机械化大规模生产使英国在全球棉纺织产业竞争中取得价格优势,开启了英国的商业与贸易革命,进而助推了英国和整个西欧的崛起。英国的煤炭产量在18世纪初期是300万吨左右,到1836年达到3000万吨,到1913年达到3亿吨的峰值。1900年,西欧国家的能源使用量已经是中国同期水平的4倍以上,占世界人口30%的西方国家消耗了全球约95%的化石燃料。

彭慕兰说:"我们应谨记英国的煤和蒸汽机之所以能引领工业化,其实要大大归功于它们两者地理相近和同时并存的这些偶然因素。"地理资源禀赋条件决定国家兴衰,这样的"地理决定论"观点固然有其局限性,但也从一个侧面反映出我国能源禀赋和经济活力在地理上的严重分离,其历史由来已久。

由于缺煤缺电,2003年全年,浙江省除春节7天以外,每天都在拉闸限电,企业每周只能得到3~4天的供电,甚至一些红绿灯都只能"下课"。2004年的中国,70%以上的铁路新增运力都用来运煤,沿长江每30千米就有一座发电厂,长三角地区每年每平方千米二氧化硫排放量高达45吨,是全国平均水平的20倍。利用公路运输煤炭,每吨煤每千米能耗是铁路的10倍,还导致很多高速公路严重拥堵,货车油耗进一步增加,中国每年浪费大量汽柴油等"高级化石能源"来运送煤炭这样的"低级化石能源"和夹杂在其中的几亿吨灰土、石头和杂质。日本的《读卖新闻》于2006年评论中国电力供应情况,指出中国电力供给储备率超过50%,远高于日本的13%,但还是停电频发,原因就是相互联网不足,导致电力互济出现严重障碍。

要发展,就必须用好能源,可是中国有何破解之道?

早在攻读研究生时,刘振亚的毕业论文就与"中国需要更高电压等级"的课题相关联。2000年以前,刘振亚在山东工作时就发现,各地哪里缺电就索性在哪里建电厂,根本不重视电网,也很少考虑煤的运力情况。后来他到了北京,先后在国家电力公司和国家电网公司担任要职,得以从更高层次看我国的能源供需情况。这时他发现,各地"自发自用"、就地平衡的电力发展方式,才是导致我国煤电运力长期紧张、周期性缺电的根源。只有提高电网的"运力",在全国范围内配置电力,才有可能从根本上解决这一难题。

面对国家发展改革委领导在中巴车上提出的"大难题",刘振亚抛出了他酝酿很久的想法——建设"电力高速公路",用特高压电网大规模替代运煤铁路线,实现海量、高效的"西能东送"。刘振亚在国家电网主持的第一次党组会上就提出要发展特高压,会后国家电网还向国家递交了一份特高压建设的材料。马凯非常重视,指出特高压输电是解决能源问题的一个好思路,应在"电力规划中加以研究和考虑",希望国家电网组织相关研究论证工作。中国特高压发展的故事就此徐徐展开。

2005年,时任国务院副总理曾培炎在听取国家电网关于特高压工作的汇报后,决定启动发展特高压电网的工作。那到底什么是特高压呢?我们知道,输电线本身是有电阻的,在电流经过的时候,电阻会发热,这部分发热功率由于没法被用电的用户使用而会被白白浪费掉,所以要尽可能减少电线的发热损耗。发热功率与电流的平方成正比($P = I^2 \cdot R$),如果能把电流降到原来的百分之一,那么电阻的发热功率就会降到原来的万分之一。在输送功率不变的情况下,想要减小电流,就要提高电压($P = IU$),所以我们日常可以见到的不仅有高压线,还有超高压线、特高压线。特高压专指1000千伏交流输电技术和±800千伏及以上的直流输电技术,输电距离远、容量大、效率高、损耗低、单位造价低。其中1100千伏直流特高压技术可以传输5000千米到6000千米,相当于从哈尔滨到新加坡,或者从拉萨到莫斯科的直线距离,在这个传输距离内,特高压输电损耗可以降到3%左右。

特高压输电技术并不是中国人发明的,日本、俄罗斯等国家曾经率先研制过,但最终要么停留在研究阶段,要么没有投入商业运行。中国在20世纪80年代开展过对特高压输电技术的跟踪研究,并将其列入国家"七五""八五"和"十五"科技攻关计划。武汉高压研究所的王凤鸣等人编写了近百万字的《特高压技术前期研究》资料,并联合清华大学等多所高校展开特高压输电技术基础研究,给21世纪中国特高压的商业化进程积攒了宝贵的经验。刘振亚说:"当时看到日本和俄罗斯的特高压技术都没有研制成功,我压力很大,但为了国家发展,面对再大的风险,我也要把特高压技术搞成功。"

2005年春节过后,国家电网就启动了可行性研究,开展交直流特高压输电技术的前期研究工作。3月,国务院领导主持会议,刘振亚做了汇报,会议明确同意发展特高压电网,并将其纳入国家重大装备规划。

虽然获得了国家高层的认可,但这项技术还是差一点被扼杀在襁褓之中。2005年5月,国务院收到一份名为《关于发展特高压电网存在的问题和建议》的报告,提出在现有500千伏的电网上再搞个1000千伏的电网有无必要、是否安全?三天后国务院要求国家发展改革委组织专家讨论,随后展开了一场著名的特高压"大论战"。

6月21—23日,国家发展改革委在北戴河组织召开特高压输电技术研讨会,有200多个相关专家参会,光是论证资料就摞了半米高。山西省官员表示:我们欢迎建设特高压电网,我们想卖电,不想卖煤。但是在会上,很多专家也主要从四个方面提出了质疑:输煤输电的比较,特高压投资的经济性、安全性和电磁环境影响。

那天晚上,刘振亚心里像压了一块石头,他担心特高压工程不能顺利立项。他走出宾馆,来到海边。当时作为他副手的舒印彪悄悄跟了上去,刘振亚感觉到了舒印彪在走近,又默默走了一段,低声而有力地对舒印彪说:"这次会议关系着特高压工程的命运,你务必用你的理论和经验说服与会专家,让我们的科学论证经得起历史考验。"舒印彪点了点头。

事实上,与输煤相比,西北大型煤电基地的电通过特高压输送到中东部,每度电的到网电价比中东部当地的煤电标杆上网电价还要低0.06~0.13元(按2011年6月煤炭价格测算)。国家发展改革委能源研究所的时璟丽等人在2021年对9个特高压项目进行测算,发现每个项目通过市场化交易方式每年可以给受端省份用户降低用电成本4.4亿~5亿元。

与±500千伏超高压直流输电相比,±800千伏、±1100千伏特高压直流输电在距离上分别增加了2~3倍和5~6倍,在输电容量上分别提高了2~3倍和4~5倍，输电损耗不到前者的二分之一和四分之一，单位容量走廊宽度仅为其65%和55%，单位造价只需要前者的65%和40%。

另外，特高压输电工程的电磁环境指标实际上也符合国标要求，且噪声明显低于500千伏输电工程。为了验证这一点，刘振亚去日本考察时特意停车徒步上山，去听特高压线路的噪声。

经过一番辩论，会上大部分人都赞成搞特高压，算是有了一个初步的结论。到2005年9月，晋东南—南阳—荆门1000千伏交流特高压试验示范工程可行性报告顺利通过国家审批，10月底国家发展改革委召开第二次论证会。

但2006年春节之后又有一些专家提出要慎重考虑特高压技术的发展，结果这项技术就陷入了"专家反对—国网汇报—政府论证—专家再反对—国网再汇报—政府再论证"的循环，导致特高压甚至一度成了电力系统的"敏感词"。张国宝说："不要说刘振亚了，像我们这样的人都感到身心疲惫。"过多的争议，延缓了特高压的建设。

直到第一条特高压输电线路安全运行满5年，且后续多条线路相继建成运行以后，仍然不断有人提出质疑，导致2014年全国政协还为此组织了一场专题调研。会上大家就特高压的安全性、经济效益等问题展开激烈辩论，会议持续时间长达3小时40分钟。

从规划到论证的过程中，前前后后共计召开了200多次重要专题论证会议，与会专家代表超过7000人次。如果不是张国宝、刘振亚等人面对一些人的轮番质疑时据理力争，坚定不移地推进中国的特高压输电战略，那么中国东、中、西部的能源转型格局可能就不是今天这幅面貌了。虽然发展特高压的初衷是解决长距离运煤和东中部地区的污染问题，但特高压在消纳光伏和风力发电的过程中同样发挥着重要的作用，为我国大规模开发西部风光水等可再生能源创造了不可或缺的基础设施条件。

特高压不仅使西部电源和东部负荷之间的输电鸿沟变通途，还帮助东部省份在清洁用电的同时省下了用电成本。同样峰值功率为1千瓦的光伏组件，在上海一年只能发电1000千瓦时左右，而在青海格尔木可以发电1600

千瓦时左右。如果通过约 2000 千米的特高压输送到上海，在损耗只有 5% 左右的情况下，度电成本加输电成本的总和比上海本地的度电成本还要低。

从 2004 年开始，国网公司先后组织几十家科研机构和高校、200 多家设备制造企业、500 多家建设单位，总计几十万人共同参与了特高压基础研究、技术研发、设备研制、系统设计、试验验证、工程建设和调试运行等工作。当时年届 80 岁的朱英浩院士不顾年老体弱，奔波 600 多公里抵达特高压工程建设工地现场，他动情地说道："特高压工程给我提供了一个难得的机会，我等了一辈子啊！"中国继电保护顶级专家柳焕章在病床上输液时接到了工程启动试验的通知，他毅然拔掉手臂上的吊针即刻出发，随后把吊瓶挂在试验现场，一边输液一边核查试验数据。他说："人生难得几回搏，遇到建设特高压这样的机会，我不可能错过！"就是秉持着这样的精神，中国人夜以继日地先后攻克了 310 项关键技术，工程竣工时的图纸超过 6 万张，解决了过电压与绝缘配合、电磁环境控制、特高压交直流混合大电网安全控制等世界级难题，其中 21 大类、百余项首台首套特高压关键设备实现国产化。中国制定了全球首个具有完全自主知识产权的特高压技术标准体系，形成了特高压交直流工程从设计到制造、施工、调试、运行、维护的全套技术标准和规范，彻底改写了过去中国在超高压等电力装备中严重依赖进口零部件的历史。

但是到了 2011 年前后，新的特高压线路批复过程依然充满了未知数。直至国家雾霾问题的日益严重，才彻底改变了特高压的命运。2013 年国务院推出《大气污染防治行动计划》，要力争京津冀、长三角、珠三角等区域煤炭消费总量实现负增长，逐步提高接受外输电比例，特高压成为"以电代煤""西电东送"过程中的重要引擎：它的一头连着西部清洁能源开发利用，一头连着中东部雾霾治理。2014 年国务院在研究部署加强雾霾治理的常务会议上明确，要"实施跨区送电项目"。会后不久，国家能源委员会明确提出，发展远距离大容量输电技术，同年国家能源局下发了《关于加快推进大气污染防治行动计划 12 条重点输电通道建设的通知》，其中提到的 9 条都是特高压线路。随后国家电网公司的特高压建设进入了加速期，2014年当年特高压线路突破1万千米。到2017年这9条特高压线路全部投运，2018—2019年累计输送电量3300亿千瓦时，减少东中部燃煤1.4亿吨，减排大气污染物150万吨。仅新疆一地，外送电量从2010年的30亿千瓦时提升至2020年的1054亿千瓦时，外送范围覆盖20个省（市、自治区），累计外送电量超4000亿千瓦时，为新疆电力行业创造直接收益超过1000亿元。2016—2021年，全国特高压线路共计输送可再生能源电量达到13373亿千瓦时，占到这6年中全部输送电量的55.7%。

2020年，青海—河南特高压线路启动送电，输送容量800万千瓦，设计送电量400亿千瓦时。因为计划全部输送风电、光伏发电和水电，所以国家电网称其为全世界首条专为清洁能源外送而建设的特高压通道，每年可减排二氧化碳3000万吨。此外，一些特高压线路选择将不稳定的风电、光伏发电和火电、水电捆绑在一起，形成较稳定电源之后再向外输送。截至2021年年底，中国在运在建的特高压线路总长度突破5万千米，能绕赤道一圈以上，特高压电网建设总投资超过6000亿元，带动相关社会投资超过2万亿元。中国±800千伏直流特高压和1000千伏交流特高压也已经成为国际电联采纳的国际标准。美国能源部前部长朱棣文（Steven Chu）非常嫉妒中国的特高压技术，他对刘振亚说："这方面你们走到了美国前面，我们很想和你们分享这个成果。"比尔·盖茨在2021年还在为美国东西部之间距离太远、传统电网无法互联的问题而头疼不已，他或许不知道这个世界上有一种叫作"特高压"的技术。而正是因为有特高压这一重要的输电基础设施，2021年年底，中国国家电网经营区已成为全球新能源并网装机规模最大的电网。

对雾霾说"不"

中国光伏发电行业和特高压输电网络建设的快速发展，都是和环境治理，尤其是空气污染治理紧密相关的。空气污染当中包括了二氧化硫（酸雨中溶解的主要成分之一）、悬浮颗粒物（如 PM2.5）等各种污染物。

根据《2010 年中国环境状况公报》，全国酸雨主要集中在长江沿线以南、青藏高原以东地区。中国东中部地区单位面积的二氧化硫排放量是西部地区的 5.2 倍，长三角每年每平方千米排放二氧化硫达 45 吨之多。东中部地区的长江沿线平均每 30 千米就有一座发电厂，当地已经基本没有煤电发展的环境空间。2011 年，国家发展改革委能源研究所发现大气污染越来越严重，就将这一问题写进了报告当中，核心是希望解决煤炭使用的问题。

2012 年年底，中共十八大召开，当年的各类报告中关于环保形势的描述是：总体恶化，局部改善。那年蓝天白云增多，环保工作的主管领导想改写相关表述，建议能否改成"环境已经开始向全面好转转化"。很多专家认为可以改写，但李俊峰提了两个数字，大家立刻意识到了问题——2005 年，中国消费煤炭 20 亿吨，排放二氧化硫 2800 万吨；2012 年，中国消费煤炭 40 亿吨，却只排放了 1400 万吨二氧化硫。李俊峰问："中间少的那 4000 多万吨哪里去了？"很显然，1400 万吨这个汇总上来的数字是有问题的。另外，当时燃煤过程尚未脱硝，会产生 4000 万～6000 万吨的氮氧化物无法处理，这在账面上看不出，但一旦出现"适宜"的气候条件，这总计约 1 亿吨的污染物就会造成严重的大气污染。李俊峰说完这两点，大家都愣住了，决定相关描述不改了，继续维持"恶化"不变。

2012 年年底原环保部公布《重点区域大气污染防治"十二五"规划》。2013 年 1 月，中国出现连续 20 多天雾霾爆表的情况，雾霾覆盖范围涉及 17 个省（市、自治区），达到四分之一的国土面积，影响约 6 亿人口。受中央委托，有关部门 2 月初主持专家座谈会，讨论雾霾治理问题，李俊峰在会上指出："只要我们下决心控制住煤炭，解决好油品质量问题，大气污染保证能治理好。"这一时期是中国正式下定决心推动减煤的开始。

2013 年之前，煤炭在中国一次能源消费中占比长期维持在 70% 以上，想要调整能源结构，效果却始终不理想。这场雾霾让国家决定改善能源结构，减少煤炭消费。李俊峰说："从气候变化本身的角度，一些人对减排二氧化碳还有所抵触，但一说到污染物减排、改善大气质量的时候，大家就变得一致起来。"中国正是利用"减霾＝减污＝减煤＝减碳"的这种协同效应，在减排污染物的同时推动碳减排，减碳阻力一下就变得小了很多。从"十二五"开始，碳排放下降指标就作为约束性指标被列入每个五年的规划纲要中。2022年发表在《自然通讯》杂志上的一篇论文显示，中国的清洁空气措施所带来的"协同效应"超过了终端设备额外产生的二氧化碳排放，在2013—2020年实现了24.3亿吨的净累积减排，超过了中国同期累积达20.3亿吨的二氧化碳排放增长。

2013年6月，国务院颁布《大气污染防治行动计划》，以颗粒物浓度为约束条件对各地大气污染防治提出具体要求，这是中国第一次以环境质量为目标约束的战略行动，标志着我国大气污染治理工作开始提速。2014年，时任国务院总理李克强在当年政府工作报告中对雾霾等环境污染用了"宣战"一词，这是前所未有的。而在众多措施当中，减少污染物排放、限制产能，属于"治标"，推行清洁能源、调整能源结构，属于"治本"。当年国务院公布的《能源发展战略行动计划（2014—2020年）》提出，到2020年将煤炭在一次能源消费中的占比降到62%，而实际上到2017年，这一比例已经降到了60%，2021年为56%。李俊峰说："我们要每年减掉1~2个百分点，坚持下去，就和世界先进水平差不多了。"

从2014年开始，国家发展改革委与原环保部明确要求燃煤发电机组必须安装脱硫、脱硝和除尘环保设施，并分别为这三个环节提供0.015元/千瓦时、0.01元/千瓦时和0.02元/千瓦时的补贴电价。国家为此每年要投入上千亿元的补贴，然而一些企业却因为相关设施运行情况不容易被实时监管，选择"一边骗补贴，一边停（脱硫）设备"。很多燃煤发电机组在线监测数据造假，瞒报燃煤硫分，致使脱硫设施数据失真，二氧化硫长期超标排放，这也就回答了李俊峰质问的"中间少的那4000多万吨哪里去了"的问题。2014—2015年，五大发电集团下属多个火电厂因为擅自停运脱硫、脱硝设施被重罚。西北某市冬天空气污染严重，雾霾导致人们看不到50米外的楼房，当地领导于是派人24小时盯着当地这些煤电企业，不久，蓝天白云又重新回到人们身边。正是在各方的不断努力之下，中国的空气污染治理水平显著提高，蓝天白云越来越多。2022 年，美国芝加哥大学能源与环境政策研究所发表的一篇文章认为，中国在 2013—2020 年为空气污染问题做出的努力，取得了显著成效。这 8 年当中全国电力二氧化硫和氮氧化物排放总量双双从 800 万吨左右下降到不到 100 万吨，PM2.5 平均浓度下降近 40%。中国用 8 年时间取得了美国用 20 多年才实现的空气污染物降幅，并逆转了全球空气污染水平不断增加的趋势。中国为此下了很大的决心，花了很大的力气，但这项工作是一个长期而艰巨的挑战。中国 2020 年的空气污染水平仍是世界卫生组织建议标准的 6 倍。2021 年，中国发电行业占全国大气污染物排放比例依然达到 25%，是排放量最大的一个部门。能源转型工作任重道远，而这将持续有利于可再生能源清洁电力的发展。

献给
过去的、现在的、未来的
中国光伏人

大国光伏

中国王牌制造业的突围与崛起

下

中国光伏行业协会
刘家琦·酷玩实验室团队
著

电子工业出版社
Publishing House of Electronics Industry
北京·BEIJING

内容简介

本书是国内第一部全面、系统总结中国光伏行业数十年发展历程与辉煌成就的纪实性著作。20世纪下半叶，美国、德国、日本等国家相继取得了光伏产业的全球领先优势，而中国光伏行业直至21世纪初期，还面临着"三头在外"的窘境——原材料依赖进口、核心技术设备缺失、产品主要销往海外市场。通过不懈努力，如今中国已经成为全球光伏制造业规模最大、装机容量最大的国家，光伏行业也成为中国全产业链国产化水平最高的行业之一、中国崛起速度最快的战略性新兴产业之一、中国最具有国际竞争力的优势产业之一。

本书以行业代表性人物的人生经历为故事主线，以全产业链对"自主可控"与"降本增效"双重目标的不懈追求为理念线索，以助力中国早日实现"碳达峰""碳中和"目标为精神指引，将光伏行业作为中国碳中和王牌产业风云激荡的发展故事娓娓道来。

未经许可，不得以任何方式复制或抄袭本书之部分或全部内容。
版权所有，侵权必究。

图书在版编目（CIP）数据

大国光伏：中国王牌制造业的突围与崛起：上、下 / 中国光伏行业协会，刘家琦·酷玩实验室团队著. —北京：电子工业出版社，2024.1
ISBN 978-7-121-46482-9

Ⅰ.①大… Ⅱ.①中… ②刘… Ⅲ.①太阳能发电—电力工业—工业发展—研究—中国 Ⅳ.① F426.61

中国国家版本馆 CIP 数据核字（2023）第 196014 号

责任编辑：王天一
文字编辑：雷洪勤
印　　刷：湖北画中画印刷有限公司
装　　订：湖北画中画印刷有限公司
出版发行：电子工业出版社
　　　　　北京市海淀区万寿路 173 信箱　邮编：100036
开　　本：720×1000　1/16　印张：44.5　字数：700千字
版　　次：2024 年 1 月第 1 版
印　　次：2024 年 9 月第 3 次印刷
定　　价：138.00 元（上、下册）

凡所购买电子工业出版社图书有缺损问题，请向购买书店调换。若书店售缺，请与本社发行部联系，联系及邮购电话：（010）88254888，88258888。
质量投诉请发邮件至 zlts@phei.com.cn，盗版侵权举报请发邮件至 dbqq@phei.com.cn。
本书咨询联系方式：wangtianyi@phei.com.cn。

目录

CONTENTS

上册

第一部

1952—2004

第一章 | **前赴后继** / 003

被光伏企业冠名的北大党委书记 / 003

被"恐怖袭击"的电力局局长 / 004

被抱走的中国首富 / 010

再论学好英语的重要性 / 013

万物皆有裂痕，那是光照进来的地方 / 017

谁来做"第一个吃螃蟹的人"？ / 021

稻盛和夫赌对了 / 025

一场"草根"运动引发的能源转型 / 033

却顾所来径，苍苍横翠微 / 042

第二章 | **创业维艰** / 048

撕掉海报的"万元户"学生 / 048

高纪凡的藏地密码 / 052

此隆基非彼隆基 / 058

政策反复，叠床架屋 / 067

日本光伏，成败互现 / 069

清华"中人" / 072

施正荣想创业 / 076

一年卖 5 亿元化妆品，没啥意思！/ 083

国企"独苗"沈浩平 / 087

一个大学老师，带领国产逆变器突围 / 090

筚路蓝缕，以启尚德 / 096

产业繁荣，始自尚德 / 107

大众汽车与阿特斯神灯 / 118

| 第二部 |

2004—2008

第三章 | **千军万马** / 125

忽如一夜春风来 / 125

中国新首富 / 129

彭小峰多了一个"心眼" / 135

光速赛维 LDK / 140

先声夺人 / 143

杨怀进，来了 / 145

采购硅料的入场券，直通 F1 赛车场 / 149

高纪凡"毁约" / 152

缺硅之痛 / 156

第四章 | **千方百计 / 164**

中国光伏的"内伤" / 164

国产替代进行时 / 167

为了多晶硅国产化，他拿出了全部积蓄 / 172

亚洲硅王的诞生 / 177

一次中东之旅引出的新产业 / 182

"初试"薄膜 / 184

谁绊住了英利？ / 185

蛰伏的隆基 / 187

| 第三部 |

2008—2013

第五章 | **冷暖自知 / 199**

赛维 LDK 梦，新余梦 / 199

尚德止损 / 206

一篇文章引发的血雨腥风 / 209

当北方人见识到疯狂的南方 / 217

走出去的"陷阱" / 221

敦煌"六毛九"事件 / 224

中国光伏真正的奥秘 / 228

壮士断腕 / 234

秋天里的"一把火" / 236

世界杯球场上的方块字 / 241

第六章 | 凛冬将至 / 245

亚利桑那,不足为外人道也 / 245

一份"划时代"的《通知》/ 248

奥巴马"甩锅" / 254

"双反"的结局 / 275

谁"欺骗"了尚德? / 290

赛维 LDK 不能倒 / 297

流血的冠军 / 302

"请你们相信我" / 306

尚德"过冬" / 307

第七章 | 国之大计 / 317

千回百转,成立协会 / 317

事不过三,"双反"再临 / 324

西部之外,天地广阔 / 327

电网互联,无问西东 / 335

对雾霾说"不" / 342

⓵ 册

| 第四部 |

2013—2018

第八章 | **各显神通** / 349

光伏 +P2P / 349

刘汉元"劝不动"高纪凡 / 350

一线定乾坤 / 357

挺进下游 / 365

没有办公室的老板 / 369

创造"领跑者"/ 373

众人拾柴单晶高 / 380

败退的西方电气巨头与进击的中国逆变器 / 392

降本增效之谜 / 397

"创新步道"理论 / 407

第九章 | **迫在眉睫** / 414

从超预期到失控 / 414

分布式淘金热 / 416

光伏补贴，僧多粥少 / 424

山雨欲来风满楼 / 427

第五部

2018—2023

第十章 | 惊涛骇浪 / 433

一份"杀伤力"巨大的文件 / 433

危机，危与机 / 440

冬天里的一把火 / 449

分布式再出发 / 451

新王与旧王，会师于屋顶 / 456

光伏如何帮农民增收致富？/ 462

"冰封"市场 / 467

吹尽狂沙始到金 / 472

第十一章 | "双碳"之光 / 474

走向碳中和 / 474

颗粒硅，颠覆者？/ 482

超越光伏：设备篇 / 486

超越光伏：材料篇 / 499

工业化、能源化与资源化 / 503

谁是跨界之王？/ 511

3厘米的楚河汉界 / 518

谁来"消灭"PERC？/ 522

硅料涨价与垂直一体化 / 534

真假"卡脖子" / 544

先手为什么会输棋? / 557

后手为什么占上风? / 575

第十二章 | 经天纬地 / 585

如何消灭"垃圾电"? / 585

一个关于电网互联的宏伟构想 / 592

电网互联将改变什么? / 599

光伏为什么要制氢? / 604

西部到底是中国的什么? / 607

配额制与后补贴时代 / 611

我能投资光伏电站吗? / 615

怎么卖电才能挣钱? / 625

碳中和40年大计 / 637

光伏"基因"论 / 639

尾声 / 645

致谢 / 659

参考文献 / 663

第四部

PART FOUR

2013—2018

经历过"双反"洗礼的中国光伏行业，迎来了一批新的巨头。事实证明，能够成功穿越周期存活下来的企业，有着超乎寻常的战略眼光和定力。无论是到海外投资建厂、积极开拓新兴市场，还是在产业链多个环节推进"多元化"布局，中国光伏企业依然能在各个领域保持绝对领先。在新的时代机遇面前，民营光伏企业再一次迸发出了超强的市场活力，光伏产业在设备、原料、辅料、辅材领域的国产化进程取得了长足的进步，使得中国光伏制造业全产业链日渐成为中国产业布局最完整、国产化率最高的产业链之一。在光伏发电领域，中国政府广泛借鉴国际经验，推出了"标杆上网电价""补贴退坡""电网保障性收购"等一系列配套政策，使得中国光伏电站的建设规模和发电规模远远超出政策面规划的范围，在短短几年当中先后实现了中西部大型集中式地面电站和中东部小型分布式光伏电站装机规模的高速增长。这一方面让中国连续多年取得了世界光伏新增装机量第一、累计装机容量第一的历史性成就，但另一方面也使"补贴拖欠"等问题没有得到妥善解决。2017年，由于国内分布式光伏发电补贴退坡幅度低于预期，分布式光伏电站投资回报率在短期内上浮，刺激更多企业涌入这一领域，带动制造业企业积极扩产，但是光伏发电补贴拖欠的规模也越来越大，行业隐现泡沫顶点，一些具有先见之明的业内人士开始敲响警钟。至2018年年初，一些企业已经感受到了阵阵袭来的寒意……

第八章
各显神通

光伏+P2P

因为光伏电站具有一次性投资大、发电量和电费收益（预期）相对稳定的特点，将光伏电站进行资产化运作、转化为金融资产，成为很多业界人士希望探索的一个课题。就在很多人还为西部光伏电站的电力送出问题和补贴拖欠问题而发愁的时候，想要东山再起的彭小峰已经迫不及待地向资本市场讲出了他的下一个新故事。

2014年5月，赛维LDK从纽交所摘牌两个月后，彭小峰有了一个新身份：美国太阳能电力股份有限公司（Solar Power, Inc，SPI）的执行董事长。原来早在2011年1月，赛维LDK就以3300万美元的价格收购了SPI 70%的股份。

他自称受到了埃隆·马斯克创立太阳城公司（SolarCity）的启发。太阳城公司利用美国的光伏补贴政策，与独栋别墅房主签订长期协议，在屋顶安装光伏组件，发电供房主自用，房主不用缴纳设备安装费，只需要向太阳城公司每月支付租金。彭小峰觉得这套商业模式拿到国内同样可行，把别墅屋顶换成大棚、农舍、工厂等工商业用户就可以了，但其中的关键在于如何融资。

经历过欧美"双反"，中国光伏企业主要的融资渠道——银行和资本市场都已经对光伏产业唯恐避之不及。2013年6月，支付宝的余额宝上线，一年吸引了1亿用户和6000亿元资金，此后众多P2P平台上线，互联网金融名声大噪。彭小峰想到，融资还可以发动人民群众的力量，他要做一款"光伏余额宝"。于是在2014年8月，他辞去赛维LDK董事长的职务，并于当年年底设计出融资平台"绿能宝"。也正是这个项目的破产，让他彻底跌入谷底。

绿能宝的投资者只需要1000元就可以获得一块光伏组件，然后把它租给一家光伏发电企业，企业获得电费和政府补贴，投资者可以拿到8%~10%的年化收益。其本质就是"互联网金融＋委托融资租赁＋分布式光伏电站"的理财产品。

这套商业模式吸引了大量投资人，使得SPI在8个月内完成了5轮私募融资，融资额近3亿美元。他的股东名单上既包括中节能集团这样的央企，也包括巨人集团创始人史玉柱这样的商界名人。

2015年1月，彭小峰在北京的中国大饭店举办隆重发布会，介绍了绿能宝第一款产品"美桔1号"，即投资河北巨鹿一个在建的5兆瓦农业大棚光伏发电项目，结果19629块光伏组件上线24小时销售一空。当时彭小峰在微博中写道："叶子的离开，不是风的追求，也不是树的挽留，而是命运的安排。有时候离开并不意味着结束，而是——另一种开始！"

彭小峰"轻轻挥一挥衣袖"，转身离开了赛维LDK。而已经七零八落的赛维LDK，竟然还在上演着惊心动魄的故事。

刘汉元"劝不动"高纪凡

早在2009年，通威就在成都双流征地1000多亩，准备建设电池片厂，但2011年遭遇欧美"双反"导致项目暂缓。通威高层商议认为，行业已呈现新一轮的洗牌格局，也许参与并购、"借船出海"，是比自建工厂更好的选择。

2012年，包括刘汉元当时的助理谢毅在内的通威各个高层，都在全球寻找合适的并购项目。从美国到新加坡再到国内，他们考察了天威、顺风、REC等很多企业，最后选中了合肥的赛维LDK工厂。这个工厂2吉瓦的产线很新，投产不到一年，是全世界最大、最先进的电池片工厂。一条产线仅调试就需要半年多时间，直接收购等于省去了建厂试产的时间，而且合肥市政府重视这个项目的重组，企业可以获得地方优惠政策和各项资源。

通威总裁禚玉娇带领谢毅等人与合肥政府洽谈。谈判过程持续多轮，非常激烈，禚玉娇每次都要在合肥待上十天半个月，回成都总部处理些事务后又马上飞回来继续谈判。

政府卖厂和企业卖厂最大的不同，就是企业只需要买家出一个好价钱，而政府关心的除了这点，还有引进方能不能真的救活工厂，进而解决就业，盘活地方经济，创造税收。禚玉娇最终在政府关心的各个层面给出了详尽和令人信服的回答，双方谈定通威以3.3亿元全资收购，承接债务，债务免息10年。

结果就在双方拟好协议即将签字转让的时候，天合突然杀出表示也要参与并购。此前天合与合肥政府方面谈过，表示过放弃，此时已经是第二次介入。

早已下定决心拿下赛维LDK合肥电池厂的刘汉元专门跑去见高纪凡，这是一场通威内部谁都不知道的秘密行动。

2013年9月6日，刘汉元在湖北宜昌见到了高纪凡。二人开门见山，根据通威方面事后的回忆，高纪凡是这么说的："刘总，你们一直在做多晶硅，我认为你们没必要进入电池行业，我们已经做了很多年了。你干脆成全我做这个事情，晶硅那一块我们可以加强合作。"

刘汉元说："纪凡，这个项目你们之前跟合肥政府方面谈过，合肥各级领导来问，你们都表示不要了，之后我们谈了几个月，是唯一的参与者。如今谈下来了，尽职调查等都做好了。结果你们突然介入，我们只好暂停，等待招拍挂程序，这又得折腾两三个月。这个阶段我们人员都已经招了一批，有的就是为了电池厂的岗位招进来的，我们推进到这个程度，不可能放弃的。"高纪凡听完，表示还是不会放弃。

刘汉元说："那干脆这样，你想要多少产能，1吉瓦？这1吉瓦通威按成本给你加工，不赚钱，你派财务人员一起来核算，行不行？"

高纪凡还是不接受，双方随之陷入沉默。过了一会儿又一起商量，能不能折中——"划江而治"，工厂南北或东西二人各取其一，但后来发现不太合理，也不便管理，最终二人没有达成共识，决定各自再回去想一想。三年之后，刘汉元说这一次会面之所以要保密，是因为容易引起串标之嫌，虽然二人会面不是抱着这样的初衷。

四天以后的9月10日，就是网上竞标的日子。上午9点正式开始前一小时，刘汉元在办公室里给高纪凡发了条很长的短信，大意是不希望双方拼个血流成河。高纪凡回复道："刘总，我考虑了很久，还是没法放弃。"

网上竞标的规则是，双方在网上各自出价，对手有3分钟响应时间，加价幅度没有限制，如果对方3分钟内没有响应加价，则自己竞拍成功。为了这场竞拍，刘汉元在会议室里准备了4台计算机同时登录，以防出现故障，每台计算机前面各坐一人，随时待命，甚至还专门准备了柴油发电机以防停电。

竞标前一天，通威开会讨论天合的价格，认为对方出价到5亿元就会停下，而通威出到6亿元没有问题。事后证明这个想法太"保守"了。为了万无一失，禚玉娇还安排财务连夜测算：如果在6亿元以上，每增加1亿元的投资，对项目的影响有多大，成本利润变化如何，一直出价到多少就会亏损。

8点45分，刘汉元回复高纪凡道："我绝不开第一枪。"

9点到，令人意外的是，屏幕上没有任何动静。直到10分钟以后，天合出价，在3.3亿元底价基础上加价100万元。

谢毅正在操作鼠标，刘汉元说："加1000万元。"

天合立即做出反应，又跟了100万元。

双方就这样你来我往，多数时候都是100万～200万元地往上累加。

谢毅当时还是一个二十多岁的小伙子，又操作主计算机，紧张到手心冒汗，他每点一下鼠标就扯出一张纸巾擦手心。刘汉元后来拿他打趣说："你这一张纸巾值 100 万呢！"

一直到 11 点多，两家企业加价了 170 多轮，超过 5 亿元了，而天合丝毫没有"按通威的算法"停下来的意思。刘汉元突然说："加 3 个 1000 万元。"

谢毅说："真点了？"

刘汉元说："干吗不点？！"

结果天合还在加价，突破了 6 亿元。通威办公室里的人都面面相觑，刘汉元坚定地说："继续加！"

到 8 亿多元时，天合突然加了个 1200 万元。

谢毅说："怎么办，跟不跟？"

刘汉元："跟！干吗不跟？跟 3 个 1200 万元！"

谢毅输入"12000000"之后，按下了鼠标。

三分钟……两分钟……一分钟……天合没有跟，直到倒数时间到，通威终于在第 218 轮，以 8.7 亿元的出价胜出。

此时办公室里的众人依然不敢相信竞标真的结束了，片刻后所有人都激动地流下了眼泪。

如果早知道日后通威会成为全球电池片环节的龙头老大，刘汉元应该不会因为这"煮熟的鸭子"多让他掏了 5.4 亿元而感到"肉疼"。

在并购合肥工厂以后，谢毅主动向刘汉元请缨，去担任这家工厂的领导者。刘汉元也正有此意，因为主管集团事务的禚玉娇脱不开身，其他人里就只有谢毅最熟悉这个项目。

从英国伦敦帝国理工学院管理学硕士毕业后，曾担任四川博览事务局副科长的谢毅富有创新精神，敢于打破常规，在刘汉元身边的两年里成长迅速。刘汉元大胆任命这个"不懂行"的年轻人做了合肥通威太阳能的董事长。

任命一宣布，公司上下议论纷纷：给一个负债累累的厂子，任命一个

29 岁非本专业出身的董事长，这不像是一向稳健的刘汉元做出的决定。

2013 年 11 月 18 日，通威合肥工厂第一条生产线投产。谢毅亲自在一线跑销售，3 年跑了 10 万公里，相当于每天驱车近 100 公里，有时候一天要跑 4 个城市。

但对他来说最困难的不是这个，而是公司里的"老家伙们"不服他。2014 年春节过后，短期内电池片市场下滑，电池片库存积压了 40 兆瓦。这么多的电池片用在光伏电站以后，一年发的电足够 2021 年全国人民使用 2.5 分钟。

在市场萎缩的时候，客户要求拿到更优质的电池片，否则不给订单。通威合肥工厂的技术工人拍着桌子嚷嚷说客户鸡蛋里挑骨头，不懂电池片还要求那么高，自己做不出来他们想要的产品。好不容易拿回订单的销售部眼看就要鸡飞蛋打。

面对两个部门爆发的矛盾，主抓销售的谢毅要求先满足市场标准，但他无法约束生产和技术团队，因为这些人都是"老把式"。技术"老人"带头拆台，生产人员就跟着一起搞内耗。

不仅如此，当时采购部也被投诉了一大堆问题，因为各类原料供应商都是签的独家垄断协议，价格虚高、"吃拿卡要"的问题严重。谢毅让审计、监察介入，进行整改，采购负责人曾在饭桌上指着谢毅鼻子骂："我就怀疑你为什么老针对我们采购……"

这样一个工厂，它的未来会怎样呢？我们先看结果——2015 年，谢毅带领合肥通威不到两年时间夺得了六个行业第一：品质最优、利润率最高、成本最低、产能利用率最高、应收账款最好、出货量最大。通威电池厂每个月的产能利用率都高达 100%～120%。2016 年通威成为全球最大的电池片产销企业。

两相对比，似乎说的并不是同一个工厂。但合肥通威就在如此短的时间内完成了蜕变。

面对采购、生产、销售的各种混乱局面，谢毅开了很多会，跟人争得面红耳赤。"我没吃过猪肉但我见过猪跑。别看我不懂技术，没管过工厂，但我见过好的工厂，好工厂不是这样的！""这里差不多？那里差不多？到处都是0.9分，合起来就会差很多！"谢毅正声说道，但言语之间透露着委屈。

在无锡出差的时候，原本不敢将这一切告诉总部的他终于拨通了禚玉娇的电话，连着倒了两个小时的苦水，眼泪哗哗地往下流。2014年9月，刘汉元把他叫回成都总部，对他说道："我给你六个月时间，干得好就继续干，干不好就回到我身边来。这几个月公司所有资源全力支持你，谁敢不配合，我就把谁撤掉！"

谢毅立下军令状，信心满满地说："三个月！干不好我就不回来了！"

随后刘汉元召集人力资源部等部门开会，要求通威合肥工厂所有人，留与不留只听谢毅一人安排，谢毅说不留就坚决不留，如果缺人就去行业里找。

刘汉元进一步将工厂的人事权、采购权都交给了谢毅，以应对特殊时期的各类困难。

当月，通威合肥工厂就实现100%满产，并于10月份开始每个月连续盈利。单论成本一项，2013年，通威的电池片成本0.85元/瓦，同行在0.77元/瓦左右，通威落后；但到了2015年，通威的电池片的成本降到了0.43元/瓦，同行在0.5~0.6元/瓦。这其中的秘密是什么呢？

在面对供应商时，通威尽量压低成本，只要听说哪家公司的成本更低，自己就要压到全行业最低。但是供应商并没有因此少赚，因为跟通威签合同没有"桌下交易"，不再有公关打点的费用和各种暗箱操作，只看"物"的成本和价格，反而省下了供应商花在"人"身上的费用。

而在生产环节，谢毅同样做了海量的优化。有一道生产工序是印刷电池片，工人需要俯下身来近距离检查电池片质量。谢毅有一次走近一看，发现一个俯身的工人正在手机上看电视剧，还有个工人在俯身打瞌睡。

谢毅没有批评员工，而是把厂长叫了过来，当着这名员工的面对厂长说："让我再看到一次，你就卷铺盖走人。"事实上，当时合肥通威的干部免职率非常高，2015年被免职的中高层达到了50%，并且对领导进行末位淘汰：部门业绩多次倒数第一，部门领导免职。

谢毅说："我只要看员工状态，就知道这些领导工作认不认真。有功劳都是你的，有责任都推给别人，那你凭什么带团队？"

在通威合肥工厂里可以看到刘汉元的很多语录，比如："每天进步1%，365天之后，就会成长38倍；但每天退步1%，一年之后就只剩下0.025。"从园区里的花草路面，到办公室里的桌面，所有细节都成为工厂自我提升改进的空间。因为刘汉元认为："超越行业水平，超越公司里多数人的水平，那就是人才。"在合肥工厂，扫地最干净、洗茶杯最干净、复印文件做得最好、生产品质最优的员工，都能得到额外的收入和奖励。

合肥各车间每个月都进行比赛，通过技术指标评选出"最强战队"，发放单独奖励，奖金3000~10000元不等。2015年年底，谢毅决定奖励要有含金量，于是给优秀员工打造了24K金、价值数千元的通威太阳能胸针。

除此之外，为了"中和"管理层50%免职率给中层和高管带来的焦虑感，谢毅还会留意去营造一个人性化的工作环境。比如春节前他跑到市中心的商场，给每一个管理人员买了一条他亲手选出来的领带。他给管理者统一配车，还做了一个巨大的车钥匙，大家一起拍照合影，任何重大活动都做出纪念画册、刻成盘送给每个参与的人。

到2017年，通威在电池片环节的非硅成本是全行业平均非硅成本的60%，只有0.2~0.3元/瓦。当行业产能利用率平均只有80%的时候，通威的电池片产能利用率超过115%，同时电池片转换效率、良品率等质量指标均处于行业领先水平。当年其电池片产能仅占全球的4%，却独揽了电池片全行业80%以上的利润。

在通威的身上，你可以找到中国光伏持续实现降本增效的大量"秘密"，但通威的主要业务板块围绕着硅料和电池片这两个环节展开。从硅料到电池片，中间还隔着一个硅片环节。推动中国硅片产品实现大幅降本增效的企业是隆基，它的"绝招"是一根线，一根像头发丝一样细的金刚线。

一线定乾坤

2009年，隆基内部开始讨论能大幅降低未来成本的技术路线，最终决定从影响成本的关键环节——硅棒切割环节入手，将当时盛行的砂浆线切割改为金刚线切割。

金刚线，是将含有金刚石磨料的镀液均匀电镀在钢线（母线）上。金刚线切割法原本是用于切割蓝宝石的，用在切割硅片以后，人们发现其速度比传统的砂浆线切割提高了3~5倍，原来需要10小时完成的切割任务，现在只需要约2小时，同时使用耗材减少，每片硅片减少切割成本0.1美元，能耗也降低到原来的20%~30%。按照沈浩平的说法，虽然在光伏行业最先发现并应用金刚线的人是他，但真正让金刚线实现广泛应用并推动全行业降本增效的功劳则属于他的师弟们。

这种线到底有多细呢？2017年的一项统计数据表明，中国人头发丝的平均直径是82~96微米（1000微米=1毫米）。而根据美畅股份2020年年报，切割硅片用的金刚线母线直径最低可以做到45微米，也就是头发丝直径的二分之一，金刚线成品（电镀完成的金刚线）最小直径也仅有55微米。

后来有媒体评价，就是这一根细线左右了一大批中国光伏企业的成败，只不过当时"第一个吃螃蟹"的隆基却想不了那么多。

2010年3月24日，是一个令隆基人沮丧的日子。隆基的第一次上市因为尚德而折戟。证监会公布的原因是：对于尚德与隆基"关联交易价格的公允性"和是否存在"通过关联交易操纵利润的情形"难以判断。

然而就在证监会旁边的酒店里，隆基原本已经摆下了庆功宴。IPO被否决的消息传来，整个团队士气低迷，李振国却依然乐呵呵地走上台，举起酒杯，一桌一桌地鼓励大家："我相信一家好企业是一定会被认可的。"

生活中的李振国也是这样乐观豁达，对许多事情一笑了之。一次汽车爆了胎，他回到家对妻子说："我今天有一个好消息，一个坏消息，你先听哪个？"妻子说："先听坏消息吧。"李振国说："轮胎爆了"。妻子又问:"那好消息是啥?"李振国哈哈一笑:"没在高速路上爆。"

创业多年,李振国每年差不多要坐200趟航班,然而他睡眠极好,很少因为什么事情辗转反侧。"我长得皮实,也不用倒时差,在飞机上'坐下来就能睡着'。"创业初期,李振国经常怀揣着现金挤绿皮火车,没有座位,就睡在座位底下。"我们这一代的创业者,凡是做实业的,基本上都有过这样的经历。"他说:"我这个人心态比较积极,既然走过来了,当时的门槛也不是门槛了,过去再艰难也谈不上艰难了。"

2008—2010年,无锡尚德及其关联方都是隆基的第一大客户,这3年隆基向尚德和关联方的销售(劳务)收入占隆基当年营业收入的比重分别为35.83%、67.61%、27.37%。2010年3月IPO被否决,也正是因为2009年关联交易比例达到了史上最高的三分之二之多。IPO失利之后,隆基开始着手解决与尚德的关联交易问题,随着施正荣退出董事会,尚德采购量占隆基营收的比重也大幅下降。

IPO折戟再战,不经意间让自认为"嘴笨"的李振国锻炼了口才。两次过会,为了应对证监会一次次当面问询,李振国将600多页的招股说明书背得滚瓜烂熟。然而对于李振国和钟宝申来说,IPO并不是2010年最重要的事。

这一年隆基收入突破10亿元大关。但公司想要继续发展,亟须引入管理人才,李振国和钟宝申不约而同地想到了兰大同班同学李文学。当时的李文学在一家军工国企——陕西金山电器有限公司(简称"陕西金山")担任董事长,也根本没动过离开的念头。上学的时候,钟宝申和李文学就是室友。1990年毕业以后,李文学也可以说是后来隆基的几个核心成员中最"安分守己"的一个,在陕西金山一待就是20年。用7年时间,他从一个实习员工升任分厂技术副厂长,随后又用3年时间升任公司总经理,又过了8年,赶上当时的董事长兼党委书记退休,李文学顺利接班,从2009年1月起在陕西金山身兼三职,大权在握。

那些年,李振国、钟宝申出差的时候经常顺道来探望李文学。二人事业起步以后,几次想拉李文学入伙,第一次赶上李文学涨工资,第二次赶上他荣升副厂长，钟、李二人也不好再开口挖人，就这样过去了20年。2010年，隆基进入爆发期，生意火爆但产量严重不足，月产能250吨，产量却不足160吨，成品率低，浪费严重，设备故障频繁。钟宝申计算，少生产1吨硅棒就会少40万元毛利，一个月损失2000万~3000万元，所以他们急需一个善于管理生产的负责人。当李振国和钟宝申再次抛来橄榄枝的时候，李文学一开始还是有些犹豫："一方面是性格原因，另一方面是考虑对企业的感情，我要对2000多名职工负责，金山当时在发展转型阶段，国企一把手变动对企业的影响是很大的。"但最终，兰大同窗之谊占了上风，李文学于2010年10月正式加盟西安隆基，负责生产和运营。

李振国善于开疆拓土，钟宝申擅长战略规划与决策，而李文学则凭借多年的国企管理经验，更擅长人员调度，知人善任，能为公司重大战略决策匹配合适的执行人。至此，后来为整个光伏行业津津乐道的隆基"三驾马车"终于成形：李振国担任负责技术研发与日常运营的总裁职务，钟宝申担任负责重大战略规划与决策的董事长职务，李文学则担任负责生产运营的副总裁。

李文学加入之后，金刚线切割正式提上了生产运营与管理日程。

从2009年到2011年，隆基的年收入为7.65亿元、16.52亿元、20.18亿元，净利润为1.02亿元、4.4亿元和2.87亿元，保持着良好的上升态势。李文学是当时主管硅片生产的副总裁，在每月一次的研发讨论会上，大家会将成本结构逐一列出，摘出其中占比最大的项，一项一项去抠。当时业界主流的砂浆线切割，成本包括砂、液、线、电费和人工。隆基团队经过讨论认为，这条路线的降本空间极小。李文学说："切割1吨硅棒需要300千克钢线、300千克碳化硅、300千克聚乙二醇，加起来近1吨的耗材。如果换作金刚线切割1吨硅棒，就只需要40千克的金刚线，其他耗材都可以不用。"

但即便有诸多优势，金刚线切割成本还是偏贵。当时国内金刚线应用于硅片切割领域尚不成熟，也几乎没有哪家厂商能够生产金刚线切割专用设备。切割机由国外厂家垄断，采购价格昂贵；切割液的配方，国内也无力提供，产业链不完整，因此处处掣肘。各种因素叠加，金刚线切割硅片成本高昂，1米金刚线需要 0.4~0.5 美元，约合人民币 2.5~3.5 元，核心关键技术也掌握在日本公司手中。因此隆基并未急着大刀阔斧地"一步到位"，将设备全部更新为金刚线切割设备。本着循序渐进的思路，李振国在采购砂浆切割机时要求设备厂商务必预留出未来升级金刚线切割设备的接口，并将这一项条款写进采购合同。

一次令钟宝申感到"屈辱"的拜访，直接促成了隆基的新决定——扶持国内供应商。当时金刚线切割技术被日本厂商垄断，有一次钟宝申去拜访日本一家金刚线生产商，但对方对中国公司傲慢的态度让钟宝申感到了"屈辱"和无法忍受。于是在钟宝申的主导下，隆基加快了金刚线切割技术的研发速度，于 2012 年基本完成"金刚线切割工艺研究"实验，在国内率先完成了 130 微米薄片切割工艺的研究，次年开始推广应用金刚线切割技术，并于 2015 年联合陕西杨凌美畅新材料股份有限公司（以下简称"美畅股份"）以加速金刚线的规模化量产。这一技术最终打破了日本厂商的垄断，为中国光伏行业每年节省成本 300 亿元。

金钢线切割技术攻关的难度超过了所有人的预期。时任西安切片工厂技术负责人的常鹏飞事后回忆，很长一段时间，他和同事们每个月有 20 多天都在加班，起早贪黑、没日没夜，但良率仍然堪忧。一日凌晨 1 点多，生产经理火急火燎地打来电话，叫他赶紧到公司看看，说生产出了大量不良品。"等处理完天也亮了，索性就接着上班。"常鹏飞说。由于缺乏经验，许多问题没有在一开始搞清楚，用砂浆改造机切出来的硅片质量不太稳定，上分拣机之后成品率只有 80%，浪费惊人。常鹏飞说："人工手拣也能到 90% 啊，照这样下去，一年得亏几千万元，当时就很焦虑，这样下去肯定不行。"

任何一项新技术的爬坡都是极为艰苦的过程。整个 2012 年，隆基人都在焦虑中度过，能否成功落实这第二次重大战略决策，还是个未知数。唯一可喜的是，隆基第二次上市终于成功了。

2012 年 4 月 11 日，隆基在上海证券交易所主板挂牌上市，简称为"隆基股份",实际网上发行日是 3 月 27 日,每股价格 21 元,总市值 15.8 亿元。尽管隆基是中国头部光伏企业中较晚上市的公司,但只用了不到十年,市值接连突破 500 亿元、1000 亿元、2000 亿元、3000 亿元大关,直到 2021 年 7 月 8 日突破 5000 亿元,成为股民口中的"光伏茅"。

短暂的上市敲钟庆祝酒会结束之后,李振国又回到西安的切片工厂里,紧盯着切片机的改造。此时的隆基,手握一大批长期供货合同,却在为"产能满足不了订单"而发愁。

2012 年,隆基有 17 台切片机完成了工艺改造,其中 13 台用于批量生产。当年年底,金刚线切割成本降了一半,达到 0.2~0.3 美元/米,切割 1 片硅片所消耗的金刚线(俗称"线耗")从 3 米降到 2 米,但每切割一片硅片相比砂浆切割还是要高 0.6~0.7 元人民币。

然而这时,李振国和钟宝申商量之后决定,是时候将这项技术推向全厂了。这就意味着,在金刚线切割成本还未能追平砂浆切割成本之时,隆基就开始了切割设备的全面升级。不得不说,这样的远见在当时的光伏行业内是不多见的。

实际上,一直到 2013 年量产时,金刚线切割硅片比常规硅片的价格仍要高出 10% 以上,对外销售时还只能按常规硅片价格售卖。让常鹏飞印象深刻的一件事,是 2013 年来了一个订单,客户要求用金刚线切割,大家的第一反应不是怎么接订单,而是要不要接的问题。"当时客户需要的最小供货量是 200 万片,我们当时就商量,能不能少供一点儿?这样就能少亏点儿。"常鹏飞说。面对巨大的压力,钟宝申做出决策,告知切片厂:"允许你们每年亏损 4000 万元!"4000 万元的亏损,换算成产量,大约是 7000 万~8000 万片硅片,这是隆基当时所能承受的亏损极限了。

这一锤定音、掷地有声的话,不仅表达了隆基领导班子升级金刚线的决心与信心,也给切片厂全体员工吃了一颗定心丸,使他们得以静下心来、心无旁骛地为提升良率而奋斗。钟宝申后来回忆说:"这个过程中公司肯定会有利润损失,但如果不这么做,本土供应商就没法培育起来,公司也无法实现成本的快速降低,这是相辅相成的。"

从 2012 年年底到 2013 年年中，隆基金刚线量产线持续亏损数千万元，好在亏损并没有持续太久。钟宝申说："没想到 5 个多月就打平了，这速度出乎意料。"与此同时，设备、辅材、辅料的国产化进程也开始提速。2013 年，钟宝申和李春安共同创办的大连连城数控机器股份有限公司首次推出了国产金刚线切片机。此后，在切割液、检测机等配套产业上，隆基都培育出 1~4 家国产供应商，起初大多只为隆基供货，后来面向全行业销售。到 2013 年年底，金刚线价格降到 0.1 美元/米，隆基完成金刚线切割工艺的升级改造，在公司内全面推广。李振国说："只要技术成熟，或者规模扩大，金刚线切割一定会很便宜，因为它的真实成本本来就没有那么高。"三个对比数据可以直观地看到国内金刚线切割价格下降的幅度：2010 年，金刚线价格约合 2.5~3.5 元/米，到 2017 年降至 0.2 元/米，2020 年的价格更是达到 0.05 元/米，只有 10 年前的 1%~2%。

在李振国和钟宝申的带领下，隆基金刚线技改的速度一日千里，快到连同行都开始惊讶。因为金刚线切割，隆基这个名不见经传的"小透明"开始走到中国光伏舞台中央，得到同行们的尊敬。

常鹏飞记得，当时隆基还与一家中国台湾地区的金刚线供应商有过接触。隆基用直径 0.12 毫米的线来切割，台湾厂商负责做成样品给隆基试用。3 个月后，当台湾厂商回复称 0.12 毫米成功研制出来时，隆基已经淘汰 0.12 毫米的线，改用 0.11 毫米的线了。于是对方又开始研制 0.11 毫米的线。又过了几个月，当台湾厂商兴奋地告诉隆基它们研制出了 0.11 毫米的线时，隆基已经在使用 0.1 毫米的线了。如此两次之后，对方直呼崩溃："你们太快了，追都追不上。"

完成金刚线技术改造以后，隆基单晶硅片产品对客户的吸引力大大增强，隆基接到的订单如雪片一样从四面八方飞来。2012—2015 年度中国光伏企业共计向隆基采购单晶硅片 38809 万片，合计约 1 吉瓦。

2014 年 3 月 15 日，隆基启动"915"计划。隆基计划用 18 个月，也就是到 2015 年 9 月 15 日之前，将所有切片机都更换成金刚线切割机。隆基也因此成为全球第一家低成本导入金刚线切割硅片并实现规模化量产的企业。

然而除了刚才提到的阶段性亏损,这一过程背后还有一段辛酸的往事。

2012 年,隆基成为保荐制度[①]实施以来 A 股第一个上市当年就亏损的企业。隆基股份当年归属于上市公司股东的净亏损为 5467 万元,较 2011 年同比下滑 118.61%。公告称,对大客户无锡尚德的应收款项追加计提的坏账准备高达 9077 万元,同时公司的单晶硅片均价比去年同期下跌 48.2%。2012 年年底到 2013 年年中,也就是从隆基 2012 年业绩尘埃落定到发布年报的这一阶段,正是金刚线技术导入量产的关键时期。这是一招"险棋"——隆基不仅因新技术导入发生局部亏损,更在账面上陷入整体亏损,如果金刚线研发出现"闪失",对于刚刚上市的隆基的打击可能是毁灭性的。但与此同时,金刚线切割技术的日渐成熟对全行业来说却是福音。

在隆基的引领下,随着国内金刚线价格的降低,中国光伏行业开始了用金刚线切割全面替代砂浆线切割的进程。无论是最初的专注单晶,还是后来全面转向金刚线切割,这些重大战略决策均出自钟宝申之手,兰大物理人的严谨、审慎与务实成就了他们自己,也一次次成就了隆基。

根据 SOLARZOOM 新能源智库的测算,从砂浆切割改为金刚线切割以后,1 千克硅锭理论上合格的出片数从 48 片上升到 62 片,意味着生产同样多的硅片,消耗的多晶硅料减少了 22.6%。如果全国 70% 的硅片采用金刚线切割,一年能减少超过 3 万吨的多晶硅需求,影响硅料需求比例超过 10%。如果下游产能没有大幅新增,多晶硅价格还将进一步下跌。而长期应用并优化金刚线切割技术,还将持续实现更窄的刀缝、更快的切速,切出更多、更薄的硅片。在金刚线切割的巨大成本优势面前,砂浆切割难逃被淘汰的命运——这就是中国光伏产业发展史上著名的"金刚线革命"。

金刚线技术路线在行业内的迅速扩散让多晶硅硅片龙头保利协鑫产生

[①] 保荐制度是由保荐人(券商)对发行人发行证券进行推荐和辅导,并核实公司发行文件中所载资料是否真实、准确、完整,协助发行人建立严格的信息披露制度,承担风险防范责任,并在公司上市后的规定时间内继续协助发行人建立规范的法人治理结构,督促公司遵守上市规定,完成招股计划书中的承诺,同时对上市公司的信息披露负有连带责任。

了巨大的危机感。当时的保利协鑫拥有全球最多的砂浆切片机，价值80亿元，按照十年折旧法折算下来还剩下30亿元左右的净值，但从实际使用层面还远未到淘汰的地步。如果直接淘汰这批设备，保利协鑫不仅要承担巨额的资金浪费，还要额外花费重金购买金刚线切片专用机。更令保利协鑫头疼的是，当时业内已经刮起"金刚线旋风"，专业切片机销售火爆，没有一个厂家能够迅速满足保利协鑫1200台切片机替换需求，按照常规操作，这批设备退出换上新设备至少需要2～3年。

保利协鑫被"逼上梁山"，只能自己动手改造。时任保利协鑫切片事业部副总裁、砂浆机金刚线切割改造技术攻关小组组长的刘建平苦笑："业界很多厂都在改，最后都以失败告终。我们也是抱着死马当作活马医的心态，想反正都要扔了，就试试。"没想到这一试，前后长达三年，连续三次失败。刘建平为自己定下的目标是：单台改造费用不能超过20万元，否则成本上无法与每台售价200万～350万元的国产金刚线切割机抗衡。

而时任保利协鑫切片事业部总裁郑雄久当即拍板：不要只改一台，一次改两台。通过两台机器的同时改造，刘建平和同事们在对比中发现许多问题。但有些问题他们解决不了，必须寻求外援。在某次行业研讨会上，刘建平遇到一位台积电的退休专家，于是马上将这位老专家邀请到保利协鑫，对他们的第四版改造方案进行诊断。看完之后，老先生摇摇头说肯定要失败，等失败后再来找他调整方案就一定能成功。但是，刘建平和团队铆足了劲，想出一个非常便宜且巧妙的办法完成了改造，成本不到金刚线专用切割机的十分之一，实现了更大的装载量、更高的良率、更好的硅片表面光滑度。又经过几个月的优化改进和测试，保利协鑫基本可以实现一天8台的改造速度。

2017年春节，保利协鑫正式启动大规模改造。那天，刘建平带着团队冒着严寒吃了一顿羊肉，算是一场庆功宴。刘建平事后回忆道："如果第四次技改还是失败，或是晚几个月才成功，我们也只能选择将1200台传统砂浆机全部淘汰。"

到 2017 年 8 月底，保利协鑫金刚线切割硅片比例已经超过 50%。技术改造完成后，保利协鑫无须添加任何新设备，硅片产能从 20 吉瓦提升到 25 吉瓦。消息不胫而走，海外一家专业切割设备龙头厂商的中国区负责人闻讯找到刘建平问："你们到底改好了没有？"刘建平说："改好了，水平不比你们的专机差。"话音一落，这位负责人的脸色顿时凝重起来，默默掏出他每天中午都要吃的心脏病治疗药送进嘴里。后来的故事是，2017 年这家公司在中国几乎没卖出一台机器。在保利协鑫的带领下，全国多晶硅片厂针对 3000 多台切片机展开了一场轰轰烈烈的金刚线切割改造行动。曾经的多晶炉龙头企业京运通，由于多晶炉销售表现欠佳，不得不将卖不出去的多晶炉就地用来切割硅片。

2017 年，金刚线切割在多晶硅片切割领域的渗透率为 33%。而到 2018 年时，这一数据蹿升至 95%。

挺进下游

金刚线革命之后，为进一步聚焦单晶硅片环节，隆基将当时能赚钱、但与此不相关的硅料清洗业务和半导体业务剥离，抽回合资硅片厂的股份，重新成立硅片公司。

为了聚焦主业，钟宝申始终秉持着一个业界少见的投资原则，就是少拿地甚至不拿地。过去一段时期内，许多传统制造企业在建厂时会选择尽可能圈到更多的土地，然后伺机升值套现，甚至自建地产项目出售。但隆基不愿意在非主业上浪费精力，"那样虽然能轻松挣钱，但也很容易让团队变得浮躁，我们还是决心抵御诱惑、聚焦主业。"钟宝申说。

2013 年，隆基成为全球单晶硅片出货量第一的企业，销量达到 2 吉瓦，顺利实现扭亏为盈，圆满实现第一阶段战略目标。但是从全球范围来看，单晶硅的市场份额却在那一阶段呈现出逐年下降的态势，随时有被边缘化的风险。根本原因在于，当时中国光伏企业扩产多晶硅电池、组件产品的速度远快于单晶硅产品，导致单晶硅产品占比逐年萎缩。隆基合伙人判断，如果隆基的业务只有硅片，势必对整个业务口径形成约束，导致隆基无法搭乘上中国光伏市场发展的快车。因此，隆基需要重塑70%~80%硅片依靠出口的业务版图，不能再像过去那样，国内单晶硅片的价值被下游电池和组件厂商阻隔而无法凸显。

2013年到2014年，李振国、钟宝申"挨家挨户"拜访了国内几乎所有的电池片和组件大厂。李振国说："我对他们讲，金刚线技术很快就会成熟，今后两年单晶硅片成本会快速降低，你们往单晶硅转吧。"他甚至在黑板上给那些高管们算账，结果发现许多下游组件企业面临巨额多晶硅投资沉没成本，形成尾大不掉之势，主观上自我革命、选择单晶硅的动力不足、意愿不强。

现实也很骨感：具体到生产环节，当时的单晶硅与多晶硅相比的确存在劣势。在赛维LDK称雄时期，赛维LDK就曾经比较过单多晶硅片的不同：同样一批硅料，多晶硅锭最多可以炼出270千克，而单晶硅棒最多只能炼出60千克左右，炼制所需时间和能耗却是一样的。

还有一个关键点，多晶硅通过浇筑法和直接凝固法出炉后形成方形铸锭，方便沿横截面直接切出正方形硅片，浪费较少；而拉制完成后的单晶硅棒，其主体是一个细长的圆柱，需要先切掉4个截面为弓形的"边皮料"，从圆柱体中切出一个类长方体，这个过程称为"切方"，再用细线沿横截面切出类正方形（带4个小缺角）的硅片。单晶硅棒的切方工序需要用到切方机，而多晶硅锭切片则不需要，边皮料也无法直接用于单晶硅片的生产，这些都增加了单晶硅片的制造成本。这也是隆基早期向长期进行多晶硅片生产的企业推广单晶硅产品时遇到阻碍的主要原因。

一个非常有趣的旁证是，在20世纪生产的一些单晶光伏组件中，人们可以看到使用的电池片就是圆形的，电池片与电池片之间留有较大的空隙。即便如此，当时的企业仍然认为这样"划算"，因为当时单晶硅成本奇高，而且单晶硅棒直径也不大，因此宁可在组件上留白也比将单晶硅圆片切成正方形（扔掉边皮料）更划算。

我们不妨粗略计算一下，假设一块光伏组件正好可以放下3行4列的圆形电池片，电池片半径为1毫米，单晶电池片的面积为12π，长方形组件的面积为48毫米，组件留白比例高达21.5%。这些留白还会同时增加组件所需的边框、玻璃、背板等辅料成本，以及电站建设安装时的组件占地面积。但在当时，这些"成本"与单晶硅片的成本相比九牛一毛，因为那时的单晶硅片太贵了。然而在今天的光伏人看来，如此高的留白比例一定是"不可忍受"的。随着单晶硅片制造成本的不断下降，辅料成本在光伏组件总成本中的占比也越来越高。怎样尽可能地将一块长方形的组件面积充分利用起来，甚至实现背面也能发电，让单块组件具有更高的发电总功率，这成了今天的中国光伏人仍在思考并致力解决的一个重要问题。

言归正传。面对当时的单晶硅、多晶硅之争，李振国持有不同的看法。他认为，当时单晶硅"推不动"，并不是因为多晶硅产品更优秀，而是因为多晶硅产品大多是"Made in China"，中国制造有着巨大的成本优势。具体到设备端，国产多晶硅铸锭炉率先实现大幅度的降本增效，有力推动了中国多晶硅产业链的爆发式扩产。

因此李振国认为，当时的竞争根本上不是单晶硅、多晶硅的竞争，而是"中国制造"与"外国制造"的竞争——隆基的早期竞争对手和早期客户主要来自海外正好说明了这一点，因此单晶硅产品在国内推广难度极大。

在李振国的密集拜访中，他了解到，许多厂商尽管嘴上承认单晶硅代表未来趋势，但他们在行动上并不会快速转向单晶硅。"他们把单晶硅当成高端产品来卖，售价更贵，意味着更多的毛利，这其实埋没了单晶硅的真正价值，导致价值无法传递到终端。"李振国说。

以2012年的日本为例，多晶硅组件每瓦售价60日元，约合人民币4.7元；单晶硅组件每瓦售价90日元，约合人民币7.1元，比多晶硅贵出50%。到了2013年，尽管单晶硅片比多晶硅片每片贵2元、组件成本贵0.2元/瓦，但因为单晶组件更节约土地和EPC费用，综合计算下来双方已打成平手。

归根结底，单晶硅、多晶硅之争，不仅是技术路线的交锋，更是观念的对撞。在李振国和钟宝申的眼中,单晶硅终有一天会"飞入寻常百姓家"。而在当时的众多同行眼里,单晶硅就应该像手机品牌的"顶配机型"一样,用更好的配置去赚取更丰厚的单台(瓦)利润。

在长达一年多的拜访过程中,李振国和钟宝申吃了不少闭门羹。李振国不禁担心:未来单晶硅会不会重蹈电视机行业等离子电视的覆辙?当行业里所有人都去生产液晶电视时,哪怕相比液晶电视,等离子有着自己独特的优势,也只能被边缘化,最后导致产业链萎缩,直至彻底退出大众视野。

2014年,隆基经过一番缜密计算后欣喜地发现,先决条件完全相同的两个项目,如果从全产业链价值的角度衡量,单晶硅的度电成本相比多晶硅已经能够显现出优势。这就意味着,按照电站正常运行20年以上的全生命周期计算,投资者如果选择单晶硅,在每一度电上"均摊"的成本要比多晶硅低5%~10%,同时发电效率还提高了5%。

但不容乐观的是,就在2014年,中国光伏市场单晶硅的占有率已经被挤压到不足5%,这是一个危险的数字。而这一年,隆基股份境外营收24.79亿元,占全部营收的67.36%。怎么办?只要国内下游厂商不愿意转向单晶硅,更下游的电站投资者也不可能选择"小众"的单晶硅。如果隆基的单晶硅价值无法向下游延伸,那么企业将面临被边缘化的危险。隆基必须主动出击,再次突围——用真刀真枪的单晶硅电池与组件的生产、销售、电站应用来向市场证明单晶硅的优势,而不是停留在"一黑板"的数据上。

隆基决定背水一战,挺进下游这个艰巨的使命落在了隆基组件事业部的肩上。一开始隆基的想法很简单——先给行业打个样。没想到此举却成就了全球最大单晶硅组件供应商的崛起,这被李振国称作是隆基"意外挖到的金矿"。

2014年下半年,李文学和另外几个同事一起成立组件筹备小组,遍访中国各地,寻找适合收购的组件企业。他们几乎跑遍了国内所有待价而沽的组件厂和电池厂。后来为了节省时间、缩小搜寻范围,李文学他们重点考虑进入工业和信息化部名录的企业和专门生产组件的企业。

在考察过程中,李文学亲眼看到:一大批原来从事房地产开发、煤炭与石油开发的民营企业家贸然进入光伏行业，把自己原先积累的财富赔了个精光，最终不得不黯然出局。后来，李文学总结出一条规律：老板不懂光伏的企业大都举步维艰，而老板懂技术、懂行业的企业则经营状况良好。

组件筹备小组除了要洽谈收购，还要跑客户。许多客户要么不认可单晶硅路线，要么手头没有项目，承诺如果隆基能帮忙争取到可开发项目才考虑购买隆基的单晶硅组件。一些强势的客户直接挑明，认为隆基没有组件生产经验，不会选用隆基的产品，甚至有一些协助隆基开发项目的客户也不愿意选用隆基的组件。

经过半年时间，李文学一行基本摸清了国内下游组件的市场情况、供应链状况和生产水平。但这时"资产"还只是装在脑袋里的知识，没有转变成实实在在的"生产力"。按李文学的话说，那时候的组件事业部真正是从"零"起步：零市场、零订单、零客户、零产线。

面对巨大的压力，钟宝申在关键时刻对组件事业部给出的指导原则依然是："看准了再下笊篱"。直到他们遇到乐叶光伏，李文学这才觉得：终于到了该"下笊篱"的时候了。

没有办公室的老板

1997年，浙江义乌人叶志卿选择辞职下海，创办了一家针织公司。到2007年，创业十年的他选择跨界，在浙江衢州成立了乐叶光伏。仅用了不到两年，乐叶光伏就在电池片环节站稳脚跟，摩拳擦掌准备进军光伏下游组件。2009年，受国际金融危机影响，中国有近八成光伏企业倒闭，而乐叶光伏却能做到下半年订单全部排满。叶志卿要求公司做到"零库存"，从原材料到成品销售再到回款全过程，乐叶光伏只需要5天。按叶志卿的话说，在行业下行阶段，"1000元应收款不如800元现钞"。

在面临欧美"双反"打击时，乐叶光伏积极与各企业合作，生产配套产品。同时积极开拓东南亚等新兴市场来分散风险。2013年，乐叶光伏销售额为7.45亿元，2014年达到8.3亿元。

2014年11月，隆基觉得到了该"下竿篱"的时候：出资4609.55万元收购乐叶光伏85%的股权，成为控股股东。

乐叶光伏自此成为隆基自营的单晶硅电池组件生产基地，员工总数约300人，产能200兆瓦。3个月后，隆基再投5亿元在西安成立西安隆基乐叶光伏（以下简称"隆基乐叶"），将其作为隆基光伏组件业务的整合平台，位于浙江的乐叶光伏则成为生产基地之一，由李文学担任总裁。

为支持隆基乐叶的发展壮大，隆基倾注了大量的心血。被收购前，乐叶光伏的主要业务是来料加工，没有市场策划和销售团队；成为隆基的一部分以后，很多岗位需要补缺，隆基要求人事部门尽快完成外部招聘和内部调岗。内部工作人员只要愿意，并且符合岗位所需，一律开绿灯。外部招聘一开始还要求降低应届生比例，后来人员需求实在太急迫，就放宽要求，先将岗位空缺填上再说。

隆基乐叶营销部负责人是跨行加入的，业务员也大多非光伏行业出身。在有销售经验的人里，年销售额历史业绩超过1000万元的人凤毛麟角，这就意味着销售量超过2.5兆瓦组件的人屈指可数。等到订单真正运转起来，只见公司的销售员，顶着一张张稚气未脱的脸打电话、谈业务，一张口就是好几千万元的订单和回款，经常让身边的路人惊诧不已。

原始积累阶段，很多业务没有定规，分管不同区域的销售员常常因为争夺客户发生激烈争吵。每个销售人员都背负着巨大压力。一名销售管理部经理无法忍受长期失眠的困扰，向李文学提出了辞职，尽管李文学费尽口舌挽留，他还是选择了离开。但出去半年之后，他又主动选择了回来。

李文学觉得，作为管理者，很多时候他不是给大家加压的人，更多的时候是一个帮大家缓解压力的"阀门"。

人员陆续到位以后，接下来就是争取客户，因为没有订单就没有活路。按照当时的行规，如果要向中国华电集团等"五大四小"发电企业供货，就必须成为这些企业的合格供应商，认证过程困难而漫长。虽然一些电站投资方表示愿意采购隆基的组件，但需要隆基帮忙开发项目。而规模较大的民营电站投资方大部分都有自己稳定的采购供应链，不相信隆基能快速做大做强，因此不愿采购隆基的产品。

在隆基布局组件业务之前，就有许多同行和前辈告诉李文学：组件和硅片不一样，要扭转多晶硅为主的局面难如登天。在这样的氛围笼罩下，隆基乐叶的销售员也对未来感到迷茫：我们真能扭转乾坤吗？李文学耐心地为大家描绘了一幅蓝图，告诉大家：隆基乐叶 3 年后一定能实现销售收入破百亿元。

为了支持隆基乐叶突围，隆基内部明确要求：只要是组件的业务，无论找到哪个部门协助，任何人都不准说"不"。说"不"这件事必须上升到最高层，也就是只有李振国和钟宝申才有资格说"不"。隆基乐叶因此也成为隆基的一块试金石：哪个部门是想做事、真干事的实干部门，哪个部门是人浮于事、推诿扯皮的官僚机构，在这个制度下一目了然。

那段时间，李振国、钟宝申和李文学都化身销售人员扑到一线。有一次，李振国和李文学二人去拜访客户，客户一直在开会，二人就在楼道里等了 3 个多小时，返回西安又遇飞机晚点。深夜 10 点多，李振国在候机厅里津津有味地吃起了方便面。

就这样，隆基乐叶的组件订单，从 10 兆瓦、几十兆瓦，到 100 兆瓦，单笔订单体量逐渐变大。2015 年，隆基乐叶完成 880 兆瓦组件销售，超额完成原定的 500 兆瓦目标。2016 年年初，隆基乐叶又与客户达成 9 吉瓦的战略合作意向，这让大家精神抖擞，看到一个充满希望的未来。

最初，隆基乐叶的运营总部没有征用单独的办公楼，而是放在了隆基集团食堂的二楼。随着人员规模迅速壮大，工位很快就不够用了，于是隆基乐叶搬到了另一座楼里。在这里，除了几个玻璃隔间作为领导办公室，其他各部门全部开放式办公。与呈现给外界的"严谨""稳重"的印象不同，初创阶段的隆基乐叶一开始并没有成熟的制度流程，业务讨论主要靠面对面沟通。为了交流方便，李文学将销售管理部和生产计划部放在了一起，导致其他部门的员工根本分不出谁管销售、谁抓生产。

有时集团的同事过来办事，说隆基乐叶就像一个人声鼎沸的大卖场，各色人等行色匆匆，高声交流、打电话，忙得不可开交。办公场所一共两间会议室，经常没地方开会，同事们就"霸占"了领导们的办公室，李文学出差回来经常没地方坐——因为他的玻璃房子里坐满了人。那段时间，只要是营销会议，钟宝申逢会必到，即便无法亲自到场也会通过电话参加会议。

隆基在这一时期实现下游的全面爆发，还有一个重要原因，就是单晶硅"紧贴着"多晶硅打起了价格战。价格策略是营销战略的重要组成部分，运用得当，也将成为组件业务突围的重要杠杆。李文学说："我们的策略是成本相差 0.1 元，那么价格也相差 0.1 元。"

2014 年，多晶硅组件报价 3.1 元/瓦，单晶硅组件报价 4.8 元/瓦，价格差异明显。但在 2015—2016 年的部分时间段内，隆基单晶硅组件报价比多晶硅组件只贵 0.1 元。乍一看，采用单晶硅组件的电站初期投资成本较高，但由于同样面积的组件，单晶硅产品发电功率能提高 6%～8%，再加上土建、安装等固定成本被"摊薄"，单晶硅电站长期发电量比多晶硅高出 4%～5%，所以单晶硅产品赢得了比过去更高的市场接受度。

单晶硅"摊薄"成本的能力有多强？我们来看一组数据：在 2014 年，单晶硅组件价格为 4.8 元，多晶硅组件价格为 3.1 元，单晶硅价格高出 55%，但布设到电站之后，该年单晶硅电站的成本是 8.5 元/瓦，多晶硅电站的成本是 8 元/瓦，仅比多晶硅高出 6%。

可想而知，当价格差只有 0.1 元的时候，电站投资者就会开始衡量，市场的天平自然开始逆转：2014 年，中国市场单晶硅组件占有率仅为 5%，2015 年上升至 15%，2016 年达到 27%。

宣传策略也被隆基用到了极致。为了更好地宣传单晶硅，培育市场，隆基的"广告宣传费"从 2015 年的 743 万元猛增到 2016 年的 3781 万元、2017 年的 4852 万元、2018 年的 6759 万元。

2016 年，各大媒体、门户网站、能源行业媒体、光伏网站上到处都能见到隆基单晶硅的广告和文章。与此同时，各种战略合作签约仪式也办得有声有色，一时间热闹非凡：欲知光伏江湖事，人人争相说隆基。

隆基组件事业部副总裁吕俊一语道出隆基的行为逻辑："隆基不做则已，一旦决定要做，一定会坚定地做。"

隆基的宣传始终紧扣同一个主题：单晶硅会替代多晶硅。有同行评价这套宣传语："反反复复，像念经一样。"

当时有多晶硅企业高管这样总结隆基的宣传策略：当下不讲，讲未来；问题不讲，讲效率；梳理所有媒体，不留任何死角；领导亲自带头，积极宣传。

2016年1月，钟宝申在接受采访时给出一个判断：2019年单晶硅将在光伏市场上占据绝对主导地位。后来的统计数据显示，2019年，单晶硅片市场占有率达到65%，而多晶硅片的市场份额从2018年的55%下降到2019年的32.5%。

到2016年，隆基组件销售额达到57亿元，超过隆基的硅片收入50.75亿元，成为隆基第一大主营产品，圆满完成隆基进军下游的战略目标。

然而，如果因此简单地认为，单晶硅的"逆袭"是凭隆基一己之力来推动的，未免有些托大。

事实上，一项国家力主推动的光伏发电政策性项目在单晶硅崛起的过程中起到了非常关键的作用。这个系列项目持续了数年，可以说是中国21世纪在光伏领域最为成功的一个政策性项目，它从电站应用端市场的角度出发，成功引领了光伏制造行业的技术路线革命。

创造"领跑者"

2013年8月，国家发展改革委下发《国家发展改革委关于发挥价格杠杆作用促进光伏产业健康发展的通知》。文件中指出："根据各地太阳能资源条件和建设成本，将全国分为三类太阳能资源区，相应制定光伏电站标杆上网电价。"包括青海部分地区、甘肃部分地区、内蒙古部分地区、新疆部分地区和宁夏全域被划分为Ⅰ类资源区，电价0.9元/千瓦时；京津冀部分地区、陕西和山西部分地区、云南和四川全域，以及甘肃、内蒙古、新疆的剩余地区被划分为Ⅱ类资源区，电价0.95元/千瓦时；全国其他剩余地区为Ⅲ类资源区，电价1元/千瓦时。这是中国根据各地日照条件、年发电小时数的差异，首次制定了分地区的光伏标杆上网电价，在光照条件好、发电小时数高的地方电价更低，反之则更高，从而尽可能平衡各地的光伏电站投资回报率水平。后来在每一次光伏标杆电价调降的过程中，三类资源区的电价也始终保持着一定差异。从中我们也可以看到德国分地区的上网电价政策对中国的影响。

当国内光伏电站有了"标杆电价"，电站投资方也就有了明确的投资回报预期。在政策施行的头两年，国家发现上网电价政策确实有助于推动国内光伏市场的大规模快速发展，但除了"做大"，国家更希望中国光伏产业"做强"，希望企业能够通过技术进步来推动太阳能电池组件的效率提升，从而提高中国光伏产品的国际竞争力。但是在国内地面电站开发过程中，企业频繁陷入"价格战"的争夺当中，"低价中标"的竞争格局不利于高效率、高价格产品从中脱颖而出。所以当时有一些企业提出，有没有可能为业内较为先进的技术产品单独开辟出一块市场空间，鼓励、带动先进技术产品的使用。中国光伏行业协会吸纳了这些企业的合理诉求，代表行业向国家能源局上书并建言献策，国家能源局的领导也十分重视这一建议。

巧合的是，2015年1月国家发展改革委等7个部委共同发布了一份《能效"领跑者"制度实施方案》。这份方案中并没有涉及光伏，而是将能效"领跑者"定义为同类产品中能效利用效率最高的产品、企业或单位，比如空调、洗衣机、冰箱、电视就都包括在内。这一计划的目的，是希望通过对能效"领跑者"给予支持，引导企业追逐"领跑者"，并将在适当的时候，把"领跑者"先进的指标纳入强制性的能效、能耗限额国家标准当中，不断提高能效准入门槛，促进节能减排。可以说，这一在其他领域实施的行动方案，其精神实质与光伏行业希望推动的技术升级方向有着异曲同工之妙。

于是为了推动光伏产品往技术高端化的方向发展，避免同质化的低端产能重复建设，国家能源局就将"领跑者"这一概念引入光伏领域即将开拓的全新示范项目当中。2015年6月，工业和信息化部、国家能源局、认监委联合下发了《关于促进先进光伏技术产品应用和产业升级的意见》（简称《意见》），文件当中提出从2015年起享受国家补贴的光伏发电项目采用的光伏组件和并网逆变器需要满足《光伏制造行业规范条件（2015年本）》的相关要求。其中多晶硅和单晶硅的转换效率分别不低于15.5%和16%，自投运之后一年内衰减率分别不高于2.5%和3%，之后每年衰减率不高于0.7%，项目全生命周期内不高于20%。同时在这份《意见》当中，国家能源局正式提出了光伏"领跑者"计划，每年安排专门的市场规模实施这一计划，要求就是要采用先进技术产品。当年"领跑者"项目对产品的要求就是，多晶硅和单晶硅电池组件的光电转换效率分别达到16.5%和17%以上，也就是比《光伏制造行业规范条件（2015年本）》中的要求各增加了1%。同时指出，政府用财政资金采购光伏产品，要优先选用"领跑者"先进技术产品。

"领跑者"技术指标一出，立即在行业内引起了热烈的讨论。其中一些生产多晶硅电池组件的企业认为，17%的效率门槛对单晶硅产品来说非常轻松，而16.5%的门槛对多晶硅产品来说是比较高的。根据彭博新能源财经对行业的调查结果显示，2015年年底单晶硅、多晶硅产品平均光电转换效率分别为17.1%和16.1%，侧面印证了这一说法，所以一些人认为"领跑者"计划中二者的效率差距不应该只有0.5%。但如果考虑到国家对先进技术路线——也就是单晶硅电池组件效率的推广应用潜力青睐有加，这样的技术门槛安排也就不难理解了。

那为什么首批"领跑者"电站项目选址在山西大同呢？2013年8月，大同举办了国际太阳能十项全能竞赛，这是该赛事首次在亚洲举办，同时它也打开了大同能源产业转型的思路。大同的采煤沉陷区面积1687.8平方千米，可以有效解决光伏用地瓶颈，年均日照高达2800小时，而且由于当地煤电企业较多，已有的电网基础设施较为完善。所以2013年年底，大同市政府就提出了利用采煤沉陷区的闲置废弃土地和电网接入的有利条件来发展光伏电站。随后水电水利规划设计总院组织了对基地规划的评审，于2015年4月印发了审查意见。两个月后，国家能源局就正式批准了这第一个"领跑者"基地的建设，总装机容量3吉瓦，分三年实施，首批容量1吉瓦，这当中又分了13个项目。

大同当地的燃煤标杆电价为0.3538元/千瓦时，而所有大同的"领跑者"项目不竞价，统一标杆电价为0.95元/千瓦时，企业不再需要在低价漩涡中厮杀，只需要在投标中"八仙过海，各显神通"，努力证明自家应用技术的先进性。

"领跑者"对先进技术的考察不仅不局限于电池组件效率，还要全方位考察逆变器、支架、变压器等光伏电站系统集成技术的先进性，以及光伏系统效率的水平，因为光伏电站最终所产生的社会效益是通过光伏系统的发电能力体现的，而不单单是电池片的转换效率。

这次招标过程收到了59家企业的竞标报名，最终三峡新能源、中广核、中电国际、华电、京能新能源、联合光伏、同煤新能源获得7个100兆瓦的基地项目，晶科、晶澳、正泰、阳光电源、中节能、英利获得6个50兆瓦的基地项目。在各家选用的组件产品中，晶澳、隆基和晶科的产品占比最高。在逆变器产品中，华为、阳光电源和上能电气占比最高。在1吉瓦的组件当中，单晶硅占比高达60%，多晶硅为40%，而单晶PERC组件的用量达到21%，同时黑硅、n型双面等一些新技术也得到了应用。2013年后国内光伏市场打开，国内的很多电力设计院开始纷纷承接国内光伏电站项目设计工作，但是相关经验并不丰富。直到通过2015年开始的"领跑者"计划，这些设计院才学习到了更多先进的电站设计理念，以及运维方面的先进技术，"领跑者"计划成为真正带领全行业领跑的"黄埔军校操练场"。

这13个基地项目于2015年9月23日同步开工，到2016年6月全部顺利并网发电，第一批"领跑者"项目有效提升了单晶硅电池的使用比例。

2016年，国家组织开展第二批"领跑者"计划项目。虽然技术门槛并未提高，但是国家发展改革委、国家能源局这次提出要将电价作为主要竞争条件，引入竞价机制。如果组件效率超过"领跑者"指标0.5%及1%以上者，会被给予更高的分值，所以从第二批"领跑者"项目开始，它同时承担起了引领技术发展和降低上网电价的双重任务。

当年6月，国家能源局发布《国家能源局关于下达2016年光伏发电建设实施方案的通知》，其中第二批"领跑者"技术基地数量达到8个，总容量迅速扩大到5.5吉瓦，其中囊括了河北、山西、内蒙古、安徽、山东等多个省份，采煤沉陷区再次成为各省项目主要利用的土地。

结果第二轮中标者当中，英利投出了0.45元/千瓦时的低价，已经接近甚至低于一些地方的煤电价格。协鑫中标的阳泉项目电价为0.61元/千瓦时，而当地光伏标杆电价为0.98元/千瓦时，相当于为国家节省补贴0.37元/千瓦时，是这一批次当中补贴降低幅度最大的"领跑者"项目。所有企业的中标电价都低于当地的光伏标杆上网电价，所有项目中标的平均电价为0.71元/千瓦时，降低补贴幅度的中位数为0.205元/千瓦时，平均降低补贴幅度接近37%。

2017年9月22日，国家能源局发布《国家能源局关于推进光伏发电"领跑者"计划实施和2017年领跑基地建设有关要求的通知》，将第三批"领跑者"项目分为两类："应用领跑者"和"技术领跑者"。前者负责引导光伏电价下降，后者着重新技术的探索和应用，电价按照当地标杆电价执行。在"应用领跑者"的要求中，多晶硅组件效率的门槛从16.5%提升到17%，单晶硅组件门槛从17%提升到17.8%。"技术领跑者"项目将多晶硅组件门槛提升到18%，单晶硅组件则达到18.9%。在两类项目的评分体系中，"应用领跑者"的上网电价权重占比最高，为35分，而"技术领跑者"权重最高的则是先进技术指标，也是35分。到2017年的第三批"领跑者"项目中，单晶硅电池的优势就变得十分明显了："应用领跑者"80%以上中标产品为单晶硅组件，"技术领跑者"全部中标产品均为单晶硅组件，且均以单晶PERC电池为主流。

"领跑者"计划对于拉动PERC电池技术产业化起到了明显的作用，因为它放大了单晶硅电池相对于多晶硅电池的优势，实现了单晶硅和PERC技术扩大市场的双赢。在"领跑者"计划出台之前，由于国内主要技术方向以多晶硅电池为主，多晶硅电池叠加PERC技术只能将转换效率提升不足1个百分点，而单晶硅电池叠加PERC技术的效率提升达到1~1.5个百分点。PERC电池产线需要在铝背场（BSF）电池产线基础上增加背钝化设备PECVD和激光开槽设备，并增加几道工序。如果转换效率提升不够明显，设备国产化率不足导致设备价格高昂，多晶硅企业是没有动力推动PERC电池产业化的。但"领跑者"计划扭转了这一趋势：首先2015—2016年的"领跑者"计划效率门槛让单晶硅电池可以较为轻松地入围，刺激了单晶硅电池组件产品的需求。在此基础上，单晶硅企业要实现转换效率提升幅度超过竞争对手，就得想办法在单晶硅电池上面继续"做文章"，而PERC技术就是最为重要的升级选项之一。在2017年的"技术领跑者"项目中，单、多晶硅产品入围的效率门槛进一步提高，如果不加持新技术，可能要么够不着门槛，要么竞争不过同行，所以PERC电池更是成为参与"领跑者"计划主流厂商的选择。在这3年当中，越来越多的企业主动推动设备企业的PERC设备研发，企业从过去"不敢投PERC"变成"争着投PERC"，而PERC设备的国产化进程又带动了相关设备价格的显著下降，为企业产线加持PERC技术带来进一步降本的效果，形成一个良性循环，为2017年后PERC电池产线的大规模推广奠定了坚实的基础。时至今日，PERC单晶硅电池组件已经成为中国光伏大型制造企业产线的"标配"，而隆基也正是伴随着这个过程，快速崛起为中国光伏行业全产业链领军企业的。截至2021年，PERC电池技术的发展主要依托电池装备大产能技术的进步，单台设备年产能大幅增加，主流设备单台产量可以达到8000~12000片/小时，一条电池产线的年产能就能达到500兆瓦以上，效率提升使每瓦成本不断下降，PERC电池整线设备投资成本降至1.5~1.6亿元/吉瓦，相当于0.15~0.16元/瓦产能，设备使用时间越长，均摊到每一瓦电池片的设备成本就越少，甚至只需要人民币几分钱。

　　在第三批"领跑者"项目中，将"降本"和"增效"分而治之的规则设定起到了"有的放矢"和"各个击破"的显著效果：其中"应用领跑者"计划降本明显，使得第三批领跑者项目整体平均上网电价触及 0.427 元/千瓦时，平均补贴仅为 0.081 元/千瓦时，平均降低补贴 0.365 元/千瓦时，降补幅度接近 82%，所有项目的投标电价平均只有当地光伏标杆电价的 54% 左右。而"技术领跑者"中标项目的单晶硅电池片转换效率全部超过 23%，组件效率全部高于 20%，企业产品采用了半片、双面发电、多主栅等多项技术，对新技术在行业的示范推广起到了关键的推动作用。比如双面技术，原来大规模量产的铝背场电池，其背面全部被铝浆覆盖，而 PERC 电池由于具有双面发电的能力，就可以把"铝背"改为铝栅线，把封装时不透明的背板换为玻璃，这样通过地面的反射光线，电池背面也可以实现发电，单位面积可以提高 5%~30% 的发电量（取决于具体的地面颜色和材质）。比如在很多"渔光一体"项目中，利用水面反射带来的发电增益就十分可观。"领跑者"基地涉及我国多个贫困县，有的基地正好涉及生态渔业基地、盐碱地改造等项目。它在推动光伏技术变革的同时，还成功将光伏与精准扶贫、土地综合利用有机结合。

2015—2017 年，三批"领跑者"项目共计 21 个基地，13 吉瓦的项目，规模相当于这 3 年国内新增光伏电站规模的五分之一。中国光伏行业协会秘书长王世江指出，相比于同等规模的普通光伏电站，"领跑者"项目 20 年可节省超 300 亿元可再生能源补贴。

光伏领域的"领跑者"计划对产业升级起到的推动作用也对其他行业产生了重要启发。近年来，中国氢能联盟研究院在国家能源主管部门和中国科协指导下，为了加快推动氢能标准化治理效能，推出了"氢能领跑者行动"，助力中国氢能装备技术实现从"跟跑"到"并跑"再到"领跑"的跨越式发展，包括隆基在内的一些涉足氢能装备的光伏企业也参与其中，并取得了积极成果。

众人拾柴单晶高

为什么单晶硅电池比多晶硅电池的效率更高呢？单、多晶硅电池在制程上唯一不能轻易互换的环节就是晶体生长。多晶硅料在单晶硅炉内会形成具有单一晶向、无晶界、位错缺陷和杂质密度极低的单晶硅棒，而多晶硅铸锭的生长工艺决定了它无法生长出大面积单一晶向的晶体。多晶硅的本质其实就是大量小单晶硅的集合体。用李振国的话说："1万个人在广场上排得整整齐齐的，这就是单晶硅；而同样的1万个人，这边有三五个人排得比较整齐，那边七八个人排得比较整齐，另一边甚至还有个方阵，这就是多晶硅。单晶硅是原子结构比较完美的一种晶体，而多晶硅是'短程有序，长程无序'排列的晶体。"在多晶硅的很多个"小团体"之间，也就是多晶铸锭的小单晶硅颗粒之间存在晶界，晶界处原子的排列方式不同，晶体的取向不同，会产生大量的位错和缺陷，这些位错与缺陷正是能"吃掉"少数载流子（少子）的复合中心，可以看作一种"陷阱"，它减少了少子的寿命，就会降低电池的发电能力。多晶硅铸锭工艺虽然容易大规模量产，但不能将位错缺陷和杂质密度控制在较低水平，从而对多晶硅的少数载流子寿命产生负面影响，而这就会使多晶硅的发电效率低于单晶硅。

但是在量产端，单晶硅之所以能够逆袭成功，除其本身"底子好"外，全行业通过在硅片、电池片和组件环节加持的多项技术，也是使单晶硅相对于多晶硅的优势被一步步放大的关键因素。

不得不说，PERC电池技术的产业化过程在其中扮演了非常重要的角色。PERC的全称是"发射极钝化和背面接触"（Passivate Emitter and Rear Cell）。1989年，第一篇描述PERC电池结构的论文是马丁·格林教授和赵建华等人发表在《应用物理学快报》（Applied Physics Letter）上的。对于21世纪初期的中国光伏企业来说，PERC技术在产线端的吸引力在于，不需要淘汰一大批传统电池设备，而只需要在传统产线上额外增加几台设备，就可以将铝背场电池产线升级改造成PERC电池产线。以2018年的数据为例，1吉瓦的PERC电池产线改造，需要额外投入1.6亿元左右的成本，平均每台设备 2000 万元左右。当年如果把这项技术叠加在多晶硅电池片上，能提升 0.8%～1% 的功率，60 片组件能提升 15 瓦左右；但把它叠加在单晶硅电池片上，能提升 1.2%～1.5% 的功率，60 片组件可以提升 20～25 瓦。另外，PERC 组件在弱光环境中的表现比常规的多晶硅组件更好，在早上和傍晚光线不那么强的时候，组件发电功率都要低于其标称的功率，但具体降低的幅度不一样，同等功率的 PERC 组件相比之下能多发 3% 的电量。2018 年传统的铝背场电池市场占有率还有 60%，2019 年就迅速降到了 31.5%，这一年也成为 PERC 电池逆袭的元年，其市场占有率达到 65%。截至 2021 年，其市场占有率更是高达 91.2%。

在中国，最早将 PERC 电池推向产业化的是中国台湾的昱晶等企业。它们为此交了一大笔"学费"，以极高的价格购买了欧美的进口 PECVD 设备，这些设备的实际量产水平也并不成熟。为什么中国台湾企业先于中国大陆企业开展 PERC 相关的产业化工作呢？一个可能的原因是，在施正荣退出尚德以后，中国台湾企业的创始人团队与率先提出 PERC 电池结构的马丁·格林教授有了更紧密的联系。除昱晶以外，另一家力主推动 PERC 电池产业化的中国台湾企业名为"旭泓全球光电"，它的创始人是戴熙明博士和先后在尚德、南京中电和晶澳担任过要职的泰德·斯皮塔拉克（Ted Szpitalak）。戴熙明是马丁·格林教授的弟子，泰德曾经在格林教授创办的太平洋太阳能电力有限公司和无锡尚德与施正荣长期共事过，早期曾帮助施正荣在全球采购（二手）光伏设备，所以中国台湾地区将 PERC 电池产业化也就不足为奇了。

后来一家中国大陆的电池片企业先是进口了梅耶博格的板式 PECVD 设备，后来又进口了德国 Centrotherm 公司的管式 PECVD 设备，还挖到了昱晶的技术骨干团队，于是成功地突破了管式 PECVD 设备在电池片上生长三氧化二铝的钝化膜的工艺，这样就能摆脱对进口板式 PECVD 设备的依赖，利用国内技术积累扎实的管式 PECVD 设备来完成 PERC 电池制造过程中最关键的背钝化膜环节。一旦有中国大陆企业成功摸索出管式 PECVD 设备在电池片上生长氧化铝薄膜的背钝化工艺，这件事情在行业内就再也不是一个秘密了，因为工艺问题是一层窗户纸，一捅就破，结果相关工艺很快就开始在国内设备厂商之间扩散。

正巧在同一时期，国内头部光伏电池生产企业纷纷开始寻找能够进一步提升电池转换效率的方法。天合光能国家重点实验室主任冯志强博士向我们讲述了一个鲜为人知的故事，具体阐述了天合光能锁定PERC电池技术，并推动相关设备国产化的过程。

在天合光能国家重点实验室成立之后，科研人员在选中PERC电池并进行产业化投入之前，深入研究了各种各样的太阳能电池类型。2010年，实验室知道20世纪末马丁·格林教授提出的PERC电池结构还停留在实验室阶段，这种电池在众多电池路线中，成本比较低，转换效率位居中游，还有提升空间，适配当时比较便宜的p型硅片（少数载流子为带正电的空穴）与单、多晶硅片，所以有一定量产前景，天合光能就希望将其产业化。因为PERC电池制作过程中需要用三氧化二铝的薄膜对电池背面进行钝化，天合的相关负责人就去问各家厂商能不能做出用三氧化二铝完成背钝化的PECVD设备，很多厂商纷纷摇头，因为当时PECVD镀膜材料一般是镀氮化硅（SiN_x），没有人做过三氧化二铝镀膜。在遍访PECVD设备供应商后，终于找到一家厂商达成合作。

传统意义上的PERC电池相比于铝背场电池，最主要的新增环节就是背钝化，但是由于三氧化二铝钝化介质膜不导电，还需要完成一个新的环节，叫"激光开槽"，形成一种背面金属区域与硅有良好接触区域结构的电池，从而实现PERC结构的太阳电池的制备。2015年之前，铝背场电池占据了90%以上的市场份额，这种电池单面发电，结构简单，只需在硅片的背光面沉积一层铝膜。而制作PERC电池时需要利用激光在硅片的背面打孔或者开槽，把背钝化环节生长出来的三氧化二铝薄膜层的一部分打穿，露出里面的硅基体却又不破坏它，利用氮化硅在电池片背面形成钝化层作为背反射器，增加长波光的吸收，背电场通过薄膜上的孔或槽与硅基体实现接触，同时增大p-n极间的电势差，降低电子复合，提高电池片的转换效率。

想要做激光开槽，就要找到相应的激光设备。当时天合光能国家重点实验室的人找到了一家研发实力较强的激光设备厂商，开发了一套激光开槽设备用于 PERC 电池中试线的建设。而后这家厂商就积极进行对外宣传，说天合光能买了他们的激光开槽设备，相当于一种大品牌背书，随后很多太阳能电池企业也纷纷找到这家厂商大批量购买相关设备，购买数量远多于天合光能。这家企业后来也成为业内激光开槽设备领域的头部企业。

2011 年，天合光能国家重点实验室就已经将 PERC 电池的中试线搭建完成了。为了保密，他们给这条中试线起了个英文名字，叫"Honey"（亲爱的），当时天合光能内部其他部门的人都只知道实验室搞了一条"Honey 线"，却不知道这是做什么的。有一天，天合光能制造部门的负责人给冯志强打电话："你听说没，台湾地区有人在量产 PERC 电池。"冯志强终于给他透了底："咱们这个 Honey 线就是 PERC，咱早就做了，只是没有叫 PERC 而已。"

通过这个案例，我们想要反映的并不是说天合光能应该在中国大陆 PERC 电池产业化过程中居头功，事实上"领跑者"计划的实施过程也充分体现了 PERC 电池产业化是当时整个中国光伏业界和相关政府部门"共襄盛举"才结出的丰硕成果。但天合光能 PERC 电池购买定制设备搭建中试线的过程，是中国光伏设备技术扩散带动行业生产水平集体进步的一个典型案例。

在光伏行业，因为大量的生产技术、工艺是集成在设备这一端的，而设备生产企业和光伏产品生产企业是分离的，所以某一项技术的先驱未必会是技术成熟以后摘得最甜美果实的那个人，后来者也未必就会"赶个晚集"，反而有可能后来居上。行业中存在很多的"观望者"：通过观望别人购买设备的情况了解对方要做什么技术，然后自己也购买同样的设备，甚至买得更多，价格也更便宜，这导致中国光伏行业很难存在"秘密"，因为设备扩散约等于技术扩散。这个过程就像当年欧洲设备厂商先找欧洲光伏企业试用第一台新设备，然后尚德等中国企业再择机大批量购入同类设备时的情形一样。

冯志强曾经说："你们要不要领先？想不想通过创新来领先？如果想，那你们就相信我们技术研发部门，我们做的就是人家没做过的，这才是领先。如果大家的反应都是人家没做，你做它干什么？等人家做了，你再做也不迟嘛。那这样的企业就永远不可能领先。"

其实这样的话一定不只出现在天合一家企业当中，不确定性较高的新技术研发过程和确定性较高的成熟技术量产过程，在一家企业内部本身就是"激进派"和"保守派"之间一个互相博弈的过程。因为光伏行业实现不断地降本增效是整个行业的"确定性"过程，而通过设备和工艺进步，每一种当下量产成熟的电池技术都一定会遇到转换效率的天花板，所以企业想要实现技术领先，在下一代技术产品成熟之前布局实验室研发和中试也是必须经历的过程。企业的良性运转就是利用好"激进"和"保守"两股力量，在"今天的量产"和"明天的量产"之间做好衔接和过渡。

在设备扩散引发技术扩散方面，虽然会存在后来者"搭便车"的情况，但这正是中国光伏行业技术整体得以快速进步的重要原因之一。冯志强一直与德国光伏企业保持着深入的交流。有一次他发现德国人在进行一些前沿技术研究，并且对外严格保密。原来他们想要为新技术开发一款设备，但德国设备企业告诉他们交期为12个月，时间太长了。于是他们找到冯志强，问能不能帮他们找一家中国设备企业，交期限定在4~6个月。但是转念一想，他们又不愿意了，因为他们害怕中国设备企业一旦接到了这个定制化任务，很快就知道德国人要做什么了，中国光伏企业势必会由此大举介入。

但冯志强认为，德国人这种封闭的想法是错误的，因为技术扩散是非常正常的事。"有技术扩散才会有产业生态，大家一起干，你还能领先别人一点；别人抄过去，你再领先一点；永远不能停下来，永远领先别人一点，你就能屹立不倒。这个行业就是这么发展过来的。不要怕别人抄你，如果可以通过购买设备就复制了，说明这根本就没壁垒。"他说道。2022年，隆基在发布HPBC电池产品后也指出，公司会尽量提高护城河的门槛。隆基的技术专利分很多种，有的是共享专利，有的是含有严苛保护机制的专利。正是在这样的行业生态当中，中国率先实现了 PERC 电池的超大规模产业化，放大了单晶技术相比于多晶技术的效率优势，并由此奠定了中国近些年来在全球电池技术产业化方面的绝对领先地位。

除 PERC 技术外，金刚线技术又是怎么助力单晶硅脱颖而出的呢？比如当金刚线切割技术让单晶硅切片效率明显高于多晶硅的时候，出片量的提高间接摊薄了拉制单晶硅棒的成本。我们之前提到过，单晶硅在拉棒环节过去是存在一定劣势的，直拉单晶硅炉中单晶硅棒的生长速度比较慢，还要经过开方、截断等过程最终形成"准方锭"（长方体带四个小缺角），过程比较复杂，所以单晶硅长晶环节比多晶硅铸锭环节成本更高。2018年，中环、晶科等企业 1 千克单晶硅（准）方锭的生产成本大约是 80 元，隆基成本更低，但也只能降到 70 元。而保利协鑫 1 千克多晶硅小方锭的生产成本是多少呢？大约只有 28 元。这也就是为什么中国光伏企业在"双反"调查之前大量选择多晶硅技术路线进行量产的原因。在同样使用砂浆线进行切割的时候，多晶硅在铸锭和切片环节存在很大优势。

但是通过金刚线技改之后，单晶硅用"切得快"的长板弥补了"长得慢"的短板，同样是切割 1 千克的（准）方锭，单晶硅片从砂浆线转换到金刚线切割以后，出片量从 48 片涨到 62 片，单张硅片均摊的长晶成本从 1.67 元下降到 1.29 元，下降了 0.38 元；而多晶硅片完成同样的转换，出片量从 48 片涨到 59 片，单张硅片均摊的长晶成本从 0.58 元下降到 0.47 元，仅下降 0.11 元。可见单晶硅片经过技改以后的降本效果更为显著。

另外，由于多晶硅铸锭的生产过程导致其内部的晶格序列不完全一致，在金刚线切割过程中，多晶硅晶体内部的硬质点会导致金刚线线材的消耗量增加；而单晶硅在切割过程中，由于内部晶体序列整齐排列，切割起来更容易，线耗少，效率高。读者可以近似地想象一下，一块切糕带枣核，另一块切糕已经去掉枣核，对二者分别进行切割的过程。单晶硅、多晶硅切片差距达到什么样的程度？在 2018 年，切割一张单晶硅片的线耗是 0.9 米，而切割一张多晶硅片的线耗达到 2.1 米，金刚线消耗越多，切片成本越高；金刚线每完成"一刀"切割，单晶硅片耗时 70 分钟，多晶硅片耗时120分钟，耗时越长，出片效率越低。虽然后来二者的数据都出现了一定程度的优化提升，但多晶硅在金刚线切片这一步的节约和效率始终不及单晶硅。2018年单晶硅片切片成本可以低至0.35元/张，而多晶硅片切片成本即便在2019年的理想状态下也只能达到0.55元/张。

另外，金刚线切割硅片以后，表层损伤比较浅，外表看起来更亮，就像一面镜子，这样利于光线的反射，但不利于光线的吸收，所以在制作电池片的过程中，还需要经历一个"制绒"环节。制绒过后，如果把硅片放在显微镜下观察，就可以看到类似高低错落的无数"金字塔"层叠排布的结构，这样能让更多照射到硅片表面的光线被吸收，从而提高发电效率。单晶硅片经过金刚线切割以后，可以直接进行制绒，但多晶硅片却不行，还要额外添加"黑硅或添加剂"技术，比如保利协鑫采用的湿法黑硅技术，需要增加一道工艺，使得每张硅片增加0.1~0.2元的成本（2018年数据）。

单晶硅拉棒不仅过程缓慢，生产过程耗电量还要高于多晶硅。2018年，生产1千克单晶硅（准）方锭消耗电量为65千瓦时，而多晶硅小方锭消耗的电量只需要12千瓦时。这时候电价对于生产成本的影响就很显著了。一些硅片工厂从中东部地区迁往西南、西北部地区，这样能享受到更低的工商业电价，比如2018年新疆新增的长晶产能电价低于0.2元，而东南沿海地区的用电成本在0.6元左右。如果每度电价能降低0.4元，那么1千克单晶硅（准）方锭成本就能降低26元，而多晶硅小方锭成本只能降低4.8元。

除金刚线增益、电费下降幅度、能直接制绒均有利于单晶硅外，单晶硅炉设备的升级也是帮助单晶硅路线降本增效的重要因素。在过去数年间，曾经产能效率不占优势的单晶硅炉一路扩大设备产能，随着热场的增大、多次投料复拉法（RCZ技术）的提升，2021年其单炉投料量已经达到2800千克，比2020年大幅提升47.4%，先进设备单炉投料量更是超过3500千克。行业预计随着坩埚制作工艺、拉晶技术的提升，投料量还有较大的增长空间，目前还在优化完善的连续拉晶法（CCZ技术）更是能够超越 RCZ 技术，可以实现一边加料一边拉晶的连续生产，这样晶体长度更长，进一步节省了加料时间，生产效率更高。

而与之形成对比的是，2021 年中国多晶硅铸锭炉的单炉平均投料量只有 800~1100 千克。随着多晶硅锭路线的式微，更大规模的多晶硅炉没能得到普及。这就像汽车不断替代马车的过程中，马车的消亡引发了铁匠的消逝，铁匠的消逝导致铁砧制造的消逝。如果技术之间拔河比赛的局势发生逆转，那么围绕旧技术路线的配套支持体系也可能随之崩溃。

另外一项有利于单晶硅路线发展的技术叫作"半片技术"，顾名思义，就是把一片电池片切成两半，这样 60 片电池就变成了 120 个半片，然后再把它们封装成组件。这样做的好处是什么呢？把电池片切半，电池片栅线内的电流也会减半——栅线是电池表面用来收集电流实现发电的导电细线，这样在栅线内阻上发热损耗的功率也会降低，组件相对功率就可以提高 2%~3%，电池片工作温度也降低了 2~3℃。由于单晶硅电池片比多晶硅电池片的内部电流更大，所以半片技术带来的提升就更明显：对于 60 片组件，利用半片技术，多晶硅电池可以提升发电功率为 5 瓦左右，而单晶硅电池可以提升 8~10 瓦。

半片技术带来的第二个好处是"补短板"。单晶硅内部晶格序列一致，虽然有很多优点，但也会让单晶硅电池片沿着某些特定的方向产生连续的、贯通式的裂纹，这样单晶硅组件在运输、安装、冰雹撞击过程中更容易出现"隐裂"现象，产生一些肉眼看不出来的细碎裂纹，从而影响电池片的发电效率。这时候如果我们采用半片技术，相当于单张电池片的面积减小了一半，即便产生贯穿式的裂纹，发电受损的面积也会减小。晶澳测算得出的数据是，单晶半片组件在同等强度的破坏作用下，比常规组件的裂纹要少 15% 左右。2021 年，半片组件市场占比为 86.5%，同比提高了 15.5 个百分点，预计未来半片和更小电池片的组件封装技术的市场份额会更大。

另外，传统的组件正面采用玻璃，背面选用背板，材质不同，温度系数就不同，温度变化导致的热胀冷缩程度自然也不同，类似于朝某一面"掰"组件的效果,对电池片正反面产生的应力不同,也有可能造成隐裂。产业界对此给出的解决办法是采用"双玻技术",也就是组件正反两面都用玻璃封装,这样电池片正反面应力一致,因温度变化引发的隐裂就会减少。与此同时,由于背面封装材料透明了起来,某些组件因此产生了背面发电的增益效果,原本照射到地面、水面、屋顶的光线通过漫反射照射到了组件背面,双玻组件可以吸收这些光线进行背面发电。PERC 电池想要实现双面发电在工艺上的难度并不大,很适合大规模量产。因为应用了双玻技术,单晶硅、多晶硅电池的差距被进一步放大,比如双面发电功率提升 10%,那么 270 瓦多晶硅组件会提升 27 瓦,而 310 瓦单晶硅 PERC 组件会提升 31 瓦,而日后随着单晶硅电池的发电效率进一步提升,二者的双面发电增益差距还会进一步扩大。

除此之外,还有 MBB 多主栅技术。在一片电池片上使用 5 条以上栅线,改善电池片的电流收集能力,使用更细的焊带减小遮光面积,使组件功率提升。在组件表面布设了更多搜集电流的导电细线,即便在一些区域产生细微的隐裂,多主栅也能提高电池片对隐裂发生的容忍度,其对 60 片单晶组件能提升 10 瓦功率,而多晶硅组件只能提升 5 瓦左右。

在没有这几项技术加持的时候,同样尺寸的两块组件,传统的普通多晶硅组件功率是 270 瓦,而普通单晶硅组件功率是 285 瓦,二者相差 15 瓦;而当这三项技术全部加持以后,多晶硅组件功率提升到 300 瓦,单晶硅组件功率提升到 330 瓦,二者差距拉大到 30 瓦。所以可以总结出这样一句话:"叠加的新技术越多,用户背叛多晶硅片的动力就越大。"

在各种技术的加持下,单晶硅电池组件与多晶硅电池组件效率提升水平的差距被一步步放大,但是单晶硅的性质特征并不像它的晶格排列一样完美无缺。在拉棒环节,也就是硅晶体生长过程中,通过掺杂不同的元素可以制备不同导电类型的晶体,比如掺杂硼元素或镓元素可以得到 p 型硅晶体,掺硼的优势是可以做到更集中的电阻率分布,但是还有比较多的氧原子混杂其中,所以硼和氧在初始光照下激发会产生"硼氧复合体",形成能够捕获电子的复合中心,就会给单晶电池带来"光致衰减"(LID)现象。在 PERC 电池片当中这一问题尤为严重，单晶硅电池组件的首年效率衰减幅度明显高于多晶硅电池组件。

早在 2009 年之前，施正荣就和浙江大学的杨德仁院士合作，在冥王星电池上实现了单晶硅电池片掺镓技术的产业化突破。尚德还邀请国内 30 多家单晶硅生产企业来到无锡，详细介绍自主研发的太阳能电池用掺镓单晶硅技术，供这些企业无偿使用。多年以后，中国企业渐渐将 p 型单晶硅片全部切换为掺镓技术，彻底解决了"硼氧复合体"存在的问题，单晶硅电池组件的首年衰减问题得到了进一步的改善，又通过拉晶工艺的进步，让掺镓硅片的电阻率分布变得更加集中，从而弥补了在这一点上与掺硼硅片的差距。目前 p 型硅片已经全部切换为掺镓技术。

对于大部分光伏行业外的读者来说，理解金刚线切割、PERC、单晶硅炉技改、掺镓这些行业技术细节问题对于个人的工作生活似乎没有任何意义，但我们希望通过这样的技术探讨使读者透过光伏产业理解一种变化趋势是如何发生的，即一种被边缘化的产品可能通过怎样的路径对市场主导者进行突袭，从而使后者逐渐丧失优势地位的。

传统意义上，人们认为这种"不速之客"的成功，通常取决于双方实力的强弱对比。出现单晶硅逆袭多晶硅这一结果，绝不仅仅是"单晶硅"这一事物本身决定的。让人感到不可思议的是，和单晶硅"打配合"的助攻技术，都是早已在光伏业界存在了几十年的"老朋友"。比如半片技术和多主栅技术，多年前业界就已经实现研发，原理简单、可行性高，之所以一直没有投入量产应用，就是因为在多晶硅组件一统天下的时候，这些技术即便应用在多晶硅产品上，提升效果也不明显，还要付出额外的成本，性价比不高。但随着单晶硅电池片份额的提升，加上 PERC 技术的应用扩大，半片技术和多主栅技术"卷土重来"，重新被产业界所重视，至今已成为很多企业组件产品的"标配"。

至此，我们终于可以厘清 21 世纪中国光伏产业界引领的单晶硅崛起过程：

第一，以李振国、钟宝申和沈浩平等人为代表的技术型企业家，以隆基和中环为代表的单晶硅棒片生产企业，经过缜密的思考，看到了单晶硅技术长期发展的优势，也看到了单晶硅降本过程中需要突破的重重阻碍，他们坚定地去推动单晶硅"接棒"多晶硅，不断突破中国光伏电池组件效率的天花板。

第二，这一系列的举措也推动了中国光伏企业在硅棒、硅片、电池片、组件等各个环节方面下功夫，让单晶硅、多晶硅的成本差距越来越小，效率差距被一步步拉大。

第三，"领跑者"计划的出台相当于给了单晶硅技术一片"与世无争，岁月静好"的市场，可以让企业安心在较高固定电价和"技术为纲"的市场中充分施展抱负，展现其在电站低价竞标中不曾充分展现的技术实力，助推半片、双面、PERC、多主栅等加持技术能够在"领跑者"电站中完成产业化实践和验证工作，并将这些技术固化为契合单晶硅电池组件的新一层产业基础设施。

第四，中国设备企业看到"领跑者"计划给单晶硅带来的广阔市场，也更有动力同制造企业一道为单晶硅相关的硅片、电池、组件技术共同开发新设备。

第五，PERC电池技术的专利在过去十年已经过期，而且这项技术在成本和效率提升方面，最适合"接棒"铝背场电池，成为下一代的主流电池技术，这只需要在铝背场电池的产线当中增加几种设备即可。PERC技术兼容单晶硅和多晶硅电池，对于当时国内大量的多晶硅铝背场电池产能来说，是一根"续命稻草"，使其固定资产不至于被快速大规模淘汰，而单晶硅企业又可以通过PERC技术的加持进一步拉大与多晶硅电池之间的效率差距。

所以，在这场由中国引领的光伏产业单晶硅、多晶硅大战中，绝不仅仅是"单晶硅"一种材料或单独一家企业就决定了这场战争的走向和胜负，而是诸多因素各显神通的一场"拔河"比赛。单晶硅这边虽然一开始"人数"较少，但渐渐地"众人拾柴火焰高"，继而展现出越来越明显的优势。

我们希望本书读者着重领会的故事精髓是：单晶硅能够胜出并不仅仅是因为"它是什么，它有什么优点"，关键在于单晶硅"连接"了什么，且这种连接的强度远胜于多晶硅，所以它的胜算更大——我们既可以说是被连接的事物赋能了单晶硅，也可以说是单晶硅激活了它们。正是每一项"连接"的强弱对比动态调整了天平左右的砝码，而所有连接的效果累积起来，使得单晶硅在产业化技术组合的性价比上实现了对多晶硅的超越。

在单晶硅、多晶硅企业双方激烈博弈的过程中，多晶硅厂商并没有坐以待毙，同金刚线技改一样，它们完成了"准单晶硅技改"。2018年，以协鑫、阿特斯为代表的多晶硅片企业突破铸锭单晶硅技术，用铸锭的方式做出了类似单晶硅的晶体，也就是利用铸造多晶硅锭的技术和设备，在石英坩埚的底部放置单晶硅砖作为籽晶，经过一定的晶体生长技术，可以形成中央大部分区域为单晶的晶锭，虽然不是一个完美的单晶晶体，但相比多晶硅铸锭，位错比例大幅下降，具备氧浓度低、光衰减低的特点。协鑫、阿特斯在2019年实现了铸锭单晶硅的量产，各家企业利用铸锭单晶硅叠加PERC、TOPCon技术以后，也做出了转换效率在22%～23%甚至更高的产品，还有企业正在研发基于n型铸锭单晶硅的异质结电池片技术。但2021年之后，铸锭单晶硅的市场活力减弱，其转换效率与单晶硅仍有一定差距，铸锭良率因素也导致成本偏高，使得铸锭单晶硅逐步淡出市场。

如果放在更大的时间尺度上评价铸锭单晶硅，其很有可能是中国光伏产业从多晶硅路线转向单晶硅路线上出现的一种过渡产品，它起到的一大作用是让中国企业曾经大批量购买且未完成折旧的铸锭炉设备能够在单、多晶硅转型的几年当中"发挥余热"，让以多晶硅产品为主的企业能够在短期内在一定程度上实现对单晶硅产品的追赶，弥补二者的部分差距。如果铸锭单晶硅在n型电池片时代无法在成本和效率上实现关键突破，其命运可能会同多晶硅一样消失在历史的长河中。

败退的西方电气巨头与进击的中国逆变器

过去十年，全球逆变器市场格局发生了巨大变化，传统的老牌西方电气集团在这一领域节节败退，而以阳光电源和华为为代表的中国企业不断拾级而上，成为全球市场的领军者。

时间回到 2001 年，在互联网泡沫破裂之后，华为经历"寒冬"，被迫把华为的电气部门出售给美国的电气巨头艾默生。多年以后，当同业禁止协议的承诺期结束，华为重建了网络能源产品线，这是华为数字能源产品线的前身，主攻光伏、无线基站、数据中心、电动汽车和模块电源。

2010 年前后，光伏产业进入新一轮的景气周期，当年阳光电源海外营收 3.73 亿元，是 2009 年海外营收的近 25 倍。随后 2011 年上半年国内市场又出现回暖，阳光电源上半年在中国营收达到 2.32 亿元，超过 2010 年全年营收。2011 年阳光电源已凭借集中式逆变器成为唯一跻身出货量世界前十的中国企业。华为也看到了这个市场的巨大机会，公司的技术人员在参观了德国的逆变器企业以后，认为华为也可以拓展这项业务，他们觉得当时主流的集中式大型逆变器就是行业的趋势。2013 年，华为网络能源通过三年时间的技术积累，推出了光伏逆变器产品，在国内的装机容量达到了数百兆瓦。

一般来说，逆变器分为四类：

第一类是集中式逆变器，单机功率从早期 100 千瓦发展到目前的兆瓦级不等，主要特点是结构简单、单机容量大、设备单瓦成本和系统成本相对较低，同时，由于是单级逆变结构，集中式逆变器 MPPT（最大功率点跟踪）数量相对较少，因此，集中式逆变器主要应用于大型地面电站、水面光伏等地势平坦、组件朝向一致的场景。

第二类是组串式逆变器，单机功率小，一般在 1.5 千瓦以上、400 千瓦以内，MPPT 数量多，因此适合于地形多变的复杂山丘电站，以及存在朝向和遮挡问题的屋顶等复杂应用场景，多路 MPPT 可以有效地改善这些应用场景中出现的组件串、并联失配现象，提高发电量。

第三类是集散式逆变器，在直流汇流箱中集成 MPPT 控制器，实现多路 MPPT 寻优功能，经过长直流线缆传输到集中式逆变器，再通过集中式逆变器将直流电转换成交流电，输送至电网，用于复杂的大型地面电站，功率为 500 千瓦~3.15 兆瓦。

第四类是微型逆变器，功率一般为几百瓦到几千瓦，通常一块到几块光伏组件连接到一个逆变器，主要优点是可以对单块光伏组件进行最大功率点跟踪；体积轻便于安装，由于不需要电池板串联，系统直流电压低，安全性高。但是单机功率低导致系统配置的逆变器数量多，系统成本较高，目前主要应用于海外户用市场。

用一个比喻来形容：可以把逆变器理解成插排，集中式逆变器插孔最多而微型逆变器插孔最少。

早期的光伏电站监控只能获取电站整体及一个功率单元最基本的数据，难以对电站运行状态进行细致准确的判断。国内地面电站发展早期，电站企业在长期的运营维护方面管理也较为粗放，但随着电站建设规模和企业间电站交易量的增大，越来越多的业主和收购方对于全面了解电站运行情况的需求越来越旺盛，也就是说，到底有多少块组件出现问题，多少块需要更换或维修，必须做到心中有数。那么能不能给电站做持续的健康监测呢？

2014 年，阳光电源、华为等逆变器厂家推出了智能组串检测功能，可以对每路光伏组串电流和运行状态进行实时监测。2016 年它们又推出了智能 IV 诊断系统，通过在逆变器或汇流箱直流侧每路配置的电流传感器，结合远程或本地监控系统，实现对组串 IV 曲线（电流电压特性曲线）扫描的功能，同时基于先进的算法对组串的健康状况进行诊断，定位异常组串，给出故障组串检修建议。组串健康度诊断更加智能化，100 兆瓦整站的扫描时间小于 15 分钟，识别精度高达 95%，大大提高了电站现场的运维效率，减少了发电量损失。

另外光伏逆变器由各类电气元器件组成，长期运行过程中会出现器件老化、性能下降等问题。早期光伏电站现场运维人员一般是通过参考厂家提供的维护说明对逆变器进行简单的定期维护，无法对内部关键电气元器件进行检测。只有当机器出现故障后才会进行处理，这样就造成发电量损失。

2016年，阳光电源等厂家针对逆变器内部核心器件，如IGBT、风扇、电抗器等，开发了健康度智能诊断功能，通过在机器内部布置的高精度传感器来采集各器件的运行信息，并利用诊断算法对核心器件进行寿命分析预测，对故障进行提前预警和快速定位，全方位保护设备的安全可靠运行。寿命预测可用于指导客户进行维护规划和备件规划，提前预警将故障提前告知，做到早发现、早替换，减少发电量损失，快速定位故障，避免人工检测，缩短故障时间，延长发电时间。

在提升智能化水平的同时，中国逆变器还在不断提升国产化水平。光伏逆变器的原材料和零部件成本占产品总成本的80%以上，早期光伏逆变器内部的断路器、散热风扇、电容器、IGBT等元器件主要依赖进口。近10年国内逆变器厂商在元器件国产化替代过程中积极探索。比如阳光电源早在2009年左右，就率先采用国产断路器、电容器等元器件。并于2014年开始参与国产IGBT等核心元器件的共同研发。

在过去10年中，除国产化进程的加速和各种新技术的加持外，中国逆变器企业还通过提高单个功率单元的容量，来降低运输、安装成本，以及箱变、通信、高压等部件成本，使得逆变器产品价格显著下降，进一步助力中国光伏产业实现降本增效。以组串式逆变器为例：在2014年，组串式逆变器的价格还是0.54元/瓦，而到了2021年，主流功率段的组串式逆变器产品在国内市场的平均价格只有0.15元/瓦左右，7年下降了72%。

随着光伏逆变器产品价格不断跳水，二三线厂商无利可图，国产逆变器进入洗牌阶段。2012年，上海SNEC展会上逆变器厂家多达439家，而到了2018年，参与国内逆变器招标采购的企业只有40家左右。与此同时，众多涉足逆变器业务的西方老牌电气行业巨头纷纷退出这一领域，比如通用电气、ABB、博世、艾默生、西门子、施耐德等。对于它们来说，面对中国对手的激烈竞争，逆变器业务已经不是一个利润丰厚的业务，与中国企业相比，它们的产品没有价格优势。比如 2011 年，逆变器每千瓦成本，阳光电源为 469.77 元，SMA 则为 1324.78 元，很多中国电站投资商开始选用国产逆变器。而且光伏逆变器对外企来说，也不是一块市场规模庞大的主营业务。每年全球逆变器总销售额只有几十亿美元，即便做到全球逆变器前十，相应的业务量在巨头们几百亿美元的营收中也无足轻重。各公司在选择退出时，其逆变器业务占其总营收的比例很低。西门子不到 0.5%，施耐德不到 0.2%，通用电气不到 0.1%。而且光伏逆变器产品一般免费质保 5~10 年，售后成本高，海外企业在中国这样的新兴市场其售后服务响应能力也不如中国本土企业。我们已经在多晶硅等很多光伏相关领域见证了西方传统化工、电气巨头面对中国这个新对手的反应：退出一个又一个盈利水平不高的集团非主营业务。事实证明，这样的决策虽然是"经济理性"的，但从长远来看，放弃一整个工业产品制造门类带来的技术能力损失远远大于其保持集团盈利水平带来的收益。如英特尔创始人安德鲁·格罗夫（Andrew Grove）所言："我们（美国）不仅丢失了不计其数的工作，还打破了技术演进的经验链条……如果我们今天放弃'商品'制造，到了明天，就会被锁在新兴行业的大门外。"我们将在"超越光伏：设备篇"和"先手为什么会输棋？"这两个章节中详细阐述这一问题的核心。

在国内逆变器大洗牌和华为迅速崛起期间，阳光电源在研发投入、技术储备、员工培训和成本控制等方面下了很大功夫。曹仁贤说："中国光伏发展那么多年，面对周期起伏和风险，阳光电源虽然都能安全过冬，但至今想来仍然战战兢兢，如果我们的研发与战略和行业发展情况稍有不匹配，可能企业就死掉了。"到 2014 年，阳光电源和华为逆变器全球市场占有率双双超过 10%，2015 年，阳光电源首次超越 SMA，出货量达到 8.9 吉瓦，是 2011 年的近 10 倍。此后数年，阳光电源、华为、上能三家企业的逆变器占据地面电站 80% 以上的市场份额。2017 年，在阳光电源 20 周年庆典上，曹仁贤说："因为有你们（华为），我们才不敢有丝毫的松懈，正是你们的竞争，才让我们变得如履薄冰，也变得更加强大。"

2019年，阳光电源正式成为全球首家出货量突破1亿千瓦的逆变器企业。2021年，阳光电源逆变器出货量为47吉瓦，位居全球第一，全球市场占有率超过30%。根据IHS的统计数据，中国企业包揽了全球逆变器市场的前四名（阳光电源、华为、锦浪科技和古瑞瓦特），在前八名中占了六席，这六家企业占据全球60%以上的市场份额。在产品持续降本降价的背景下，中国主要企业逆变器毛利率超过25%，海外业务毛利率达到45%~50%。同时在全球逆变器市场竞争中，中国企业从单纯的价格优势转向通过提升技术水平、产品质量、售后服务等方式来获取市场。中国品牌强势布局美国、德国、日本、印度、中东、东南亚、拉美等全球多个国家和地区，2021年仅中国出口到荷兰并部分转口到欧洲其他国家的逆变器就超过11亿美元。

不过我们同时也要看到，在分布式光伏发电系统，尤其是在户用光伏领域的市场当中广泛使用的微型逆变器，中国企业还没有占据绝对领先优势。美国企业Enphase的技术、市场能力不容小觑，独占全球80%的微型逆变器市场，中国的昱能、禾迈、德业等企业还在奋起直追。

为了更好地满足全球市场的多元化需求，中国头部的逆变器企业因地制宜，为大型地面和水域、工商业园区、家庭等提供个性化产品解决方案。比如针对大型场景多元化趋势，阳光电源对传统逆变器进行重大革新，在集中式逆变器和组串式逆变器当中各取所长，率先推出"1+X模块化逆变器"，实现建站更灵活、运维更简便、运行更高效，开创了全新的逆变器品类。模块化逆变器采用"搭积木"的设计思路，单台设备功率1.1兆瓦，通过多机并联可以实现1.1~8.8兆瓦子阵灵活配置，内部IGBT模组、风扇、电容等关键器件也采用模块化设计，即插即用，无须专业人员维护，提高了维护效率。中国逆变器企业正在不断突破传统逆变器品种的限制，引领行业的新一轮变革。

降本增效之谜

中国光伏各环节产品在过去 20 年中是怎样实现降本增效的？为了真实、准确地还原这一过程，我们需要一定的微观视角。通过考察通威和天合这两家企业，我们将分别在多晶硅和电池片环节探寻这个答案的冰山一角。

2014 年 10 月，面对通威永祥（通威集团旗下公司）在多晶硅行业低谷时期暴露出来的各类管理问题，通威集团任命段雍"空降"通威永祥出任总经理，对通威永祥所有环节的成本效率进行改进优化。

大量工艺流程的优化都在"小小不言"的地方发生。

10 月份正值秋天，段雍发现循环水是冰凉的，他的直觉告诉他这不对劲，说明从高温冷却下来的换热流量太大，冷却"过度"了，这无疑会浪费很多水电。在他发现该问题后，立即对这一项进行了整改。

他还把产品运输合作公司从内部指派改成了公开招标，运费立刻下降了三分之一，一年省下了 500 万元。他发现水泥的矿石价格过高，要求从每吨 48 元至少下降 5 元。一位采购经理抱怨道："矿石厂就那么几家，你得罪了它们，它们还会向你涨价呢。"

段雍厉声说道："首先，你可以告诉我有什么困难，需要什么支持，但你一上来就说不可能，我很震惊。第二，我们矿石库存有 9 万吨，你完全有底气跟他们谈价格，比如远交近攻，想一些战术策略。但你交个报告上来，通篇都是不可能、办不到，工作不是这样做的。"

后来这个采购经理就被撤职了，继任者按照段雍的思路，一周内把矿石成本每吨降了 3 元钱，到 2016 年 9 月谈到了 38 元/吨，下降了 10 元/吨。除了降成本，还有废物利用，比如通威永祥循环经济链的最后一环是利用废渣来生产水泥。

2014 年年底，段雍提出 2015 年要扭亏为盈，他告诫大家："不要以为行业里别人亏得更多，我们亏损就是应该的，这是等死的节奏。"在内部大会上，他定下目标：全年降成本 1000 万元，员工工资乘以 160%。

通威永祥从 4000 吨到 15000 吨的技改扩能开始以后，段雍提出采购成本、销售成本、生产成本各降 1000 万元，这样就不会亏损。

针对这个目标，通威永祥重新梳理了所有产生成本的环节。办公费、电话费、小汽车费降低了 39%，招待费降低了 70%，拆了几十台固定电话就没有固话费了，套用的手机号码找来三大运营商参与竞标，话费一下就降下来了，所有办公用品全部网上采购。后来 2016 年每吨电石涨价 150 多元，财务就想，反正采购量大，那么用远期承兑汇票预付 1000 万元，以此要求供货商降价，对方提前锁价，每吨少涨价 100 元。

以前生产用的蒸汽冷凝水全部排掉，2015 年对冷凝水进行回收利用、梯级利用、循环利用，减少水耗和烧水用的煤耗，一年节省 500 多万元。

一个员工在外出采购的时候，发现某企业包装产品的编织袋底部只卷一次边，通威永祥却一直因为卷两次，而多消耗了 1 厘米的材料。他回到公司以后提议只卷一次，还做了跌落试验证明安全可靠，就拿着这个提议去与供应商沟通，结果一个袋子降了 5 分钱，一年省下了 20 万元。通威永祥直接奖励提出这个建议的员工 2 万元。对于其他优化建议，根据贡献大小、原创还是模仿、难易程度，奖金各有不同。

不仅有一次性的奖励，通威永祥还把每一项新制定的年度任务层层细分到各个工作环节，对应不同的收入系数指标，而不再是统一的系数 1。干得好的环节员工收入就高，每个岗位都有相应的收入激励，比如达成指标处在行业领先，那么系数就远大于 1；如果只是行业平均水平，连系数 1 都拿不到，相当于扣工资。

同时内部竞争还引入了末位淘汰制，虽然这看起来有些残酷。树脂公司 2014 年有 930 人，2016 年剩下 780 人，水泥厂从 340 人降到了 270 人，但是每个人的收入都有增加，因为省下来的工资成本当中的 30% 留给了基层员工，少发一个人的 3000 元工资，就把其中的 1000 元分给了分担他工作的人。一些岗位的职能合并，做到一岗多能，所有环节和工艺流程进行重新梳理、优化、量化、图示化。定岗之后，重新培训员工，员工还可以提改进意见，每改进一项都有奖励。所有员工接受技术等级考核，评为最高级别的员工收入与总经理的收入是持平的，如果三次考核均不达标就要被辞退。在培训过后，还有导师制确保通威永祥关键技术的传承和精进，带徒弟的师傅都会领到津贴。

2015年，通威永祥完成15000吨技改扩能，当时多晶硅同行平均成本12万元/吨，而通威永祥技改后的成本降到了9万元/吨。多晶硅料销售价格17万~18万元/吨，意味着通威永祥每一吨的毛利率比同行多出近50%。

有一次一个晶硅生产现场的工段干部刚下白班，跟段雍说："咱们现在产能从4000吨提到了15000吨，还是24个人做事情实在太辛苦了，能不能添点人，或者涨点工资？"段雍回答道："你带我到现场，看看你们哪个环节最辛苦。"

二人到三废工序现场观察了半个小时，段雍说："第一，你说的最辛苦的这个岗位，不仅不能添人，还应该减一半的人；第二，工资高低不是找我要的，你得找自己要；第三，你完全可以更轻松、更安全地工作，你们现在这种劳动方式是完全没价值的。"

工段长说："您这话什么意思？"

段雍说："第一，这里为什么漏这么多水？第二，这些滤渣不断掉到水槽里，你没完没了地铲也于事无补，你要分析分析，能不能不铲这个。"

工段长挠挠头，说不上来。

"你可以自己想想方法。看看这些滤渣都是从哪掉的，弄一个挡板不就掉不下来了吗。还有那么多水在流，刚辛苦压干的滤渣，又被水浸湿了，能耗水耗都增加，拿给水泥公司又要消耗人力和能源来烘干水分。所以能不能把这些排水管改进一下，把水排到槽里，这样不就不往外流了。这个环节没到位，相关环节成本就会高，这不就是没有价值吗？想想能不能优化方式，一个月后我再来检查。"段雍说道。

一个月后，当段雍再来现场，发现这里各项问题都得到了改进，不再需要人去铲渣了，也不漏水了，但他继续说："你们整个大环节还能不能改进呢？"

于是段雍召集整个班组说："这是个思维方式的问题，思维一变，到处都能发现问题。比方说人工配酸能不能变成自动配酸？我们成立一个攻关小组，一起讨论解决问题。"

一周以后，攻关小组负责人说问题解决了，不仅改成了自动调酸，还把阀门改道，优化了巡检的断头路线，改折返路线为循环路线，员工铲渣清堵成为历史，可以穿着干净的工服下班，滤渣水分也从80%以上降低到55%，每个环节的改进还让整体工效提升了50%。

另外他们还发现，中和酸水pH值原本需要外购石灰，其实可以用工厂的"废料"电石渣来解决。电石渣有个问题就是含有的硫化氢导致气味很臭，于是攻关小组就试验各种中和耗材，看看有什么东西加进去既安全又除臭，最后发现了次氯酸钠。这个环节投入20万元，能节约成本400多万元，整个环节一年降本800万元。不仅如此，蒸发效果和稳定性的提升，让三效蒸发（一种利用蒸汽热量蒸发水的装置环节）的效率从60%提升到86%，单一环节一年实现超过1000万元的收入。这个环节上的团队人员都按绩效方法获得了非常可观的奖励。

通威永祥每天用红、黄、绿三种颜色来标识所有环节与国内最好水平的差距，每天跟踪改进。而当红色、黄色变成了绿色，意味着工作标准已经可以进一步提升，员工工资系数也随之提高，当工作标准达到国内最优，就去对标国际最先进水平。

与此同时，通威永祥还不断推动内部各个化工板块的联营，把多晶硅、树脂、水泥三大产业的生产和物料循环相结合，实现固体废物零排放，比如把烧水泥窑的蒸汽用于多晶硅生产，生产多晶硅的废渣和电石渣用作水泥厂的原料。多晶硅制造中还原阶段的热水变成蒸汽，送到精馏塔区，为精馏和回收两道工序供热，让65%～70%的还原阶段电耗得到回收利用。在使用蒸汽的过程中，只要补充锅炉造成的5%的损耗，就足以支撑全部生产。通威永祥的循环经济产业链不仅在多晶硅环节做到节能减排，还额外生产了15万吨/年的烧碱产品、12万吨/年的聚氯乙烯和100万吨/年的电石渣水泥。

通威永祥的1.5万吨项目技改完成以后，产能规模跃居全国第三，同时生产每千克多晶硅的工业硅粉消耗量从 2.6 千克下降到 1.16 千克，设备折旧从平均每吨 3.9 万元下降到 1.7 万元以下，使得这一项目的每千吨总投资额降到 1.9 亿元，而国内同等规模的最高投资额达到 6.7 亿元。通威永祥用 28 亿元做了别人花 100 亿元才能做到的事情。

到 2016 年，通威永祥的高纯晶硅生产成本降到了全球最低。意味着当多晶硅价格降到其他企业的成本线时，通威永祥依然可以保持盈利。2016 年，通威永祥首次位列全球多晶硅生产企业前十名，而它此后只用了短短五年的时间，就超越了所有对手，登顶全球多晶硅生产企业冠军的宝座。

伴随着通威永祥等企业快速成长的，还有为这些生产企业提供整线设计的设计院和提供装备的上游企业。多晶硅产线设备的大型化是能有效降低多晶硅工厂投资强度的手段，但未来国内企业在进一步大型化方面要攻克的难关还有不少。比如多晶硅提纯塔如今已经发展到 6~7 米的直径，一个提纯塔如果在江苏设备工厂中制造完成，要运输到位于新疆的工地进行组装，沿途限高的道路都会成为运输的障碍。另外大型化设备上的各类零部件同步扩大，对设备上游的供应商也是一大挑战，比如过去整个设备的重量只有 2~3 吨，而如今一个设备上的阀门装置可能就重达 5~10 吨。

在产线设计这一端，除了设备大型化，中国多晶硅产线设计不断优化，设备和设备之间的管道连接变短，布局更为紧凑。比如按照电力行业规范，变压器和还原炉供电设施要单独建造一个建筑物，易燃易爆条件下的建筑物之间要达到 15 米以上的距离，但恩菲参与制定的工厂设计标准规范当中，可以直接将大型变压器放在多晶硅还原车间的楼下，从而节省建筑物之间的电耗损失。同时这一标准参考了日本、德国等国多晶硅先进企业的产线设计，保障了其安全性。

同时多晶硅还原热利用率达到 80% 以上。生产 1 千克多晶硅，可以副产 2~10 千克的蒸汽，这些蒸汽可以满足整个工厂的主要使用需求，大幅降低从外界补充蒸汽带来的能源消耗。

多晶硅企业可以将一个精馏塔的高温原料气体用来给另一个精馏塔的进料加热，有的还在多塔间串联使用，大幅减少了蒸汽消耗和水耗，降低能耗 45%~70%。

综合各类设备和产线设计因素，中国多晶硅工厂的投资强度大幅度降低，曾经 1000 吨产线需投资 10 亿元，如今 10000 吨产线仅需投资 8 亿~9 亿元。

国内的多晶硅行业也早已在事实上摘掉了"高污染、高耗能"的帽子。随着近些年国内企业技术水平和管理水平的不断提升，环保部门在线监测的常态化进行，高污染的多晶硅企业早已没有生存之地，多晶硅生产物料的闭路循环杜绝了污染问题。2016 年，中国光伏行业协会秘书长王世江博士详细对比了多晶硅生产与传统高载能（能源成本在产品产值中占比较高）产业——电解铝和水泥生产的耗能情况。按照当年产品价格对比 1 万元产值的能耗，多晶硅为 0.82 吨标准煤，而电解铝为 1.31 吨标准煤，水泥更是高达 3.86 吨标准煤。如果将整个光伏系统作为产品计算，其万元产值能耗会进一步降低到 0.21 吨标准煤。如果使用 2021 年的多晶硅能耗和价格数据，多晶硅万元产值能耗已下降到 0.513 吨标准煤[1]，相比于 2016 年又下降了 37% 以上，随着颗粒硅等更低能耗技术路线的产业化发展，未来这一数据还将进一步下降。2009 年，中国典型的多晶硅企业生产每千克多晶硅的综合能耗超过 45 千克标准煤，到了 2022 年国内新设计的产线已经降到 7.5 千克标准煤以下。有充足的数据证明，多晶硅产业的能耗水平早已不能同所谓的"高耗能产业"相提并论。国际能源署统计发现，从 2011 年到 2021 年这十年间，如果多晶硅行业停留在 2011 年的能耗水平，要满足 2021 年完成的多晶硅生产，需要消耗的总能量相当于 2021 年实际用能的 287%，或者相当于 1467 万吨标准煤。很显然，是中国企业对三氯氢硅法生产多晶硅在节能减排方面进行的大量优化工作，才使得单位产量的多晶硅能耗在十年间快速下降了 65% 以上。

除了多晶硅生产环节的降本增效，我们还要以天合光能为例，讲述一

---

[1] 2021 年多晶硅价格数据取自国内 4 家代表性生产企业——通威、协鑫、特变、大全 2021 年年报中披露的多晶硅全年销量和销售金额的加权平均值，多晶硅综合电耗数据取自中国光伏行业协会《中国光伏产业发展路线图（2021—2022 年）》。

个光伏企业在电池片、组件等下游制造环节开展降本增效的故事。

2016年,天合光能已经是一个拥有15000人的庞大企业,面对企业内部出现的各种"大企业病":比如部门职称(经理、总监等)的"通货膨胀"、组织层级的复杂叠加、沟通效率的下降、KPI考核流于表面、团团伙伙帮派林立等问题,高纪凡苦思解决之道,多次前往海尔、腾讯等企业考察,还去清华大学、中欧国际工商学院等知名学府研修管理课程。在中欧国际工商学院的课堂上,他受到启发,邀请杨国安教授和陈威如教授对天合做了平台化战略改造设计。

2016年5月,高纪凡向管理层正式抛出了"创团"的想法,对天合光能的组织架构做了史无前例的升级改造。总体来说,这次改造就是以个人和更小的团队作为利益主体,将更多权责进行充分下放,砍掉中间层级,实现扁平化管理。他将前端的业务部门改造成自主经营、独立核算的"创团"经营体,而将后端整合为人力、财务、品牌等服务平台。

每一个"创团主"会领取公司设定的经营目标任务,完成任务后,超额利润的大部分分配权归创团所有,同时在采购、制造、销售上下游各个环节进行内部的市场化改造,实现价值传导。

为了减小内部推行"创团"制的阻力,高纪凡决定先试点、再扩大。首批试点选定了晶硅、电池、组件等4家工厂,其中就包括江苏的盐城工厂,这是当时全球最大的单体双玻组件制造基地,年产能达到1.5吉瓦。

高纪凡找到盐城工厂的总经理,问道:"还能不能进一步降低制造成本?"总经理为难地说道:"作为一个组件制造工厂的负责人,我在组件成本结构里能'说了算'的部分,只占组件成本的10%,我即使降低了50%的制造成本,也只是在组件总成本里降低了5%,影响不大。"高纪凡听完深受触动,随后将盐城创团的权限进行下放,盐城工厂采购、销售自己谈,人员规模自己定,流程规划自己设计。除财务部门外,所有部门都归盐城自己管,连总部平台当中提供支持的人力部门、质检部门同事,都要进入创团内部,接受盐城工厂总经理的领导。

事实证明,这样的制度安排充分激发了盐城员工的积极性。以双玻组件封边需要用到的胶带为例，之前盐城工厂的胶带都是集团集中采购，无论贵贱都必须用，大家即便知道有便宜的采购渠道，也没人愿意多嘴，怕别人说自己想从新渠道里"捞好处"，所以盐城工厂用的胶带采购价为158元/卷，每年花费2500万元。

实行创团制以后，降低成本关系到每一个人的切身利益，压减的成本里有相当一部分都是大家可以分配的超额利润。所以材料损耗组就"货比三家"，与多家供应商轮番压价，把采购成本降到了73元/卷，仅此一项费用一年就省下1300万元左右，降本幅度超过50%。

随后，大家还在摸索中发现，如果组件封边时，一半用有孔胶带，一半用无孔胶带，再把胶带的宽度减少三分之一，把胶带长度增加到每卷700米，节省卷芯用量，这就又能省下一大笔成本。后来大家还发现，如果只采购无孔胶带的母卷，买来以后自行分切，在全自动封边机的滚轮上安装打孔针自动打孔，这样胶带的成本最多可下降80%左右，一年下来节省成本高达2000万元。

按照创团的利润分配法，完成集团目标以后的超额利润有30%拿来奖励创团，在创团内部根据功劳大小分配，当期兑现。一个季度下来，大家发现自己的奖金收入是过去的2~2.5倍，有的人一个季度的奖金比过去全年的奖金还多，而同事之间的收入差距也在扩大，创团中贡献大的核心成员，奖金是辅助人员的好几倍。

在创团试点过程中，天合光能也发现了一些问题：比如一些人为了拿奖励急功近利，一些人自私自利，别人的事情一概不管，这些问题由公司平台来进行裁决，如果触犯底线，对创团罚款几十万元甚至上百万元，相当于没收超额收益。

2017年第一季度，天合光能的制造板块全面"创团化"，随后市场板块、商用光伏板块、家用光伏板块也开始推进。不到一年时间，这个15000人的庞大组织展开了浩浩荡荡的平台化转型。这一年，很多创团负责人和高管几乎没有休过完整的周末，上上下下处于全员创业的状态。高纪凡最深的感触是："原来每年都要优化流程，每次都很费劲，改10%都很难，下面总在抱怨，说你定的这个制度不好，那个流程不好。现在创团负责人拥有了管理权、用人权、流程制定权，总部定好方向和目标，剩下的由负责人们自己去弄。"

在通威永祥的事例中，段雍上任后对公司总部的各部门进行了裁撤，把权力层层下放，无论环节大小，谁负责的事情谁做主，做到"责、权、利"结合，总部只剩下一个财务中心、一些宣传人员、几名司机和段雍。而高纪凡说："创团的目标是要培养一百个高纪凡。一个高纪凡不行，有了一百个高纪凡，企业自然就行了。如果天合光能团队有一百个高纪凡，还不能成为一家了不起的企业那就怪了！"

通威和天合的两个案例帮我们回答了这样一个问题：中国光伏企业在实现更大规模扩张的过程中，如何通过组织管理上的变革，避免"大企业病"带来的弊端？如果将这一解释过程进行理论化，通威和天合采用的两种方式分别对应了两种组织激励模式，一种叫作"锦标赛"模式，另一种叫作"发包制"模式。这些概念来自北京大学光华管理学院周黎安教授的"中央—地方政府关系理论"，也可以用来解释企业层面的激励模式创新。

通威所采取的"锦标赛"模式可以从字面意思理解，即"夺旗比赛"，就像人们小时候面临的考试排名一样。企业将所有能够量化并有利于企业发展的生产过程环节不断拆解、细化，制定出可以清晰表示的目标刻度并予以公布，比如目标是降低多晶硅生产电耗水平，在将相关目标分配给相应部门的员工后，实行节点考核（比如按月考核），对排名靠前或靠后的员工给予奖惩，从而在内部形成"锦标赛"一样的竞争机制，激发员工个人的胜负心，推动各岗位环节目标的实现与不断突破。

而天合创团所采取的"发包制"也很好理解，指的是发包方（公司）发出承包任务，更多时候是采取"不问过程，只重结果"的考核导向。承包方（创团）的核心目标是完成任务，比如任务是年内将组件材料采购环节成本同比降低30%，承包方具有相当程度的自由裁量权，可以采取各种手段来实现目标，双方也会提前约定好目标完成后的奖励机制或分成机制。但是当承包方突破一定底线，违反公司规章时，发包方具有干涉和否决的权力。

为什么要引入"锦标赛"和"发包制"这两种模式来解释光伏企业发展的内生动力呢？因为这两种模式非常生动地揭示了中国光伏企业在生产规模、人员规模不断扩大的过程中，如何在员工激励与企业目标之间实现有效衔接的问题。一个企业如果只有二十个人的时候，那么企业家每天在工厂里待几个小时，就能掌握绝大部分生产细节和员工情况，比如早期抢起大锤砸掉幕墙产品的高纪凡，以及与阿特斯十几个工人同吃同住的瞿晓铧。但如果一个企业拥有上万人的规模，生产基地分布全国各地，那么每天员工的工作总时间就会超过 8 万个小时，一个企业家一天最多只有十几个小时在工作，没有任何个人能日日有效监督 8 万个小时的工作完成情况。那么如何解决企业内部"信息不对称"的问题？就需要通过设置合理的激励手段，让员工不必事事请示汇报，通过"自驱"来主动完成甚至超额完成岗位目标，同时做好岗位目标与企业目标的有效对接。就像香港中文大学（深圳）校长讲座教授、全球与当代中国高等研究院首任院长郑永年指出的那样："劳动者越是成为生产（经济）过程的'利益相关者'（stakeholders），越是在这一过程中具有获得感，效率就会越高。"通威的"锦标赛"和天合的"创团制"模式为解决这一问题给出了各自的答案：如果企业的目标是降本，那么降本的激励就要落实到每一个环节，每一个岗位上，可以激励员工将某项指标做到团队第一、公司第一、行业第一，并给予事后奖励；也可以像天合一样激励员工完成承包前设定好的具体目标，并从承包的增利当中分享超额收益。这是中国光伏企业在做大做强过程中，扎实推进"降本增效"这一行业目标的微观机制。

在中文语境当中，"创新"是一个容易激动人心的词，但真实情况是很多创新在后续真正嵌入生产体系的过程中需要海量的调适、迭代、打磨，而人们往往忽略看似漫长、枯燥、细枝末节的"优化"过程。

创新只有在生产实践中落地，即能与人员、机器、物料、工艺方法、生产环境（"人机料法环"）全面对接适配，才可能真正成为驱动企业降本增效、提升竞争力的保障。所以我们在此可以尝试给"优化"下一个定义：优化是创新成果与生产实践中一切要素的连接，连接的强弱动态反映着优化水平的高低。

当很多媒体走进光伏企业工厂实地探访的时候，讲解员会向他们介绍：我们采用了业内最新的技术工艺，使得产能提升多少多少，成本降低多少多少，整个无人车间采用 AGV 小车运送物料，节省人工，实现全流程自动化……这样的故事不停地传播、扩散，使所有人都认同了这样一种观点：更先进的设备、工艺会"自动"地转变成企业在行业中取得领先地位的生产力水平。

诚然，引入更先进的生产线能给企业带来竞争力，但在真实的企业经营过程中，"优化"是与"创新"同等重要的一极。有学者将二者称为"颠覆式创新"和"微创新"的区别，就像区分史蒂夫·乔布斯和蒂姆·库克对于苹果的意义一样，笔者不同意这样的表述。"优化"必须在企业和产业发展理论建构中占有独立而重要的地位，而不应以任何方式"依附"和"寄生"于创新而存在。

"创新步道"理论

为了更加深刻地理解"优化"在中国光伏制造业体系当中的重要意义，我们引入一个全新的"创新步道"理论来做进一步说明。相信读者都爬过山，在公园里爬山有两种，一种是走台阶，在山势比较陡峭的地方，连续的台阶能让人快速地拾级而上，但这样的过程比较累，一般人爬个几十、上百级台阶就一定要在原地休息一会儿；还有一种是走步道，在山势比较平缓的地方，上几级台阶，就有一段缓坡，随后又是上几级台阶，走一段缓坡，如此循环，这样的爬山让人感到非常放松惬意。如果把"爬山"作为一种隐喻，读者认为哪一种方式更符合中国光伏产业不断升级的事实呢？答案是后者，走步道。

中国光伏的发展和进步可以说 10 年一个大发展，速度非常快，但这样的进步并不来自疯狂的"拾级而上",而恰恰来自看似轻松的"走步道"。台阶和缓坡,在光伏产业升级的过程中,分别扮演着两个重要的角色:创新和优化。中国光伏所取得的成绩,不仅仅来自企业在研发端和生产端的创新,还来自企业对各类创新持续不断地优化、打磨,使创新成果至臻完善。每当爬上一段台阶以后,身体会产生些许疲惫和不适,就像很多创新成果刚刚被采纳的时候,往往会在生产应用环节上出现各种各样的问题。比如施正荣使用日本 NPC 公司的设备导致碎片率高达 20%,比如隆基在进行金刚线技改的初期出现大批不良品,比如王俊朝自己都不满意的 PECVD 设备样机被拉到了无锡尚德的产线展开试用,等等。这时候创新的生命力是极为脆弱的,因为在生产端人们能找出一百个理由拒绝采纳创新成果,他们习惯于使用在量产环节反复被验证有效的、成熟的现有技术路线,不愿意冒风险做出改变。如果企业的技术负责人此时选择妥协、甘拜下风,那么创新瞬间就会被打入冷宫,就像一个一直爬台阶的人累到极限,突然坐在原地,再也不肯登顶。这时候,创新最需要的不是另一种创新,而是优化,是不断在中试线和大规模量产过程中,解决掉技术创新所带来的各种问题,让创新更好地"嵌入"大规模生产环境中——就像步道上的缓坡,让人放慢节奏,调整身心,却还能保持持续上升的状态。缓坡所优化的是整个人的机体状态,缓坡所弥合的是疲惫的身体和即将攀登下一段台阶之间的"状态鸿沟"。一味地夺路狂奔直达光明顶,这绝不是中国光伏产业升级的真相。

在我们的中文语境中,"优化"听上去远不如"创新"二字令人激动,也因此长期被人忽视。很多人一提到某个制造业领域的成功之道,张嘴便是"科技创新的力量"。中国光伏产业的成功能最有力地回击这一点,即这个产业的成功永远离不开对创新的优化。

"优化"究竟是什么?苹果公司的 CEO 库克给出过一个非常经典的定义:"让一个事物比我遇见它时变得更好。"(To leave something better than I found them.)王俊朝曾经讲过,很多实验室里实现的高效太阳能电池技术,一旦扩大规模走向量产就行不通了,因为为了打破世界纪录,企业可能为实验室投入重金、用手工而不是机器、用最昂贵的材料、花费很多时间、经历无数次失败，只为制造出一小块电池送去专业机构检测效率。但量产要求的是同时实现高效生产、成本低廉和质量可靠等多个目标。中国光伏产业的优势就在于我们可以把这样的"产业化技术"做到最好，同时保有国际上一流的创新研发实力。换句话说，我们单独"爬台阶"的能力是世界一流，却未必是全球第一，但我们"爬台阶+走缓坡"的综合实力是所有国际选手中最强的。用沈浩平的话来说："我们左手做蛙跳，右手不断做精益。"

中国光伏产业界十分擅长的一种能力是，在实现下一次大的技术跨越之前，找到一种过渡性技术，可以使企业以较低的换新成本，紧跟产业升级的步伐，同时留出一定的时间窗口，为下一次颠覆式跃迁积累资本、技术等产业要素。"过渡性技术"包括介于多晶硅和单晶硅之间的铸锭单晶技术，也包括将砂浆线切割机改造而成的金刚线切割机，还包括铝背场电池和 n 型电池技术之间的 PERC 电池，等等。

站在当下，光伏业界正在经历从 p 型电池迈向 n 型电池的大转型时期，很多企业都需要在 TOPCon 和异质结之间做出选择，或者是"两个都要"。彭博新能源财经就认为，现在国内大量电池生产企业的 PERC 电池产能规模十分庞大，而且新产能较多，如果直接跃入异质结路线，现存的大量设备存在无法继续使用、只能报废扔掉的结局，所以从"沉没成本"和"边际投入"的角度来分析，仅仅通过增加几种设备、几道工序就能把 PERC 电池产线改造成 TOPCon 电池产线，同时突破 p 型电池极限，实现一定的电池效率提升，这样的"边际改善"对大量 PERC 电池生产企业来说是更务实、更经济的选择。

事实上，当年 PERC 电池之所以能大规模替代传统的铝背场电池，有一个重要原因就是 PERC 电池产线与铝背场电池产线兼容。对于今天 TOPCon 电池有望大规模替代 PERC 电池的趋势，我们同样可以按相似的逻辑来理解——上一代电池产线工艺和设备的成熟成为下一代电池产线的"基础设施"，而在此基础上只需要额外添加几种新设备、几道新工艺就可以实现电池效率的跃升，而不需要企业伤筋动骨、推倒重来，这对于技术日新月异、设备投资折旧成本高的光伏行业来说，是可行性非常高的性价比之选。

目前不同企业对于TOPCon路线的认识不同。比如隆基就认为TOPCon能挖掘的潜力有限，不值得大举投入。而晶澳、天合则认为TOPCon未必是"过渡技术"，而很有可能与异质结分庭抗礼。总而言之，中国光伏产业在多次技术升级过程中，都能找到"渐进式"的优化方案来解决由于"步子迈得太大、太快"而给产业界带来的"适应不良综合征"，这或许同样可以看作一类"创新步道"在光伏产业的实践。

"创新步道"理论能有效解释的另一个问题是：企业在两次创新之间的间歇中做了什么？如果我们反思汉能在研发和生产环节出现的问题，其中一个就是汉能一味地强调创新，尤其是汉能收购的外国企业屡次打破世界纪录，但这些企业完全分属于不同的薄膜技术路线，不仅有铜铟镓硒、砷化镓、碲化镉等技术路线，还有汉能自己的非晶硅技术路线。如果汉能致力于深耕其中一条路线的"创新+优化"，或许很有可能在数年之间就实现量产规模和效益的突破，从而像美国第一太阳能公司那样，在被晶硅企业包围的市场环境中占有一席之地。

但很可惜的是，汉能无法将先进的创新技术转化成能够实现大规模、经济性量产的"产业化技术"，反而把象牙塔里的"科技创新"当成向地方政府招摇撞骗的幌子。

用经济学家和技术哲学家布莱恩·阿瑟（Brian Arthur）的话来说："想要实现一场颠覆性改变，只有基础技术的改变是不够的。一场颠覆性改变的完全展开需要等我们对那些围绕着新技术的活动（企业或商业流程）进行组织，并且直到这些技术也开始适应我们之后才算真正完成。"就像单晶硅替代多晶硅的过程一样，单纯从技术角度来看，是PERC、半片、多主栅、金刚线、单晶硅炉升级改造等一系列"环抱着"单晶硅的技术一步步放大了单晶硅相对于多晶硅的优势，从而使单、多晶硅大战的天平最终向单晶硅路线倾斜。单晶硅作为基础技术的改变的确很重要，但还不足以成就其自身发展到如今称霸全球市场的地步。

对此，天合的冯志强教授深有感触。他给我们讲述了一个 IBC 电池技术停留在实验室和中试线、没有走入量产阶段的故事。

在国家科技部 2012 年组织的国家"863"计划先进能源技术领域当中，天合光能国家重点实验室拿到了一个"效率 20% 以上低成本晶体硅电池产业化成套关键技术研究及示范生产线"项目。当时天合光能国家重点实验室就提出，量产 20% 以上，实验室效率就要做到 24% 以上，4 个百分点的效率提升是非常大的一个跨越。

为了实现这一目标，实验室提出要采用一种当时在国内没有实现量产的高效电池，名为 IBC 电池。这种电池并不为光伏行业外的人所熟知，但是在 2015 年，有一架 100% 依靠太阳能电池提供动力成功进行环球飞行的"阳光动力 2 号"飞机，途中曾经在南京和重庆停留，它所采用的就是高效的 IBC 电池。

IBC 的全称是"交指式背接触"（Interdigitated Back Contact），因全背电极结构设计而得名。在它的结构设计中，导出空穴流-电子流的正、负电极金属化栅线都设计在电池的背面，正面接近全黑，外表十分美观，没有栅线遮挡，避免了金属电极约 5% 的遮光损失，能最大化吸收入射光子。正负电极在背面交错排列，而且其 p-n 结不是平面结构，所以 IBC 电池是一种制作难度较大、工艺非常复杂的电池结构。

一开始，天合找到了一些国外科研院所进行技术合作，但效果不理想，天合索性开始独立研发。当时全球只有一家企业能把这个电池做到量产，就是美国的 SunPower。在 SunPower 工作十年的皮埃尔博士加入天合以后对大家说："我知道怎么做，但我不能告诉你们，不过我可以带大家一起重新研发，不侵犯 SunPower 的专利，开发一套中国人自己做的 IBC 电池，成本还要比 SunPower 低 30%。"为了做出这样一款电池，首先要搭建复杂的理论模拟模型，当时国内没有这个经验，天合就派人去欧洲学习，在理论模拟的基础上再去开发相关的工艺。在皮埃尔博士的带领下，2014 年，天合光能的 IBC 电池创造了光电转换效率高达 24.4% 的世界纪录。2015年，在中试线上，大面积（156毫米×156毫米）IBC晶体硅电池的实验室转换效率最高达到22.9%，中试平均转换效率达到21%以上，技术指标优于国家"863"计划课题的考核指标，项目顺利通过"863"计划课题验收。天合还成功地将IBC电池应用到日本大阪产业大学研制的太阳能赛车上，在同场竞技当中，竞争对手的赛车使用了SunPower的IBC电池，结果每次都是搭载天合电池的赛车获胜。天合IBC电池研发团队当中的很多年轻科研人员后来都成为独当一面的技术负责人。

2015年，天合这一"863"项目顺利通过验收之后，包括国家科技部的领导在内，很多人对项目成果表示高度认可，这对天合的品牌形象也起到了宣传作用。但在天合内部却出现了不同的声音，有人认为实验室搞出来的东西不是主流产品，没法拿着它去挣钱。实验室技术研发应该为量产转化服务，而不能仅仅停留在一条中试线上。

这时候天合IBC研发团队集体陷入了沉思：这个东西到底是做对了还是做错了？从技术研发的角度，我走到别人前面引领行业了，应该是做对了；但是我走得太超前，导致无法实现量产，因为IBC电池的成本比当时的PERC电池高出20%~30%，大型地面电站项目根本用不起这么贵的电池。

这就说明了一个问题，在企业搞研发和大学里搞研发是不同的。企业给实验室不断地投入资金，实验室就要给企业做出成果转化来，但同时作为国家重点实验室，也要为国家在前沿技术研究方面做出贡献。所以天合实验室团队总结出一个经验，他们的任务就是"双肩挑"，两头都要兼顾。冯志强认为IBC电池项目给团队留下了宝贵的经验，他说："我们认为大家最终都是为客户服务的，我们所有的研究方向都是为了量产化，只不过是明天量产化还是后天量产化的区别。而这在企业中就会带来一些问题，企业研发领先一步可能是不合时宜的，你要领先半步就是对的事情，不能走得太快。比人家领先几个月可以，你领先一两年，研发的东西躺在那里，没有产业化，到两年以后也不稀罕了。这是一个研发战略规划的思维过程，你的技术领先最终要体现在商业价值上，而你在大学里搞科研就不用太考虑这些。"在实验室做研发工作,比如打破电池效率世界纪录的一些产品,可能电池制作过程中很多步骤是用比量产工艺成本更高的工艺制作的,而且送去检测的电池片样品往往是很小的一块,以平方厘米为单位,所以可以使用价格昂贵的材料。但是从实验室走向工厂大规模量产的过程中,还有很多问题需要解决。这当中就需要先在一种"比实验室规模大,比工厂规模小"的产线上把设备、工艺都跑通,所以要搭建"中试线",在天合实验室里这条线也叫"黄金线"(Golden Line)。通过模拟量产产线连续生产的过程,就能发现很多需要解决的问题,比如工艺管控、材料、网版设计等,关键是把成本(单瓦的材料费用)降下来,把良率提升上去,提高产线自动化水平。IBC电池停留在中试线,没有走入量产阶段,就是因为在中试线跑下来发现成本依然很高,所以暂时不做。这个案例说明,对很多科技产品来说,从产品研发走向产品生产的道路是曲折的,需要非常细致的协调安排,来实现研发设计人员和生产人员之间的知识交换。如果研发者不了解生产环境,那么产品设计过程可能举步维艰。由企业推动的商业化创新过程必须将研发和生产放在一起考虑。

所以说,所有企业在成为行业龙头的过程中,"创新"只占故事二分之一的篇幅,剩下二分之一的故事必须留给"优化",通威永祥和天合光能的故事就是最好的证明。中国光伏走向世界第一,走向全球成本最低、规模最大、效益最优的道路不是一蹴而就的,不是自然发生的,更不是唾手可得的,而是无数产业中人在技术创新基础上不断优化的结果。

第九章

迫在眉睫

从超预期到失控

2014年之后,国家能源局放松了对光伏发电的管制,从项目核准制改为备案制,同时实行年度指导规模管理。此后每年,国家能源局制定年度国家和省级的规模总量,指标下发给各省,而项目开发者到省级国家发展改革委备案即可。但是各地为了保证补贴指标"不落空",屡屡出现突破指标束缚的情况,比如安徽、河南、辽宁、湖北等省发文告知企业"先建先得",看谁先纳入补贴规模里面,余下的再往后排,超出国家制定的规模部分会从下一年建设规模招标中优先解决。比如截至2015年年底,江西新余市已并网、在建、备案、签订土地协议的光伏项目总计1309兆瓦,但国家能源局下达江西省的当年光伏建设容量是400兆瓦,江西省能源局分给新余市的2016年建设规模只有16兆瓦,新余一个市的容量是全省的3倍以上。再比如2016年安徽省新增的装机容量达到2.44吉瓦,但那一年安徽省的指标只有0.5吉瓦。

各省光伏电站建设规模远超规划和预期,过程当中还出现了一个重要现象,就是"630抢装"。为什么要抢在每年的6月30日之前并网发电呢?一是因为光伏企业往往在拿到指标后的下一年才正式开工,而长期来看,光伏组件价格大部分时间都是下降的，所以越晚安装成本越低。二是因为国家有政策，以 2016 年为例，相关规定指出，2016 年以前备案入年度规模管理的光伏发电项目，如果未能于 2016 年 6 月 30 日前完成并网发电，就将执行新的电价标准——Ⅰ类、Ⅱ类和Ⅲ类资源区的光伏电站度电补贴将分别下降 0.1 元、0.07 元和 0.02 元。这就是我们提到过多次的"补贴退坡"政策。6 月 30 日和 7 月 1 日并网只差一天，但补贴要差 0.1 元钱，按照Ⅰ类资源区 1 兆瓦光伏装机容量来计算，如果年发电 1500 小时，每年的补贴就相差 15 万元，20 年就相差 300 万元。一位央企光伏电站的工作人员说："别小看那几分钱，一个大型的地面电站，可能会因为这几分钱损失几千万元的收入，所以大家才会那么紧张。"哪怕短期内光伏组件因为供不应求价格上涨，也要抢这个时间窗口。

结果 2016 年上半年，中国光伏发电新增装机规模就突破 20 吉瓦，不仅超过了全年 18.1 吉瓦的指标，还相当于 2015 年同期（新增 7.73 吉瓦）的 3 倍左右，当年中国光伏新增装机量首次超过风电。在经过"630 抢装"短暂的涨价热潮以后，由于短期需求明显减少，组件价格下跌，出现了淡季行情，2016 年全年甚至下跌了 20%，这就让下半年电站投资的理论收益率出现明显上升，为 2017 年的装机热潮埋下了伏笔。

2016 年 6 月 30 日，也就是"630 抢装"的最后一天，江西省能源局紧急要求目前违规在建的项目一律停工，企业无计划在建项目无法得到国家补贴。因为"超标建设"的企业和省份多了起来，得不到合法补贴身份的光伏电站与日俱增。国家能源局曾经公开批评这一现象，但结果只能"法不责众"。2016 年年底，国家能源局发文，同意超标的电站规模可以从 2017 年指标当中抵扣。而事实上，2017 年的电站建设指标分配方案中，"抵扣"没有发生，而是网开一面，转为了"增补"，有 13.4 吉瓦的光伏电站指标属于增补范畴。超预期的电站增长规模，使得前期规划没有起到规划应该起到的引导和约束作用。2017 年后，中国分布式光伏电站的爆炸式发展，最终是以极其残酷的"0 指标"被叫停的。

分布式淘金热

2013年后，中国本土光伏装机容量呈现井喷态势，而且多数为中西部地区的地面电站，光伏发电因此面临着大规模送出和消纳的难题。光伏电站的建设速度比较快，一般半年左右就能建好，但电网的规划和建设周期时间比较长，一些电站项目的规划建设走在了电网前面，导致并网送出进度被变压器容量或主线路建设进度卡住了，"弃光"问题开始在西北各个省份出现，其中尤以新疆、甘肃的"弃光"问题最为严重。比如2016年上半年，西北五省（区）光伏发电量为133.8亿千瓦时，而弃光电量高达32.8亿千瓦时，弃光率为19.7%，其中新疆和甘肃的弃光率分别为32.4%和32.1%。新疆哈密地区的政府部门甚至劝说光伏电站的业主集资修建220千伏的外送通道工程，这无疑会加重电站投资者的负担。另外，国家能源局要求甘肃2016年风力发电与光伏发电的最低保障年平均利用小时数分别为1800小时与1400小时，在这一范围内的发电，国家要以标杆电价全部收购。而甘肃省工信委公布的当年风力发电与光伏发电的最低保障年平均小时数只有500小时和400小时，连国家要求的零头都不到。在引起外界巨大争议以后，甘肃方面将这一标准暂缓执行。但多个省份都出现了这一问题，暴露出西部省份在新能源消纳过程中存在着一定障碍。西部电站的投资者们意识到，当初在纸面上计算的每年发电量和可观的电费收益，实际情况可能并没有那么"美好"，这也间接导致很多投资方在2016—2017年转向中东部地区的分布式光伏市场去"淘金"。

2017年分布式光伏的彻底爆发，源于政策的长期铺垫与因势利导，其政策扶持的基础是自2013—2014年"双反"结束之后一步步夯实的。

2013年，中国光伏新增装机容量超过10吉瓦，然而这其中分布式光伏只占了不到1吉瓦。在海外，光伏主要的使用场景恰恰是居民和工商业屋顶这些分布式场景，也只有光伏这种模块化、小单元的能源装备最适合这样的场景。

自2013年国内光伏市场大发展开始，国家就希望大力推广分布式光伏。2014年，国家能源局下发了《国家能源局关于进一步落实分布式光伏发电有关政策的通知》，这成为中国分布式光伏发展历史上的一则重磅文件。其中不仅提到"利用建筑屋顶及附属场地建设的分布式光伏发电项目，在项目备案时可选择'自发自用、余电上网'或'全额上网'中的一种模式"，而且"'全额上网'项目的全部发电量由电网企业按照当地光伏电站标杆上网电价收购"。业界认为这是一项政策革新。

文件还提道："已按'自发自用、余电上网'模式执行的项目，在用电负荷显著减少（含消失）或供用电关系无法履行的情况下，允许变更为'全额上网'模式"。也就是说，分布式电站可以在发电过程中变更计费模式，电网公司必须全额收购其所发电量，全部电量均享受国家补贴，解决了很多投资者的后顾之忧。

更重要的是，文件提出："对各类自发自用为主的分布式光伏发电项目，在受到建设规模指标限制时，省级能源主管部门应及时调剂解决或向国家能源局申请追加规模指标"。另外"对示范区内的分布式光伏发电项目（含就近消纳的分布式光伏电站），可按照'先备案，后追加规模指标'方式管理，以支持示范区建设持续进行。"这就是说，对于符合一定条件的项目，分布式光伏的建设规模是可以捅破"天花板"的。

2016年，国家能源局在《国家能源局关于下达2016年光伏发电建设实施方案的通知》中进一步指出："利用固定建筑物屋顶、墙面及附属场所建设的光伏发电项目以及全部自发自用的地面光伏电站项目不限制建设规模。"

为什么这些政策奠定了2017年国内分布式光伏大发展的基础呢？过去，按照2013年8月国家发展改革委印发的《关于发挥价格杠杆作用促进光伏产业健康发展的通知》，比如一个工厂作为屋顶光伏的业主，选择"自发自用，余电上网"，那么他自发自用的1度电，不仅可以节省购买1度工商业用电的电费（各地情况不同，一些省份在0.8~0.9元/千瓦时），还能获得0.42元/千瓦时的国家补贴，所以自发自用1度电的收益是1.3元左右。但是如果他的屋顶光伏发出的电量超过他（白天）的用电量,那么多余的电只能以当地脱硫煤电价卖给电网,在煤电上网价格较高的东部省份,这一部分的电价也只有 0.4 元/千瓦时左右,再加上 0.42 元/千瓦时的补贴,电价也不会超过 1 元钱,在煤电价格低的地方这部分电价就更低了。一个分布式屋顶的光伏系统中,这种较低价格的"多余电"可能占到一半以上,比如用电很少的仓库、鱼塘,或者白天没人的居民家中,这部分收入的投资回报就较差。

但在 2014 年新政推出后,如果分布式光伏业主预测用电需求不高,就可以将"自发自用、余电上网"转为"全额上网"模式,将电卖给电网公司,电网企业要按照当地光伏电站标杆上网电价收购。

对不同的企业或居民而言,如果"自发自用"的比例高,那么选择"余电再上网"更合适;反之就选择全额上网,(在 III 类资源区)可以享受每千瓦时电高达 1 元钱的收购价格。这种灵活性的政策对具有不同诉求的投资主体产生了一定的吸引力,可以说是中国分布式光伏政策历史上的一项重要创新。

2016 年年底,国家发展改革委下发通知,2017 年 1 月 1 日之后,I 类至 III 类资源区新建光伏电站的标杆上网电价分别调整为每千瓦时 0.65 元、0.75 元与 0.85 元,在 2017 年 6 月 30 日前完成并网的光伏电站继续享受此前电价。对应电价分别比 2016 年每千瓦时下降了 19%、15% 和 13%,下降幅度较为明显。而与此同时,分布式光伏发电项目补贴却维持 0.42 元/千瓦时不变。2013—2017 年的五年间,燃煤标杆电价、一般工商业电价维持在 0.4~0.6 元/千瓦时,分布式项目拿到的可再生能源补贴是 0.42 元/千瓦时。两相叠加,意味着 5 年中分布式项目每千瓦时电的总收益维持在 1 元左右,而 5 年间光伏组件价格从超过 4 元/瓦降到了 3 元/瓦,光伏系统成本(包含组件成本)从 10 元/瓦降至 6.75 元/瓦,降幅达到 33%。这当中存在一个成本下降和补贴退坡的"剪刀差"[①]扩大的过程,当初国家是为了缓解西部电站建设投资过热、引导推动中东部地区分布式光伏的发

---

① 剪刀差本意是指工农业产品交换时,工业品价格高于价值,农产品价格低于价值所出现的差额。本书中借用这一概念指代补贴电价所带来的发电收益和光伏系统总成本之间的差额。

展，制定了分布式光伏补贴退坡滞后、退坡缓慢这一政策。但因为技术进步，组件和系统价格下降速度超过了补贴退坡速度，"剪刀差"持续扩大。即便是2017年年底，官方将分布式补贴降低5分钱，达到0.37元/千瓦时，相比于持续退坡的地面电站补贴，分布式光伏可图之利也十分丰厚，电站回收投资年限明显缩短，使得2017年出现了前所未有的分布式投资建设热潮。2017年，中国分布式光伏呈现爆炸式增长，新增装机容量达到19.44吉瓦，是2016年的4.5倍，是2015年的14倍。比如协鑫集团2016年9月就下发了一份《关于要求省公司落实"协鑫集团光伏分布式能源开发动员大会"精神的通知》，要求各省公司立即行动，动员全体员工，利用节假日期间开展全员分布式业务开发。

为什么光伏组件价格明显下跌过程中，补贴退坡幅度却较小呢？实际上，就在2016年年底和2017年年底的两轮调价中，地面电站标杆电价的实际下调幅度都比征求意见稿当中的幅度要小。一名参与过两次调价过程的人士指出，补贴水平是按照平均社会成本、企业平均利润率和银行贷款利率进行测算的。2016年下半年有关部门进行测算时，由于国家当时鼓励光伏发展，没有考虑组件价格暴跌的情况，所以2017年投资回报率高涨导致行业井喷。而在2017年9月前后，国家能源局的领导班子有过一轮调整。为了平稳交接过渡，有关部门在标杆电价测算、"630政策"、补贴退坡等方面选择延续此前的政策，没有做大幅调整。

可以说"标杆电价+补贴退坡"制度本身确实存在着一定的局限性。虽然政府部门在决策之前也会收集市场数据并进行测算，但相关政策有限次数的颁布，终究不可能与实时变化的市场信息完美匹配。因补贴退坡力度不够导致电站投资回报率上升的问题不是中国独有的，早在"双反"开始之前的德国，政策制定者就已经注意到可再生能源项目的过度扩张问题。有学者测算2010—2014年，德国因为退坡不及时，给可再生能源项目的投资商带来了过高的回报，政府总共付出了20%~25%的不必要成本。所以德国在2016年对《可再生能源法》进行了新的修订，可再生能源电价补贴的强度（每度电获得的补贴）不再由国家决定，而是由市场决定,相关项目确定招标总量,比如对100兆瓦采取竞价招标制,这一政策后来也被中国借鉴,以期在保持行业一定的发展规模的同时,可以降低补贴强度。

国家发展改革委能源研究所可再生能源中心研究员时璟丽指出,2016—2017年,政府制定的光伏电站上网电价水平比较高,政府补贴额度也较大,而补贴退坡力度没有跟上技术进步的降本水平,导致高电价刺激了光伏电站的疯狂投资热潮,很多企业不惜高额举债建设电站。有一些参与光伏上下游的制造企业,比如设备企业京运通、玻璃企业信义光能等,纷纷选择持有电站。

在所有投身电站建设的企业中,包袱最为沉重的就是协鑫。2014年,朱共山的协鑫借壳森泰集团,将其更名为协鑫新能源,开启了光伏电站业务。从2014年开始入局光伏电站之后,协鑫新能源复制了在多晶硅和硅片环节快速扩张的打法,短短3年时间就达到了全球光伏电站持有规模第二的位置,成为中国最大的非公电力企业,新增装机容量一度占到国内当年新增装机容量的十分之一。2014年协鑫新能源持有光伏电站规模仅为0.353吉瓦,到最高峰时规模超过7吉瓦(70亿瓦)。仅2017年,协鑫新能源新开发2.5吉瓦电站的投资总额就超过100亿元。一系列高举高打的投资布局让协鑫新能源在2016—2018年资产负债率一直保持在84%左右,在资产规模扩大的同时,债务总额从229亿元升至407亿元。因为很多电站投资过程中都会找银行贷款,且贷款占到电站总投资的六到七成,巨额负债带来了沉重的财务负担,协鑫新能源这三年仅利息支出就从12.7亿元增长至22亿元。很多时候,由于银行贷款期限较短,短于光伏电站预期收回投资成本的8~10年,所以这当中还存在"期限错配"的问题,企业需要通过增发股票、发债等方式不断融资来"借新还旧",又进一步推高了资金的使用成本。这也给之后国有发电企业大举收购民营企业持有的电站埋下了伏笔,因为在中国的金融体系当中,大型央(国)企相比于民营企业,在融资成本(比如贷款利息水平)上有着天然的优势。

根据工业和信息化部的数据,2017年,受到光伏电站高补贴预期的传导，中国光伏制造企业盈利水平显著提升，硅料、硅片、原辅材、逆变器、电站各环节毛利率最高分别达到45.8%、37.3%、21.8%、33.5%和50%，光伏设备企业的毛利率也多数达到40%以上。面对空前乐观的国内市场预期，很多企业纷纷宣布在2017年进行扩产，比如保利协鑫在新疆的6万吨多晶硅项目，通威在四川和内蒙古的10万吨多晶硅项目，隆基在云南的10吉瓦硅棒和硅片项目，中环在江苏和内蒙古的26.6吉瓦硅片项目。很多企业的产线投资规模都在100亿元上下，各环节扩产规模也来到了10吉瓦（100亿瓦）的级别。2017年，国内硅料、硅片、电池片、组件产能分别同比增长24.7%、41.5%、41.2%、39.7%，增速全部高于2016年的水平。

与此同时我们也要看到，下游制造企业之间的竞争正在显著加剧。随着单晶硅片、PERC电池、金刚线切割等一系列技术陆续成熟以后在行业内快速扩散，组件环节在成本和价格方面双向承压：一方面，包括"领跑者"计划在内，国内地面电站的投标电价低价厮杀情况严重，比如在吉林白城的"领跑者"项目上，华能、中广核等几家央企连续投出0.39元/千瓦时的低价，引起业界一片哗然。另一方面，2017年"630抢装"过后，由于上游硅料企业按照惯例预期三季度市场低迷，选择三季度安排停产检修，结果分布式电站超预期增长，组件市场持续火热，对硅片的需求居高不下，硅料价格坚挺保持在145元/千克以上，上游原材料成本传递至下游，导致在组件环节，2017年行业出货量第一的晶科净利率只有0.43%，协鑫净利率为0.16%，天合、晶澳、阿特斯等头部组件企业净利率也普降到微利的水平。当年中国光伏组件平均净利润只有0.01~0.05元/瓦，其中大部分企业只有0.01~0.03元/瓦。光伏各环节利润分配出现分化，竞争白热化的下游制造环节利润率被挤占，而上游制造企业和终端电站投资企业的（预期）收益率出现抬升。

分布式光伏爆发过程中，各种工程队、个体户都大举进入这一市场，仅浙江省2017年注册分布式光伏业务的公司就有1000多家。2017年，全国新增分布式光伏品牌超过100个，安装量40万套以上。各种各样的颁奖典礼、行业峰会、"十大"评选层出不穷。这一年中由第三方组织的各类展会、论坛、培训合计超过400场，超过火电、煤炭、石油和电力设备等其他能源行业的会议之和，获奖企业和个人近1000家（次），有的企业一年得奖超过30个。中国能源经济研究院首席光伏产业研究员红炜笑称："一年365天，其中366天是光伏会议。"光伏行业和企业在央视多个频道出现30次以上。2014年，英利旗下做分布式业务的英利因能营收只有1000万元，到2017年营收一下子接近2亿元。全年中国新增光伏注册公司为7.43万家，新增分布式光伏并网户数为53.94万户，是2016年新增户数的300%。整个行业看似繁荣鼎盛，实际上却呈现出鱼龙混杂的局面，一些地方爆出低价劣质光伏产品的质量问题，组件出现背板划伤、溢胶不良、气泡、焊带偏移、蜗牛纹等现象，另外存在压块螺栓和支架连接螺栓选材不合理、品质不达标、锈蚀等问题，这些都有可能影响光伏发电效果，或者存在电站安全隐患。一些地方的经销商只管一次性销售签单，不负责长期的运营维护，也不传授给用户正确的运维方法，特别是农民用户在光伏板上晒红薯、晒辣椒的情形屡见不鲜。一些经销商按照西藏的日照条件夸大光伏发电收益，却不充分告知农民风险，农民稀里糊涂签了合同，从此背上了多年的"光伏贷"，发现实际发电量远不及预期，月供还款金额超过月发电收益，而经销商却卷款跑路。甚至有些地方还出现过一块光伏板一半是低效组件、另一半是纸片的恶劣现象。

2017年，英利开展了全国首个大规模家用光伏巡检，走访了21个省的3165个电站。结果发现52.6%的电站存在遮挡，比如树木遮挡、热水器遮挡导致发电量损失。还有的组件布设不合理，前排组件挡住了后排组件的下半部分，导致后排组件发电量损失约90%。有38%的业主从来就没有清洁过组件，只有3%的业主每周清洁一次，近六成的电站积灰较多影响发电量。

除此之外，英利还发现有25.3%的电站配重不足、存在安全隐患，遭遇一场大风突袭可能电站就会被掀翻，另外21%的逆变器安装不符合规范，34%的电站没有纳入监控。在山东有位女士给老父亲装了光伏电站，但装完之后安装商就再也不管了，电站没有任何监控，老人也不懂运维，结果电站半年没有发电，类似这样的电站被戏称为"孤儿电站"。时任保利协鑫副总裁吕锦标说："种种乱象背后，最终买单的都是老百姓。"

2017年7月，国家能源局官方网站转载了隆基总裁李振国在《中国电力报》上亲笔撰写的文章《分布式光伏正式进入3.0时代》。李振国指出："中国光伏产业取得的成就世界瞩目。'中国制造'满足了全球光伏70%的需求，我国的装机量更是遥遥领先。然而，在这些辉煌的成绩背后，我国光伏电站建设曾出现过明显的市场偏差。低效、低质的光伏组件充斥市场，高品质产品被迫出口海外。国内光伏电站曾出现的质量问题，导致发电性能快速衰减，融资环境恶化，行业形象受损。"隆基团队在与下游经销商的交流中，发现分布式的发展并不容易，尤其户用屋顶光伏非常不成熟，分布式成为低质低效组件的"泄洪口"、假冒伪劣产品成为倒卖者的"摇钱树"，令人痛心。当年分布式发展过程中暴露出的种种问题，吸引了一批自媒体从业者的目光，直到今天，他们仍然热衷于报道农村的"光伏贷"骗局等关于分布式光伏的负面新闻，并因此在主流平台上获得可观的流量，给不清楚光伏行业发展近况的大众留下了极为恶劣的"刻板印象"，这值得光伏行业人士引以为戒。就像当年多晶硅行业给人们留下"光伏行业是高污染行业"的印象一样，很多时候，行业发展过程中某一时期暴露出的局部问题一旦被放大，全行业的从业者和专业媒体可能要付出不止十年、不止十倍的努力，才有可能改善光伏在很多百姓心中的形象。

尽管出现了这样那样看似"醒目"的问题，我们也不能因此就全盘否定分布式光伏对于中国可再生能源行业发展的重要意义。2017年中国光伏行业创下了多项历史纪录：行业产值超过5000亿元，中国新增光伏装机容量达到53吉瓦，超过2015年和2016年的新增装机容量总和，中国光伏新增装机容量已经连续三年保持50%左右的高速增长，连续5年世界第一，其中2017年分布式装机增速超过360%。根据黑鹰光伏的统计，2017年年底，中国光伏上市企业的市值总和逼近1万亿元，有10家光伏企业员工规模超过1万人。

2017年，中国光伏发电量首次突破1000亿千瓦时，达到1182亿千瓦时，超过三峡电站 1 年的发电量，足够全国人民使用 6.8 天，占全社会用电量的 1.87%。然而 2017 年的繁荣过后，2018 年全行业迎来的结果就是"冲得太高，跌得太惨"。

2018 年年初，中国光伏行业协会在进行年度展望汇报过程中就向业内人士敲响了警钟：协会预测在补贴拖欠的背景之下，光伏行业的高景气度不会一直维持下去，2018 年很可能出现装机规模的回调，保守估计新增装机会跌至 30 吉瓦，乐观估计也只能达到 45 吉瓦。事后证明，2018 年中国光伏新增装机容量为 44.26 吉瓦，但 2019 年进一步跌到了 30.11 吉瓦。

引发装机大退潮的直接原因是，国家发展改革委、财政部、国家能源局于 2018 年联合印发的《关于 2018 年光伏发电有关事项的通知》（发改能源〔2018〕823 号）（简称"531 新政"），而官方发布"531 新政"的主要原因，是补贴问题已经到了不得不面对的时候了。

光伏补贴，僧多粥少

"补贴拖欠问题严重制约了光伏产业进一步发展，甚至威胁到部分电站投资商的生存。"晶科能源 CEO 陈康平说出了很多同行的心声。

为什么光伏电站、风电场的补贴会被拖欠呢？从补贴来源的角度看，这同我们的可再生能源附加费资金收发制度有关。"拖欠"问题分为"拖"和"欠"两部分。一些电站虽然终究能够拿到补贴，但当年发出去的电经过 2~3 年才拿到补贴是常有的事，其根本原因是补贴清算、收缴、发放过程要经电网企业（比如国家电网各地的分公司）和多个政府部门核算才能到达电站投资者的手中，存在较大的时间跨度。一般是在上一年度终了后 1 个月内，国家电网公司、南方电网公司对其经营范围内的项目上一年度补贴资金进行清算，由省级财政部门会同价格、能源主管部门核报财政部、国家发展改革委、国家能源局审核清算后再下发，流程烦琐复杂。比如 2012 年，补贴规模还不是特别大的时候，有国家能源局负责人表示，为了结算 7 个月的电价补贴，光统计数据就花了约 10 个月时间，这就不难理解补贴为什么会出现"拖"的问题。而"欠"的问题就在于中国的可再生能源补贴入不敷出，虽然对（除居民用电外的）每千瓦时电收取的可再生能源附加费提升了多次，达到了 0.019 元，但因为各地存在自备电厂、大客户直购电等情况，导致这部分用电没有参与缴纳可再生能源附加费，因此一年就有上百亿元的附加费收不上来，统一的追缴欠缴工作开展得也并不顺利。而另一边，在政策的鼓励和引导下，光伏发电、风力发电需要补贴的电站建设规模又一再扩大，每一年新建的电站都要持续拿 20 年的补贴，而下一年新增的补贴规模又往往要超过上一年，所以光伏补贴面临着"年年应收没能尽收，应发远超预期规模"的双重困境，"入少"和"出多"两方面因素叠加，导致补贴缺口越来越大。

德国在征收可再生能源附加费的时候也遇到过类似的情况。2001 年，德国的可再生能源附加费是每千瓦时电 0.25 欧分；2004 年，附加费涨到了 0.54 欧分，2009 年涨到了 1.33 欧分，2014 年达到 6.24 欧分，近几年维持在 6 欧分以上的高位，相当于居民电价的五分之一以上。一些高耗能企业很快开始抱怨收费标准的快速升高，让企业经营成本出现抬升，尤其是那些面对国际同行竞争的德国公司，他们表示成本压力很大。所以在 2003 年德国就加入了一项临时规定，年耗电量超过 1000 亿千瓦时电、电力成本占企业生产总附加值 20% 以上的大公司几乎可以免除可再生能源附加费的上缴义务。到了 2004 年，这一数据进一步放松到 100 亿千瓦时电和 15% 以上的总附加值，使得大量的企业得以"逃脱"可再生能源附加费上缴义务，相当于企业每 100 亿千瓦时电就可以少交 5400 万美元的附加费。2006 年，默克尔上台后，有 492 家工业企业豁免缴费。到了 2013 年，这一数字上升到了 2000 家，后来进一步发展到 4000 多家。免交附加费的企业越多，普通电力消费者要分摊的负担就会越重。我们的情况是百姓生活用电不用交附加费，企业想要通过自备电厂来"逃票"，而德国的情况是，大企业"逃票"越来越多，老百姓负担却越来越重。

瞩日科技总经理张治雨认为，中国可再生能源电价附加一年能收缴的金额在 700 亿元左右，需要覆盖风、光、生物质等多种新能源，而仅光伏行业一年需要的补贴就已经超过了这个数字。截至 2017 年年底，光伏补贴缺口 455 亿元，可再生能源补贴拖欠款项总计达到 1127 亿元，估计 2020 年会超过 3000 亿元。到 2022 年，有机构测算全国可再生能源补贴拖欠规模已经接近 4000 亿元。电站投资方的电费收益得不到及时、足额支付，就会引起"三角债"问题，也就是"你欠我的，那我欠他的"，导致上游各个环节企业不断累积应收账款，限制企业对研发、生产进行进一步投入，甚至威胁到企业经营。有的企业用组件存货来抵债，讨债的人甚至还要来争抢。对于上市的新能源企业，被拖欠的补贴确认收入，可能让企业的利润表看上去"很美"，但企业为了这部分"收入"可能还要借钱来缴纳税费，甚至为其进行分红。

中国在制定标杆上网电价政策时，人为地将标杆电价拆分为脱硫煤上网电价和补贴电价两部分，两部分结算流程分开。补贴电价部分要经历多部门的烦琐流程，给光伏补贴拖欠问题埋下了伏笔。而德国采取的方式是，政府规定固定的标杆电价以后，光伏发电以 0 电价进入电网，国家按照固定电价给光伏发电企业按时支付电费，另一边国家在电费收入中向企业和居民征收可再生能源附加费，附加费经常做出调整，以匹配可再生能源发电的补贴规模，德国"收"和"发"的两个过程是独立分开的。[1] 我们的光伏标杆电价全电费支付模式，没有匹配上后来国内光伏发电规模的爆炸式增长速度。

2017 年 7 月，国家能源局介绍可再生能源电价附加的实际征收率在 85% 左右，这其中，很多地方无法从企业的自备电厂那里征收到款项，仅"十二五"期间自备电厂拖欠就达到约 400 亿元，但这并不是光伏补贴严重拖欠的主要原因。根据 2019 年年底全国人民代表大会常务委员会执法检查组关于检查《中华人民共和国可再生能源法》实施情况的报告，截至

---

[1] 2022 年 7 月 1 日起，德国停止征收可再生能源附加费，可再生能源补贴款项将由国家能源和气候基金支付。由于这一政策，德国普通家庭每年可以省近 200 欧元的电费开支。当月德国电价已涨到新冠疫情前的 6 倍。

当时的可再生能源电价附加基金征收总额只能满足 2015 年年底前并网项目的补贴需求，"十三五"期间 90% 以上新增可再生能源发电项目补贴资金来源尚未落实。

补贴来源方面的征收不足只是一个方面，归根结底，造成光伏补贴拖欠问题最主要的原因是整个"十三五"期间中国光伏发电装机新增规模远超预期所导致的。在《能源发展"十三五"规划》中，目标是 2020 年年底光伏发电达到 1.1 亿千瓦以上，而到 2017 年年中，中国光伏装机容量就已经达到了 1.05 亿千瓦，一年半几乎达成 5 年的规模指标。国家能源局只能进一步把总装机容量上限划定在 2020 年年底的 1.5 亿瓦，但这一目标到 2018 年年中又完成了。到 2020 年年底，实际装机规模已经达到 2.53 亿千瓦。

这样的情况早在"十二五"期间就发生过，当时的光伏发电规划从 5 吉瓦，接二连三地上调到 10 吉瓦、15 吉瓦、21 吉瓦、35 吉瓦，没有哪个行业的五年规划变化能如此之大，总量目标没有得到有效的控制，预期需要发放的补贴总规模也就失控了。这个行业是被制造企业、电站投资方和地方政府推着往前跑的，东北财经大学学者王立国、鞠蕾认为，能源主管部门当时只能"被迫接招"。计划赶不上变化，但计划可以叫停一切变化的发生。光伏行业在 2016—2018 年上半年的"跃进"式发展，也为之后突如其来的"冰封"时刻埋下了伏笔。

山雨欲来风满楼

2018 年一开年，中国光伏行业就迎来了两个来自海外的坏消息：2018 年 1 月 5 日，印度保障措施总局建议印度中央政府，对进入印度的光伏产品征收 70% 的从价税，为期 200 天。2018 年 1 月 22 日，特朗普政府正式宣布对进口光伏电池片（2.5 吉瓦以上）和组件征收 30% 的关税，执行期 4 年，逐年递减 5%。

2018年，在不少金融机构预期国内、国外市场增速均会放缓的时候，国内制造业很多企业之前布局的扩产项目相继投产，1~2月，很多光伏中小企业由于订单减少，产能利用率降低，行业平均利用率仅为65%左右。而在电站建设一侧，整个一季度延续了2017年的分布式繁荣，80%的国内新增装机容量来自分布式光伏，集中式光伏新增装机容量同比下降64%。

就在很多人摩拳擦掌，期待着春节过后能大干一场的时候，2018年2月2日，国家能源局低调地组织了一场关于分布式光伏发电的讨论会，包括三家发电央企和三家分布式龙头企业在内，六家公司代表参会讨论《分布式光伏发电项目管理办法（讨论稿）》。他们回到各自公司并传达会议精神以后，在业内引起了一场不小的风波，大家普遍认为讨论稿内容如果正式实施，会对工商业分布式电站造成很大冲击。这次讨论会的背景是2017年11月，国家能源局下发关于征求《分布式光伏发电项目管理暂行办法》修订意见的函，在对其展开正式修订前，国家能源局召开了这场讨论会。很显然，面对分布式光伏井喷式增长与乱象迭生的现状，国家相关部门不会坐视不管，在会上提出了"严控光伏发电发展规模和速度，并将分布式光伏发电纳入规模管理"的设想。参会人士透露：新政实施的时间可能会在2018年6月30日前。

2018年3月，中国光伏行业协会组织召开上半年光伏市场形势分析座谈会，参会企业普遍表示一季度出货量不如去年。王勃华说："我们要特别警惕产业过热问题，不管是在上游多晶硅，还是在下游的电池片等环节，目前扩产都很厉害。我们的市场跟不跟得上这种扩张？希望我们的企业在扩产时考虑要全面，我们非常不愿意2011年左右光伏制造业过剩的情况再次发生。"

2018年4月，国家能源局召开例行新闻发布会，国家能源局相关领导表示：国家能源局将从严控光伏发展规模的角度，推动行业有序发展、高质量发展。2018年5月27日，一位著名的光伏行业专家在演讲过程中"晒"出了即将发布的"关于严控光伏行业发展规模"的文件要点，指出

2018年纳入补贴的分布式项目总规模不会超过10吉瓦,而且2018年没有普通光伏地面电站的指标。

2018年5月30日,一年一度的上海SNEC展会盛大落幕,让整个光伏行业都没有想到的是,两天以后,他们迎来了中国光伏发展史上最为残酷的一场洗礼。3天前行业专家演讲当中的"谣传"几乎都成了真。

长期以来蓄积的重重矛盾,只在转瞬之间就爆发了。

第五部

PART FIVE

2018—2023

2018年,"531新政"的出台使得中国光伏行业陷入自"双反"以来的最低谷。行业格局迎来了重大变化,一些电站持有规模领先的企业陷入重大的流动性危机,而一些另辟蹊径的企业则成功地穿越寒冬,实现了市场占有率的进一步提高。这一轮行业大洗牌基本奠定了今天的光伏制造业和发电行业格局。2020年,中国提出的"碳达峰""碳中和"目标,奠定了可再生能源在未来40年中国能源转型过程中的重要地位。中国光伏行业迎来了有史以来最为光明的发展前景。一方面,光伏制造业与发电行业都积极扩大规模,光伏制造业的技术能力也正在向半导体等相关行业"溢出"。另一方面,在产能扩张过程中,光伏行业受到全球新冠疫情、俄乌冲突、欧洲能源危机、大宗商品涨价等多重因素影响,出现了新一轮"供给侧结构性矛盾",一些"卡脖子"环节浮出水面。在中国几百万光伏人历尽艰辛,终于实现光伏平价上网之后,光伏产品却出现了久违的"涨价年"。在光伏发电领域,如何建设好以新能源为主体的新型电力系统?如何在平价时代合理规划每一年的光伏市场规模?如何应对市场化电价给光伏电站收益带来的冲击?以光伏为代表的可再生能源如何加速助力中国实现"碳中和"目标?实现这一目标又将给中国社会带来怎样的巨变?未来的40年,中国光伏人依然要面对无数的未知与挑战……

第十章
惊涛骇浪

一份"杀伤力"巨大的文件

2018年6月1日,国家发展改革委、财政部、国家能源局联合发布《关于2018年光伏发电有关事项的通知》。有人说,这是光伏行业来自六一儿童节的"断奶"礼物。

这个通知的落款日期是2018年5月31日,所以行业称之为"531新政"——意味着在通知正式公布的前一天它就已经生效,白纸黑字,毫无回旋余地。

以此文件的发布为标志,21世纪中国国内光伏发电行业的大发展历程可以从此划分为两大阶段:从2013年经历"双反"之后国内出台一系列政策推动国内光伏电站建设开始,到"531新政"发布为止,这是第一阶段;从"531新政"发布起至今为第二阶段。当年一些国际机构的光伏产业权威报告中开始强调,考虑到"531新政"的影响,"中国政府对太阳能产业政策的调整显著影响了2018年及之后几年对可再生能源市场的预期。"

为什么这次新政的出台具有划时代的意义?我们来具体看一看这份文件中主要都提到了哪些内容。

第一,根据行业发展实际,暂不安排2018年普通光伏电站建设规模,并且在国家没有下发文件启动普通电站建设工作前,各地不得以任何形式安排需要国家补贴的普通电站建设。也就是说，任何 2017—2018 年开工并在 2018 年建成、并网的光伏地面电站，全都拿不到国家的任何补贴。

第二，2018 年只安排 1000 万千瓦左右规模用于支持分布式光伏项目建设，也就是 10 吉瓦。作为对比的是，2017 年分布式光伏电站完成的建设规模是 19.44 吉瓦，2018 年几近"腰斩"。

第三，2018 年的"领跑者"基地项目要视光伏发电规模控制情况再行研究。

第四，鼓励各地根据自身情况安排各类不需要国家补贴的光伏发电项目。

第五，从发文之日起，新投运的光伏电站标杆上网电价每千瓦时统一降低 0.05 元，I、II、III 类资源区标杆上网电价分别调整为每千瓦时 0.5 元、0.6 元、0.7 元，采用"自发自用、余电上网"模式的分布式光伏项目每千瓦时补贴也降低 0.05 元，调整为每千瓦时 0.32 元。

第六，所有普通光伏电站都需要通过竞争性招标方式确定项目业主，招标确定的价格不得高于降价后的标杆上网电价。

可能在很多非行业人士看来，这其中对行业影响比较明显的应该是由于光伏补贴电价下调，会导致收益率下降，但实际上电价下调并不是业内人士最为担心的。令人意外的是国家"暂不安排 2018 年普通光伏电站建设规模"，并且只"安排 1000 万千瓦左右规模用于支持分布式光伏项目建设"。

根据国家能源局的两项数据，2018 年 1—4 月，已经并网的分布式光伏新增装机容量达到 900 万千瓦；2018 年 1—6 月，分布式新增装机容量为 1224 万千瓦，这意味着很有可能截至"531 新政"发布的 5 月底，分布式光伏新增装机容量已经超过了 1000 万千瓦的限制，也就是接下来到年底的 6~7 个月当中，中国分布式光伏项目和地面光伏电站可以取得国家补贴指标的电站数量为 0。电站投资者还希望电站能拿到国家补贴再开工的想法无异于天方夜谭，一个行业就此被"冰封"。时任中国光伏行业协会理事长的高纪凡说："从三伏天一下降到零度以下，大家都不适应。"

国家能源局方面表示，"531新政"的酝酿和发布过程，历经了2月份的征求意见会、4月份的新闻发布会等多种方式征求意见、吹风提示，还专门召开会议听取了地方国家发展改革委（能源局）、有关电网企业意见并进行了政策宣介。在政策研究制定过程中，借鉴了德国、西班牙、捷克等国家的经验，经过多次修改完善、反复论证后，才于2018年5月31日正式印发了这份通知。说到底，主管部门是以"主动刺穿泡沫"的方式来避免行业未来"不受控"发展带来的更大风险。

有业内人士指出："如果当初在面对压力时强硬一点，拒绝下发增补指标，把电价调整到位，'断奶'或许可以来得更加自然。"

"531新政"之后的短短几个月内，一些企业爆出各种负面新闻：江西旭阳雷迪全线停产、员工集体下跪讨薪，青岛奥博宣布外部销售人员停业、员工全部放假，中电电气南京光伏员工因拖欠工资和社保集体拉横幅抗议，江苏振发员工与董事长面对面讨薪，茂迪马鞍山新能源因拖欠工程款被拉横幅维权，安峤天津光伏欠款2000万元被经销商围堵，山东大海集团破产重整……

2018年6月2日，在"531新政"发布的第二天，那位几天前在演讲中"预言"了新政某些内容的行业专家秉笔直书："这将是对如此优秀的光伏制造业的毁灭性打击，而且是人为制造的打击。其后果远远不是区区1000多亿元补贴资金给政府造成的压力所能够比拟的，制造业的崩溃将带来上万亿元的经济损失，将失去每年5000亿元的产值和250万人的就业，光伏产业多年取得的辉煌成绩将毁于一旦。"内容中还提出了多项建设性意见。

2018年6月3日，11名头部光伏企业负责人联名致信新华社，发表《关于企业家对三部委出台531光伏新政的紧急诉求》的联名信。企业家们认为，光伏行业距离真正的平价上网还需要3~5年时间（实际只用了2~3年），这个行业还需要政府继续支持。他们的总体意见是，可以降电价，行业能实现降本增效并愿意承担，但政策来得太突然。信中有一段这样写道："许多项目因为突然停止，产生许多纠纷，影响面很大，包括一些户用光伏电站老百姓就直接要求退货退款，影响面更大，许多经销商本身就是小本生意，实力不强，真的要走投无路了。"其实受"531新政"冲击最大的就是户用光伏市场，读者或许还记得，我们分析过2013年之后国内分布式光伏政策的重大调整，"自发自用，余电上网"模式可以调整为"全额上网"模式。对于白天用电量少（自用比例10%~20%）的老百姓来说，他们很多人都选择全额上网，发出的每一度电都拿到光伏标杆上网电价，才能获取到较为合理的投资回报。但如果没有了国家的补贴，即便能拿到省里的补贴，其投资回报率可能也只有3%~4%的水平，需要30年以上才能收回成本，这个收益率甚至比不上2018年上半年4%以上的余额宝收益。2017年年中，全国各地有60多家银行支持"光伏贷"，但在"531新政"之后，银行开始全面收紧对户用光伏项目的审核和贷款发放。

光伏新政"冰封"了整个市场，动摇了资本市场、发放贷款的金融机构、经销商、投资户用电站的百姓们的信心，许多企业计划裁员，很多地方政府要求暂停新增光伏项目备案。在联名信的最后，企业家们写道："我们急切希望有关部委能广泛听取行业合理诉求，完善文件内容，真正保护光伏行业健康发展。"

时任中国光伏行业协会理事长高纪凡第一时间向相关领导汇报大力发展户用光伏的重要性，希望对户用光伏单设规模，单独补贴。为了更好地引导户用光伏的发展，狠抓行业建设和自律，中国光伏行业协会还适时成立了户用专委会。在后来国家出台的政策当中，户用光伏补贴政策单列成项，就是户用专委会积极为行业争取得来的重要成果。

一个好消息是，6月4日，中国光伏行业协会向主管部门了解到，已取得2017年指标，在2018年6月30日之前并网的普通地面光伏电站项目执行2017年的标杆电价，也就是Ⅰ、Ⅱ、Ⅲ类资源地区标杆上网电价分别为每千瓦时0.65元、0.75元、0.85元，分布式补贴仍为0.37元/千瓦时。这一政策相当于对2018年上半年最后一个月的并网户用项目"网开一面"。同时将"531新政"中，在2017年年底国家发展改革委文件基础上"降低5分钱"电价的说法打破，因为那份文件是在2017年标杆电价基础上降低了 0.1 元,"531 新政"又在此基础上"再降 5 分钱"。主管部门的这一回复,相当于 2017 年年底的国家发展改革委文件价格没有得到实际执行,2018 年 7 月 1 日后投运的地面电站,"理论上"的Ⅰ、Ⅱ、Ⅲ类资源地区标杆上网电价在 2017 年电价基础上直降 0.15 元,分别为 0.5 元/千瓦时、0.6 元/千瓦时和 0.7 元/千瓦时。中国光伏行业协会秘书处随即在当日通过协会官方微信公众号发布了《广而告之!普通地面光伏电站还执行 630 政策》一文,及时公布了这一消息,一定程度上稳定了行业情绪。"531 新政"出台后,中国光伏行业协会积极组织了大量的调研支撑工作,向包括工业和信息化部、国家发展改革委、财政部、国家能源局等部门先后提交了多篇政策建议报告,包括《关于推动光伏产业健康发展的建议》《关于 2018 年三季度我国光伏产业发展形势的报告和建议》《关于光伏产业发展情况的报告(新政后)》《关于促进户用光伏健康发展的政策建议》《关于实施户用光伏优秀品牌行动计划的请示》等。

2018 年 6 月 6 日,国家能源局新能源司负责人与高纪凡、钟宝申、刘汉元、李仙德等光伏企业家进行座谈。会后国家能源局发文表示会抓紧发布第七批可再生能源补贴目录,推动分布式发电市场化交易试点并加快可再生能源电力配额制度落地实施。

2018 年 6 月 8 日,中国光伏行业协会、中国能源研究会可再生能源专委会等五个行业协会与国家能源局相关领导会面,就"531 新政"给出意见,当时的国家能源局副局长表示会认真研究。

2018 年 6 月 11 日,第七批可再生能源补贴目录印发,仅包括截至 2016 年 3 月底前并网的项目。这一批补贴目录公布以后,人们发现从第一批到第七批的补贴项目都存在拖欠补贴的情况,而第七批享受补贴权利的电站规模只占到截至 2018 年全部投产光伏电站总规模的 30% 左右,剩下有近 70%、超过 120 吉瓦的存量电站都没能进入补贴目录当中,这个规模的光伏电站一年发出的电足够全国人民使用 5 天。截至 2019 年,多家央企新能源业务补贴资金已被拖欠上百亿元。

2018 年 6 月 19 日,国家发展改革委、财政部、国家能源局联合印发

《关于做好光伏发电相关工作的紧急通知》，针对部分电网企业以"531新政"为由停止了分布式光伏发电的并网、（代）备案和补贴垫付等相关工作，通知要求各地、各电网企业应依法依规继续做好光伏发电项目并网、（代）备案和地方补贴垫付等工作，不得以项目未纳入国家补贴建设规模范围为由擅自停止。

随着需求的急剧萎缩，光伏各环节产品价格在"531新政"后开始出现较大幅度的下降，比如多晶硅料从当年1月份的15万元/吨降至7月份的9万元/吨，组件价格从2.5元/瓦一度跌破2元/瓦，多家组件企业处于亏损状态。一些企业宣布停产或让员工休假，大型企业停止采购计划，关停部分产线，小型企业关停所有产线，多晶硅企业6~9月密集安排停产检修。

在"531新政"背景下，一些地方趁着组件价格大幅下跌开始推进平价上网项目。时隔不久，山东省国家发展改革委就向国家能源局申报《关于东营市河口区光伏发电市场化交易项目无需国家光伏发电补贴的请示》，第一次提出建设无须补贴的地方电站项目。这个项目主要利用盐碱地来建设光伏电站，给附近的化工园区供电。因为工商业电价较高，部分项目在工商业直接售电模式下，可以带来较好的投资回报率。

2018年8月30日，国家能源局综合司下发《关于无需国家补贴光伏发电项目建设有关事项的函》，批准了山东省东营市河口区开展光伏发电市场化交易试点工作，并确定此类项目以后只要电网消纳、土地条件允许，各地可以自行安排，无须报国家能源局审批，并且无指标限制。这是"531新政"之后第一个平价示范项目的申请，具有标志性的意义。另外，为了对冲国家补贴规模控制给光伏装机需求带来的下滑，浙江等地出台了地方补贴政策。到2019年年初，国家能源局发布《关于积极推进风电、光伏发电无补贴平价上网有关工作的通知》，并指出部分地区的风电、光伏发电已经达到燃煤标杆上网电价，即"平价上网"的水平，因此将推出两类项目：一类是平价上网项目，按照燃煤标杆上网电价执行，不需要国家补贴；另一类是上网电价低于燃煤标杆电价的项目，将首次推出"低价上网"项目。

但2018—2019年，国内很多地区的光伏项目距离平价上网还有一定距离，而且在等待2019年新政策发布期间（直到当年5月30日才发布），国内市场较为冷淡，于是一些企业就把目光再次瞄准了海外市场。比如协鑫旗下的光伏制造业上市公司协鑫集成，就把海外销售的比例从2017年上半年的14%迅速提升到2018年年中的50%。晶科、晶澳、隆基、天合等一线光伏组件企业在2018年6—7月锁定超过4吉瓦的海外项目。2018年8月，在中国商务部、各个商协会和企业等多方的共同努力下，欧盟委员会宣布，从9月3日起终止对华光伏产品"双反"措施，中欧恢复光伏产品的自由贸易，这给中国企业带来了更多海外机会。当年中国对欧洲月度组件出口量，从1月份的100～200兆瓦，增长到12月份的800兆瓦以上。2018年海外光伏需求61.7吉瓦，增速达到26%左右，也正因为有海外市场的高速增长，使2018年全球光伏需求达到了106吉瓦，因此并不像多家机构预期的那样悲观，全球光伏市场在当年依然实现了正增长并创下历史新高。虽然当年6月份光伏组件出货量断崖式下跌，仅有6.31吉瓦，但整个下半年，光伏组件出货量逐月回暖，到2018年11月，单月光伏组件出货量达到10.47吉瓦，恢复到2018年5月（10.27吉瓦）的同等水平。全年中国光伏产品出口总额161亿美元，突破1000亿元人民币，其中光伏组件出口额占比达到80.6%，同比增长8.7个百分点，组件出口量增幅为32.1%，显著高于海外装机容量增幅的25.9%，说明全球光伏发电市场在快速成长过程中，进一步加深了对中国终端产品的依赖。"531新政"刺穿了国内"虚火"的泡沫，加速了企业的优胜劣汰，使得企业进一步加快了降本增效的步伐，反而促使光伏加速成为很多国家最便宜的新建电源，海外市场一下被刺激起来。

与此同时，国内的光伏电站交易也开始活跃起来，一边是很多持有电站的光伏制造企业急于甩掉包袱、回笼资金、减轻压力，另一边是一些企业意识到新建电站的收益率不如已经建成并纳入补贴范围的电站，所以这部分电站成为相对优质的资产，有意向购买电站的企业增多。普华永道中国及德国莱茵TÜV集团于2019年3月21日联合发布的《2019中国光伏电站资产交易白皮书》显示，2018年下半年，国内光伏电站资产交易爆发式增长，交易规模达1295兆瓦，交易电站数量、金额和装机容量超过了此前三年的总和。

危机，危与机

在所有急于出售电站的民营企业当中，协鑫的压力是最大的。截至2018年年底，协鑫在国内并网发电的光伏电站装机容量达到了7.166吉瓦，当年销售电量达到76.87亿千瓦时。按此规模计算，仅协鑫持有的光伏电站，其全年发电量就足够全国人民使用近10个小时。但截至2018年年底，协鑫新能源被纳入可再生能源电价附加资金补助目录的电站只有1.857吉瓦，约占其总装机容量比重的25.4%。2018年协鑫应收补贴总额67.8亿元，实收补贴只有14.7亿元，占应收补贴的22%。

协鑫的情况不是个例。截至2019年年中，中国光伏累计装机容量超过170吉瓦，而纳入可再生能源补贴目录的只有50吉瓦。沉重的财务负担和因未发放补贴而无法持续的现金流，让很多民企被迫出售电站。

而对协鑫来说，另外一场严重的危机来自大幅降价的单晶硅产品对多晶硅产品的"穷追猛打"。2019年上半年，协鑫硅片收入下滑35%，多晶硅片每瓦单价下滑40%。多晶硅产品不降价，会有越来越多的客户选择性价比越来越高的单晶硅产品；多晶硅产品降价，多晶硅生产企业就只能贴着成本线，甚至低于成本线进行产品出售。

2018年"531新政"过后仅一周，6月6日，上海电气与协鑫签订《关于江苏中能硅业科技发展有限公司股权收购事宜的框架协议》，预计江苏中能100%股权估值为近250亿元，交易方式初步确定为上海电气一半以现金结付、一半通过发行A股结算。若以250亿元的估值计算，上海电气收购江苏中能51%的股权，将出资约127亿元。但2018年8月3日，上海电气宣布终止该项收购。上海电气表示因标的公司规模体量巨大且涉及的资产边界尚未最终确定，交易方案较为复杂，交易双方至今未对相关合作条款和交易方案达成完全一致意见。当年 10 月 28 日，协鑫新疆多晶硅基地产能从 5 万吨增至 6 万吨，并正式调试投产，新疆与徐州形成了"6+6"万吨的双基地格局，全面达产后，新疆硅料成本可以降到 4 万元/吨以下的水平。即便如此，作为"亚洲硅王"的朱共山依然舍得将自己的"聚宝盆"作价出售，足见其当时的债务压力已经到了何种程度。

到 2019 年上半年，协鑫新能源负债率仍然处在 83.5% 的高位，同比只下降了 0.6 个百分点。协鑫只能在"拖油瓶"电站身上做起了文章。2019 年 6 月 4 日，协鑫新能源与中国华能集团达成重大协议，计划向华能出售 51% 的控股权。但最后这一计划再次付诸东流。好在 11 月 18 日，协鑫新能源与中国华能集团订立合作框架协议，最终决定将原来的华能集团收购协鑫新能源控股权调整为收购其资产。2019 年年底，整个协鑫集团资产负债率达到 77.2%，总负债全额为 1432 亿元。朱共山说"531 新政"之后，协鑫新能源成了整个集团的拖累，一旦将其全部出售，就可以资产瘦身 530 亿元，甩掉 360 亿元的有息负债。这是一个漫长而艰难的过程。

至 2020 年 9 月底，保利协鑫的股价低至 0.315 港元/股，比开始上市时跌去了九成，几乎没有了融资能力。2020 年上半年保利协鑫净亏损 19.96 亿元，亏损幅度增长 100%。保利协鑫的年报审计机构德勤连续三年对协鑫出具持续经营能力存疑的意见。2020 年上半年，国家开发银行总行 13 个逾期客户中，12 个客户已经偿还本息，只有协鑫集团一家本息拖欠仍未偿还，双方口头协议其借款可以宽限到年底。2020 年 7 月，保利协鑫旗下的新疆协鑫因为精馏装置问题引发爆炸，使得新疆协鑫的投产进度受到影响。协鑫原本对新疆协鑫寄予厚望，其硅料产能预期占整个协鑫的"半壁江山"，但迫于资金压力，只能出让新疆协鑫 31.5% 的股权，回笼 13.3 亿元现金流。朱共山说："当时没想太多，主要是资产负债率太高了，被逼得没办法。我不是神仙，能力是有限的，接下来只想把硅料业务做好。"他坚持推动协鑫做减法，强调接下来公司所有光伏电站资产要全部出售。截至 2020 年上半年，协鑫未被发放的补贴总额高达 91.7 亿元。2018—2021 年，协鑫花了三年多时间，终于将持有的电站规模从 7.3 吉瓦降到 1.05 吉瓦，在民营企业中的排名降到了第七，出售了超过 60 亿瓦的电站资产，协鑫新能源负债率在 2021 年年底降至 56%。在轻资产模式下，协鑫新能源的光伏电站运维业务得到发展，企业承诺会继续为已出售电站提供运维服务。

2020 年，保利协鑫营收 146.7 亿元，同比下降 24%，巨亏 62.7 亿元。神奇的是，2021 年，保利协鑫营收 197 亿元，同比增长 13.4%，盈利 47 亿元，在一年之间扭亏超百亿元。主要原因是硅料价格进入景气周期，协鑫多晶硅销售收入同比暴涨 170.4%，达到 59.6 亿元，顶替发电业务成为保利协鑫的第二大收入来源。

然而不是每一个大规模持有电站的人，都能像朱共山那样幸运地等到黎明的曙光，比如曾经的"中国光伏教父"杨怀进，他的结局令人唏嘘不已。

在先后离开了尚德、中电和晶澳之后，杨怀进选择加入海润光伏，并带来了一批曾经的同事。2009 年，杨怀进重组海润，于 2012 年借壳 *ST 申龙上市。在 2010 年之前，海润主要做硅片业务，到 2013 年其电池片和组件环节产能均超过 1 吉瓦，成为当时 A 股上市光伏企业中最大的垂直一体化企业。随后海润开始在国内外大举建设、投资光伏电站，也正是从此开始，海润走上了由盛转衰的道路。2014 年，其在国内多个省份成立 61 家子公司，主营业务几乎都是投资光伏电站，还在境外设立十几个分公司持有电站资产，又与上海超日等多个公司以及多个地方政府签订合作协议，计划投资总额约 1300 亿元，合计电站规模 13.07 吉瓦。融资成本越来越高，海润的资产负债率节节攀升，利润也不断下滑，2013 年亏损 2.02 亿元，2014 年亏损 9.33 亿元。在 2014 年年底，杨怀进就公司业绩预亏的信息与大股东进行沟通，大股东利用内幕消息减持套现。在 2014 年 12 月到 2015 年 4 月期间，前三大股东九润管业、紫金电子、杨怀进共套现近 26 亿元。2015 年 1 月 23 日，海润董事会做出了一份"高送转"方案，每

10股转增20股，相当于向投资者释放信号——投资者通常认为"高送转"是在向市场传递公司未来业绩将保持高速增长的积极暗示，海润股价飙涨。2015年1月27日和28日，作为董事长的杨怀进连续减持了1.74亿股，累计套现金额近5亿元。但1月31日海润披露业绩预亏公告，很多中小股东被高位套牢，套牢资金达到50亿元，损失惨重。已经被"高送转"方案稀释的股价最终跌破了1元每股。2015年，海润电站重点布局的西北五省（区）又成为"弃光"的重灾区。海润在财报中指出："可再生能源附加基金出现较大缺口，光伏电站补贴拖欠较为严重。"

2015年年底，杨怀进辞去海润光伏董事长职位，此后接任的海润管理层也无法将公司带出亏损的泥潭，注册会计师对海润2016年和2017年的财报审计意见为"无法表示意见"，这是注册会计师对财报的非标意见中最严重的一种，意味着财务数据到了无法相信的程度。2018年5月，海润被上交所暂停上市。2019年5月17日，上交所决定对海润光伏股票实施终止上市，"*ST海润"正式退市。2021年，海润在德国持有的股权和在意大利持有的债券在网络拍卖中流拍。2022年8月，海润光伏在其官方微信公众号上发布消息，"海润光伏"将进行品牌转让。

2013年，对国内光伏电站发展充满信心的还有苗连生，他喊出了"英利要用三年做到国内电站建设前两名"的口号。到2015年年中，其海外储备项目300兆瓦，国内储备项目1600兆瓦。从制造环节起家的他，其实更需要利用制造业的盈利和良性运转来支撑电站的投资和开发，英利需要在通过价格战推高组件出货量和真实盈利之间寻找平衡。为了扩张新兴市场份额，英利采用降价策略，但与上游原料厂商签订的长单合同导致成本高企，高买低卖的策略让英利毛利率迅速跌破20%，企业面临亏损，无法如期偿还债务。

2014年，英利的困境已经可以从被下调的出货预期中看出端倪：2012—2013年连续两年出货量位列全球第一，2014年却主动把年出货量目标从4~4.2吉瓦下调到3.3~3.35吉瓦，当年出货量也确实低于天合光能，屈居第二。苗连生的回应也变得"佛系"起来："做自己的事，吃自己的饭,今年你多一点,明年我多一点。20多年都这么过来了,没什么刻意比较的。"

国内市场的爆发让很多光伏企业赚得盆满钵满,而英利却还陷在亏损的泥淖中无法自拔。当初在"金太阳"工程中先"吃螃蟹"的苗连生无法参与"双反"后开启的这场国内盛宴。2014年,天合光能净利润6126万美元;同期阿特斯净利润2.39亿美元,营收增长80%,股价更是从2011年的3美元飙升到36美元附近;到2015年第一季度,实现盈利的主要光伏企业超过了一半;而英利2014年的净亏损额是12.998亿元人民币。

2015年4月底,英利偿还了一笔三年期票据的全部本息共计12.7亿元,还款的资金来源中有将近一半并不是英利的光伏产品销售,而是"卖地":英利把六九硅业的52万平方米闲置土地卖给了河北保定国家高新技术产业开发区土地储备中心,后者向英利支付了5.88亿元。

2015年英利陷入财务危机。2015年5月份,英利向美国证券交易委员会提交的报告中首次披露,英利面临高负债风险,两天之内英利市值蒸发近50%。2015年5月底,英利召开员工大会,会议名称为"为了我们共同的家,团结就是力量,团结就是生存"。英利高层向员工道歉,通报了公司面临的经营困难,希望大家一起共克时艰。苗连生决定抵押个人全部资产帮英利渡过难关,他说:"公司今天高负债的局面都是因为我的战略失误造成的,我本人负有最大责任,所以我一定得带领大家冲出去,一定带领大家重回全球光伏行业的首位,这才是英利人的决心!"当供应商上门要钱的时候,他把一个别墅小区卖了9亿元用来偿还。从2015年7月开始,英利股价连续40个交易日低于1美元,有退市风险,同海润"高送转"不同的是,英利决定"10股并1股",以提高股价。

苗连生说:"英利一定能够冲出重围。我们从来不缺技术、市场和品牌,下一步将着重解决流动性差的问题,同时采取减少管理费用、加快技术进步、增加经营灵活性等多种措施来促进企业早日脱困。"但是2015年10月,英利新能源一笔10亿元以上的债务违约,未能按期足额兑付。原本苗连生在这一年就要退休,不得不推迟了一年。这一年,英利的全球组件出货排名从第二跌到了第七。2016 年 5 月，天威英利发行的 14 亿元债券违约。此后近三年时间，英利一直被债务违约压得喘不过气来，为了偿债只能挪用营运资金，也就是企业在经营中可以运用、周转的流动资金净额，这会对企业长期经营产生不良影响。

2019 年苗连生发文提到英利 2015 年的情况："集团其他产业因承担对上市公司连带担保责任，丧失了融资能力，企业发展举步维艰，一度濒临崩溃。"上市公司的账上一度只剩下 20 万元的流动资金。集团和苗连生个人一共连带担保了 56 亿元。截至 2015 年年底，英利总资产为 189.77 亿元，负债总额为 192.67 亿元，资产负债率超过 100%。

他说："这 8 年，是我人生最大的转折期，也是最痛苦的 8 年，如果不坚持，上市公司倒闭了，那么几万名从大学毕业就来到英利的员工以及他们的家庭将面临极大的生活困难。"

他微笑着说："做得起，更得担得起啊！"

2016 年 1 月，中国银监会发布了《关于印发〈英利集团资产债务重组工作座谈会纪要〉的通知》，表示银监会和国家能源局支持对英利进行资产债务重组，英利集团债务重组正式启动，由国家开发银行担任债务重组主席，尽快提出具有可操作性的资产债务重组方案。各方认为英利的主营资产是优质的，债务压力主要由前期投资失误造成。春节之前，国家开发银行牵头为英利发放 20 亿元新增贷款，让英利员工过了个好年。

2010 年，有人问苗连生："如果英利被收购了，你会怎么办？"

苗连生说："如果有那么一天，我就在英利总部门口插一面旗，我敢保证我的团队会跟着我出来，白手起家，再造一个英利，这是英利发展至今我最自豪的一点。"但当英利债务压顶的时候，他终究没有这么做。身负巨债的他被列入失信人名单，坐不了飞机，上不了高铁，但他选择与英利共存亡。后来行业内流传着这样一句话："老苗不跑，英利不倒。"

2016 年 7 月，苗连生辞任英利董事长。他说自己就三个要求：不为饭钱发愁，想吃啥就吃啥；住不要太大，干净舒适即可；穿不要名牌，衣着得体就可以。他把起居室搬到了厂区深处的一座小楼里，楼前有一个鱼塘，鱼塘旁边养了孔雀、天鹅和鸭子，楼后是狗舍和菜地。他还种了三亩草莓，每过两三天就搬个小板凳，去草莓地里锄草，有朋友来了还会摘草莓请大家尝尝鲜。

但他没有看上去的那般悠然自得。退休以后的苗连生曾和红炜在他的小楼里聊了一个多小时，红炜对苗连生说："你虽然搬到了后面，想的却比在前面还要多。你虽然还不知英利的重组结果，脑子里想的却全是英利发展的事情。"

2017年，英利因不能连续30个交易日维持5000万美元以上的平均市值，收到了纽交所的"退市警告"。当年英利净亏损5.1亿美元，资产负债率达到201%。2018年6月28日，在纽交所给予英利18个月可以改善市值的观察期未满的情况下，也是在"531新政"出台一个月后，英利被纽交所摘牌，从此掉出了全球组件出货量前十的位置。

2019年6月，经过长达3年的时间，英利债务重组取得实质性进展，已完成向国务院和相关部门报告，将正式进入实施阶段。2016—2018年，英利组件销量累计近7吉瓦，实现产值212亿元，上缴税金5.7亿元，出口创汇7.58亿美元。英利重组委员会问苗连生对新英利有何诉求时，苗连生说："没有诉求，把我从失信人名单中解除就行了。"

对于债务重组取得的进展，苗连生感激地说道："各级政府，尤其是保定市政府、河北省政府、国家能源局，还有银监会，对我们支持真是太大了，也忘不了供应链企业之间相互理解，这才又把企业做起来了。所以说再好的事儿得合起伙来玩命地去干，中国人就需要这样。"据英利方面的描述，到2020年年底，英利产值做了大几百亿元，纳税二三十亿元，苗连生说："辛酸苦辣，但是值得！终于通过了这一关。"

2020年6月，英利正式进入司法重组程序。重组完成后，英利承诺，新英利将继续保有并运营原制造实体的技术研发、生产能力、供应链、品牌、销售渠道等资产，并履行对客户的订单与质保条款。英利中国表示，到2022年8月，其新产能会达到电池10吉瓦、组件15吉瓦。2021年4月21日，重组后的英利召开第一次股东会议，正式踏上新征程，开始一步步践行自己的承诺。

张国宝曾撰文写道："我们应该记住无锡尚德的施正荣先生和保定英利的苗连生先生为中国光伏产业的发展做出的历史性贡献。当然他们在后来的经营中遇到了问题，但我们不能仅以成败论英雄，应承认他们的历史功绩。"

英利"一口真气不散"，从危机中走了出来。而彭小峰却因为绿能宝事件，走到了他在中国光伏事业的终点。

2016年1月，绿能宝在美国纳斯达克上市，成为第二家赴美上市的中国互联网金融企业。彭小峰在微博上写道："十年一晃而过，物是人非，好像就在昨天……十年前，我走上神坛，也一夜之间变成了一个不一样的我，那时更不会想到十年后还需要重新回到原点。"绿能宝母公司SPI的2015年年报显示，公司营收1.9亿美元，净亏损1.85亿美元。

这是一个不可能持续下去的"庞氏骗局"。因为光伏发电本身能赚多少钱，行业内的人都很清楚，8%~10%的年化回报率就已经非常好了，而绿能宝承诺给投资者提供达到甚至超过10%的回报，这还没算上绿能宝平台在其中要分得的收益。在国家补贴正常发放的情况下，这都是不可能持续下去的事，更何况还存在补贴未及时发放的问题，所以绿能宝的失败是注定的。

2017年4月，绿能宝发布公告称，因光伏补贴延迟等原因，导致投资人2017年4月之后出现提现逾期。2017年5月，绿能宝官网公告称平台逾期总金额超过2.22亿元，涉及线上投资人数5746人。史玉柱通过微博回应自己不是绿能宝股东，也是个"债主"。2017年6月，绿能宝北京分公司等多个办公地点已人去楼空，员工被拖欠数月工资。

截至2018年2月，绿能宝兑付金额仅为2401.03万元，不到逾期总金额的4%。除了资金兑付问题，绿能宝承租方与平台构成关联公司，存在变相自融的嫌疑，以及大量关联交易。

苏州公安机关介入排查后发现绿能宝存在非法吸收公众存款的情况，决定立案调查。2018年8月，苏州检方决定批捕绿能宝实际控制人彭小峰。然而当时彭小峰已不知去向，手机号成为空号，几千名投资人组建 QQ 群要求绿能宝还钱。事后发现，他逃往了美国。

2022 年，人们发现彭小峰在美国做起了电动汽车的生意。他 SPI 旗下一家名为爱迪生未来（Edison Future）的公司生产了可以实现太阳能伸缩车顶的纯电皮卡 EF1-T，连汽车仪表盘上方都是太阳能电池板。

在彭小峰落败之后，依然有媒体评价认为，绿能宝或许是唯一差点真正构建起光伏资产证券化模式的平台，也是为解决光伏产业融资难问题进行过最大、最惨烈尝试的企业。

然而在当时的中国，通过民间平台吸纳民间资本投资光伏电站，本身就处在一个危险的灰色地带。我们在能源所有制上缺少一种类似于"新能源合作社"的合法组织，正是这样的组织支撑了德国分布式光伏的大发展。

2013 年，德国有超过 50% 的可再生能源装机容量由公民所有。按照德国《可再生能源法》，合作社投资的电站产生的富余电力可以并入邻近电网。不只是投资光伏发电设备，他们还可以投资输电网络：这一年夏天，德国政府为了赢得选民支持，同时加快德国骨干输电网建设，推出了一项罕见的新政——德国民众可以投资入股基于四条高压直流输电的德国新骨干输电网建设，还能得到最高 5% 的派息。德国的供电网络每 20 年会通过招投标方式出让特许经营权。在德国总计 200 亿欧元的电网扩建费用中，民间资本最高可以占到 15%，而个人投资的起始金额为 1000 欧元。

截至 2014 年，德国有 15 万居民加入 800 多家新能源合作社，比如"柏林公民能源""市民能源协会"这样的组织。合作社以较低的融资成本解决集资问题。上千万居民投资发电、输电项目，相当于德国八分之一的人口。

但是在中国，想要以众筹形式开发可再生能源电站项目困难重重。比如联合光伏 2014 年就曾以众筹方式招募投资者，每人认购 10 万元人民币，开发深圳的一处电站，最后被深圳市证监局约谈后暂缓实施。这家公司发起的是一种股权众筹项目，投资者对项目运营决策没有投票权，与德国合作社的融资性质并不完全相同。德国合作社成员无论出资多少都会进行民主商议，一人一票，共同决策。

根据 2006 年 10 月发布的《中华人民共和国农民专业合作社法》，合作社被严格限制在农民专业合作领域。中国难以通过民众集资，以"能源合作社"的方式来购买和持有可再生能源发电设施，所以中国的民间组织或民营企业牵头主导的光伏"众筹"项目很难在法理上得到支持、在经营上实现合规、在监管上得到落实，因此绿能宝等"试验"的失败是大概率事件。

冬天里的一把火

"531 新政"带来的冲击超出了光伏业界的预期。根据黑鹰光伏的统计，2018 年 75 家主要光伏上市公司实现营业收入 4543 亿元，同比仅增长 5.11%。它们的归母净利润为 205 亿元，同比下降 27.69%。在 A 股、美股、港股上市超过 1 年的 68 家光伏企业，从 2018 年 5 月底到 10 月 18 日期间，总市值从 6941 亿元跌至 4393 亿元，94 个交易日蒸发了 2548 亿元，仅隆基一家损失的市值就超过 2017 年所有光伏上市企业的净利润总和。截至 2018 年年底，市值在 100 亿元以上的光伏企业只有 12 家，比 2018 年年初的 24 家减少了 50%。

在制造端，很多企业负责人在经历"531 新政"的重创之后情绪低落，面对行业未来难免悲观。但李俊峰不这样看，他说："我就是在你们不冷静的时候，给你们当头棒喝，在你们要意志消沉的时候，给你们擂鼓助威。"在"双反"时他就为光伏行业摇旗呐喊，在国内光伏市场拼得热火朝天的时候，他就经常给大家敲警钟。2018 年年底，隆基在西安召开年度会议，李振国在会上预测全球到 2030 年光伏总装机容量至少能达到 10 亿千瓦，也就是 1 太瓦的规模，因为 2018 年全球光伏总装机容量也只有 1 亿多千瓦，所以他认为翻 10 倍已经是很高的一个数字了。随后李俊峰发言说："李振国烧了一把火，但他烧得不够旺，到 2030 年可能不是全球达到 10 亿千瓦，而是中国就能达到 10 亿千瓦，我们要为这个做好准备。"

这是一个什么概念？首先李振国提出的 2030 年目标，在 2022 年上半年就已经实现，全球光伏装机容量突破 1 太瓦。到 2021 年年底，中国光伏装机容量已经超过 3 亿千瓦，中国光伏行业协会保守预计中国 2025 年新增装机规模会突破 1 亿千瓦。我们假设 2022—2030 年平均新增装机规模仅为 0.8 亿千瓦，也就是 80 吉瓦，那么到 2030 年年底，中国光伏总装机规模就会超过 10 亿千瓦，也就是 1 太瓦的水平。站在"双碳"目标背景之下回看李俊峰当年的预测，没有任何夸大其词的成分。

2018 年 11 月，中国光伏行业迎来了一个关键性的转折点。11 月 1 日上午，中共中央总书记、国家主席、中央军委主席习近平在京主持召开民营企业座谈会并发表重要讲话。隆基股份董事长钟宝申、通威集团董事局主席刘汉元、正泰集团董事长南存辉等参加座谈会。包括刘汉元在内的 10 位各行业企业家代表先后发言，就新形势下支持民营企业发展提出意见和建议。

刘汉元在会上提出三点建议：一是坚定推动我国能源革命，明确可再生能源方向。"531 新政"的急刹车让行业发展遇到了困难，一些制造端企业面临生存困境。政府部门应该制定更具前瞻性的发展目标。二是减免可再生能源税费。中国企业在海外使光伏电价屡创新低，但是目前非技术因素成为推高国内光伏发电成本的重要原因。三是推动光伏产业健康发展。光伏产业规模、市场容量可以连续支撑每年上万亿元的投资强度。但是光伏产业政策在规划层面尚未能跟上产业发展的步伐，不能充分表达国家能源转型的决心。

最后，刘汉元总结道：只要坚定方向、明确目标、措施得力，就能有效巩固中国"蓝天保卫战"成果，从根本上减少雾霾，对内早日实现总书记提出的"绿水青山就是金山银山"的美好愿景，对外能为全球能源转型贡献力量，推动《巴黎协定》的目标更好实现！

听完刘汉元的汇报，习近平总书记非常重视。

而这次民营企业座谈会所传递的中央精神，也为中国民营经济的发展吃下了定心丸。习近平总书记关于新能源行业发展做出的重要指示，让刚刚经历严寒的光伏产业一扫阴霾，大家信心倍增。

座谈会后第二天，国家能源局召开关于太阳能发展"十三五"规划中期评估成果座谈会，商讨"十三五"光伏发电及光热发电等领域的发展规划目标的调整。会上透露"十三五"装机目标有望上调。十几个省份的能源主管部门、中国光伏行业协会和十几家光伏企业的代表参加了会议。钟宝申在会上做了比较长的发言，他说一定要站在总规模的角度认识光伏发电的问题，补贴可以减，但规模一定要上，不扩大规模，产业没有发展的可能，都在讲光伏发电能为社会做贡献，但是没有规模，贡献又从何谈起。

根据先前的规划，太阳能发展"十三五"规划中确定的光伏累计装机容量目标是105吉瓦，而截至2018年9月，装机容量已经达到165吉瓦。

会议上，国家能源局相关领导表态，仍会继续支持光伏产业的大力发展，2022年之前采取陆续去补贴的方式，而不会"一刀切"推进平价上网进程。在全面去补贴之前，国家能源局仍将每年保证一定的补贴装机规模，并推进补贴强度进一步下降。

分布式再出发

在经历了"531新政"的洗礼之后，正泰新能源成为户用光伏市场的龙头企业，而这与陆川提前两年就开始的战略布局有着紧密的关系。

2016年，当时国内几乎没有户用光伏市场，户用、工商业分布式光伏电站只占当年中国光伏新增装机容量的12.33%，但正泰团队判断，因为分布式光伏享受0.42元/千瓦时的国家补贴，所以户用光伏此时已经基本能够实现一定的收益率，应该尽早布局。但当年农村居民人均可支配收入只有12363元，让农民大规模地采买几万元一套的户用光伏系统是不现实的，所以正泰推出了一种模式：正泰采买光伏系统，安装在农户屋顶，正泰与农户共享电费收益。

后来很多企业也采纳了正泰的这种模式。我们以2022年某头部光伏制造企业推出的"租屋顶"模式为例来说明（可能与正泰模式略有出入）：用户和租赁公司签订18年的经营性租赁合同，相当于租赁公司把自己的光伏电站出租给用户，电站运维由公司负责，用户用屋顶电站的发电收入向租赁公司支付租金，租赁公司向用户按季度支付固定收益，每年每块光伏板40~60元，租赁公司赚取电费收入和固定收益之间的差价。在这18年里，用户总收益在4.5万~5.7万元。18年的租赁期结束以后，电站设备所有权归用户，每年用户还可能获得1.2万~1.4万元的收益。按光伏系统25年寿命计算，用户总计收益可达到12万~14万元。"租屋顶"模式全程不涉及贷款、融资，也不会上征信。如果用户需要搬迁或者翻新房屋，可以把电站安装到新地点，或者翻新以后再重新安装回去。

正泰坚持这类模式，并且慢慢将大型地面电站和工商业分布式的一部分资产进行出售，转为持有户用资产，并且坚定看好户用资产未来的稳定性和收益率。因为陆川认同央（国）企相比，民企的优势是擅长经营那种售后要求较多、企业要快速响应、客户看重服务质量的业务，比如一个农户家的逆变器出现故障，运维人员能不能很快上门维修，这是民企服务占优势的地方，而拼资源、上资本、比利息的业务（比如大型地面电站）最后会是央（国）企的地盘。基于这种思路寻找差异化转型，正泰大踏步开启了户用光伏业务。

与正泰采买光伏系统的模式不同，2016年，张兵加入天合之后，出任天合的副总裁、家用业务价值群（现天合富家能源股份有限公司）总裁，用一种全新的模式带领天合的户用光伏事业部闯出了一片天。当年天合大举进入分布式光伏市场时，整个市场鱼龙混杂，张兵曾经在一户农户家中调研，发现他们盖房子只花了五六万元，而装光伏系统却花了16万元，结果装的还是个"杂牌子"，设计安装也不规范。调研结束以后，张兵同高纪凡深入交流，二人的想法不谋而合——推出"原装"的品牌光伏。2017年，天合就推出了光伏业内首个原装户用光伏系统品牌——天合富家，其中的光伏组件、逆变器都来自天合品牌，现场勘测、运输和安装过程的监管都由天合负责，电站系统接入天合云平台实时监测。这几重保障不仅体现了光伏产品领军企业打造原装户用光伏电站的实力和决心，更是通过对户用电站的全过程管理，让用户吃下一颗定心丸，让中国户用光伏从混乱无序的拼装时代，走向日益规范的原装时代。

2016—2017年国内分布式光伏大发展过程中，很多光伏制造企业向大量的户用经销商出货，经销商垫资购买组件等产品，再向农户出售光伏系统并进行安装，农户可能会因此背上银行贷款。

在"531新政"之后，这样的小型经销商受到了巨大的冲击，下游很多项目停工，眼看拿不到补贴，很多农民也拒绝再安装光伏系统，导致经销商积压了过多的组件，却没有资金回流，大量中小户用开发企业破产倒闭。但是正泰模式却没有受到"531新政"太大的影响，因为老百姓没出钱。在2018年11月的民营企业座谈会之后，户用的补贴最早得到恢复，从此时开始，正泰和天合的户用业务开始在众多户用开发商当中脱颖而出，成为大浪淘沙后中国户用光伏电站的头部企业。中国的分布式光伏发展也迎来了一个更加规范、良性的高速发展期。

截至2021年年底，中国户用光伏累计装机容量达到41.81吉瓦，累计安装户数达到243.4万户，2021年新增装机规模就达到此前中国户用装机规模的总和。截至2022年12月，正泰服务用户超过80万户，相当于全国每4户建站家庭中就有1户选择了正泰。未来，拥有众多分布式电源的新能源企业有可能进一步入局"虚拟电厂"业务，通俗来说，就是"在电网上打造一个滴滴"，实现对屋顶光伏、分散式风电、储能电池、充电桩、换电站等发电和用电系统的统一灵活调度。虚拟电厂本身不发电，就像网约车平台本身不开车一样。比如在某个区域内，正午一片云彩飘过来，光伏发电瞬时功率下降，那么虚拟电厂可以调节所辖范围内的充电桩降低瞬时充电功率，待日照强度恢复时再恢复充电功率。因为可再生能源的间歇性和波动性大，所以虚拟电厂合理调度，可以尽量去迎合发电端发电的功率特点，或者对发电端资源进行调控，同时在用户端分配调度资源，提供一个能满足电网需求的资源池，在用户端调节出一条符合电网需求的曲线，在发电与用电两侧实现"削峰填谷"。虚拟电厂可以在调度、整合、优化资源的过程中通过参与辅助服务，甚至参与电力市场化交易来实现盈利。目前，发展虚拟电厂已经被写入《"十四五"现代能源体系规划》当中，乐观预计其市场规模将在2030年突破千亿元。这是企业扩大分布式光伏运营规模后可积极探索的一种商业模式，因为虚拟电厂的资源调度能力和盈利能力与其能够操盘、调度的电力资源规模有着很大的关系。但运作好这一切的前提之一是实现分布式能源，尤其是分布式光伏产品质量和商业模式的健康发展。

中国的户用光伏业务发展至今，已经衍生出了多种合作模式：比如居民自投安装模式，居民自己全款购买户用光伏系统，这种方式前期投入较大，但收益高；光伏贷安装模式，居民先缴纳一定比例的首付，剩余部分由光伏企业提供担保，以居民名义贷款，前8~10年的发电收益主要用来偿还贷款，之后电站和发电收益归居民所有；融资租赁模式，居民通过光伏企业从融资租赁公司购买户用光伏系统，在租赁期内（比如12~15年）发电收益一部分用来偿还融资租赁公司的租金，另一部分归居民所有，租赁期结束后，发电收益和电站均归居民所有；还有合作共建模式，居民提供屋顶，光伏企业负责设备、安装、运维投资，用户每年可获得合作共建收益（每块组件50~70元），这种方式使居民收益稳定、风险低，但收益最少。2021年，合作共建和融资租赁模式的占比快速上涨，超过90%，而光伏贷和全款安装比例不足10%，说明减轻农户的前期投入负担在推广户用光伏过程中起到了非常重要的作用。

但是目前户用光伏市场依然暴露出一系列问题。

一是区域发展不均衡。2021年山东、河北、河南占据了75.9%的补贴装机规模，全国前十大省份之外的几十个省、自治区和直辖市总计装机规模只占全国的5%。

二是一些农村地区的电网亟须升级改造。正是因为"扎堆"布设的情况，在一些户用光伏普及程度较高的地区，村村安装多套户用光伏电站，变压器容量接近上限，导致很多有意愿安装的居民因为变压器接入限制无法安装。还有一些变压器末端户用电闸出现"电压超限"，导致少发电，居民要承受收益损失，亟须推动农村电网扩容升级。

三是一些地方出台的政策阻碍户用市场的发展。一些地方电网公司要求户用光伏在更高的 10 千瓦电压等级并网消纳，造成较大的电量损失和投资浪费。

四是从业人员的专业素养有待提高。一些经销商没有相关资质能力就派人上岗，出现施工质量问题，以及电站运维不到位的情况。

五是金融模式风险同样需要注意。很多居民缺乏甄别能力，轻信企业的夸大宣传，对自己要承担的责任和风险缺乏认识。

国家发展改革委价格司副司长 2022 年 9 月底表示，2022 年我国电力用户平均电价同比上涨 10%，居民、农业电价保持稳定。由于中国进一步放开了煤电价格浮动的上限，加上一些地方的生产活动遭遇限电，全国多地工商业业主安装光伏系统"自发自用、余电上网"的热情高涨，成为"531 新政"之后的几年当中分布式光伏领域新的热点。

2022 年上半年，工商业分布式光伏新增装机容量为 10.74 吉瓦，同比增长超过 280%，超过新增装机容量为 8.91 吉瓦的户用分布式光伏，几乎追平集中式地面电站 11.23 吉瓦的新增装机容量。在广东、浙江、江苏这种东部电价较高的地方，2022 年上半年 80%～100% 的分布式光伏新增装机容量都来自工商业光伏电站。很多工商业业主发现安装光伏投资回报率较好，几年之内就能够收回成本，还能缓解限电带来的烦恼。

但是在分布式光伏大规模铺开的过程中，一些企业发现了新的问题，比如说很多屋顶的彩钢瓦寿命只有 10 年左右，而光伏板预期能正常工作 25～30 年。再比如一些业主因为害怕屋顶漏水，所以不喜欢在屋顶打孔，但光伏组件安装大多需要打孔。光伏系统和建筑屋顶的适配问题如何解决？这当中不仅存在难题，也同样蕴藏着机遇——两大从未正面交手过的光伏企业家终于在这一市场上殊途同归。

新王与旧王，会师于屋顶

截至 2017 年年底，也就是国内分布式光伏项目建设如火如荼之时，隆基开发的相关项目接近 800 兆瓦，其中 2017 年上半年就已完成 685 兆瓦。但是在推进过程中，隆基发现许多意想不到的问题，例如很多屋顶常用的彩钢瓦，质保只有 10 年左右，但光伏组件质保都有 25～30 年。不仅如此，彩钢瓦本身的结构有伸缩性，在其上布设光伏板就要打孔，彩钢的使用寿命也受影响，一些屋面使用几年以后就开始漏水。根据隆基的测算，如果因为彩钢瓦的使用年限经常更换或维修屋顶，代价太大，一拆一装甚至可能比安装一套新光伏系统还要贵。

2017 年 11 月，"531 新政"出台半年前，钟宝申亲自叫停了隆基的分布式光伏项目，他在公司内部会议上说道："我们的摊子铺得太大了，如果继续下去，损失不可估量。"指令既出，除隆基已开发分布式项目继续运营外，停止开发任何新项目。这一脚急刹车也让隆基较为平稳地渡过了"531 新政"危机。当其他人还在忙于应对"531 新政"带来的影响时，隆基已经开始着手对分布式光伏项目展开新的思考与实践。他们找到了合作伙伴——金属围护市场龙头企业森特。这家企业的业务覆盖了全国 90% 的大型机场、80% 的会展中心和 70% 的汽车厂房，北京大兴机场屋顶项目就出自森特之手。

让人意想不到的是，森特的老板刘爱森曾经是一个拒绝在自己施工的屋顶上安装光伏板的人。

时间回到 2010 年，刘爱森在天津一个基建工程项目中，按照 EPC 总包方的要求在屋顶加装了光伏板，结果项目完工之后屋顶连年漏水。因为金属屋面材料的热胀冷缩会使 100 米的钢板伸缩量达到 10 厘米。光伏组件又采用了夹具安装方式，为了抵御强风，夹具会拧得很紧，导致钢板应力不能得到释放，造成金属开裂现象，业主因此找上门来要求二次返工。刘爱森说："上层光伏板不能滑动，下层金属屋面板又要求滑动，这让我们左右为难。"类似现象出现几次以后，刘爱森画下一条红线：森特承建的屋面再也不许加装光伏。

另一边,面对分布式光伏的蓝海市场,隆基想要通过自主研发来解决普通光伏组件安装之后加大屋顶负荷导致的漏水、开裂问题,如能更进一步,隆基希望将来组件可以直接当成屋顶材料使用。但在研发过程中,隆基发现,光伏组件的防水效果始终无法与传统建筑屋顶相媲美。客户也向隆基提出了质疑:"如果它不能上脚踩踏,怎么能称之为建材呢?"

于是,钟宝申向隆基的产品研发团队提出要求——放弃光伏思维,把自己当成一家建筑安装企业来设计产品。2020年8月,隆基推出面向BIPV的第一代产品"隆顶",但是短期内团队基因难以改变,设计院和客户也不信任隆基在建筑领域的专业性。钟宝申再次变换思路,寻找专业的人来做专业的事,锁定森特作为发力BIPV的首选合作对象。

2020年,中国提出"双碳"目标,2022年,住房和城乡建设部和国家发展改革委在《城乡建设领域碳达峰实施方案》中提出:"到2025年,新建公共机构建筑、新建厂房屋顶光伏覆盖率力争达到50%。"加上隆基、晶澳、晶科等光伏巨头的轮番登门拜访,一家大型投资公司还向森特提出收购意向,这一切都让一度拒绝光伏的刘爱森大为触动,他迅速意识到:一个新的风口正在到来。

2021年年初,刘爱森在西安见到了"隆顶",突然眼前一亮。这一次到访让他觉得,隆基将光伏产品当成绿色建材来研发所言非虚。几天后,钟宝申只身一人前往北京,与刘爱森交流两个小时,敲定了双方的股权合作。隆基以16.35亿元的交易对价收购森特27.25%的股份,一年后,森特收购隆基绿能光伏工程有限公司100%股权,双方正式成立隆基森特新能源有限公司。

此后,双方在BIPV业务领域同气连枝、共同进退:联合研发,联合生产,共享渠道,共同开发客户。在面对建筑设计院等专业客户时,森特员工负责回答屋面的问题,而隆基员工负责解答光伏方面的疑问。在产品设计上,隆基森特采用"硅酮结构胶"替代原来的铝合金夹具,减轻了单位面积屋面的荷载量,使得那些曾经无法承载光伏组件的老旧厂房屋顶,如今也可以安装隆基森特的光伏建筑一体化产品。2022年上半年，隆基森特签约量达到500兆瓦，超过2021年隆基新能源的300兆瓦。

对于分布式光伏产品的未来形态究竟如何，中国光伏人从未停止过思考。面对光伏系统安装的诸多痛点、难点，隆基和森特的解决办法是将光伏组件变成屋顶的一部分，让光伏整体融入建筑与屋面设计中。一块"隆顶"的剖面结构中可能包含多层材料，例如光伏组件、压型钢板、防水透气膜、保温棉、衬檩、隔汽层、可滑动支座等，结构十分复杂。

但还有一种方式，或许看起来更加直截了当，那就是用晶硅电池片去完成本该由薄膜电池完成的事情，将晶硅电池的高效与薄膜电池的轻柔合二为一。

没有人比他更适合完成这件事了。

2020年和2021年的上海SNEC展会上，很多人被一个展台上的产品吸引住了，他们看着一款光伏组件在平面机器的推挤和牵拉中来来回回地做着"卷腹"运动。一些人或许更加幸运，他们赶上了这款产品的发明者正在一旁亲自讲解，他正是人们久未见到的施正荣。

他所展示的轻质柔性光伏eArc（enhanced Are Technology）组件来自他的新公司——上迈新能源。这款组件的重量只有传统光伏组件的30%，仅3.3千克/平方米，由一种特制的高分子材料封装，厚度可以降至2毫米以下，最小弯曲直径达到0.9米。目前一块常见尺寸的玻璃封装组件，需要两个男生才能抬起，而一个女生就可以轻松地拎起一块eArc组件。

在上迈新能源之前，没有人提出过将"轻质光伏"大规模商业化应用的理念。施正荣对自己的定位是，做一个光伏领域的开拓者。他指出，任何光伏产品都要从四个维度去考察：够安全、够可靠、可量产、用得起。任何一个维度上存在不足的产品都不足以进入商业化应用的阶段。晶硅电池组件显然满足这样四个条件，但施正荣没有止步于此，他观察到很多地方并不适合安装晶硅电池组件，比如一些曲面的屋顶、车棚就无法被全面覆盖。

过去，人们希望在这些场景中可以使用薄膜电池组件，但施正荣研究薄膜电池几十年时间，他深知中国薄膜电池产业与世界先进水平之间的差距，也清楚薄膜技术路线的局限所在。比如说，薄膜电池生产过程中要用到的锑、镉、碲、铟和硒，这些矿物很多都不是可以单独开采出来的，而是作为铜、锌、铅和金等矿物的伴生矿产或精炼过程中的副产品才能有所产出的，所以一旦薄膜电池产能规模迅速扩大，这些"副产品"原材料的产量很难跟上光伏行业扩产的步伐，可能形成比多晶硅料更严重的上下游产能错配的窘境。所以施正荣就在思考：我们能不能站在晶体硅的肩膀上，把晶硅组件做成轻质的，甚至是可以弯曲的，吸收薄膜的优点，摆脱薄膜的局限？进一步推演，是什么原因导致晶硅组件不能弯曲、重量较大？答案是玻璃。那么就要找到一种封装材料能够把玻璃替换掉，这种材料的光学性能、防水性能、机械性能、防紫外线能力、耐候性、绝缘性、折射率、热膨胀系数等一系列参数要满足光伏组件 20~30 年在户外条件下的正常使用。施正荣和上迈团队从 2014 年开始就着手广泛调研，最终找到了满足各项要求的新型高分子聚合物复合材料，并申请了专利保护。

一般人对晶硅的印象就是硬、脆，怎么能用来做弯曲的组件呢？实际上晶硅本身有一定的柔性，随着硅片越来越薄，加上切半片以后硅片变小，硅片的可弯曲度就越大。施正荣打了个比方："如果把轻质柔性光伏组件比喻成一条身体弯曲的鲤鱼，那外面的高分子复合材料就是弯曲的鱼身，而晶硅电池则相当于鲤鱼身上的鳞片。在鲤鱼弯曲的过程中，鳞片并没有受到弯曲，因此也不存在断裂的困扰。"看上去组件已经弯曲得非常明显，但实际上电池片没有超过弯曲极限。

2016 年，上迈的 eArc 组件已经开始生产和销售。施正荣对团队说："这次我们要耐得住寂寞，要静下心来，从小项目做起，慢慢积累。"直到今天，上迈已经积累了 5~6 年的发电数据和可靠性实证数据，出货量达到了数百兆瓦，甚至在一些国家的火车、货车和游艇上面都可以看到 eArc 组件的身影。在一些屋顶上，不需要支架和紧固件，仅仅在屋顶上"抹（一种特殊的）胶水"，就能布设好 eArc 组件，如果有一天屋顶需要翻修或者业主搬家，可以直接把组件"撕"下来，翻修好了再粘上去即可。

正因为 eArc 组件"不挑屋顶",所以在上迈人看来,他们做的并不是组件,而是在为更广泛的光伏应用场景打造一种全新的"基础设施"。上迈目前不生产电池片,它也"不挑"电池片,无论是 PERC、TOPCon、异质结,还是 IBC 电池,上迈都可以兼容。它们所提供的是一种全新的组件封装方式,让各种类型的电池片产品可以广泛适用于更多对轻质柔性光伏产品有需求的场景。2022 年 11 月,工业和信息化部等五部门联合印发《关于开展第三批智能光伏试点示范活动的通知》,通知中提到优先考虑光伏先进技术产品及应用,其中就包括"新型柔性太阳能电池及组件"。

2022 年 1 月,上迈新能源 1 吉瓦轻质柔性光伏产线正式投产,同时上迈的轻质柔性组件成功应用在北京冬奥会的雪蜡车车顶。乘着海外光伏市场的东风,上迈新能源迅速成长,施正荣笑称:"现在找到一点 2004 年尚德发展的感觉了。"

已经年届耳顺之年的施正荣说,现在的他已经"看透了人生,看穿了人生,更看懂了人生",但他头脑中还有很多开拓性的想法没有实现,所以他的结论是:"还得接着干。"

除上迈外,施正荣旗下有一家公司在做氢燃料电池,经过自主研发已经成功研制出样机。他还掌管着一家储能公司,但是他与大部分储能创业者的理解不同,他不认为储能就等同于储电,因为他观察到很多地方一半的电都是用来加热、供暖或制冷,所以区别于传统的电化学储能,他做的储能材料可以直接进行储冷、储热,其成本只有储电的约 20%,寿命却比电化学储能更长。

与此同时,他还利用一部分时间去扶持那些在新能源领域有想法、有情怀的年轻人。2022 年,有这样一则新闻,迈为股份联合澳大利亚金属化技术公司 SunDrive,采用迈为自主创新的可量产微晶设备技术和工艺研制的全尺寸(M6,274.5cm^2)n 型晶硅异质结电池,其转换效率高达 26.41%,这项技术让异质结电池不需要银、铟,仅使用便宜的金属就能完成生产工艺的优化。

SunDrive 这家海外公司的创始人是从新南威尔士大学毕业的华人胡又

中（David Hu）。几乎与上迈成立的同一时期，他开始在悉尼郊区的一间车库里创业，他的目标就是致力于"光伏去贵金属化"，也就是当年尚德和今日中国光伏未竟的事业——"去银化"。SunDrive 镀铜工艺的目标是把每吉瓦异质结电池消耗的 25 吨银全部替换成 13 吨铜。施正荣被他的精神所感动，成为 SunDrive 的天使投资人。这家公司的顾问之一是从天合光能国家重点实验室荣退的首席科学家皮埃尔博士。

几年前，华东地区的几所知名高校盛情邀请施正荣到学校任教，他们知道施正荣早在 2009 年就已经当选澳大利亚国家科学技术与工程院院士。施正荣婉拒了其中大部分邀请，却答应了其中名气不大的上海电力大学，因为这里主要培养应用型的高端人才，他希望能用他擅长的东西给学校做一点实事。现在每学期都要定期在学校开设讲座课程，并带有 12 名研究生。在他所涉足的新能源创业领域中，他可以将"产学研用"无缝衔接，在学校和创业企业之间展开联合研究，实现了对人才的培养。

自他回国创业以来的二十多年，他不仅点燃了中国光伏本土制造大规模产业化进程的第一把火，还始终为新能源产业化过程中遇到的各种技术壁垒寻找破解之道——从光伏设备、原料的国产化到辅材、辅料的国产化，从光伏电池效率的突破到光伏人才的培养，从光伏产业到储能、氢燃料电池产业……比起商人这个身份，他更喜欢科学家这个称号，但他与所有典型的科学家不同，没有待在大学实验室里闭门造车、留在象牙塔里皓首穷经，更没有因为一次意外的失败而从此告别光伏、告别养育了自己的这片土地，而是把他的全部心血都献给了中国新能源科学技术的产业化进程，一次又一次重新出发，在布满荆棘的荒原上永无止境地探索着。施正荣说："这么多年了，我充分体会到什么叫真正的不忘初心，砥砺前行。我走过的道路可能有所变化，但是光伏梦始终没有变，光伏事业让我坚守了这么多年，这就是我最真实的想法。"

不念过去，不畏将来，不负余生。他是一个幸福的光伏人。

光伏如何帮农民增收致富？

2014年国家能源局发布扶贫计划，宣布将在6个省的30个县开展首批光伏试点，推广使用光伏发电系统，实现优先下达建设规模和计划、优先调度保证全额消纳、优先列入财政补贴目录、优先发放财政补助资金，并对光伏扶贫电站电价不竞价、不退坡，保障扶贫电站的发电收入能切实帮助农民实现增收。自此，"光伏扶贫"正式拉开大幕，国务院扶贫办还将"光伏扶贫"确定为十大精准扶贫工程之一。

安徽省安庆市望江县扶贫办社会扶贫室副主任说，自"光伏扶贫"项目实施以来，因户用光伏电站而受益的贫困户每年能获得稳定收益3000元以上，农户们认为这是一项"晒着太阳把钱赚"的民生好工程。重庆市巫山县人民政府挂职副县长表示，当地还聘请了一部分农民从事擦洗光伏板等运维工作，农民实现就地务工，一些农民在光伏板下养殖土鸡，进一步实现脱贫增收。河北省张北县小二台镇德胜村村民将光伏电站亲切地称为"铁杆庄稼"，5年时间为当地村民带来了超过500万元的收益。

截至2019年年底，中国"光伏扶贫"项目建设任务全面完成，累计建成光伏电站26.36吉瓦，覆盖9.23万个村，惠及5.98万个建档立卡的贫困村，415万贫困户，每年实现电费和补贴收入约180亿元，安置公益岗位125万个。

除了由国家牵头的"光伏扶贫"项目为很多地方的贫困人口带来新的收入来源，光伏电站还在一些"寸草不生""荒无人烟"的地方为当地居民创造出新的价值。

库布齐沙漠是中国第七大沙漠，位于内蒙古自治区，总面积1.86万平方千米，相当于三个上海的面积，距离北京715千米，是离北京最近的沙漠，曾经多年都是导致京津冀地区出现沙尘暴的罪魁祸首，被称作"悬在首都头上的一壶沙"。2016年，外出打工的杨凤祥回到老家探亲，他发现家门口的大沙漠里出现了一个巨大的光伏电站。乡亲们告诉他，可以在光伏电站里种庄稼、搞养殖，而且不收水电费和地租，只要平时帮光伏电站照看一下光伏板就可以。杨凤祥不太相信，沙漠里怎么种庄稼呢？

杨凤祥的老家位于鄂尔多斯市独贵塔拉镇，他家门口的库布齐沙漠年日照超过 3100 小时，是一个发展光伏发电的好地方。但是当地 400 毫米左右的年降雨量，却有着高达 2000 毫米的蒸发量，长日照和极少的降水，导致多年来，库布齐沙漠附近种不出粮食，种子不是被风吹跑，就是被沙子掩埋，养的羊也因为饲草匮乏而瘦骨嶙峋。当地居民说，沙尘一刮起来，如果门窗不关好，连饭都吃不成，嘴里嚼起来全是沙子。

杨凤祥与其他人一样，为了一家人的生计选择离开本地外出务工，一年能挣两三万元。结果这一次，他回了老家就没再出去，他决心在沙漠里种地。一开始杨凤祥买了十几种蔬菜种子，权当一试，结果没想到还真的种出菜来了。尝到甜头的杨凤祥决定扩大品种，种起了玉米，因为玉米是大田作物，需要的水量更大，如果玉米都能成活，那么其他抗旱作物就更没问题了。

截至 2019 年，杨凤祥在光伏板底下种了 150 多亩的玉米，还有其他很多种农作物，同时搞起了养殖。家禽不仅可以卖钱，还帮忙吃掉了田间的杂草和害虫。这些光伏板下面都是悠哉悠哉四处溜达的大白鹅和鸭子，多的时候有一两千只。现在杨凤祥每年收入都在 15 万元以上，是过去在外打工时候的 5 倍。

那沙漠里是怎么种出庄稼的呢？原来光伏电站在建设的时候需要平整土地，为了让支架更稳固，在沙地里混入了红泥，这些红泥让土壤有了种庄稼的条件。除此之外，光伏电站的运营方还在地里种了不少甘草，甘草生长过程中能引入根瘤菌，固化空气中的氮，增加土壤的肥力。

庄稼还需要水，光伏板需要定期清洗，洗光伏板的水落下来刚好就能浇地。风沙吹来的时候，光伏板帮助板下的植物挡住了一部分风沙的侵袭，风速降低了 1～2 米/秒。在天气炎热暴晒的时候，光伏板下阴影里的气温比板上直晒的地方低 20 摄氏度以上，水分蒸发量每年也减少了 800 毫米以上。

在库布齐沙漠里，还有一个举世闻名的"骏马电站"，是吉尼斯世界纪录认证的全球最大的光伏板图形电站。如果用无人机拍摄整个电站,不仅会看出一匹"骏马"的形状,还会发现光伏板下的缝隙里有一抹一抹的绿色,那就是光伏板下的沙漠中长出的植物——紫穗槐。骏马电站的副站长苗瑞军说:"一开始这里种植的是经济作物枣,但没有成活。后来我们吸取教训,改种耐寒、耐旱、对土壤要求不高的紫穗槐,实现了大片成活。"在沙漠里如果想要快速、大规模地实现对沙漠化土壤的改良,就需要科学地进行人工"种草"。在乌兰察布四子王旗的一个光伏电站,施工人员经过反复试验找到了解决方案。他们在光伏板间人工播撒草籽,然后在草籽上方保留 1.5 厘米厚的土——土太厚不好发芽,土太薄草籽容易被风吹走,为保证成活率一般还要种两遍。除了人工种植的植物,在很多沙漠、戈壁滩上,过去呼啸而过的狂风中夹杂的草籽、种子都随风而去,但如今却被光伏板"拦"了下来,种子落在地上,才有了在沙漠上生根发芽的可能。

围绕着光伏电站和经济作物,曾经很多"百无一用"的荒地开始为当地人创造就业机会。一个在骏马电站工作的本地年轻人"龙哥"说,他一边在电站从事网络运维的工作,一边和家人共同经营餐馆。他在电站的上班周期是连上 20 天班然后休息 10 天,休假期间他还可以打理农活。国家电投请当地牧民清洗光伏板,让牧民每家每年增收 20 多万元。骏马电站的落成,使外出务工不再是当地人唯一的出路。

一般人认为,农作物想要生长得好,需要足够的光照,所以如果在上面盖上光伏板,它就会与农作物争夺阳光资源。事实上,农光互补之所以能在很多地方实现,就是因为有一些植物不需要那么多的光照。在生物学上存在一个"光饱和点",也就是在一定的光强范围内,植物的光合速率随光照度的上升而增大,而当光照度上升到某一数值之后,光合速率就不再继续提高,这个数值就叫"光饱和点"。不同植物的光饱和点不同,过多的阳光不会促进植物进一步生长,所以可以根据各地不同的光照条件、适宜种植的作物和其"光饱和点"的特性,搭设光伏发电装置实现分层次"吸收"阳光。比如芹菜、西红柿和辣椒就是喜阴的,更适应在光伏板下生长，而且这样可以复合用地，节约土地资源，这是"农光互补"得以成立的一个基本逻辑。

虽然"农光互补"项目听起来令人心动，使很多类型的土地得到了复合利用，但中国光伏农业工作委员会副会长、高级工程师高祥根表示，"农光互补"项目在实施过程中存在"轻农重光"的问题。2022年，在个别地方发生了打着"农光互补"旗号毁青苗、强征地、浇水泥（硬化地面）、建光伏的情况，这实际上破坏了耕作层，从"光伏+农业"变成了"光伏-农业"。还有一些地方打着"光伏农业"的幌子，把土地流转过来，在大棚底下象征性地种一点农作物，根本不关心农业生产效益。也因为此类恶性事件的发生，2022年各地开始收紧对"农光互补"项目的管理，要求严格保护耕地，遏制耕地"非农化""非粮化"倾向。一些地方要求复合型光伏阵列使用农用地全部按照建设用地办理审批手续，还要求实现耕地"进出平衡"，保障稳定、可持续的耕地粮食生产能力。而为了保障防洪、供水和生态安全，水利部还要求光伏电站不得在河道、湖泊、水库内建设。对于中东部地区农光、渔光互补项目的投资方来说，这些要求大大增加了项目建设的难度。

从长期来看，我们不能全部指望西部地区光伏电站通过特高压输送到中东部来解决我国东部地区用电的问题。特高压项目建设周期长、资金投入大，而且随着我国部分高载能产业向西部地区迁移，该地区可能将进一步提高本地消纳可再生能源发电量的比例，所以土地资源有限、土地价格较高的中东部地区通过大量开发农光互补、渔光互补等项目，实现土地的复合利用、实现可再生能源发电就地消纳势在必行。国家能源局2022年8月在《关于政协第十三届全国委员会第五次会议第00454号（农业水利类039号）提案答复的函》中就表示，积极支持农光互补、草光互补等光伏发电复合开发利用模式，并提出到2025年，农光互补、渔光互补等光伏发电复合开发规模达到1000万千瓦以上。未来需要推出更科学的实施方案，加强对相应项目的监管和验收，让"互补"真正落实到位。除此之外，还有一个关键问题亟待解决，就是土地的税费问题。因为很多光伏地面电站会涉及占用农用地、林地、草地的问题，所以按照国家法律法规要求，需要缴纳土地使用税或耕地占用税。

2018年11位光伏企业家在联名信中就提出："关于是否需要补贴，的确在国外最低光伏电价可以达到0.14元人民币，但它们是零地价、零税收，融资成本不到3%，甚至还有补贴，而我们建电站土地要高价租金、还要上交各种税。有时一个荒山，甚至废矿都要交土地占用费、林业复耕费，各种道路占用赔偿费，包括电力三产公司的漫天要价，还有地方政府要求的配套投产、扶贫要求等，融资成本也很高，这使非光伏系统投资成本大大上升。"2020年两会期间，刘汉元就提出：从光伏发电端来看，每度电负担的税费为0.08元到0.1元，占上网电价的19%～22%，超过发电成本的40%。我国光伏发电每度电成本高于全球很多国家，其中一个重要原因就是电站相关的税费抬高了发电成本，导致使用同样的光伏组件建成的电站，在国内的发电成本高于一些海外国家。

2021年6月中国诞生了迄今为止国内电价最低的光伏项目——四川甘孜州南部光伏基地正斗一期200兆瓦光伏项目，国家电投四川电力有限公司的中标价格是0.1476元/千瓦时，但这个电价还是比两个月前沙特600兆瓦的光伏项目1.04美分/千瓦时（约0.0678元/千瓦时）的价格贵了1倍以上。正斗一期这个项目需要缴纳的税费包括耕地占用税31元/平方米、草原植被恢复费2900元/亩，均按照全部征占用地面积计算，据估算两项费用超过1.2亿元，此外还有草地补偿费、安置补助费、水土保持费、生态修复费等。

2022年，国家发展改革委、国家能源局发布《关于促进新时代新能源高质量发展的实施方案》，方案中提出，将新能源项目的空间信息按规定纳入国土空间规划"一张图"，严格落实生态环境分区管控要求，统筹安排大型风光电基地建设项目用地用林用草。地方政府要严格依法征收土地使用税费，不得超出法律规定征收费用。国家能源局也表示，将会同自然资源、林草等有关部门出台农业光伏、林业光伏等各类复合项目的建设标准规范，不断完善相关用地政策，确保在严格保护耕地的前提下，提高低产耕地农业的利用价值，促进土地高效复合利用，推动农业光伏健康有序发展。

归根结底，以前我们对土地的很多管理工作是"二维"的，只有面积，没有对高度和体积的认识。而现在新能源项目复合用地的实施，使得更多政府部门的政策制定者和工作人员将土地的管理工作升级到"三维"水平上。我们要避免出现打着"互补"的幌子侵占、毁坏农田，导致"1+1＜1"的违规操作，也要在土地资源紧张或土地适合复合利用的省份和地区鼓励、推动更多"1+1＞2"的项目落地，并持续、稳定地取得项目合理收益。

"冰封"市场

受"531新政"的影响，2018年下半年中国光伏装机容量同比下降了30.4%。更令中国光伏人感到不安的是，2018年下半年仅仅是寒冬的开始。

2019年1—2月，由于冬季不便于施工，属于装机淡季，叠加2019年光伏政策的不明朗预期，中国光伏新增装机容量只有3.49吉瓦，对比2018年同期的10.87吉瓦，降低68%。

2019年上半年，光伏新增装机容量只有11.4吉瓦，同比降低53%，环比2018年下半年萎缩43%。其中2019年上半年的分布式光伏装机容量只有4.58吉瓦，同比萎缩63%。

在这期间，为了能够审慎、稳妥、积极地推进2019年及之后的国内光伏项目建设工作，国家能源局、国家发展改革委等有关部门密集召开了多次行业座谈会议，释放出三大政策导向信号：一是要稳，稳定市场预期；二是要转，从扩张规模转向提质增效；三是要改，改变公共资源分配的方式，尤其是补贴标准和补贴管理机制。

2019年5月30日，国家能源局印发《关于2019年风电、光伏发电项目建设有关事项的通知》，业界称其为"530新政"。这一次新政出台前，相关部门同样多次召开座谈会，并向社会公开征求意见。这次新政中最核心的变化是"六定"：财政部定补贴盘子，国家发展改革委定规模上限，国家能源局定竞争规则，企业定补贴强度，市场定建设规模，电网定消纳上限。

国家不再限制光伏的新增规模，同时不再按计划分配各省的规模指标，企业之间可通过电价竞争来降低补贴强度。通俗来说，谁要的补贴少，谁就能优先获得装机容量，直到补贴分配完成，当年的补贴总额上限是 30 亿元，其中 7.5 亿元用于户用光伏，竞价项目补贴 22.5 亿元。另外，当年国家取消了长期执行的标杆上网电价，改为"指导价"，竞价项目上限价格不可超过指导价。

但是细心的读者或许会发现，这其中又产生了新的问题：按照新方案，全国的光伏项目会按照电价进行统一大排名，谁电价低谁就更有优势，这样岂不是全面利好中西部地区的光伏项目吗？国家考虑到这一点，推出了一种全新的"修正电价"，Ⅰ类资源区电价不做修正，Ⅱ类资源区修正电价等于申报电价减去 0.05 元，Ⅲ类资源区修正电价等于申报电价减去 0.15 元。比如某个Ⅱ类资源区项目申报电价为 0.4 元，修正电价就是 0.35 元；某个Ⅲ类资源区项目申报电价为 0.48 元，修正电价就是 0.33 元，在大排名当中反而跑到了前面。这样通过规则修正，可以在一定程度上均衡三类资源区光伏项目的竞争力，相当于过去三类资源区 0.4 元、0.45 元、0.55 元差异化的标杆电价。

在新政定稿出台前，王斯成曾经乐观地估计，补贴 30 亿元，假设一度电补贴 0.05 元，那么对应 600 亿度电，按年利用小时数 1200 小时计算，预计会有 50 吉瓦的项目通过竞价进入补贴目录，规模是较为可观的。但实际上，户用光伏的补贴确定为 0.18 元 / 千瓦时，获得补贴的光伏规模不会达到 50 吉瓦。

令人意想不到的是，2019 年当年，即便只有 22.5 亿元竞价项目补贴，光伏行业也从过去抢补贴变成了补贴剩余 5 亿元，只用了 17.5 亿元，而且 2019 年的光伏新增装机容量远不及预期，全年的装机总量为 30.11 吉瓦，不仅远低于50吉瓦，甚至还低于2016年的水平。这又是为什么呢？

因为"531新政"出台时间较晚，而竞价截止时间为7月1日，企业只有一个月的投标时间，评估和选择项目的过程十分匆忙，项目从拿到补贴指标到真正并网，还需要经过土地批复、电网入网等手续，同时下半年叠加了风电的抢装潮，王勃华介绍说："光伏下游开发商大多是央企、国企，同一套人马，很多人都在忙风电的工作，光伏上投入的精力就少了。"所以2019年第三季度，中国光伏电站开工率远低于预期，当年1—10月，中国光伏新增装机容量为17.5吉瓦，同比下降超过5成。

但是从另一个方面来看，2019年国家光伏补贴竞价项目总规模22.79吉瓦，如果不竞价，按照当年光伏上网指导价执行，总共需要国家补贴46亿元左右，通过竞价，节省了近29亿元，下降幅度超过六成，电价降幅超过0.06元/千瓦时的项目装机容量达到18吉瓦左右。

在中国光伏竞价项目推出的几年前，德国已经为我们蹚出了一条路。2014年，德国修改了能源法案，一项重大的政策转向是对可再生能源项目引入竞争性招标，价低者得，20年不变，取代固定的电价补贴。从2015年4月到2017年2月，德国就曾举行过数次大型光伏项目的竞争性招标，招标制让德国大型地面光伏电站的并网电价下降了28.2%，光伏电价每隔几个月就会创下新的低价纪录，体现了"利用市场发现价格，从而节省补贴"的效果。

2019年国内市场的低迷，让出口继续成为光伏企业"保营收、稳增长"的利器，上半年中国光伏产品出口总额106亿美元，同比增长32%，其中组件出口量翻了近一番。但这也间接加剧了行业洗牌的态势，因为只有头部的大品牌才能抓住出口机遇，很多三四线企业主要依赖国内市场，结果导致两极分化严重。2019年上半年，69家光伏上市企业，其中前十大企业的净利润占全部上市企业的80.34%，得益于海外市场增长，部分企业业绩增幅超过50%，比如隆基上半年海外单晶硅组件销售量2.4吉瓦，同比增长252%，海外组件出货占比达到76%。长期深耕海外市场的阿特斯不仅受国内"531新政"冲击影响很小，而且在海外市场表现极为亮眼，其2018—2020年境外销售收入占比全部高于80%，2017年归母净利润为0.996亿美元，2018年达到2.371亿美元，同比增长138%。但同样在2019年，根据彭博新能源财经的统计，21%的光伏厂商遭到淘汰，退出企业数量超过此前3年的总和。

瞿晓铧的阿特斯被公认为中国光伏制造业的一棵"常青树"，也是自21世纪初创业发展至今，为数不多的能成功经受住2008年国际金融危机、欧美"双反"和"531新政"冲击的老牌制造企业之一。更难能可贵的是，虽然阿特斯从来没有登顶过全球组件出货量冠军的宝座，但根据中国光伏行业协会的统计数据，2013年至2021年，阿特斯从不掉队，始终保持在全球组件生产规模前五的位置，截至2022年已连续11年保持全球组件出货量前五。2019年，阿特斯组件出口国家超过150个，有效分散了市场风险。从十几年前面对硅料紧缺，瞿晓铧坚持不签硅料长单至今，阿特斯一直秉持着"紧库存、快周转"的经营理念。瞿晓铧坦言，那些囤积硅料的企业可以在2021年第一季度硅料价格猛涨的阶段仅靠售出硅料就能赚钱，而阿特斯的经营策略让企业在这种时候会承受更大的压力——2021年上半年阿特斯硅料采购成本为9.34万元/吨，超过2020年采购成本4.46万元/吨的两倍。所以瞿晓铧说："我们这种风格在通货膨胀周期中总会吃点小亏。"但是阿特斯一以贯之的策略坚持了下来。每当行业产能阶段性过剩、政策突变等因素导致市场行情掉头向下，阿特斯的这种经营策略就是最有利的，瞿晓铧将其比喻为："搏击赛场上，南拳北腿争奇斗艳，当规则变化时，孰优孰劣就会发生转换。"

阿特斯成功地应对了2018年"531新政"的冲击，并在2018—2019年实现了可观的营收和利润，但是让瞿晓铧没想到的是，他本人却于2019年遭遇了一场突如其来的意外，这是他55年人生中的至暗时刻。

时值"五一"劳动节假期，瞿晓铧与苏州当地的18个企业家一起，到内蒙古的阿拉善沙漠植树种草。途中他们在宁夏银川停留了一阵，他想顺道去公司在宁夏新建成的一个沙漠电站考察一下，结果在考察过程中意外受伤。受伤的过程很简单，也很残酷，他不愿意讲述当时的细节，也不愿意归咎任何人。让他印象深刻的瞬间，是他想要爬起来的那一刻，他"尽洪荒之力而无力"，发现腿已经不听使唤，随后发现手还可以活动，最后用双手艰难地爬了起来。

为他主刀的宁夏医科大学总医院院长在会诊中指出，他的颈6至颈7骨折，打开椎管探查脊髓没有看到明显的结构异常，功能保留情况不详。随后瞿晓铧又被送往国外进行治疗，最终被确诊为高位截瘫。在确诊后的3~6个月里，瞿晓铧都在心里默念奇迹发生，因为全球范围内出现过这样的个别案例。直至2022年，他的情况虽一直在改善，但没有出现医学奇迹。他说："我肯定是要坚强的，相信我的确还能做很多事情，我还能掰一掰腕子，虽然多半会输。另外我也要面对现实，必须把自己当作一块豆腐来捧着，因为不知道在什么情况下过头了就会出点问题。但总的来说，这件事对我的心态影响不大，我感觉自己一直还是挺平和的。"但他也有绷不住的时候。原本他以为"五一"外出7天就能回到公司，结果却在整整8个月后才复出。在当天的员工见面会上，看到许久不见的同事们，他几度哽咽。他说："这次是我人生中经历的最大坎坷。一家公司、一个行业的发展也会遇到大大小小的坎坷，遇到了坎坷怎么办？当然可以哭。古人云：男儿有泪不轻弹，只因未到伤心处。刘德华的歌里也唱到，男人哭吧哭吧不是罪。哭是感情的合理宣泄，但是光哭是没有用的。我在上大学时看过一部苏联电影，叫作《莫斯科不相信眼泪》，苏州不相信眼泪，我不相信眼泪，你们不相信眼泪，阿特斯不相信眼泪，新能源行业也不相信眼泪。为什么不能随波浮沉？因为我们有追求，也有责任。我对你们有责任，你们对我也有责任。咱们阿特斯公司在过去十八年中走过不少坎坷，也经历了很多辉煌。我相信，有你们的努力，不管以后有多少挑战，阿特斯会始终翱翔在高山之巅，而你们也会带着我一起飞翔。"在回到公司之后，虽然他不能再像过去一样，每个月花1~2周的时间出差，同客户、供应商、政府机构面对面的交流也变少了，但好在阿特斯形成了一个稳定且有战斗力的团队，通过内部的汇报机制和外部的信息来源，公司还是在紧跟市场并做出应有的判断，同时一旦下定决心做出决策，团队会一如继往的认真高效执行。

瞿晓铧说,他相信再生医学的突破和康复手段的进步,他也始终相信他能重新站起来、走起来,再跟大家踢足球,担任他最喜欢的左边锋。

吹尽狂沙始到金

对于阿特斯这样的企业来说,通过在空间上横向的多元化布局可以分散风险。而对于光伏行业来说,通过考察在时间上前后相继的周期性变化,同样可以发现行业"寒冬"中蕴藏的积极性因素,比如出清的过剩产能、爆发的海外需求、大幅提高的组件功率,还有实现大幅下降的电站投资成本。我们要从更宏观的产业视角深刻理解"否极泰来"四个字。有一种长期视角认为,历史上光伏行业经历过的两次大洗牌("双反"和"531新政")都是因为在补贴阶段,单一国家市场占比过高,导致其国内被迫做出市场政策调整——上一次是德国,这一次是中国,当年其新增组件需求/装机容量的全球占比均超过50%,因而其国内调整给全行业带来一定冲击。

但经历这样两次动荡之后,尤其是在各国形成"碳中和"共识的背景之下,很多新兴国家市场增速明显,全球光伏市场变得更加多元和分散。此后中国光伏新增装机容量全球占比多年稳定在三分之一左右,而海外单一国家市场再也难以像"双反"前的欧美市场那样对中国组件出口产生举足轻重的影响。2018年,中国前十大出口市场占光伏产品总出口的66.4%,同比下降9.6个百分点,中国组件出口到200多个国家和地区,我们的抗市场风险能力在增强,而且中国"531新政"导致中国光伏产品价格下降,使得中国产品对海外电站投资商的投资回报率上升,吸引力增加,畅通的"外循环"成为"内循环"受阻时的重要战略缓冲空间。彭博新能源财经统计发现,2018年全世界在光伏项目投资上共花费1300亿美元,比2017年减少了24%,而因为这两年总装机容量变化不大(从102吉瓦微涨到106吉瓦),所以这24%几乎很好地反映了光伏电站整体建设成本的下降。除中国外，2018年还有11个国家新增装机规模超过1吉瓦，要知道每吉瓦的光伏组件需求就是几十亿元人民币的市场空间。这些积极因素都是光伏行业的阴霾渐渐散去之后的曙光。

经过"531新政"的洗礼，国内光伏产业链各个环节的龙头企业格局已经基本浮现：硅料环节，以通威、协鑫、特变电工、新疆大全、东方希望5家企业为主；硅片环节，以"兰大系"企业隆基和中环为主；电池片环节格局较为分散，头部企业既包括通威、爱旭等单一环节优势企业，也包括隆基、天合、晶澳等垂直一体化企业；组件环节，以隆基、天合、晶科、晶澳、阿特斯5家垂直一体化企业为主。

同时，中国企业在东南亚的产线布局也达到了一定规模，可以支撑对美国等市场的出货。比如2017年5月，阿特斯在泰国的电池片和组件工厂正式投入运营，在此前泰国电池厂建设过程中，泰国工厂的技术人员来到苏州接受培训，同时阿特斯还抽调了一部分管理层和技术骨干到泰国，加速泰国工厂量产的顺利推进。还有一些东南亚国家给予可再生能源企业高额的税收减免政策支持，比如马来西亚就对大型太阳能开发商落实10年免征企业税的优惠政策，对工厂的设备机器实行5年内完全免税。截至2018年，晶科、天合、晶澳、协鑫、阿特斯、正泰、隆基等多家企业在东南亚布局产能，东南亚硅片产能3.1吉瓦（中国企业占1.5吉瓦），电池片产能19.7吉瓦（中国企业占11.45吉瓦），组件产能25.65吉瓦（中国企业占13.65吉瓦）。

从2014年到2018年，东南亚组件产量从4吉瓦提高到14.8吉瓦，在全球组件产量中的占比从7.7%提升到12.7%，整个亚洲地区组件总产能和总产量分别达到全球的93.4%和95.8%。光伏制造业的重心继续向亚洲倾斜。截至2022年年底，东南亚单晶硅PERC组件制造成本比中国略高0.01美元/瓦，为0.25美元/瓦——这在中国企业可承受的范围之内。而与之形成对比的是，美国的成本接近0.3美元/瓦，欧洲的成本为0.33美元/瓦。

已经具备全球竞争力的中国光伏制造业在等待，等待着下一个春天的到来。

第十一章

"双碳"之光

走向碳中和

2022年，我们所有人都见证了夏季中国南方连续极端高温天气与欧洲的能源危机。很多人应该都已经感受到了全球气候变化给人类生产生活带来的冲击。很多时候，我们不能完全肯定地说热浪等极端天气就是由气候变化引起的，但气候变化必然在一定程度上提高了极端天气发生的概率。

中国气象局2022年发布的《中国气候公报》显示，2021年中国经历了"史上最热年"，全国平均气温为1951年以来最高，极端天气气候事件多发、强发、广发、并发。联合国世界气象组织在《2021年全球气候状况》中指出，2021年全球的温室气体浓度、海平面升幅、海洋温度和海洋酸化程度都创下了历史新高。德国观察发布的《全球气候风险指数》报告指出，2000—2019年，全球超1.1万起极端天气和气候事件夺去超过47.5万人的生命，造成直接经济损失2.56万亿美元。根据2021年世界气象组织灾害统计报告，在1970年到2019年的近50年里，几乎平均每天发生一场与天气、气候或水有关的灾害，平均每天夺走115人的生命，造成2.02亿美元的损失。世界气象组织2022年7月表示，像欧洲热浪这样的极端高温天气未来还将频繁出现，且这一气候恶化趋势将至少持续到2060年。

我们大力发展可再生能源发电，是为了有效应对全球气候变暖。但实际上气候变暖本身还会对可再生能源发电和核电、火电产生"掣肘"效应。比如 2022 年夏天的极端高温天气，在法国等一些国家，因为核电站冷却水温度上升，限制了核电站的发电能力；高温干旱导致德国最重要的运煤内河航道莱茵河水位严重下降，以至于运煤船只能少量载煤通行，降低了德国能源运输效率；四川极端高温干旱限制了水电站的发电能力；高热往往伴随着无风、少风的天气，风电出力也可能被削弱；另外极端高温也并不利于光伏发电，光伏组件喜欢更强的日照，但不喜欢高温，高温环境下组件发电效率会有所下降，逆变器等需要散热的相关部件也要承受高温的考验。国家气候中心副主任袁佳指出，随着气候变暖，现在发生的破纪录极端气候会变成经常发生的事件。各种发电形式都有可能在极端高温天气中受到负面影响，这样的影响可能会在未来数十年中反复出现，因此实现碳中和已刻不容缓。化石能源储量有限，不可再生。以煤炭为例，中国虽号称"富煤"，但在产煤矿可供开发资源量约为 1710 亿吨，如果仅考虑在产煤矿现有可供开发资源量和现有的技术和回采率水平，按照年产量 40 亿吨左右的规模，我国煤炭产能只能支撑 40 年左右。而且重新依赖化石能源无异于"饮鸩止渴"，它虽能够在短期内缓解用电紧张的困境，但它只会进一步通过温室效应提高极端气候出现的概率和极端气候对人类生活施加负面影响的强度，所以面对"零碳转型"，我们别无选择。

2021 年诺贝尔物理学奖得主、美国国家科学院院士真锅淑郎在他出版的科普读物《超越全球变暖：数值模型如何揭示气候变化的秘密》（*Beyond Global Warming: How Numerical Models Revealed the Secrets of Climate Change*）中指出，在全球变暖继续加剧的过程中，随着大气中二氧化碳浓度的增加，地球表面温度升高，全球水循环加速，水资源两极分化将更加严重，正所谓"旱的旱死，涝的涝死"。在水资源充沛的地区，河道的水流量和发生洪灾的频率都可能增加，这些地区主要分布在北纬 45°以北、南纬 45°以南地区和赤道附近。亚热带地区本就蒸发量最大，大气环流还会将水汽从蒸发量超过降水量的亚热带地区输送到降水量超过蒸发量的中高纬度地区。在亚热带地区，夏季的到来会导致降水减少和土壤蒸发量增大，干旱的频率会进一步增加，缺水问题可能更加严重，而这些中低纬度地区正是人类宜居、人口密集的分布带。IPCC预计中纬度地区的升温幅度将是全球的2倍左右，如果全球升温2℃，中纬度地区极热天气最高气温将上升4℃左右。以中国为例，2022年生态环境部发布的《国家适应气候变化战略2035》中指出，中国气温上升明显，1951—2020年平均气温升温速率达到0.26℃/10年，高于同期全球平均水平0.15℃/10年。这一文件中还指出："气候变化所带来的长期不利影响和突发极端事件，已经成为我国基本实现社会主义现代化和建设美丽中国进程中面临的重要风险。"如果碳中和能够尽早实现，将极大降低极端天气和气候灾害出现的概率，并减少它们给人类社会造成的伤害。

  2015年通过的《巴黎协定》对2020年后的全球气候变化做出了安排，主要目标是将21世纪全球气温升幅控制在比工业化前水平高2℃之内，并寻求将气温升幅进一步控制在1.5℃之内。IPCC发布的一份报告指出，如果将全球气温升幅控制在1.5℃以内，将能避免大量气候变化带来的损失与风险。到21世纪末，如果要实现"1.5℃目标"，全球就需要在2050年左右实现碳中和目标；如果要实现"2℃目标"，就必须在2070年左右实现碳中和目标。中国根据自身实际情况，选择了中间值2060年作为实现碳中和的时间节点。2021年8月的IPCC报告显示，2011—2020年全球地表温度比1850—1900年高出1.1℃。距离1.5℃和2℃的目标，人类所能"肆意挥霍"的空间已经所剩不多了。自2020年起，如果要把气温升幅目标控制在1.5℃以内，全球碳排放预算只剩下3000亿～9000亿吨的二氧化碳（3000亿吨对应83%的可能性，9000亿吨对应17%的可能性）。即便我们忽略比尔·盖茨统计的每年510亿吨碳排放总量数据，选择IPCC报告中更为保守的400亿吨/年（2015年数据）来计算，并且假设此后不再增长（事实上几乎不可能），这几千亿吨的"碳预算"也将在7～23年内耗尽。

  生产与存储电力，以及生产制造活动所产生的碳排放占到了人类全部活动所产生碳排放的一半以上。而目前全球发电量当中有三分之二依靠化石燃料发电，这是人类产生碳排放最主要的来源之一。如果电力系统不能实现（或接近实现）碳中和，那么全世界就算在其他领域做得再好，也不可能实现碳中和。比如在农业养殖领域，牛打嗝、放屁排出的甲烷气体，其造成的温室效应是二氧化碳的几十倍。科学家已经在研究改良牛的饲料成分来减少甲烷的排放，但这部分温室气体排放在全部人类活动排放中占比很少。在交通运输领域，乘用车可以从燃油车变成电动车，卡车等商用车可以从柴油车变成氢燃料电池车，但如果它们用的电、加的氢都来自化石能源的燃烧，那么交通运输领域的转型就不能为碳中和做出太多实质性的贡献。所以"以电代煤、以电代油、以电代气"是中国乃至世界实现碳中和目标的一个重要核心。能源系统电气化率每提高 1 个百分点，能源强度可以降低 3.7%。世界卫生组织公共卫生和环境司司长玛丽亚·内拉（Maria Neira）表示，应对气候危机，最好的解决办法是采取措施力争实现零碳排放，并加快向清洁、可再生能源过渡。中国环境与发展国际合作委员会中方首席顾问刘世锦指出，中国不可能像发达国家那样走高碳高增长的老路，也不会走低碳低增长的歧路，而是会选择通过低碳乃至零碳实现较高增长的第三条路，力争达到减碳和增长的双赢。这也正是中国提出碳中和目标的真正意义所在。

如同我们在 20 世纪下半叶中国可再生能源发展历史部分所提到的，特别是自 20 世纪 70 年代以来，中国历代领导集体都为中国走向碳中和目标奠定了重要的基础，而中国光伏行业的发展也交织其中。2005 年，中国颁布了《可再生能源法》，将可再生能源的开发利用与保护环境和经济社会的可持续发展紧密联系在一起。2006 年的"十一五"规划纲要当中首次提出"十一五"期间单位 GDP 能耗降低 20% 的约束性目标。2007 年，国家调整了能源政策，国务院于当年年底发布了《中国的能源状况与政策》白皮书，在其能源工业现状部分提到"能源消费以煤为主，环境压力加大"，在其能源发展战略和目标部分指出"中国主要依靠国内增加能源供给，通过稳步提高国内安全供给能力，不断满足能源市场日益增长的需求"，同时还要"大力发展可再生能源"。当年国家发展改革委印发了中国第一份《可再生能源中长期发展规划》，将"提高可再生能源比重"作为一项约束性目标，并将其定为了基本国策。2009年9月，时任中国国家主席胡锦涛在联合国大会上向全球承诺，争取到2020年中国的非化石能源占一次能源比重达到15%左右。两个月后，时任国务院总理温家宝主持召开了国务院常务会议，会议决定，到2020年我国单位GDP碳排放比2005年下降40%~45%。这一会议决定内容还写进了"十二五"规划纲要之中。当时中国已经解决了人民的温饱问题，还没有实现全面小康，但在应对气候变化问题上开始承担中国作为一个发展中大国力所能及的责任。2013年，人们开始热议中国即将全面建成小康社会，根据新形势的发展，中国提出了碳排放总量控制的原则。2014年，中国在联合国气候峰会上宣布，中国将尽快提出2020年后应对气候变化行动目标，碳排放强度要显著下降，非化石能源比重要显著提高，森林蓄积量要显著增加，努力争取二氧化碳排放总量尽早达到峰值，也就是"碳达峰"。2020年11月，在APEC（亚太经济合作组织）会议举办期间，中美双方在北京发布《中美气候变化联合声明》，中国宣布了计划于2030年左右二氧化碳排放达到峰值且将努力早日达峰的行动目标。

2015年的《巴黎协定》要求各个国家在2020年向联合国提交21世纪中叶实现碳中和的国家行动方案，国际社会从此真正对全球经济社会绿色低碳转型的发展方向达成共识，《巴黎协定》也成为中国制定"双碳"目标非常重要的国际背景。在2016年的国务院常务会议上，为《巴黎协定》提交2020年更新版的国家自主贡献目标就被列入工作议程，后来这份正式文件叫作《中国本世纪中叶长期温室气体低排放发展战略》，至此，制定到2030年左右实现碳达峰的行动方案以及推动碳中和进程的相关事项就纳入正式工作当中。李俊峰等人主笔起草了国家"双碳"目标的相关文件，整个起草过程历经3年多时间，经过多次修订，于2019年年底基本起草完毕。

2020年9月22日，中国国家主席习近平在第75届联合国大会一般性辩论上发表讲话："中国将提高国家自主贡献力度，采取更加有力的政策和措施,二氧化碳排放力争于 2030 年前达到峰值,努力争取 2060 年前实现碳中和。"在当年 12 月的气候雄心峰会上,习近平主席进一步宣布:"到 2030 年,中国单位国内生产总值二氧化碳排放将比 2005 年下降 65%以上,非化石能源占一次能源消费比重将达到 25% 左右,森林蓄积量将比 2005 年增加 60 亿立方米,风电、太阳能发电总装机容量将达到 12 亿千瓦以上。"从此之后,中国能源转型的脉络变得越发清晰——2022 年 1 月,习近平总书记在中央政治局第三十六次集体学习中明确指出:"要加大力度规划建设以大型风光电基地为基础、以其周边清洁高效先进节能的煤电为支撑、以稳定安全可靠的特高压输变电线路为载体的新能源供给消纳体系。"中国将用非化石能源逐步替代化石能源,在非化石能源中以可再生能源为主,依据中国的资源禀赋条件,在可再生能源当中又以发展光伏和风电为主,据此来构建以新能源为主体的新型电力系统,构建清洁、低碳、安全、高效的能源体系。

在此后的中央经济工作会议、国务院政府工作报告、国家"十四五"规划、中共中央政治局会议当中,实现"双碳"目标都成为着重强调的重点任务。各省的政府工作报告和"十四五"规划也纷纷结合本省实际推出"双碳"目标路线图。"十四五"时期中国要把非化石能源消费比重提高到 20%,2030 年提高到 25%——非化石能源比重确定了,光伏和风电的地位也就确定了。

2021 年,煤炭占中国能源消费总量的比重由 2012 年的 68.5% 降低到 56.0%,下降 12.5 个百分点,但煤炭依然在中国的能源体系中占据主导地位。相比于石油和天然气,煤炭的碳排放强度最高。为了提供等量的能量,煤炭产生的碳排放大约为石油的 1.5 倍、天然气的 2.2 倍。作为煤炭消费占比高的主要经济体,作为全球二氧化碳排放量最大的国家,中国也因此在应对气候变化的国际舆论方面面临着重重压力。但我们也不能忘记,我们是全世界最大的发展中国家,在国家经济社会发展的不同历史阶段,我们在能源转型和应对气候变化方面承担着不同的历史责任,对此党中央都是经过深思熟虑的,中国承担的责任大小是与我们不断提升的能力水平相适应的。从不提"减排"，到以单位 GDP 能耗和碳排放为标准的"强度减排"，再到碳排放总量控制、碳达峰，直至碳中和，这都是与我们国家的发展阶段相适应的。中国顺应自身的发展需求，同时考虑到国际的关切，不断主动提高中国应对气候变化的任务强度。

根据 IRENA 统计，截至 2021 年 11 月，已经有 177 个国家表示正在考虑净零目标，也就是碳中和目标，其中 9 个国家已经宣布实现了净零排放。美国、欧盟、日本等发达国家和地区提出 2050 年实现碳中和，印度提出 2070 年实现碳中和。中国不仅提出 2060 年前实现碳中和目标，同时提出 2060 年将非化石能源占比提高到 80% 以上的目标。对发达国家来说，碳达峰是一个自然发生的过程。英国开始用煤替代生物质作为主要热源是在 1620 年前后，到西方国家进入碳达峰阶段，经过了 350~400 年的时间。欧美主要国家普遍是在碳达峰之后 50~70 年才谋求实现碳中和。而中国是最晚完成从生物质燃料向燃煤转变的主要经济体，中国直到 1965 年才把生物质燃料（比如薪柴）在中国初级能量供应体系中的比例降到一半以下，中国用煤和石油作为主要能源供应形式的历史只有短短半个世纪左右，迄今为止还没有实现碳达峰，却已经超前谋划，用一个人为设定的时间表来倒逼自己实现发展转型。从碳达峰到碳中和，我们只给自己留了 30 年的时间。

一些地方干部曾经错误地认识了碳达峰和碳中和之间的内在联系：有的地方打着碳中和的旗号搞起了运动式"减碳"，关掉路灯，不让老百姓用电梯、开空调；还有的地方把碳达峰搞成了"碳冲锋"，认为无论如何 2030 年之后都要减排，那么索性就把"峰值"冲得再高一些，比如继续大规模兴建火电厂，这样以后再减排，关掉耗电大项目就行了，还可以显得减排效果更明显。《经济日报》在《正确认识和把握碳达峰碳中和》一文中就指出："马拉松不能跑成百米赛，不能以短期思维看待中长期目标任务。"

无论是碳达峰还是碳中和，都是新发展格局之下的"新约束"。对此李俊峰有一个非常生动的比喻："碳达峰是一个自然过程，就像人长个子，长到一定的程度就不长了；碳中和就像人减肥，虽然过程痛苦，却是为了身体健康。靠什么办法减肥？一个是锻炼，一个是少吃。少吃是什么？是把你不需要的能源消费减下去。有的省份碳排放强度是北京的3倍多，人均十多吨碳排放，还觉得不够，那就是蛮干了，蛮干不见得会长个子，反而因为胡吃海塞带来了一身毛病。碳达峰过程中就一定要避免这种无效增长，不为后面的碳中和增加负担。如果放弃传统的发展方式，你认为是痛苦，那它也是减肥中间的痛苦，这是值得的，因为你改变了坏习惯。所有身材管理好的人都是懂得自我管理的人，地方与企业经济发展也是同样的道理。"碳中和不仅是一种约束，更能为全社会创造多元的价值和效益。根据全球能源互联网发展合作组织的测算，中国到2060年实现碳中和，能拉动经济增长、减少化石能源补贴、避免气候造成损失、增加健康协同效益，创造社会福利累计约1100万亿元，相当于1元的投资能获得约9元的社会福祉。

党中央对实现"双碳"目标的认识非常深刻，提出了"先立后破"的指导原则。纵观人类历史上的能源转型，要想以木柴、煤炭、石油等能源来清晰划分特定的能量时代是不现实的，因为无论从时间跨度，还是从不同国家的空间跨度而言，能源转型的过程都是渐变的，新能源技术需要经过长时间的渗透、普及，才能占据主导地位。在这个过程中，"传统"的能源和动力源可能会存续相当长的时间。在欧美国家开始工业化以后，牲畜驱动的水利设施和蒸汽引擎动力共存了一个多世纪；到20世纪20年代末，美国农场中燃煤比例才超过燃烧木材的比例；到20世纪50年代初，美国南部仍有几百万头骡子服役；直到1875年，木材在法国初级能量供应体系中的占比才降至50%以下；水车也是在蒸汽轮机投入使用后经过相当长时间的改进和使用后才渐渐失去主导地位，退出历史舞台的。以史为鉴，我们必须耐心等待新能源供给和消纳体系足够庞大的时候，才能逐步、稳健地退出传统的化石能源系统。

李俊峰指出，在今后的40年里，中国的能源消费结构要从化石能源占比80%以上变成非化石能源占比达到80%。2021年中国非化石能源占比只有16.6%，有60多个百分点需要提升，需要平均每年踏踏实实地增加

1~2个百分点的非化石能源比重，并经过40年的努力，才能实现碳中和这个目标。这就要求我们既要有时不我待的紧迫感，也要有水滴石穿、持之以恒的耐心。

自2018年"531新政"提出以后，中国光伏行业经历了"断奶期"的考验，在约半年以后逐步走出低谷。2020年"双碳"目标的提出，又为行业发展注入了一针强心剂。自此，中国光伏行业进入了新一轮景气周期：新的硅料技术、新的硅片尺寸、新的电池技术、新的光伏设备、新的跨界玩家、新的扩产浪潮、新的供应紧张环节、新的海外格局、新的国内市场、新的电力系统、新的售电方式、新的电站资产证券化、新的能源互联网……中国光伏人的感受是，他们未来面对的每一天都是崭新的。这个行业发展至今，像是刚迎来了八九点钟的太阳，人们"一天"的忙碌才刚刚开始。

颗粒硅，颠覆者？

面对一些海外国家和地区对光伏产品越来越严格的"碳足迹"要求，以及光伏行业对降本增效的极致追求，中国企业一方面在现有的晶硅光伏产业链各制造环节中优化工艺，积极地降低能耗、降低碳排放，另一方面也在探索对各环节产品生产工艺和技术路线的革新，并取得了产业化进展，比如在多晶硅环节生产颗粒硅。按照欧盟委员会产品环境足迹的计算方法，光伏上游制造环节会占到光伏全生命周期"碳足迹"的80%~95%。2021年，协鑫的颗粒硅获得法国国家能源署颁发的碳足迹认证证书，每生产1千克颗粒硅的碳足迹数值仅为37千克二氧化碳当量，刷新了瓦克此前所创下的57.559千克二氧化碳当量的全球纪录。

虽然通威永祥成为近几年炙手可热的硅料王者，但老牌硅王协鑫并没有坐以待毙。他们采用硅烷流化床法，生产出的颗粒硅是一种能耗和量产成本都低于传统棒状硅的硅料产品。在全球碳中和背景下，这种技术路线被外界寄予厚望,甚至被认为可能像单晶硅片颠覆多晶硅片一样,成为颠覆传统多晶硅料的"杀手级"创新产品,协鑫有望借颗粒硅打一场"翻身仗",重新夺回硅王的宝座。但事实上,无论是用硅烷法,还是用流化床法生产多晶硅都不是什么新技术,早在20世纪50年代就有海外企业尝试过。但是由于西门子法和三氯氢硅法(改良西门子法)的快速成熟,加上光伏早期没有庞大的应用市场,企业并不会面对巨大的成本竞争压力,导致流化床法的低能耗优势几乎被埋没。

2012年,协鑫旗下的江苏中能开始研发硅烷流化床法生产技术,在中试线上生产出硅烷气产品,2013年年中试生产出第一批颗粒硅,并于同年建设硅烷流化床工艺中试线,在2014年开始建设年产万吨级颗粒硅生产线。但这个过程显然没有预想中的顺利。

2017年,协鑫成功收购了美国太阳能公司(SunEdison),业内分析认为协鑫借此可以获得硅烷流化床颗粒硅相关技术资产,以及连续直拉单晶(CCZ)技术资产。收购SunEdison技术资产以后,江苏中能做了很多改进,比如设计了产能更大的反应器,但这项技术还是把协鑫的技术人员"折磨"得够呛。协鑫硅产业科技集团总裁兰天石说:"一开始客户的反馈只是说效果不够好,但也说不清为什么效果不好,所以我们改进起来就像盲人摸象一样。"后来是中环股份这样的单晶硅片领先企业向协鑫伸出援手,也在生产过程中使用了颗粒硅,并指出其效果不好的原因,并同协鑫一道探讨改进方案,颗粒硅的产品质量由此迅速提升。

从2010年立项到2019年实现产业化,协鑫为颗粒硅的研发和产业化总计投资20多亿元。2020年9月,江苏中能的首期5.4万吨颗粒硅项目开工扩建,总投资46亿元,总规划产能10万吨,工厂还没建成投产,大额订单就已经纷至沓来。而协鑫方面表示,颗粒硅产能已经具备了"模块化"复制能力,将实现从1到10,从10到100的简单复制,并在徐州、乐山、包头、呼和浩特等地规划了数十万吨的颗粒硅产能。

那么颗粒硅到底是否具有能够颠覆棒状硅的实力呢?它的优势和局限分别体现在什么地方?如果我们能够理解生产多晶硅的整个工艺流程,那么这些问题都将迎刃而解。

用硅烷流化床法生产颗粒硅的主要过程就像用吹风机吹乒乓球的过程。你可以在家做一个这样的小实验：吹风机朝上吹风，把乒乓球放在出风口上方，乒乓球并不会落下来或者乱飞，而是会在风口上方来回运动。你还可以试试将吹风的方向左右旋转，或者同时在风口上放两个甚至更多个乒乓球，效果是一样的。

在硅烷流化床法中，晶（晶种，相当于乒乓球）可以预先放置在反应器当中。从流化床炉底部注入硅烷（气体）和氢气，气体流速快（相当于大吹风机），上升到加热区，可以让硅籽晶沸腾起来，处于悬浮状态。硅烷气在加热区发生分解反应，生成硅和氢气，硅沉积在细颗粒的硅籽晶上，悬浮的晶就会生长变大。硅籽晶不参与化学反应，只是用来沉积反应生成的硅（类似于在干面粉中滚元宵，元宵越滚越大），一直长大到底部的气体托不住它，颗粒硅就会从一个出口坠落出去。

颗粒硅的几大优势就体现在这个生产过程中：

首先，硅烷容易提纯，也容易分解为硅和氢气。颗粒硅一次反应转化效率高达95%以上，远高于三氯氢硅在钟罩炉内18%~25%的转换率。

其次，生产1千克多晶硅的电耗只需要15度电左右（2022年8月朱共山表示徐州工厂生产1千克多晶硅的电耗可以降到13千瓦时左右），而行业采用三氯氢硅法（2021年）的综合电耗是63千瓦时，以至于江苏中能的徐州工厂利用0.6元的工商业电价生产颗粒硅的成本，可以与西部地区三氯氢硅法用0.2~0.3元/千瓦时的电价生产块状硅的成本持平。

最后，流化床反应器可以持续从上下加料，从顶部加入硅籽晶，从底部注入气体，再从底部排出颗粒硅，这个反应过程可以持续几千个小时不间断，而用三氯氢硅法生产多晶硅需要将每一炉反应完成的多晶硅取出，不能连续生产多炉产品。

这种连续生产的优势还体现在下游。在下游企业用颗粒硅拉制单晶硅棒的过程中，可以在单晶硅炉侧面开一个孔，把颗粒硅送进去，让它沿着槽一路溜到底部的石英坩埚里面，这样就可以在拉制单晶硅棒的过程中实现连续加料。过去拉制单晶硅棒采用的是"多次投料复拉法"（RCZ），拉制完一根硅棒，再向坩埚中加料继续拉制下一根硅棒，而配合颗粒硅就可以实现"连续拉晶"（CCZ），一边加料一边拉晶，不仅晶体长度更长，还能节约加料时间。

所以颗粒硅生产具有的优势包括：硅烷原料方便提纯；一次转化率高，副反应少，尾气回收的环保压力较低；可以连续生产；方便拉棒时连续加料；电耗、能耗较低；等等。

但在实际量产过程中，颗粒硅生产又会遇到一系列实际问题：第一，硅烷极易燃烧、爆炸，高温状态下，撞击气瓶的某一部位也有可能导致气瓶在没有触动释放装置的情况下发生爆炸，所以存在一定的安全隐患；第二，颗粒硅在炉子里来回运动的时候，会撞击、磨损炉壁内侧的部分石墨，石墨的作用是通过感应加热，让炉内保持高温，而磨损掉落的石墨本身会成为杂质；第三，一部分硅烷气分解以后没有沉积到硅籽晶上，会变成粉末掉落下来，所以会存在大量的硅粉；第四，颗粒硅和硅粉在沸腾炉中剧烈运动，有可能堵塞管道，堵塞会造成容器内部压力增大，存在爆炸隐患；第五，在拉制单晶硅棒的时候，氢会在石英坩埚的熔融硅料中熔解出来，形成"氢跳"，在未充分加热的情况下接触硅液引起溅硅，可能污染硅棒，降低成晶率。这些因素会影响颗粒硅的品质，所以颗粒硅需要进行脱氢处理。目前颗粒硅已初步解决氢跳、表面灰尘多、碳含量偏高等问题，生产过程中的能耗、物耗大幅降低，关键设备的备品备件初步实现国产化替代，成本显著降低。

在实际生产中，硅片企业一般会将颗粒硅配合棒状硅使用，颗粒硅在其中的占比为10%~30%。棒状硅从硅料车间到硅棒车间的过程中，需要通过敲击进行破碎处理，因为敲击过程本身可能带来杂质和污染，破碎时不能将棒状硅敲得太碎，所以放在单晶硅炉的大坩埚里是块状，块与块之间存在缝隙，坩埚就填不满，这时候把颗粒硅倒进去，就可以填满缝隙，二者能形成一个互相补充的关系，而不是"你死我活"的竞争关系。2021年颗粒硅总产量约占多晶硅市场份额的4.1%，2022年上半年颗粒硅产量达到约 2 万吨，占比约 4.5%。

颗粒硅的产业化发展进程提醒我们，很多时候，拥有显著优势的新技术路线会让人感到兴奋，但具体到生产多晶硅原料生产技术的优劣对比，还是需要从五个维度进行全面考量：一要技术安全，二要保证品质，三要降低成本，四要规模量产，五要保护环境。这五个维度缺一不可，有一些生产多晶硅的技术在某几个方面可能具备一定优势，但它的短板也非常明显，那么就无法形成对现有三氯氢硅法的大规模替代。考察颗粒硅技术的发展也要遵循同样的逻辑。

中国光伏制造业不仅在拓宽主要生产环节所覆盖的技术路线，还将触角伸到了更广阔的产业领域当中。接下来我们将分设备和原材料两部分来详细讲述光伏产业对半导体、锂电等战略性新兴产业起到的支持作用。

超越光伏：设备篇

中电 48 所、京运通、精工科技等企业的崛起与 2004 年开始的德国光伏市场爆发几乎同步，我们姑且将其称作"第一代"光伏设备企业。接下来我们要讲述"第二代"光伏设备企业，它们的崛起发生在 2004 年德国光伏市场爆发之后，甚至晚于 2008 年国际金融危机。

研究第二代光伏设备企业，可以发现它们有一个突出特点，就是"设备能力"远比光伏设备本身更重要。它们充分利用在精进、打磨、迭代光伏设备过程中不断积累的技术能力，积极地向其他相关设备领域拓展，尤其值得重视的是半导体显示设备、集成电路设备、锂电设备领域。这其中两家成功"跨界"的代表性企业分别是周剑的迈为股份和王燕清的先导智能。

1998 年，周剑毕业于深圳大学的国际贸易专业。毕业以后，周剑在一家深圳的美资公司工作，随后与朋友共同创业，做表面组装技术（SMT）设备生意。2009 年，他开始进入光伏设备领域。此时他带领十几个人回到家乡苏州的吴江开发区,他说这里的政府看得懂产业,还拿到了 200 万元的科技领军人才项目资金,以及吴江开发区东运创投的 1000 万元投资,创办了迈为。他决定从当时光伏领域国产化率几乎为零的丝网印刷机开始做起,因为这一领域被意大利的 Baccini、英国的 DEK 和德国的 ASYS 等企业所垄断。这种设备的作用是在已经制作好 p-n 结的硅片上制作上、下电极,也就是印刷栅线的过程。这个过程需要让银浆透过一层已经制作好栅线图形的网膜漏印在硅片上,然后再通过加热,让浆料中的有机溶剂挥发掉,形成电池片的电极。

为了尽快研发出设备,研发人员每周至少有两天会加班到凌晨三四点,回家打个盹,早上 8 点就又赶回公司。到 2010 年,迈为只用了一年时间就成功研发出第一台样机,2011 年 3 月就交付了第一台量产设备。

结果 2012 年"双反"时期,全行业面临寒冬,迈为资金链一度面临断裂的危险,很多民间的投资机构打起了退堂鼓。但国资对迈为依然信心十足,不仅自己坚守,还帮迈为争取政策支持,积极说服民资不要因为一时的困难退场,这给了周剑爬坡过坎的底气。

2014—2015 年,通过一系列技术研发,迈为的产品基本达到了国际先进水平,实现了在二次印刷、双头双轨印刷、高速高精软件控制等前沿技术上的突破。但是迈为并没有止步于此。

由于智能装备在电气布局、机械装配等方面具有技术相通性,迈为依托所掌握的高速高精度控制技术、高精度定位技术等,成功研制出半导体封装设备、显示面板设备,与半导体芯片封装制造企业长电科技、三安光电就半导体晶圆激光开槽设备先后签订了供货协议,并与其他五家企业签订了试用订单。目前,迈为自主研发的半导体晶圆激光开槽设备已交付长电科技,实现了稳定可靠的量产。而在显示面板设备方面,迈为中标国内显示面板龙头企业京东方的第 6 代 AMOLED(主动矩阵有机发光二极管显示)生产线项目,将供应两套自主研制的 OLED 柔性屏弯折激光切割设备,为全球知名的手机品牌制造高端显示屏。同时迈为已经研发完成半导体芯片制造后道切割设备——全自动晶圆开槽设备,这种设备目前主要被日本公司控制，亟待国产化。

迈为从光伏设备丝网印刷机起步，将业务拓展到其他半导体设备领域，而王燕清的先导智能则是从其他领域跨界到光伏设备和锂电设备的代表。2021年，先导智能实现了"4个1"：市值突破1000亿元，营收首次突破100亿元，研发投入金额超过10亿元，研发投入占比达到10%以上。其作为锂电装备的龙头企业，产能规模位居全球锂电设备第一名，涵盖前段电芯制片设备、中段电芯装配设备、后段化成分容设备，且在前、中、后段的锂电设备性能均达到世界领先水平，包括宁德时代、比亚迪、特斯拉等一众锂电池和电动车企业都是先导智能的客户。但其实先导智能早年的光伏设备营收规模远大于锂电设备。更鲜为人知的是，先导智能和尚德2010年曾共同出资创办了一家企业，名为尚导光伏[1]，这家公司的厂址距离无锡尚德的大门只有2.4千米。先导智能的发展路径生动展现了中国装备制造民营企业"迁移技术能力"是如何提高的。

1966年，王燕清出生在无锡的一个桃农家庭。1986年他从常州无线电工业学校毕业后，进入锡山无线电二厂工作，负责维修管理进口设备。下班以后，他经常去无锡解放西路上的电子产品一条街，买电子元器件、线路板回家自己组装、焊接，曾经组装出多台黑白电视机，十几年时间积累了丰富的经验。1999年，王燕清离开了工作多年的国营厂，因为他发现他每个月的工资养活不了一家人。于是他带着两个60多岁已退休的车工和铣工，借了8万元，租了一个150平方米的破仓库作为车间，创立了先导智能的前身——无锡先导电容器设备厂，生产电容器的制造设备。薄膜电容器是一种以电工级电子薄膜为电介质的电容器，应用领域既包括传统的电力、通信、照明、家电等，也包括风能、太阳能、电力机车、电动汽车等新能源领域，是新能源电控系统中不可或缺的关键部件。那时王燕清自己又当钳工又当电工，所有的设计、装配、调试、编程都由其一人完

---

[1] 尚德希望与尚导光伏签订光伏设备采购合同，再由尚导光伏与先导智能签署设备委托加工协议，由先导智能进行设计、加工、生产。但2011年10月，尚德将持有的尚导光伏全部60%的股权转让给先导智能，双方合作终止。自始至终，尚导光伏没有展开实质性的生产经营活动。

成。他带着妻儿在这间破仓库的角落里一住就是三年。

当时国内电容器设备的高端市场被美国、意大利的企业所垄断。2001年，一个意大利代理商嘲笑他："如果你能把设备送给法拉电子，就说明你成功了。"王燕清咽不下这口气，自己研发，直到设备水平慢慢追上进口设备。两年以后，法拉电子来到先导智能考察，一下子认可了王燕清的技术，成为先导智能的大客户。

后来为特斯拉供应电池的日本松下公司，为了弥补自身设备厂的产能，在全球考察合作企业时经人介绍找到了王燕清，但当看到设备厂简陋的车间和寥寥几个工人时，松下有些犹豫了，他们试探性地对先导智能提出了一个挑战性任务，要求把18650型号电池的卷绕机做到每分钟产能30个。卷绕机的功能是将电容器薄膜、铝箔或极片按一定的组合方式卷绕在一起，形成电容器芯子，当时松下自己的设备只能做到每分钟卷20个。但王燕清接下了这个任务，经过不断地技术攻关和调试改进，成功实现目标，达到全球最高的效率，日本订单随之而来。

王燕清和他的团队用3年时间，在高压电力电容市场中把垄断多年的美国品牌卷绕机挤出中国。如今先导智能自主研发的动力电池卷绕设备性能超过日韩产品，完全实现了国产替代。

王燕清发现国外的竞争对手都是从电容器卷绕设备开始做起，依靠积累的技术优势逐渐开发出适合锂电池设备行业的卷绕设备，从而切入锂电池设备行业。因为薄膜电容器生产前、中段的自动卷绕机、分切机与锂电卷绕机、分切机技术异曲同工，于是2008年，先导智能开始进军锂电池装备行业。

2009年，在东南沿海地区出现用工荒的时候，尚德希望能改进设备，提高自动化率，便邀请王燕清参观工厂寻求解决办法。虽然此前王燕清对光伏行业了解不多，但他发现电容设备与光伏设备原理类似，于是他和团队经过努力，和尚德这个大客户达成合作。2013年，先导智能量产电池片串焊机，实现40%的国内市场占有率。在一众国内串焊机企业的国产化发展过程中，中国市场95%的新增产线串焊机变成了国产设备，曾经的海外龙头企业如德国帝目、日本NPC等失去性价比竞争力，纷纷退出中国串焊机市场。

为什么先导智能能够以薄膜电容器设备为基础，横向拓展出光伏设备和锂电池设备的业务板块呢？图11-1是先导智能涉足产业间设备技术能力关系，我们可以由此一探究竟。

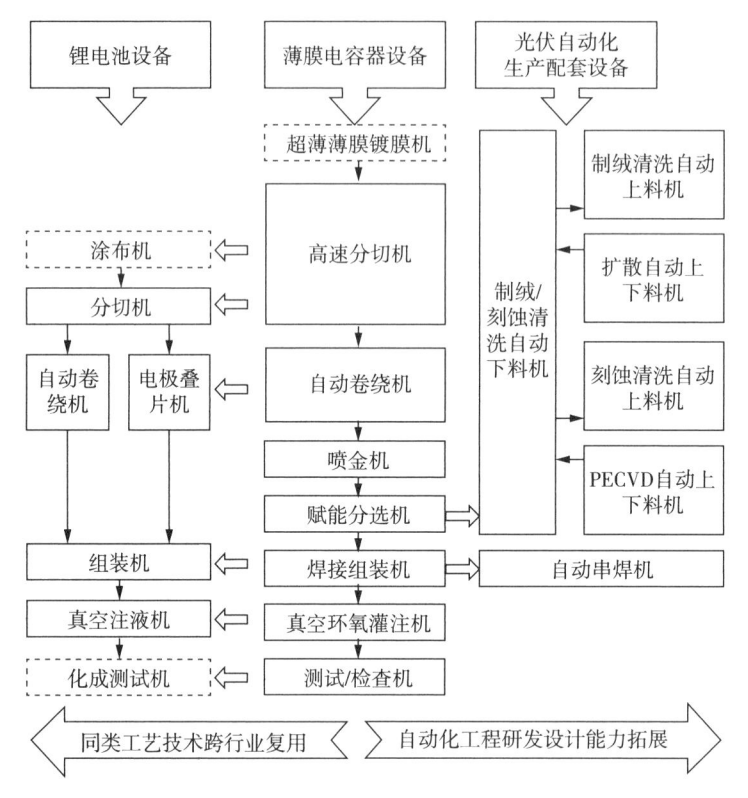

图 11-1　先导智能涉足产业间设备技术能力关系

图片来源：《无锡先导自动化设备股份有限公司首次公开发行股票并在创业板上市招股说明书》。

首先，这三类主要产品的生产流程相同。

其次，它们共用相同的原材料和生产设备，三类设备都属于非标自动化设备，生产均需要气动元件、控制器/驱动器、板材、传动件、马达、PLC/PC/总线、管材/棒材、导轨、传感器、轴承等原材料。三类设备主要集中在机加工环节，机加工是指根据设计要求将外购的原材料（钢材、铝材、塑料等）经过带锯机床切割成相应规格，并选择合适的加工机床对切割后的零部件进行切削加工。三类产品虽然用于不同领域，但其机加工流程和工艺类似，只是加工零部件的形状和尺寸有差异，它们在机加工过程中共用相同的设备。

再次，这些设备所需原材料来自相同的供应商。

最后，这三类设备共用相同的技术。先导智能从薄膜电容器设备的研发和生产起步，凭借长期积累形成的自动化工程研发设计能力，将掌握的核心技术拓展到锂电池设备和光伏自动化生产配套设备的制造领域。

由于光伏自动化生产配套设备在自动上下料、电池片串焊等工艺上与薄膜电容器设备类似，在机械结构设计、电气控制、软件编程、整机设计和组装等角度具有相通性，因此可以将在薄膜电容器设备制造领域掌握的成熟技术移植到光伏自动化生产配套设备的研发和设计中。

类似地，锂电池设备的业务拓展同样得益于生产薄膜电容器设备时所积累的供应链资源和技术能力。在先导智能等中国锂电池设备企业的努力之下，国产设备基本实现了对日韩设备的替代。2021年前、中、后端各自对应的核心设备，如涂布机、卷绕机、化成分容设备等的国产化率均达到98%。由于动力锂电池和储能锂电池的生产工艺类似，所以近年来先导智能又将锂电池设备的技术进一步迁移到储能电池的设备生产当中。

在分析中国光伏设备企业涉足多领域设备制造的内在动因之前，我们首先需要系统总结中国光伏设备行业取得的巨大成就：2021年，中国光伏设备产业规模超过400亿元，同比增长43%，已经实现了"全球光伏设备看中国"的局面。在数据可统计的企业中，排名前七的光伏设备企业——捷佳伟创、晶盛机电、苏州迈为、苏州晟成、连城数控、北方华创和奥特维，年营收总和超过了200亿元。

王俊朝说："早期有些设备，说实话我们是站在国外的肩膀上发展的，我们从模仿到实现部分创新，一步一步推进国产化。到现在我觉得，中国终于可以挺直腰杆，因为我们对国外实现了超越。"德国的Centrotherm是扩散炉领域的海外头部企业，也是王俊朝所在企业的直接竞争对手，但是王俊朝到 Centrotherm 工厂参观的时候，对方告诉他："我们所有环节都对你开放，你愿意看什么都可以，你愿意待多久就待多久。"那一刻让王俊朝感到无比的自豪。因为国外企业非常重视知识产权，多年以来，他们经过对中电 48 所的深入了解，发现王俊朝团队出品的设备没有侵犯过他们的任何专利。王俊朝说："在中电 48 所这家企业的工作经历给我留下了非常好的职业习惯。做一种新设备，首先要安排专人查询专利并进行回避。我们可以借鉴，但不能侵权。虽然短期上我们可能做得慢些，吃点亏，但是从做企业、做人的角度来讲，这样做会让自己更坦然。"也正因为这样，光伏电池领域核心设备厂商——德国的 Centrotherm 和荷兰的 Tempress 都愿意同王俊朝展开合作。"从某种意义上来说，我代表了一些中国光伏人和光伏企业，受到了别人的尊重，我觉得还是很骄傲的。"王俊朝说道。

现在国内的设备国产化形势呈现出一派欣欣向荣的景象，堪称中国其他高科技产业的榜样和模范：如今全球前十大光伏设备制造商全部在中国，占据全球超过 45% 的市场份额。2006—2013 年，全球光伏制造设备投资规模近 400 亿美元，其中近一半来自中国；2014—2021 年，全球光伏制造设备投资规模扩大了 50%，增长至近 600 亿美元，同时中国的投资占比提高了 75% 左右。

随着中国的工业基础越来越好，光伏设备上游的配套厂家越来越多，从材料到零部件的国产化比例均有明显提升。在光伏设备国产化早期，中国设备所使用的零部件按价值计算，有 60%~70% 是进口产品，但现在进口零部件比例已经下降到 20%~30%，国内企业和海外企业的中国工厂已经为中国光伏设备企业提供了 80% 以上的产业配套，比如珠三角地区有大量的零部件机加工企业可以为光伏设备企业进行外协加工。国产化比例的提高让光伏设备的价格一降再降，比如管式 PECVD 设备的单位产能成本降到了过去的十分之一。

在硅片生产环节，硅料清洗设备几乎全部采用国产设备，单晶硅炉已经全面国产化，金刚线多线切割机国产设备占据绝大部分市场份额，硅片分选方面已经有国产测试设备在大型工厂投入应用。

在电池片生产环节,国产设备品牌在整条生产线的每一道工序都可以在性能上与进口设备比肩,在性价比和服务上优势明显。在组件生产环节,包括激光切割设备、串焊机、层压机、功率测试设备和 EL 测试设备在内的相关设备,已基本实现国产化。

在充分肯定中国光伏设备领域取得的成就的同时,我们也要清醒地认识到,目前能够国产化的光伏设备,其中一些关键零部件依然是从国外进口的,比如设备当中的芯片。这些产品的保供问题不是光伏行业自身的国产化问题,而是涉及其他制造业行业的国产化供应能力问题。目前这些零部件还没有被"卡脖子",我们还可以买得到,但如果有朝一日这些零部件的供应出现问题,全行业是否有能力应对这一挑战?

如果将设备原材料和零部件视作"上游",将设备整机视作"下游"的话,海外光伏设备企业在下游已经很难有东山再起的机会了。除设备的价格和性能因素外,海外光伏设备企业无法跟上中国光伏设备企业的工作节奏。这种节奏包括两方面,一是技术升级换代的节奏,二是售后服务响应的工作节奏。

中国光伏设备的更新迭代速度很快,以至于王俊朝还总结了两个名词,一个是"设备寿命",另一个是"设备技术寿命"。很多设备用 10 年以上不会有太大问题,但光伏行业的技术迭代速度太快,大到单晶硅、多晶硅的迭代、从铝背场到 PERC 再到 n 型电池的升级,小到硅片尺寸的不断扩大、拼片技术对更换串焊机的要求,很多设备的技术寿命可能只有 5~6 年,设备还没有寿终正寝就已经过时,面临淘汰。全产业链大量设备的快速更新节奏往往只有本土设备企业才能跟进,海外设备企业疲于应付。自 2022 年开始,通威等国内头部企业开始带头在财报中加速设备固定资产的折旧期,从原来的 10 年缩短为 6 年,更符合目前国内设备的实际折旧情况,而未来的设备折旧期可能会进一步缩短。

另外,海外设备企业跟不上国内企业 24 小时不间断的生产节奏。国内设备企业经常应对这样一种情况:凌晨 3 点客户一个电话打过来,立马就要有设备维修人员进厂。如果故障设备来自国外企业，他们的工作人员晚上 6 点下班以后基本是不接电话的，电话打多了他们会直接关机，因为这是他们的"个人业余时间"。

中国光伏产线上的设备全年可以有 98% 的时间保持工作状态，也就是一年当中超过 355 天全天候都可以正常使用，只需要一点时间进行养护维修即可。

中国光伏设备行业的"内卷"过程除了可以"卷服务"，另一大竞争利器就是"卷价格"，而这是很多技术能力较强的设备企业纷纷投入跨领域设备研发的一大原因。

2015—2018 年上半年，也就是中国光伏在"双反"之后、在"531 新政"之前发展最迅猛的几年中，中国头部光伏设备企业的综合毛利率高达 35%～65%，其中帝尔激光在 2017 年度的综合毛利率达到了 65.88%，博硕光电的光伏组件自动化生产线毛利率达到 66.46%。但对于它们而言，一个更现实的考虑就是光伏设备行业的高毛利率水平并不会持久，因为这样的机会会吸引越来越多的企业投身其中，一方面促进了设备性能的不断提升，另一方面也通过激烈的市场竞争拉低了设备售价。

几年前，一家头部的电池片生产企业要扩建产线，招标时的每吉瓦产线投资金额比上一期扩产时降低了 30%，很多光伏设备企业知道以后抱怨金额过低，而中标的中国光伏设备企业只做了两件事：一是降低单机的价格，二是提高单机的产能。两相结合就将招标金额过低的难题迎刃而解。

过去几年当中，国内光伏设备上市企业越来越多，不同企业布局同一种类设备的情况时有发生，企业间竞争激烈，加上 2021 年硅料价格暴涨，下游光伏企业整体大幅压缩非原料生产成本，所以设备企业的利润持续受到不同程度的挤压。而另一边，受到新冠疫情和俄乌冲突的影响，钢铁等大宗原材料和部分零配件价格上涨，也从供给端挤压了设备企业的利润。2021 年，中国光伏行业协会统计的 13 家光伏设备上市企业中，有 9 家出现毛利率下滑。

正是在同一领域的"内卷"情况加剧，迫使那些技术能力更强的设备企业主动地寻找"出路"。其中一些设备企业加入了光伏产业链上下游其他环节的竞争，比如上机数控从 2019 年就进入硅材料生产，2021 年更是加快了硅棒和硅片的扩产步伐。然而最为激动人心的趋势并不是设备企业和光伏企业之间的"内卷"，而是大量光伏设备企业将它们日益强大的技术能力进行迁移，反哺泛半导体领域的发展，在新市场中斩获更高的毛利率水平。这就是光伏设备产业充分市场化竞争的魅力所在。

从外因角度来看，中国对半导体集成电路产业链上下游各个环节"从头到脚"有着极其迫切的国产化需求。中国光伏设备企业正在探索出一条全新的产业升级之路，大踏步进入以集成电路、新型显示为代表的泛半导体领域，这也符合国家的战略性需求。

现在国内对半导体芯片产业的"卡脖子"问题尤为关注，集成电路也是中国进口规模最大的一类产品。2021 年，中国货物贸易进口总额为 17.37 万亿元，其中进口集成电路金额为 2.79 亿元，占我国货物进口总额的 16%。从中国光伏的崛起史中，我们可以清晰地看到，设备和原料的国产化缺一不可，它们对一整个行业能够不受制于人、持续降本、形成国际贸易顺差起到了至关重要的作用。除了因中美贸易战和华为被制裁事件而为国人所熟知的光刻机，半导体产业链上下游还有大量的关键设备亟待国产化，而中国光伏设备企业能助其一臂之力。

王俊朝认为中国光伏设备产业做大做强，对提升各路设备企业在产品的稳定性、精度、安全、环保等方面有非常大的帮助，他说："如果当时这些设备企业没有选择做光伏设备，而是直接做半导体设备，可能就失败了，因为难度太大。没有持续地研发、生产、销售，就无法形成收益再投入良性循环，单靠国家拨款支持是难以为继的。但是现在光伏设备企业积累了相当的经验，依托于庞大的光伏设备市场实现了更大规模的营收，研发投入规模也是水涨船高，回过头来是能够反哺半导体行业的。"

王世江也认为光伏产业可以反哺半导体产业的发展："光伏跟半导体同根同源，本就是一家。现在光伏形成了一定的技术积累，也有大批人才，那么现在我们往半导体方向去转，相对来说是比较容易的。"我们也可以从图 11-2 中看到泛半导体行业门类和技术工艺之间的相互依存性。

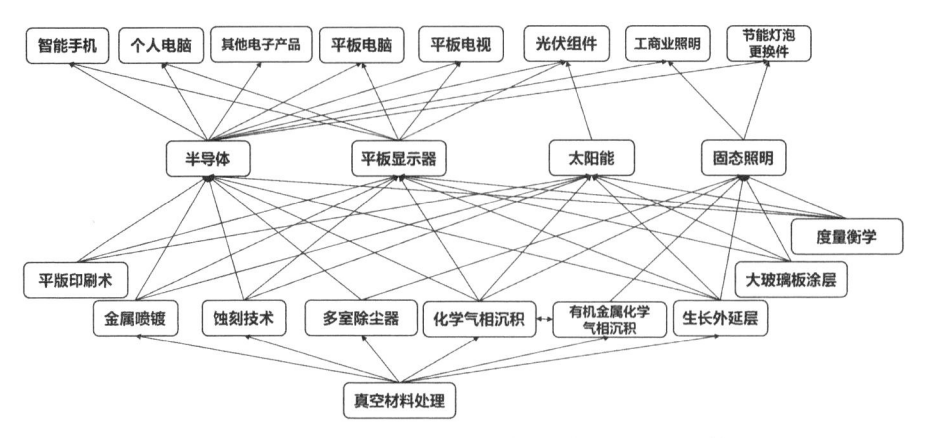

图 11-2 泛半导体行业门类和技术工艺之间的相互依存性
来源：加里·皮萨诺，威利·史《制造繁荣：美国为什么需要制造业复兴》。

归根结底，光伏设备与材料能够对其他领域国产化形成支持，是因为在泛半导体领域当中，很多材料技术、设备技术能力与多个行业门类之间存在着盘根错节的交织关系，比如光伏领域用到的刻蚀、金属喷镀、化学气相沉积、生长外延层等技术，在半导体集成电路、平板显示、固态照明等领域也会广泛使用。在中国，靠近下游终端的行业领域（比如光伏或智能手机）发展越繁荣，下游企业积累的营收、净利规模就越大，行业对上游设备与原料的国产化需求就越迫切。具备一定实力的下游企业可以通过投资入股、试用反馈、绑定、结盟等多种方式对上游的设备、原料企业进行"赋能"。如果上游企业的设备、原料在某一行业领域率先实现国产化突破，就可以在产品升级迭代过程中锤炼技术能力，并伴随着该行业的繁荣发展，在该领域扩大营收、净利规模，加大研发投入，然后选择与该领域"通配性"更好的设备、材料门类，利用好已有的技术能力，切入到设备、材料国产化难度更高、毛利率更为可观的相关行业当中。这就是中国光伏设备与材料企业实现"上游跨界"的基本路径。

以国内几家头部光伏设备企业为例，晶盛机电与连城数控都从光伏级硅棒/片设备向半导体级硅棒/片设备方向实现突破。2022 年，晶盛机电

12英寸级别的硅片设备已处在验证阶段，连城数控旗下的连城凯克斯在自主研发的半导体级单晶硅炉基础上，成功生产出12英寸半导体级单晶硅棒。

王俊朝所在的大族激光，在2021年半导体行业晶圆加工设备上实现营业收入1.91亿元，同比增长239.96%，半导体激光开槽、半导体激光解键合、化合物半导体激光切割等产品实现批量销售。

在集成电路后道（封装测试）工艺过程中，需要一种叫作"键合机"的设备，用来将芯片固定到基板上。其设备价值量占到整个封装测试设备市场的14%，是其中价值量最高的设备，但国产化率极低。中国每年从美国进口键合机需要花费8亿~13亿美元。光伏串焊机龙头厂商奥特维率先在这一领域实现突破，在2022年进入客户验证阶段，获得了来自半导体企业的铝线键合机批量订单，为大功率晶体管（包括汽车电子及家电行业）提供高速和高效的键合方案，不仅打破进口垄断，而且其原材料供应90%在国内，实现了高端半导体装备国产化。奥特维指出，从光伏设备的串焊机，到锂电池设备的模组PACK，再到半导体设备的键合机，是基于技术的延伸而实现国产化的。

捷佳伟创的子公司创微微电子在2022年成功量产可以用于集成电路前段湿法刻蚀、去胶、清洗以及后段金属刻蚀、有机物去除相关工艺的清洗设备，覆盖8~12英寸制程，并获得上海积塔半导体的重复订单，标志着其湿法清洗领域达到国际领先水平。而捷佳伟创早期的核心技术骨干来自中电48所。

王燕清的先导集团旗下的天芯微半导体生产了首台先进制程硅基外延设备，可以应用于功率器件、28纳米及以下先进制程的逻辑、存储器件的生产制造。天芯微半导体与北方华创等企业一道，打破了国内半导体外延环节对欧美日设备的进口依赖。

中国光伏设备企业在半导体设备领域实现了"从无到有"的突破，但是我们也要看到，中国光伏企业在上攻半导体集成电路设备过程中会遇到的一个现实阻碍——很多半导体企业的产线设备是将整线包给一家设备厂商的，不接受单台设备进入产线。一些设备厂商宣称自己的设备已经进入半导体大厂的产线当中，实际上只是作为备用设备进厂，当主流设备出问题以后才作为"替补"上场。所以展望未来，中国光伏设备企业和半导体设备企业还需要在单台设备国产化的基础上进一步完善"设备链"的体系化建设，在越来越多的半导体工艺环节实现高水平的国产化，在远期对半导体整线设备实现国产替代。

除助力半导体集成电路设备外，光伏设备企业还在半导体显示设备领域发挥着积极作用。2021 年，晶盛机电生产出了全球领先的 700 千克级蓝宝石晶体，而蓝宝石材料是 Mini LED（次毫米发光二极管）等新型显示技术中 LED 芯片的主要原材料之一。大族激光的 Mini-LED 切割、裂片、剥离、修复等设备在 2021 年实现大批量销售，Micro-LED（微米发光二极管）巨量转移[①]设备正在验证过程中。Micro LED 技术凭借其高亮度、高可靠性、高分辨率、高色彩饱和度、低功耗、低延时、透明性、可拼接、寿命长等优势，被业界认为是应用于 VR/AR 的最佳显示技术。

目前，以京东方、华星光电等企业为代表的半导体显示产品制造企业还在国际市场上与三星等海外巨头竞争高端显示市场。这些企业数十年如一日地不懈奋斗，已经让中国企业在半导体显示领域占据了国际市场上的绝大多数份额，但很大一部分市场都集中在较为低端的 LCD 显示产品上，而在 AMOLED、Mini LED 等新兴的、高端的显示产品领域（这些产品广泛应用在售价较高的平板电脑、高端电视当中），三星等企业依然把持着超高的细分市场份额，也因此垄断了丰厚的超额利润。中国半导体显示行业如果想完成"从大到强"的蜕变，国内设备企业的鼎力支持是必不可少的，而中国光伏设备企业因为在泛半导体领域的不断深耕和技术积累，正在一步步帮助这一目标早日实现。

产业设备间的互补进程从未停止，日益强大的中国半导体显示设备领域同样在滋养着未来的中国光伏产业。钙钛矿电池生产所要用到的 PVD 设备和涂布设备更多参照了面板行业的 TFT（薄膜晶体管）制程，钙钛矿

---

① 巨量转移技术主要是将数百万甚至数千万颗微米级的 LED 晶粒快速且精准地转移到驱动电路基板上，并与驱动电路之间形成良好的电气连接和机械固定。

生产所要用到的 3 种主要设备中有 2 种来自面板行业。因为中国面板行业的供应链比较强大，钙钛矿产业也因此受益。

除了光伏设备领域的跨界进展，中国光伏产业在半导体材料领域也取得了一定的突破。

超越光伏：材料篇

目前中国半导体材料的整体国产化率只有 20%～30%。在这方面，中国光伏企业同样不甘人后。曾经要靠从半导体行业"拾人牙慧"、捡硅料残次品的光伏企业，正在对电子级多晶硅、半导体级大硅片的大规模量产发起猛攻。

虽然德国瓦克、美国海姆洛克等海外多晶硅企业在与中国光伏级硅料的竞争中败下阵来，但它们在纯度更高的电子级多晶硅市场中依然占据全球优势。瓦克从 1954 年就开始研究多晶硅技术，采用改良西门子法（三氯氢硅法），于 1959 年小规模量产 325 千克的多晶硅，在中国光伏产业爆发时其技术积累已达半个世纪。除瓦克外，还有三菱、住友、海姆洛克这些企业都是在 1959—1961 年就开始生产工业规模的多晶硅。几十年来，这些产品大多专门为半导体行业生产电子级多晶硅。

2021 年，电子级多晶硅生产依然主要集中在美国、德国、日本的少数几家多晶硅企业，其中美国的海姆洛克，德国的瓦克，日本的三菱、德山、住友等企业合计产量超过 33000 吨，占全球产量的 80% 以上。韩国仅有的两家多晶硅生产企业——OCI 和韩华，在与中国光伏多晶硅企业的激烈竞争中败下阵来，2020 年纷纷宣布退出本土太阳能级多晶硅业务，改为生产电子级多晶硅。这意味着我们每个人的手机、电脑等智能电子设备中的芯片，绝大多数都用到了来自这些国外企业生产的电子级多晶硅。

硅是人类可提纯度最高的物质。电子级多晶硅的纯度要求有多高呢？"11 个 9"的多晶硅纯度相当于每 5000 吨产品中的杂质重量不能超过 1 枚硬币。在 5G、人工智能、大数据、新能源汽车、物联网、电气化等巨大需求的拉动下，2021 年芯片用单晶硅片的市场需求大幅增长，电子级多晶硅达到 3.72 万吨，预测 2022—2026 年复合增长率会达到 6.4%。

在工业和信息化部的指导下，在工业强基工程、集成电路产业投资基金等的大力支持下，中国多家企业开展了电子级多晶硅的国产化研究和产业化应用，其中就包括江苏鑫华、黄河水电等多晶硅生产企业。随着国产电子级多晶硅的量产、稳产、稳质，上下游企业通力合作，通过试用、改进和迭代，国产化供应正逐步成为现实。

2014 年和 2019 年，国家集成电路产业投资基金股份有限公司（简称"一期资金"）和国家集成电路产业投资基金二期股份有限公司（简称"二期资金"）先后成立，组建了半导体领域投资的"国家队"，两只基金累计金额超过 3000 亿元。

协鑫集团的电子级多晶硅得到一期资金的支持。2015 年，一期资金与保利协鑫能源成立江苏鑫华半导体材料科技有限公司，打造国内首条 5000 吨电子级多晶硅专用线。团队花费三年多的时间研发攻关，自主打造出"精馏提纯、气相沉积、副产物循环利用、产品自动化处理"的闭路循环体系，最终掌握了具有完全自主知识产权的电子级多晶硅生产工艺，项目的设备国产化率超过 70%，实现了国内相关设备的从无到有。2018 年起，鑫华生产的集成电路用高纯度硅料通过一系列严格的验证、检测，实现了小批量出口，成为我国首家向国际市场出口集成电路用高纯度多晶硅的制造企业。

如今中国光伏企业已经有能力生产电子级多晶硅，一些光伏产品使用的多晶硅纯度甚至不比某些半导体分立器件用的硅料纯度低，但集成电路行业整体对原料的纯度要求极高，并且对连续、大批量供应的原料品质的一致性要求更高，所以光伏级多晶硅生产企业在这方面的"国产替代"过程会比较漫长。

过去国产的半导体原材料供应链未能实现大规模供货，是因为产业链自下而上一环扣一环：下游晶圆厂使用国产硅片少，而国产硅片使用国产电子级多晶硅少，导致过去半导体材料国产化进程较慢。发展到今天，生产出符合电子级多晶硅标准的产品对我们来说已不在话下，难的是大批量产品均能满足电子级多晶硅标准，难的是不同批次产品杂质含量能保持一致，难的是让集成电路行业的大客户信任你能始终做到这一切。这些都需要时间的积累，欲速则不达。

电子级多晶硅在上下游之间往往会形成较为稳定的合作关系，新进入者要撕开现有厂商的合作关系网具有一定难度。即使成功打入客户的供应商体系当中，客户一般也不会"朝三暮四"，黏性较强。而且相比于光伏企业，集成电路制造商对价格更不敏感。

目前一些光伏多晶硅企业声称能够量产电子级多晶硅，但如果还是卖给光伏硅片企业，则一般不认为这是"电子级"的供货。一个从未给集成电路客户供应过电子级多晶硅的企业，需要经过试用和小批量供货阶段的多轮反馈，确认没有出现问题，双方才可能进入大批量供货的阶段，而这一过程大致需要两年左右的时间。

要得到电子级多晶硅企业用户的认可，多晶硅生产企业就必须在设备、管道、材料的生产操作流程和质量管理规范方面全部符合集成电路产业对供应商极为严苛的规范要求——严大洲甚至称之为"变态的质量管控"。比如多晶硅产品中所有杂质含量不能超过 10^{-10}，一丁点唾沫掉到硅片上，就会变成一个重大污染，从而无法在硅片上完成后续纳米级别的操作。再比如拉制单晶硅棒的石英坩埚，如果是用来拉光伏硅棒的，只需要注意坩埚内层石英砂的产地、质量即可，比如使用美国尤尼明的石英砂，只要达到每平方厘米有 4~5 个微气泡就能满足需求，但如果是拉制半导体用的单晶硅棒，客户会用仪器来检验微气泡的数量，半导体拉棒用的每一个坩埚都要检测。

除电子级多晶硅外，半导体硅片也是中国半导体行业被"卡脖子"的关键领域之一。硅片占到半导体晶圆制造材料价值量的 35%，是芯片制造的基底材料。一般来说，90 纳米及以下制程主要使用 12 英寸硅片，90 纳米以上制程主要使用 8 英寸及更小尺寸的硅片。但是目前出现的一个新趋势是越来越多的成熟制程芯片采用12英寸硅片制造，从8英寸向12英寸迁移，加上90纳米以下先进制程的需求，使得全球12英寸硅片产能利用率处在高位。2021年，全球半导体12英寸硅片出货面积占比超过60%。根据SEMI统计，全球12英寸硅片需求量在2023年有望达到10440万片/年，这对于中环等国产半导体大硅片企业无疑是重大利好。

虽然在光伏硅片领域，隆基、中环等中国企业占据全球97%以上的产量，但我们也要清醒地认识到"隔行如隔山"。目前全球半导体硅片市场依然被五大海外厂商把持着，它们占全球硅片市场总额的94%左右，进入全球前十的中国企业寥寥无几，市场占有率也少得可怜。

中国的12英寸半导体硅片起步晚，国产化率低，部分依赖进口，而且供不应求。比如2021年年底，国内12英寸半导体硅片供应能力大约为95万片/月，而需求量却高达131万片/月。

2021年，沪硅产业、中环、立昂微等厂商陆续突破量产瓶颈，未来将成为保障国产大硅片自给自足的中坚力量。其中中环8～12英寸抛光片、外延片出货面积同比提升114%，12英寸硅片产量达到17万片/月，且2022年又有大幅增长。

发展好中国光伏产业，对以"硅基材料"为主的各个产业都能形成辐射带动作用。比如用多晶硅副产物可以生产氮化硅，这是一种性能优异的陶瓷材料，能在1200℃的高温下保持稳定的机械性能，是生产机床的关键部件。还有一部分企业将多晶硅副产物四氯化硅经过分离提纯后进行深加工处理，成为光纤预制棒原料，实现了进口替代。中国每年可用上万吨四氯化硅生产光纤，使得光纤的价格从每千米1500元变成每千米15元，比面条还便宜。

多晶硅生产中的副产物除四氯化硅外，还有二氯二氢硅和三氯氢硅，将这些产品提纯分离以后，可以供给集成电路企业使用。电子级二氯二氢硅，可以用于多晶硅外延生长以及化学气相沉积二氧化硅和氮化硅，国内相关生产企业屈指可数，进口依赖度高。电子级三氯氢硅可作为半导体外延硅片的硅源，主要用于制造各种半导体芯片和微型集成电路元器件，同样高度依赖进口，每吨价格达到15万~20万元人民币，是工业级三氯氢硅的数十倍。未来随着中国多晶硅产业的提质增效，这些半导体材料都是中国光伏企业有望攻克的领域。

如果说化石能源是"碳能源"，那么光伏发电装备就是"硅能源"，是利用硅的半导体性质进行发电。2022年1月，习近平总书记在中共中央政治局第三十六次集体学习中指出，要把促进新能源和清洁能源发展放在更加突出的位置，积极有序发展光能源、硅能源、氢能源、可再生能源。要推动能源技术与现代信息、新材料和先进制造技术深度融合，探索能源生产和消费新模式。由此可见，发展好硅能源，对于发展中国硅基材料和硅器件产业将起到重要的推动作用。

工业化、能源化与资源化

光伏产业在原材料和设备端这些看似距离老百姓日常生活很遥远的工业门类的长远发展，实际上才是中国光伏制造业强大的最核心的源动力。因为一个国家某一工业门类的强大，一定是与其国内强大的工业化能力相嵌合的结果。

如果说工业能力指的是"用机器造东西"的能力，那么我们也可以为"工业化"[①]下一个定义，那就是"用机器造机器"的能力。换句话说，一个工业化能力强大的国家，能为各行各业生产它们所需的机器设备，各行业利用这些设备可以加工各类原料和中间品。世界上有很多国家具备工业生产能力，但不是所有这些国家都具备较高的"工业化"能力，它们在生产过程中要用到的机电设备和设备的关键零部件大多从"工业化国家"那里进口。

机床作为工业母机，是生产加工各类工业设备及其零部件的"元机

---

① 本书中"工业化"的定义不同于社会主流定义，仅为方便本书中"工业化"及"能源化"的诠释之便利所使用。

器"。工业和信息化部在 2022 年表示,十多年来,中国在工业母机方面取得重大突破,其产业自主开发能力和产业技术水平显著提升,国产高档数控系统从无到有,其在国产机床中的市场占有率由不足 1% 提高到 31.9%。虽然我们的机床产业与日本、德国、瑞士等国家还存在一定差距,但发展势头良好。

除了工业母机的国产化,原材料的国产化对推进工业化进程也同样重要。2012—2021 年,中国原材料工业增加值从 6.9 万亿元增加到 10.7 万亿元,年增长 4.5%,囊括了超过 15 万种产品,其中钢、铜、铝、甲醇、尿素、水泥、平板玻璃等产品产量连续多年保持世界第一。

中国工业体系的工业化进程与中国光伏产业的工业化进程是异曲同工的。从工业体系的角度来看,新中国成立之后,举全国之力率先发展重工业,走了一条重工业优先、轻工业随后的发展路线。重工业一方面给轻工业提供设备和原料,支撑轻工业成为可以赚钱的工业门类,另一方面重工业给自己提供原料和机械设备,支持重工业永续发展。从光伏产业的角度来看,中国在 21 世纪初紧跟海外市场的爆发,走了一条光伏电池片、组件等下游轻工业环节优先扩产,国产多晶硅、光伏设备等上游重工业环节随后扩产的发展路线。但事实上,重工业是中国工业体系和光伏制造业体系的精华和核心,因为轻工业不能自己升级出重工业,重工业却可以源源不断地为轻工业提供设备和原料支撑。更重要的是,恩菲、中电 48 所等光伏重工业企业之所以能在短短几年内跟上光伏轻工业企业快速发展的步伐,根本原因是重工业企业早在 20 世纪下半叶就初步完成了多晶硅、扩散炉等光伏原料、设备工艺路线的初步技术积累,在 21 世纪初又对接上了轻工业企业海外市场爆发给重工业企业创造出的一片"用武之地"。上游的技术能力储备和下游延绵不绝的市场需求,共同创造了中国光伏产业在 21 世纪初期的全面繁荣。我们也可以以此视角来审视在中国光伏崛起之后其他国家是否同时具备这两大条件,从而推断其本土光伏产业的发展前景:它们是否能通过本土重工业体系的能力储备在短期内实现光伏设备、多晶硅及其他辅料和辅材的国产化,并在这些上游产品的价格方面与中国产品相抗衡？它们是否有能力在海外光伏市场遭受冲击时仅凭国内光伏装机规模就能维持住国内制造业的产能规模，从而确保上游设备、原料企业的技术能力不会耗散？

说到底，轻工业产出的终端制成品虽然是很多国家在参与国际贸易过程中重要的出口创汇来源，但其在产业链中的地位只是释放重工业创造的生产能力的工具。这一表述并没有抹杀中国光伏电池、组件企业在各自环节内所做的大量产业化技术创新应用，而是强调将硅原料、光伏设备、电池片、组件等作为一个整体来考察中国光伏产业链时，其在国际产业分工体系中所具备的超强的"不可替代性"的根源。施正荣就十分清楚产业链上下游的轻重关系，他说："当年我回国，最想做的其实是光伏装备制造，因为任何工艺都是需要装备来实现的；其次想做的是硅材料和硅片，因为我知道国内缺这个，一片空白；最后想做的才是电池和组件，毕竟当时总共只有600万美元，只能从这个做起了。"重工业的资金壁垒、技术壁垒都远远超过轻工业等下游工业门类。发展重工业是对企业实力、国家综合国力和国家产业战略意志力的巨大考验。

事实上，很多工业国家不具备工业化能力。以越南为例，在越南生产一张沙发，90%的皮革材料和80%的海绵均来自中国；生产家具时所用的夹板，90%以上来自中国；与家具配套的五金，60%的铁从中国进口，再在越南本地加工成五金。就连包装家具的纸板、瓦楞纸，2017年之前还要从中国进口。电子产品也一样，越南工厂可以通过SKD（半散装件）或CKD（全散装件）的方式组装，但在当地采购零部件十分困难。

为什么这些东西越南都需要进口呢？原因很简单：越南的重工业不行，也发展不起来。越南出口的主要是球鞋、手机等终端消费品，而它进口的30%是机械设备、60%是零部件和半成品。盘活钢铁、冶金、机械、能源、化学、材料等行业，可以为其他行业提供源源不断的生产资料，使国家工业体系实现自给自足。但这些行业投入周期长、见效慢、利润率低，如果不靠国家强力推动，重工业很难靠自由市场发展起来。正因如此，2021年越南的进出口总额是其GDP的1.8倍左右。

中国作为新兴经济体，没有沦为西方攫取原材料和廉价劳动力的场所，而是充分发挥了新型举国体制的优势，实现了轻、重工业的全面系统布局。中国重工业门类大而全，综合实力较强，使中国光伏产业能够快速发展，实现全产业链自主可控。只有实现全产业链自主可控和高比例的国产化，才有可能将全产业链上下游更多环节、更高比例的工业增加值留在国内，在对外贸易过程中避免"大进大出"，实现可观的贸易顺差。根据IEA的统计，2021年中国光伏产业实现贸易顺差250亿~300亿美元，创造了新的历史纪录。而在除中国外的整个亚太地区，2021年光伏产业贸易顺差不足10亿美元，转口、加工贸易特征明显，组件和多晶硅的出口额被硅片和电池片的进口额抵消了不少，用"三头在外"来形容目前的东南亚光伏制造业情况是比较贴切的。

如果说中国的"工业化"水平回答了重工业能力和产出能不能向全工业体系"溢出"，以及光伏设备与原料工业能力和产出能不能向全产业链"溢出"的问题，那么接下来关于光伏"能源化"问题就是要回答，光伏产品全生命周期的发电能力是否"溢出"了制造光伏产品过程中的耗能水平？

"能源化"问题指的是，用能源生产能源的回报水平如何，比如用煤驱动机器来产煤是否划算？同样，光伏组件在全生命周期中发出的电量是否大于生产光伏组件过程中所消耗的能量？二者之比称为光伏发电的"能源投资回报率"（EROI）。只有当能源投资回报率明显大于1的时候，这种能源利用形式才具有价值。

很多能源利用形式的能源投资回报率在发展初期都很差。比如在19世纪初，煤矿开采出的煤屑就是一种回报率很低的能源。当时蒸汽机的使用场景主要是在煤田里，因为那时蒸汽机的效率低下、庞大笨重、耗煤量也很大，但是在煤矿场这些都不是问题，因为矿井口的蒸汽机可以使用劣质的煤屑。这些煤屑如果运送到远处供他人使用是非常不划算的，所以其商业价值形同"鸡肋"，但用来驱动蒸汽机已足够，几乎相当于免费无限量供应。这就是"煤炭+蒸汽机"早期的一种"能源化"过程，即用化石能源生产化石能源，提高了化石能源的开采效率，实现了在能源体系内部消化劣质煤的同时，源源不断地让更优质的煤炭向其他地方"溢出"。

我们可以以此衡量光伏领域的光伏制造和光伏发电的能量消耗及产出。从石英矿开始计算，经过工业硅、多晶硅、硅棒、硅片、电池片到组件，整个过程中每 1 瓦光伏组件的直接能耗是 0.4 千瓦时（如果算上矿石做成的支架，全部能耗约为 1 千瓦时），按照 1200 小时的年发电小时数来计算，30 年生命周期内可发电 36 千瓦时（不考虑衰减），相当于 90 倍的能源投资回报率。

基于此，李振国提出了"Solar for Solar"的理念，即"用光伏发电制造光伏产品"，使得光伏制造业不仅可以在耗能环节变得更加绿色低碳，还可以向全社会实现源源不断的能源溢出，即"能源化"过程。不难想象，从"能源"化角度入手，可再生能源制造行业将有望在中国成为率先实现碳中和的行业之一。现在隆基、晶科等企业已经着手推进在部分工厂实现 100% 的碳中和。

在光伏等可再生能源高速发展的时代，仅仅从能耗回收和碳减排的角度考察能源装备的社会投入和回报是不够的，因为光伏、风电装备在生产过程中消耗了很多种储量有限的地球资源。光伏能否进一步实现物质资源在"能源化"过程中的"再生"，也就是通过变废为宝，完成光伏"资源化"的过程呢？

可喜的是，光伏从业者已经早早意识到了这一问题，并正在提供越来越完整、越来越经济的解决方案，从而在可再生能源领域实现"资源化"利用的闭环，实现可再生能源物耗与能耗的"双料可再生"。

IRENA（国际可再生能源机构）预计从 2025 年起，中国将开始产生大批量的退役光伏组件，到 2030 年，中国将有 150 万吨光伏组件需要报废处理，到 2050 年需要报废处理的光伏组件将达到 2000 万吨。中国光伏行业协会也认为 2030 年前中国退役待回收的光伏组件会达到百万吨级。如果再将支架、电缆等光伏系统产品算入其中，2021 年全球光伏产业的金属用量达到约 470 万吨，20～30 年后这些金属可能都会是跟光伏组件一起报废的材料。

以往行业内可能通过掩埋、焚烧等方式处理废弃光伏组件，其中的铅、锡、镉等金属具有比较高的浸出毒性，会造成资源浪费和环境污染。随着中国光伏组件产量和用量越来越大，这种方式必然不能长久使用。

我们知道国内光伏产业的巨大发展是在"双反"前后开始的，2011年中国光伏发电装机容量首次突破1吉瓦，也就意味着到2031年，国内电站会出现一大批报废的光伏组件。

绿色和平组织测算，回收1吨光伏组件并妥善利用，可以减少约5.41吨碳排放。如果到2040年累计回收约250吉瓦的光伏组件，可以减少约1.08亿吨碳排放，产生超过1100亿元的回收价值。如何处理好退役的光伏组件、风机和动力电池等固体废物，成为碳中和时代实现物质可循环利用和低碳循环的"最后一公里"。

我国在这方面已经出台了一些指导性文件，比如国务院发布的《2030年前碳达峰行动方案》就明确要求"推进退役动力电池、光伏组件、风电机组叶片等新兴产业废物循环利用"。工业和信息化部等五部委发布的《智能光伏产业创新发展行动计划（2021—2025年）》也提出要"推动废旧光伏组件回收利用技术研发及产业化应用，加快资源综合利用"。

事实上，中国光伏组件回收始于"十二五"期间，中国科学院电工研究所高级工程师、中国绿色供应链联盟光伏专委会秘书长吕芳依托科技部"863"计划开始了实验室研究，探索热解化学法和深冷物理法两种技术路线，并建立模型来预测我国晶硅光伏组件和材料组分回收量的数据。中国光伏行业协会也长期关注并研究光伏组件回收的相关课题，在2016年、2020年、2021年、2022年曾多次召开光伏组件回收处理研讨会，成立光伏组件回收及再利用标准工作组，承担国家能源局相关政策研究，并多次撰写报告汇报相关事宜。

光伏组件的报废回收，其实是光伏组件制造的一个逆过程。第一步就是要把四周的（铝）边框和背面的接线盒拆下来；第二步是用化学或物理方法，把电池片、胶膜、焊带、玻璃和背板分离开；第三步是把电池片里的硅和电池片表面的各种金属（银、铜、铅、锡等）分离净化。

截至 2021 年年底，基于化学方法和物理方法的不同技术路线，国内分别在上饶和保定建成首条示范线，是由英利和晶科分别与相关科研机构共同合作研发的。其中化学法的晶硅光伏组件环保处理示范线产能超过 12 兆瓦／年，总质量回收率为 92%，银、硅、铜回收率分别达到 95%、95%、98%。而物理法的晶硅光伏组件环保处理示范线产能超过 10 兆瓦／年，并成功研制出组件拆解、组分静电分离核心装备，总质量回收率为 99.7%，银、硅、铜回收率分别达到 94.3%、97.7%、97.1%。对比欧洲物理法 90% 左右的回收率，这两条国内首创的示范线回收率都达到了国际先进水平。经过测算，其中物理法回收示范线在产能利用率较高且不计入光伏组件拆卸回收和运输成本的情况下，能在 8 年左右收回全部投资成本，接近一个光伏电站的投资回报年限。

光伏组件回收的一大困难在于，报废光伏组件往往出现在中西部等偏远地区，而且电站都较为分散，可能距离回收工厂较远，使报废光伏组件的运输成本较高。德国 Flaxres 公司为此研发了一套光伏组件回收工艺，可以在 10 秒循环时间内回收一块光伏组件，其试点设施每天可回收 10 吨光伏组件，最关键的是，这套系统是可以"说走就走"的移动式设备。Flaxres 公司希望基于试点装置，可以开发出一个适配集装箱大小的移动式设备，租赁给需要使用的客户。英利在这方面走在了前面，表示公司的示范线已经可以集成在集装箱当中，到电站当地进行处理回收，但设备对不同规格光伏组件的兼容性和产量还有待提升。

目前在国内，除光伏组件的回收问题外，光伏产线设备的报废和回收工作开展程度十分有限，也应该引起业界重视。很多设备只使用了短短几年，却由于技术寿命到期，只能淘汰报废。中国台湾光伏龙头企业茂迪的总经理叶正贤就举例，2010 年买的设备，经过 5 年折旧以后，残值居然比 2015 年的新设备还要高。即使它们能够继续生产光伏产品，但相比于新设备产线的产品也没有性能和成本优势。但是在 2021 年之后，随着国内史无前例的光伏各环节扩产浪潮袭来，很多设备的零部件出现供应紧张的情况，比如有一些设备的电源，供货周期长达 6~8 个月，远长于一台设备

2~3个月的订货周期。于是，有些专业人士想到把旧设备的电源拆下来进行升级，比如把15千瓦的功率提升到20千瓦，这样可以缩短供货周期。过去跟着旧设备一起报废的质量流量计（MFC），因为现在很难订到新货，就只能回收以后清洗、翻新、标定，再放到新设备上使用。另外还有少量的设备整机，比如扩散炉，会以较低的价格卖给小型的LED工厂，流通到对扩散环节要求比光伏更低的一些半导体产业中，形成设备在产业间的梯次利用，但这种情况并不多见。光伏设备整体仍然面临被快速淘汰、报废且回收比例较低的情况。

在欧洲，由于欧盟制定了相关政策，并设立了光伏组件回收循环利用机构"光伏循环"（PV CYCLE），欧盟组件回收的比例接近95%，而在美国不足10%。全球最大的碲化镉薄膜光伏企业——美国的第一太阳能公司考虑到了碲化镉组件成分的特殊性，设立了一种产品回收机制，每卖出一套组件，就划拨一定收入作为回收基金。基金交给独立的第三方机构进行管理，回收和循环利用工作由该机构负责，该机构运作不受第一太阳能公司运营情况的影响，该机构会将报废材料精炼后得到的碲元素等稀有材料卖给第一太阳能公司重复使用。这一回收机制使得第一太阳能公司的产品可以在环保要求较高的发达国家顺利销售。

在中国，光伏组件回收还未形成一个实质性的产业，未来需要国家和地方出台相应的法律法规予以支持和监管，设立光伏组件回收行业的准入门槛和统一标准。2022年9月，中国电子技术标准化研究院高级工程师裴会川表示，在工业和信息化部等主管部门的指导下，中国电子技术标准化研究院已经系统性地完成"光伏组件回收及再利用技术标准体系"研究，拟将其纳入新版《太阳能光伏产业综合标准化技术体系》当中。另外《废旧光伏组件回收利用企业技术规范》《光伏电站安全拆除及分类处置管理规范》等标准也在制定过程中。2022年8月，青海省能源局表示要结合市场需求，探索建立光伏组件生产企业和发电企业联动的废旧光伏组件回收市场化机制。如果没有光伏组件回收过程，所有的光伏产品在服役二三十年后都会"从摇篮走向坟墓"，而未来我们希望看到越来越多的光伏组件以一种"从摇篮到摇篮"的方式不断循环往复,参与清洁发电过程。我们有理由相信,随着国内光伏组件回收行业的规范、成熟和扩大,光伏行业将在光伏组件全生命周期的"最后一公里"中走得更远。

谁是跨界之王？

截至 2022 年 8 月,中国光伏相关企业数量达到 49.62 万家,仅 2022 年 1—8 月就新增 9.15 万家,同比增长 45%。煤炭巨头、风电巨头、家电巨头、汽车巨头、兽药巨头、拖鞋大王、水牛奶大王、毛纺大王、玩具大王、汽车内饰大王、养猪大王……各路英雄豪杰悉数投身光伏行业,让人仿佛看到了 2008 年之前的盛况。

最具代表性的是,美的、格力、海尔、TCL、创维、日出东方、康佳、奥克斯、海信等中国九大家电企业全部跨界光伏行业。对这种现象的一种解释是,过去"家电下乡"等政策活动的退出,和家电企业在下沉市场日益完善的业务布局,让这些企业有机会利用重合渠道拓展分布式光伏业务。其中创维的新能源业务在 2020—2021 年,营收从 1 亿元增长到 41 亿元,一年安装了 6 万个户用光伏电站。

除民营企业掀起声势浩大的跨界浪潮外,国网、华能、三峡、国家电投、华润等央(国)企也纷纷进军光伏上游制造领域,其中一些企业选择参股投资民营光伏制造企业,另一些则通过代工合作的方式来保障光伏组件供应；一方面,产业链供应链涨价倒逼作为投资商的央(国)企自己投入制造业,另一方面,央(国)企通过与代工制造企业组成联合体,在面对地方上提出的制造业配套要求时也有可能更具优势。但单纯从制造业特点来说,电力行业央(国)企的固有特点与光伏制造业要求技术快速迭代、降本做到极致、决策灵活机动等方面的特征并不十分契合,而且制造业也并非电力行业央(国)企的主营业务。

央企身上背负的另一重压力来自 2021 年年底国资委印发的《关于推

进中央企业高质量发展做好碳达峰碳中和工作的指导意见》，其中提出要求：到 2025 年，中央企业可再生能源发电装机比重达到 50% 以上。根据媒体平台"能见"的统计，截至 2021 年年底，11 家发电央企的可再生能源装机总容量占比已达到 43.2%。

有央（国）企参股民企入局光伏制造业，也有地方国企反被民企收购的经典案例。在所有光伏跨界企业当中，目前最成功的案例当属 TCL 收购天津中环。这个案例也从侧面印证了我们的观点：企业所有制的突破性转变对于激发光伏制造业活力具有重要意义。

这个故事要从 2015 年讲起，当时天津中环集团所属天津七一二通信广播股份有限公司（以下简称"七一二公司"）改制重组，第一次引入社会资本，即战略股东 TCL 集团，率先完成国企混改，TCL 集团成为七一二公司的第二大股东。七一二公司早在 20 世纪 90 年代初就生产了国内领先的"北京"牌彩电，这吸引了韩国三星与之成立合资公司，生产三星电视并出口海外，后来七一二公司还研发了轨道交通中使用的无线通信系统。

2017 年和 2018 年，天津市一般公共预算收入为 2310 亿元和 2106 亿元，同比下降 10.4% 和 8.8%。天津市财政局在《2018 年预算执行情况和 2019 年预算草案》中指出，部分国有企业历史负担重、效益低，国有资本经营收益不高。天津市希望通过推动一系列国企的混改，引入战略投资者，激发地方市场经济活力。

2019 年年初，天津中环集团的混改提上了日程。2019 年 1 月和 11 月，天津市国资委将所持中环集团的 100% 的股权分两次转让给津智资本和渤海国资，两家机构都由天津市国资委 100% 持股。

此时正逢液晶面板产业陷入发展低谷，面板企业盈利均出现下滑，比如 TCL 集团旗下的华星光电 2019 年净利润 9.64 亿元，同比下降 58.5%。在 TCL 集团董事长李东生眼中，面板制造只是 TCL 集团产业版图中的一部分，他希望走到整个大半导体产业链的上游材料和设备领域，成为一个高科技产业集团。在国际上领先的面板企业，比如三星、LG、夏普，都（曾经）是将半导体、显示、光伏三大产业协同发展。上游的半导体材料、器件，和半导体显示之间有着很强的联动性和互补性。

2019年上半年开始，TCL集团广泛考察各类标的项目多达数十个，从液晶面板产线到上游原材料和设备，都在其考虑收购的范围内。李东生坚信，公司要在高科技、重资产、长周期和国家新兴战略产业领域不断"做加法"，并在这个领域具备战略控制点，所以不是去选择一些小公司进行培养，而是要找到已经在某一个细分领域实现领先的平台级公司。

早在2018年10月，李东生就看上了一家在香港上市的国际半导体设备公司，但因为美国限制对中国的技术输出，只能作罢。到2019年上半年时，这项并购还在洽谈中，TCL集团旗下一家基金管理公司参与了一家A股上市企业的定增，发现该企业非常符合集团对新业务的定位，这家企业正是天津市中环半导体股份有限公司，而其控股股东天津中环集团正计划展开国企混改。李东生曾经听一位工业与信息化部领导说过："国内的半导体级硅片，90%要靠进口，而12英寸硅片几乎100%需要进口，我们必须改变这种被动的局面。"

2019年6月，天津市政府与TCL实业控股股份有限公司签署全面战略合作框架协议，TCL实业控股股份有限公司作为TCL智能终端业务的主体，将在天津设立北方业务总部，推进在智能制造、工业互联网方面与天津的合作。

2019年8月，TCL集团成立新项目，代号"瑰石"，"瑰"同音"硅"，有意跟进天津中环集团混改。同月，中环发布了主要用于光伏产品的12英寸超大硅片"夸父"M12系列，其边长为210mm，比起传统的M2硅片（156.75mm×156.75mm），面积提升了80.5%。能做出12英寸超大硅片，意味着有大半只脚踏进了半导体领域，因为过去中环半导体一直在生产8英寸以下的半导体硅片，而12英寸半导体硅片主要用于存储芯片、逻辑芯片等，终端应用领域主要为智能手机、个人电脑、平板、服务器、电视、游戏机等。半导体大硅片不仅市场前景广阔，还是集成电路产业链的重要一环。李东生表示："在原有的地方国有体制下，中环股份在与各种所有制企业竞争中能保持竞争力，这非常难得。"截至2021年年底，中环集团 12 英寸半导体硅片产能已经达到 17 万片/月，供应国内主要存储芯片、逻辑芯片厂商。天津中环集团总经理沈浩平说："我们争取 8 英寸半导体硅片做到全球前三，12 英寸大硅片进入全球前五。"李东生说："我下决心投资中环半导体，助力中国芯片产业实现在'卡脖子'技术上的突破，这是 TCL 转型升级、培育新赛道和新增长曲线的机会，也是我们应该承担的社会责任。"

2019 年 9 月，中环股份、天津普林及七一二公司公告确认，中环集团决定启动混改。早期有意参与中环集团混改的企业超出 10 家，包括中国电子科技集团有限公司、中国航天科工集团有限公司等多家央企，还有地方国企无锡产业发展集团有限公司等。

2019 年 11 月，天津市政府与 TCL 集团签署战略合作框架协议，TCL 集团将在天津落地半导体材料与器件相关业务，还要与津智资本等发起设立 100 亿元的科技产业基金，天津市政府方面表态支持 TCL 集团积极参与市属国企的混改。为了方便尽职调查，促进双方团队深入交流，TCL 集团的项目团队到天津中环集团的一间会议室里办公，前后长达近一年时间。TCL 科技投资经理何嘉斌是项目团队的第一批成员，他说："我们和国企股东平时各自办公，开会时就一起讨论，常常都是晚上 10 点以后才离开办公室。"

2020 年 1 月 11 日，天津市市长会见了李东生，表示欢迎 TCL 集团参与天津国企混改，扩大在津投资。两天后，TCL 集团公告，计划将公司更名为"TCL 科技"，将继续推进半导体显示及材料业务的产业链整合，而"TCL 科技"更符合主业构成。

同月，天津市国资委副主任表示，天津市国企混改要激发企业活力，在股权结构上敞开大门，竞争领域的国有企业可以 100% 出让股权。当年天津市国资委推出的 60 户国企混改项目中，有 14 家国企出让 100% 股权，出让 51% 比例以上的超过 40 家。天津国企改革没有拘泥于股转比例限制，希望能为国企引入真正的市场机制。

2020 年 1 月 19 日，天津产权交易中心披露了中环集团 100% 的股权转让。

但就在 2020 年年初，全球新冠疫情突如其来，半导体光伏硅片进入行业低谷期，TCL 内部出现了一些声音，认为应该暂缓中环项目。但李东生认为，开拓产业新赛道是 TCL 发展战略的选择，不应该受短期因素的影响；半导体光伏和半导体材料是战略新兴产业，而且中环的基础技术可以间接应用到显示面板领域，和 TCL 产业有协同，符合 TCL 的发展战略。

整个 2019 年，液晶面板产业并不景气，产品价格不断下调，面板厂商的盈利普遍下滑。进入 2020 年，李东生说："第一季度我们是亏损的，预算全部未达标。但就在这种情况下，我们下决心按原定计划并购中环集团，这足以证明我们的决心。"

2020 年 5 月，中环集团 100% 股权以 109.74 亿元的底价挂牌转让。天津市国资委还要求，受让方在完成股权工商变更登记的三年内，不得转让或以其他方式减持标的企业股权。2020 年 5 月 13 日上午，天津市国资委就中环集团混改举行了一次意向投资人见面会，包括 TCL 在内的参会企业一共 7 家，其他还包括特变电工、正泰电器、通威股份、五矿集团、无锡产业集团和 IDG 资本。会上 TCL 科技的副总裁廖骞介绍了公司在天津的产业布局及其在半导体产业的长期发展战略，强调 TCL 科技对中环股份有着较强的产业协同和管理输出能力。而另一家收购意愿较强的 IDG 资本，其合伙人俞信华强调 IDG 对光伏、半导体产业有着丰富的投资经验，尤其是百亿元大型交易投资经验。2020 年 5 月底，天津市国资委还组织意向投资人前往中环股份内蒙古生产基地参观。

经过多轮谈判，TCL 和天津方面已经就中环并购达成初步意向，确定基本交易架构和对价，天津市国资委依然按照国有资产出让规则，向社会发出公开竞标，出售中环集团资产和业务。天津市国资委设置了量化的评分指标，报价占的分值最高，但不会按"价高者得"的逻辑进行。在尽调之后，除 TCL 外，几家国内的产业资本全部退出，他们认为 109.74 亿元的底价过高，资金成本超过 5%，投资回报率不超过 2%，而外资基金 IDG 资本选择继续参与。中环股份作为中环集团资产中最为竞买者看重的一家，可以与底价形成参照的数据是：2019年，中环股份营收168.87亿元，净利润9.04亿元。

而反观TCL方面，这一底价对他们来说也存在一定压力。当时TCL的市值是900亿元左右，2020年第一季度末归属上市公司所有者权益只有304亿元，所以李东生和高管讨论后决定放弃另外一个不错的投资标的，誓要拿下中环，TCL投委会批准了此项目120亿元的投资上限额度。

2020年6月底，竞买方提交投资竞买文件，TCL与IDG资本同场竞买。提交竞买文件前的某天晚上，李东生觉得心里不踏实，打电话向竞标团队了解情况："你们估计对方会出价多少？我们出120亿元，有把握吗？"团队成员冷场片刻，说："那最好再加5亿元。"他沉思一会，当即同意这一金额。随后TCL竞标团队把竞买文件打包封口，交付天津产权交易中心。

后来李东生复盘时说："我的逻辑是，项目的成败在于对行业发展的战略分析，还有企业能力、潜力的评估，不在于加不加这5亿元。既然做了决策要收购中环，就一定要拿下，再加5亿元就当买了个保险。"

经过长达半个月的等待，2020年7月15日，TCL科技胜出，成为中环集团100%股权的最终受让方。有光伏产业人士表示，天津方面肯定希望为中环引入长期稳定的产业投资者，而不是会在运作几年以后就减持的财务投资者，所以是TCL而非IDG资本胜出也是意料之中的事。

原本还有一年就该退休的国企干部沈浩平，一下子有了更多的事情要做了。他谈到体制机制是他最希望改变的地方："我们在半导体方面投入的资本并不少，投入也不可谓不及时，员工也非常努力，但我们的确被日本、美国企业甩在后面，主要原因是我们在体制机制上还需要进一步完善。无论半导体行业还是光伏行业，鼓励创新都很重要，但同时也要容忍创新失败。我们有很多创新成果，但给不到创新者足够的奖励。希望在李东生董事长的带领下，我们可以更勇敢、更努力地创新。"

2020年10月23日，中环集团召开了一次特别的员工大会，会场特意撤掉了主席台座位，让高管与员工坐在一起。大会宣布了中环集团的组织机构调整方案及相关领导分工，确立了TCL和中环"管控有道、授权得法、将皆可战、事无不明"的经营方针。在此之前，TCL资金团队已全面介入中环经营，他们看了中环的报表之后就说，要把第四季度财务费用降下来，于是通过有效使用银行额度，中环果真在第四季度释放了20亿元的现金流，超过其日常现金流的四分之一，双方团队由此迅速建立了信任感。2020年年底，李东生当选中环股份董事长，曾经的天津地方国企领导人沈浩平成为副董事长和总经理。

2020年，中环股份营收190.6亿元，同比增长12.8%，净利润14.8亿元。在编制2021年预算时，中环团队按此前的风格，做得比较保守。李东生反复灌输"更加积极寻找市场机会，以更小的代价立刻行动起来"的理念，几轮调整下来，中环团队提出2021年的预算目标是"销售增长1倍，利润增长1倍"。

沈浩平跟李东生说了好几次："我们正在不断刷新中环速度。"比如2021年2月，中环宁夏50吉瓦晶体、晶棒智慧工厂项目签约落地。这一总投资127亿元的项目，从项目决策到选址签约，只用了3个月时间，这在原来的体制下是不可想象的。

2021年，成为民营企业的中环股份交出了首年完整的成绩单：实现营收411.05亿元，同比增长115.70%；其中新能源光伏业务板块实现营收384.48亿元，同比增长121.47%；归属于上市公司股东的净利润40.30亿元，同比增长270.03%。中环创造了上市以来的最佳业绩。与此同时，中环的员工人数在一年间增长了30.3%，人均薪酬增长46.5%，人均创收增长了65.5%，人均创利增长184%。中环的员工说中环成为民企之后，他们有一种"放开了手脚的感觉"。也正是在2021年，中环的硅片和硅棒环节的营业收入达到317.97亿元，同比增长124.54%，而隆基在这一环节的营业收入为170.27亿元，中环一举成为太阳能硅片领域营收规模的世界第一。

两家龙头硅片企业的竞争进入白热化阶段，不仅仅体现于营收规模上的你追我赶，更表现在产品尺寸上的泾渭分明，以至于不到3厘米的硅片尺寸变化在光伏行业掀起了一场长达两年以上的口水战。

3厘米的楚河汉界

我们知道，单晶硅片一般为准正方形。伴随着对单晶硅炉的技术改造，单晶硅棒的直径越来越大，能够切出的硅片尺寸也在变大。从2013年的156mm（156毫米）到2018年的166mm，硅片尺寸变化幅度并不明显。但到2020年，基于增大组件发电功率的考量，行业内相继出现182mm和210mm的大尺寸硅片，对比两块封装了60片电池片的组件，210组件会比156组件多出80%左右的发电面积，组件功率自然也就更大，对比182组件和156组件也是一样的道理。但为了证明182mm和210mm两种大硅片当中究竟哪种更好，企业之间互不相让，甚至还打起了"嘴仗"。以天合为代表的企业坚定认为210mm硅片是未来方向，而以隆基为代表的企业则认为182mm硅片才是最优选择。

普通人对这不到3厘米的差距可能视若无睹，但在光伏行业内部，以这两种硅片尺寸直接划分出了两大阵营：

2020年6月24日，隆基牵头晶科、晶澳、阿特斯、潞安、润阳、中宇合计七家光伏企业成立"M10"联盟并发布联合声明，倡导建立几何尺寸为182mm×182mm的硅片标准（M10），因而这一联盟也被称作"182阵营"。

仅在半个月后的2020年7月9日，天合光能、中环股份联合发起成立"600W+光伏开放创新生态联盟"（简称"600W+联盟"）。"600W+联盟"吸引了来自硅片、电池、组件、跟踪支架、逆变器、材料及设备制造商等产业链上下游的39家企业。因主张使用210mm硅片与组件，"600W+联盟"也被称作"210阵营"。

2021年5月，隆基发布《182组件产品联合白皮书》，指出182组件产品是综合考虑组件全产业链制造情况、电站BOS成本、组件发电性能、组件全生命周期可靠性等因素后可以实现最低度电成本的产品。但是人们在2020年年底的一份《关于推进光伏行业210mm硅片及组件尺寸标准化的联合倡议》中发现了原本属于182阵营的阿特斯和润阳，这意味着两个阵营之间的壁垒出现松动。

5月26日，中国光伏行业协会组织召开组件尺寸标准化线上研讨会，讨论了光伏组件外形尺寸及安装孔技术规范，210组件产品得到官方认可。

6月，作为210组件领先生产商的东方日升回答投资者提问，表示其已有182组件产品出货。2021年9月，210组件产品的领先发布者中环股份也在硅片报价中加入了182组件产品。

2022年，根据天合光能的统计，210mm硅片的产能（一些产能具备向下兼容能力）超过300吉瓦，电池片、组件的产能超过250吉瓦，生态基本构建完成。

眼看着210阵营战火越烧越旺，182阵营似乎疲态已现。但就在此时，天合光能出人意料地推出采用210矩形硅片的组件产品，首次应用210mm×182mm硅片。有人说，这是210阵营在向182阵营妥协，而天合光能产品战略与市场负责人张映斌回应称，这一组件产品是基于210平台推出的升级版，是210技术的变化演进，而不是从182基础上发展而来，天合光能是从上百个尺寸当中遴选出了这一全新尺寸。

2022年3月，阿特斯宣布公司成功量产基于182mm电池的组件，意味着光伏行业出现第一家公开宣布同时量产182mm与210mm尺寸组件的龙头企业。

为什么很多企业会选择加入某一阵营，而一些企业随后又会"脚踏两条船"呢？阵营之争背后的逻辑又是什么呢？

从发电效果上看，硅片升级大尺寸最直接的效果体现在组件端，大硅片往往与大功率组件联系在一起。2022年，主流光伏组件厂商的旗舰产品功率已经快速提升至700瓦左右，而这其中组件大尺寸化是帮助实现这一目标的重要原因。

从生产端看，硅片和组件的大尺寸化能够帮助企业实现"降本"。我们不妨将"组件封装电池片"想象成"饺子皮包饺子"的过程，封装同样数量的电池片，电池片面积越大，组件面积也随之更大，因为组件边长变长，使用到的各种辅材，例如边框、玻璃、背板、胶膜、焊带、汇流条、托盘、包装材料等的用量也都会有所增加，但尺寸不同，增加的幅度也不同，这正是"降本"的奥秘所在。

我们以数据较为完备的基于 M2 与 M6 硅片的 72 版型组件为例来进行解释。M2 硅片边长 156.75mm，面积 24432mm^2；M6 硅片边长 166mm，面积 27412mm，组件同样封装 72 片电池片，M6 硅片的面积增大了 12.2%（硅片的四个角有缺角），但 4 个边所需边框长度只增加了 5.3%，边框的密封胶也只需增加 5.3%——这就是"饺子皮增大一点，饺子馅可以多装一大块"的奥秘，仅此一项就能带来 1.06 分 / 瓦的成本节约。

与此同时，从 M2 到 M6 硅片，电池片面积增加 12.2%，但经过精算分析，组件面积只需增加 11.47%，意味着所需要的玻璃、背板、胶膜面积也只需增加约 11.47%，这一项又能带来 0.19 分 / 瓦的成本节约。同时，焊带和汇流条长度只需增加 5.5%，每瓦成本就能节约 0.2 分。托盘需要增加 5.3%，包装材料增加 7%，就可以装下面积大了 12.2% 的 M6 组件，因此节约了 0.43 分 / 瓦。另外在电站环节，支架长度、桩基数量也只需增加 5.2%，合计节省 3.7 分 / 瓦。所有以上环节带来的成本节约共计 5.58 分 / 瓦。不要小看这一数据，同样生产 1 吉瓦的光伏产品，节省下来的费用超过 5580 万元。

另外，由于每块组件都需要接线盒，其设计标准普遍可以承载 15～20 安培电流，M2 组件的电流在 9.9 安培左右，而 M6 组件最高也只有 11.2 安培，所以面积扩大 12.2%，而接线盒和灌封胶成本却没有增加，因此又节省 0.68 分 / 瓦。与接线盒类似，同样发电功率的电站，使用更大的组件可以减少汇流箱的台数。以 55 兆瓦的格尔木电站为例，从 M2 换成 M6 组件，每瓦节省 0.3 分，电缆环节又节省 1.2 分 / 瓦，这些环节共计节省 2.18 分 / 瓦，1 吉瓦组件就能省下 2180 万元。

为什么不需要任何技术创新，仅靠扩大面积就能实现成本节省呢？原因是，虽然辅材用量是随着面积增大而增加的，但它们并不是正比例关系。比如电池片面积增加是二维的，但托盘长度增加是一维的，只与一个边长的增加相关，而边长增加比例远小于 12.2%，这样托盘用料就省下一小部分。

如此看来，是不是组件应该无限扩张，越大越好呢？答案是：并非如此。

上述环节之所以能省钱，是因为更长、更宽、更大、更重的组件充分"榨取"了这些辅材、辅料的"剩余价值"，例如边框、支架的强度余力、汇流箱的电流安全边界等，让单位长度/面积/数量的辅材辅料承担了"更重"的责任。假设组件持续扩大，那么许多种辅材辅料——比如边框、纸箱就需要加厚，还需要更高规格的接线盒，这都需要额外投入生产成本。因此，当辅材辅料的"剩余价值"被吃干榨净之后，就无法通过这样的方式继续实现降本。

天合光能的冯志强说："对我们来说，尺寸不是光伏界最核心的问题，它只是一个产品设计问题。产品设计可以随心所欲，比如手机，设计问题（尺寸）的考核标准只有一个，就是手机用户喜不喜欢这个形状，拿在手里舒不舒服，大小合不合适。这是一个客户体验问题，不是一个技术问题，最终这个问题还是要回到长期为光伏发电用户创造价值的轨道上去。"

作为近些年光伏行业推出的新品，182mm和210mm的这场尺寸之争究竟谁胜谁负，还是要交给时间来检验。光伏行业技术升级的终极目标还是降本增效，但光伏产品也不能一味地只追求降本，忽视可靠性。

现在，除了组件在追求大尺寸化，光伏玻璃厂商也在追求玻璃的薄片化，将玻璃厚度从3.2mm降低到2mm，也是为了降本。但试想一下，一片厚度越薄、面积越大的玻璃，在经受冰雹撞击时，玻璃的形变量就会越大，对玻璃覆盖的电池片的冲击也会变大，出现电池片隐裂或组件破损的概率自然会增加。2019年，美国得克萨斯州发生严重冰雹灾害，当地光伏项目中有超过40万块组件受损，经济损失约8000万美元。此后，国内外各大保险公司开始重新审视自然灾害风险，将光伏电站的保费标准和免赔额度大幅提高，还设置了自然灾害赔款上限与约束条件，例如，组件隐裂导致发电量大幅下降等问题需达到一定比例方能索赔。

制造端追求降本是本能，但因为光伏组件在安装布设完成后，需要静置并追求稳定发电 20～30 年甚至更久,所以在这成千上万个日夜的风吹日晒、雨淋雪打中,一次极端恶劣天气就有可能对光伏电站造成毁灭性打击,从而给电站投资者造成严重的经济损失。

技术是妥协的艺术。光伏的组件与玻璃规格究竟如何搭配,才能够应对绝大多数冰雹灾害等极端天气的影响,需要业界更多的实证研究和多方权衡。

无论哪一种硅片尺寸今后取得领先地位,高功率组件都是未来光伏行业的发展趋势之一。根据中国光伏行业协会的数据,2020—2022 年,182mm 和 210mm 大尺寸硅片市场占有率从 4.5% 快速攀升至 82.8%,未来其占比仍将扩大。但无论如何发展,组件的尺寸应当有一个合理的边界,这需要业界进一步深入、审慎地研究并逐渐形成共识。

谁来"消灭"PERC?

目前光伏行业内不仅对电池片尺寸大小存在分歧,在电池片的技术路线上也有很大的分歧。随着 PERC 电池产业化成熟度的不断提升,PERC 电池的量产转换效率已经接近其 24.5% 的极限水平,但接下来哪种电池技术将能像 PERC 一样一统天下,业内众说纷纭、莫衷一是。具体来说,业内主要分为四大技术门派:p 型升级派、n 型渐进派、n 型革新派和颠覆晶硅派。

一部分业内人士认为,n 型电池效率提升的潜力更大,理论效率极限为 28.7%。2018 年以来,n 型电池当中的 TOPCon 电池提升效率 2.5 个百分点以上,而同期 PERC 的效率只提高了 1.3 个百分点。

n 型电池主要包括 TOPCon(隧穿氧化层钝化接触)、HJT(异质结)、IBC(交指式背接触)和 PERT(发射结钝化和全背面扩散)四种技术路线。其中 PERT 电池虽然技术难度低、设备投资少,但与双面 PERC 电池相比没有性价比优势;TOPCon 电池具有低衰减、低功率温度系数(温度波动过大时功率降低更少)、高双面率(背面发电能力强)、弱光响应好(清晨傍晚等弱光条件下发电量更多)等优点;异质结技术所需工序少、效率高,但成本较高,设备国产化正在推进中;IBC技术目前效率最高,但技术难度高、成本高、设备投资高。

在具体展开对比各个"门派"路线的优劣之前,读者可以抓住一条主线,以免迷失在掺杂了过多英文缩写的技术路线迷宫当中。这条主线就是:为什么单结(单个p-n结)太阳能电池永远达不到它的理论极限效率29.4%呢?因为理论极限计算使用的是无晶格缺陷、无其他杂质的高纯多晶硅模型。在实际生产过程中,无论是太阳能级还是电子级的多晶硅都存在杂质,比如含有氧、铁、氢以及其他金属元素,而且实际生产出的单晶硅虽然相比于多晶硅缺陷要少得多,但是晶格缺陷数量并不为零。

所有这些缺陷和杂质都会影响少数载流子的寿命。比如一个电子,它受到阳光的照射,开始在与半导体相连的电路中做定向运动,从而形成了电流,但这个带负电的电子在传递过程中,很容易碰到一个带正电的空穴,空穴就把这个电子"吃掉了",一个"电子—空穴"就消失了,这种现象叫作"复合"。另外,晶体硅材料虽然本身排列成了非常整齐的晶体结构,但在材料表面会存在很多的"悬挂键",就像一张没有抛光的木桌子,表面存在刺手的"毛边",这种悬挂键会抓取电子,形成"复合中心"。所以,无论是晶格缺陷、杂质造成的复合,还是表面复合,对于移动的电子来说都是"障碍"和"陷阱",遇到它们,能够导电的电子很快会被"吃掉",或者说电子会以热量的形式损失掉光子传递的部分能量或全部能量,影响太阳能电池的发电效率。所以制作高效率太阳能电池的一项核心技术,就是要把"复合中心"去掉,让电子在运动过程中尽量少被"俘获",能够尽量延长这些少数载流子(也可能是空穴)的寿命。在计算光伏晶硅电池理论效率极限时,"复合中心"的数量是0,所以才有了理论极限效率29.4%。而在现实中,"复合中心"永远不可能被全部去掉,这就造成了太阳能电池实际效率和理论极限效率之间的差距。

要想减少更多的"复合中心",科学家尝试用不同的材料去"钝化"

晶体硅材料，钝化工序可以降低表面电子的复合，减少缺陷带来的影响，从而保证电池的光电转换效率。不同的电池结构采用不同的材料来完成钝化，比如铝背场电池的钝化采用氮化硅，PERC电池的钝化采用三氧化二铝，TOPCon电池的钝化采用多晶硅，异质结电池的钝化采用非晶硅或微晶硅。

抓住了这条主线，我们就能理解四大技术门派在产业化过程中，各自需要实现的核心技术突破在什么地方，各自又需要在哪些环节实现降本增效。

首先出场的"n型渐进派"，对应的是TOPCon技术路线。TOPCon电池结构是于2013年由德国弗劳恩霍夫太阳能系统研究所的弗兰克·费尔德曼（Frank Feldmann）博士提出的。双面TOPCon电池的效率极限达28.2%~28.7%，但产业化效率还落后好几个百分点，所以还有很大的提升空间。截至2021年年底，TOPCon电池产能超过6.5吉瓦，中国光伏行业协会认为2022年是TOPCon电池产业化的元年，2022—2023年其产能可能迅速扩大。

TOPCon路线在短期内被头部企业看好，其最大的优势就是可以基于PERC产线进行升级改造，实现技术的平滑切换，2022年改造费用只需要0.3~0.5亿元/吉瓦。根据不完全统计，现在市场上前十大电池片厂商的PERC产能超过200吉瓦，这是一笔巨大的投资，而且大都于最近几年时间建成。在PERC产线上只要增加硼扩散、非晶硅沉积和刻蚀等几道工序，就可以切换成TOPCon产线。2021年，PERC电池产线的投资额是每吉瓦1.94亿元，TOPCon电池产线的投资额是每吉瓦2.2亿元（低于2020年PERC产线投资额每吉瓦2.25亿元），二者产线投资强度已经趋近。而在5~6年前，TOPCon电池产线的投资额每吉瓦接近10亿元。

有一种观点认为，TOPCon电池是PERC产线投资尚未完成折旧之时用来"续命"的权宜之计，但这种观点并不正确。在实验室研究中可以发现，TOPCon电池的最高效率并不比异质结低，其效率的理论极限甚至比异质结还要高一些。2023年开始，TOPCon电池产线规模迅速扩大已经成为光伏行业的一大趋势。

对于很多新进入光伏行业的二三线企业来说，2022 年新上的 TOPCon 电池产线投资额大约为 2.1 亿元/吉瓦，相当于改造 PERC 产线成本的 4~7 倍，而且当年头部 PERC 企业的出货量在 50 吉瓦左右。所以新入行的企业想要通过新上 TOPCon 电池产线快速追上头部企业的高产量和低成本难度极大。它们需要找到这样一种技术路线，即产业化技术有望快速成熟，并可以在短期内实现较快降本，量产电池效率又能明显高于 PERC 电池。在 n 型电池当中，异质结技术就成为这样一种被很多二三线企业寄予厚望的选择。

我们所说的"n 型革新派"对应的就是异质结技术。异质结电池是由晶硅和薄膜硅共同构成的，这种电池结构最早于 1974 年由学术界提出，随后被日本三洋集团取得专利权，导致这一技术很长时间被日本垄断。直到 2010 年三洋集团核心专利到期，技术垄断被打破，中国产业界才正式开始对异质结电池展开产业化探索。

我们通常所说的单结晶硅电池，一般都是"同质结"电池，这意味着形成 p-n 结所用的硅基底材料是统一的，而异质结电池形成 p-n 结的半导体材料是不同的，或者是由同种材料的不同结晶状态所构成的，是在硅基底的表面和背面附上其他材料所形成的 p-n 结。读者可以将异质结电池看作晶硅和薄膜技术路线的一个"交汇处"，原本单独使用时量产效率很低的非晶硅薄膜被引入以后，异质结电池的晶硅衬底前后表面实现了良好的钝化。非晶硅薄膜又隔绝了金属电极和硅材料的直接接触，使得载流子复合损失进一步降低，从而提升了转换效率。

另外，异质结电池的双面率较高，长期衰减率较低，一般 PERC 组件在使用 20 年后，发电效率只有初始的 80% 左右，而异质结组件可以在工作 25 年后保持 90% 以上的初始发电效率。

异质结电池还有一个优势，就是它的正背面镀膜结构具有高度的对称性，这样当电池片做得很薄的时候，电池片两面的应力是相同的，不会发生翘曲。而 TOPCon 电池和 PERC 电池的正背面镀膜都是不同的，所以薄片化过程中有可能出现翘曲、不平整问题。这就意味着，异质结电池在持续薄片化过程中存在降本优势，因为硅料用量可以更少。

过去异质结电池的技术门槛比较高，相关技术长期掌握在日本企业手中，但近几年，中国在异质结电池技术研发方面取得了突破性进展，隆基等企业不断刷新大尺寸异质结电池转换效率的世界纪录。

异质结电池生产的主要过程包括制绒清洗、生长非晶硅/微晶硅薄膜，双面镀TCO（透明导电氧化物薄膜）、丝网印刷和烧结。2022年，异质结设备成本高达3.64亿元/吉瓦，是PERC设备投资的2倍以上，相比于TOPCon电池产线1.9亿元/吉瓦的设备投资也明显偏高。有一种特殊的原材料也成了异质结技术路线降本的"拦路虎"，这就是尚未完全国产化的低温银浆。另外，非晶硅/微晶硅对紫外线、酸、湿热环境更敏感，容易引起电池片功率衰减，其长期户外使用的稳定性仍有待验证。种种因素，导致异质结会比TOPCon电池的大规模产业化速度更慢一些，2022年，中国TOPCon电池片市场占有率为8.3%，异质结市场占有率仅为0.6%。如果之后异质结设备能够大幅降低成本，并补齐各个短板，那么其在n型电池市场中可能会有一定优势，但这一过程需要花费多长时间才能完成，目前还是未知数。另外，欧洲、印度的部分光伏企业也因为产线短、设备少而重点布局异质结路线，这应该引起我们的高度关注。

无论哪一种技术路线取得优势地位，未来组件环节的技术方向一定是朝着"高功率、双面发电、低衰减和更优温度系数"的目标持续迈进的。电站用户在采购光伏组件产品时，不能只盯着标准发电功率这一项，还要考虑双面发电带来的增益，长时间发电以后的功率衰减情况，还有在过多偏离标准温度（25℃）时组件效率的下降幅度等。n型电池之所以前景光明，也正是因为它的特性与这四个大目标相一致。中国光伏行业协会预计，到2025年，PERC电池市场占有率将由目前超过90%跌破至50%以下，而到2027年，n型电池将占据四分之三左右的市场。

但是，并不是所有人都认为n型电池就是太阳能电池技术未来5~10年应该着力发展的方向，业内还存在着一个"颠覆晶硅派"，对应的是钙钛矿技术路线。它不属于晶硅电池，却被一些人视作未来能够彻底颠覆整个晶硅光伏产业的头号种子选手，因为它的低成本和高经济性一直是业界最关心的重点。

由于硅材料本身带有结构特性的限制，它能吸收的太阳光谱在 300～1200mm，所以利用硅材料制备的太阳能电池效率存在 29.4% 的理论极限值，越接近这一极限值，需要采用的工艺难度就越大，效率的提升进展就越缓慢。使单晶硅电池转换效率突破 27% 成为现在全球光伏科学家攻关的目标。还有另外一些科学家在研究新材料（比如钙钛矿材料），以及叠层太阳能电池，来实现对晶硅电池 26%～27% 的效率纪录的反超。

在光伏行业，"钙钛矿"指的不是一种东西，而是指钙钛矿型的有机金属卤化物，它本身不一定含钙和钛，而是一类与 $CaTiO_3$（钛酸钙）结构类似的 ABX_3 型化合物的总称。1839 年，德国化学家古斯塔夫·罗斯在俄罗斯乌拉尔山探险时发现了天然矿物 $CaTiO_3$，此后科研人员将所有具有 ABX_3 结构的晶体材料统称为钙钛矿，其中大半径阳离子占据 A 位，小半径金属阳离子占据 B 位，X 为阴离子，比如 $BiFeO_3$、$CsPbI_3$ 等。

钙钛矿电池有一些明显优于晶硅电池的特点。

第一，在制造端，制作钙钛矿电池的原材料丰富，不会受到稀有金属元素的储量限制，而且它具有很好的吸收光谱的能力，只需要不到 1 微米的厚度就可以吸收超过 90% 的太阳光，所以每平方米材料用量还不到 2 克，原料成本是晶硅电池的二十分之一，材料成本占比只有 3% 左右。按照现在光伏年需求约 50 万吨硅料计算，如果未来全部替换为钙钛矿产品，光伏产业每年只需要约 1000 吨钙钛矿原料，相关组件制造企业就不必再被扩产速度较慢的硅料上游企业"卡脖子"，光伏行业各环节产品价格的剧烈波动也会极大缓解。

第二，钙钛矿对硅料杂质不敏感，即便只有 95% 的硅料纯度也能正常发电，只需要"1 个 9"。正如协鑫光电的董事长范斌所言："硅料公司为硅料纯度能有更多的 9 感到骄傲，钙钛矿公司为自己根本不在乎那些 9 而感到骄傲。"

第三，晶硅电池生产周期较长，需要在工业硅、多晶硅、硅棒、硅片、电池片、组件等多个工厂分别进行加工，而钙钛矿组件从原材料进厂到组件成型，可以全部在一个工厂内完成，总共只需要45分钟，可以使用低温溶液制备，在生产全过程中，工艺温度不超过150℃，单瓦耗能只有0.12度电左右，远低于晶硅耗能。

未来如果实现大规模量产，钙钛矿组件的单瓦成本会远低于晶硅组件成本，可能达到0.5～0.6元/瓦的组件成本，并为全社会带来高于晶硅组件的全生命周期能源回报率。

第四，晶硅组件在封装过程中一般会出现效率损失，也就是组件的效率比电池的效率要低若干个百分点，而钙钛矿没有"从电池到组件"这个过程，钙钛矿生产出来的就是组件。

第五，在发电端，温度变化对钙钛矿发电效率没有什么影响，温度系数几乎为零。因为温度升高带来的电流增加与电压下降几乎相抵，在炎热环境中，晶硅电池组件功率会下降，而钙钛矿实际功率几乎不变。

第六，钙钛矿基材可以与建筑物等深度融合，能衍生出丰富的应用功能场景，除了地面电站，还有望应用在光伏建筑一体化、新农业光伏应用、智慧交通、航天等领域。

第七，由于晶硅组件通常使用含铅的焊带，无铅焊带目前尚未在全行业推广，所以一块晶硅组件一般含有18～20克铅，如果不能妥善回收利用，会对环境造成一定影响，而一块钙钛矿组件含铅量不超过2克。

由于看好钙钛矿电池的长期潜力和优势，腾讯、宁德时代、碧桂园、高瓴资本、韩国现代汽车等企业纷纷跨界入局钙钛矿制造或投资钙钛矿电池生产企业。同时，美国也知道在晶硅时代很难从中国手中夺回全球光伏产业冠军国家的宝座，于是在2020年，美国能源部宣布投入2000万美元用于研发钙钛矿光伏技术，强调要确保美国在这一领域的市场竞争力。2022年，拜登政府再次投入5600万美元支持可以替代多晶硅的太阳能技术，其中就包括钙钛矿。欧洲老牌光伏制造企业Q-Cells表示将在其位于德国塔尔海姆的欧洲总部建设一条叠层电池生产试验线，最终目标是实现钙钛矿—硅叠层电池的工业化生产。日本媒体指出，日企希望借钙钛矿电池打一场翻身仗。一些人甚至认为这一发明将来有望获得诺贝尔奖。

钙钛矿电池被各界寄予厚望，一个重要原因是它的效率提升速度惊人：2009年，日本横滨大学的科学家率先用钙钛矿材料做出了太阳能电池，转换效率只有3.8%，而且当时采用的是液态电解质，会溶解掉钙钛矿材料，所以这场实验几分钟后就宣告失败。但是在短短十几年时间里，钙钛矿实验室效率提升速度飞快，2013年的转换效率达到15%，2021年年底达到了25.7%，其每年提升速度超过1个百分点，追上了晶硅电池效率四五十年的提升幅度，而钙钛矿的理论效率极限达到33%，也超过晶硅电池的29.4%。

但需要注意的是，这些不断刷新的纪录都是在极小尺寸上实现的，比如0.1平方厘米。一旦面积变大，钙钛矿效率就会明显下降，如果做成小尺寸组件，转换效率会跌到21.4%，做成802平方厘米的"大"组件，最高效率就只有17.9%了，明显低于当前单晶硅组件的水平。主要原因是大尺寸钙钛矿电池和组件的生产对工艺速度、稳定性和可扩展性都提出了更高的要求，大尺寸钙钛矿晶体在生长过程中容易出现密度不均匀、相互之间存在孔隙的现象；另外，钙钛矿在实验室端冲击世界纪录所用到的材料，比如金电极等都比较昂贵，量产时采用的低成本替代材料会牺牲部分效率。

钙钛矿的大尺寸结晶工艺是一道全新的工艺，在其他行业中没有可以借鉴的技术，所以存在很多不确定性，每个钙钛矿生产企业必须自己开发相应的结晶方案。这也是为什么像协鑫光电这样的钙钛矿企业，能够生产出1m×2m尺寸的钙钛矿组件都被认为是非常重要的技术突破。一般来说，各类型的单晶硅电池2021年产业化平均效率要低于实验室效率1.1~2.8个百分点，但钙钛矿电池产业化试制的效率远低于实验室效率，实验室最高效率达到25.7%，产业化效率落后其4个百分点以上。

这还不是钙钛矿最"致命"的缺陷。一直以来，钙钛矿的稳定性较差，制约了其商业化应用。这是一个世界级的科学难题，因为与晶硅电池组件衰减机制不同，钙钛矿电池受温度和湿度影响，化学键合作用弱，在高剂量光辐照和加热时吸光材料结构容易被破坏，晶相会从立方相（高性能）转变为斜方相（低性能），导致组件性能迅速衰减。现在科学家们正在努力提高钙钛矿电池在长时间高温环境下的稳定性，比如2021年，有中国企业自主研发的钙钛矿组件在70℃的老化温度和1个标准太阳光1000小时的持续照射以后，组件功率基本仍能维持在初始值。很多针对钙钛矿稳定性的测试实验时间都尚处在几百到几千小时的范围内，如果想要做成大尺寸组件，并运行25年以上，还需要大幅提升保持稳定的时间范围。

在相关设备领域，捷佳伟创、京山轻机和中电48所下属公司湖南红太阳等企业均已有钙钛矿电池设备出货。面对美国等西方国家在下一代光伏电池领域试图"弯道超车"的压力，中国光伏设备企业的自主研发实力给中国企业面对全球钙钛矿量产竞争奠定了坚实的基础。在晶硅电池领域，中国企业所需要的整线设备主要是由国外企业研发成熟后，国内企业再跟进国产化，而钙钛矿技术是中国企业第一次从材料、整线设备到工艺全面实现自主研发的技术路线。2009年发明钙钛矿电池的日本教授宫坂力说："以前中国拆解日本产品进行学习，今后日本需要做好向中国学习的心理准备。"

钙钛矿大尺寸光伏组件想要实现大规模应用依然"路漫漫其修远兮"，范斌认为钙钛矿电池距离5~10吉瓦级别的量产还需要3~5年时间。未来我们需要投入更多的研究力量，让处于科技成果产业化初期的钙钛矿电池早日在中国率先成为产业化成熟的清洁能源产品。

那么在未来，n型电池和钙钛矿电池是不是水火不容呢？答案很可能是否定的。TOPCon和异质结成熟的技术，会使其成为下一代电池技术的基础，比如TBC、HBC、异质结和钙钛矿的叠层电池等。

钙钛矿不是晶硅的敌人，而很有可能成为并肩作战的战友。比如业界普遍看好的钙钛矿与异质结叠层电池，其极限转换效率可能达到40%以上，钙钛矿可以把异质结最好的两个优点——填充因子[①]高和开路电压高发挥到极致，大部分异质结镀膜设备都能用在异质结/钙钛矿叠层上，其

[①] 填充因子指的是太阳能电池最大功率、开路电压与短路电流乘积的比值，填充因子值越高，表明太阳能电池的输出特性越接近矩形，光电转换效率就越高。

技术路线很相近。作为全球晶硅光伏产品龙头企业隆基的掌门人，李振国于 2022 年在中国工程院院刊 Engineering 上发表的论文中指出："如果在未来几年，钙钛矿电池的寿命和大面积效率损失问题能得到有效改善，那么钙钛矿/晶硅叠层电池有望成为未来高效率电池的主流。"

为什么叠层电池的转换效率更高呢？我们知道太阳光是由不同波长的光线组成的，分为可见光和不可见光；钙钛矿电池比起晶硅电池，可以更高效利用高能量的紫外光和蓝绿可见光，而晶硅电池可以利用钙钛矿无法吸收的红外光。通过"1+1"的叠层电池，让顶部的电池吸收高能光子，而底部的电池吸收低能光子，从而更充分地吸收太阳能，突破传统晶硅电池理论效率的极限。钙钛矿/晶硅的双结叠层转换效率可以达到 35%，钙钛矿三结叠层电池理论转换效率可达 45% 以上。

但需要注意的是，企业推进叠层电池的量产不能只是一个建造"空中楼阁"的过程，无论用哪种电池做叠层，都要先把相应的几种电池结构做好。协鑫光电就曾经投入很多资源在异质结上做钙钛矿的叠层开发，后来发现在硅片上做钙钛矿的难度远远高于在玻璃上做钙钛矿，也就是叠层电池难度远高于钙钛矿电池。范斌认为，如果在玻璃上做钙钛矿的量产工艺还不成熟，就着急做硅片上的钙钛矿开发是无本之木。所以，协鑫光电决定把所有资源都先放在单结的钙钛矿电池上，等到量产成功之后，再择机开展叠层电池的研发工作。

展望未来，等到叠层电池量产成熟之日，或许就是 TOPCon 电池的"寿终正寝"之时，因为在叠层电池当中，钙钛矿与异质结电池进行叠层具有天然的结构优势。叠层电池完全可能突破单结电池 29.4% 的转换效率，达到 30% 以上。

但是瞿晓铧认为，叠层电池实现量产初期，可能其主要应用场景不会是大型地面电站这样需要 20～30 年寿命和发电效率有保证的场景，而是一些对单位面积光电转换效率要求很高的新型场景，比如太阳能电动汽车，其充电电池寿命本身就比光伏电站要短，而叠层电池的寿命可能与太阳能电动车的使用寿命相差不大。如果高效钙钛矿叠层电池成熟量产，那么未来还有可能迸发出很多与之相匹配的创新应用场景。

除了钙钛矿/晶硅叠层电池以外，还有一种比传统n型电池更"厉害"的电池技术，叫作HBC电池。它完美结合了IBC电池和异质结电池结构的优点，既能像IBC电池一样实现电池前表面零栅线遮挡，又选择了异质结作为发射极，同时还采用了高质量的非晶硅钝化，使得它具有高开路电压和高短路电流。到目前为止，HBC电池实现了26.7%的电池转换效率，而其理论极限转换效率超过30%。

很显然，如果想要在未来HBC电池量产化时代取得领先地位，设备企业和电池企业需要同时在异质结和IBC电池领域具有较深造诣，因为HBC电池含概了异质结和IBC电池的各种技术难点，制造成本高昂，对工艺清洁度要求极高，制造过程十分复杂。而另一种TBC电池则是将TOPCon电池结构与IBC电池结构相结合，制备过程同样复杂，虽然有隆基、中来等企业正在研发，但目前几乎没有光伏企业发布过TBC电池的数据。

与HBC电池和TBC电池的结构思路类似，现在已经有企业着手推进融合多种电池技术工艺的混合结构电池，它就是"p型融合派"的代表企业——隆基。隆基在2022年发布的HPBC电池是一种复合钝化背接触电池，这种电池结构与IBC电池有着相似之处，正面没有栅线。

IBC电池一般用质量较高的n型硅片作为衬底，因为对少子寿命要求较高，所以要降低少子在到达背结之前的复合。隆基的HPBC电池，把IBC电池的背结结构与TOPCon电池的钝化结构混合在一起，制作在p型硅片上，其标准版量产转换效率突破25%，叠加了氢钝化技术后的HPBC电池转换效率超过25.3%，显著高于2021年PERC单晶电池的量产平均转换效率23.1%，与2022年年底的TOPCon电池量产转换效率差异不大。隆基为HPBC电池投入了超过10亿元的研发费用，截至2022年11月，业内只有隆基一家选择将这种电池技术路线进行量产。

至此我们可以看到，光伏行业技术进步的"层累结构"是十分清晰的：尚德和英利等中国企业的爆发式成长，离不开多晶硅铸锭炉的国产化成熟和设备成本的大幅下降；而隆基的崛起又离不开"单晶硅＋金刚线＋

PERC"技术的组合式成熟；2022 年之后 TOPCon 技术的成熟落地，完全建立在中国企业对 PERC 单晶硅电池技术的游刃有余之上；HPBC 电池技术是对 TOPCon 电池和 IBC 电池技术的混合应用；异质结电池的产业化成熟又离不开单晶硅电池和非晶硅薄膜电池的设备与工艺；远期无论是 HBC 电池、TBC 电池，还是钙钛矿叠层电池实现大规模量产，都与 IBC/钙钛矿电池和异质结/TOPCon 电池设备工艺的进一步升级密不可分。

中国光伏行业协会高度关注行业发展的前景，2022 年后关于 n 型电池的讨论十分火热，而早在 2016 年，中国光伏行业协会就在京召开了"中国光伏百人会之 n 型晶体硅电池技术研讨会"，会议由时任协会副秘书长王世江主持，80 余位行业专家对 n 型硅电池产业化推进过程中存在的问题进行了重点研讨，充分体现了中国光伏行业协会对先进技术的前瞻性关注。前面我们讲到的所有太阳能电池产业化技术路线，几乎都在国家重点关注的视野范围内。工业和信息化部等五部门在 2022 年 8 月联合印发的《加快电力装备绿色低碳创新发展行动计划》当中指出，太阳能装备领域要"推动 TOPCon、HJT、IBC 等晶体硅太阳能电池技术和钙钛矿、叠层电池组件技术产业化，开展新型高效低成本光伏电池技术研究和应用，开展智能光伏试点示范和行业应用"。

中国将晶硅光伏各环节技术进行产业化落地的综合能力十分强大，这带来了中国光伏产业的繁荣。但不得不说的是，中国在最先进、最高效的电池技术的科学研究方面，并没有绝对领先于海外。比如多结电池也是未来的一种技术方向——使用单一的 p-n 结来吸收太阳光谱，局限性比较大，而多结电池可以串联起多个"子电池"，分段利用太阳光谱，让整块电池对光谱的响应波段大大拓宽。

目前全世界转换效率最高的一些太阳能电池是由海外实验室研发的，使用的就是诸如四结、六结这种的极复杂多结电池结构，转换效率超过 47%，是目前 PERC 大面积量产电池效率的 2 倍，相当于高效吸收了近一半的光量。这说明在未来，光伏的产业化技术升级之路还非常漫长，有无穷可能等待着行业人士去创造。

硅料涨价与垂直一体化

2020年，国内迎来了史无前例的硅片、电池片和组件环节的扩产浪潮。除了硅料之外的各个环节在2021年年底的有效产能都达到或超过了300吉瓦。而在2021年，除通威外，国内全年几乎看不到硅料环节显著的扩张趋势，原因很简单——价格持续在低位徘徊：2018—2020年，多晶硅行业连续三年低迷，价格长期停留在5万~7万元/吨的水平。自2017年下半年的硅料扩产潮结束后，整个硅料产业实际上已经有接近30个月未见新启动的扩产项目。在2020年全球新冠疫情暴发初期，中国多晶硅行业经历了近几年来的至暗时刻，一些厂家甚至以3万~4万元/吨的价格亏本卖出硅料，部分企业停产、减产、倒闭。2020年年初，韩国多晶硅龙头企业OCI公司宣布其相关部门持续亏损，工厂将停产太阳能级多晶硅，转而生产电子级多晶硅。到2020年年中，硅料价格下探到7美元/千克的历史低位。

2020年下半年中国提出"双碳"目标，光伏行业成为支撑其顺利达成的重要选项，多晶硅需求高增长预期因此被强化，企业扩产动作频繁，这使得多晶硅短期供不应求，导致硅料价格大幅上涨。到2020年年底，硅料价格回升至13美元/千克。到2021年第四季度，面对充沛的下游产能，硅料产出只能满足60%左右的下游需求。

于是在2020—2022年，我们看到大量头部硅片、电池片企业，与头部多晶硅生产企业以各种形式签订了深度合作协议，有的是互相参股，有的是签订未来多年的供应长单——就像2008年之前一样，只不过这次签订双方都是中国企业。

2021年，全行业硅料产出为52.7万吨。业内专家张治雨发现，上下游的各家企业之间，已经通过硅料长单的方式锁定了其中97%的产量。虽然长单这一形式早在2008年国际金融危机之前就已出现，并且在2021年，在较为紧俏的光伏玻璃和硅片环节也有长单存在，但其锁定比例从未如此之高。

截至 2022 年下半年，光伏产业下游已经有十余家硅片、电池、组件的头部企业采取参股、收购、签订长单、自建产线的方式锁定多晶硅原料。根据索比光伏网不完全统计，2021 年至 2022 年 9 月，24 笔硅料长单规模合计 356.56 万吨，总价值数千亿元，而且长单的签约时长从 3 年、5 年进一步拉长到 8 年以上，仅通威、协鑫、新特能源三家就签下了其中 90.7% 的长单。一般来说，这样的硅料长单主要是"锁量不锁价"，具体交付价格会根据硅料现货价格做出动态调整。显然长单多数存在于上下游的龙头企业之间，这就意味着其他腰部和尾部的下游企业，以及新入局的下游企业几乎无料可签、"没米下锅"，每个月的零售散单大约只有 1 万～2 万吨。当市场出现少量可供交易的多晶硅散单时，竞价就会导致多晶硅价格大幅上涨。整个 2021 年，中国多晶硅价格从年初的 8.5 万元/吨最高涨到 27 万元/吨，虽然在年底出现了一定程度的回落，但到了 2022 年，硅料价格迎来了更为明显的一波上涨，多个月份的零售价格接近或超过 30 万元/吨。到 2022 年年中时，甚至一度出现过多晶硅有价无量（没有散单可签）的情况。由于硅料紧缺，中国进口多晶硅出现量价齐升的现象，2021 年中国多晶硅进口额为 18.7 亿元，同比增长 108.2%，进口量约 11 万吨，同比增长 11.1%。硅料价格暴涨也使得 2021 年成为过去十余年里中国光伏组件平均价格不降反升的唯一一年。

2021 年 6 月 10 日，中国光伏行业协会发布了《关于促进光伏行业健康可持续发展的呼吁》，称近三个月多晶硅价格已经达到 2020 年年底的 2.5 倍以上，在平价上网背景下，对整个光伏产业产生了较大的负面影响，不利于中国光伏产业健康有序发展。协会呼吁让硅料价格尽快回到正常区间，同时建议有关部门进一步明确政策，关注多晶硅等光伏原材料价格过快上涨问题，及时引导。

2021 年，中国在产多晶硅企业 12 家，通威、协鑫、特变、大全这 4 家硅料头部企业的营收合计超过 1100 亿元，归属上市公司股东净利润总和达到 239.66 亿元。也就是说，这 4 家硅料企业占全产业链所有上市公司不到 14% 的营收，却占据了 33% 的利润。截至 2022 年上半年，上下游业绩分化情况愈演愈烈，4家硅料企业的净利润接近350亿元，超过2021年全年，也超过当时硅片、电池和组件领域分别排名前4位企业的净利润之和。

2020—2021年，中国的多晶硅产能从45.7万吨增加到62.3万吨，产量从39.6万吨增加到50.6万吨，分别增加36.3%和27.8%，即便按照2.6克/瓦的先进硅耗值来计算，2021年产量也仅能满足194.6吉瓦的下游各环节生产需求，但是下游硅片、电池片和组件产能在这一年中分别从240吉瓦增长到407.2吉瓦，从201.2吉瓦增长到360.6吉瓦，从244.3吉瓦增长到359.1吉瓦，产能分别增长69.7%、79.2%和47.0%，均显著高于硅料的增长幅度。根据中国光伏行业协会初步统计，2021年初至2022年6月，国内光伏扩产项目超过300个。2021年整个光伏制造环节总投资规模超过7200亿元，是2020年4000亿元的近两倍。甚至可以这样说，即便所有下游企业2021年都不扩产，停留在2020年年底的产能水平，那么直到2021年年底的硅料产量也只能满足这一产能80%左右的供给水平。因上游扩产慢而使短期内出现巨大的硅料供应缺口，是导致多晶硅价格连涨、暴涨的主要原因。

一般来说，上游重要原料涨价幅度会大于下游终端产品的涨价幅度，一方面是因为其他辅料、辅材的涨价幅度远不及硅料，硅料的涨幅在组件成本结构中被稀释；另一方面，是由于下游组件环节投资强度较低，扩产相对容易，组件企业在面临激烈的市场竞争的同时还要直接面对终端电站客户，导致无法有效传导硅料全部涨幅带来的成本压力。

2021年，国内光伏组件价格从1.6元/瓦上涨到最高2.1元/瓦，年底回落后，到2022年年中再次突破2元/瓦的关口。在2022年欧洲能源危机、欧洲电价飞涨的背景下，这样的价格没有挡住海外客户对采购中国组件的热情。因为欧洲签订的有效期为15年的PPA（电力购买协议）合约电价从早年间的4欧分/千瓦时左右上涨到2022年年中的8~8.5欧分/千瓦时，所以中国组件价格仍保持在海外发电运营商的承受范围内。咨询机构Rystad Energy对德国典型光伏电站的投资回报进行了测算，发现0.18

欧元／千瓦时的电价会让投资回收期缩短到 5~6 年，而如果能达到 0.35 欧元／千瓦时的电价，那么回收期只需要 1 年。2022 年 1—7 月，中国出口欧洲的组件规模已超过 2021 年全年。但是海外的高景气冲击了国内的地面电站市场，由于国内光伏上网电价比欧洲更低，负责大型地面电站采购招标的央（国）企表示组件价格已经超过了它们的承受范围，多数央（国）企表示能承受的组件价格不超过 1.8 元／瓦，否则将面临内部收益率的下降；因此光伏供应链价格上涨对 2022 年光伏地面电站装机的工程进度产生了一定影响。

根据硅业分会数据，2022 年 8 月，硅料最高成交价格为 31.2 万元／吨，达到近十年来新高。硅料价格水平也刺激了一大波企业投入多晶硅料的扩产大潮之中，2021 年就吸引了超过 1600 亿元的投资规模。多晶硅料扩产的火爆场面也让相关设计院接项目接到手软，比如华陆公司 100 多人的多晶硅设计部门，近两年接到了约 15 个多晶硅项目。

2022 年，中国多晶硅产量 82.7 万吨，而 2023 年上半年的产量就突破了 60 万吨。这一轮多晶硅项目的疯狂扩产潮，同 2008 年国际金融危机之前的扩产潮一样，一些原本不涉足多晶硅环节的光伏制造企业涌入多晶硅生产领域，而另外一些主业完全与光伏产业无关的企业也进入这一领域。这是否意味着未来几年多晶硅供应严重过剩呢？这一轮扩产企业是否会重蹈 2008 年国际金融危机之前的覆辙？我们认为有这样几类因素是我们在分析这一问题时可供参考的。

第一，2009 年之前，中国大量多晶硅企业没有掌握冷氢化技术，四氯化硅处理能力有限，存在一定偷排导致污染的现象，而现在这一问题已经彻底得到解决。四氯化硅循环闭环生产已经成为行业"标配"和国家的硬性要求，冷氢化单套系统规模扩大，操作稳定，能耗低，有效带动了多晶硅生产能耗和成本的降低。以通威为例，从"第一代永祥法"发展至今，其生产成本已经从 100 万元／吨降低到 3 万~4 万元／吨（剔除工业硅市价因素影响）。也正因为国内企业对多晶硅生产设备和生产过程的全面优化，中国多晶硅产业在环境保护、物料循环、节能减排、降本增效等方面取得了长足的进步。

第二，十几年前，光伏在很多国家还需要补贴来刺激发展，而政府补贴与政府财政收支情况紧密相关，补贴大幅萎缩时行业下游需求会急剧下降，传导至上游，造成多晶硅需求大降，价格暴跌，所以扩产周期时间长的多晶硅项目投资风险很高。现在在全球100多个国家形成"碳中和"共识的背景之下，光伏市场的扩大具有更高的确定性前景，而且包括中国在内的很多国家已经实现平价上网，光伏摆脱了"补贴依赖症"，过去的这种波动性因素不复存在。

第三，一些硅料生产企业摆脱了过去单纯"拼价格"的市场竞争模式，而是选择与下游硅片企业共建工厂、相互参股，实现利益绑定，同时为新建工厂锁定了大客户和长单来源。对下游大型硅片企业来说，保证多晶硅大批量稳定供应有时比能抢到全市场最低价的硅料更重要。这时候无论是多晶硅的"老玩家"还是"新玩家"，比拼商业模式和市场开拓能力成为另一种竞争力的体现。

第四，在"双反"之前，以江苏中能为代表的大型多晶硅企业，会将很多工厂建在江浙一带，靠近长三角光伏产业集群的地方，而现在很多光伏上游的硅料、硅片工厂向西北和西南地区迁移。中国多晶硅生产重点区域目前就集中在新疆、内蒙古、青海、宁夏、甘肃和云南这几个省（自治区），很多工厂地理位置非常偏僻，对吸引人才构成了很大挑战，如果新建工厂不能成功吸引到足够多优秀的多晶硅生产工艺人才，企业想要在工厂管理环节实现成本下降可能比较困难。永祥多晶硅产线在管理者和员工团队群策群力之下实现各环节"毛细血管式"降本增效的故事就是最为生动的证明，人才在其中起到了关键性的作用。

第五，云南、内蒙古等省（自治区）相继取消了对工商业用户的优惠电价政策，当地多晶硅和硅片工厂必须应对电价上涨带来的成本压力。除此之外，在欧洲环保政策和西方制裁新疆多晶硅产业的背景下，如何摆脱对新疆廉价火电的依赖？如何在多晶硅生产中消纳更多的清洁电力，降低多晶硅产品的碳足迹，让未来的下游出口产品少交"碳税"、少受环保政策限制？这些都是企业在扩产布局过程中需要考虑的问题。

所以，考察任何一个多晶硅工厂及其产品的竞争力，都需要综合考量多方面因素，在这个过程中，可能会存在一些盲目扩产的企业在不久之后被淘汰出局，也有可能出现一些综合优势显著的新企业为行业发展添砖加瓦（就像当年还在做鱼饲料业务的通威一样）。与光伏下游企业和设备企业的关系一样，建设多晶硅工厂的大量技术知识已经集中在恩菲、华陆等成熟的产线设计方和设备提供方手中，生产企业着重要做好的就是调试、运营、管理好工厂。

短期内，硅料价格快速的上涨已经带来了一系列连锁反应，比如倒逼硅片生产企业想尽办法降本增效。虽然这听上去是有利于硅片环节发展的，但一些企业过度追求硅片减薄，过分节省硅料使用，伴随着硅片大尺寸化的趋势，这样做可能会在未来增加组件在长期使用过程中出现隐裂、破碎的风险。

对于饱受硅料价格上涨之苦的下游制造端企业来说，"硅片减薄"充其量只是扬汤止沸的雕虫小技，它们推出的终极解决办法是——自己造硅料，打造全产业链一体化企业。

很多下游企业布局垂直一体化，也就是同时涉足光伏产品上下游多个环节的生产，试图用其他环节的盈利来弥补组件或电池片环节带来的亏损。而通过复盘行业的历史数据，不难发现垂直一体化布局能为下游企业带来盈利改善的观点是成立的。根据IEA的数据，自2014年起，多晶硅、硅片、电池和组件环节均在若干年份中出现行业整体盈利水平为负的情况，而只有涉足3个或3个以上环节的垂直一体化企业在2014—2021年的平均盈利水平始终为正。光伏各环节和一体化企业的盈利水平如图11-3所示。比如某头部一体化企业就表示，2022年第二季度，公司组件业务整体不赚钱或略微亏损，但硅片、电池赚钱，总体仍然保持盈利，很多头部企业都像这样开始"算总账"。

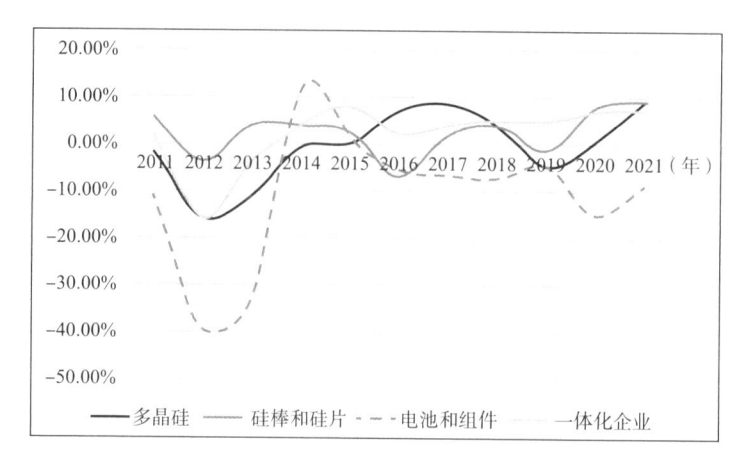

图 11-3　光伏各环节和一体化企业的盈利水平

数据来源：IEA《关于光伏全球供应链的特别报告》(*Special Report on Solar PV Global Supply Chains*)。

一方面来看，这些数据打破了过去人们对"光伏出首富，所以光伏很赚钱"的刻板印象，制造企业在各个环节的激烈竞争拉低了行业整体的利润率，才使得光伏发电走向平价上网和低价上网成为可能；另一方面来看，中国光伏企业"内卷"得越厉害，行业长期总体利润率水平越低，外国企业想要进入这一行业并取得可观市场份额和丰厚收益的难度就越大，这种影响是一体两面的。

国内这一轮垂直一体化推进的规模、纵深远胜于以往。过去当人们谈到光伏行业的垂直一体化，一般指的是企业同时涉足硅片、电池、组件当中的多个环节，这些企业的市场占有率从 2008 年的 20% 提高到 2021 年的 50%～80%，全球 62 家垂直一体化企业中有 49 家都在中国。

现如今垂直一体化的定义扩展到了多晶硅，甚至是更上游的工业硅产线布局当中。2022 年，天合光能、阿特斯相继宣布要在青海投入数百亿元，建设工业硅、多晶硅、硅片、电池和组件的光伏全产业链产线，我们可以称其为"超级一体化"。阿特斯董事长瞿晓铧认为，虽然垂直一体化过程看上去是新阶段的同质化竞争，但实际上每家企业的特点还是不一样的，因为各家最得心应手的环节不一样，就像拿兵器一样，什么地方粗一点，什么地方细一点总有不同。阿特斯过去的模型是"金字塔结构"，上游的多晶硅料不仅不签长单，而且产能上也一点不涉及，如今要渐渐发展成"梯形结构"，在扩大上游产能的同时保持阿特斯在下游组件环节的优势，形成"上窄下宽"的梯形布局。2020 年中国提出了"双碳"目标，带动更多国家做出减碳承诺，加上光伏在大部分国家做到了平价或低价上网，光伏装机容量的加速增长是非常确定的事情。2022 年全球光伏刚刚突破 1 太瓦的总装机容量，再过 10～20 年时间，很有可能光伏每年的新增装机容量就会突破 1 太瓦。如果一家企业投产 5 万吨多晶硅，按照今天的硅耗量折算，对应的也只是 20 吉瓦的组件产量，相当于 1 太瓦的 2%。头部光伏企业为自己保障这一点硅料的供应并不是什么天大的事。而且多晶硅环节的设备制造、工厂设计、开车调试等重要工作，实际上是由恩菲、华陆等设计院深度参与并联合制造企业共同完成的，中国光伏下游企业延伸到多晶硅生产领域，不需要从零开始"蹒跚学步"，这也是光伏"超级一体化"布局在中国可以成立的重要前提。

如果未来头部企业通过"超级一体化"布局能够持续改善其整体盈利水平，并且保持对主流技术路线的升级迭代，那么就意味着未来晶硅光伏制造业将进一步变成"巨头的游戏"，头部企业可以更充分地保障自身供应链安全，涉足某一环节的中小企业实现快速崛起的可能性将变得更小（设备、辅材、辅料除外）。

除了下游企业会溯源而上，上游多晶硅生产企业也蠢蠢欲动。比如 2021 年年底，大全能源宣布将在内蒙古包头市投资 332.5 亿元建设总量超过 70 万吨的工业硅、有机硅、高纯多晶硅、半导体多晶硅项目，实现在硅材料领域的全面发展。2022 年，通威则选择进军组件制造环节，自此通威的业务版图覆盖了所有光伏制造主要环节。各类型光伏龙头企业采取各种方式对主业版图进行横向拓展或纵向延伸。

可以说垂直一体化是时间逻辑的产物，是企业基于自身优势环节，选择"先做哪个，后做哪个"的谋划安排。但在具体落实过程中，企业还不得不面对"空间逻辑"上的选择，即各个环节的工厂如何在国内（甚至海外）进行布局。这时候，很多从下游走到上游的光伏企业开始将更多的目光投向中国的中西部地区和一些欠发达地区。它们希望能充分利用到这些地方在"碳中和制造"时代下的区位资源优势。

比如我们在讲述通威产业链的"内循环"部分时就讲到过，四川乐山有盐卤矿 170 亿吨、烧碱 45 万吨、三氯氢硅和液氯产能 10 万吨、工业硅产能 30 万吨，满足多晶硅产业链的发展需求。而早年从四川的新光硅业和峨嵋半导体走出去的一批多晶硅技术人员也成为当地宝贵的智力资源，同时四川水电资源较为丰富，生产多晶硅的碳排放水平较低，这些都吸引了通威、协鑫等多晶硅企业入驻和扩产。

安徽滁州有着优质的石英砂矿，下辖的凤阳县远景储量超过 100 亿吨，这是生产光伏玻璃的重要原料。随着电池片价格长期不断下降，光伏玻璃在组件原材料中的成本占比呈现稳中有升的态势。由于光伏玻璃的质量大，长途运输成本高，所以滁州当地吸引了一批光伏电池、组件、边框、胶膜、背板等各配套环节企业入驻，滁州光伏组件和光伏玻璃产能分别占全国的 11% 和 21%，安徽每天的光伏玻璃产能达到约 2 万吨。国内石英砂矿产资源主要集中在青海、安徽、辽宁、陕西、广西、江苏等地，据不完全统计，围绕这些地区布局的光伏玻璃总产能占比超过 60%。一些光伏企业也选择将组件工厂放在距离光伏玻璃工厂很近的地方，节省了玻璃长途运输的成本。根据滁州市发展和改革委数据，截至 2022 年 11 月，滁州已建成、在建、已签约开展前期工作和在谈光伏产业重点项目 74 个，总投资超 2500 亿元，现有光伏组件、电池产能分别达 37 吉瓦与 22.5 吉瓦，光伏玻璃产能达 460 万吨。

而云南凭借便宜的水电资源、丰富的矿产资源，也吸引了一批光伏硅片企业入驻。为了防止云南各地出现产业"踩踏"的情况，云南省推出了《云南省光伏产业发展三年行动（2022—2024 年）》，致力于把曲靖打造成光伏产业核心区，推动保山、楚雄、丽江、昭通等重点地区错位发展，带动大理、德宏、昆明、红河等具备发展潜力及配套能力的地区协同发展，形成"1+4+4"的光伏产业发展格局，推动重点项目向这一区域集中，云南其他州市原则上不再布局多晶硅、单晶硅、电池片产能，力争2024年达到全省高效电池片产能100吉瓦以上、组件20吉瓦以上。

显然，未来光伏制造业产业各环节分布会围绕着三大集群展开：一是"物质集群"，比如石英砂矿富集、有氯碱工业配套的地区；二是"能量集群"，也就是能源价格低廉、能源品种清洁、能源供应稳定充足的地区，比如青海省新能源产业增加值近十年年均增长21.9%，内蒙古自治区2021年至2022年9月新签或已落地光伏制造项目总投资超过1000亿元，其中大部分为多晶硅和硅片项目；三是"信息集群"，比如智力资源较为丰富的长三角地区，适合对科研技术实力要求较高的电池片环节和光伏设备环节，依靠长三角地区带来的人才红利、中国光伏产业化发端于此的历史积累，以及便利的港口和物流运输条件，在江浙等地形成了光伏下游环节的产业集群；2021—2022年上半年，长三角三省（江苏、安徽、浙江）的电池片、组件扩产规模接近400吉瓦。未来如能同时实现两大甚至三大集群合一的单个地区，会对光伏产业链垂直一体化企业产生巨大的吸引力。

随着越来越多的光伏企业开始将耗能较多的多晶硅、硅片环节向中西部地区迁移，亚洲的光伏制造业格局正在悄然发生变化。光伏产业可以在中西部一些地方实现从工业硅到组件的全过程生产，将产品用于中西部地面电站或者向外运输；光伏产业也可以在中西部完成工业硅、硅料、硅片环节的生产，将中间品运往东部沿海地区，加工成组件后销往海内外；光伏产业还可以在中西部完成工业硅、硅料、硅片环节的生产，然后通过中西部的运输通道将中间品运往东南亚的生产基地，加工成组件后向海外出口。光伏等清洁能源制造业将成为拉动西部经济进一步快速增长的重要引擎。

虽然中国光伏产业链高度自主可控，上下游各环节企业合纵连横，但是我们依然要清醒地看到，光伏行业仍然存在着一些被"卡脖子"的领域，我们要小心地区分其中的"真真假假"。

真假"卡脖子"

2021年，中国的玻璃产业发生了一件反常的事。曹德旺和他所执掌的福耀玻璃双双失去了蝉联多年的"玻璃大王"宝座。一家名叫信义玻璃的公司异军突起，在当年实现营收304亿港元（约合246亿元人民币），净利润115亿港元（约合93亿元人民币），而福耀玻璃2021年营收236亿元人民币，净利润31亿元人民币。这是自2005年信义玻璃上市以来，第一次出现营收与利润双双超越福耀玻璃的情况。2020年，光伏玻璃涨价70%，身为行业龙头企业的信义玻璃赚了个盆满钵满，而一直主攻汽车玻璃的福耀并未赶上这波浪潮。在2022年1月公布的胡润全球富豪榜当中，曹德旺以245亿元的身价排名第900位，信义玻璃的董事长李贤义则以510亿元的身价位列第356位。

那么为什么光伏玻璃价格会大涨呢？2019年3月，在"531新政"不到一年后，由于光伏海外需求超出预期，加上单晶PERC组件双面玻璃的封装形式会加大玻璃的使用量，使国内光伏行业对光伏玻璃的需求非常旺盛。当时的双玻组件甚至出现了光伏玻璃成本超过多晶硅料成本的情况。

光伏玻璃之所以供不应求，其中一个原因是其作为大化工产业的一种，与硅料行业的情况类似，前置审批时间长（半年到一年），建设周期长，点火爬产时间长（3个月左右）。在建设周期环节，光伏玻璃1~2年的扩产周期与电池、组件的较短周期并不匹配，而普通玻璃产线无法轻易转换成光伏玻璃产线。而在点火爬产环节，光伏玻璃窑炉运行温度点火后需要一度一度地往上加至约1500度，如果窑炉点火升温过快，炉内的耐火砖就会因为快速地热胀冷缩出现开裂。即便在达到一定温度以后，还需要维持一段时间，保障所有材料均匀膨胀，然后才能继续升温，所以从点火爬产到满产至少需要3个月。这些是下游需求旺盛时光伏玻璃供应不足导致价格上涨的根本原因。即便光伏玻璃企业在2020年宣布了一系列的扩产项目，但这些项目也不能在当年达成100%的产能，甚至出现了光伏组件产量被光伏玻璃产量"卡脖子"的情况。

2020年下半年，光伏玻璃价格上涨势头过快、过猛，造成这个现象的原因，一是前期光伏玻璃行业产能扩张不足，二是2020年1月工业和信息化部印发《水泥玻璃行业产能置换实施办法操作问答》，规定新建平板玻璃（含光伏玻璃、汽车玻璃等工业玻璃原片）项目须制定产能置换方案，限制了光伏玻璃产能的扩张。政策出台的本意是严控"两高"（高耗能、高排放）项目建设，进一步巩固水泥、玻璃行业去产能成果，结果却"误伤"了光伏玻璃产业。

2020年11月3日，隆基、天合、阿特斯、晶澳、晶科、东方日升六大组件厂商联合发布《关于促进光伏组件市场健康发展的联合呼吁》，其中提道："3.2mm的玻璃每平方米均价从今年7月至今涨幅超过100%，玻璃供应和价格失控直接影响到组件制造企业的正常生产。"企业希望国家充分考虑目前行业面临的紧迫局势，放开对光伏玻璃产能扩张的限制。阳光电源董事长曹仁贤说："谁也没有想到我们今年被玻璃'划伤'了，原本今年的目标是50吉瓦的装机容量，但事实上即便现在能装上去，也没有利润可言。"

在这种情况下，时任中国光伏行业协会理事长的高纪凡带领协会秘书处和相关企业向工业和信息化部电子信息司做了汇报，还在电子信息司的支持下两次到主管产能置换的原材料工业司做了汇报，建议不要把光伏玻璃列入产能置换范围内。此后中国光伏行业协会秘书处又做了大量的调研，形成了一份近30页的报告，详细地将光伏玻璃产能产量和光伏需求量做了对比，又带着这份报告同国家能源局新能源司、国家发展改革委经济运行调节局做了沟通。在工业和信息化部电子司的支持下，高纪凡和钟宝申代表协会专门同工业和信息化部原材料工业司汇报了玻璃"卡脖子"的情况，并提出了改进建议。曹仁贤等企业家也纷纷向上反映，李振国和王勃华还专门到国家发展改革委产业发展司做了汇报。

因为政策已经出台，扭转局面难度很大，协会调动一切资源、发动一切力量，力求使政策符合行业实际。2020年11月29日，工业和信息化部召开了一场关于光伏玻璃企业与组件企业供应保障的对接座谈会。组件企业表达了希望产能置换政策全面放开并由市场调节的诉求。工业和信息化部领导表示，会将信息上报上级单位，并对光伏玻璃熔炉项目报批和产能置换进行更加市场化的管控。功夫不负有心人，2020年12月16日，工业和信息化部对现行的《水泥玻璃行业产能置换实施办法》进行修订，形成了《水泥玻璃行业产能置换实施办法（修订稿）》并公开征求意见，其中提道："光伏压延玻璃和汽车玻璃项目可不制定产能置换方案，但新建项目应委托全国性的行业组织或中介机构召开听证会，论证项目建设的必要性、技术先进性、能耗水平、环保水平等，并公告项目信息，项目建成投产后企业履行承诺不生产建筑玻璃。"这一政策转变相当于将光伏玻璃从产能置换中剔除，有条件放开了光伏玻璃的产能扩张，随后光伏玻璃价格开始出现回落。随着2021年光伏玻璃产线陆续点火，产量增加，光伏玻璃价格从2020年高位一路下跌，到2021年年底接近成本价格。2022年上半年，光伏压延玻璃在产产能同比增长121.6%。预计未来几年还将出现市场供应宽松、企业竞争加剧的情况。

如果说光伏玻璃的产能被"卡脖子"，是受政策面影响和产能扩张节奏滞后导致的，那么接下来要说的几样东西，就的的确确是中国光伏全产业链国产化的最后几块拼图了。关注新能源领域资本市场变动的人，应该对这些领域的龙头企业并不陌生。这些供应链上的细分领域分别是：生产石英坩埚所需的高纯石英砂；生产异质结电池片要用到的低温银浆；制作胶膜所需的胶膜粒子；生产逆变器要用到的IGBT。这几类产品都是中国光伏产业继续实现降本增效、在迈向n型电池技术和大功率组件过程中需要解决的"卡脖子"难题。

早在21世纪初，靳保芳和晶龙进入光伏行业后不久，中国企业就已经初步实现了光伏用石英坩埚的国产化。但2022年年底，石英坩埚供货紧张，价格达到1.2万元/只，同比暴涨200%。器件的国产化不等于原材料的国产化，生产石英坩埚需要用到高纯石英砂，听上去这也是多晶硅料和光伏玻璃的原材料，中国很多地方都有，但实际上此"高纯"非彼"高纯"，不是所有高纯石英砂都能用来生产石英坩埚。

直拉单晶硅棒要用到的石英坩埚可能重达130千克,其中外层和中层占100千克,内层占30千克。理论上来说,一只石英坩埚应该全部采用同一种高纯石英砂来制造,但中国企业为了节省原料和成本,只有内层采用了要求最高的高纯石英砂,因为内层对高纯、低铝、低碱、抗析晶的要求更高。

目前国产的石英砂可以用在石英坩埚的外层,而多数石英坩埚内层要用到要求最高的高纯石英砂。在这部分细分市场中,海外企业市场占有率高达92%,目前中国仅有石英股份一家企业能够生产,市场占有率约为8%。

中国在石英坩埚内层石英砂这方面被"卡脖子",并不是因为中国企业的提纯技术逊色于国外,关键是中国国内目前没有发现能满足坩埚内层纯度要求的石英矿。我国石英砂矿流体杂质多、矿体规模小、矿石品质不稳定,最主要的是气液包裹体多——美国斯普鲁斯派恩(Spruce Pine)矿的高纯石英砂原料资源规模大、品质好,使得美国尤尼明公司的石英砂每平方厘米只有4~5个气液包裹体,而国产石英砂则有15个。气液包裹体数量越多,石英坩埚的透明层(内层)就越有更多气泡,拉单晶的时候气泡一释放,杂质就会进入单晶,直接影响硅的成品和单晶硅的质量,这是由矿的品质决定的,无法通过后期处理解决。目前能满足石英坩埚内层石英砂要求的主要是美国的尤尼明和挪威的TQC这两家公司的矿产。而且石英坩埚属于光伏生产环节的消耗品,不能回收再利用,因为坩埚材料在高温下会发生方石英的转化,使用后已经不再是同一种物质。

为了保障供应,中环和隆基作为两大硅片巨头是最早做出布局的。比如中环2020年就与这两家海外公司签约,根据硅片产能的需求,协同制造石英坩埚的厂商,锁定了未来五年所需的石英砂产能,并在预期产能规划的基础上叠加了超过20%的上浮作为富余量。因为石英砂的新矿开采需要1~2年的周期,而且石英矿是伴生矿,如果要扩产,就要同时增加其他种类的矿产。尤尼明公司在2008年扩产时,赶上了国际金融危机,行业需求一落千丈,导致它们后来考虑扩产时更加谨慎。而且尤尼明公司是综合性企业,除了光伏石英砂,它们还生产价格更贵的半导体砂,这些都会进一步造成光伏石英砂产能不足的问题。这意味着除隆基、中环两大巨头外，其他硅片企业可能会在一定时期内面临供应短缺。

目前国产石英坩埚外层主要采用石英股份的石英砂，石英股份市场占有率为50%，其他国产厂家为11%，进口占39%。

但是无论未来行业格局如何变化，石英坩埚所用的高纯石英砂是一种资源类产品，存在未来开采殆尽、矿产枯竭的可能，所以人们还在积极探索一个"一劳永逸"的解决办法。国内已经有企业在对"合成石英砂"进行国产化攻关，这种石英砂可以用多晶硅产线的副产品——四氯化硅来合成。

制作合成石英砂，首先要将四氯化硅提纯，然后将高纯度氢气在高纯度氧气中进行燃烧，产生氢氧焰，同时反应会生成水。此时的水蒸气处在1000度以上的高温环境中，这时将四氯化硅气体喷射到水中，高温下会水解形成5纳米大小的、粒度极细的二氧化硅粉，也称作"气相白炭黑"。利用这种材料就可以制作拉制单晶硅棒所需的坩埚内层，甚至是生产半导体单晶硅所需的坩埚。目前符合坩埚内层需求的合成石英砂还需要在实现大规模量产的同时进一步降低成本。

说完了硅棒/硅片环节被"卡脖子"的材料，我们再来说说电池片环节被"卡脖子"的辅料——低温银浆。

在一片太阳能电池片上要用到的浆料有3种：正面的银浆、背面的银浆和背面的铝浆。这3种浆料形成晶硅电池的两端电极。浆料是除硅材料外，影响晶硅电池成本最关键的材料，约占电池片非硅成本的三分之一。

光伏银浆是一种以银粉为主要原料的基础性材料，是由高纯度银粉、玻璃氧化物、有机材料等组成的机械混合物的黏稠状浆料，其中高纯度银粉最为关键，占比约为98%。光伏银浆的导电性能优劣直接关系到电池片的转换效率和寿命。

在我国企业的努力下，目前电池片背面的银浆和铝浆已经全面实现国产化。曾经高效电池片的正面银浆市场一度被外资供应商占据，但从2016年开始，国产浆料企业和电池企业紧密合作，将国产正面银浆市场占有率提升到 2021 年的 61% 以上。目前全球正面银浆销量的第一、第三和第五名都是中国企业，三家合计占全球市场需求的 60% 以上。

按照工艺温度不同，光伏银浆又可以分为高温银浆和低温银浆两种。PERC 电池和 TOPCon 电池使用的高温银浆已经实现国产化，2020 年国内四大银浆厂商（帝科股份、苏州晶银、聚和新材、匡宇科技）在高温银浆的市场份额合计超过 50%。而异质结电池由于内部有非晶硅层，对温度十分敏感，所以需要用到低温银浆，并且满足在 10 分钟内快速固化的要求。这种材料在 2021 年的国产化率只有 10% 左右，剩余市场被日本京都电子 KEM 公司垄断，进口低温银浆价格高达 8000~9000 元/千克。目前国内主要浆料供应商都参与了低温银浆的开发，2021 年，江苏索特电子材料有限公司成功收购美国帝科杜邦公司旗下 Solamet 光伏金属化浆料业务，Solamet 开发了异质结电池需要用到的低温导电银浆，具备一定的技术领先性。同年，苏州固锝、聚合股份等企业也宣布低温银浆进入规模化量产或批量供货阶段。如果低温银浆可以实现国产化，则其成本可以降低约 2000 元/千克。一部分企业的产品于 2021 年陆续通过可靠性测试，实现吨级量产，并已经导入部分异质结电池产线上，产品多方面性能均能与进口产品达到同一水平，部分性能甚至超过进口浆料，但产品稳定性需要进一步改善。

目前业内积极扩产的 TOPCon 和异质结这两种 n 型电池相比于过去的 p 型电池，其一大特点就是（目前）银浆用量显著上升。2021 年，一片双面 PERC 电池的银浆消耗量约为 96.4 毫克，而在 n 型电池中，一片双面 TOPCon 电池的银浆消耗量达到 145.1 毫克[①]，一片双面异质结电池的银浆消耗量约为 190 毫克。在从 PERC 电池升级到 TOPCon 和异质结电池的过程中，银浆占电池片成本的比重从 10%~11% 显著提升到 16%~24%，所以在 n 型电池时代，如何大幅减少银浆的消耗量是降低成本的关键，探索贱金属化、去金属化的升级优化意义重大。一些企业经过验证测试发现，

---

① 其中正面主栅使用银浆，细栅使用含银 95% 的银铝浆。

TOPCon电池浆料中银的掺杂比例可以降低到45%左右，每片TOPCon电池的银浆消耗量可以低至65毫克，甚至低于PERC电池的银浆消耗量。另据中国光伏行业协会预测，到2030年，一片双面异质结电池的银浆消耗量有望降至100毫克，降幅接近50%。

如果中国企业能更进一步在高效电池片上"干掉"银这种贵金属，那么低温银浆被"卡脖子"的问题同样将不复存在，但这个过程是十分艰难的。2009—2018年，每一片太阳能电池片的用银量下降了三分之一，但即便如此，2021年光伏行业依然消耗了全球11%的银，国际能源署预测到2030年，光伏用银强度能再下降四分之一，但届时光伏用银将占到全球银产量的36%左右。2016—2021年，中国光伏银浆需求翻了一番，从1585吨增长到3074吨。中国还是全球最大的银粉进口国，2021年进口银粉3240.61吨，其中从日本进口占比高达91.48%，进口银粉中超过一半用于生产光伏银浆。一道新能的宋登元博士估计，如果全球光伏组件装机量达到5～10太瓦，那么全世界的银几乎会被用光，所以光伏产业有义务为全社会减少稀缺贵金属的消耗，中国光伏用银也需要逐渐摆脱从单一国家进口的局面。

铜作为一种导电性良好的贱金属，未来有可能被大规模用作光伏浆料的主要成分。国内企业正在加紧测试验证银包铜、铜电镀等技术的量产效果。根据迈为提供的数据，银包铜配合钢网和无主栅（NBB）技术的浆料成本为3分/瓦，而铜电镀技术的成本为6～8分/瓦，同时能带来0.4%的效率增益。电镀铜的缺点是工艺难、设备贵、良率低，而银包铜的缺点是还需要用到银，未来可能在一段时期内出现两种路线并存的情况。设备企业同样在发力，帝尔激光、迈为股份、中电科风华信息装备等企业都在布局激光转印技术，有可能替代丝网印刷技术，相关设备有望节省30%～50%的银浆耗量。未来随着银包铜（或电镀铜）技术的成熟，与银浆国产化进程的持续推进，有可能大幅降低n型电池成本。但业内设备专家也提醒，人们不能把未来可能实现产业化的技术都当成必然会发展成熟的技术，否则就是对地方政府、企业和投资者的误导。

与电池片环节被"卡脖子"的异质结低温银浆类似,在组件环节,中国同样有一种基础材料的国产化进程滞后,那就是制作光伏胶膜所用的粒子,具体分为 EVA 粒子和 POE 粒子两种。

我们知道,在使用 POE 胶膜之前,传统的光伏组件使用 EVA(乙烯-醋酸乙烯酯树脂)胶膜,这是一种由 EVA 材料通过挤出流延、压延等熔融加工方法获得的胶膜。EVA 是一种应用广泛的材料,根据其中 VAC 乙酸乙烯酯含量的不同可应用于不同场景。2020 年,中国光伏材料消费量占总 EVA 材料消费量的三分之一,超过发泡料成为 EVA 材料第一大消费需求。EVA 胶膜价格便宜,能满足一般光伏组件的需要,但由于光伏组件直接暴露在室外,EVA 材料不可能做到 100% 的绝缘,经过较长时间后,难免有水气渗入组件内部。EVA 材料遇水后会水解产生醋酸,醋酸与光伏玻璃中的钠发生反应,钠离子在外加电场的作用下向电池片表面移动,富集到减反射层,会产生一种叫作"电势诱导衰减"的现象,简称 PID(Potential-Induced Degradation)现象,会使电池表面钝化效果恶化,使组件发电效率大幅衰减。

为了解决 PID 现象,一些厂商开始改用 POE(聚烯烃弹性体)胶膜。与 EVA 胶膜相比,POE 胶膜具有更高的水汽阻隔率、更强的抗 PID 性能,能提升组件的使用时长。为了"一举两得",业界还会使用一种"多层共挤 POE 胶膜",这种多层共挤 POE 胶膜是通过共挤工艺将 POE 树脂与 EVA 树脂挤出制造,既保留 POE 材料的抗 PID 性和阻水性,也具备 EVA 材料适配层压工艺的特性。

德邦证券 2021 年研究显示,国产 EVA 胶膜主要以中低端为主,高端 EVA 胶膜紧缺且依赖进口,光伏级 EVA 胶膜就是其中一种高端产品,2020 年中国光伏级 EVA 胶膜需求占其总需求比重的 27%,是重要的应用领域。

虽然国内有东方盛虹这样的胶膜粒子全球龙头企业,其光伏级 EVA 胶膜产能超过 20 万吨,占全球光伏级 EVA 胶膜产能的 28%,但国内 EVA 胶膜的进口依存度仍然高达 61.37%,国产替代空间较大。2022 年,东方盛虹全球最大光伏级 EVA 胶膜基地开工，预计年产能将达到 100 万吨。但目前国内相关产线的工艺、设备仍掌握在埃克森美孚、巴塞尔等海外企业手中。EVA 胶膜生产属于高压生产，需要使用高压管部件，这种部件要排队一到两年才能买到。之前这些设备需求量并不大，随着如今光伏市场爆发，排产紧张造成了产能投放较慢。

比 EVA 材料进口依赖情况更为严重的是，POE 胶膜所要用到的 POE 粒子原料 100% 依赖进口，2021 年中国进口 64 万吨 POE 粒子。陶氏化学、埃克森美孚、三井化学、韩国 SK、韩国 LG 等海外公司占了全球 POE 粒子超过 95% 的市场份额，并且这些企业对生产 POE 粒子所需要用到的催化剂实施专利保护，封锁了其原料高碳烯烃的生产工艺技术，限制其转让。与太阳能电池技术专利过期以后国内可以在当下大规模量产并持续提升效率不同的是，埃克森美孚、陶氏的一些催化剂专利经过 30 年保护期已经陆续到期，但这些技术很多都是落后技术，而当下具有竞争力的海外专利还没有过期。

中国的万华化学于 2021 年 9 月宣布，公司具有自主知识产权的 POE 产品已经完成中试，在国内少数技术攻关企业中走在最前列，目前正在持续优化。按照规划，万华将在 2025 年之前合计投产 20 万吨。2022 年 9 月，盛虹集团的控股子公司斯尔邦石化的 800 吨 / 年 POE 粒子中试装置项目一次性产出合格产品。该公司总经理白玮表示，这次中试装置建成投产实现了 POE 催化剂及全套生产技术完全自主化，这是中国 POE 粒子国产化进程中的重要里程碑，斯尔邦石化正在规划建设 50 万吨 / 年的 POE 光伏胶膜材料项目。目前多家中国企业正在这一赛道持续发力，浙江大学在衢州的研究院开发了工艺包，很多企业依托浙江大学开展 POE 工作，同时各企业自行研发 POE 催化剂，但国内 POE 粒子可能要到 2024 年以后才能实现量产。光伏胶膜龙头企业福斯特方面认为，异质结和 TOPCon 电池组件会更倾向于选用 POE 材料，随着 n 型电池产能逐渐扩大，可能加剧 POE 材料供需的不平衡状态。

我们应该警惕光伏 EVA 粒子和 POE 粒子进口依赖和国产化不足可能

对光伏行业近几年的跨越式发展产生明显的掣肘影响，因为这两种粒子的生产壁垒高、扩产周期长。比如光伏 EVA 粒子的扩产周期长达 4～5 年，其中从开工到投产约 2.5～3 年，从低 EVA 含量产品逐步爬坡还需要 1.5～2 年，而 POE 粒子的扩产情况类似。所以就像光伏多晶硅料环节的长扩产周期对下游的波动性影响，粒子原料紧缺或过度依赖进口的情况也可能导致其价格短期内暴涨，对国内光伏产业影响会十分不利。但另外，我们也期待着中国在 EVA 粒子和 POE 粒子国产化大规模量产方面能够取得实质性突破，对光伏产业向 n 型电池组件的转型提供强有力的供应保障。

说完组件环节，中国光伏产业链上最后一块缺失的拼图出现在逆变器环节。逆变器当中要用到一种叫作 IGBT 的器件，中文名为"绝缘栅双极晶体管"。截至 2020 年，中国光伏 IGBT 国产化率几乎为零，包括华为、阳光电源这样的逆变器龙头尚且不能自研自产 IGBT 芯片。德国英飞凌是这一领域的绝对龙头企业，其 IGBT 市场占有率为 29.3%，IGBT 模块市场占有率为 36.5%，排在其后的是日本的富士电机和三菱，这些外国企业主导中国逆变器所需的大功率半导体市场已经长达十几年时间。

而在 2021 年，随着芯片、IGBT 供应持续紧张，IGBT 主要供应商的供货周期严重拉长，甚至有传言说一度超过了 50 周，下游逆变器企业开始愈发关注供应链安全，寻求国产替代也成为国内 IGBT 厂商打开市场的突破口。目前国内嘉兴斯达、江苏宏微、威海新佳等企业正在加快国产技术研发和产业布局，争取早日实现完全国产替代，部分企业正加快对国产 IGBT 器件的验证和导入工作。2021 年，全球前十的 IGBT 供应商中出现了一家中国企业士兰微（市场占有率为 2.6%），而在 IGBT 模块市场的全球前十供应商中也出现了国内企业斯达半导体（市场占有率为 2.8%）。

因为还有不同规格的 IGBT 要用在新能源汽车的电机驱动控制系统、充电逆变系统、整车热管理系统等其他领域，所以中国企业有着充足的动力抢占各个领域的 IGBT 市场。

2004 年，比亚迪就已经自建工厂，为电动汽车研发配套的 IGBT 芯片，涉及材料、单晶、外延、芯片、封装、测试等全产业链。如今比亚迪作为国内唯一一家拥有 IGBT 完整产业链的企业，凭借其在车规级 IGBT 领域近二十年沉淀的技术实力，开始大力开发光伏级 IGBT，并已经开始批量出货。IGBT 的国产化进程，将为国产光伏逆变器带来进一步的降本空间。中金公司预测，未来几年，光伏 IGBT 市场会是 IGBT 各主要细分市场中增长速度最快的，2021—2025 年的复合增速可能达到 35%~40%，市场总量从 10 亿~20 亿元增长到 40 亿~50 亿元。

目前国产 IGBT 比进口 IGBT 在故障率方面要高出 0.5%~1%，主要是因为电压余量造成的，也就是最高支持的电压和运行定值之间存在差异，这种差异来自物料和工艺，比如引线的长短角度、晶圆布局等。国内厂商正在不断地努力追赶，只要故障率方面的差异水平不影响逆变器厂商使用，能够通过验证就可以实现国产替代。比如固德威在 2022 年 9 月表示，其使用的 IGBT 国产化率已经达到约 30%。

通过对各类"卡脖子"问题的简要分析，我们可以看出，制约中国光伏产业的个别环节要素主要集中在辅料、辅材的技术突破方面，而在各类主要矿产资源方面我们不必过于担心。

对于想要发展新能源产业的各个国家，矿产资源都是兵家必争之地。如埃隆·马斯克所言："锂电池就是新的石油。"实际上在清洁能源制造业转型中，供应紧张的各类矿物都在成为"新的石油"。比如每兆瓦光伏组件和风机对铜的用量是每兆瓦煤电装机容量的两倍以上，光伏对硅的需求量、风机对锌的需求量远超其他所有能源种类。另外晶硅电池片用的银、薄膜电池用的碲、光伏玻璃用的锑，这些金属矿产都集中在少数国家，其全球前三大生产国的供给均超过全球供应量 50% 以上。同时我们也要看到，光伏制造业需要用到的冶炼铝、锑、铜、精炼铜、精炼镉、铬、钢、铅、钼、镍、磷酸盐、银、粗钢、碲、精炼碲、锡、锌 17 种矿物和加工品，中国有 12 种全球产量排名第一，1 种排名第二、1 种排名第三，只有精炼碲、铬、镍这三种矿物的产量没有进入世界前三。在利用好本土矿产资源发展光伏产业这件事上，我们是具有一定资源优势的。

钟宝申和隆基团队有一句名言："凡是人能造出来的东西，最终都会是过剩的。"换句话说，以上我们提到的所有被"卡脖子"的东西，未来若干年后可能都不再成为真正的问题。那么放眼未来，中国光伏真正容易被"卡脖子"的瓶颈是什么呢？是人，准确地说，是中高层次的光伏人才。如果产业各环节领域的人才供给持续出现严重缺口，那才是对中国光伏产业进一步扩大产能、提质增效、引领全球的真正限制。正如科技史作家布莱恩·卡斯卡特（Brian Cathcart）所言："无论在一个领域知道些什么，无论是技术、设备、数学工具还是理论，它都是被某处的某个人知道的。"人才储备是决定中国光伏在21世纪能走多远的最关键资源。但是目前国内的光伏人才培养形势不容乐观。根据中国光伏行业协会的统计，2021年，中国光伏从业人员有78.8%的学历在大专及以下，本科占比18.6%，硕博占比只有2.6%。按宽口径统计，2021年全国普通本科光伏相关专业毕业生规模24万人左右，但其中进入光伏行业的仅为1.5万人左右，职业院校年新增供给人才约0.8万人，总计约2.3万人，预计2025年能达到3.4万人，这一数量远远不能满足未来国内光伏产业对人才的需求。西安交通大学管理学院副院长田高良认为，这是高校的人才培养体系和培养理念与社会经济发展脱节的体现。

中国光伏行业协会预计2022—2025年，中国光伏从业人员需求将达到334.2万~400.8万人，累计新增需求会达到88.2万~154.8万人，仅2022年一年新增从业人员需求就超过26.4万人。一家企业的人力资源副总经理马福海说："近三年，企业每年都以60%的复合增长率从各大院校引进人才。但上千所高校中只有90余所能够提供对口专业人才，远远无法满足光伏行业的人才需求。"

中国光伏人才除了总量缺口大，高端技术型人才缺口比例同样大，而且人才地域分布也不均衡，大多集聚在长三角地区。2021年，江苏、浙江、安徽三省的光伏制造从业人员占到全国的49.4%。

随着光伏产业链多个环节向云南、四川、新疆、内蒙古等西部地区转移，当地光伏人才需求正在扩大。2021年新疆的光伏多晶硅制造从业人数占到全国该环节从业人数的55.8%，云南、内蒙古、宁夏等地区的硅片制造从业人数占到全国该环节从业人数的41.9%,但总体而言,西部地区不仅对人才吸引力较弱,其本地化光伏人才培养能力也十分缺乏。一家光伏设备企业的负责人说:"土地和厂房的问题是相对容易解决的,人员才是真正令人头疼的问题。熟练的调试工程师和装配工程师,这种人才即便是在无锡这种地方都很难招到。我们会到职业学校里去做宣讲,招一些技术工人回来从头培养,当然培养就需要时间。公司最大的瓶颈在于能不能把产品按照尽可能贴合客户需求的方式设计出来,同时在量产过程中实现设计效果,这就要求研发人员既要懂技术,又要懂产品,因此研发人员是最重要的,其重要性甚至有可能超过高管。"

放眼未来,光伏行业对高级管理人才、研发人才、工程技术人才和懂得"光伏+"应用方面的复合型人才需求旺盛。最为紧缺的岗位中,50%为专业技术类岗位。而国内没有直接面向光伏行业的本科专业,很多人员都来自电子、电气、材料等相关工程学科。据不完全统计,全国开设新能源材料与器件专业的院校只有91所,当中开设的相关硕博专业学科就更少了。在职业院校方面,开设光伏相关专业(硅材料、光伏材料、光伏工程、储能材料、新能源材料)的院校在百所上下。这些职业院校为国内光伏产业提供了大量的实用人才。

受制于人员总体学历水平,在各个制造环节,中国光伏产业2021年人均起始税前年薪在11万~15万元。如果分学历看,超过70%大专及以下学历人才的月薪在3000~8000元,硕士和博士均有超过一半的人月薪在8000~25000元,有10%的博士月薪在40000元以上,低、中、高端人才待遇分化明显。

缺人问题也并不是中国独有的,美国92%的光伏电站开发商表示难以找到合适的施工工人,印度因劳动力短缺影响了2020年的光伏装机部署,澳大利亚预计2023年无法填补三分之一的电站施工岗位缺口。

中国在光伏人才匮乏问题上还存在着一些结构性的深层次问题。比如人才培养体系不健全、学科设置混乱、专业教材拼凑堆砌且内容过时、"产教研"脱节、学生实训不足、人才招聘市场混乱、企业为补充高端人力互相挖墙脚现象严重等。此外，半导体集成电路和显示面板等产业通过更高薪酬、在大城市就业等方式对光伏行业人才产生"虹吸效应"。未来中国光伏"产学研"体系需要下大力气强化高端人才和高技能蓝领人才的供给，完善相关学科的建设，加强产教融合，保障人才良性竞争环境，不能让人才问题成为限制中国光伏行业跨越式发展的一块短板。

在制造业生产过程中，原料和设备的国产化进程解决的是"用什么"和"怎么用"的问题，而人才的"国产化"进程解决的是"谁会用"的问题。行业上游人才智力资源水平的高低，决定着光伏原料和设备国产化水平的高低，所以人才问题才是一切制造业环节做大做强、推动国产化进程需要解决的本源性问题。在碳中和与能源转型过程中，哪个国家能尽快完善可再生能源人才培养体系，哪个国家就更有可能在相关行业取得优势发展地位，否则就必将经历转型的阵痛。

先手为什么会输棋？

行文至此，我们终于可以来谈一谈，为什么德、美、日等发达国家在先后取得光伏产业发展优势（包括但不限于设备优势、原料优势、人才优势）的情况下，又先后失去了国际领先地位？笔者的观点是，光伏制造业的特点与西方式自由市场经济体制中的资本运作特征相悖离，是形成这一局面的根本内在原因，而不是由"中国制造业成本优势"等外在因素决定的。

为了讲清楚这一问题，我们需要从 30 年前的一份"共识"性文件说起。1989 年，陷于债务危机的拉美国家急需推动国内经济改革。美国国际经济研究所邀请国际货币基金组织、世界银行、美洲开发银行、美国财政部的研究人员和拉美国家代表，在华盛顿召开研讨会，为拉美国家经济改革建言献策。彼得森国际经济研究所经济学家约翰·威廉森（John Williamson）执笔写下了《华盛顿共识》（*Washington Consensus*），提出一揽子指导拉美经济改革的主张，比如在贸易和资金政策方面，推动贸易自由化，外资准入自由化；在宏观产业政策方面，推行私有化；放松政府管制，消除市场准入和退出的障碍，保护产权；将公共支出从补贴转向基础服务，如教育、保健和基础设施投资。其可以看作西方向世界推广其政治经济理念的代表性作品。他们将符合《华盛顿共识》的政策称为"好政策"，后人将其中的观点称为"新自由主义的政策宣言"。《华盛顿共识》指出，自由流动的资本会自动找到刺激经济进步的正确投资。

但很显然，西方所谓的"新自由主义＋市场经济＋全球化"经济模式并不完全适合用来解释中国光伏的发展过程，尽管我们充分利用了全球化背景下的光伏市场环境。事实上，历史上没有任何一个在光伏产业取得过领先地位的国家，包括美国、德国、日本等发达国家，是按照一套西方鼓吹的"典型"模式将光伏产业发展起来的。

综观各个大国的光伏产业发展过程，普遍呈现两个基本特点：一是各国在取得制造业突出成就之时，光伏发电的度电成本仍显著高于火电成本；二是（无论集中式还是分布式）光伏电站的建设，只要涉及并网发电，绝大部分都需要政府部门的规划、备案或审批，如住房和城乡建设部原副部长所说："所有国家，在建筑、交通和市政方面的减排都是政府主导的。打个比方，如果政府不让在屋顶上装太阳能，你能装吗？"任何人都不能"占山为王"，私自圈占土地建设光伏电站并网发电项目。

这两大特点导致光伏行业很难成为一个如野草般自由生长的行业，其制造端往往需要一定程度的政府扶持，而发电端也需要政府方面合理的规划、验收和监管等措施。国际资本之所以在 21 世纪初涌入在海外上市的中国光伏企业，就是因为看到了以德国为代表的整个欧洲光伏政策性市场的巨大机会，一如近年来国内的股民、券商对新能源股票和基金的热捧，正是因为看好包括中国在内的 100 多个国家和地区政府机构提出"碳中和"目标给光伏行业带来的巨大成长机会。积极的可再生能源政策始终是引领行业进步、吸引资本流入的"执牛耳者"。

历史上，无论是美国、德国、日本，还是中国，没有哪个国家的可再生能源行业发展背后能脱离政府的支持，所有主要国家都会在研发、投资、生产、消费中的若干环节给予政策支持。回顾德国自 2000 年起和日本自 2012 年起分别提出的光伏度电补贴政策，以及中国自 2013 年起的度电补贴政策，各国普遍在光伏发电成本溢价接近 200%，也就是相当于本国常规发电成本的 2 倍左右，通过有效的补贴政策刺激市场，促进后续光伏发电成本不断降低，最终实现光伏平价甚至低价上网。政策支持不仅对各国的光伏发展起到了实质性的推动作用，其动作本身也无可厚非，没有"谁的支持更正义"一说。中国可再生能源政策的发展、进步也在一定程度上借鉴了先发国家的相关政策。相比于美国于 2022 年在相关法案当中对美国光伏制造业"补贴到每一瓦"的政策，中国从来没有过对光伏制造企业的全国性补贴支持。美国选择对中国光伏产品制定高额的"双反"税率和其他各种名目的税率，试图保护其本国光伏制造企业，事实证明这一企图是失败的，他们依然要依靠（依赖中国的供应链）东南亚光伏下游产能来满足其国内需求，中国采取部分末端制造环节的转移措施来规避高额关税也合情、合理、合法。就像 19 世纪末，英国为了限制国外商品进口，推出所谓的《商标法案》（The Merchandise Mark ACT），要求进口产品必须标注生产国，否则就是犯罪行为。结果德国公司想了很多应对的招数，比如把原产地印在外包装纸箱上，但不印在产品上，一旦撕掉包装，消费者无从知晓原产地。还有一家向英国出口大量缝纫机的德国公司把"北不列颠缝纫机公司"的商标印在产品显眼位置，而把"德国制造"的小字标记在缝纫机踏板下面，6 个纺织女工需要合力把缝纫机放倒，才可能看到机器底部的这一行小字。在这个过程中没有所谓的"正义"与"非正义"，也没有谁有资格站在道德的制高点上审判别人，有的只是"道高一尺，魔高一丈"，只是处在不同发展阶段的国家在同一产业（环节）当中展开的角力与竞争——因为"生命总要寻找出路"。

在德国经济学家弗里德里希·李斯特（Friedrich List）看来，西方现代化所倡导的以"自由贸易"为重要标志的现代化进程，对于工业发展水平相近的国家是有利的，但对于不同发展水平的国家就并非如此。他的一句名言是:"一个人在到达伟大的顶峰之后,会采取一种常见的聪明手段,把自己爬上去用的梯子一脚踢开,免得别人跟着他上来。"一些发达国家最聪明的手段就是扔掉其发展过程中用到的"梯子",向其他国家大肆鼓吹自由贸易的优越性,用过来人的语气讲述自己过去如何在错误的方向上摸索,直到现在第一次成功发现了"自由贸易"这个无上的真理。

相比于20世纪下半叶中国光伏行业在产业化水平上"积贫积弱"的鲜明特征,在21世纪的20多年当中,中国光伏行业的"现代化"发展历程"博采众长又独具特色",其中最具有代表性的,就是对光伏制造业和发电行业的政策性引导。复盘我国对光伏行业的鼓励和扶持政策发展过程,我们可以看出一条非常清晰的主线:20世纪末由中央政府主导,鼓励用光伏产品解决边远地区的用电问题,这其中离网的光伏产品占据重要的位置;21世纪初由地方政府主导,鼓励光伏发电装备的生产制造;2008年国际金融危机之后由中央政府主导的"金太阳"工程,希望通过政策刺激拉动国内的光伏电站建设;"双反"之后由中央政府主导的"标杆上网电价"政策,鼓励国内的光伏电站实现并网发电;平价上网时代,在"配额制"政策出台之后,中央对地方提出明确要求,要保障并鼓励光伏等(非水电)可再生能源发电的消纳比例稳步提高。从离网发电到并网发电,从进口为主到国产制造,从出口导向到发展国内市场,从扩大制造到刺激建设,从刺激建设到鼓励发电,从鼓励发电到要求消纳(用电),虽然整个过程并不是一帆风顺的,我们在具体的政策实践当中也走过不少弯路,但总体来说,中国通过借鉴国际经验,并结合中国实际,摸索出了一套完整的发展光伏制造业和发电行业的打法和路径。我们在各个历史阶段,抓住了中国加入世贸组织并融入全球贸易体系、金融危机的海外市场萎缩、欧美"双反"的无理制裁、"双碳"目标的适时提出等关键性的时间窗口,一步步解决了中国光伏国产替代、产能过剩、多建少发(金太阳)、弃光、集中式和分布式发展不均衡、后补贴时代谁来确定市场规模等问题,并朝着大规模并网和高比例消纳等目标持续迈进。我们不仅实现了中国光伏制造业全产业链自主可控、各环节制造规模世界第一,在科技攻关和技术产业化方面领跑全球，还带动了中国和全球光伏发电成本的快速下降，实现了中国光伏发电行业的快速大规模发展，为中国完成"双碳"目标提供了经济、自主、可靠、可持续进化的重要引擎。

综观世界工业强国的发展史，无论是先发国家还是后发国家，一个显而易见的事实就是：发展型国家的经济利益明显要服从政治目标。韩国经济学家张夏准指出，所有发达国家在经济发展的赶超阶段都曾经积极采取干预主义的产业、贸易和技术政策来促进新兴产业（幼稚产业）发展，除关税壁垒这种常规手段外，有时甚至通过非法途径，比如支持工业间谍活动、走私违禁设备、拒绝承认外国专利权的方式来发展本国工业。

对于后发工业国而言，它们对经济增长的需求也远远不止于经济考量，而是源于一种通过融入工业文明来取得完整身份资格的愿望。它们强烈地意识到，只有这种融入才能让其他国家平等地对待自己，如果始终处于全球产业分工中地位较低、回报较差的产业环节当中，就意味着自己无法与其他现代国家展开真正平等的对话。舒印彪等人在日本考察特高压变压器时，日本人神采飞扬地对他们说："这三台特高压变压器是我们专门为贵国电网设计的。"这种充满优越感的自信让舒印彪等人大受刺激。就是这样一种在全球化背景下时时刻刻都要与外部经济体对标、比较的现实处境（或者说困境）不断激发着后发工业国的民族情怀，其政治精英和工商业精英从政策角度推动产业转型升级，不断朝着争取"产业国际话语权"地位的目标砥砺奋进。正如德国汉学家余凯思（Klaus Mühlhahn）所言："促成现代中国形成的最大动力，是中国人频繁清楚表露的那种欲使国家重臻富强进步之境的念头。"

这种"产业民族精神"的驱动力落实在某些企业身上，在某些时期来看甚至是"不经济的"想法，并且要承受"国产化"失败带来的巨大风险。但如果在后发工业国内在驱动力很强的同一历史时期，先发工业国的大型集团化企业或资本主义国家的大型上市企业对"高投资回报率"有着单一化追求，对回报率较低的产业环节有着强烈的"剥离"诉求，而这些环节又对形成"产业公地"发挥着关键的基础设施作用，那么这样的时刻就是后发工业国在某些关键产业环节实现"弯道超车"的绝佳时机。

为什么欧美老牌工业国家会在亚洲新型工业国家崛起后,在某些关键的制造门类或环节上进行主动剥离,或者被动掉队?这当中存在着一种资本主义的制度性原因,即"上市公司+集团化"。

从20世纪80年代开始,美国金融市场对大型公司产生了"最大化短期回报"的压力,很多公司剥离盈利能力较差的业务,关注所谓的"核心能力",因为轻资产公司能够获得更高的股票市值。美国制造业空心化和制造业向亚洲迁移的大幕由此拉开。

美国至今保有优势的半导体集成电路产业也经历了这样一个长期的过程。很多半导体公司为了降低成本,提高利润,让公司变得"更赚钱",选择剥离半导体制造业务,成为无晶圆厂半导体公司(Fabless Semiconductor Company)。2002—2003年,130纳米制程技术主导时期,市场上有26家企业涉足其中,当中有9家美国企业;2010—2012年,28~32纳米制程技术盛行时,只有10家企业掌握这一技术,其中多数都是亚洲企业;到2022年,能在先进制程领域进行晶圆制造的企业只剩下3家,来自美国的只有英特尔1家。

美国半导体制造业的不断退出,对"产业公地"的衰落产生了直接影响,比如半导体设备制造向亚洲迁移,使得旧金山湾区对精密制造的需求下降,从事这类业务的企业数量大幅减少。而精密制造能力的衰退还造成了航空航天、精密仪表等下游产业发展出现问题。

按照现如今美国资本市场制度性偏好来看,美国投资机构最喜欢的是苹果公司这样的企业。苹果公司并不掌握利润率水平较低的制造环节,而是掌握着利润率较高的产品设计研发、资源整合、全球销售网络等非制造环节,使得苹果公司虽然只销售了全球手机销售总量的12%,却占据了同行业90%的利润,拥有人人羡慕的高利润率,值得资本市场给予其更高的市值,在美国资本市场上这样的公司会成为投资者心中最想拥有的股票。索尼公司创始人盛田昭夫指出,过分强调收益率是美国工业衰退的主要原因。

这也就是在"双反"之后的数年，以天合、晶澳为代表的中国光伏企业会耗资数十亿元人民币坚定地选择在美股退市并完成私有化，随后回到国内上市的原因。美国资本市场不再青睐制造环节盈利水平较低的光伏企业，中国光伏龙头制造企业在美股的市盈率水平远低于同行在 A 股的市盈率，美股对光伏股票的低估值使得一些公司已经丧失了在海外资本市场融资的功能，无论是定向增发还是做股权质押贷款，都筹集不到资金，而光伏行业又时常需要大量的流动性资金。所以 2015 年年底，天合最早提出私有化邀约。2017 年 3 月，天合宣布已向纽交所提出终止交易和退市的请求，随后成为第一个完成私有化退市的光伏中概股。2020 年 6 月，天合光能正式登陆上海证券交易所科创板，成为第一家在科创板上市的涵盖光伏产品、光伏系统以及智慧能源的光伏企业。

与美国类似，欧洲开展多元化业务的巨头也会出现类似的情况。中山大学沈辉教授曾经去德国西门子公司参观，问那里的员工为什么要卖掉太阳能电池部门。有位员工说："作为技术人员，我们也不乐意，但公司的股东不以为然，不赚钱的业务就要处理掉。"沈辉教授把这件事同德国弗劳恩霍夫太阳能系统研究所的所长讲了，所长听完笑着说："公司大到一定程度就是银行，不赚钱是不行的。"

彭博新能源财经的负责人珍妮·蔡斯（Jenny Chase）在团队初创时期甚至查不到德国巨头瓦克公司的多晶硅销售数据。瓦克公司的新闻发言人看他们作为第三方调研机构找企业数据实在是不容易，于是告诉蔡斯，瓦克公司的多晶硅收入是计入一个化学品部门旗下的，这个部门还负责生产融雪盐，刚好那一年欧洲的冬天非常暖和，几乎没用到融雪盐，所以该部门当年全部收入几乎来自多晶硅。蔡斯这才估计出当年瓦克公司的多晶硅销售价格在 80 美元 / 千克左右。这足以说明西方集团化的大型企业是如何"对待"多晶硅这样的细分领域产品的。

如果美国乃至西方发达国家真的想要扎扎实实地完成"再工业化"和制造业回流，就要把资本市场对企业高市盈率的偏好，转变为对制造业企业的青睐，这显然是非常困难的。

在 21 世纪过去的 20 多年里，我们看到的是涉足光伏制造某些环节的发达国家的大型企业不断退出光伏制造领域，而中国光伏企业却不断在光伏产业链上下游进行拓展布局。这其中有个比较宏大的历史背景，就是西方发达国家的很多企业形成自身的产业集群（或者说多元化发展）远在全球光伏产业爆发（2004 年）之前就已经完成了。对于这些多元化大型企业来说，能够在光伏产业某些环节（比如多晶硅料）分一杯羹自然很好，但如果不能，或者所涉足的环节在光伏下行周期中节节败退、无法实现可观的利润回报，那么将这一环节剔除出多元化布局是非常自然的集团战略选择。

比如挪威的 REC 在 2022 年宣布重启位于美国摩西湖的多晶硅工厂。此前数年，在中国多晶硅企业崛起并占据成本优势的时候，它们不仅关停了这一工厂，还把闲置地块卖给别人种地。

在光伏背板领域也是如此，中国光伏组件背板的国产化率超过 90%。由于国外传统背板企业不适应快速降本的产业环境，利润率变低，头部背板企业的毛利率从 2016 年的 25% 左右，下降到 2021 年的 15% 左右。德国和日本的 3M、凸版、台虹、伊索、肯博等企业纷纷在 2016—2019 年退出市场，或市场占有率逐年降低。2021 年，全球前五大复合型背板生产企业均为中国企业，约占全球市场份额的 64.7%。

王俊朝认为，中国人最擅长的就是降低成本，光伏行业归根结底是能源行业，最重要的目的之一就是要把成本降下来，所以我们的"禀赋"和行业的"需求"是高度一致的。欧美设备企业要在本国实现对员工的高福利待遇，还要实现产品的高附加值，但受限于本土原材料和零部件配套能力，所以很难把设备成本降到中国同行的水平。与此同时，中国光伏设备企业在不断降本的激烈竞争中，还提出了一种"另类"的利润计算方法。王俊朝说："我们不按单机来算，我们算整线。整线有两种算法：一种是毛利率，一种是毛利润。有的成套设备可能毛利率只有 15%，但是订单金额大，比如毛利额达到 3000 万元，除去'三费'（销售费用、管理费用、财务费用）和税金 1500 万元，还能有 1500 万元的净利润，那么这个订单就可以做。"这种利润计算方法是海外同行很少采用的。王俊朝指出："现在进入中国的海外设备厂商，它们认为自己迟早会被中国企业干掉，所以过了一段时间都在寻找退路。"沈浩平也说："我的理想是将中环做成像富士康、台积电那样的企业，守住自己 3% 的利润率。" 3% 是西方大型集团化企业在决定留下光伏业务板块时所不能接受的一个利润率水平，但中国光伏企业就可以接受，并能持续维持企业良性发展。

如我们之前谈到的，中国光伏企业残酷的厮杀、内卷虽然让国内企业过得"不太舒服"，但同时也产生了一种"负外部性"优势：（晶硅）光伏制造业的竞争态势无法满足海外光伏上市企业的股东对高利润率的追求。这是因为全世界光伏（乃至可再生能源）发电行业客观上必须为新型电力系统中紧随其后的储能、辅助服务市场留出足够的度电成本分摊空间以全面对抗火电（煤电、气电）成本的竞争。这意味着光伏制造业整体上不可能像苹果公司一样持续保持高利润率，自然也就无法支撑美国股市的高市值逻辑，这就会进一步限制美股光伏上市企业的长期融资能力和发展规模的潜力——这是中国光伏制造企业残酷内卷所带来的意外收获。而反观国内资本市场，我们的股市，其支撑逻辑不完全是高市盈率逻辑，还有一部分很重要的资本逻辑是紧跟国家发展战略布局。"碳中和""专精特新"等政策的持续发力，会强力支撑一批光伏上下游企业的市值。而经过大浪淘沙以后，资本市场最终会"奖励"那些新兴赛道上的佼佼者，那些真正为国家发展提供新动能支撑的头部企业。2022 年 11 月，中国证监会主席易会满在 2022 年金融街论坛年会上指出："我们要深刻认识我们的市场体制机制、行业产业结构、主体持续发展能力所体现的鲜明中国元素、发展阶段特征，深入研究成熟市场估值理论的适用场景，把握好不同类型上市公司的估值逻辑，探索建立具有中国特色的估值体系，促进市场资源配置功能更好发挥。"

所以在分析西方国家制造业本土化努力能否成功的过程中，我们必须引入一种关键视角：在某一种特定的经济社会体制之下，国家意志、资本倾向与企业决策，三者是否能够合而为一？西方政府依赖大型集团化企业推动战略性产业回流的宏观意愿，与集团化上市企业在决定新业务板块去留时过分看重回报率的微观考量是背离的。因为一旦一种制造业门类已经被亚洲国家企业取得成本和规模优势，将相关制造业务本土化的策略很难入得了西方集团化企业的"法眼"。这也就是为什么在2018—2019年美国对中国光伏实施关税制裁之后，美国迄今只有组件环节的产量出现了小幅的上升，而在多晶硅、硅片、电池片等其他环节没有得到任何改善的原因。

我们看到，无论是德国的瓦克，还是挪威的REC，其集团本身的"基因"都不依赖于光伏。而与之形成鲜明对比的是，中国几代民营光伏企业普遍以光伏制造业为立身之本（通威等少数企业除外），无论是尚德、赛维LDK，还是隆基、天合，光伏都是这些企业在从小变大的过程中最为倚重的营收和利润来源。这当中有两个原因：一是近二十年中国光伏产业的跨越式发展，与海外及国内光伏市场的爆发式增长在时间上是相伴相生的，市场容量之大足以容纳很多民营企业凭借光伏单一业务板块来生存、发展。二是光伏制造业下游各个环节与其他领域的"通配性"太差，不同于多晶硅料、光伏设备企业可以向泛半导体领域开展多元化业务，光伏电池片、组件生产企业几乎无法仅凭这些环节的制造能力进入其他任何行业、通过多元化来分散风险，所以一旦企业形成规模化生产以后遇到行业危机，就会背上巨大的包袱。在欧美"双反"威胁到企业生存的时候，有的国内头部组件企业的负责人甚至是流着眼泪向政府部门负责人做汇报的。这就是国内外光伏企业在"选择太多"和"别无选择"时做出抉择的区别所在。

2022年，面对能源危机，欧洲各个国家想尽办法保证自身能源供应，有的国家加大对天然气的采购，有的国家重启煤电、扩张核电，有的国家要"焚烧一切可以烧的东西来取暖和发电"，有的国家正在研究把铁当成燃料，还有一个趋势是非常明显的：以光伏为代表的可再生能源再次被放到舞台中央。国际能源署发布的《世界能源投资报告2022》估计，2022年全球2.4万亿美元的能源投资当中，清洁能源投资将超过1.4万亿美元。欧盟从中国进口光伏相关产品的金额在2019年为单月10亿~20亿美元，到2022年年初突破单月40亿美元。印度宣布自2022年4月起对进口组件征收40%的基本关税以后，印度各地光伏电站开发商疯狂囤货，2022年1—3月进口超过10吉瓦组件，相当于2021年一整年的装机容量，这也直接刺激了中国光伏出口的旺盛需求。

2021年，美国、欧洲和印度这三大国家和地区，光伏领域的贸易逆差超过200亿美元。2017—2021年，欧、美、印组件进口占比分别为84%、77%和75%，其本土生产的组件中也有60%~80%使用进口电池片。听起来这种进口依赖形势虽然"很不乐观"，但2017—2021年，光伏贸易逆差仅占美国贸易逆差的1%，占印度贸易逆差的4%。欧洲在2021年进口了26吉瓦组件，相比于2010年高峰时期的15吉瓦明显扩大，但其2021年的总支出只有2010年的三分之一，贸易逆差也只有2010年高峰时期的一半左右。即使在这样的情况下，它们依然对于依赖中国光伏产品的现状感到强烈不满，海外一些国家和地区对于光伏制造业本土化所展露出的"雄心"也是数年来所罕见的。

比如2022年7月，拜登政府签署《通货膨胀削减法案》（IRA），根据该法案，联邦政府将在气候和清洁能源领域投资约3700亿美元。为了加速美国光伏制造业回流，曾经指责中国给予光伏产业不合理补贴的美国，在法案中赤裸裸地给予美国本土光伏制造业各类产品"精确到瓦"的税收抵免优惠政策：比如组件0.07美元/瓦，电池片0.04美元/瓦，硅片12美元/平方米，硅料3美元/千克，背板0.4美元/平方米，等等。彭博新能源财经的北美太阳能首席分析师波尔·莱斯卡诺（Pol Lezcano）说，预计到2025年，美国组件的名义产能会增加6倍以上。

据美国太阳能协会（SEIA）表示，美国本土制造商将重点从下游开始建设、生产，同时恢复产业链上游生产。2022年，美国多家光伏电站开发商宣布组成联盟，承诺未来将花费超过60亿美元（约合400亿元人民币）采购美国本土生产的光伏组件。美国爱依斯电力（AES）发言人表示："我们的目标是让所有光伏部件都在美国制造。"

面对新法案提供的补贴，跃跃欲试的不只有美国人，还有身在美国的彭小峰。他的 SPI 能源公司接管了美国加州的一家组件制造厂，从 2022 年开始生产"太阳为美国"（Solar4America）品牌组件，并计划到 2024 年将公司在美国的硅片产能提升到 3 吉瓦，或将成为近十年来美国新建的第一家硅片厂。

但美国还有一些产业基础设施方面的问题没有得到解决，比如配套产业、技术人才、劳动力规模、电网消纳能力等。美国国家可再生能源实验室统计，截至 2021 年 4 月，美国光伏制造每个环节的成本都比中国高出 2~4 美分/瓦。隆基总裁李振国认为，在中国 1000 个工人能完成的产量，在美国需要约 1500 人。阿特斯总裁庄岩认为，在美国建立完整的光伏产业链需要 10 年以上的时间。伍德麦肯兹咨询公司表示即使考虑关税因素，部分东南亚光伏进口产品依然比美国本土产品便宜近 20%。

我们可以用其他制造业的案例作为参照。2017 年，富士康在美国的工厂破土动工，号称投资 100 亿美元，能创造 13000 个工作机会，特朗普盛赞这个工厂是"世界第八大奇迹"。原本这个工厂承诺将用于生产 40 英寸以上电视所用的 10.5 代大型 LCD 屏幕，然而富士康很快就发现美国生产成本高，项目进展十分缓慢。截至 2020 年年底，这家工厂只创造了 579 个就业岗位。富士康工厂所在的园区，占地近 1300 万平方米，被称为威斯康星山谷科技园区（Wisconsin Valley Science and Technology Park），然而令人尴尬的是，这里一直都招不到第二家公司入驻。《华尔街日报》认为富士康在威斯康星建设超级工厂的计划已经泡汤。

人才匮乏是困扰美国本土光伏制造的更大问题。根据美国劳工部统计局的数据，2019 年美国制造业就业人数约为 1280 万人，相比于 20 世纪下半叶的约 1700 万人减少了超过 400 万人。过去 40 年当中，制造业在美国 GDP 当中的比重从 27% 下降到 11%。

而在发电端，美国电网的设施陈旧和投资滞后对于可再生能源项目并网发电产生了极为不利的影响。2022 年美国劳伦斯伯克利国家实验室（LBNL）发现，从 2010 年到 2020 年，美国光伏发电项目从并网申请到商业运营的等待时长从 10 个月增长到近 60 个月，一些开发商表示并网需要等待 4～8 年的时间。

美国如此，那欧洲的情况如何呢？俄乌冲突发生前，整个欧洲超过七成的组件依赖进口。因为欧洲缺乏光伏下游产能，德国瓦克公司年产 6 万吨多晶硅基本出口到了中国，而欧洲下游的硅片、电池片、组件产能分别只有 1.7 吉瓦、0.8 吉瓦和 8.1 吉瓦。与之形成对比的数字是，2021 年欧洲新增光伏装机容量为 25.9 吉瓦。欧洲想要实现欧盟委员会发布的能源独立路线图设定的目标，就必须于 2025 年实现光伏装机容量超过 320 吉瓦（比 2020 年增加 1 倍以上），于 2030 年实现光伏装机容量达到近 600 吉瓦。有欧盟能源方面人员表示，欧盟委员会愿不惜一切代价来实现这一目标。如果通过建立本土的光伏供应链实现这一目标，那么他们需要将欧洲多晶硅、硅片、电池片、组件产能分别提升 3 倍、20 倍、42 倍和 6 倍，这还不算其他辅材辅料的用量提升。2022 年，国际能源署测算欧洲地面电站如果采用欧洲组件，其价格会比采用中国组件高出 36%，将电站投资成本整体抬高 12% 左右。2022 年 10 月，美国研究人员发表在《自然》杂志上的一项名为《量化全球太阳能光伏供应链的成本节约》（*Quantifying the cost savings of global solar photovoltaic supply chains*）的研究中指出，从 2008 年到 2020 年，与各国依靠本土化光伏供应链的情景相比，全球化供应链为美国、德国和中国这三个国家总计节省了 500 亿～850 亿美元的组件采购支出。如果这一时期各国均推行保护主义的光伏贸易政策，2020 年美国和德国的光伏组件成本会分别比实际成本高出 107% 和 83%。

2022 年，欧盟很多国家的光伏制造业本土化还遇到了一个现实而紧迫的障碍，就是高电价，因为电费也是光伏产品生产成本的一部分。能源研究机构 Rystad Energy 表示，如果不能尽快恢复正常电价，有 35 吉瓦的太阳能光伏产能计划可能会被搁置。当年 10 月，Maxeon Solar Technologies 公司就因为"颇具挑战的价格环境"关闭了法国的一家光伏组件制造厂。而且欧洲和美国本土的光伏工厂建设周期明显比其他国家要长，因为当地开发、许可、土地征用、建设时间都更长。欧盟在光伏各个环节的工厂建设周期基本是中国的 1.5～2 倍，比如多晶硅工厂建设在中国需要 12～24

个月，我们觉得已经很慢了，但在欧洲需要 20~40 个月。

国际能源署 2022 年统计发现，中国依然是全球制造光伏产品最具成本竞争力的地方，中国的成本比美国低 20%、比欧洲低 35%、比印度低 10%。中国在光伏产业各环节的每万吨/每吉瓦产线投资额不到美、欧、印的三分之二，比如硅片环节，中国每吉瓦产能投资不到 0.7 亿美元，而欧美接近 1.4 亿美元；电池片环节，中国每吉瓦产能投资不到 0.4 亿美元，印度超过 0.8 亿美元，欧美超过 1.1 亿美元。美、欧、印在投资强度上与中国、东南亚地区相比没有任何优势，其中一个重要原因就是欧洲光伏设备的制造成本是中国的 3~4 倍。所以印度很多的本土化光伏制造业项目，计划采购的还是中国的设备和原料，比如印度上市公司信实工业拟向迈为股份全资子公司新加坡迈为采购太阳能异质结电池生产设备整线 8 条，恩菲与印度能源巨头阿达尼集团下属蒙德拉太阳能有限公司签署 3 万吨多晶硅项目工程设计合同等。

王俊朝认为，海外国家基于能源转型的国家战略，强调光伏装备制造本土化无可厚非，但它们在这一过程的推进很难如其所愿，原因在于它们在光伏全产业链"降成本"的能力远远比不上中国，中国在这方面积累的经验已经独步全球。麦肯锡统计了 2018 年中国在光伏组件、电信网络设备、智能手机、平板显示、LED 这五大产业方面的全球制造市场占有率与全球需求市场占有率的比值，分别为 260%、340%、240%、200% 和 190%，这意味着中国在这些产品的产量规模上远大于中国本土的需求规模；与 21 世纪初期中国企业快速扩张之前的时期相比，五大领域的领先企业的营业利润率（Operating Margin）分别下降了 83%、91%、51%、76% 和 73%。

我们未来能够继续保持中国光伏产业国际竞争力，更主要的原因是中国企业已经高度意识到科技研发的重要性。最近 2~3 年以来，头部光伏企业在新设备、新技术、新工艺方面进行大规模研发投入，很多原创性的技术如雨后春笋般在国内生根发芽，光伏行业已经不是过去那种海外国家靠理论创新、掌握电池结构专利就能独占鳌头的竞争局面了。现在我们是领先者，海外国家是追赶者，中国光伏的命脉已经牢牢掌握在了中国人自己手上。王俊朝说："我接触过许许多多的行业，光伏行业是我接触过的所有行业里唯一做到独步全球的行业。"

在中美贸易战、全球新冠疫情和俄乌冲突的背景下，欧美商界近几年来热议所谓的"中国加一"（China Plus One）供应链重组策略，也就是在中国办厂的基础上，寻找另一个国家建立生产基地，形成对中国制造的"备份"。我们看到，美国苹果公司在印度生产 iPhone，以及"双反"背景下中国光伏企业在东南亚的制造业布局都是"中国加一"的具体体现。这样一来，企业既可以继续享受在中国市场规模庞大、基础设施完善和供应链生态健全等方面带来的益处，又能够实现分散风险、降低成本或减少对华依赖的目的，为可能的转移提前做出产业备份。

对更多中外企业来说，中短期内"中国加一"明显是比"全面转移"和产业切割更务实的选择，也似乎正在成为全球供应链重组的主流方案。我们也可以管中窥豹，预见美、欧、印等国家和地区光伏制造本土化的未来走向，即它们可能在政策刺激下实现部分环节的本土化制造，比如多晶硅、电池、组件、玻璃环节，但想要实现全产业链生态的完整本土化，并持续实现优于中国产业链的成本结构，希望是十分渺茫的。因为光伏产业不仅是一个比拼技术的产业，更是一个比拼成本的产业，各国下游光伏电站投资商用钱投票的结果终将说明一切。2021年，美国作为全球第二大光伏装机容量的国家，其安装的光伏组件除一部分来自美国第一太阳能等本土企业外，绝大部分组件供应来自东南亚地区，可谓是"中国加一"战略的具体体现。但实际上，各产业环节中的绝大部分工业增加值依然由中国本土企业或本土企业的海外分公司创造。根据 IEA 的统计，2021年全球有38个国家拥有组件制造能力，但其中只有19个国家的组件产能超过1吉瓦，其他环节产能超过1吉瓦的国家均不超过10个。

外交学院世界政治研究中心主任施展认为："海外没有哪个国家有条件承接中国如此大规模的供应链网络转移。在今天的全球经济背景之下，仅仅转移工厂而不转移供应链网络，是构不成实质意义上的转移的。"所谓转移出去的一些环节,依然会与中国的供应链网络保持深度的嵌合关系。施展向越南国家大学下属的越南经济和政策研究院院长阮德成请教了一个问题,询问越南吸引制造业企业落户时有没有什么产业政策,没想到阮德成的回答是:"我们不需要产业政策,因为我们有广州!我们生产时如果缺什么东西,到广州去买就好了。"他所说的"广州",泛指中国的整个东南沿海地区,因为我们的制造业体系能够满足越南企业对各种原材料和零部件的需求。

供应链网络的特点就是这样,其规模越大,网络中的中小企业就越多,分工就越细,效率就越高,网络中各个节点开展动态组合的可能性就会增多,应对外部环境变化的弹性空间也就越大。以"600W+联盟"为例,中国产业链上下游的伙伴可以实现高度协同发展:210mm硅片研发的时候,组件设计、包装运输、逆变器开发都已经同步开展,过去上下游间需要较长时间完成的贯通,现在短时间内就能打通。这种"生态壁垒"不是一朝一夕建立起来的,也不是一朝一夕就能被摧毁的。一旦大规模网络在成本控制能力上取得优势,就会进一步吸收全球对这一供应链体系有需求的企业加入其中或成为其客户。在这个意义上,东南亚国家的光伏制造环节是深度嵌入了中国光伏整体生产流程的一个组成部分,在国际贸易体系出现动荡局面的时期,它们通过当地的人力成本和关税成本优势成为中国光伏供应链体系进行闪转腾挪的战略缓冲空间,以完成产能在名义上的"国家变更",同时保有中国企业对供应链体系的绝对掌控能力,使中国与东南亚国家形成了相互补充的关系,构成了一个更庞大的供应链网络——一个"环中国供应链"网络体系。

欧美在单个环节具备一定的光伏制造能力,但中短期内,欧美制造业本土化政策难以对中国光伏行业构成实质性威胁。我们要看到欧美在前沿技术领域的研发优势,做好长远布局,避免被下一代颠覆性技术弯道超车。

而对于那些致力于发展本国光伏发电的国家来说,除了去充当"中国加一"的供应链备份,另一个比较务实的选择就是大力围绕光伏电站发展与之相配套的服务业。将"光伏就业机会"和"光伏行业增加值"局限在制造业领域是一种过于狭隘的视角。未来光伏行业的国际竞争一定是在"制造服务业"领域展开的复合式竞争。

首先我们以"就业杠杆"来说明海外国家光伏制造业回流的意义有多小。经过中国光伏行业协会的统计和测算，2021年，中国光伏从业人员总计约246万人（估算数），其中直接从业人员约41万人（精确数），多晶硅、硅片、电池片、组件、逆变器这五大制造业环节的直接从业人员约27.3万人，下游电站直接从业人员约13.6万人。但是我们不能将"1个制造业岗位撬动多少个服务业岗位"的杠杆比例局限在国内，因为中国有三分之二左右的光伏终端产品是要出口国外的，所以我们应该算好"全球这盘大棋"。

在全球领域，我们缺少精确的光伏制造业从业者数据，所以我们以中国光伏各制造环节直接从业人数除以中国各环节在全球的市场占有率，估算出以目前的全球各环节产量规模，全球所需的光伏制造环节从业总人数（假设国外企业员工能在各环节达到中国的人均产量水平）。比如中国多晶硅从业者1.7万人，产量占全球的78.8%，则估算全球从业者约为2.2万人。

据此测算，2021年全球光伏主要制造环节只需要30万~35万人即可满足当年全部产量所需，即便考虑海外国家制造业人均产出效率低于中国，岗位需求可能也不会超过40万人。根据IRENA的测算，2021年全球光伏从业总人数为429.1万人。也就是说，30多万人参与的光伏制造业撬动了全球近400万人从事的光伏其他相关职业，其中既包括设备、辅材、辅料等制造环节的从业者，也包括下游电站开发、建设、运维等环节的从业者，还包括各光伏企业内部的财务、行政、营销、研发等部门的从业者。这是一个1∶10左右的"杠杆"关系，全球每1个光伏制造业岗位撬动了约10个"广义"的光伏就业岗位，其中大部分为服务业岗位。

如何理解这样一个"就业杠杆"？如果美、欧、印等国家和地区对"光伏制造业促进就业"寄予厚望的话，可以说它们打错了算盘，因为作为中国和东南亚光伏产品的主要出口市场，这些国家已经充分培育出了光伏下游的服务业，本土制造环节能够带来的新增就业规模对其本土光伏就业规模的提升作用会很有限，比如美国 2020 年光伏行业 23.1 万从业者当中，除制造业外的其他岗位超过 20 万个。根据《欧盟光伏就业 2021 年报告》，2020 年欧盟光伏行业创造了约 35.7 万个直接和间接就业岗位，这其中装机和运维环节的就业人数是制造业环节就业人数的 10 倍左右。

从创造价值（行业增加值）的角度来说，光伏制造业与光伏相关行业的产值大约为 1∶2 的关系。根据 IEA 的统计，2021 年全球光伏领域创造的商业价值是 1900 亿美元，约合 1.2 万亿~1.3 万亿元人民币。根据中国光伏行业协会的数据，当年全球光伏组件产量 220.8 吉瓦，按照 2 元/瓦的价格估算，组件价值在 4400 亿~4500 亿元，也就是形成了 1 元组件带动 2 元相关行业增加值的效果。①

以光伏等分布式能源为主的新能源革命，天然具有"能源服务业"的特征。清华大学工业工程系李乐飞副教授举了这样一个例子，美国开利公司创始人威利斯·开利（Willis Carrier）1906 年发明了空调，但这家公司会思考：人们买空调是因为喜欢这台机器吗？他们发现，人们想要的是制冷功能，而不是机器本身。既然如此，公司能否转换销售模式？可以把空调装在用户家里，但它不属于用户，属于开利公司，双方签订制冷服务合同，用户按服务向开利付费。如果空调出故障，那么制冷服务中断，开利公司会比用户更着急。相信所有熟悉分布式光伏和"租屋顶"模式的读者都已经对这样的新模式心领神会，这就是"制造服务业"或者说"服务型制造"的本质：产品只是满足人们某种需求的载体。用户需要的不是占有几块光伏板，而是希望享受到廉价的电力，并通过某种投资获得稳定、可观的收益。这是分布式能源与传统能源给全社会带来的最大不同：能源行业不再是大型企业投资的几处油井、几座火电厂和围绕它们的固定资产投资，能源行业将包含着围绕各类用能主体（居民、工厂、写字楼、政府机关、学校、新能源汽车等）所提供的一系列综合用能服务（比如制冷、供

---

① 之所以产值放大比例小于就业人数放大比例，其中一个原因是光伏设备、辅料、辅材企业的全体员工没有计入光伏制造业就业人数，而计入了被放大的人数部分，成为分母；但这些环节的制造业增加值最终体现在了组件价格上，成为分子的一部分。

热、供电、电动车通过充电桩给电网送电并赚取电费的V2G、分布式电力设施在用电同时取得发电收益等），而这将产生出一系列新时代的能源服务业就业需求，其就业范围的外延远远超过几十万光伏制造业岗位。清华大学气候变化与可持续发展研究院指出，可再生能源产业单位产能的就业人数是传统能源产业的1.5~3倍。我们不能再用过去那种理解工厂、制造业的旧思路来理解新时代能源行业的就业体系。

后手为什么占上风？

在上一节，我们从西方发达国家的角度回答了这样两个问题：为什么在西方旧有的资本主义资本市场制度和大型集团化企业决策机制下，西方光伏制造业会发生衰退？为什么在西方强调光伏制造业岗位回流、强调发电装备价值（而非电力服务价值）的陈旧观念引领下，西方光伏制造业回流前景不乐观？现在让我们站在后发工业国的角度来回答这样两个问题：为什么后发工业国可以在西方发达国家已经取得优势的科技制造业门类中后来居上，甚至绝对领先？如果产业政策在这一过程中发挥了重要作用，那么它发挥作用的机制是什么？

在很多新自由主义经济学家看来，为企业提供政策支持，甚至提供政府补贴，是一种干扰市场秩序的行为，并且极易引发"寻租"和腐败行为。在发展中国家，"寻租"的定义是企业家只想从政府那里获得保护和补贴，而没有提供经济发展所需的技术进步和竞争力。为了解决这个问题，需要找到一种机制，使得制造业企业家在为自己创造利润的同时，能具有更强的全球竞争力。《经济学人》知名撰稿人乔·史塔威尔提出了一个著名的理论，叫"出口纪律"（Export Discipline），也就是通过强制出口产品，迫使国内企业直面全球竞争，在此过程中对企业给予一定的补贴和市场保护，同时根据企业的发展动态、出口水平实时调整这些支持政策的力度。成功实施出口纪律的政府可以知道它们培育的制造业企业是不是正在接近全球标准，以及企业是不是把真金白银花在了产能扩张上。这一理论可以有力地解释中国光伏产业在 21 世纪早期所走过的发展道路。

施正荣、苗连生等第一批中国光伏企业家从一开始就十分清楚，在"光明工程"之后，中国国内没有光伏产品的"容身之地"，逼得他们只能将产品出口。施正荣听从了马丁·格林的建议，及时通过了所有国际产品认证标准，而他之所以能通过这些认证，是因为熟悉国际光伏产业的他从一开始就整合了澳洲的技术人才、欧美和日本的（二手）光伏设备和硅料、硅片，这些国际资源的整合是中国光伏产业化起步的关键。

尚德等企业的出口量和出口额成为政府和银行是否要对企业继续提供支持的一个有效判断依据：出口产品首先必须满足相应国家的质量认证标准，而"双反"之前主要出口目的地都是欧美等国家和地区，它们是天然的"质量筛选器"——发达国家的工业品认证标准更为健全，而且对方国内也有同类产品生产，下游采购商在采购时也更熟悉如何挑选产品。在这些基础上，能做到出口量大、出口金额多的中国企业，必然是在质量和价格方面能同国际对手相匹敌的。如果说中国在"双反"前搭过便车，那我们不仅搭了"欧美市场"的便车，还搭上了"欧美认可的产品标准"的便车。

对于后发工业国来说，像光伏组件这种国际通用的标准产品，"出口实力"本身就是企业实力的重要体现。在行业出现危机和低谷时，政府需要开放国内市场，以实现"出口转内销"。政府和银行通过出口实力表现，能明确知道哪些企业更值得获得政策和资金扶持。如果不先出口，而是直接进行内销，政府和企业则可能需要付出大量的"认知成本"（或者说"交学费"）才能准确筛选出真正优秀的头部企业。同样，中国薄膜光伏产业的问题并不在于薄膜本身没有市场，美国至今唯一排名全球前十的组件厂商第一太阳能采用的就是薄膜路线。真正的问题在于，包括汉能在内，中国没有领军企业的薄膜产品成功实现过大规模出口，恰恰证明了其在产品国际认证、产品质量、产品价格等方面无法同国际同行展开正面竞争。当"双反"过后，中国国内对光伏产业形成一定扶持力度的时候，薄膜企业就无法"说服"政府方面给予它如同晶硅企业一样的各项配套政策支持。这也就难怪迟迟无法打开国内和国际市场的汉能,后来成为虚增国内订单、拖延工厂和电站建设、骗取地方政府和银行资金的僵尸企业。就像史塔威尔所说的:"在没有出口纪律的产业中,政府的发展政策就变成了'猜字谜'(a game of charades),本土企业无须在全球市场上证明自己,就能假装达到了世界级的标准。"好的产业政策必须与好的淘汰机制相配合,如果"淘汰机制"失灵,企业无论业绩优劣都能得到政府和银行的支持,那么"寻租"过程就一定会发生,就可能面临产业政策的失败或政策资源的浪费。

通过出口"成绩单"筛选企业只是政府秉持"出口纪律"原则的第一步。第二步则是通过建立科学得当的国内行业准入规范,对制造企业进行"优胜劣汰",比如2010年发布的《多晶硅行业准入条件》,2013年发布的《国务院关于促进光伏产业健康发展的若干意见》,以及每三年修订一次的《光伏制造行业规范条件》等。截至2018年10月,工业和信息化部共发布6批、221家次(206家)符合规范条件的企业。已在名单中的企业如果不再满足规范条件要求,也会被调整出名单。政府对企业的筛选性保留和扶持,是建立在对行业各环节生产指标、参数的详细摸排、调研的基础上的,保留先进产能,淘汰落后产能,对企业不加偏私、一视同仁。在这个过程中,中国光伏行业协会发挥了重要的作用。在制定《多晶硅行业准入条件》过程中,中国光伏行业协会(当时的中国光伏产业联盟)同工业和信息化部、国家发展改革委等部门一道,对各个企业情况进行了充分、细致的调研,尤其是摸清了各家多晶硅生产企业的能耗情况。同时协会也第一时间收集企业诉求,向政府部门进行反馈,最终将企业合理的发展诉求与政府部门对产业规范的发展要求转变为政策性文件固化下来,使得全行业朝着一个良性、可实现的目标共同迈进。

《多晶硅行业准入条件》以及此后更多的行业准入性文件,虽然不会立即对某些企业宣判"死刑",但是如果一家企业无法满足国家级"准入条件"的最低门槛,就会产生非常负面的社会影响,可能无法从银行获得贷款，也有可能无法进入一些大型企业（比如央企、国企）采购环节的供应商名录，对企业发展产生诸多限制。

2015年之后，中国光伏行业协会每年都会确定当年的行业技术指标数据，并形成每年更新的《中国光伏产业发展路线图》。企业通过路线图就能清楚地了解自己的生产指标在同行业当中的水平情况，而工业和信息化部、国家能源局制定或更新相关规范条件时也会参考路线图当中的指标数据。

换句话说，中国光伏行业需要一个姿态足够贴近企业、真正懂行业发展规律和迫切需要的组织，同时相关政府决策部门也需要一个能与政策制定者真诚沟通、务实对话、代表行业先进生产力而不是代表某个企业一己私利的平台，这就是中国光伏行业协会一直以来所承担的双向职能。

如果我们国家在发展国内光伏市场过程中偏听偏信，政府部门在筛选企业时掺杂其他非理性因素，有意偏袒某些企业和企业家，那么这当中就一定会存在"寻租"问题，也不利于提升行业整体效能。这恰恰反映出"出口纪律"中的第二大要点：通过完成产品规模化出口，企业绩效出现分化，此时面对行业过剩产能，政府能否做到"冷酷无情"，从而为真正的优质产能洞开国内市场。

对于国家来说，对企业念"出口纪律"的"紧箍咒"还有另外一个好处，就是有志于在国际竞争中力争上游的企业，会主动寻求或创造能在成本和性能上实现本土替代的技术方案，而不会始终依赖昂贵的进口技术、设备和原料。尚德等企业在成功起步之后，以进口设备、原料、辅料（如铝浆）为高标准的"靶子"，与中电48所、洛阳中硅、儒兴科技等企业联手推动了光伏设备和原辅料的国产化进程，使得"国产化"三个字变得有的放矢，使一众"国货"的成本水平和质量标准都有了清晰的可追赶目标。与我们形成对比的是，日本光伏企业一度大量选择薄膜路线，企业各自研发设备，导致设备和产线之间不兼容、不通用，产业知识难以扩散且没有形成国际领先的共识性标准，非常不利于光伏产业规模的迅速扩大。

对于中国光伏发展来说，基于晶硅光伏产业供应链较长的固有特点，没有任何一家企业能将如何"国产化"并对其实现快速降本的知识据为己有。比如施正荣就选择积极扶持各类设备、原料、辅料、辅材生产企业成长，比如天合委托激光设备企业开发定制化设备的消息"不胫而走"，都是很典型的案例。通过上下游企业之间你来我往、互通有无的供求关系，这些知识随着上下游的协同改进、技术人员的跳槽、工程师的驻场维修、设备的多次出售等各种方式迅速在行业内传播、扩散，让更多产业知识储备或许远不如头部企业的后来者也能利用资本在短期内实现产能扩张、产品认证和对外出口，从而在一国之内几乎没有光伏电站的情况下，形成一个蔚然壮观的光伏制造业。这才是后发工业国在西方定义的科技工业门类中可能取得成本和规模"后发优势"的组合拳式打法。

对比之下，日本光伏发展过程中出现的一大问题就是，日本光伏产品没有率先针对出口市场进行设计和制造，而是在光伏产品价格高昂、国内产业规模较小的时候急于实现"本国能源替代"的目标，在政府"划定"的几种技术路线之间反复试产，无法锁定技术路线并找到有效的商业化路径，在电子消费产品应用市场中浪费了时间，导致大批企业退出光伏市场，少数留下来的企业热衷于开发国内户用光伏屋顶市场，而错过了德国市场的井喷式机遇。

后发工业国在致力于将先进工业品进行本土化制造的过程中，国内相应较小的消费市场可能反而更具优势。汽车、早期光伏产品这样的先进工业品，在经济实力不够强大的国家很难得到大规模应用，一方面政府能够支出的政策性补贴有限，另一方面国内民众的消费水平也很有限，这样反而能激发相关企业积极推进出口导向型战略——"生命总要寻找出路"。除了21世纪初的中国光伏产业，20世纪下半叶的韩国汽车工业也是一个典型的例子。北京大学新结构经济学研究院院长林毅夫就曾经分析过，从比较优势要素禀赋的角度来说，韩国基本没有形成强大汽车产业的优势基因。但从朴正熙执政时期，也就是韩国"第一个五年计划"开始，韩国坚定不移地推动国内汽车产业的发展，在韩国"二五"时期要求将汽车本土化零部件比例从20%提高到60%，达不到本土化比例要求的企业将在进口零部件时面临韩国政府制定的天价关税。企业要想获得银行贷款的前提是能制造出实现出口的整车来。1973年，韩国国内汽车年销售量只有3万台，甚至喂不饱一家企业，但韩国政府决定为三家"国民"汽车企业提供政策性补贴，即现代、大宇和起亚，因为韩国政府相信加剧竞争、打破单一企业的垄断，能够加快企业技术进步的步伐。20世纪80年代韩国车企成功打入美国市场。为了帮助韩国车企打开法国市场，韩国政府在与法国政府谈判时指出，如果法国购买韩国汽车，韩国将更有可能为首尔—釜山铁路采购法国高铁列车（TGV），最后法国同意每年进口2万辆韩国汽车。通过不断地投入技术研发，同时拒绝更容易"挣快钱"的合资汽车制造方式，韩国现代汽车于1991年推出了第一款独立研发的引擎——α型引擎。从20世纪70年代直至2000年以后的很长一段时间里，韩国政府都为韩国车企提供了非常高水平的保护。虽然经过激烈的市场竞争，包括大宇在内的一些企业掉队，但韩国现代汽车脱颖而出，还收购了曾经的劲敌起亚，截至2022年上半年，韩国现代汽车集团全球汽车销量位居第三，仅次于丰田和大众——一个没有工业经验的家族企业创造了世界上最成功的汽车公司之一。与中国光伏行业的情况类似，韩国汽车出口占韩国汽车产量的一半，汽车工业也成为韩国贸易顺差超过100亿美元的工业门类。韩国崛起的汽车工业绝不是所谓"自由主义市场经济"体系下自然生长出的一个庞然大物，它的出现得益于韩国是一个善于有效利用资源且能长期、坚定地打出汽车产业政策"组合拳"的国家。同韩国汽车工业一样，中国光伏产业的成功也是利用好全球化市场资源与正确的产业政策组合共同作用的结果。弗里德里希·李斯特认为，自由贸易应该是一个国家追求的最终目标，但只有在通过产业保护措施提高了制造业产出水平之后，这一目标才会变得切实可行。面对更发达的西方国家，如果发展中国家不采取政府干预政策，就无法发展新兴产业。

根据2021年年底世界贸易组织发布的权威报告《全球价值链发展报告：超越制造》（*Global Value Chain Development Report - Beyond Production*）所提供的关键视角，我们可以用"间接生产"的方式来理解中国参与全球贸易的趋势变化。

"间接生产"指的是一件商品从原材料到消费者手中，至少途径了3个国家。如果计算的是中国的"间接生产"产品，则这件从中国出口的产品一定是未完成品（中间品），比如汽车零配件出口到东南亚，再变成整车出口到欧洲。通过中国间接生产实现的产品增加值与中国国内制造业总增加值的比率，可以看出中国创造的产品增加值当中，中间品制造环节所占的比例。而这一比例已经从2010年的10.7%下降到2019年的7%。这说明中国实现的工业增加值当中，国内企业消化中间品变成终端品（并用于国内消费或出口）的总和比例越来越高。这与我们看到的光伏制造业的趋势是一致的。

2005年，中国每出口100美元的商品，就有26美元是从海外进口的零部件价值（包括外资在国内设厂的生产价值），到2015年，这部分价值下降到了17美元。从2010年到2020年，中国国内部门有能力吸收全球价值链当中更多的上游环节增加值，中国在供应链当中"前向集聚"（Forward Agglomeration）的能力在增强——前向集聚指数为1是一道分水岭，十年间，中国该指数从小于1变成大于1的水平，就像中国光伏从原来"三头在外"的窘境，发展到如今可以实现光伏设备、硅料、硅片、电池片、各种辅料等各个上游环节的全面国产化，从而把光伏各环节增加值留在国内。

能印证这一结论的数据是，2016年，全球光伏原材料和中间品，也就是硅料、硅片、电池片的进出口贸易总规模在60吉瓦左右，到2021年缓慢增长到80~90吉瓦，而在这期间全球光伏组件的贸易规模从30吉瓦左右快速增长到90吉瓦以上。在贸易规模上，组件的贸易额占全球光伏产品贸易总额的比例，从2016年的不到70%增长到2021年的80%以上。这说明生产光伏产品的主要国家出现了明显的"前向集聚"，以"内部消化中间品，对外出口终端品"的方式参与国际贸易。

说得直白一点，制造业前向集聚和全球贸易体系共同带来的一个结果就是，国家可以在这一制造领域通过"少进口，多出口"积累更大的贸易顺差，从而有助于实现本国财富总量在全球财富总量中占比的提升。具体到国家来看，光伏产业对一些东南亚国家的经济产生了重要影响，光伏产品占到马来西亚全国贸易顺差的10%，占到越南贸易顺差的5%。但从总体来看，这些国家通过光伏产业实现的贸易顺差规模无法与中国相比。不得不承认的一点是，在全球化背景下国家间的制造业竞争是现实而残酷的。美国经济顾问委员会的前任主席劳拉·泰森（Laura D'Andrea Tyson）对"国家竞争力"给出了一个定义："如果一个国家在使其公民的生活水平持续上升的同时，生产产品和服务的能力还能够经受住国际竞争的考验，这种能力就是国家竞争力。"那么在未来，我们如何从光伏行业出发，看待中国与邻国、中国与西方乃至全球更多国家之间的产业分工与竞争关系？

英国学者马丁·雅克（Martin Jacques）认为，中国为世界提供了一种"新的可能"：摒弃丛林法则，不搞强权独霸，超越零和博弈，开辟一条合作共赢的文明发展新道路。中国人民大学的黄宗智教授认为，中国近十年中所倡议的"一带一路"和新建立的"亚洲基础设施投资银行"可以称为中国的"新综合性设想"。在中国的新设想中，这会是一个迥异于"自由主义—帝国主义"的世界。中国会站在发展中国家的一方，追求一个没有帝国主义支配，但又经过自由贸易和工业化的现代化中国和现代化世界。

中国拒绝任何形式的征服、占领、剥削、支配和霸权，中国在新设想中主要吸取的是自由主义突出的自愿、平等和互利的一面，是经过双方讨价还价以后自愿达成的协议来推动发展。

中国在全球制造业转型升级的过程中，不应以持续占据"世界工厂"的地位而自满自足，而是可以利用中国的基础设施设备制造能力、建设技术和经验，为更多想要成为"世界工厂"或改善本国民生环境的国家赋能。中国光伏就是一例，如果我们考察这一过程中的要素供应链，就会发现"能源—工业—服务业"实现"三轮驱动"的逐级放大效应，就像三个从小到大并排咬合的齿轮一样。这个体系的高效运转是因为每一个环节中"能源—物质—人力"投入都是有利可图的：中国利用碳排放越来低的、上网电价越来越低的、可再生能源比例越来越高的电力，支撑更大规模的工厂生产出比电力具有更高价值的光伏产品。瞿晓铧算了这样一笔账：青海发的绿电，单纯外送出去的特高压输电成本，与在当地使用绿电生产硅料再运输出去的成本相比，前者是后者的 7.29 倍。单纯向外省销售绿电，同在青海当地打造硅料到组件全产业链相比，后者创造的工业增加值是前者售电收入的 24 倍，同时每 10 吉瓦的全产业链工厂可以吸纳 7500人就业。我国在这样的清洁能源体系下生产光伏产品，每年三分之一左右的产出用于国内，三分之二左右的产出用于出口。国内外的光伏电站投资方都认为，利用中国生产的高性能、低成本组件建设电站，能带来合理（甚至较高）的投资回报。比如德国独立能源研究和商业情报机构 Rystad在 2022 年年底的一项研究表明，从长期来看，在欧洲新建光伏电站的综合发电成本只有欧洲在运行的燃气发电成本的十分之一。同时这些光伏电站将为世界各国创造出更多的电站开发、建设、运维等工作岗位。各国的电网、电站运维等经营主体也会从可再生能源发电项目中获得收益。工商业主体使用更低成本的清洁电力，能够降低其产品和服务的碳足迹，不仅为碳中和做出贡献，也有利于为客户创造更大的价值。俄乌冲突之后的欧洲能源危机向全世界证明，廉价可靠的能源供应和稳定运行的能源基础设施，对于经济和社会的可持续发展至关重要。能源是"撬动地球"的那个支点。

如果我们再考察中国对海外国家输出的电网建设、铁路建设等项目后，会得出相似的答案：中国在一些所擅长的领域（比如基础设施领域），其高性价比的能源、物质、人力投入成为推动世界工商业环境逐步改善、价值逐级放大的"多级杠杆"。

这也正是每一个环节的产品和服务提供商与购买方之间讨价还价、互相博弈，从而逐级获得合理利润率回报所带来的美好世界图景。如果在双方没有武力胁迫、殖民压迫的情况下，这当中任何一个环节的买方吃了亏，或者长期处于被剥削的位置，那么这样"放大杠杆"的故事便讲不下去。比如中国在巴基斯坦投资建设的瓜达尔港，目前已建成拥有 3 个两万吨级泊位的多用途码头，瓜达尔港经过公路和铁路可以将货物运输到新疆喀什市，再通过国内基础设施网络与全中国连接，有望为中国开辟新的石油和天然气运输通道，减轻中国对马六甲海峡的依赖程度。而除了能惠及中国，瓜达尔港为巴基斯坦当地居民提供近5000个就业机会，瓜达尔市也正朝着地区物流枢纽和产业基地方向稳步发展。我们要做的就是与更多伙伴国家之间"互惠互利"。

中国会聚焦来自自身经验的基础设施建设，帮助发展中国家建设能源、交通等基础设施，促进新工业国家的兴起，推进它们与中国的互利贸易。

中国的远瞻性愿景当中，纳入了很多与中国十分不同的、具有自身独立视野和愿望的国家，而与所有这些国家交往合作，必须同时基于对方的利益考量才可能实施。中国在对外经济贸易活动中，一贯奉行互相尊重、平等互利的原则：贸易不是为了支配其他国家，而是为了共同发展的经济作为。中国旨在通过新基础设施建设去建立并扩大一个具体的"新市场"，从而实现推动经济发展的新进路。而我们即将在可再生能源发电领域看到一个同样宏伟的"远瞻性愿景"，它将助力中国乃至整个欧亚大陆打造出一层全新的能源基础设施，并将更多国家"摆脱化石能源依赖""摆脱美元霸权"的美好愿望囊括其中。

但在将这一构想变成现实之前，我们还有一些棘手的问题需要解决。

第十二章

经天纬地

如何消灭"垃圾电"?

2021年5月11日,国家发展改革委下发《关于2021年新能源上网电价政策有关事项的通知》,文件中指出:"2021年起,对新备案集中式光伏电站、工商业分布式光伏项目和新核准陆上风电项目,中央财政不再补贴,实行平价上网。"在光伏领域,只有2021年的户用光伏发电项目存在5亿元的国家财政补贴预算额度,每千瓦时补贴0.03元,补贴强度同比下降62.5%。而从此以后新建的光伏地面电站和工商业项目,彻底告别了国家补贴,2021年新建的风电、光伏发电项目不再通过竞争性方式形成具体的上网电价,也取消了2019年开始推出的所谓"指导价",新建风电、光伏发电项目直接执行当地的燃煤发电基准价格,实现"平价上网"(2022年新建户用分布式光伏发电也取消了补贴)。中国光伏人奋斗了多少年的目标终于实现了!

但如果我们回顾德国这样的光伏"先发国家"走过的道路,就会发现这个里程碑式的跨越并没有想象中的那么光鲜亮丽,光伏只是走完了它万里长征的第一步。

2015年3月20日上午9点45分,德国电网运营商焦急地看着湛蓝的天空,天空没有一丝云彩。全国各地的光伏电站都在正常发电,而德国电网即将经历自可再生能源大规模发展以来最为危险的"惊魂一刻"——日食。当时德国光伏总装机容量3776万千瓦，占德国总发电量不到6%，但在波峰期承担了近50%的功率负荷（约2000万千瓦）。由于日食时间很短，太阳一遮一露相当于数十台核电机组突然关停又立刻启动，对电网的冲击可想而知。

然而几个小时以后人们发现，这次日食并没有给德国电网造成任何冲击，消费者完全没感觉到有任何电力中断。为什么德国电网能安然无恙呢？

欧洲的气象公司在几个月前就通过大数据较为精准地预报了日食发生的时刻、食分的大小和见食的地区，预测到2015年3月20日上午10点40分发电量会暴跌70%。欧洲各国电网运营商对这次日食非常重视，严阵以待。德国为此准备了数月，提前备好各种发电设备——煤电、气电、生物质发电、水电、核电等，储备容量是平时的两倍，同时输电运营商决定在日食前后的一段时间里，为了防止光伏电站输出功率的暴跌暴涨对电网造成严重冲击，提前切断了所有光伏设备与电网的连接，只靠常规发电机组供电。但单靠德国的传统能源出力是不够的，本着"一方有难，八方支援"的精神，整个欧洲电网都来给德国电网提供强有力的支撑，其中包括挪威、瑞典等对光伏发电依赖较小的周边国家。

德国与9个国家接壤，经常从邻国进出口电力。一些德国能源转型的批评者认为，德国可再生能源之所以发展很快，是因为风电、光伏发电出力小的时候，德国可以进口电力，尤其是法国的核电（尽管德国本土不发展核电）；风电、光伏发电出力大的时候，德国又将多余的电出口到其他国家。波兰和捷克领导人对此怨声载道，因为他们国家的电网原本就不是为了大量波动性的可再生能源过境而设计的。

虽然德国用"切断光伏"的保守方法成功通过了这一场日食大考，但在未来世界各国可再生能源发电比例越来越高的情况下，"不用自己的光伏，改用别国火电、核电"的做法会越来越难以为继，因为区域性、大范围、同向性（都是阴天、都没有大风等）的天气变化会让更多国家"泥菩萨过河"，相邻国家间的支援能力会变得越来越脆弱。

很多人都听过这样一种说法：把塔克拉玛干沙漠四分之一的面积铺上光伏板，发出来的电足够全中国人民使用。再比如德国，只需要2%~3%的国土面积铺上光伏板，就足够全德国使用。既然这样，为什么国家还要搞"整县推进"，还鼓励在农村屋顶和工厂屋顶建设分布式光伏发电装置呢？

事实上，无论是风电还是光伏发电，虽然都可以占用有限的面积发出足够多的电力，但它们相比于传统的火电、核电，有一个非常大的"缺陷"，就是间歇性、波动性大。一般来说，晚上的风要比白天的风更大一些，对于风力发电，相应地夜间输出电力也会更多；而光伏发电的波动性比风电更大，因为没有太阳的时候（比如日食或夜间），光伏发电量为零，即便是一片云彩飘过，挡住了太阳，其发电量也会骤降，一个光伏电站的瞬时功率可能从200兆瓦迅速降到5兆瓦。全天光伏发电的高峰一般都在中午日照最强的时候，然而对于大部分工厂、写字楼来说，这正是午休的时候，反而不是白天中的用电高峰，而到了晚上，人们回家以后，用电负荷转移到了居民生活区，此时却没有光伏板可以供电。

国家电投董事长钱智民就打了个比方："传统电力系统是集中式发电，相当于养牛，养一头几百斤的大牛，就能供很多人吃。而未来的新型电力系统是分布式发电，相当于抓麻雀，天空中有很多麻雀，非常不容易抓（而且有时候还没有），但是必须把它抓来，变成服务，供给广大公众。"

中国历年在正常气候情况下，均会出现3~7日风电、光伏发电出力极小或部分地区无风无光的情况。中国华能集团原董事长舒印彪也说："光伏发电和风电大概率天天都是变化的，而且变化幅度可能很大，比如一个星期都是阴天，没有风和阳光，这几个因素一碰头，任何（目前的）电力系统都很难应付。我们现在的共识还是要保留火电用于应急。"火电需要起到保障辅助调峰、调频的作用，这就相当于"一个和尚挑水吃，一个和尚等着帮忙抬水吃"。

这也就是为什么强调在塔克拉玛干沙漠铺上光伏板够全中国用电只是一个形象的比喻，因为仅仅这样做无法实现每时每刻的电力平衡。有时候这些电无处可去，有时候又面临缺电，要靠其他能源形式来补充。

试想一下，如果未来电网中的大部分电力都来自光伏发电、风电这些可再生能源，该如何解决电力平衡的问题呢？大概有这样五种方式：第一种就是在用电低谷期关闭一部分可再生能源电站，选择"弃风弃光"；第二种是把电送到更远的地方消纳；第三种是在用电侧开发节能技术，进行科学调度，让用户在风电、光伏发电出力少的时候少用电，减轻电网在用电高峰期的压力；第四种是通过储能来解决，比如抽水蓄能、电化学储能、压缩空气储能等，还可以让一些备用的火电厂参与调峰，也就是在用电负荷一定的情况下，如果风电、光伏发电出力变小，那么燃烧化石能源发的电就相应增多一些来实时匹配用电负荷；第五种就是在可再生能源发电场（站）附近就地消纳，将电能转换为其他产物，比如利用风力、光伏发的电制成氢，转换为氢能，再将氢能送到其他地方（比如电解铝工厂）释放能量。

为什么说光伏发电在2021年终于实现"平价上网"，结果只是"成功了一半"呢？因为平价上网指的是光伏电站的上网电价可以与当地脱硫煤电价打个平手，但这不足以让整个电力系统更喜欢光伏发电，因为传统化石能源和可再生能源的一大区别就在于，化石能源自带"储能"作用。无论是液体的石油还是固体的煤炭，它们都蕴藏了经年累月被压缩在自身当中的化学能，而可再生能源本身没有"储能"功能，发出来的电只能"即生即用"，如果遇上了用电一端此刻"无福消受"这么多电，就要动用我们上述的五种方式来解决这个问题，同时就会增加额外的消纳成本。因为电网实时调节有两大要求，一是电力平衡，发电侧和用电侧的功率要保持一致；二是电量平衡，指某一段时间内，用户需求的电能与发电厂发出的电能要平衡。理论上，在可再生能源参与发电的时候，把能帮助电网实现两个平衡的储能"电池"放置在发电站、电网侧或者用户侧都可以，但无论如何，这都是一项成本。很多光伏电站项目本身可以做到平价上网，甚至比当地煤电更低的价格上网，但一旦加上储能的成本，就不一定能做到"平价"了。

中金公司研究院测算，目前清洁能源的综合发电成本已经低于火电，但是由于绿电消纳环节存在火电机组调节功率、抽水蓄能机组抽水、储能电站充电等成本，2021年中国电力行业的"绿色溢价"比例为17%。也就是说，花1元钱用火电能做到的事情，需要花1.17元才能用绿电实现同样的效果。

我们需要大力发展储能，推动光伏发电和风电降低成本，为储能"让路"，同时储能也要进一步降本增效。李俊峰预计未来10～20年内，光伏发电可以在全国范围内做到0.2元/千瓦时以下的低价，如果电化学储能成本可以从目前的0.6～0.8元/千瓦时降到0.3元/千瓦时，那么就可以实现0.5元/千瓦时的稳定供电，相比于价格相近的火电，其实这才是真正实现了"光储平价上网"，届时将会在电力供应方面产生实质性的变化。中金公司对实现"光储平价上网"的时间节点更加乐观，提前到了2028年，并预测2030年西部光伏发电成本有望降至0.15元/千瓦时，东部有望降至0.20元/千瓦时，电化学储能成本有望降至0.29元/千瓦时。在电价机制上，未来的电价结构可能相比过去也会发生变化，过去工商业用电是白天贵、晚上便宜，未来有可能白天可再生能源发电多，用电便宜，晚上用电贵。

但是目前，我们还不能指望电化学储能在电力系统中发挥举足轻重的作用。比尔·盖茨举过这样一个例子，如果某一场极端风暴登陆日本，要想仅依靠电化学储能为东京这座城市提供3天的电力，那么至少需要1400万块电池，电池容量超过全球10年的产能，购置价格会达到4000亿美元。

在电化学储能系统不能大规模应用时，要靠其他方式来解决安全供电的问题，比如抽水蓄能就是利用上下两个水库的高度差，在电价便宜的时候用电把水抽上去，在电价贵的时候把水放下来发电。目前抽水蓄能的每千瓦时电成本能做到0.3元左右，2022年，全国峰谷电价差平均是0.7元/千瓦时，所以全国很多地方的电价差已经能够支持抽水蓄能电站盈利。在这7个月当中，国内已获批复但尚未开工的抽水蓄能项目总投资额达到6176.9亿元，超过了1949年以来建成和在建同类项目的投资总额。抽水蓄能的建设会受到地理条件的限制，比如北京这样的平原地区就几乎没有适合建设抽水蓄能的地方，那么短期内中国就还需要把大量的燃煤电厂改造成调峰电厂，为消纳新能源电力服务。比如"十四五"期间，中国总共12亿千瓦的煤电装机容量要改造50%，让火电的出力"能上能下"。比如中午光伏发电能力强的时候，很多工厂、写字楼正处于午休，用电负荷反而会出现下降，发电和用电之间又要保持实时的平衡，所以火电就要在中午减少出力，甚至可能关停机组。这样做不仅会给火电企业造成一定的经济损失，而且还可能影响火电机组的使用寿命，但这就是转型过程中必须付出的代价。德国支持能源转型过程中采用的也是这种火电调峰的方式。这种做法的缺点是火电依然会产生二氧化碳（虽然要少一些），而且调峰电厂的发电小时数明显小于普通的燃煤电厂，影响火电厂投资的经济性。目前甘肃火电的出力平均可以压到33%的额定容量，一些30万千瓦的机组甚至可以压到8万千瓦。未来随着火电灵活性改造继续推进，火电调节的深度还会进一步下压。李俊峰说："化石能源，特别是煤炭行业的人应该有这种胸怀，在可再生能源或者非化石能源取代化石能源的征途上，要将可再生能源扶上马，再送一程。"

火电厂就像光伏电站一样，它本身也是一种固定资产投资，其中可能还涉及银行贷款，它需要一定的时间周期来收回投资成本。比如每年燃煤发电5000小时是一个怎样的投资回报率，未来每年只发电1000~2000小时又是怎样的投资回报率？那么在每年发电小时数更少的情况下，如何保障其在参与调峰过程中回收相应资金，这需要在新型电力系统中对火电参与调峰的价格提供保障，这部分成本可能需要计入风电、光伏发电的消纳成本当中。

李俊峰预测，到2060年，如果中国发电量达到16万亿千瓦时，其中将有70%，也就是大于10万亿千瓦时的电来自风力发电和光伏发电。但如果某一时段既没有风，也没有光，怎么办？这需要我们从现在开始，在退煤的问题上慎之又慎，新型电力系统也要以坚强的化石能源支撑为基础。过去在经济发展的粗放阶段，我们的煤电是"既增容又增量"，也就是不仅建设了很多的火电厂，还让它们在发电小时数上尽可能实现多发、满发；后来我们对火电的政策变成"增容不增量"，也就是不管新增多少火电厂，控制火电整体的发电量规模，单个火电厂的平均发电小时数下降；再后来，我们要走向"增容减量"，为了同可再生能源发电"打配合"，火电的平均发电小时数下降更为明显，甚至为了帮助可再生能源调峰，还要新建一批调峰火电厂；最后，我们要达到"减量不减容"的程度，也就是火电发电小时数很少，但火电装机规模不再缩小，因为装机规模就是保障电网能力的体现，要匹配相应的"容量市场"，让"随时准备着"为电网出力的火电机组能够维持日常开销，让火电成为可再生能源"不给力"时段的安全托底支撑。另外，我国还有一个现实情况，有很多火电厂是在近些年新建的，截至 2020 年的统计数据，中国运行状态的煤电设备使用年限在 10 年以内的产能占比达到 46%，服役超过 20 年的机组只占 11%，所以要避免关停火电"一炸了之"的做法。我国《电力中长期交易基本规则》中指出："对于燃煤机组利用小时严重偏低的省份，可建立容量补偿机制。"我们要减下来的核心指标是火电发电量（千瓦时），而不是装机容量（千瓦）。我们要充分吸取 2022 年四川缺水、限电，又无法通过本地少量火电机组提供有效支撑的教训。

除了能够弥补光伏发电、风电在某些时段发电出力不足的情况，火电等其他发电机组还有一个重要作用就是"调频"。电网系统当中流动的是 50 赫兹的交流电，如果一个火电发电机组供电的功率比用电的功率低，那么发电机的转速就会下降，发电机巨大的转子当中储存的一部分动能就会转化为电能供给到电网当中。此时转速下降，带来的结果就是电压频率下降，比如从 50 赫兹降低到 49.8 赫兹，这时频率调节机构就会开始运转，比如火电厂就会加大蒸汽流量，输出更大功率，给发电机提速到每分钟 3000 转，从而维持住 50 赫兹的频率。

但是风电、光伏发电时如果出现频率下降，它们本身没有"转子"，就没有"机械转动"来支撑惯量，不能通过输出更多功率把频率"顶"回去，所以它们的频率调节能力远不如传统火电、水电机组，这时候火电、水电机组就可以帮助风电、光伏发电实现"调频"。而调频被列入"辅助服务"的一种，火电、水电在将来同样可以靠各种辅助服务获取相应的收益。

丁仲礼院士指出，中国的碳中和目标要求未来70%左右的电力要来自风、光等可再生能源，还有其他30%的稳定电源、调节电源和应急电源，要靠火电等其他电源提供必要支撑，我们要在充分认识到这种电力结构的基础上压减火电发电规模并调整火电用途。

同时我们也要清楚，无论火电的调峰、调频能力做到什么程度，这都只是一种保障性的手段，是为了保障电网安全运行。如果我们想要持续推进"双碳"目标的实现，就一定要在化石能源之外多做文章，当可再生能源大规模地并入电网发电之后，储能几乎是必须与之配套的一种设施，而各类储能的降本速度会极大地影响它们规模扩张的速度。

仅仅依靠储能是不够的，我们需要拓宽思路，除了"把电存起来"，还可以进一步突破空间的限制，"把电送出去"。当我们把视野跳出国内，放眼各大洲乃至全球时，可能会得出新的答案。

一个关于电网互联的宏伟构想

在比尔·盖茨撰写的《气候经济与人类未来》（*How to Avoid a Climate Disaster*）一书中，他对美国的电力系统感到非常失望和忧心，因为美国城市人口和用电负荷重心主要在东西海岸，其间相隔上千公里，东西部电网之间难以实现大规模的"互通有无"，即东海岸缺电的时候很难利用西边发出的电，尤其是西部加州等地大规模发展的可再生能源电力。从洛杉矶到同一纬度范围的北卡罗来纳州，直线距离大约4000千米，美国电网技术无法支持如此远距离的电力输送，现有电网即便进行输送，也会在沿途的电线上损耗大量的电能。比尔·盖茨认为这种问题是无解的，因为他不知道这个世界上有个东西叫"特高压"，能以极低的损耗将电输送到5000千米以外。比尔·盖茨之所以不知道，是因为美国没有掌握也没有使用这项技术，而中国是第一个将这项技术投入大规模商用的国家。

全球已经有超过 100 个国家提出了碳中和目标，意味着将来会有越来越多的国家实现可再生能源更高比例地并网发电。问题是，依赖"靠天吃饭"的可再生能源，不是每个国家都能在自身内部实时 100% 消纳掉所有可再生能源电力，当我们意识到这一局面必将出现时，跨国的电力进出口贸易就成了题中之义。

一个国家的中午可能是另一个国家的上午，一个国家的白天可能是另一个国家的晚上，一个国家水电项目的丰水期可能赶上了另一个国家水电项目的枯水期。仅我们中国就占据了从东五区到东九区这 5 个时区，横跨 60 度左右的经度，东西跨越 5500 千米的距离，为了方便，统一使用了北京时间，但东西部的日出日落实际时间差异较大。实证研究发现，即便是在国内，如果我们能够有效整合各省的供电资源和用电需求，实现更大范围的电力资源总体配置，这本身就能帮助电网实现可再生能源出力的区域间互补。比如将整个西北地区的风电、光伏发电整合到一起就会发现，其整体出力更为平滑，而且规律性更强，特高压通道中的清洁能源占比可以很容易地提升到 60%~70% 甚至更高的水平，而不至于像过去一样先与大比例的火电进行"打捆"之后再外送。

互济互补发生在不同的能源种类之间，也发生在不同的省份之间。虽然 2022 年四川出现了严重的限电现象，但在当年，四川和重庆已经达成共识，要推进川渝一体化电力调峰辅助服务市场的建设。"十三五"期间，重庆平均每年从四川购入水电近 200 亿千瓦时，重庆火电约有 100 万千瓦的调峰能力还有待挖掘。另外，川渝输电通道在低谷时期有上亿千瓦时的输电空间，所以如果川渝电力市场能够实现充分的互联互通，川渝市场年交易规模可以超过 1 亿千瓦时，两省实现"水火互济"。2022 年川渝 1000 千伏特高压交流工程开工，建成后每年还将输送清洁电能超 350 亿千瓦时。在用电负荷侧也一样，研究者将 2018 年上海、江苏、浙江、安徽、福建的用电负荷整合之后发现，由于各地最大负荷出现的时间不同，所以华东区域总体的最大负荷水平明显低于各地区最大负荷之和，相当于各省高峰用电负荷的 92% 左右。如果能实现更大范围内的平衡调度，可以在华东地区节省8%也就是30吉瓦的发电装机容量，节省超过900亿元的固定资产投资。

位于不同经度的国家，光伏发电、风力发电出力的高峰是先后出现的，当欧洲和非洲是白天，处于用电高峰的时候，东亚和北美洲正好是夜晚，处于负荷低谷。风电夜间出力一般大于白天，这时候前者就可以利用后者的风电实现跨洲消纳；反之，当欧洲、非洲处于夜间低谷时期，可以把欧洲北海的风电、北非的风电送到东亚和北美洲消纳。各洲之间自然的时差可以优化全球的电网负荷，形成比较平滑的负荷曲线，达到"削峰填谷"的效果。如果各洲电网能够充分互联，那么联网后每日各个时段峰谷负荷差会从各自25%~40%的水平降低到10%以内，提高各自发电设备的利用率，降低系统备用容量。

如果未来可再生能源电力的跨国、跨时区输送成为可能，将极大地缓解参与各国进行可再生能源消纳和储能成本高昂的难题。大规模的跨国电网互联并不是天方夜谭，而是已经有了大型的实践样本——欧洲。德国与邻国之间发生的电力进出口行为，正是在欧洲电网互联的总体框架下进行的。比如有人详细考察过2014年6月27日这一天内法国和德国之间的电力交易数据。凌晨2点开始一直是法国向德国送电，其中核电占比85%；到了早上8点发生逆转，德国向法国送电功率为603兆瓦，到中午12点左右达到3000兆瓦的高峰（很显然与光伏发电有关），当德国中午光伏发电充裕的时候，电力市场价格大幅下跌，周边国家可以以便宜的价格进口德国电力；到下午5点德国向法国送电功率只剩下201兆瓦；到了晚上，法国又开始向德国送电，到夜里10点达到1179兆瓦，核电占比75%左右；到午夜11点时再次逆转，德国风电出力，向法国送电1193兆瓦，直至次日凌晨2点。在德国与奥地利、瑞士、捷克等国家间也存在着类似的情况。很显然，德国放弃核电，大力发展可再生能源，是以欧洲一体化的大电网和欧洲输电系统运营商联盟（ENTSO-E）为依托的。德国与欧洲国家通过30条跨国线路实现电网互联，这个联盟本身包括了36个国家的43个输电运营商，成为欧洲电力统一市场的中枢神经，并将欧洲电网与北非和亚洲一些国家进行了一定程度的互联，覆盖全球 6 亿多人口，成为全球最大的跨境电力市场和互联电网，每年跨境电力交易 470 太瓦时，也就是 4700 亿度电，相当于其所有成员国发电量的 12.7%，超过河北省 2021 年的用电量规模。

与欧盟情况类似的是，比尔·盖茨也认识到美国各州电网互联的重要性，他资助的一个项目建立了一个覆盖全美电网的模型。如果美国西部各州希望实现可再生能源占比为 60%、东部各州希望实现占比 70% 的目标，那么除非强化电网建设，实现东西部电力资源的互济余缺，否则根本不可能实现。但是长期以来，美国各州对于电网互联存在争议和掣肘，政治阻力很大，相关项目推进十分缓慢。

与美国形成鲜明对比的是，中国有一个省份在电网互联方面的出色实践，帮助该省份成为全球省级行政单位当中"最清洁"的电网之一，它就是青海省。青海省每年都会开展"绿电"实践活动，到 2022 年已经连续开展了 6 年，从"绿电 7 日"一直增加到"绿电 5 周"——也就是整个青海省连续 35 天全部使用清洁电力供电，一次次刷新并保持了全清洁能源供电的世界纪录。2022 年活动期间清洁能源发电 99.75 亿千瓦时，是目前世界上持续时间最长的省域电网全清洁供电示范。青海是如何做到 35 天"只用绿电"的呢？

除了在"源网荷储"等方面多措并举保障消纳，青海还采用了类似德国的做法，会同其他省份互济余缺。比如 2022 年 7 月 18 日 10—18 时，青海光伏发电出力较多，552 万千瓦时光伏电量直送四川，而到了晚上，四川的水电通过同一线路被反送青海。与德国不同的是，青海这 35 天里接收的外省电力都是各省的绿电，而德国进口的电力中包含火电、核电等。

现如今，青海电网已经是全国新能源占比最高的省域电网，新能源装机容量占比为 60.9%，发电量占比为 31.8%，光伏发电成为省内第一大电源，青海当地新能源利用率也从 2016 年的 60.3% 提升到 2021 年的 96.8%。正是与不同省份之间可再生能源电力的互济余缺，帮助青海实现了高比例的可再生能源电力消纳。

除青海外，广西在消纳可再生能源电力方面也做出了突出的成绩。广西每2千瓦时电里就有1千瓦时来自清洁能源，在这样高的可再生能源发电比例之下，广西通过准确预测、科学调度，实现了连续四年"零弃水""零弃风""零弃光"，成为实现清洁能源全额消纳的省份。

一省可以看一国，一国可以看一洲。中国是全世界邻国最多的国家，为了边境地区的和平与安全，我们为此要付出的也比其他国家更多。但从能源网络互联和能源跨境贸易的角度看，中国"邻居"众多反而成了一种优势：中国的北边，是煤炭、风能储量巨大的蒙古；中国的西边，是油气、水电丰富的几个"斯坦国"，和近4000万人缺电的阿富汗与巴基斯坦；中国的东边，是能源对外依赖度在90%左右的韩国与日本；中国的南边，是有着3000多万无电人口、靠东盟内部电网互相扶持的东南亚国家。

自"一带一路"倡议提出以来，中国主要电力企业签订电力工程承包合同近千个，总金额超1500亿美元。中国在海外投资建设了很多能源项目，而随着我国提出不再新建海外煤电项目，我们可以预见，未来中国在海外投资建设的能源项目中，可再生能源项目所占的比例会更高。在2021—2022年中国参与的"一带一路"可再生能源投资和建设项目中，水能项目占比最高（56%），其次是光伏和风能项目，而这将成为中国与这些项目所在国家推进电网互联的有力抓手。

2022年，中国三峡采用大量中国设备，在中巴经济走廊上开发的首个水电项目——巴基斯坦卡洛特水电站全面投入运营，这是巴基斯坦的第五大水电站，可以满足500万人的用电需求。

在老挝经营的13家中资发电企业，共投资修建了18座水电站，占老挝国家电网系统总装机容量的49.7%，累计发电量突破100亿千瓦时。2022年10月，中广核与老挝政府签署老挝北部中老电力互联互通清洁能源基地合作谅解备忘录，标志着老挝迄今规模最大的能源投资项目的前期工作正式启动。双方将在老挝北部打造风光水储一体化清洁能源示范基地，作为中老电力互联互通的重要支撑项目。项目所产生的电力将在中国，以及老挝、泰国、柬埔寨等东盟主要国家消纳。2021年，由中国南方电网公司与老挝国家电力公司共同出资组建的老挝国家输电网公司与老挝政府签署特许经营权协议。老挝国家输电网公司能系统地管理和运营老挝全国的电网，将有利于老挝境内的电力开发商将电力出口至周边及次区域国家。

中国国家电网在2020年承揽建设巴西、埃塞俄比亚、巴基斯坦、波兰、埃及、老挝等国家的电网建设重点项目，在沙特阿拉伯安装完成500万只智能电表，产能合作合同额累计达到460亿美元。

在2022年9月的上海合作组织成员国元首理事会上，各方指出，共同研究扩大上海合作组织成员国电网的区域间互联互通具有重要意义。中国正在积极推动本国与邻国之间的电网互联项目，《"十四五"现代能源体系规划》就提出要"与周边国家和地区在电网互联及升级改造方面加强合作"。2022年北京冬奥会期间，吉尔吉斯斯坦方面建议研究自该国向中国出口电力的问题，中方表示愿意研究上述建议。

早在特高压投入运行之前，中国就已经开展了与邻国之间的电网互联项目。2004年，110千伏中国河口至越南老街输电线路就正式投入运行，至今中越联网项目已安全运行近二十年。中国的南方电网与越南电网相连，累计送电量近400亿千瓦时，90%以上为清洁能源。2017年，中国、老挝、越南三国初步达成2021—2025年中国经老挝向越南送电500万~600万千瓦的协议，这是我国第一个跨境第三国电网互联互通项目。2021年，中越电力贸易全面重启，预计2022—2025年，向越南北部出口约40亿千瓦时电量。2022年6月，老挝的南塔河水电站首次成功向云南送电，中老电力联网首次实现双向输送，老挝在雨季的丰水期可以把富余水电送到云南消纳，到了旱季中国向老挝北部补充送电。这一115千伏双向电力贸易的成功实践，将为未来500千伏中老电网项目推进提供重要的参考。截至2021年，国家电网已经与周边国家建成中俄、中蒙、中吉等10条跨国输电线路，累计交易电量超过330亿千瓦时。而截至2022年上半年，南方电网累计完成跨境贸易电量655亿千瓦时，其中清洁能源占比超过90%。

今时今日，跨国（清洁）电力贸易在亚洲国家之间之所以仍是呈小规模、散点状的态势，是因为亚洲存在大量发展中国家，其可再生能源在本国的装机容量和发电量占比仍然不高，相互之间大规模交易电力，而不去交易煤炭、石油、天然气的动力不足，因为液体能源通过管道和油轮进行远距离输送的成本更经济。

推动碳中和目标的实现，遏制全球变暖的趋势，以及可再生能源发电价格的持续下降，将对目前这种经济性能源输送方式产生约束，使得以电为主体进行能源贸易的吸引力增强，在未来将占据越来越重要的地位。

以新加坡为例，作为发达国家，其人均用电负荷大，但国土面积狭小，难以大规模开发水电、风电，仅鼓励开发小规模屋顶分布式光伏发电。2021年其电力消费中可再生能源占比不足2%，依赖进口天然气在本土发电，能源结构的清洁程度与很多发达国家相比差距巨大。新加坡政府方面提出要大力开展"跨境电力进口"，在2035年之前每年进口4吉瓦的绿电，比如从老挝进口0.1吉瓦的水电，从澳大利亚北部城市达尔文通过4200千米的海底电缆进口2吉瓦的绿电，满足新加坡15%的用电需求。但根据中国学者的初步测算，从中国雅鲁藏布江水电基地通过特高压向新加坡输电的度电成本不到澳大利亚达尔文这一方案的52%。

以特高压技术为最高支撑，以中国为主要推动力的跨国电网互联，在未来几十年可能会形成的一个局面是：以电力为主的跨国能源贸易兴起，其中可再生能源电力占比越来越高，而这些国家两两之间的传统化石能源贸易，在双方总体能源贸易规模和金额当中的占比将缓慢下降。届时中国和参与电力跨国贸易的国家之间，会形成规模越来越大的"以电代煤，以电代油，以电代气"的能源贸易结构。中国可以通过跨国的互联电网，充分利用亚洲大型电力系统资源，依托大市场，进一步提高新能源开发比重。北京大学能源研究院在2022年发布的《新能源为主体的新型电力系统的内涵与展望》报告中指出，在新型电力系统建成后，我国电能在终端用能的比重将超过70%，非化石能源发电量占总发电量的比重将超过95%，电力系统和能源系统之间的界线逐渐模糊，我国电力系统将趋近于能源系统。

电网互联将改变什么？

大比例的可再生能源并网发电,将彻底改写人类能源体系中一些国家向另一些国家、一些地区向另一些地区单向输送能源的结构,人类自工业革命以来可能第一次实现"互通有无"的能源体系,因为阳光和风没有"产权",没有哪个国家可以像占有煤矿、油井一样占有世界上大比例的可再生能源。

化石能源可以说是一种"时间能源",它浓缩、折叠了数千万年至数亿年的时间,将能量缓慢储存起来,人类在极短的时间内释放了过去积累的大部分能量(和被化石能源固定的碳)。我们利用化石能源的本质是在利用能量的"时间杠杆",逆转低效、长时的储能过程为高效、短促的释能过程,从而实现经济社会在一两百年间的飞跃式发展。美国历史学家彭慕兰就指出,自从最早的人科动物问世以来,人类所消耗的能源中有大约一半都消耗于1900年至今。

而可再生能源称得上是"空间能源"。可再生能源的发、储、输、配、用不需要经历漫长的等待,但需要占用比煤矿、油井更为广袤的土地:1吉瓦的光伏电站占地约20~30平方千米,面积超过40个故宫;而1吉瓦的风力发电场,占地范围超过100平方千米。在俄乌冲突爆发后,有法国经济学家指出,如果想要用光伏发电来替代欧盟全部的天然气消费量,需要总面积与德国面积相当的光伏电站。中国的目标是到2030年风电、光伏发电装机容量超过12亿千瓦,也就是1200吉瓦,意味着如果这些装机容量都来自地面电站,占地面积将达到数万平方千米(事实上会有相当一部分装机来自工商业屋顶和农村屋顶等分布式光伏,不额外占用土地面积)。归根结底,是因为不同的能源利用形式中,人类用每平方米土地所能产生的功率不同,化石燃料可以达到500~10000瓦,而太阳能只有

5~20瓦。就像国家能源局的一位负责人说的："某种意义上来讲，新能源是个农场，传统能源是个工厂。"可再生能源对土地的需求远高于化石能源。

传统能源的时间能源分布不均，地域分布相对集中，给人类社会带来了一系列的问题。以石油为例，全球探明储量最大的十个国家，其石油探明量占全球总探明量的86.7%，而七大国家石油公司掌握着全球65%的石油资源，其开采权、运输权容易被少数国家和利益集团垄断，从而引发一系列政治矛盾和军事冲突。而可再生能源的空间能源分布广泛，其"开采"和"运输"过程难以被少数国家和企业全部掌握，具有天然的反霸权、反垄断特征。在国家层面，各个国家可以充分利用本国特色的可再生能源禀赋，与周边国家展开电力层面的互通有无、互济余缺，从而增强跨国能源生产和消费层面的相互依赖，在公平合理的可再生能源交易体制框架下，减少国与国之间因化石能源资源分布不均问题导致的地缘性冲突；在企业层面，不同于国有发电企业对大型火电厂的垄断性投资地位，可再生能源发电场（站）规模跨度很大，对应的投资规模范围很广，是一个国有企业和民营企业都可以参与的巨大市场；在公民层面，可再生能源发电场（站）还可以通过针对不动产的资产证券化手段，进一步实现由普通投资者和机构投资者间接持有电站资产，并享受发电收益带来的分红，降低垄断性能源企业在未来国家能源资产结构当中的比重。无论是城市中产阶级以上的高净值人群，还是农村地区安装了屋顶光伏系统的居民，大家不仅都能享受到清洁电力给生活环境带来的改善，未来还都可以持有可再生能源发电项目的相关资产，一边用着清洁电，一边挣着电费（或分红），参与到中国"碳中和"事业和提升中国"能源民主化"水平中来，从能量生产、能量消费到能量销售收益分配全过程提高民众的参与度。

从增进人民福祉的角度而言，一个国家的人均能量使用量与人民的生活质量密切相关。能源史学者瓦茨拉夫·斯米尔（Vaclav Smil）对世界各国的能量使用情况进行统计，发现了一些普遍性的规律：当一个社会的年人均能量使用量达到40~50吉焦（1吉焦=10亿焦）时，人民就能在充足的饮食、基本的医疗教育等生活质量方面得到保证。如果想要达到世界最高标准，其中包括新生儿死亡率低于10%、女性预期寿命超过80岁等条件在内，那么人均能量使用量就要达到110吉焦以上。这一规律至少在中国得到了印证：2021年，中国一次能源消费总量52.4亿吨标准煤，1吨标准煤折合29.3吉焦的能量，那么折合中国人均能量使用量是109吉焦，这一水平大约是改革开放初期的5~6倍。2021年，中国新生儿死亡率下降至5.0‰，女性平均预期寿命突破80岁。而伴随着经济社会发展，如果想要进一步提升中国人均能量使用量水平，那么大规模利用可再生能源是能长期、可持续实现这一目标的最佳办法。

能源问题从来不仅仅关乎于能源。从更长远的角度来看，一种能源的兴衰往往还与一个国家的权力大小、一种货币的地位高低息息相关、荣辱与共。

近些年来，人民币在国际货币体系中的地位不断攀升，但在国际支付和各国外汇储备中的百分比依然只有个位数，在"石油—美元霸权"的时代，这一点并不让人感到意外。中国能否通过能源转型，长期大幅度减少全世界对石油等化石能源的需求，在跨国电力贸易体系中，助力提升人民币在国际货币体系中的地位，让我们拭目以待。

如果中国想通过碳中和和可再生能源转型，谋求更高的国际地位和更大的国际话语权，就必须先以本国为"试验场"，将可再生能源电力"发、储、输、配、用"的全部机制，特别是交易价格机制理顺，实现国内（可再生能源）电力交易的顺畅无碍、四通八达，才有可能通过这样"以省份代国家，以中国代全球"的超大型示范工程，吸引更多国家加入以中国为主导的、更复杂的、更多边的国际（可再生能源）电力贸易体系中来。

我们在此提出一种"可再生能源—电—特高压—电网互联—电力贸易—人民币—中国引领"的国际能源贸易金融体系转型战略之可能性，以终结当前"石油—管道和油轮—石油贸易—美元—美国主导"的独霸体系。

中国正在着力提升人民币在国际货币体系当中的地位。截至2021年年底，人民币国际支付份额超过日元，成为全球第四位支付货币。根据国际货币基金组织（IMF）数据，截至2022年第一季度，人民币在全球央行主要储备货币中排名第五。

未来的人民币国际化之路将与中国的能源贸易体系密不可分。为了规避用美元购买俄罗斯商品的限制，2022年6月，印度在不使用美元进行支付的贸易订单中，使用人民币交易的款项占总交易金额的31%。7~8月，印度各大企业自发使用人民币向俄罗斯大量购买煤炭、石油，有印度政府人士表示这种情况在以往非常罕见。9月，俄罗斯天然气工业股份公司同中国企业一致决定以卢布和人民币50∶50的比例支付天然气供应费用，实现去美元化。同月，中国人民银行与老挝银行、哈萨克斯坦国家银行分别签署了在老挝和哈萨克斯坦建立人民币清算安排的合作备忘录。同一时间，中国人民银行在《2022年人民币国际化报告》中表示将继续探索与其他东盟国家和周边国家开展本币结算（LCS）合作。11月，中国人民银行又与巴基斯坦国家银行签署了在巴基斯坦建立人民币清算安排的合作备忘录，这将有利于中巴两国企业和金融机构使用人民币进行跨境交易。

种种迹象表明，中国将率先从各个邻国开始，从能源贸易等领域开始，进一步推动人民币国际化。而将这一过程落实到具体的省份，我们会发现西部有可能成为"先行者"和"示范区"。以云南省为例，该省与周边国家经贸关系十分紧密，对东盟邻国的进出口占比均超过70%，使得人民币在其周边国家流通量较大，比如2017年，人民币在越南流通量达到1436.35亿元，在老挝、缅甸、柬埔寨都达到200亿元以上。截至2022年6月，云南省与境外106个国家建立跨境人民币业务，对已建交的南亚、东南亚国家实现全覆盖。但人民币在中国西南周边国家的流通仅限于边境接壤地区，主要用于小额边境贸易、边民互市等日常、零星的交易活动，比如中缅边境人民币结算占比95%以上，但边贸交易占比在对方全国贸易中占比仍较低。在老挝全部日常交易货币中，人民币只占到5%，人民币在其内陆地区的使用率远低于美元，在对方国家进行大额交易还是要换成美元，或者使用对方国家的本币。例如越南内地商业银行就不可办理人民币结算业务，只允许越南与中国接壤的边境省份商业银行开展人民币结算业务，这些都降低了人民币在境外流通规模大增的可能性。

虽然中方企业在边贸中希望优先使用人民币计价、结算，但很多企业在产业链中处在可替代性强的低端位置，在交易中议价能力不足，所以在选择结算货币时处于被动地位，制约了人民币跨境结算的发展。

如果想要在与东南亚国家的贸易过程中突破这一限制，就需要找到一种可供双方全社会使用、经由网络化媒介输送（比如管道、电缆）、打破边境地区物品贸易运输效率和距离限制的大宗交易商品，用于打通人民币"深入东南亚腹地"的贸易通道，就目前双方的贸易格局和东南亚发展需求而言，电力交易是其中非常有潜力的一个交易品种。

试想在不远的未来，中国建成了全球最大、最完备的单个国家电力市场化交易体系（覆盖中长期、现货、期货交易），中国还拥有独步全球的特高压输电技术，中西部地区基本完成了承接东部地区高耗能、高载能产业的迁移工作，且当地用电负荷进一步提高，另外"十四五"时期西部地区能源生产增量将占到全国的70%左右，而中国通过"一带一路"承建的中亚、东南亚国家的电力基础设施工程大量竣工投产，使这些邻国有能力生产出超过其本国所需的清洁电力，那么我们是否可以由此推论，中国与西北、西南方向的各个邻国之间，双方开展电网互联的意愿会进一步增强？中国中西部地区作为未来重工业发展的核心地带，是否有可能进一步成为吐哺整个中西部清洁电力乃至西部邻国清洁电力的一个电力枢纽？如果答案是肯定的，那么在由中国主导的发电装备体系、输电装备体系、电力交易体系的引领下，建设这样的跨国电力体系应该使用哪一种货币作为中亚—中国—东南亚电力交易大区的"电力锚货币"？最有可能的答案是：人民币。

但是这其中又出现了一个新问题：为什么经济较为落后的中西部地区会大大提高本地用电负荷？为什么中西部地区将承接更多东部地区高耗能、高载能产业的迁移？这个过程是通过行政命令来完成的，还是一个自发的过程？如果是前者，那么结果很可能不尽如人意。以西部地区的风光资源条件，中国很可能并不需要向邻国购电，那么通过人民币结算进口可再生能源电力的可能性就会大大降低,通过电力贸易助推人民币国际化可能性就不大。

但好在这个产业迁移的过程,将是未来40年一个具有内生动力的庞大工程。因为有了碳中和这个新约束条件,氢能将在中国高耗能产业用能格局的变革中扮演着至关重要的角色。

光伏为什么要制氢?

一般来说,人类消耗的能源主要有两大利用形式:一是用电,二是用热。很多工业生产领域的产品在生产过程中需要稳定的热源,比如钢铁、水泥、合成氨、乙烯、苯、甲醇等。而像水泥窑这样的工业大型窑炉是难以通过电实现加热的,所以很难靠清洁用电实现深度减排,其供能需求对化石能源的消耗依然较大。如果说电力碳中和是中国实现碳中和目标的必经之路,那么"非电碳中和"领域就是最后的百米冲刺阶段。如何有效利用光伏来为工业生产环节供热,从而实现超出电力范围的碳中和?光伏制氢成为最被看好的一种技术路径。

2020年全球氢消费量约7000万吨,其中95%用作化工原料,如石油精炼、制氨、制甲醇、冶金、食品加工等各行各业,但能源用氢占比较少。1千克氢气燃烧释放的热量相当于4升汽油或2.9千克天然气释放的热量。氢可以取代工业领域的一部分化石原料和化石燃料。比如炼铁过程中,还原剂可以不用焦炭而用氢,其副产物就是水,每生产1吨钢可以减少二氧化碳排放量1.8吨左右。

现在绿氢炼钢已经被欧洲的众多炼铁企业寄予厚望,蒂森克虏伯公司投资20亿欧元建设德国最大的直接还原铁工厂,预计每年将减少350万吨碳排放。如果欧洲炼钢厂的高炉—转炉生产流程(占欧洲产量的60%)全部转换为氢基直接还原铁流程,那么每年将减少1.96亿吨二氧化碳的排放。欧洲钢铁协会总干事阿克塞尔·埃格特(Axel Eggert)表示,1吨绿色钢材的价格一开始可能会比同类传统产品高出35%~100%，但随着时间的推移，预计绿色钢材将越来越具有竞争力。

目前电解产生1立方米的氢气需要5千瓦时的电，未来有望下降到2.8千瓦时，而电解水设备也能实现降本。业界认为，当光伏发电成本下降到0.15元/千瓦时的时候，用光伏发电进行电解水制氢，再用氢为工业生产环节供能，其成本相比于产生碳排放的煤制氢、天然气制氢等技术会更具竞争力。

2022年，工业和信息化部、国家发展改革委、生态环境部印发的《工业领域碳达峰实施方案》中指出，到2030年，富氢碳循环高炉冶炼、氢基竖炉直接还原铁、碳捕集利用封存等技术取得突破应用，短流程炼钢占比达20%以上。中国的宝武钢铁、河钢、酒钢等企业也在新疆、甘肃、河北等地积极布局氢能炼钢试点项目。但是有一个难题——氢气远距离运输成本高昂，运输距离超过500千米后，储运成本大多超过10元/千克，所以氢气就地或就近使用将成为未来的一个主要趋势，国内氢能示范应用也主要围绕工业副产氢和可再生能源制氢所在地附近（200千米以内）布局。另外，通过电解水制造绿氢的成本与可再生能源的度电价格密切相关，中国氢能联盟研究院分析了中国各个省市情况后发现，青海、内蒙古、甘肃和新疆四省（自治区）的可再生氢潜力接近或超过1万吨，而青海和内蒙古的可再生氢成本相比于当地煤制氢成本更低，所以中西部地区的光伏地面电站和风电场站在制氢规模潜力和电价这两点上具备一定优势。如果未来绿氢在冶金、化工行业得到大规模推广，很多新建工厂的选址很有可能会向大规模的风力发电站和光伏发电站所在地靠拢。

化工行业是中国主要高耗能行业之一，2017年占到中国终端能源消费量的19%，其中甲醇、合成氨、烧碱等前十大产品耗能总和占到化工行业能源消费量的63%。中国氢能联盟研究院预计，2030年西北地区炼化行业对可再生氢的需求量将达到169万吨，远超国内其他地区。西北地区有望成为全国最大的可再生氢生产和应用基地，还有可能进一步吸引相关的制氢、储氢企业，甚至下游的用氢工业企业向其转移。

在内蒙古的鄂尔多斯市，煤化工是当地的支柱产业之一，而绿氢产业未来有望重构煤化工产业，绿氢可以与捕集到的二氧化碳经过化学反应，衍生出甲醇、芳烃等新型化工产业。鄂尔多斯市提出到 2030 年达到 100 万吨绿氢的制造目标，其中 70% 将用于合成甲醇、合成氨领域。宁夏宝丰能源集团、圣圆集团、中石化和中国中煤能源集团，到 2025 年预计将总共为鄂尔多斯市贡献 65% 的投运绿氢产能。这四家公司是甲醇和氨产能的大型承购商。鄂尔多斯市在其氢能规划中提到，他们正在推动淘汰高碳排放的小型甲醇生产基地，并把这些产能重新分配给在鄂尔多斯市开发绿色化工项目的公司。当地正在利用其优质的风光资源，通过绿氢产业的完善进一步吸引下游化工企业转型、落户。在工业领域，除工业用电外，氢气供能（或作为还原剂）的使用场景有多宽广，可再生能源制绿氢的市场就有多大。

中国对内要推进碳中和目标的实现，完成碳排放双控的目标安排，对外要积极应对欧盟"碳边境调节机制"可能对我国上游工业品制造业带来的影响。未来钢铁、乙烯、苯、合成氨、二甲苯、甲醇、氢、电解铝等工业品类的生产企业有望从中东部地区向中西部地区迁移，而这些产品作为重要的工业原材料，有可能吸引并带动一批下游环节（可能是中间品，未必是终端消费品）的生产企业进行转移。《工业领域碳达峰实施方案》中指出："推进氢能制储输运销用全链条发展。鼓励企业、园区就近利用清洁能源。"方案还"鼓励有条件的地区利用可再生能源制氢，优化煤化工、合成氨、甲醇等原料结构"以及推进"强化产业协同，构建清洁能源与钢铁产业共同体"。2022 年 11 月，工业和信息化部等三部门联合印发《有色金属行业碳达峰实施方案》，方案指出："鼓励消纳可再生能源。提高可再生能源使用比例，鼓励企业在资源环境可承载的前提下向可再生能源富集地区有序转移，逐步减少使用火电的电解铝产能……力争 2025 年、2030 年电解铝使用可再生能源比例分别达到 25%、30% 以上。"

在光伏、风电、绿氢产业的牵引之下，这一上游重化工业产能的迁移过程，对中国乃至世界的影响可能会超出我们的想象。

西部到底是中国的什么？

过去，中国西部地区发展受限的一个重要原因在于陆运不畅，很多货物要先运到东部沿海港口再走海运运输到海外市场。但随着中欧班列、西部陆海新通道、"中老泰"铁路互联互通等西部地区国际运输基础设施体系的快速完善，以前的运输格局已经被打破。截至2022年11月，中老铁路全线开通不到一年时间，运输货物超过1000万吨，货物种类从初期的化肥、百货，扩展到光伏产品、电子、水果等1200多种。在中美贸易战的背景下，欧盟和东盟已经连续多年成为中国最大的两个贸易伙伴，西部地区制造业产品通过铁路运输、铁海联运、空铁联运等方式向这两大市场实现出口的吸引力大幅增加。

以光伏行业为例，自从2015年英利首次将1兆瓦组件通过中欧班列运送到德国汉堡，将海运35天的交期缩短到15天，至今已有隆基、通威、晶科、爱士惟、阳光能源等企业通过中欧班列将光伏产品运输到欧洲多个国家。《中欧班列发展报告（2021）》中指出，中欧班列运输费用约是空运的五分之一，运输时间约是海运的四分之一，非常适合交期时限短、货值较高的商品流通。

除了终端的组件，目前还有太阳能电池片、光伏玻璃、光伏支架等中间品和辅材通过中欧班列进行跨国流通。

2022年上半年，中欧班列运送货物的货值近3000亿美元，相当于中国同期进出口总值的10%左右，未来这一货值还将进一步得到提升。

2022年10月，中欧班列向欧洲首发新能源汽车专列。未来中欧班列将成为中欧之间新能源装备制造业高价值产品的重要物流通道。

除了中欧班列，西部陆海新通道也为中国西部地区的企业出口提供了便利条件。生产基地位于西南地区的光伏企业可以用"海铁联运"的方式，把云贵川等地的产品通过广西的钦州港、防城港出海到新加坡，或者在盐田港连接干线海船。从成都出发走这条路线，全程只需要一周左右的时间，费用只有传统绕道上海港路径的三分之一，改变了过去西部地区到东盟需要舍近求远、西货东出的局面，老挝到重庆的货物运输时间也从原来的 20 多天缩短到 4 天。

截至 2022 年 5 月，西部陆海新通道海铁联运班列货源覆盖我国 16 个省、自治区、直辖市，运输货物辐射 107 个国家和地区。在西部陆海新通道的助力下，中国与东盟国家的贸易额从 2017 年的 589 亿美元，增长至 2021 年的 1077 亿美元，接近双方贸易总额的八分之一。

颇具象征性意义的是，2021 年中越班列和中欧班列实现了联程运输，2022 年中国首次通过"西部陆海新通道班列＋中欧班列"的运输模式，将广东的货物通过广西发往乌兹别克斯坦。目前中国已经实现了中欧班列与西部陆海新通道、长江黄金水道、沿海港口的无缝衔接，构建了连通东亚、东南亚与欧洲的海铁联运新通道，打通了"东盟—中国—欧盟"三者之间的全局联络网。

就像美国国家情报委员会顾问帕拉格·康纳（Parag Khanna）所说："供应链大战的目的不在于征服，而是要与世界上最重要的原材料、高科技和新兴市场建立起物理和经济上的联系。在供应链大战中，基础设施、供应链以及市场就像是领土、军队和防御阵地。最强盛的国家不一定能赢，互联互通程度最高的国家才能取得胜利。"在供应链的世界中，谁占有领土并不重要，重要的是谁正在使用。

除了物流基础设施互联状况的日益完善，贸易互联的政策面态势也积极向好。据中国海关总署 2022 年上半年的统计，在《区域全面经济伙伴关系协定》（RCEP）实施的半年以来，我国出口企业可享受进口国关税减让金额为 7.1 亿元。联合国贸易和发展会议（UNCTAD）预测，RCEP 将使成员国之间的贸易增加 420 亿美元。

中国作为亚洲国家中重工业门类齐全、规模庞大、产品价格低廉的制造重心，可以抓住这一历史机遇，进一步推动加强"环中国供应链"的形成。未来，西部地区可以通过消纳中国中西部地区、中亚国家、东南亚国家的清洁电力，产出各类工业基础原料，供给轻工业等下游制造业（比如越南的制鞋业），使亚洲东部地区的制造业供应链产生更加稠密的内部网络连接，使中国供应链的强韧性进一步拓展成为中东亚地区供应链的强韧性，从而回答一个后疫情时期被频繁提起的问题：中国供应链是否面临向外部大规模迁移的风险？我们的答案是否定的。能源互联是未来碳中和时代可再生能源高比例并网之后促进消纳的必然选择，而中国在"碳约束"条件下主动加强西部地区重工业体系的建设，又通过各种方式加强了与整个东南亚和欧洲的陆路货运体系建设。所有这一切都意味着，中国担心的不是部分制造业企业是否会将某些环节迁出中国，而是自己同整个欧亚大陆的联系还不够紧密。我们的目标是让这片大陆上可利用的一切生产要素更充分地流动，让中国的西部地区成为中国东部、周边邻国乃至更广袤地区的工业上游引擎，把中国的工业化经验扩散到其他地区，与它们各自的资源优势相结合，形成产业链上下游梯度合作。这不仅有利于中国提高产业链的全球化韧性，也能一定程度上抵御部分国家和地区偶发的贸易保护主义政策冲击，还能形成与各地区产业和而不同、协同发展的新局面，带动更多国家通过制造业的繁荣发展促进本国就业，改善人民物质生活水平，促进国家间的和平与稳定。这也是中国作为欧亚供应链关键力量的责任与担当。

2020年，晶科董事长李仙德写下这样一段话："如果说上一波的地区经济红利来自地理优势，近海则通商，那下一波就是哪里有最干净、最便宜、最智慧的电，哪里就会吸引制造业，哪里有制造业，哪里就会有工作机会。"但是建设电站并不是容易的事。比如恩菲的严大洲就曾说："多晶硅企业在新疆建厂也是不得已而为之，那里的条件实在是太艰苦了，夏天地面温度达到60多摄氏度，走在路上鞋底都是软的。冬天极端气候条件下气温达到零下42摄氏度。我特意称过，穿在身上的棉袄足足6斤，比家里的被子还要重。那是个冬夏最大温差超过100摄氏度的地方。为了降低生产成本，企业去了条件这么艰苦的地方，赚点钱真的不容易。"所以总体来说，西部地区更适合对能量集群和物质集群依赖程度较高、对信息集群（高级人力资源）依赖程度较低、人均产值较高（劳动不密集）的产业发展。

如果你认可以上过程的"沙盘推演",就会发现以西部地区为枢纽的环中国供应链布局就像是中国光伏产业地理发展格局的一个放大版。

现在,中国大量的多晶硅和硅片产能集中于西部地区。2021年,中国硅片出口前三大国家都位于东南亚,分别是马来西亚、越南、泰国,三者合计占出口总额比重的69.3%,这些都是东南亚光伏生产基地的主要国家;而中国出口硅片的第四大国家是韩国,占比为15.2%。

硅片作为中国已形成产能垄断的光伏"中间品",在全球贸易流通中,几乎全部流向了中国的周边国家,这意味着在硅片下游的电池片产能布局也位于亚洲并环绕着中国。

2021年,电池片全球前十的企业全部来自中国,全球85.1%的产能在中国,其他产能被中国的邻国和周边地区瓜分,亚洲之外的电池片产能占比不足0.3%。我国出口的电池片,按出口额统计,有85.9%出口到亚洲其他国家,其次是欧洲的11.4%。我国对土耳其、韩国、越南、印度、马来西亚这前五大国家的电池片出口额均超过1亿美元,占电池片出口总额的70.7%。

在组件环节,从2017年到2021年,东南亚光伏工厂占全球光伏组件出口的三分之一,主要针对欧美国家。而在不受欧美制裁的巴西、印度等国,中国组件市场占有率超过90%。另外,土耳其本土光伏组件制造产业发展迅猛,组件产能超过4吉瓦。2021年9月,中电科电子装备集团有限公司(中电48所的母公司)旗下的湖南红太阳光电科技有限公司在安卡拉承建完成了500兆瓦的光伏项目,是涵盖拉晶、切片、电池、组件各环节500兆瓦的全产业链交钥匙工程。土耳其正在成为欧洲以东地区光伏组件制造产业的"领头羊"。

未来,中国还会有多少个制造业门类会像光伏一样,生产出上游原料、设备和各级中间品,在满足国内下游需求的同时,成为引领周边国家制造业发展的动力和引擎?让我们拭目以待。

配额制与后补贴时代

过去很多年来，光伏每一年的总装机容量都是由国家有关部门确定的，虽然地方政府在实际操作中会超出这个限制，但"蛋糕有多大"还是一个范围比较明确的事情，因为通过补贴总量、发电总量能倒推出新增的纳入补贴名录的装机容量。但是未来国内光伏不再存在补贴，是否意味着光伏电站可以无限量建设呢？在平价上网时代，光伏市场的规模又由谁来定？

国家发展改革委在 2021 年 5 月 11 日发布的《关于 2021 年新能源上网电价政策有关事项的通知》中指出，风电、光伏发电保障性并网规模下限为 90 吉瓦，不设上限，也就是说全国有 90 吉瓦风光发电是可以按照当地脱硫煤上网电价，按照一定的发电小时数（比如 800 小时以内）实现保障性收购，而超出保障收购小时数的部分，以及不参与保障性并网的项目，由于售电价格可能低于火电，所以国家持放开态度，这意味着电站建设规模可以是无限的。那么是不是从此以后，只要打平或低于当地的脱硫煤上网电价，光伏电站就可以无限建设、无限扩张呢？

关于这个问题的答案，我们要从 2022 年夏天的四川限电说起。

2022 年夏季四川连续多日的缺电、限电，让全国人民都知道了水电对四川供电系统的重要性。以前人们通常认为，年发电小时数达到 3000 小时以上的水电是一种相对稳定的电源，甚至有人将水电、火电、核电并列为电网中的三大支柱性电源。但 2022 年的川渝大旱让人惊诧地意识到：水电终究也是"靠天吃饭"的一种电力形式，尤其在未来极端天气频发的背景下更是如此。

因为夏季干旱，2022 年四川降水比往年降低了 40%，多个水库进入死水位，中国华电集团四川公司表示 2022 年平日发电量只有往年水量好时的一半。

截至 2021 年，四川水电装机容量占四川总电力装机容量的 78%，水电占全省总发电量的 81.6%。也正因为多年来四川水电的充沛、廉价，四川在发展风电、光伏发电等非水可再生能源的时候显得动力尤为不足。从2014年到2021年，四川水电发电量保持在82%以上，风力、光伏发电量从不足0.1%缓慢增长到3%。2019年和2020年，四川光伏新增装机容量只有70兆瓦和30兆瓦，相当于1~2个光伏地面电站项目的容量。

那么展望未来，是不是像四川这样的水电大省，如果没有这次大规模限电，它就可以永远不建设光伏电站呢？

实际上，为了在平价上网时代进一步引导光伏、风电的制造业和发电行业有序健康发展，国家选择的方式是"给市场"，但不再由国家来划定蛋糕的大小，而是要求各省每年都按一定百分比提高可再生能源在本省用电量当中的比例，这种方法也叫"配额制"。也就是说，如果随着经济社会发展，某省用电量需求增加，那么该省可再生能源发电量要增加得更快才行，最终年复一年积累下来，实现各省对可再生能源的高比例使用，从而实现全国电力系统当中可再生能源发电量占比更高的目标。

但是配额制存在一个缺陷，如果只是规定各省完成可再生能源发电量占比的目标，那么像四川这样的省份早就已经超额完成了，但四川还是出现了严重缺电的问题，这充分说明了在诸如持续缺水、无光、少风的天气条件下，用单一种类的可再生能源存在着严重缺电的隐患。所以针对这种情况，国家在可再生能源配额制的基础上，进一步推出了非水可再生能源配额制要求。

从2016年开始，国家能源局、国家发展改革委先后颁布扶持和确立可再生能源发展的文件。首先，国家能源局下发《关于建立可再生能源开发利用目标引导制度的指导意见》，为各地制定了非水可再生能源电力消纳量比重指标，将2020年9%的目标分解为5%~13%不等的地方指标。2017年，为了在2020年实现全国有效解决"弃水、弃风、弃光"的问题，国家出台可再生能源电力消纳整体方案，首次明确配额制考核主体。2018年，国家能源局发布《可再生能源电力配额及考核办法（征求意见稿）》。2019年，国家发展改革委、国家能源局联合印发《关于建立健全可再生能源电力消纳保障机制的通知》，正式推出了可再生能源电力消纳保障机制，分省设定消纳权重。2021年2月，国家能源局下发《关于征求2021年可再生能源电力消纳责任权重和2022—2030年预期目标建议的函》，规划了未来十年的可再生能源电力消纳责任权重。为确保完成2030年非化石能源占一次能源消费比重达到25%的目标，2030年全国统一可再生能源电力消纳责任权重设定为40%，其中非水可再生能源电力消纳责任权重为25.9%，相当于在2021年非水目标12.7%的基础上，此后9年每年提高约1.47个百分点——这就是我们说的"给市场"，是通过政策引导人为创造出一个对清洁能源电量的需求。在风电、光伏发电平价上网时代，作为替代"标杆电价"和补贴政策的可再生能源重要支持措施，配额制将重点激励对象从发电侧转向了消费侧。

可以简单估算一下，假设未来几年当中，某一年中国的全社会用电量达到了10万亿千瓦时（2021年是8.3万亿千瓦时），那么提高1.47%就是提高了1470亿千瓦时电。如果这些电全部来自光伏发电，按照2021年平均发电小时数1163小时计算，需要新增的光伏装机容量为126吉瓦。按照容配比1.2∶1来计算，为了完成非水可再生能源电力消纳责任权重目标，光伏组件年需求会达到152吉瓦，但实际上这1470亿千瓦时电是要风电、光伏发电共同保证的，所以国内光伏组件年需求不会达到152吉瓦，可能在100吉瓦上下浮动。

比较有趣的一点是，可再生能源电力消纳权重和非水可再生能源电力消纳权重的"进阶"方式是不同的，前者采取的是"一刀切"政策，即所有省份到2030年完成本省份可再生能源电力消纳占比40%的目标，每用100千瓦时电必须有40千瓦时电来自可再生能源。无论目前各省份"禀赋"如何，底子差的就要多用功，但底子好的也不能放松。比如四川2021年实现80.4%的可再生能源电力消纳，远超40%，但其非水可再生能源用电量只占7.1%，2021年年底四川累计光伏装机容量在所有省份当中排名倒数第三。所以针对这种情况，国家在非水可再生能源电力消纳权重分配上没有进行"一刀切"，而是要求大家步伐一致、共同进步，即每年各自提高约1.47个百分点，这样全国每年在非水可再生能源电力消纳方面就可以提高 1.47 个百分点,直至 2030 年提高到 25.9% 的水平,当然此时全国各省份的非水可再生能源电力消纳比例仍将各不相同。按照国家能源局的测算,如果要达成这一目标,意味着从 2021 年至 2030 年,中国非水可再生能源电力消纳量会从 1 万亿千瓦时增长到 2.85 万亿千瓦时,其增长量相当于满足 2021 年全中国 81 天的用电量。

2021 年 5 月 25 日,国家发展改革委、国家能源局正式发布《关于 2021 年可再生能源电力消纳责任权重及有关事项的通知》,其中对绝大多数省份 2021 年的目标权重最低值做出了调整,下降 0.5～5 个百分点不等。其中重庆和四川下降幅度最大,都降低了 5%,而只有福建一个省份提高了 1%,改变了所有省份"全看齐"的方式。而且正式通知规定"当年未完成消纳责任权重的,可以将未完成的消纳责任权重累积到下一年度一并完成"。对超额完成激励性权重的,在能源双控考核时按国家有关政策给予激励。另外,如果一个省份超额完成了当年的消纳责任权重,那么之后它就可以把自己的"超额消纳量"卖给别的省份。

与配额制相辅相成的,出现了一种叫"绿色证书"的东西,是国家给发电企业颁发的电子证书,每 1000 千瓦时可再生能源上网电量可以换取一张绿色证书,各类市场主体,包括我们普通人都可以自愿认购绿色证书。目前绿色证书核发的对象覆盖风电、光伏发电、水电、生物质发电、地热能发电等可再生能源发电行业。

2021 年,只有甘肃和新疆没有完成最低可再生能源电力消纳责任权重,分别差 2.6 和 1.8 个百分点,而新疆是唯一一个没有完成可再生能源电力消纳责任权重和非水可再生能源电力消纳责任权重的省级行政区域。其原因可能包括 2021 年甘肃汛期来水偏枯,水电发电量减少,新疆自备电厂和兵团电网消纳量占比较低,当然也包括甘肃、新疆外送可再生能源电力较多的缘故。国家能源局要求甘肃省能源局、新疆维吾尔自治区发展改革委和新疆生产建设兵团发展改革委研究提出未完成消纳责任权重的解决措施。

一般来说,国家允许没有完成目标的市场责任主体通过购买其他主体的超额消纳量或者购买绿色证书这两种方式完成权重目标，也就是说"差生"可以找"学霸"来"买分"实现达标要求。这是一种鞭策机制，激励更多省份靠"自力更生"来完成目标，而不要总为"拖国家后腿"支付额外的成本。比如2021年，国家电网公司和南方电网公司针对2020年的可再生能源电力超额消纳量组织过省间交易，当时青海、河南之间完成了12亿千瓦时非水可再生能源电力超额消纳量交易，浙江、宁夏之间完成了12.55亿千瓦时的同类交易。

2021年，国家在风力发电、光伏发电项目建设管理政策中提出并实施了一项新的机制——"并网多元保障机制"，即将所有新核准的风电和新备案的光伏项目分成两类，一类是各省份为了完成年度非水可再生能源电力最低消纳责任权重所必需建设的新增并网项目，其作为保障性并网项目，当年建设规模不得低于90吉瓦；另一类是除此之外，开发企业仍有意愿建设的并网风力发电、光伏发电项目，可以通过自建、合建共享或购买服务等市场化方式落实并网条件后，开展项目建设，由电网企业予以并网。

我能投资光伏电站吗？

2018年结束以后，中国光伏电站装机容量前十的企业出现了一波"大换血"：除协鑫、晶科、正泰这3家民企外，剩下7家分别是国家电投、中节能、中广核、三峡、华能、华电、北控清洁能源这样的央（国）企。截至2021年年底，根据行业媒体光伏们的统计，全国42家主流光伏电站投资商持有的光伏电站规模达到全国光伏总装机容量的55%，为170吉瓦。在这42家企业当中，央（国）企持有规模为143吉瓦，占比84.1%，民企持有规模仅为27吉瓦，占比15.9%，正泰成为前十大光伏投资商当中唯一的民营企业，同时也是全球最大的户用光伏资本运营商。

2021年是光伏历史上电站交易最活跃的一年。随着光伏电站收益率进一步降低，光伏制造龙头企业持有电站这样的重资产，在长期资金成本方面并不占优势，但可以发挥它们获取电站资源方面的灵活性优势，通过滚动开发而非长期持有的模式，一方面销售组件、逆变器等核心设备，另一方面把保留长期运维服务作为条件，把光伏电站出售给央（国）企为主的收购方。

根据公开数据不完全统计，2021年国内光伏电站资产交易规模超过6.9吉瓦，其中主要卖方为协鑫、晶科、正泰、东方日升等制造业民企，而收购方多为国家电投、三峡新能源、京能集团、中核集团等央（国）企。

根据彭博新能源财经的数据，截至2021年，我国新能源发电项目建设清单中，项目方性质为央（国）企的项目占比超过六成，是银行信贷业务开展的主要对象，而占比近四成的民企项目方难以通过现有的银行信贷体系获得融资。

从2009年到2019年，"五大四小"发电企业的新能源装机容量从25.39吉瓦增长到162.98吉瓦，十年增长了541.91%。

但央（国）企并不是"机器猫"，它们的资源也有限，需要长久地经营下去。新能源电站同其他固定资产投资一道，成了央（国）企身上一个不小的包袱。截至2021年年底，五大发电集团的总资产都在接近1万亿元到2万亿元的规模，除了国家能源投资集团的资产负债率在60%以下，其他4家央企的资产负债率都为72%~76%。

随着国内风电、光伏发电装机规模的不断扩大，如果进一步指望央（国）企大规模收购、持有新能源电站资产，就必须想办法妥善解决央（国）企资产负债率高企的问题，否则这个过程是难以为继的。那有没有什么办法，能帮助央（国）企降低资产负债率呢？读者可以回想一下尚德投资环球太阳能基金并将相关电站资产在财务报表上"一把折现"的故事。央（国）企过去长期持有的电站资产，能不能通过某种方式即时变现、回笼资金呢？这个问题不仅关乎央（国）企的利益，还关系到每个人的"钱包"。

2018年，支付宝突然上线了一个小程序，名叫"一度店"，老百姓可以在上面购买共享光伏电站。平台上已经拥有1288座户用光伏电站，每座电站装机容量在 10~50 千瓦，平台宣传其年化发电回报率是 6.5%（当年余额宝收益率跌至 2.5%），10 元就可以起投，还表示这是资产购买，不是理财产品，但依然有超过 36000 人拼购了电站。结果上线刚刚 3 天，"一度店"小程序就被下架，用户暂停购买。

事实上，在分布式光伏迅猛发展的几年当中，有很多平台像支付宝和彭小峰的 SPI 一样，希望能为电站投资方解决融资难的问题，但在监管对这一新模式的覆盖尚不到位的情况下，仅仅通过民间平台进行集资、众筹等方式来购买、持有光伏电站，可能存在很多问题：有的平台号称自己是第三方，实际上是为自己的项目融资；有的平台在国家补贴不能及时到位的情况下盲目夸大宣传投资光伏电站的收益率；有的平台对上线项目的审核把关不到位，投资者可能投资劣质电站，导致无法收回本息造成损失。那么现在或者将来，有没有可能出现一种合法、合规的方式，能够让普通人也能像买基金、买债券一样，通过投资光伏电站资产，分享到光伏发电带来的收益分红呢？答案是肯定的。

我们知道，个人或家庭的投资理财，往往是用手中不急于消费的钱实现财富的保值增值。财富管理的目的，是在人的整个生命周期当中将总消费能力较为平滑地分配到各个阶段，提升人在整个生命周期中总的消费满意度。常见的大类资产包括现金、股票、债券、外汇、金融衍生品、大宗商品、不动产和实物资产等。单一类型的资产无法满足投资者全部的需求，比如，股票的收益率可能很高，但收益波动过大，现金的流动性强，但难以实现保值增值，等等，所以优化配置资产结构就成为很多投资者的重要诉求，而优质的投资市场理应能够提供多元的、优质的金融产品。

在中国，有一类方兴未艾的金融工具正在受到机构投资者的高度关注，中文叫"不动产投资信托基金"（Real Estate Investment Trusts，REITs）。它类似于封闭式的共同基金，但投资标的物是不动产，比如高速公路、酒店、商场、产业园、5G 基站、水电站，当然也可以包括光伏电站。作为一种投资基金，它运作的方式是通过发行收益凭证将投资者的资金汇集到一起，交给专业的投资机构进行不动产投资经营管理，之后把投资收益及时地分配给投资者。它的核心是以不动产产生的长期、稳定的现金流作为主要的收益来源。

虽然REITs听上去让人觉得陌生，但它离我们一点儿也不遥远。所有去过北京王府井的人都知道，这里有个东方广场，建筑非常长，从王府井地铁站一直延伸到东单地铁站，包括东方新天地商场、东方君悦酒店、东方经贸城写字楼、豪庭公寓等。这整个广场其实就是一个REITs项目，叫汇贤产业信托，它持有的物业就是王府井东方广场（后来还加入了其他项目），这是在香港上市的第一个以人民币计价的REITs项目，这个项目的大量份额都是由香港市场上的投资者持有的。REITs项目每一年都会给投资者"分红"，也就是以股息的方式将绝大部分收益支付给投资者，一般上市REITs项目要把90%以上的净收入拿来分红，企业只保留不到10%，所以相当于东方广场的酒店管理者、商场经营者，一年到头都是在给REITs项目的投资者打工。

类似这样的项目与光伏行业有什么关系呢？事实上，中国正在推动光伏电站、风电场等能源基础设施成为REITs项目进行上市。上市以后，电站每年的电费收益，其中绝大部分就都可以由普通投资者共享。

那为什么电站投资方要放弃掉自己未来预期可以拿到的电费收入，选择将光伏电站以REITs项目的形式上市呢？以集中式光伏电站为例，如果按照传统的不动产投资方式，由于投资体量大，风险特性多样，生命周期和投资回报周期长，其融资大部分是由商业银行体系承担的，而银行的贷款期限往往无法达到光伏电站生命周期的长度，所以企业在投资、持有电站期间往往存在融资期限错配、流动性错配和信用错配等问题，出现借短期的钱投资生命周期几十年的电站项目（短贷长投）的情况出现。而过去数年间的电价补贴拖欠情况更加剧了企业融资还款的紧张程度，很多电站作为不动产资产的风险聚集在银行的资产负债表上。

目前中国绿色金融工具发展严重"偏科"。2018—2020年，中国绿色信贷在绿色融资总量中的占比约为90%。如果长期以信贷为主导，其余金融工具发展规模受限，那么就存在一部分绿色投资需求被抑制的风险。

中国提出了"双碳"目标之后，我们亲眼见证了中国光伏新增装机规模的跨越式发展。未来几年当中的某一年，中国光伏新增装机容量就有望首次突破100吉瓦，意味着当年有1亿千瓦的光伏电站并网装机，按照4元/瓦左右的投资计算，总投资规模高达4000亿元人民币左右。可以预见的是，在未来直至碳中和目标实现的过程中，光伏电站的投资规模仍将持续扩大。《中国证券报》指出，未来十年，中国的风电和光伏发电两项就对应着7万亿~8万亿元的累计投资需求。而新能源基础设施行业整体负债率仍然处在66%以上的高位。2021年中国光伏行业融资环境持续改善，27家光伏企业在A股和港股资本市场使用权益融资方式募资，涉及28个项目，使用工具包括IPO（首次公开募股）、定增、可转债，募资金额达到1058.33亿元，然而其中电站环节的募资金额只有区区13亿元，远不及各制造业环节动辄百亿元以上的募资规模，只占到总融资金额的1.2%，说明大部分光伏企业不愿意使用融资成本较高的方式为光伏电站项目"输血"。2015年李俊峰就指出："同样建设一座光伏电站，欧美、日本等地区的融资成本在3%以下，而在中国，成本高达8%~10%。"如果不利用好REITs等投资回报生命周期较长的不动产投资工具，仅仅依靠现有的绿色债券、绿色信贷等金融工具，只能解决部分新能源不动产的融资需求，碳中和实践落实到能源领域的巨量投资在宏观上势必会增加整个金融体系的风险。

而从光伏电站投资者收入情况的角度而言，随着"光伏扶贫"的完成和"整县推进"的逐步推进，目前国内在老百姓当中，真正持有光伏资产的主要人群是中低收入阶层和农村人口。很显然这样的人群分布和收入分布情况是无法满足中国庞大的光伏投资需求的。但平均收入水平更高的城市人口由于主要居住在居民楼当中，直接在楼顶投资、安装分布式光伏设施存在诸多障碍，比如需要征得楼内大多数业主签字同意，这些障碍是与城市化特点相伴生的。

在美国，由于很多中产和富裕家庭在城市近郊购置独栋房屋，所以其居住环境与中国有所不同，在城市工作的高收入人群安装户用光伏的条件更为便捷。根据美国能源部的统计，美国直接安装户用光伏系统的家庭中，只有14%的家庭年收入低于5万美元，中产以上家庭占了多数，而中国暂时不具备这样的条件。俗话说，对财富的渴望永远是最好的老师。如果想要在中国激活城市人口对光伏项目进行投资，有效吸纳中产阶层以上人口手上的闲置资金，就需要将收益率较好的光伏电站项目转化为类似股票和公募基金一样能够方便投资的资产项目——这正是REITs可以施展拳脚的一片天地。

REITs资产的特点，不在于它能让人"一夜暴富"，而在于它是一种优质的抗通胀资产，并与其他资产的波动呈现弱相关性。相比于传统的房地产投资，REITs具有更高的流动性、更低的交易成本和交易门槛，使得各收入阶层的家庭参与不动产资产配置成为可能，让个人投资者也能享受到国家经济和不动产市场发展的红利。在未来较为健全、完善的REITs投资环境中，其完全可以作为众多普通投资者在股票、债券、现金之外的第四大类资产进行配置，有望帮助投资者改善投资组合的整体表现。REITs是共同富裕的"锚"，可以让全体老百姓共享经济社会发展成果。REITs将成为社会财富不断积累的"蓄水池"，通过养老、医保、主权基金等机构投资者，将回报源源不断地分享给全体老百姓。

以海外市场为参照，2010—2019年这十年间，美国、欧洲、日本、新加坡、澳大利亚REITs指数的复合年化收益率分别是16.4%、11.3%、13.0%、9.5%和14.4%，高于同期对应国家或地区股票市场的收益率。

在国内，首批公募REITs产品受到了市场的热烈追捧。2021年5月31日，首批9只公募REITs产品正式向公众投资者发售。开售首日，这些产品公众部分的份额均获得大比例超募。有的基金发售上限只有0.89亿元，结果却被认购了60亿元，多只基金超募30~60倍。这足以说明中国投资者对优质REITs项目进行投资的渴望和热情。截至2022年9月底，已上市REITs项目募集资金580亿元，总市值696亿元，回收资金带动新项目总投资额近3300亿元。

按照金融学的基本法则，像光伏电站这样的实物资产，它的价值取决于它所能带来的未来现金流的净现值。REITs的本质就是把成熟的不动产物业在资本市场上进行证券化，使不动产既具有金融属性，又具有不动产属性，可以将其理解为不动产资产的IPO，对前期投资给予退出的可能和流动性安排。换句话说，投资者如果不想持有REITs份额，可以实时交易转手；如果愿意长期持有，就可以坐等股息收益。

早在数年以前，擅长开发海外光伏电站项目的阿特斯就先行在日本布局了REITs。2017年，阿特斯太阳能基础设施基金（CSIF）在东京证券交易所基础设施基金市场正式挂牌交易，成为该交易所上市的基础设施基金指数的组成部分，目前是在其上市的规模最大的光伏REITs。

阿特斯在日本持有的多个光伏电站项目都取得了政府给予的"标杆上网电价"，并且没有被类似国内的补贴拖欠问题困扰，项目的发电收益和现金流情况较好。比如2019年年底，阿特斯以45.69亿日元（约合4210万美元）的价格，将位于日本静冈县伊豆市的一座运营一年的10.8兆瓦光伏电站出售给了CSIF。根据为期20年的上网合同，东京电力公司以每千瓦时36日元（约合0.33美元）的价格收购电站所发电力。阿特斯通过REITs回收资金近3亿元人民币，相当于出售每瓦电站实现收入27.33元。同时REITs投资者可以享受电站标杆电价带来的收益分红，实现了"国家清洁发电+企业快速变现+投资者长期分红"的三赢局面。

瞿晓铧认为，随着电价不断上升（工商业电价体现较为明显），国内光伏电站REITs的条件越来越成熟，能够促进融资成本不断降低。

近两年来，国家以前所未有的密度出台各项政策，支持并鼓励REITs发展。2021年3月，"推动基础设施领域不动产投资信托基金（REITs）健康发展"被写进了《中华人民共和国国民经济和社会发展第十四个五年规划和2035年远景目标纲要》这份重磅文件中。《"十四五"可再生能源发展规划》中也提出："丰富绿色金融产品和市场体系，开展水电、风电、太阳能、抽水蓄能电站基础设施不动产投资信托基金等试点。"

2021年7月，国家发展改革委印发《关于进一步做好基础设施领域不动产投资信托基金（REITs）试点工作的通知》（简称"958号文"），在其《基础设施领域不动产投资信托基金（REITs）试点项目申报要求》中提到试点包括能源基础设施行业，其中包括风电、光伏发电、水力发电、天然气发电、生物质发电、核电等清洁能源项目，特高压输电项目，增量配电网、微电网、充电基础设施项目，分布式冷热电项目。"958号文"还要求：各地国家发展改革委要组织发起人等有关方面选择优质项目，纳入全国基础设施REITs试点项目库。首次发行的基础设施项目当期目标不动产评估净值原则上不低于10亿元；项目运营时间原则上不低于3年；近3年内总体保持盈利或经营性净现金流为正；预计未来3年净现金流分派率（预计年度可分配现金流/目标不动产评估净值）原则上不低于4%等。

换句话说，吸引民间资本"众筹"光伏电站，解决企业融资难的问题，归根结底不是中国"要不要做"的问题，而是"由谁来做"的问题。由国家出台政策对优质的光伏电站等基础设施项目进行严格筛选，才能充分保障普通投资者的合法权益。而这样的监管审核能力，是支付宝"1度店"和彭小峰的SPI这样的民间融资平台难以企及的。

2022年4月26日，中共中央总书记习近平主持召开中央财经委员会第十一次会议，研究全面加强基础设施建设问题。会议提出，要适应基础设施建设融资需求，拓宽长期资金筹措渠道，加大财政投入，更好集中保障国家重大基础设施建设的资金需求。

2022年5月，国家发展改革委、国家能源局印发《关于促进新时代新能源高质量发展的实施方案》，其中第二十一条明确提到："研究探索将新能源项目纳入基础设施不动产投资信托基金（REITs）试点支持范围。"

2022年5月19日，国务院办公厅印发《国务院办公厅关于进一步盘活存量资产扩大有效投资的意见》，再次提到聚焦盘活存量资产重点方向，重点盘活存量规模较大、当前收益较好或增长潜力较大的基础设施项目资产，其中就包括"清洁能源"。

2023年3月14日，中国首只光伏REITs——中航京能光伏REITs公开发售。当日，公众投资者认购金额达292.54亿元，与公众初始发售规模1.85亿元相比，认购倍数达158倍。其基础设施资产为陕西榆林的300

兆瓦光伏发电项目和湖北随州 100 兆瓦光伏发电项目。两个项目年发电收入合计超过 4 亿元，具有较好的经济效益，湖北随州光伏项目一直保持 100% 的发电消纳，而陕西榆林光伏项目消纳水平接近 95%。

在可期的未来，随着上市的优质 REITs 项目越来越多，国内很有可能还会推出 REITs 指数基金。普通投资者如果"抢购"不到 REITs 项目，还可以购买 REITs 指数基金，就像购买股票型指数基金一样，交给专业的基金主理人来帮你理财。这将进一步降低 REITs 投资的门槛，扩大普通投资者参与 REITs 的范围。根据美国房地产投资信托协会（NAREIT）测算，2001—2019 年，（直接和间接）持有 REITs 资产的美国家庭占比从 22% 左右增长至 44%。在 2022 年 11 月举行的"2022 中国资产管理年会"上，上海证券交易所提出，在中国境内 REITs 市场快速发展的背景下，探索以 REITs 为标的的 ETF（交易型开放式指数基金）产品。

北京大学光华管理学院院长刘俏预估，中国境内的公募 REITs 市场规模将达到 5 万亿~14 万亿元。截至 2020 年年底，仅光伏发电和风电领域的存量项目规模就达到 2.6 万亿元。以 2020 年的股息率为参考，符合 REITs 上市要求中"未来 3 年净现金流分派率原则上不低于 4%"条件的资产规模有水电 448 亿元、风电 4395 亿元、光伏发电 2015 亿元。除了光伏电站之外，碳中和体系当中涉及的特高压输电设施、风电场、抽水蓄能电站、电化学储能电站乃至氢能源相关设施等新能源基础设施，未来都有可能成为公募 REITs 项目。

国际可再生能源机构预测，2021—2050 年，可再生能源年均需求投资近 1 万亿美元，是 2020 年 3000 亿美元的约 3 倍。不只是对中国，REITs 等具有高度契合可再生能源项目特点的金融工具对于吸引社会资本进入全球可再生能源领域投资将发挥巨大的带动作用。

回溯能源革命与工业革命交织的历史，我们会发现金融革命是其中常常被忽略，但发挥着重要作用的一条暗线。中央财经大学绿色金融国际研究院能源金融研究中心主任孙李平指出，金融一直是能源革命背后的关键推力。在工业革命前夕，英国的乡村银行兴起，从英国农村的地主手中吸纳了大量储蓄存款，而当时利用燃煤蒸汽机的工厂具有明显的生产效率优势，因此成为乡村银行重要的投资对象，企业家发现通过投资生产研发可以获取超额收益，进而引导了更多资本投向技术创新，由此巩固了"煤炭＋蒸汽机＋工厂机器"在英国社会的地位。英国金融业也受惠于此，支持工业革命的地方私人银行取得快速发展：1750年伦敦以外的银行店铺不超过12家，到1838年就超过了1200家。可见，在能源转型与变革时期，能源、工业和金融三者的发展有着相互促进的关系。2022年，《中国证券报》就发文指出："基础设施建设要适度超前，不能等堵车了再修路。而能源基础设施更是基础中的基础，是经济社会发展的动力，对布局的前瞻性提出了极高的要求。公募REITs作为基础设施盘活存量带动增量的工具，承担着基建超前发力的时代责任。"当今时代，就新能源基础设施和基础设施公募REITs两者而言，前者是社会发展变革的战略引擎，后者是推动基础设施发展的助燃剂，二者的紧密结合必将是一场具有广阔前景的"双向奔赴"。

但是截至2023年年初，在整个以新能源为主体的新型电力系统当中，还有一些关键性的问题亟待解决，比如令所有人头疼的补贴问题。如果补贴问题不解决，那么过去十几年间中国兴建的大量光伏电站将与REITs无缘，因为连最基本的财务模型都无法正常建立，更遑论作为优质资产上市。

2022年，国家针对可再生能源发电补贴拖欠严重的问题，给出了"终极性"的解决方案：第一，2022年3月，国家发展改革委、财政部和国家能源局发布《关于开展可再生能源发电补贴自查工作的通知》，在全国范围内核查可再生能源发电项目，摸清可再生能源发电补贴底数，取消不合规项目的补贴电价，减轻补贴压力。比如有多少"630抢装"的项目实际在当年6月30日之前没有实现全容量并网，再比如一些擅自变更投资主体等存在违规操作的电站项目被要求废止标杆上网电价，转为平价上网项目。

第二，2022年8月，经国家发展改革委、财政部、国资委同意，设立北京、广州可再生能源发展结算服务有限公司，由国家电网公司和南方电网公司分别牵头成立，统筹解决可再生能源发电补贴问题。这两家新公司自主经营、独立核算，与电网企业的输配电业务隔离。未来它们不以盈利为目的，专门承担可再生能源发电补贴资金管理业务，在财政拨款的基础上，按照市场化原则通过专项融资解决补贴资金缺口问题，专项融资的本息列支在可再生能源发展基金预算当中。

对于国家如何解决可再生能源发电项目补贴资金落实问题，我们可以拭目以待。但还有另外一个问题也需要解决，就是保障光伏电站"卖电"收益的问题。这个问题不仅关乎过去的电站，更关乎未来中国更大规模光伏领域全行业上下游投资回报率的问题。如果这个关于底层资产的问题解决不好，那么无论如何对它进行包装，无论通过怎样的金融工具来为光伏电站融资，一切手段都只能是"空中楼阁"。

光伏电站如何卖电？每度电能卖到怎样的价钱？由谁来决定这个价格？这些看似与普通人生活毫无关系的问题，今后将成为每一个投资者关心的话题。

怎么卖电才能挣钱？

我们知道，要想让投资的固定资产成为好的金融资产，这种资产就必须能给投资者带来与风险相匹配的收益率水平。比如国有银行存款，收益率较低，但保证你不会亏本；股票类资产，虽然有风险，但可能赚到数倍于本金的收益；债券类资产，一般风险远低于股票，收益率又明显高于银行存款，等等。结合光伏发电本身的特点，光伏电站要想成为好的资产，就需要不同年份之间的售电价格相对稳定，不出现剧烈波动。一个电站的装机容量是确定的，当地日照条件也是相对确定的，那么电站一年的发电量就较为确定。但如果售电价格严重波动，去年平均每度电售价 0.3 元，今年平均只有 0.2 元，那么电站年收入立刻降低了三分之一。如果此后每年的售电收益情况都是这样无法确定的，那么将电站筹划为金融资产上市的利益相关方就无法为电站的总体价值进行准确估值，也就无法说服投资者以一定价格认购并持有电站资产。所以，光伏电站转化为金融资产过程中最为重要的就是能为投资者提供稳定、可预期的较高收益率，这就需要光伏电站在每年售电过程中达成稳定、可预期的交易电价。要想实现这一目标，我们就必须关心一下光伏发的电究竟是怎么卖出去的，怎样的"交易游戏规则"才能保障光伏发电的收益。

2023年9月，国家发展改革委、国家能源局联合印发中国首个电力现货市场基本规则——《电力现货市场基本规则（试行）》，这是从国家层面推动电力现货市场的重大信号。此前，电力现货市场在试点过程中出现了一些地方的光伏电站收益并不理想的情况。比如2022年，山西电力现货市场连续运行满一周年，但在当年的1—5月，山西某30兆瓦光伏电站平均上网电价只有0.1225元/千瓦时，远低于山西燃煤基准价0.332元/千瓦时。有的电站运维站长说，参与电力市场化交易前，一年电费收入在1200万～1300万元，而2022年上半年电费收入只有240万元。根据天润的数据，2022年山西现货市场连续运行的7个月里，新能源结算平均电价比没开现货市场的电价下降了0.1元/千瓦时。作为用电方，我们当然希望光伏电价越来越便宜，但也必须保障利益相关方的合理收益，否则以山西1300～1600小时的年利用小时数和0.2元/千瓦时的电价来计算，光伏项目很难如期收回成本。长此以往，可能会削弱投资者对山西新能源电站的投资积极性。截至2022年8月，由于低电价预期和高组件价格，山西出现了很多保障性并网光伏项目建设进度延期的情况，并网的平价项目寥寥无几。

为什么会出现这样的情况？这与我们国家"计划电"与"市场电"双轨并行的机制有着很大的关系。过去我国发电企业卖电，主要卖的是"计划电"，根据电网的调度情况，国家以固定价格保障收购的电量居多。但是现在，随着电力交易体系的快速发展，"市场电"的比例越来越高。

中国的电力市场化交易已经是一个万亿级别的市场，同时还在快速增长中。中国不再是一个"计划电"占统治地位的国家，中国人用的每10

度电里已经有 6 度电是"市场电"了。

具体到光伏等新能源发电，在国家电网经营区内，2022 年全国新能源市场化交易电量 2465 亿千瓦时，占新能源交易发电量比重的 38.4%。也就是说，区别于保障性并网收购，全国新能源发电量的近四成是通过市场化交易完成的。

在电力市场化交易体系当中，交易方式分为"电力中长期交易""电力现货交易"和"电力期货交易"三种，目前国内只有前两种交易方式，第三种还在筹备当中。这些交易体系设置了非常复杂的规则，为了方便读者理解，我们将整体采用一个"小卖部卖啤酒"的案例来说明中国电力中长期交易和电力现货交易的一些基本特征。

我们假设"一瓶啤酒"指代 1 度电（或 1 个单位的电功率，比如 1 千瓦或 1 兆瓦），"啤酒厂"是发电厂，电网企业和电力交易中心笼统地称为"小卖部"，"餐馆"是工商业购电用户，"居民"就是居民购电用户，同时也可能是分布式光伏发电方，"代购"指售电公司。

由于小卖部是临街商铺，门面很小，堆不下什么库存（电网无法储电），还不能退货，所以小卖部老板优先考虑的就是不要积压货物，啤酒要随到随卖。

具体来说，啤酒厂还分为"民营厂"和"国营厂"[①]："民营厂"指代火电厂，在新型电力系统当中，火电要求"能上能下"，为新能源进行调峰，所以民营厂啤酒的产量较为灵活波动；"国营厂"指代需要电网优先保障消纳的光伏电站，比如某光伏电站年保障消纳小时数为 1000 小时，对应着一家国营厂有 1000 瓶啤酒要以固定价格——也就是民营厂啤酒的标签价格（即当地煤电基准价）卖给小卖部。国家要求小卖部优先将所有国营厂每天送过来的啤酒卖干净，支持国营厂健康发展（可再生能源电力优先消纳）。国营厂啤酒也有不同，有的厂子卖啤酒不仅能拿到小卖部的

---

① 此处"民营厂"的比喻不代表火电厂均为民营企业开设，"国营厂"的意思也不是说光伏电站都是国有企业运营，而是借用"民营工厂"经常加班加点，甚至倒班、连轴转的特点，隐喻火电厂可以 24 小时发电的特点，借用"国营工厂"上下班时间规律的特点，隐喻光伏电站发电"日出而作，日落而息"的特点。

销售回款，还能拿到国家对每瓶啤酒的补贴（2021年之前并网发电的光伏电站，享受国家可再生能源电价补贴），而有的国营厂啤酒只与小卖部结算，没有补贴（平价上网的光伏项目）。

一个国营厂以固定价格卖给小卖部的啤酒一般都会销售一空。如果小卖部觉得销售有压力，它们会违反国家规定，私自"砍单"，也就是不保障收购1000瓶，可能只保障500瓶。无论保障收购量是多少，国营厂会在此基础上再产出一些啤酒，那么这部分啤酒就不再按照国营厂啤酒的标价来销售，而是参与啤酒市场化交易（电力市场化交易），实际售价可能更高，也可能更低。

啤酒市场化交易又分为啤酒中长期交易和啤酒现货交易。一般来说，由于餐馆对啤酒需求量大，而且较为稳定，所以餐馆（或餐馆的购电代表）会同国营厂签订啤酒中长期交易，也就是以周、月、季、年为周期单位的交易。这是一种"啤酒批发生意"，因为能帮助国营厂消化掉"国家不管"的富裕产能，餐馆需求量又有保证，所以国营厂乐意给餐馆一个比民营厂啤酒标价更低的"批发价"（光伏发电的中长期交易电价可能低于当地煤电基准价）。中长期交易合同本身也是为了规避风险、平衡供需、稳定市场预期而设计的，是我国电力市场中的"压舱石"。供需双方在签订合同的时候，不仅会规定送货量，还会规定送货时间，比如中午12时到12时15分之间，餐馆需要100瓶啤酒，如果国营厂做不到按时按量送货，也会有相应的惩罚措施：如果国营厂这一时段只能送出80瓶啤酒，那它们必须自掏腰包从小卖部外购20瓶现货啤酒为餐馆补齐交货。如果外购价格比啤酒批发价更贵，国营厂在外购时出现的亏损要自行承担——有的光伏电站因为在签订傍晚时段的月度合同时承诺了过多发电量，实际却发电不够，一个月因高买低卖就损失了上百万元。所以国营厂一方面希望多签一些啤酒中长期合同保障长期收益，另一方面又不敢签太多。国营厂未来非常希望能提高预测自己工厂实时产量的精度（光伏电站需要提高通过短中长期的天气预报来预测自己发电功率的能力）。

如果在小卖部保障性收购和啤酒中长期交易之外，国营厂还有一部分啤酒产量没有被消化，那么就进入第三种交易方式：啤酒现货交易。也就是啤酒厂同餐馆或小区居民的代购在小卖部门口现场交易，小卖部负责提供场地和撮合服务。如果某一时刻供大于求（又不能囤货），啤酒价格可能很低，可能不要钱，甚至倒贴钱；如果某一时刻供小于求，啤酒现货价格可能非常高，某些省份还为现货交易价格人为设置了"天花板"。

说完了国营厂，我们再来看民营厂这一边，也就是火电厂。过去民营厂的啤酒长期按照标签价格卖给小卖部，国家按照一年一调的方式调整民营厂啤酒售价，2020年后虽然允许围绕基准价浮动，但浮动范围也很有限。2021年煤电价格和煤炭价格倒挂之后，煤电厂亏损严重，引发了国内多个省份限电，国家决定扩大"民营厂啤酒"的价格浮动区间，达到标价上下的20%。

另外，国营厂每天下班时间早（比如晚上6点），民营厂可以做到三班倒24小时不停产，所以到了晚上，国营厂完全不供货（光伏夜间不发电），但餐馆和居民的啤酒需求不会断绝，晚上还会出现居民区消费啤酒的小高峰，这时候主要靠民营厂生产的啤酒来满足夜间需求。

在白天，国家要求未来越来越多的民营厂要配合国营厂的发电节奏来做补充，比如下午4时到4时15分，国营厂只能送来100瓶啤酒（光伏出力100兆瓦），而此时小卖部面对的总需求是150瓶啤酒（用电负荷150兆瓦），那么就需要民营厂在此时加紧生产运输，补齐国营厂满足不了的50瓶啤酒（火电出力50兆瓦）。

在啤酒交易当中，我们的核心关注点是如何稳定国营厂的长期收益，同时兼顾民营厂、小卖部各方的合理收益，还要不显著地增加居民、工厂的用电成本。但在实际操作过程中，各方的利益诉求不同，也很难做到让所有人都满意。比如中午时分，光伏发电较多，多发电量只能通过现货市场交易，而此时并非用电需求最旺盛的时候，光伏发电的边际成本（每多发一千瓦时电的成本）又几乎为0，所以现货价格很低。2022年3月4日中午，山西新能源发电出力创下历史新高，当天山西电力现货市场日前和日内出清价格有17个小时电价为0，意味着用电可以不花钱，发电没有任何收入。到了傍晚时分，光伏电站可能还要倒贴钱去购电，而此时的现货价格是较高的，所以光伏电站就出现了中午"低卖"，晚上"高买"的情况，国营厂不满意。

那民营厂对这种安排满意吗？也没有。为了给新能源调峰，在晚上光伏出力较少的时候，火电需要给电网提供保障，所以在这一时段签订了很多中长期合同，但晚上电力现货价格是比中长期合同价格更高的。同样要发这么多电，火电厂希望利用晚上的现货市场赚更多的钱，但它们交割了过多的中长期合同，收益没有最大化。

在现有的电力交易体系中，光伏电站运营商面临相互交织的"三重困境"：能参照燃煤发电基准价的风电、光伏发电保障性收购电量较少；中长期交易签约比例过高，面临"高买低卖"带来的亏损风险增大；中长期交易签约较少，大量新能源电力进入现货市场，新能源发电量多的时段实时价格又会显著降低，收益不及预期。中国在电力中长期交易的基础上推出现货交易，能够促进可再生能源发电量的进一步实时消纳，但不能平抑价格波动。

比如蒙西电力现货试点在 2022 年 6 月试运行期间就发现，新能源电量占比超过 35% 和低于 15% 时，每度电的现货市场价格分别为 0.2 元和 0.73 元，差别巨大。我们可以预见的是，随着"双碳"目标的持续推进，未来风电、光伏发电装机容量占比将会越来越高，发电量也将越来越大，尤其是全国各地中午时分的光伏发电量占比会越来越高，尤其是 2021 年后新建的平价/低价上网的光伏发电量占比由于越来越高，很有可能导致中午用电低谷（且储能购电规模有限）时，电力现货市场上光伏发电的现货价格越来越低。如果不能有效解决这一问题，未来光伏电站的收益就很难保障，将会对后续光伏电站的大规模建设工作造成不良影响。

针对新能源电力参与中长期交易和现货交易可能带来的价格波动风险问题，还有另外一种电力衍生品也被纳入规划的范畴当中，这就是电力期货产品。你可能听说过原油期货、大豆期货，但从未听说过电力期货，因为中国还没有这个东西。截至 2021 年，全球有 28 个国家的期货交易所都有电力期货产品，为北美和欧洲各国的电力生产和电价平稳发挥了重要作用。时至今日，全球电力衍生品年交易规模达到 8000 多万手，成为继石油、天然气之后的第三大能源类品种，电力期货发展至今已经有超过 27 年的历史。

我们举一个例子来说明电力期货是怎么帮助光伏电站运营商稳定售电收入和降低波动风险的。因为期货和中国股市不一样，期货是可以"卖空"的，也就是如果你觉得它要跌了，你可以先卖出，再在低位买入。比如一个光伏电站运营商知道，未来 3 个月每千瓦时电的价格每上升 1 分钱，他就可以多赚 1 万元，而每下跌 1 分钱就少赚 1 万元。那么他就可以在电力期货交易市场上购买一个 3 个月的期货空头来对冲风险：未来 3 个月每千瓦时电的价格上升 1 分钱带来 1 万元的损失，每下跌 1 分钱带来 1 万元的盈利。这样他就可以对冲电价下跌带来的损失，实现电力交易价格的"套期保值"，所以也有人说现货和期货是配对且反向的交易工具。美国的可再生能源发电商在卖出电力的同时，就会在期货市场买回相同数量的期货合约，美国纽约商品交易所 99% 的电力期货交易都是用于风险管理目的，而不是用来做电力交割的。

期货合约是一份金融合同，不受实物交割的限制，因而可以吸引更多的基金、保险、银行等金融机构和投资者加入其中。

现货价格是形成期货价格的基础，现货价格反映短期的供需关系，而期货是整个社会对现货未来价格的预测，反映远期的供需关系。但期货价格也受到短期供需的影响，所以与现货价格有联动性，但一般波动较小。

早在 2015 年，国务院在颁布的《关于进一步深化电力体制改革的若干意见》中就提出："待条件成熟时，探索开展电力期货和电力场外衍生品交易，为发电企业、售电主体和用户提供远期价格基准和风险管理手段。"2023 年 9 月，国家发展改革委、国家能源局联合印发了中国首个电力现货市场基本规则——《电力现货市场基本规则（试行）》，对规范电力现货市场建设和运营做出部署。当前的目标是到 2025 年初步建成全国统一电力市场体系，到 2030 年基本建成全国统一电力市场体系。电力期货市场一般以较为完整健全的电力现货市场为基础，如果现货市场这张"皮"不完整，那么作为"毛"的期货市场也将无处附着。希望国内能够在各地电力现货试点的基础上总结经验和不足，尽快提出制度健全的电力现货市场和期货市场。2022年7月，广东省人民政府办公厅发布《广东省发展绿色金融支持碳达峰行动的实施方案》，提出支持广州期货交易所加快推动电力、硅、锂等服务绿色发展的期货品种上市。期货市场一般需要经过3~5年甚至更长时间的培育期才能发展成熟，也将在我国建设全国统一电力大市场的道路上发挥重要的作用。

无论是通过"计划电"交易还是各种市场化交易手段，在整个"卖啤酒"的模型当中，我们要充分认识到一点：如果任何人通过电力交易过程，最终实现了暴富，那么说明相关规则的制定一定是有问题的。本来发、用电是非常简单的一件事，我们设定了各种各样的游戏规则，最终的结果应该是：所有长期参与其中的人，或许在短时间内挣不到钱，或者小亏一点钱，但从长期来看，所有参与各方都能获得合理的收益，比如光伏电站满足了8%以上的内部收益率，火电厂能够维持正常运转并偿还银行贷款，电网公司能够长期收回特高压等输电设施的建设投资并继续投资建设新的设施，工商业用户和居民的电力支出没有明显增加，未来光伏电站REITs、特高压REITs、储能REITs的投资者可以获得合理、稳定的分红。因为这个体系中的任何一个参与方都起着其他各方不可替代的作用，所以这个交易系统长期博弈互动的结果一定是要让所有人都愿意长期参与下去，而不是一些参与者获得超额收益，另一些参与者觉得难以为继、想要退出。

相信读者已经感受到了这个交易模型的复杂性，既要保证利益分配的平衡合理，又要保证供电系统的安全稳定，还要保证全社会用电成本总体可控。另外，在此基础上我们还要额外考虑几点"现实情况"：

第一，在刚才的例子当中，火电厂和新能源场站虽然都可能有很多个，但我们的讨论基本局限在"一个地区之内"。事实上，如果我们将电力跨省交易考虑进去，那么不同省份都有各自不同的火电厂和新能源场站，各省份煤电基准价也是不同的，所以未来可以分为省内、省间的中长期、现货、期货交易共6种市场，这是一个更为复杂的模型。

第二，中国并非只有一个"小卖部"，而是有国家电网、南方电网和蒙西电网，它们有各自的管辖范围，对应的主要交易场所有北京电力交易中心和广州电力交易中心。其中，南方电网在2022年已启动南方区域电力市场交易平台，未来将实现云南、贵州、广西、广东、海南五省份的电力现货跨区跨省交易，进一步打破壁垒，到2023年实现跨区跨省与省内联合运营的统一大平台，实现电力在更大范围内更自由地流通。广州电力交易中心发展研究部副主任梁志飞说："届时，粤港澳大湾区与云南、贵州等西部地区，乃至东南亚国家之间的电力交易渠道将更加畅通。"

第三，为了简化模型，我们只考虑了光伏发电和火力发电，没有纳入风电、水电、核电、生物质发电等其他发电形式。另外我们没有把各类储能设施发挥的作用考虑在内。储能一般分为发电侧储能、电网侧储能和用电侧储能。在中国，由于居民电价便宜，用电侧储能较少，所以我们还需要将"啤酒厂仓库的囤货成本"和"租用小卖部隔壁商铺用来囤货的成本"加入模型当中。

第四，分布式光伏存在"自发自用，余电上网"和"全额上网"的模式，相当于小卖部周围的一些居民和餐馆办起了小作坊，酿起了自家的啤酒，口感也不差。这些作坊都是按照国家要求标准建设的，可以全部卖给小卖部，如果自家喝不完的话也可以对外销售。国家要求对小作坊酿造的啤酒，小卖部必须全额收购并优先销售。一些代购方呼吁，希望打破小卖部统购统销的权利，实现"隔墙卖酒"，允许居民或餐馆直接向邻居出售自家啤酒（允许分布式光伏隔墙售电）。

第五，早期建设的啤酒厂投资成本高，国家补贴未完全发放，影响了这些啤酒厂的收益情况。

第六，随着绿电交易规模的扩大，越来越多的餐馆（企业）愿意通过中长期合同购买国营厂的"绿色啤酒"（绿电），并为国家认证的绿色啤酒支付一定的溢价。

第七，在远距离跨省啤酒交易中，货运公司（电网公司经营的特高压线路）也有自己的想法。它们有时候觉得国营厂送货量波动太大，为了区区几箱啤酒跑一趟不值得，于是多采用"拼货"的方式，把国营厂与民营厂啤酒凑足一个货厢再运到外省小卖部（将可再生能源与化石能源发电打捆以后再外送）。现在国家要求新建的外送通道线路中，输送可再生能源的比例原则上不得低于50%。

第八，美国的长期购电协议可以覆盖跨度长达数年甚至十年以上的可再生能源发电合同。合同保证可再生能源发电企业一个相对固定的价格，或者选择参照某个指数对价格做出调整，有利于发电企业稳定长期收益。而中国目前的中长期交易合同履约时长一般以月或年为单位，最长的合同也只有1年左右，导致同一个光伏电站签订的不同年份的中长期合同价格仍然存在波动风险。虽然国家多次提出鼓励企业签订多年固定电价的电力长期合同（不少于20年），但跨年和多年的电力合约还没有发展出成熟的机制。其中一个原因就是，只有像谷歌、亚马逊这样的大企业才"签得起"20年以上的长期购电协议。中国社会还在快速发展过程中，很多企业未来数年可能工厂地址（所在省份）都会发生变动，企业经营情况也可能发生变化，也实现不了大企业用电规模的稳定性，所以存在一些现实障碍。

第九，我们的模型当中没有考虑到货运公路堵车的问题，默认情况下，啤酒只要供需匹配就可以及时、足量运输，但电网体系同交通体系是一样的，每一条输电线路都有输电容量限制，超过一定容量就会形成"塞车"（阻塞），所以输电通道本身也是省内和省间电力交易过程中的一个约束条件。

通过以上案例，我们可以清楚地看到，随着中国可再生能源发电装机规模、发电规模、并网消纳规模越来越大，电力交易市场体制机制创新的重要性丝毫不亚于光伏、风电企业在制造端的科技创新。

如果不重视这种制度性创新，势必会对电力资源造成严重的浪费。比如2022年造成四川缺电问题的一个原因，就是四川"照付不议"的外送电原则。四川有着十几条外送通道，外送电能力达到3060万千瓦，每年外送电量超过 1300 亿千瓦时，接近四川发电量的三分之一，超过三峡电站一年的发电量。这些电不是本着"我先用，我有富裕再外送"的原则去外送，而是早就与其他省份签订过"什么时候送、必须送多少"的外送协议，四川的电网公司没有截流权限。2022 年 1—6 月，四川送出电力 700 亿千瓦时，同比增加 66.3%，占全国各省份送出电力占比的 9.14%。如果某种机制下，四川可以同受端省份充分友好协商，比如给予外省一些"毁约"补偿，然后回购一部分外送电，那么也将缓解 2022 年夏天这样的限电情况。毕竟自家后院着火，还不停地打水往邻居家里送，这不符合常识中"先照顾好自己，有余力再照顾别人"的原则。

但如果反其道而行之，所有省份一缺电就"自扫门前雪"，人为割裂已经打通的跨省交易市场，拒不完全履行外送电合同，那同样是不可取的。比如 2021 年第四季度到 2022 年第一季度，宁夏电网用电负荷持续增长，冬季采暖用煤需求加剧，发电厂电煤供应问题突出，部分时段电力缺口为 200 万 ~ 600 万千瓦。宁夏原本有数百万千瓦的电力是要通过特高压全力参与山东省电力交易的，但他们不会眼睁睁地看着本地居民用不上暖气，企业缺电停工停产，所以他们只得不百分之百履行与山东的电力供应合同，从而"优先供给本省"。宁夏通过银东直流特高压线路向山东输送的"点对点"竞价交易成交电量从一个季度接近 14 亿千瓦时电，到一个季度只有 5 亿千瓦时电，再到 2022 年 1 月只有 0.98 亿千瓦时电，成交量直线跳水，严重偏离合同规定的 15 亿千瓦时电。这样的现象在用电高峰期（夏季和冬季供暖季）不是个例。我们看到一个双向的难题：在本省严重缺电的时候，签好的外送电协议到底应不应该执行？执行，则本省很可能需要限电；不（足量）执行，则违反电力市场化交易的契约精神，不利于未来推动形成更大规模的跨省电力交易体系。所以，如何统筹协调各省份间的电力交易，在电力资源紧张时期优化资源配置，可能就需要国家有关部门通过大胆创新、慎重研究后推出更妥善的解决办法。

除了电力交易体制的创新问题，还有事关新能源发电的天气预测和功率预测技术亟须创新升级的问题。提高天气预测的精准度在这个市场体系中变得非常重要，因为天气情况会直接影响风力、光伏电站的发电功率。一个光伏电站如果连发电功率都预测不准，那么即便采取再先进的交易策略来配比中长期、现货（和期货）电量也没有意义。根据有关机构的统计数据，甘肃、山西两省合计后的风电和光伏发电单点功率预测准确率平均水平只有41%和78%。其中，风电单点功率预测准确率在50%以上的比例约为55%，光伏发电单点功率预测准确率在85%以上的比例只有45%。如果有朝一日，想要靠现货（和期货）市场来实现新能源电力100%消纳的话，单点功率预测水平必须不断朝100%准确率的目标去努力。有些新能源发电企业已经为此成立了功率预测精度提升专班，一些企业基于海量历史数据分析建模，推出的电力交易辅助决策平台能使长周期发电量预测平均精度达到85%以上。山西某风电场应用了相关策略调整之后，2021年10月份的每千瓦时电售电均价从0.278元上升到0.351元。而更重要的支撑来自国家层面。2022年，国务院印发《气象高质量发展纲要（2022—2035年）》，指出："研究建设气候资源监测和预报系统，提高风电、光伏发电功率预测精度。探索建设风能、太阳能等气象服务基地，为风电场、太阳能电站等规划、建设、运行、调度提供高质量气象服务。"

在中国实现"碳中和"目标的道路上，实现电力系统的深度脱碳，离不开可再生能源的高比例消纳。可再生能源的地位必须从中国电力系统的配角晋升为主角。与此同时，要在不大幅提高用电侧各类电价、不影响生产生活和经济发展的前提下，实现对可再生能源装备制造企业、发电企业、储能企业、输配售电企业等各方参与者利益的合理分配与保障。

而如果这一系统性目标得以实现，可再生能源发电项目每日销售的电力、电量价格也必将明确，也就自然而然地能够对这些发电项目回收现金流情况有清楚、明晰的掌握，那么中国就能在平价乃至低价上网时代，实现对光伏电站、风电场等可再生能源发电项目资产价值的准确评估，有机会让更多可再生能源发电项目作为REITs的不动产资产项目进行上市或扩募，也就能使更多发电项目建设投资方更快回笼前期投入的资金，降低负债率，利用更多资金投入到更多可再生能源新建项目当中，加速中国实现

"碳中和"目标。

与此同时，更多现金流回报稳定可靠的可再生能源发电项目会作为REITs项目上市，就会有更多普通投资者和机构投资者参与认购项目或购买REITs指数基金，也会有越来越多的老百姓将能源REITs项目纳入个人和家庭的长期资产组合当中，享受REITs项目带来的稳定股息收益，平抑个人在二级市场上的投资波动，对抗通胀预期。同时，国家可以撬动更多国民资本加速建设能源基础设施项目，真正做到能源基建项目资本金"取之于民，用之于民"，不断利用资本内循环，提升中国能源体系供给质量和水平，同时实现"降低二氧化碳排放，降低污染物排放，降低化石能源依赖"这三重小目标，进而同时实现"有效减缓遏制全球变暖趋势，提升人民健康生活福祉，增强我国能源安全并降低地缘政治冲突对能源供给的冲击风险"这三重大目标。

当我们再次审视"电力市场交易"制度设计，便能更清晰地认识到它的重要性已远远不止于电力系统内部，而是关系到整个"国民资本、企业资本、国有资本"三重资本内生循环往复的经济动脉是否畅通，因而具有极其重大的战略意义。

碳中和40年大计

至此，我们以光伏行业发展历程为牵引，对碳中和目标下的新型"能源—金融—经济—社会"体系建设的历史成就和未来任务做了一番梳理，并着力阐明大力发展光伏行业、推动碳中和目标实现对中国乃至世界所带来的复合型战略价值。

从气候变化的角度来说，碳中和是栖居在地球上的人类，为了对抗温室效应可能带来的种种灾难性后果、为了实现子孙后代长期生存发展所必须实现的宏伟目标。

从大气污染治理的角度来说，碳中和是帮助中国摆脱对煤炭的依赖、摆脱雾霾等空气污染物、实现"绿水青山"目标的最佳驱动力。

从国内均衡发展的角度来说，碳中和是牵引重工业或上游制造企业向中西部地区迁移、有效提升中西部人均GDP、缩小东中西部发展差距的幕后推手。

从地缘政治的角度来说，碳中和下的中国能源结构将帮助中国减轻对马六甲海峡等石油运输咽喉要道的依赖，降低可能的地缘冲突给国内能源供给安全带来的风险。

从对外贸易的角度来说，中国光伏、风电、新能源汽车等新能源制造业强大的产业链优势，将成为中国国际贸易顺差的重要增长引擎，同时减轻中国在传统能源装备和燃油车领域对进口产品、部件的依赖。

从危机管理的角度来说，碳中和目标牵引中国企业将一部分战略性产业和能源大基地向内陆地区靠拢。在面对外部侵略等极端情况下，这是我国有效应对东南沿海地区遭受毁灭性打击和东部能源体系遭受重创后的大后方保障和能源"大粮仓"。

从能源互联的角度来说，为了实现碳中和，各国需要实现可再生能源高比例并网发电。基于可再生能源间歇性、波动性、随机性强的特点，这将进一步增强跨国电网互联对中亚和东南亚地区的吸引力，而毗邻二者的中西部地区将成为推动亚洲电网互联的桥头堡。

从电力体制的角度来说，碳中和下的电力市场化交易体系建设，将倒逼中国逐渐破除"计划电"和"双轨制"等旧时代电力体制下的产物，刺激能源央（国）企在"市场电"环境中提高对电力资产的运营管理水平，推动中国电力体系进一步理顺"发、储、输、配、用"电各环节的利益分配关系。

从人民币国际化的角度来说，碳中和将让中国有望通过新能源供给体系打造出全新的"电力—人民币"能源大宗商品交易体系。

从基础设施资产的角度来说，碳中和将有望成为"后房地产时代"中国有效提升资本内循环水平、通过新基建带动社会投资、推动基建资产上市、实现新型能源资产"民有、民用、民享"的财富新源泉。

在这里要特别强调的是，并不是说当中国实现了碳中和，上述十个方面的所有目标都会"不言而喻"地立即得到实现，好像"买汉堡送套餐"一样，这是一种幼稚的想法。我们当下想要表达的前瞻性观点是，实现碳中和目标需要中国未来近40年通过在多个领域不断地建设、发展、优化、调整来满足一系列复杂、深刻的基础条件。这些基础条件的满足不仅有助于实现碳中和目标，同时也会改变实现其他目标的要素环境，让条件、要素朝着更有利于实现"那些目标"的方向涌动。如果企业、组织和政府机构等利益相关方能对这些条件要素善加利用并妥善推进，就很有可能促成这些长远目标落地实现。

光伏"基因"论

相比于美、德、日等曾经的光伏大国，中国光伏制造业能在近20年的数次逆境考验中取得国际领先优势，光伏发电行业能在近10年取得跨越式发展，与中国的政治经济体制特色是密不可分的。

第一，光伏行业的发展离不开一个可以"集中力量办大事"的中央政府的长期规划、指导和支持。与中国相比，美国左右两党轮番执政，导致美国的能源政策在支持传统化石能源和支持清洁能源之间反复横跳，而德国也同样出现保守派经济部门同激进派环境部门和绿党之间的角力。各个大国的清洁能源转型过程都是一个十分脆弱且充满不确定性的艰难过程，而在中国共产党的领导下，中国在应对气候变化、推动能源转型、减污降碳治霾、引领能源装备制造业升级等长期目标的规划与实践方面迈出了坚定而稳健的步伐，在国际可再生能源领域发展速度较为缓慢的情况下，实现了中国可再生能源装备制造业与发电行业的高速成长与高质量发展。

第二，这些成就与中国特色的国有企业制度是分不开的。中国的发电行业央企作为煤电领域的领头羊，并且在行业出现危机时发挥了为民营发电企业的电站资产进行兜底的作用，在碳中和背景下成为积极推进能源转型战略的先锋队。中国最大的国有电网企业——国家电网公司，也是中国"西电东送"战略的实施者，中国特高压工程技术的开创者和引领者，在打通中国清洁能源输送主动脉过程中发挥了关键作用。从体制机制上说，中国的国有企业制度和国有企业领导人岗位轮换制度保障了国有电力企业没有像西方私有产权的化石能源巨头那样，长期沦为"传统化石能源"既得利益的捍卫者，而是始终保持为国家能源发展各个阶段的总体战略服务。

第三，政府部门和企业之间存在一条"关键纽带"，即国家经济政策所真正关心和指引的"行业发展"（而非个别企业）领域，这一领域得到了各行业协会的有力支撑。中国光伏行业协会等行业协会组织在促进企业交流、制定行业标准、引领技术升级、总结行业成就、分析行业问题、表达行业关切、建言政策制定与修订等方面发挥着十分积极的作用。

第四，中国的能源转型战略时刻呼应着"以电代煤"和环境污染治理的强烈诉求，同时对"减轻对进口油气依赖"这一目标兼收并蓄，给了中国光伏制造业和发电行业长期高速发展的相对稳定环境。事实证明，大国能源转型的核心内在动机不同，决定了相关政策在领导层人员更迭、能源价格出现周期性波动等时刻的"可持续性"出现明显差异。美国和日本在发展光伏产业过程中，不断受到石油价格波动的困扰，油价高则将光伏捧上神坛，油价低则对光伏弃如敝履，难以对光伏行业维持长期积极稳健的政策支持。而相比之下，中国和德国具有强烈的能源替代诉求，无论是替代煤炭还是替代核能，都是对国家能源结构长期、深入、持续性的调整。历任可再生能源政策制定者都必须将"可持续性"摄入政策制定的指导性精神当中，再根据不同发展阶段的具体情况制定短中长期的对应目标。

第五，一国发展可再生能源行业的"基因"决定了其长期发展过程中的基本形态。对于美国而言，1954年第一块可以商业使用的太阳能电池片是贝尔实验室创造出来的。迄今为止，"科研"基因依然是美国发展光伏的重要底色之一，美国相关科研院所依然在全球光伏科技领域中占有重要的地位，以至于美国在近些年的光伏产业政策当中，对钙钛矿等有望超越晶硅电池效率的先进光伏技术下了重注，试图利用新技术对中国晶硅光伏产业实现"弯道超车"。对日本而言，摆脱对进口化石能源的重度依赖始终是日本能源政策的重要"基因"。发展光伏、氢能、氨能等可再生能源，以及长期大力发展核能（在 2022 年重启核电设施）都是为这一目标服务的，所以日本在世纪之交取得光伏制造业优势地位之后，从政策面到企业开拓市场的重心都落在了日本本土，忽略了德国以及欧洲光伏市场在 21 世纪初的快速爆发，从而在制造和发电两个领域被中国和德国赶超。德国的情况与日本又不相同，德国发展可再生能源过程中始终伴随着"反核"的底色，在德国"草根"运动当中，"反核总要建立点什么"。光伏本就是一种自发形成的解决方案，所以德国发展可再生能源的过程始终着眼于"发电结构性替代"，直至今日依然如此。德国成为全球主要经济体中可再生能源发电比例最高的国家。德国社会由"反核"共识引申出的更多能源共识，以及德国较强的经济实力，使德国居民长期以来可以忍受不断上涨的可再生能源附加费和电费支出。即使德国 Solar World 等光伏制造企业在"双反"之前曾取得全球领先地位，其在德国强大的工业体系当中依然占比很小。默克尔等德国政要在面对中国方面可能对德国豪华汽车加征"环境税"的时候轻易就选择放弃了与德国光伏制造企业站在一边，而选择转头向欧盟施压，敦促放弃对中国光伏制造企业征收"双反"税，说明在可再生能源发电优先和汽车等大工业门类优先面前，德国少数本土光伏制造业企业的生存问题不是德国政府考虑的优先级事项。

而当我们把视角落回中国，我们会发现中国光伏行业的发展始终是制造业优先的"基因表达"过程。这并不是说中国光伏发电行业的发展无足轻重，而恰恰是"制造业优先"的中国特色渗透进了与光伏相关的方方面面。从诸多成功的企业家得到当地政府鼎力支持的故事中我们可以清晰地看到，在制造端，早期光伏产品较高的销售价格、海外市场清洁能源利用的广阔前景，使得兆瓦级别的产能就可以产生可观的营业收入和利税。同时清洁发电作为新兴的朝阳产业又会为地方产业转型升级增光添彩。而在地方这一端，中国地方政府在招商引资方面具有强烈的动机和较大的地方资源调配权力，地方政府可以给予企业土地、人才、供电、税收等方面的优惠政策，还可以帮助企业争取到省级、国家级科研项目当中的经费支持。

在 21 世纪初的中国光伏制造业发展过程中，地方政府的推动作用要比中央政府的推动效果更为明显。而在 2008 年国际金融危机和"双反"之后，中央出台了"金太阳"工程、"国六条"等一系列扶持政策，为国内光伏制造业在海外市场处于低谷时顺利打开了国内市场，有效化解了阶段性过剩产能。中国国内光伏发电市场的"芝麻开门"与拯救陷入短期危机的光伏制造业密不可分。在行业顺周期上行过程中，在地方有能力推动好、建设好的时期，产业政策的落实由地方来做；而在国际金融危机和光伏"寒冬"背景下，在地方能力、资源明显不足的时候，则由国家统筹资源来积极开展逆周期调节。这些与中国独具特色的"央—地"关系是分不开的。

中国"地方政府—光伏制造业"的紧密耦合关系不仅带来了制造业的景气发展，也在光伏电站建设过程中暴露出了一些问题。地方政府沿用对待制造业企业的思路来对待发电项目建设，抱着一种"地方有资源，企业要拿什么东西来换"的想法。这样的情况广泛存在于中西部地面电站开发阶段和"整县推进"过程当中。但光伏项目建设用地不是"待嫁的闺女"，发电投资企业也不是"待宰的羔羊"。我们不能用建设"工厂"的思维来发展光伏发电，这样的做法与实现"双碳"目标是相违背的，对中国可再生能源发电行业的健康发展也是不利的。随着未来光伏发电价格的进一步下降，光伏电站建设规模的进一步扩大，"制造业基因"带来的弊端势必要得到破除。进一步降低国内光伏发电的非技术成本，才能让更多光伏电站成为更优质的资产，得到资本市场的认可，从而通过 REITs 项目上市等方式加速光伏电站开发资金的回收和用于再投资的过程，加速可再生能源发电比例的提升，尽早助力中国实现"碳中和"目标。

历史上曾经或正在推动整个光伏行业实现巨大发展的大国，它们的产业政策都带有不同的深刻动机，同时也在其中掺杂、熔铸了富有本国特色的"基因"，所以不能脱离开特定的国家需求和历史背景简单粗暴地评判其孰优孰劣。我们只能说，中国的"基因"强有力地推动了光伏制造业的发展，我们也期待着中国在未来近40年时间内，可以采取富有开创性意义的新举措、新模式进一步推动光伏（乃至可再生能源）发电行业的健康发展，使中国在全球光伏发电领域中，成为在成本和规模方面均具有领先优势的国家，增强中国光伏（乃至可再生能源）发电对周边国家乃至更多国家的吸引力，扩大中国清洁电力进出口规模，推动特高压技术走出去，推动中国主导的新型电力系统国际标准体系在更多国家内部和国家之间落地成为"通行标准"，推动以"电力—人民币"为主导的亚洲（乃至国际）电力交易结算体系建设，在全球"碳中和"共识下助力"亚洲电网互联"和"全球电网互联"早日建成。

这便是中国光伏的故事，它是一个永远开放的故事，一个永远流动的故事，一个历尽顿挫的故事，一个走向辉煌的故事，一个继往开来的故事，一个永远准备着去书写下一篇章的新故事。

哲学家维特根斯坦说："世界是一切发生的事情。"谁说太阳底下无新事？太阳底下的每一天，都是新事。

最后，将历史学家许倬云先生的一段话献给现在的、过去的和未来的中国光伏人，送给每一个关心着光伏行业成长历程的中国人：

要人心之自由，胸襟开放。
要想办法拿全世界人类曾经走过的路，都要算是我走过的路之一。
要有一个远见，能超越你未见。

大国光伏，百战归来，再出发！

尾声

EPILOGUE

在这本书里，我们讲述了很多东西：政策、创业、跨界、海归、首富、第一、三头在外、行业寒冬、市场重启、双循环、国产化、卡脖子、碳中和……

然而最后我们要讲述的这个东西，它超越了以上所有的一切，隐藏在下面这个故事里。

它和一个人有关，它和光伏人有关，它和所有人有关。

他的名字叫李沅民，一位已经过世的光伏行业技术专家。

1958年，李沅民生于北京，祖籍湖南涟源，父亲以家乡沅水为他命名。1972年，李沅民就读于北京三十五中。他是班里的一名"学霸"，虽然下午复习课总是逃课，到八一湖游泳，到玉渊潭公园溜冰，一直玩到天黑，但第二天上课老师问什么他都能对答如流。有一次考试他拿到全年级第三名，却还要为一道数学压轴题扣掉的5分刨根问底。1977年全国恢复高考后，他考入中国科技大学近代物理系，1982年大学毕业后到哈佛大学攻读非晶态固体物理。

留学期间，为了能学好英语，他在哈佛大学熬夜看外国电影，尤其是施瓦辛格主演的《终结者》系列。在拿到哈佛大学的博士学位后，他先后加入美国的几家光伏公司，并创造了多项光伏电池转换效率的世界纪录。有一次李沅民想去公司加班，前台的保安拦住他，不让他过安检。他非常生气地说："I'll be back."（我会回来的。）

2004年，南开大学电子信息与光学工程学院的孙云教授访问李沅民所在的美国公司。从孙教授口中，李沅民了解到了中国光伏行业的快速发展，那时尚德等企业已经乘着德国市场的东风迅速发展。2005年，李沅民和家人回国，发现改革开放之后国内变化巨大，急需人才，他觉得自己占了当年的出国名额，希望能为祖国人民做点什么。于是2007年在妻子的鼓励下，他回国加入一家叫作福建钧石的企业，出任高级副总裁。2011年，这家企业成为全球第八大光伏设备企业，超过位列第十的中电48所。随后这家企业被一家更大的光伏集团收购，李沅民也顺理成章地进入新公司从事研发工作。

隆冬时节，在成都的研发中心里，同事看他总是只穿一件短袖衬衫，就问他："李博士，您不冷吗？"他带着一种夸张而惊讶的表情说："会冷吗？"他说穿多了容易犯困，穿少了才会精神抖擞。每天早上他不到六点就起床，沿着河边跑上五千米，再洗完澡来上班。无论春夏秋冬，他的身上最多加一件马甲。

每次开会，他拿着激光笔，端着咖啡，穿着短袖，打着领带。由于他每天都会佩戴不同的领带，在晨会上偷拍他的领带几乎成了工程师们每日的乐趣所在。他在会上与人展开争论的次数最多，会后就把自己关到办公室里工作。他的计算机屏幕周围贴满了彩色便签，上面是各式各样的个人密码，因为他把所有注意力都放在实验和研发上，没有多余的"脑容量"来记密码。与之形成对比的是，他有一个档案柜，里面装的都是他感兴趣的论文首页复印件。当他谈到技术问题时，打开他的大脑记忆就如同拉开其中的一个抽屉。

有一次，工程师汇报说新试验的数据与对照组没太大区别，要不要下次微调一下以后重新试验，他说："重复做了有啥用？走路不能像小脚老太太，必须把参数往极端调整！"大家都不同意他的说法，他就舌战群儒，坚信自己是对的。最后大家妥协，每天选择一定的试验量来按照他的思路做。几天以后，按他思路做的试验摸索到了潜在的方向。经过优化，电池效率得到很大提升。

从2014年到2016年，他高效完成了农业大棚产品的研发、光伏建筑一体化的研发和产品色差的改进工作，研发出了彩色的太阳能电池，完成了硅基太阳能电池的光衰减改善工作，这些研发成果都申请并获得了国家的专利授权。

然而每一次提交专利申请的时候，他都会特地交代助理，把构思和撰写专利的工程师放在"第一发明人"的位置上，把他自己放在最后。他说："我只是提了一下要点，具体方案都是他们出的，主要是他们的成果。"当公司管理层询问他和徐希翔两位联席首席技术官（CTO）如果双方意见不统一怎么办时，他第一反应就是五个字："听徐博士的。"他曾经给集团副总裁发微信说："平心而论，徐博士这些年来无论敬业还是贡献，均在我之上。"

他每周工作7天，每天工作11个小时，被研发中心称为"711"第一人。妻子几次劝他退休跟家人团聚，他说："我走了团队怎么办？Chris（徐博士）身体也不好，不能丢下他一个人。"徐希翔身体状况欠佳，每次去成都参加高强度工作，家人也要劝阻他，但徐博士说："沅民一个人在那边，怕是扛不住的。"

除出差外，李沅民每周7天从不缺席晨会。有无数次，他就在车间的设备区域召开晨会。为了开发柔性组件衬底转移技术，他和所有一线员工一样，每天在车间蹲守超过10个小时，仔细把关每个细节。为了实现衬底分离，团队在衬底和玻璃之间加入了汽油，工艺过程中味道很重，同事担心有安全隐患。李沅民把一切顾虑抛诸脑后，亲自上阵，成功完成柔性衬底从玻璃基上的分离和转移。很多时候，作为试验最后一道环节的电池IV曲线数据结果出炉已是凌晨两三点，但是再晚他也会等待实验结果出来，然后思考下一步的实验计划。同事送来的实验结果，他连小数点的位数都要仔细检查，圈出有问题的部分并提出修改要求。同事认为他没必要如此事无巨细，李沅民打趣道："我怕你们把我老头子给卖了，到时候没人给我送饭。"CVD试验做了上千炉，每一炉的实验条件、测试结果，他

尾声

都会整理出来，在笔记本里贴得整整齐齐。

他不仅手把手地培养新人，还给英语水平不高的同事聘请新东方的英语老师做强化培训，帮他们阅读国外文献。到大学做报告的时候，为了让大学生更好地理解光伏产业的广阔前景，他坚持用最简单的语言把技术说给大家听，并为此花费大量时间准备通俗易懂的报告。他希望能抓住所有机会，在未来的人才心中种下光伏的种子。

在他所在企业变换技术路线的过程中，他毅然承担起了异质结电池和钙钛矿电池的研发工作。但是企业内部的动荡影响了研发的进展。2016年10月，成都研发中心停电已经两个月，所有实验都已暂停，只有一台10千瓦的柴油发动机在支撑办公室照明。集团方面计划停止异质结电池研发。

对徐希翔和李沅民来说，他们到了退休的年纪，辞职走人不是什么难事。但他们看到研发中心的年轻工程师们，看到他们可喜的进步与成长，他们两人商量决定：再做最后一次努力。

"离开之前，我想把这些年跟李博士一起工作和研发的经验和结果，以及对高效硅异质结电池技术的看法跟集团高层做个总结汇报。"

2016年10月的最后一天，集团领导听完他们的讲述，问研发中心还需要什么？徐希翔看了一眼身旁的李沅民说："要做中试线，需要60兆瓦的产线。"

最后，成都研发中心得到了一条120兆瓦的异质结产线，异质结也正式成为集团的第五条技术路线。

2017年年初，异质结研发进入正轨。为了争分夺秒，他们二人开始带领团队每周7天、每天24小时连轴转地推进研发试验。

在异质结电池研发过程中，大家对一段时期内实验基准的异常波动束手无策，有人说成都天气炎热的时候效率更稳定，而阴雨连绵的时候就总是有实验异常。李沅民没有对这种"实验做不好赖天气"的论断嗤之以鼻，而是要求大家持续追踪成都天气，包括PM2.5在内的所有天气数据。在之后每次会上他都要求大家对天气影响进行汇报，但工程师们收集了一段时间的数据，没有进展。随后相关研究被束之高阁，无人问津，李沅民则比所有人关注了更长的时间。直到一年后日本的一位技术专家来研发中心交流,团队才知道效率波动与环境条件的相关性非常大。

为了实现更高的异质结电池转换效率,使用进口材料的性能优势明显,但只要能保证项目进度,他都尽可能给国内原材料供应商提供机会,鼓励团队找国产替代品。在与厂家沟通时,李沉民把自己在国外获得的先进经验无偿分享给厂家,让国产材料水平提升至接近国外供应商的水平。后来团队创造的异质结电池国内最高效率纪录就是在国产 PECVD 和改造的老 PVD 设备上做出来的。

有一天,李沉民所在的公司股票经历了市值下跌后的停牌,同事调侃他身价是不是缩水了很多。他说:"要那么多钱有啥意义?不过就是一串数字而已。"

有一次徐希翔看到李沉民盯着一块柔性组件看,就没打扰他,与其他技术人员交流了一个多小时,回来看到他还在思考,就问李博士在想什么。他说在想怎么解决组件里的气泡和细小裂纹等缺陷,后来他真的花时间带着年轻工程师解决了这个问题。

每天午饭后半个小时,是李沉民和徐希翔讨论技术的时间段。同事们经常看到,徐希翔眉飞色舞地说着,李沉民冷静地听着。有时候两人为了一个技术细节争论不休,李沉民"负气出走",一跺脚,端起咖啡杯头也不回地走了。但当天傍晚,大家又会看到他们两个人一起,背着手在园区里散步。

2017 年 5 月,看到异质结电池转换效率达到 21.75% 的可喜进展,两人带大家一起到农家乐聚餐庆祝。那天李沉民喝了不少,他还念念不忘"一年打破中国纪录,两年打破世界纪录"的宏愿。

2018 年 8 月,二人带领团队共同创造了中国最高的高效硅异质结电池转换效率纪录——23.73%,在不到两年时间里将 6 英寸电池效率整整提升了近 2 个百分点。

2018 年第四季度,两人忙得顾不上休息。李沉民提醒徐希翔注意身体的同时,有时候也会提到自己背疼。徐希翔说:"你圣诞节回去探亲,再顺便做个体检吧。"李沅民没有听进去,因为不愿意中途被几个小时的体检打断工作,他连续三年没有去体检。一开始只是轻微的背痛,随后逐渐加重。在团队冲刺新的量产纪录时,他吃着强效止疼药咬牙坚持。

冬日里的一天,大家趁着午休出来晒太阳。同事问李沅民为什么不端咖啡杯,改拿水杯了。他说:"咖啡杯太小,水杯能多装一些。"原来他因为背痛难以正常入眠,一整个白天头都是懵的,只能把咖啡当水喝。

2018年圣诞节前夕,李沅民强撑着身体参加了科技部"十三五"重大专项答辩。12月30日夜,他因为背部剧痛难忍,冷敷热敷都不管用,无法睡觉,只好去看了急诊,结果发现患上了肝癌和肺癌,并且已经扩散。他的主治医师说:"为了中国光伏事业,他忽略了和乙型肝炎病毒的斗争,结果任凭病毒肆虐,造成不可逆的后果。由于肝脏的慢性炎症诱发了细胞的基因突变,发生肝癌。"此时他的癌症已经转移,除了肝、肺癌变,他的癌细胞扩散到骨头,两根肋骨几乎被癌细胞吃光。

元旦以后,徐希翔回到了成都研发中心,李沅民没能回来,工程师们用邮件跟他做沟通。2019年1月底异质结电池转换效率达到24.2%,距离世界纪录只差0.3%。

在大洋彼岸的美国,李沅民忍着剧痛坚持工作,在治病期间看数据、查报告,了解试验进展。同事劝他休息他也不听,他还说要在当年6月回来上班。

3月,徐希翔去美国看望李沅民,给他带去了同事们精心制作的礼物——第三方机构权威认证的24.2%转换效率的异质结电池,还有大家赶着制作出来的影集和信件。

收到这些,李沅民心情有些激动。此时他已经因化疗剃掉了头发,脚疼到下地走路都变得困难。但他对徐希翔说:"6月,6月我一定回研发中心看看。"

那天晚上,不知道是不是被同事们寄来的信件触动,李沅民拿起手机给徐希翔发了一条微信:"我度过了美好的一生,我很想能再延续几年的生命。我还有很多东西没有学,很多地方没来得及去,很多书没有读,很多朋友要去感谢，很多故事想要跟你们分享……"①

他终究没能等到回成都的那一天。2019年5月18日凌晨，李沅民因血糖极低被送往纽约MSK癌症中心的急救室。那一天，团队知道了李沅民病危的消息，他们想给李博士"争点劲"。徐希翔和团队决定将年底冲刺世界纪录的计划提前半年实施，团队上下没有一人反对。他们没有想过在光伏科学技术研发的道路上，"只争朝夕"四个字有一天说的竟是同癌症病魔展开的竞速赛跑。

快一点，再快一点吧，不然要来不及了。

2019年5月底，李沅民的一位朋友因心脏病突然去世，他很难过，叫妻子送到朋友家一张支票，并嘱咐她："以后他儿子读大学时你再帮帮忙。"

李沅民平时喜欢的物件不多，但尤其钟爱手表，在家里常常左右手各戴一块表，妻子笑他像个"土老财"。直到住院期间，妻子怕影响他抽血输液，问他要不要把表摘下来。他说："让我戴着吧，我还能有多少日子戴啊？"妻子强忍住眼泪不让其掉下来。

一位同事收到了李博士发来的最后一封邮件。他在最后一段写道：

非常感谢你们在如此艰难的时期还惦记着我，我非常想念你们，想念成都研发中心。记住，未来是属于你们年轻一代的。

祝好，李沅民②

在发完这封邮件之后，他的癌细胞进一步扩散，双腿已经无法着地。徐希翔博士向研发中心的同事念完邮件内容，告知大家这一切的时候，在场的所有人泣不成声。

李沅民在成都研发中心工作的时候，几乎每一个人都被他骂过，但他受到了所有人的爱戴和敬重。在开展集中化疗时，他给行政管理部副总

---

① 微信原文为英文。
② 邮件原文为英文，经董刚强翻译。

经理陈岚发微信说:"我忘记了上周五是三八妇女节,请你组织女员工聚餐,费用告诉我,我转账给你。"有一次他还在成都研发中心与同事聚餐的时候,同事带着一颗八卦的心问他:"您和您爱人是怎么认识的?"李沉民说:"爱人?我爱的人有很多!你说的哪一个?哦,你说的应该是孩子他妈。孩子他妈,只有一个。"因为工作太忙,在家的时间很少,每次回来他都抢着做各种家务,想要尽力补偿家人。如果任何人晚到家,他都会把门外的灯打开,等家人回来。

2019年6月4日,成都研发中心做出了第一组6英寸异质结电池,负责丝网印刷工艺和电池测试技术的彭福国发微信告诉李沉民:大家正准备选片寄往日本机构做第三方测试。消息发出后,他一直等待李博士的意见。

6月5日早上6点08分,彭福国突然收到了李沉民发来的消息:"好消息……继续努力!"

12分钟后,徐希翔收到了李沉民一条没写完的消息:"Chris,"徐希翔纳闷:平时连标点符号都不会错的这个家伙,怎么话都没讲完就发出来了呢?随后徐希翔回复了他数条信息,但再也没有收到回音。

6月9日,美国时间8点30分,北京时间20点30分,李沉民在普林斯顿去世,享年60岁。弥留之际,妻子张小平博士守在病床前,给他念着研发中心工程师们写来的信件。他告诉妻子,不留墓地,保持简简单单就好,把骨灰撒到树下……

北京时间6月10日清晨,徐希翔收到了来自李沉民手机的回复,是张小平给亲友们发出的讣告。

徐希翔知道李沉民再也看不到他的消息了,但他还是回了长长的一段:

沉民:

这是我发给你的最后一条消息。

我想,你一定有很多话要跟我说。我们已经讨论过很多次了,如果没有成千上万,至少也有数百个小时,关于异质结研发实验和计划,关于光伏技术,关于我们团队里的每一个人,还有我们看过的书,我们的生活。

沉民，你知道吗？你是如此受年轻工程师们的爱戴。他们都记得你最喜欢引用的亚里士多德的名言——"反复所为，成就吾身。卓越非一日之功，乃习惯使然。"[1]

我们将继续战斗，赢得这场异质结技术的战斗，让光伏为全世界造福。

——Chris[2]

徐希翔评价说："李沉民是中国薄膜太阳能产业化的领路人。他是我难得的战友和知己。"

2019年7月，团队收到第三方机构的测试数据，结果异质结电池转换效率只有24.44%，比世界纪录差了0.06%。那天，徐希翔把自己关在办公室里。工程师们担心他的身体，守在他的门口，听着他来来回回的踱步声，大家都没敢敲门。

每天早晨的例会照旧，每当徐希翔说到关键的地方，他总是下意识地往左边扭过头去，那是李沉民曾经的座位。

徐希翔要求团队不放弃，继续试验，30天后再测一次。

2019年7月25日，新的一组异质结电池送到了德国检测机构。从这一天开始，徐希翔和团队几乎是读秒挨过的每一天。过去两年多的时间里，他们一心想要冲击世界纪录，但如今，原因已不再那么简单了。

2019年8月2日，正在出差途中的徐希翔收到德国哈梅林太阳能研究所发来的认证报告，这份7页的英文报告总计2000字，最重要的信息只有两行：

$$Acell = (244.54 \pm 0.98)\ cm^2$$
$$\eta = (24.85 \pm 0.35)\%$$

李沉民和徐希翔带领团队打破了由日本人垄断了29年的世界纪录，刷新了高效硅薄膜异质结电池转换效率的世界纪录，全面积光电转换效率达到24.85%！

---

[1] 本句实际为哲学家威尔·杜兰特的名言。
[2] 信息原文为英文。

徐希翔看到报告的那一刻很开心，他说："以慰沅民在天之灵。"

但他又忍不住心有戚戚地说："他把命都搭进去了，一个世界纪录又算得了什么呢？"

2019年11月，他们再一次打破了自己创造的世界纪录。公司方面表示："此次技术突破能够很快用于大规模量产。"但是后来，这家公司再也没能量产出一片异质结电池。

李沅民去世的消息传到北京集团总部的时候，李河君沉默了很久。李沅民曾经工作过的公司就是汉能，昔日中国最大的薄膜太阳能电池生产企业。2011年，汉能集团收购钧石能源的上市公司铂阳精工，作为收购合约的一部分，李沅民博士等七人必须加入汉能。汉能提出：没有李博士为首的技术团队加入，就不收购这家公司。

但是直到他生命的尽头，李沅民和团队拼尽全力做成的异质结电池也没能变成汉能的下一款量产产品，汉能公司也在此后销声匿迹。

故事到这里就告一段落了。我们似乎可以总结了：李沅民博士是一个高尚的人，一个纯粹的人，一个心中有大爱的人，一个脱离了低级趣味的人，一个对中国光伏科学技术发展做出过重要贡献的人。他的人生故事是一个可歌可泣的故事，一个壮志未酬的故事，一个明珠暗投的故事，一个让人扼腕叹息的故事。

是这样吗？不是的。

我们要说的并不是这些。

我们讲述李沅民的故事，只想探讨一个问题——

你觉得人活这一辈子，有没有什么东西，是比你自己的生命更重要的？

如果有的话，你愿意把你的一生，都献给它吗？

接下来，才是李沅民博士人生故事真正的结尾，或者说，它将永远得不到一个真正的"结尾"——

2022年，就像之前的每年一样，中国光伏行业在各种光伏电池的转换效率方面攻城拔寨，14次刷新晶硅电池实验室效率的世界纪录。然而

2022年11月的这一次不一样。

2022年11月，隆基绿能自主研发的硅异质结电池转换效率达到26.81%。马丁·格林教授通过视频激动地宣布，这一电池效率是目前全球硅基太阳能电池效率的最高纪录，不分技术路线。这是人类光伏历史上第一次由中国太阳能科技企业创造的（全技术路线）硅异质结电池转换效率世界最高纪录。中国人打破了由美国、日本、德国等发达国家垄断了半个世纪以上的硅异质结电池转换效率世界纪录。从2021年6月到2022年11月，隆基绿能将硅异质结电池转换效率世界纪录提高了1.55个百分点。

而亲手缔造这一纪录的人，是隆基中央研究院副院长徐希翔博士和他的团队。徐希翔骄傲地说："我们是完全用可量产的技术做的。"他介绍，如果按照这一新纪录工艺量产，平均电池片效率有望突破26%。隆基还在做"异质结+IBC"技术，未来电池转换效率还将进一步提升。

原来离开汉能以后，来到隆基的徐希翔博士还有一重身份——1982年，徐希翔本科毕业于兰州大学物理系固体物理专业，1985年获得本系硕士学位。他是沈浩平、李振国、钟宝申、李文学的直系学长。现在在隆基中央研究院，徐希翔的团队已经从最初的十来个人，发展到2022年年底的505人，而且人数还在继续增加。

对于徐博士来说，几年过去，有些东西已经变了，比如公司，比如团队，比如24.85%和26.81%。但有些东西从来都没有变过，比如热爱，比如责任，比如对光伏技术进步的不懈追求，比如一个人可以为两个人而活。徐博士践行了他对李沅民在天之灵许下的承诺："我们将继续战斗，赢得这场异质结技术的战斗，让光伏为全世界造福。"李沅民生前并不是一个在光伏行业尽人皆知的技术专家，我们讲述他的故事，是希望让更多人看到，这个行业有多少埋头苦干的人，有多少拼命硬干的人，有多少为"光"请命的人，有多少舍身求知的人。终其一生，我们或许不知晓他们的姓名，不了解他们的事迹，但他们默默耕耘的每一天，都在一点一滴地改变着这个行业、这个国家和这个世界。有些人离开了我们，有些企业消失在历史的长河中，但大国光伏的血脉从不因他们的消逝而断绝。

在这个国家里，在这个行业 200 多万光伏人的身上，有一种光芒，它超越了时间，超越了功利，超越了装机规模，超越了世界纪录。

沈浩平说："拉单晶和切硅片是我们这代人的事业、使命和责任，这辈子我们认定了这个行业。"李振国说："我对光伏这个行业真的是很有感情的，真的希望它好，真的希望。"王俊朝说："我是从内心里非常热爱这个行业。"李文学说："我们用自己的勤奋和激情，智慧和精进在推动企业的发展和行业的进步。那种动力早已跨越了物质上的追求，更多的是责任和使命。虽然各自选择的方式不同、产品不同，但都有着一种信念和执着。包括过去那些在企业经营上出现困境的企业家，同样让人尊敬。"

当一个人的事业、能力和意愿三者合一的时候，当一个人在做的事、能做的事和想做的事合而为一的时候，他就是这世上最成功的人，他就是这世上最幸福的人。因为真正的成功只有一种——按照自己的方式，去度过一生。永远在路上的中国光伏，不以成败论英雄。

就像李沅民引用的那句名言一样：

反复所为，成就吾身；
卓越非一日之功，乃习惯使然。
We are what we repeatedly do.
Excellence, then, is not an act, but a habit.

这就是中国光伏行业的全部秘密，它流淌在中国光伏人的血液里，它流淌在我们这个民族的血液里。

最后，将一首俄国诗人巴尔蒙特的诗送给读者，送给了不起的中国光伏人：

我来到这个世上，为的是看太阳，
和蔚蓝色的田野。
我来到这个世上，为的是看太阳，

和连绵的群山。

我来到这个世上，为的是看大海，
和百花盛开的峡谷。
我与世界签订了盟约，
我是世界的主人。

我战胜了冷漠无言的忘川，
我创造了自己的理想。
我每时每刻都充满了启示，
我时时刻刻都在歌唱。

我的理想来自苦难，
但我因此而受人喜爱。
试问天下谁能与我的歌声媲美？
无人、无人媲美。

我来到这个世上，为的是看太阳，
而一旦天光熄灭，
我也仍将歌唱……我要歌颂太阳
直到人生的最后时光！

致谢

ACKNOWLEDGMENT

中国光伏行业协会的各位领导和同事为本书的顺利出版做了大量的工作。协会在成书过程中提供了海量内容翔实、数据权威的行业历史资料，积极联络各位企业家和行业专家展开深度访谈交流，并全程参与到本书的选题策划、写作指导、内容修订与策划出版的过程当中。没有中国光伏行业协会，就没有《大国光伏》这本书的问世。特别感谢中国光伏行业协会的名誉理事长高纪凡，名誉理事长王勃华，理事长曹仁贤，秘书长王世江，副秘书长兼新闻发言人刘译阳，副秘书长王亮，宣传与对外联络部主任戴思源，综合办公室主任刘喆，宣传与对外联络部研究员赵娟等协会领导与同事给予的大力支持与无私帮助。

感谢在百忙之中为支持本书写作而接受采访的各位企业家和行业专家，他们是（按完成采访的时间先后顺序排列）：正泰新能源董事长兼总裁陆川；国家气候战略中心首任主任、中国能源研究会常务理事、红杉中国投资合伙人李俊峰；恩菲工程技术有限公司副总工程师、中国五矿材料领域首席科学家、硅基材料制备技术国家工程研究中心主任严大洲；天合光能副总裁、光伏科学与技术国家重点实验室主任冯志强博士；中国光伏行业协会秘书长王世江博士；通威集团创始人、董事局主席刘汉元；无锡尚德创始人，澳大利亚国家科学技术与工程院院士，上海电力大学教授，上迈新能源创始人、董事长兼CEO施正荣；阿特斯阳光电力集团创始人、董事长兼 CEO 瞿晓铧博士；深圳市大族光伏装备有限公司常务副总兼首席技术官王俊朝；中国光伏行业协会理事长曹仁贤；中国光伏行业协会名誉理事长王勃华；中国光伏行业协会副秘书长王亮等。他们详尽地为我们答疑解惑，真诚地同我们分享了在行业内外很多鲜为人知的故事，让我们对中国光伏行业发展的整体脉络，以及行业发展中的各个关键性历史时刻有了更加直观、生动、全面的把握，他们的团队也为本书内容的修订审核工作付出良多。如果这本书能对读者诸君未来的工作、生活产生些许启发，那是因为我们站在了巨人的肩膀上又往前迈了一小步。

感谢来自光伏企业和能源组织的各位专业人士在这本书写作过程中提供的大力支持，他们是：施正荣院士助理杨智平，天合光能集团战略部的王海丽和卢嘉斌（其中王海丽是第一个与酷玩实验室取得联系的人），浙江正泰新能源开发有限公司战略发展中心副总经理王荃，阿特斯阳光电力集团股份有限公司市场部经理梁晨，全球能源互联网发展合作组织的饶赟，以及其他企业当中为本书接洽采访或提供宝贵资料的各位老师。感谢淡水泉投资研究分析师柏杨、北京凯读投资有限公司投资总监陈健驰、清华大学建筑设计研究院结构设计师孟山远、法国电力中国投资有限公司研发中心工程师叔谋、德国卡尔斯鲁厄理工大学理学硕士觉罗雅威、北京协和医院内科学系博士朱熙杰、能源化工行业分析师沈明等人从跨专业角度对本书写作过程提供帮助。

感谢所有深耕光伏行业的媒体前辈，他们坚守在这个行业的新闻一线，为中国光伏行业的成长留下了珍贵的历史报道。感谢华夏能源网的王康鹏，黑鹰光伏的李文友、王亮和刘洋，索比光伏网的曹宇，光伏們的王超，能源严究院的严凯，能见的曹开虎、粟灵和周夫荣，财新记者蒲俊、罗国平，智汇光伏的王淑娟，SolarWit 的张治雨，能融天下的红炜等人。

感谢酷玩实验室的总编辑朱紫辉，联合创始人王梓，以及王巍峰、高孟浩、袁宇、刘佳兴等同事和伙伴对本书写作与出版过程的大力支持与协助。酷玩实验室作为中国头部自媒体，致力于讲好中国产业升级的故事，希望能为记录中国光伏行业的发展成就做出自己的一份贡献。

感谢我的父亲刘长文和母亲郝春艳，以及我的爱人沈湘哲，他们是这本书的第一批读者，并给出了中肯的意见建议。他们无条件的支持是这本书得以顺利完成的基础。

生命是一场相互的成全，一支笔的背后是千百个人。这不是一本书，这是一张意义之网。

刘家琦
2023 年 6 月于东风北桥

参考文献

REFERENCES

[1] 中国光伏产业联盟秘书处. 2010—2011年中国光伏产业年度报告[R]. 中国电子信息产业发展研究院，2011.

[2] 中国光伏产业联盟秘书处. 2013—2014年中国光伏产业年度报告[R]. 中国电子信息产业发展研究院，2014.

[3] 中国光伏行业协会秘书处. 2014—2015年中国光伏产业年度报告[R]. 中国电子信息产业发展研究院，2015.

[4] 中国光伏行业协会秘书处. 2017—2018年中国光伏产业年度报告[R]. 中国电子信息产业发展研究院，2018.

[5] 中国光伏行业协会秘书处. 2018—2019年中国光伏产业年度报告[R]. 赛迪智库集成电路研究所，2019.

[6] 中国光伏行业协会秘书处. 2019—2020年中国光伏产业年度报告[R]. 赛迪智库集成电路研究所，2020.

[7] 中国光伏行业协会秘书处. 2020—2021年中国光伏产业年度报告[R]. 赛迪智库集成电路研究所，2021.

[8] 中国光伏行业协会秘书处. 2021—2022年中国光伏产业年度报告[R]. 赛迪智库集成电路研究所，2022.

[9] 2021年可再生能源发电成本报告[R]. 国际可再生能源机构，2022.

[10] 安永碳中和课题组. 一本书读懂碳中和[M]. 北京：机械工业出版社，2021.

[11] 白勇. 创变者逻辑：刘汉元管理思想及通威模式嬗变[M]. 北京：北京大学出版社，2017.

[12] 比尔·盖茨. 气候经济与人类未来：比尔·盖茨给世界的解决方案[M]. 北京：中信出版社，2021.

[13] 布莱恩·阿瑟. 技术的本质：技术是什么，它是如何进化的 [M]. 杭州：浙江人民出版社，2014.

[14] 查默斯·约翰逊. 通产省与日本奇迹 [M]. 成都：四川人民出版社，2022.

[15] 蔡建春，刘俏，张峥，周芊. 中国 REITs 市场建设 [M]. 北京：中信出版社，2019.

[16] 曹开虎，粟灵. 碳中和革命：未来 40 年中国经济社会大变局 [M]. 北京：电子工业出版社，2021.

[17] 德国和欧洲电力系统充裕度评估及对中国的经验和借鉴意义 [R]. 德国能源署，2021.

[18] 电力市场与电价改革——通向零碳电力增长和新型电力系统的必由之路 [R]. 落基山研究所，2022.

[19] 段同刚. 晶龙丰碑 [M]. 石家庄：河北人民出版社，2010.

[20] 范伟军. 创业家：城市拯救者 [M]. 上海：上海科学普及出版社，2010.

[21] 耿合江. 基于 SEM 的光伏企业技术创新动力机制研究 [M]. 北京：科学技术文献出版社，2017.

[22] 构建"新型电力系统"与容量充足性——基于需求高峰时刻可得发电资源的实证分析 [R]. 卓尔德环境研究中心，能源与清洁空气研究中心，2022.

[23] 古清生，黄传会. 走进特高压 [M]. 北京：中国电力出版社，2009.

[24] 国际能源变革论坛组委会. 国际能源变革进行时：2015 国际能源变革论坛成果汇编 [M]. 北京：机械工业出版社，2016.

[25] 国家电力调度控制中心. 电力现货市场 101 问 [M]. 北京：中国电力出版社，2021.

[26] 韩树俊. 卓尔不同——瞿晓铧和他的阿特斯太阳能光伏 [M]. 苏州：古吴轩出版社，2019.

[27] 霍华德·M. 施利特，杰里米·佩勒，尤尼·恩格尔哈特. 财务诡计：如何识别财务报告中的会计诡计和舞弊 [M]. 北京：机械工业出版社，2019.

[28] 加里·皮萨诺，威利·史. 制造繁荣：美国为什么需要制造业复兴 [M]. 北京：机械工业出版社，2014.

[29] 姜克隽，向翩翩，贺晨旻，等. 零碳电力对中国工业部门布局影响分析 [J]. 全球能源互联网，2021, 4(1)：5-11.

[30] 江山. 思路决胜：靳保芳访谈录 [M]. 北京：红旗出版社，2007.

[31]《江阴板块：纪念江阴首只股票上市 20 年》编委会. 江阴板块：纪念江阴首只股票上市 20 年 [M]. 上海：上海人民出版社，2017

[32] 杰里米·里夫金. 第三次工业革命：新经济模式如何改变世界 [M]. 北京：中信出版社，2012.

[33] 杰里米·里夫金. 零碳社会：生态文明的崛起和全球绿色新政 [M]. 北京：中信出版社，2020.

[34] 落基山研究所. 开启绿色氢能新时代之匙：中国 2030 年"可再生氢 100"发展路线图 [R]. 中国氢能研究院，2022.

[35] 柯文. 走过两遍的路：我研究中国的旅程 [M]. 北京：社会科学文献出版社，2022.

[36] 可再生能源零废未来：风电、光伏回收产业发展研究 [R]. 绿色和平，2022.

[37] 晶龙志编纂委员会. 晶龙志（1996-2008）[M].2010.

[38] 兰小欢. 置身事内：中国政府与经济发展 [M]. 上海：上海人民出版社，2021.

[39] 理查德·鲍德温. 大合流：信息技术和新全球化 [M]. 上海：格致出版社，2020.

[40] 李河君. 中国领先一把：第三次工业革命在中国 [M]. 北京：中信出版社，2014.

[41] 李俊峰. 中国战略性新兴产业研究与发展：太阳能 [M]. 北京：机械工业出版社，2013.

[42] 李乐飞. 新服务时代：新服务，新基建，未来社会的服务法则 [M]. 北京：中信出版社，2020.

[43] 理查德·罗兹. 能源传：一部人类生存危机史 [M]. 北京：人民日报出版社，2020.

[44] 李牧童. 英杰逐日：施正荣向左·彭小峰向右 [M]. 北京：新世界出版社，2009.

[45] 李一龙，张冬霞，袁英. 光伏组件制造技术 [M]. 北京：北京邮电大学出版社，2017.

[46] 李直，朱忠明. 我国金融业不良资产经营管理新论 [M]. 海口：南方出版社，2021.

[47] 廖毅. 走近南存辉 [M]. 杭州：浙江人民出版社，2003.

[48] 林南. 中国新能源之都——新余 [M]. 南昌：江西人民出版社，2012.

[49] 刘方，丁文丽. 中国西南周边国家美元化与人民币跨境流通 [M]. 北京：经济科学出版社，2022.

[50] 刘汉元，刘建生. 重构大格局——能源革命：中国引领世界 [M]. 北京：中国言实出版社，2017.

[51] 刘秀琼. 多晶硅生产技术：项目化教程（第二版）[M]. 北京：化学工业出版社，2019.

[52] 刘振亚. 全球能源互联网 [M]. 北京：中国电力出版社，2015.

[53] 刘振亚. 中国电力与能源 [M]. 北京：中国电力出版社，2012.

[54] 路风. 新火：走向自主创新 2[M]. 北京：中国人民大学出版社，2020.

[55] 孟凡华. 南存辉：让梦想照进现实 [M]. 北京：台海出版社，2016.

[56] 帕拉格·康纳. 超级版图：全球供应链、超级城市与新商业文明的崛起 [M]. 北京：中信出版社，2016.

[57] 潘红娜，李小林、黄海军. 晶体硅太阳能电池制备技术 [M]. 北京：北京邮电大学出版社，2017.

[58] 彭慕兰. 大分流：中国、欧洲与现代世界经济的形成 [M]. 北京：北京日报出版社，2021.

[59] 秦朔，戚得志. 万物生生：TCL 敢为 40 年 [M]. 北京：中信出版社，2021.

[60] 乔恩·格特纳. 贝尔实验室与美国革新大时代 [M]. 北京：中信出版社，2015.

[61] 全球能源互联网发展合作组织. 中国碳中和之路 [M]. 北京：中国电力出版社，2021.

[62] 任冲昊，王巍，周小路，白熊. 大目标：我们与这个世界的政治协商 [M]. 北京：光明日报出版社，2012.

[63] 萨菲·巴赫尔. 相变：组织如何推动改变世界的奇思狂想 [M]. 北京：中信出版社，2020.

[64] 史蒂文·普尔. 再思考：一部令人惊奇的创新进化史 [M]. 北京：化学工业出版社，2022.

[65] 时璟丽，都志杰，任东明，等. 中国无电地区可再生能源电力建设 [M]. 北京：化学工业出版社，2009.

[66] 施展. 溢出：中国制造未来史 [M]. 北京：中信出版社，2020.

[67] 斯蒂芬·赫克，马特·罗杰斯，保罗·卡罗尔. 资源革命：如何抓住一百年来最大的商机 [M]. 杭州：浙江人民出版社，2015.

[68] 天合光能 600W+ 超高功率组件分布式应用白皮书 [R]. 天合光能，2022.

[69] 田雷. 继往以为序章：中国宪法的制度展开 [M]. 桂林：广西师范大学出版社，2021.

[70] 通威传媒，考拉看看. 未来：碳中和与人类能源第一主角 [M]. 北京：中国人民大学出版社，2022.

[71] 辛华. 逐日英雄施正荣 [M]. 北京：中信出版社，2008.

[72] 瓦茨拉夫·斯米尔. 能量与文明 [M]. 北京：九州出版社，2021.

[73] 瓦伦·西瓦拉姆. 驯服太阳：太阳能领域正在爆发的新能源革命 [M]. 北京：机械工业出版社，2020.

[74] 王戈，王作人. 江隆基的最后十四年 [M]. 北京：作家出版社，2015.

[75] 汪军. 碳中和时代：未来 40 年财富大转移 [M]. 北京：电子工业出版社，2021.

[76] 王康鹏. 天合纪：中国光伏的进化哲学与领先之道 [M]. 北京：电子工业出版社，2023.

[77] 王世江. 当代多晶硅产业发展概论 [M]. 北京：人民邮电出版社，2017.

[78] 王通，孔祥娜. 金色阳光：施正荣演绎中国神话 [M]. 南京：南京大学出版社，2007.

[79] 吴昱. 我国可再生能源补贴措施及激励政策研究 [M]. 北京：对外经济贸易大学出版社，2017.

[80] 徐顺成，王建章，华德清. 实用电子技术与电子产品汇编 [M]. 北京：电子工业出版社，1993.

[81] 杨晨，彭俊. 绝不妥协：中国企业国际经贸摩擦案件纪实 [M]. 北京：中信出版社，

2021.

[82] 张国宝. 筚路蓝缕：世纪工程决策建设记述 [M]. 北京：人民出版社，2018.

[83] 张夏准. 富国陷阱：发达国家为何踢开梯子？[M]. 北京：社会科学文献出版社，2020.

[84] 赵永贤，朱克江. 智涌江苏：江苏高层次人才创新创业实践探索. 北京：经济管理出版社，2011

[85] 正泰文库编委会. 让客户心动——深度解读正泰经营之道 [M]. 北京：北京邮电大学出版社，2019.

[86] 中国长期低碳发展战略与转型路径研究课题组，清华大学气候变化与可持续发展研究院. 读懂碳中和：中国2020-2050年低碳发展行动路线图 [M]. 北京：中信出版社，2021.

[87] 中国创新的全球效应 [R]. 麦肯锡全球研究院，2015.

[88] 劳伦斯伯克利国家实验室. 中国电力系统可在2035年实现80%零碳排放 [R]. 加州大学伯克利分校高曼公共政策学院坏境中心，能源创新政策与技术有限责任公司，2022.

[89] 中国光伏行业协会. 中国光伏产业发展路线图（2018年版）[R]. 赛迪智库集成电路研究所，2019.

[90] 中国光伏行业协会. 中国光伏产业发展路线图（2019年版）[R]. 赛迪智库集成电路研究所，2020.

[91] 中国光伏行业协会. 中国光伏产业发展路线图（2020年版）[R]. 赛迪智库集成电路研究所，2021.

[92] 中国光伏行业协会. 中国光伏产业发展路线图（2021年版）[R]. 赛迪智库集成电路研究所，2022.

[93] 中国光伏从业人员发展报告（2021-2022年版）[R]. 中国光伏行业协会，2022.

[94] 中国有色金属工业协会. 中国硅业 [M]. 北京：冶金工业出版社，2014.

[95] 中金公司研究部，中金研究院. 碳中和经济学：新约束下的宏观与行业趋势 [M]. 北京：中信出版集团，2021.

[96] 中欧班列发展报告（2021）[R]. 推进"一带一路"建设工作领导小组办公室，中国国家铁路集团有限公司，2022.

[97] 周唱，白勇，叶济德. 财富之上：刘汉元和他的商业哲学 [M]. 杭州：浙江大学出版社，2012.

[98] 周黎安. 转型中的地方政府：官员激励与治理（第二版）[M]. 上海：格致出版社，上海三联书店，上海人民出版社，2017.

[99] Chase J. Solar Power Finance Without The Jargon[M]. WSPC, 2019.

[100] Hager C, Stefes C H. Germanys Energy Transition A Comparative Perspective[M]. Palgrave Macmillan, 2016.

[101] Studwell J. How Asia Works: Success and Failure in the World's Most Dynamic Region[M]. Grove Press, 2013.

[102] Jones G, Bouamane L. "Power from Sunshine": A Business History of Solar Energy[R]. Harvard Business School, 2012.

[103] Manabe S, Broccoli A J. Beyond Global Warming: How Numerical Models Revealed the Secrets of Climate Change[M]. Princeton University Press, 2020.

[104] Morris C, Jungjohann A. Energy Democracy: Germany's Energiewende to Renewables[M]. Palgrave Macmillan, 2016.

[105] Nemet G F. How solar energy became cheap: a model for low-carbon innovation[M]. Routledge, 2019.

[106] Palz W. The Triumph of the Sun in 2000–2020 How Solar Energy Conquered the World[M]. Jenny Stanford Publishing, 2019.

[107] Renewable energy and jobs: Annual review 2022[R]. International Renewable Energy Agency, International Labour Organization.

[108] Shimamoto M. National Project Management The Sunshine Project and the Rise of the Japanese Solar Industry[M]. Springer, 2020.

[109] Unnerstall T. The German Energy Transition: Design, Implementation, Cost and Lessons[M]. Springer, 2017.

[110] Yergin D. The New Map: Energy, Climate, and the Clash of Nations[M]. Penguin Press, 2021.

[111] A Chinese Solar Company's Fleeting Run in the Arizona Sun[R]. Paulson Institute, 2014.

[112] Global Value Chain Development Report - Beyond Production[R]. WTO, 2021.

[113] How Restrictions to Trade with China Could End US Leadership in Semiconductors[R]. BCG, 2020.

[114] Special Report on Solar PV Global Supply Chains[R]. International Renewable Energy Agency, 2022.

[115] Steel From Solar Energy: A Techno-Economic Assessment of Green Steel Manufacturing[R]. Hydrogen Europe, The smarter E Europe, 2022.

[116] The New Solar System: China's Evolving Solar Industry and Its Implications for Competitive Solar Power in the United States and the World[R]. Steyer-Taylor Center for Energy Policy and Finance, 2017.

[117] Trends in PV applications 2022[R]. IEA Photovoltaic Power Systems Programme, 2022.